Stefan Helber

Operations Management Tutorial

Grundlagen der Modellierung und Analyse der betrieblichen Wertschöpfung

2., erweiterte und verbesserte Auflage

Prof. Dr. Stefan Helber
Leibniz Universität Hannover
Institut für Produktionswirtschaft
Königsworther Platz 1
30167 Hannover
stefan.helber@prod.uni-hannover.de

Operations Management Tutorial

ISBN 978-3-945951-42-2

Bibliografische Information der Deutschen Nationalbibliothek: Die Deutsche Nationalbibliothek verzeichnet diese Publikation in der Deutschen Nationalbibliografie; detaillierte bibliografische Daten sind im Internet über http://dnb.d-nb.de abrufbar.

Dieses Werk ist urheberrechtlich geschützt. Die dadurch begründeten Rechte, insbesondere die der Übersetzung, des Nachdrucks, des Vortrags, der Entnahme von Abbildungen und Tabellen, der Funksendung, der Mikroverfilmung oder der Vervielfältigung auf anderen Wegen und der Speicherung in Datenverarbeitungsanlagen, bleiben, auch bei nur auszugsweiser Verwertung, vorbehalten. Eine Vervielfältigung dieses Werkes oder von Teilen dieses Werkes ist auch im Einzelfall nur in den Grenzen der gesetzlichen Bestimmungen des Urheberrechtsgesetzes der Bundesrepublik Deutschland vom 9. September 1965 in der jeweils geltenden Fassung zulässig. Sie ist grundsätzlich vergütungspflichtig. Zuwiderhandlungen unterliegen den Strafbestimmungen des Urheberrechtsgesetzes. Die Wiedergabe von Gebrauchsnamen, Handelsnamen, Warenbezeichnungen usw. in diesem Werk berechtigt auch ohne besondere Kennzeichnung nicht zu der Annahme, dass solche Namen im Sinne der Warenzeichen- und Markenschutz-Gesetzgebung als frei zu betrachten wären und daher von jedermann benutzt werden dürften. Das Werk enthält zur Verdeutlichung prinzipieller Problemstellungen Beispiele von zum Teil fiktionalem Charakter. Die dort beschriebenen Handlungen, Personen und Unternehmen sind erfunden. Ähnlichkeiten mit lebenden oder verstorbenen Personen sind rein zufällig und nicht beabsichtigt.

Verlag: Stefan Helber, Theodor-Fliedner-Weg 3, 31141 Hildesheim
E-Mail: om-tutorial@t-online.de
URL: www.operations-management-online.de

Herstellung: Amazon Distribution GmbH, Leipzig

©2020 Stefan Helber

Vorwort zur 2. Auflage

Dieses Buch entstand ursprünglich als Unterrichtsmaterial für meine Anfänger-Vorlesung „Operations Management" im Umfang von zwei Semesterwochenstunden in den Bachelor-Studiengängen „Wirtschaftswissenschaft" und „Wirtschaftsingenieur" an der Leibniz Universität Hannover. Es hat mittlerweile eine sehr erfreuliche Aufnahme für den Unterricht an Universitäten und Fachhochschulen gefunden, sowohl für den Bachelor- als auch für den Master-Bereich.

Das wesentliche Merkmal des Buches ist eine entscheidungsorientierte und quantitative Darstellung und Analyse von Gestaltungsproblemen der betrieblichen Leistungserstellung. Dies gilt sowohl für die Systeme der Leistungserstellung als auch für die darin ablaufenden Prozesse. Die Darstellung bezieht sich sowohl auf die Produktion von Sachgütern als auch auf jene von Dienstleistungen. Als Tutorial enthält dieses Buch auch eine Vielzahl von Verständnisfragen und Übungsaufgaben, zum Teil mit Lösungen.

Zu den einzelnen Abschnitten des Buches habe ich kleine Video-Clips produziert, in denen die jeweiligen Inhalte erläutert werden. Die Nummer des jeweiligen Videos ist jeweils mit einem Kamera-Symbol (📷) am Seitenrand angegeben. Diese Video-Clips finden Sie über meinen *YouTube*-Kanal. Die Clips werden von meiner studentischen Klientel sehr gerne genutzt und erleichtern das wichtige Selbststudium ganz erheblich.

Die einzelnen Kapitel umfassen in etwa den Stoff für eine typische 90-minütige Vorlesung mit begleitender Übung. Sie können nach meiner Einschätzung in weitgehend beliebiger Reihenfolge und Zusammenstellung behandelt werden. Sie sollen in ihrer Unterschiedlichkeit die große inhaltliche Breite des Faches und die wichtige Rolle quantitativer Modelle verdeutlichen.

In dem Buch behandele ich eine Vielzahl von Entscheidungsmodellen, die alle in Form von GAMS-Modellen implementiert wurden. Alle diese GAMS-Modelle sind im Anhang des Buches enthalten. Sie erlauben es, systematisch solche Probleme zu studieren, die sich einer Lösung durch Handrechnungen typischerweise verschließen. Diese GAMS-Modelle können Sie über `www.operations-management-online.de` herunterladen und zum Experimentieren verwenden. Ein großer Teil dieser Modelle kann bereits mit der kostenlos verfügbaren Demo-Version von GAMS gelöst werden.

Die zweite Auflage enthält ein neues Kapitel zur Prognoserechnung sowie diverse neue Inhalte zur Prozessanalyse und zur robusten Optimierung im Kontext von Produktionsprogrammen, der Beschaffung und der Standortplanung. Die Neuauflage bot auch die Gelegenheit, an vielen Stellen die Darstellung zu verbessern, Fehler zu korrigieren und das Layout zu überarbeiten.

Meine Studenten, Freunde, Kollegen und Mitarbeiter haben mir zahlreiche Hinweise auf Verbesserungsmöglichkeiten gegeben, ihnen allen sei dafür sehr herzlich gedankt. Mein ganz besonderer Dank gilt Katja Schimmelpfeng, Florian Sahling und Justus Arne Schwarz für eine große Zahl besonders kritischer und konstruktiver Kommentare.

Für Hinweise auf Verbesserungsmöglichkeiten via `om-tutorial@t-online.de` bin ich sehr dankbar! Allen Lesern wünsche ich nun viel Freude bei den ersten Schritten in die weite Welt des Operations Managements.

Hildesheim, im April 2020

Stefan Helber

Inhaltsverzeichnis

I Gegenstand und elementare Gesetzmäßigkeiten des Operations Managements — 1

1 Gegenstand und methodische Basis des Operations Managements — 3
- 1.1 Management von Wertschöpfungsprozessen in Betrieben — 3
- 1.2 Entscheidungsmodelle und Lösungsalgorithmen — 6
  - 1.2.1 Funktion und Merkmale von Entscheidungsmodellen — 6
  - 1.2.2 Modellierung betriebswirtschaftlicher Anforderungen an die Lösung des Problems — 10
  - 1.2.3 Lösungsverfahren für Optimierungsprobleme — 12
    - 1.2.3.1 Exakte vs. heuristische Lösungsverfahren — 12
    - 1.2.3.2 Heuristische Lösung durch ein uninformiertes Verfahren — 13
    - 1.2.3.3 Exakte Lösung durch Vollenumeration — 14
    - 1.2.3.4 Ein einfaches Branch&Bound-Verfahren — 17
  - 1.2.4 Algebraische Modellierungssysteme und professionelle Optimierungssoftware — 20
- 1.3 Simulationsmodelle — 22
- 1.4 Aufgaben und Übungen — 30

2 Prozessanalyse I: Zeiten und Bestände — 35
- 2.1 Prozessorientierte Betrachtung von Warte- und Bediensystemen — 35
- 2.2 Bestimmungsgrößen und Berechnungsverfahren von Wartezeiten — 37
- 2.3 Bestände und Zeiten: Das Gesetz von Little — 43
- 2.4 Beurteilung von Beständen, Durchlaufzeiten und Durchsatz — 47
  - 2.4.1 Problemstellung — 47
  - 2.4.2 Best-möglicher Fall — 48
  - 2.4.3 Schlechtest-möglicher Fall — 51
  - 2.4.4 Praktisch schlechtest-möglicher Fall — 52
  - 2.4.5 Anwendung auf das Beispiel — 54
- 2.5 Aufgaben und Übungen — 57

3 Prozessanalyse II: Auswirkungen von Organisationsentscheidungen — 59
- 3.1 Warte- und Durchlaufzeiten bei mehreren Servern — 59
- 3.2 Getrennte vs. gemeinsame Warteschlangen — 59
- 3.3 Viele langsame vs. wenige schnelle Server — 62
- 3.4 Mehrstufige Systeme und die Ausbreitung von Variabilität — 65
- 3.5 Arbeitsteilung, Variabilität und Wartezeiten — 70
- 3.6 Produktionssteuerung nach dem Push- bzw. dem Pull-Prinzip — 73
- 3.7 Aufgaben und Übungen — 80

II Prozessplanung — 85

4 Prognoserechnungen — 87
- 4.1 Problemaspekte 87
  - 4.1.1 Gegenstand von Prognosen 87
  - 4.1.2 Individuelle Zufälligkeit vs. kollektive Vorhersehbarkeit: Das Beispiel des Call Centers 88
  - 4.1.3 Grundidee von Prognoserechnungen: Stabilität datenerzeugender Prozesse — 89
- 4.2 Verwendungszwecke und Voraussetzungen von Prognoserechnungen 90
- 4.3 Elementare Prognosemodelle für ein konstantes Niveau 95
- 4.4 Konstruktion komplexerer Prognosemodelle mittels Regressionsrechnung 100
  - 4.4.1 Prognosefunktion, Prognosefehler und die Auswahl einer Verlustfunktion — 100
  - 4.4.2 Trainings- vs. Validierungsdaten und die Gefahr des Overfitting 103
  - 4.4.3 Beispiel: Besucherprognose im Fitnessstudio 107

5 Produktionsprogramme und aggregierte Planung — 117
- 5.1 Problemaspekte 117
- 5.2 Programmplanung: Konzentration auf profitable Produkte 118
- 5.3 Programmplanung mit Kapazitätsreservierung bei unsicherer Nachfrage 122
- 5.4 Aggregierte Planung: Lagerung vs. Überstunden 128
- 5.5 Berücksichtigung von CO_2-Emissionen 132
- 5.6 Aufgaben und Übungen 139

6 Annahme von Aufträgen und Buchungen — 141
- 6.1 Problemaspekte 141
- 6.2 Annahme von Aufträgen für komplexe Prozesse 142
- 6.3 Annahme von Buchungen über eine Kapazitätssteuerung 148
- 6.4 Aufgaben und Übungen 157

7 Bestandsmanagement I: Das Zeitungsjungenproblem — 161
- 7.1 Problemaspekte 161
- 7.2 Modellierung von Nachfrage, Fehlmenge und Restmenge 162
- 7.3 Minimierung der erwarteten Kosten 167
- 7.4 Verwendung von Servicegrad-Maßen 171
- 7.5 Optimierung der Beschaffungsmenge mit einem Szenarioansatz 174
- 7.6 Aufgaben und Übungen 179

8 Bestandsmanagement II: Mehrfache Beschaffungsvorgänge — 187
- 8.1 Problemaspekte 187
- 8.2 Ausgangspunkt: Konstante Bedarfsraten 190
- 8.3 Ermittlung des Bestellpunktes bei gegebener Bestellmenge 193
- 8.4 Ermittlung des Bestellniveaus bei gegebenem Bestellabstand 197
- 8.5 Aufgaben und Übungen 200

9 Losgrößenplanung — 203
- 9.1 Problemaspekte 203
- 9.2 Gleichbleibender Bedarf und endliche Produktionsgeschwindigkeit 205
- 9.3 Schwankender Bedarf und begrenzte Produktionskapazität 207
- 9.4 Aufgaben und Übungen 214

10 Planung und Steuerung von Abläufen — 221
- 10.1 Problemaspekte 221
- 10.2 Zeitdiskrete Entscheidungsmodelle der Ablaufplanung 223
- 10.3 Prioritätsregeln zur Planung und Steuerung von Abläufen 226
- 10.4 Aufgaben und Übungen 229

11 Planung von Transporten und Touren — 233
- 11.1 Problemaspekte 233
- 11.2 Das klassische Transportproblem 233
- 11.3 Das Tourenplanungsproblem und die Savings-Heuristik 237
- 11.4 Aufgaben und Übungen 246

12 Projektplanung — 249
- 12.1 Problemaspekte 249
- 12.2 Struktur- und Zeitplanung 249
- 12.3 Kapazitätsplanung 254
- 12.4 Kostenplanung 257
- 12.5 Aufgaben und Übungen 260

13 Personaleinsatzplanung — 263
- 13.1 Problemaspekte 263
- 13.2 Personalbedarfsermittlung im Call Center 264
- 13.3 Deckung des Personalbedarfs im Rahmen der Schichtplanung 271
- 13.4 Aufgaben und Übungen 275

III Strukturplanung — 277

14 Standortplanung — 279
- 14.1 Problemaspekte 279
- 14.2 Standortwahl und Transportkosten 280
  - 14.2.1 Entscheidung bei sicherer Nachfrage 280
  - 14.2.2 Entscheidung bei unsicherer Nachfrage: Robuste Optimierung mit einem Szenarioansatz 288
- 14.3 Standortwahl und Reaktionszeiten 292
- 14.4 Aufgaben und Übungen 296

15 Layoutplanung — 299
- 15.1 Problemaspekte 299
- 15.2 Problemstellung und Entscheidungsmodell zur Layoutplanung 301
- 15.3 Linearisierung der Zielfunktion 309
- 15.4 Dekomposition des Optimierungsproblems 310
- 15.5 Aufgaben und Übungen 313

16 Arbeitsverteilung und Fließbandabstimmung — 315
- 16.1 Problemaspekte 315
- 16.2 Arbeitsverteilung ohne Reihenfolgebeziehungen 316
- 16.3 Arbeitsverteilung mit Reihenfolgebeziehungen 320
- 16.4 Aufgaben und Übungen 326

17 Organisation, Planung und Steuerung der Produktion — 329
- 17.1 Organisationstypen der Produktion 329
- 17.2 Zentrale Produktionsplanung nach dem Push-Prinzip 332
- 17.3 Dezentrale Produktionssteuerung nach dem Pull-Prinzip 334
- 17.4 Aufgaben und Übungen 338

IV Anhang 339

A GAMS-Implementierungen 341
- A.1 Auftragsannahme I (Rucksackproblem) 342
- A.2 Programmplanung und aggregierte Planung 343
  - A.2.1 Grundmodell der Programmplanung 343
  - A.2.2 Programmplanung mit Kapazitätsreservierung 344
  - A.2.3 Aggregierte Planung 345
  - A.2.4 Programmplanung mit CO_2-Emissionen 346
- A.3 Auftragsannahme II 349
  - A.3.1 Entscheidungsmodell 349
  - A.3.2 Include-Datei 350
- A.4 Zeitungsjungenproblem mit Szenarioansatz 352
- A.5 Dynamische Mehr-Produkt-Losgrößenplanung im CLSP 354
- A.6 Ablaufplanung 356
- A.7 Transportplanung 360
- A.8 Tourenplanung 361
- A.9 Projektplanung 363
- A.10 Personaleinsatz und Schichtplanung 367
- A.11 Standortplanung 368
  - A.11.1 Transportkostenorientierte Standortplanung 368
    - A.11.1.1 Entscheidungsmodell für den deterministischen Fall 368
    - A.11.1.2 Entscheidungsmodell für den stochastischen Fall 369
    - A.11.1.3 Include-Datei 370
  - A.11.2 Serviceorientierte Standortplanung 371
- A.12 Layoutplanung 373
  - A.12.1 Modell-Datei und Fix-and-Optimize-Algorithmus 373
  - A.12.2 Include-Datei 376
- A.13 Arbeitsverteilung 378
- A.14 Fließbandabstimmung 379

B Python-Programm zur Regressionsrechnung 383

C Matlab-Programm zur Mittelwertanalyse 387

D Herleitungen und Tabellenwerte 389
- D.1 Gedächtnislosigkeit der Exponentialverteilung 389
- D.2 Varianz der Summe zweier Zufallsvariablen 389
- D.3 Tabellenwerte der Standardnormalverteilung 390
- D.4 Standardisierte Fehlmengenerwartungswerte 393
- D.5 Beziehungen zwischen Fehlmengenerwartungswerten 396
- D.6 Ermittlung des Kostenminimums beim Zeitungsjungenproblem 397
- D.7 Beziehung zwischen der Bestellmenge und den Erwartungswerten von Nachfrage, Fehlmenge und Restmenge im Zeitungsjungenproblem 398

E Der Schnullerator: Entstehungsgeschichte, Funktion und Bedeutung 399

Literatur 401

Stichwortverzeichnis 403

Teil I

Gegenstand und elementare Gesetzmäßigkeiten des Operations Managements

1 Gegenstand und methodische Basis des Operations Managements

1.1 Management von Wertschöpfungsprozessen in Betrieben

Der Gegenstand des Operations Managements ist die quantitative betriebswirtschaftliche Analyse und Gestaltung jener Prozesse, die der Erstellung von Dienstleistungen oder Sachgütern dienen. Abbildung 1.1 zeigt ein sehr allgemeines und abstraktes Bild dieses Wertschöpfungsprozesses.

Abbildung 1.1: Wertschöpfungprozess

Verschiedene Einsatzgüter wie Materialien, Energie, Daten sowie menschliche und maschinelle Arbeitsleistungen werden in dem Prozess systematisch miteinander kombiniert. Durch die Kombination dieser sogenannten *Produktionsfaktoren* entstehen neue oder in irgendeiner Weise veränderte Sachgüter oder Dienstleistungen. Werden die materiellen Sachgüter mit immateriellen Dienstleistungen kombiniert, so spricht man von hybriden Leistungsbündeln. Ein Beispiel für eine derartige Kombination ist die Verbindung von Mobiltelefonen als Sachgütern mit jenen Dienstleistungen für die Nutzer von Mobiltelefonen, die über Datennetze, App-Stores und Musik-Portale erbracht werden.

Werden die Einsatzgüter im Wertschöpfungsprozess verbraucht und müssen sie daher laufend neu beschafft werden, so bezeichnet man sie als Repetierfaktoren, ansonsten als Potentialfaktoren.[1] Derartige Prozesse werden in der Regel durchgeführt, weil den so entstandenen Ausbringungsgütern ein höherer Wert zugerechnet wird als den im Prozess verbrauchten Einsatzgütern. Die Wertdifferenz ist die **Wertschöpfung** des Prozesses. Unter den Wettbewerbsbedingungen einer Marktwirtschaft werden auf längere Sicht nur solche Prozesse durchgeführt, die profitabel sind, bei denen also die Wertschöpfung positiv ist. Das zu erreichen, ist oft ein zentrales Ziel des Operations Managements.

Die hier betrachteten *industriellen* Wertschöpfungsprozesse werden in eigens dafür aufgebauten Systemen durchgeführt. Diese Systeme haben typischerweise über längere Zeit Bestand. Sie sind oft arbeitsteilig organisiert und erfordern zusätzlich zu dem dort beschäftigten Personal eine spezifische Infrastruktur aus Anlagen, Gebäuden, IT-Systemen etc. Die Struktur dieser Bündel von Potentialfaktoren ist entscheidend dafür, welche Wertschöpfungsprozesse überhaupt durchgeführt werden können. Vielfach bezeichnen wir diese Strukturen als **Betriebe**. Die Betriebe werden häufig von privatwirtschaftlichen Unternehmen eingerichtet und sollen diesen Unternehmen dabei helfen, Gewinne zu erwirtschaften.

---

[1] Vgl. Dyckhoff und Spengler (2010, Kap. 2.2).

Die Aufgabe des Operations Managements als Teilbereich der Betriebswirtschaftslehre besteht darin, jene Prozesse und Strukturen in Betrieben so zu gestalten, dass die Wertdifferenz zwischen Ausbringungs- und Einsatzgütern möglichst groß wird, also die Einsatzgüter einer möglichst ergiebigen Verwendung zugeführt werden. Sollte die Wertdifferenz negativ sein, so führt der Prozess offenbar zu einem Verlust, welcher das Eigenkapital der Eigner des Unternehmens reduziert und im Extremfall zum Untergang des Unternehmens führen kann.

Will man dies vermeiden, so ist es erforderlich, die „ökonomische Mechanik" der zugrundeliegenden Wertschöpfungsprozesse gedanklich zu durchdringen. Heutzutage wird diese betriebswirtschaftliche Entscheidungsanalyse vielfach als *Business Analytics* bezeichnet. Die Grundidee besteht darin, gemäß Abbildung 1.2 zunächst im deskriptiven Analytics-Bereich Daten zur Erfassung der Realität zu sammeln, zu beschreiben und ggf. zu visualisieren. Hier steht also die Frage „*Was ist passiert oder passiert gerade?*" im Vordergrund. Im nächsten Schritt sucht man nach Strukturen in und Zusammenhängen zwischen diesen Daten. Damit entwickelt man eine Basis für Vorhersagen und kann im prädiktiven Analytics-Bereich die Frage "*Was wird passieren?*" beantworten, weil man Wirkungszusammenhänge zwischen den den beobachteten Größen erkannt hat. Auf dieser Basis kann man schließlich zu einer begründeten Entscheidungsunterstützung gelangen. Für ein vorgegebenes Ziel untersucht man schließlich im präskriptiven Analytics-Zweig die Frage "*Wie sollte gehandelt werden?*".

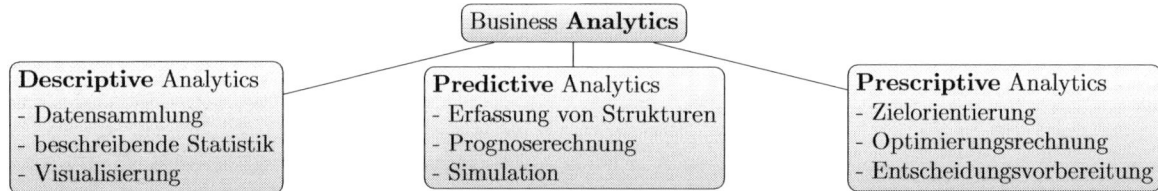

Abbildung 1.2: Business-Analytics-Teilbereiche, Quellen: Delen und Ram (2018, S. 8), Tempelmeier (2020, S. 1)

Genau dieser präskriptive Analytics-Bereich ist für das Operations Management charakteristisch. Das bedeutet, dass die Handlungsalternativen des Managements wie auch deren Restriktionen beschrieben und mit typischen ökonomischen Zielsetzungen, wie z. B. der Maximierung des Unternehmensgewinns, verknüpft werden müssen. Konkret erfordert dies somit, dass man

- die **Strukturen** des jeweiligen Sachverhaltes gedanklich durchdringt und formal abbildet,
- die zukünftig relevanten **Daten** prognostiziert und
- schließlich **Entscheidungsvorschläge** mit praktisch umsetzbaren und ökonomisch sinnvollen Handlungsempfehlungen für die konkrete Gestaltung der Wertschöpfungsprozesse und -systeme ermittelt.

Reale Entscheidungssituationen des **Operations Management** sind typischerweise so komplex und umfangreich, dass sie von Menschen alleine nicht gut gelöst werden können. Sie eignen sich jedoch oft hervorragend für die Lösung durch Computer, in denen geeignete Algorithmen bzw. Verfahren ablaufen. Diese Verfahren werden in einer verwandten akademischen Disziplin mit dem Namen **Operations Research**[2] entwickelt und finden dann Eingang in spezialisierte betriebswirtschaftliche Software, die insbesondere in Unternehmen zur automatisierten Entscheidungsunterstützung eingesetzt wird. Wenn Sie einmal mit solchen Management-Aufgaben zu tun haben sollten, so wäre es gut zu wissen, was diese Software eigentlich tut und warum. Aus diesem Grund ist dieses Lehrbuch sehr stark auf die Schnittstelle zwischen Operations Management und Operations Research hin ausgerichtet. Sie werden daher in dem Buch zahlreiche mathematische Modelle und auch einige Algorithmen finden.

---

[2] Empfehlenswerte Einführungen sind Briskorn (2020), Domschke, Drexl u. a. (2015) und Rardin (2017).

Betriebe und betriebswirtschaftliche Entscheidungssituationen des Operations Managements treten in der Realität in einer außerordentlich großen Vielfalt auf. Im Folgenden werden einige bewusst unterschiedlich gewählte Arten von Betrieben und Problemen des Operations Managements skizziert, um diese Vielfalt zu verdeutlichen:

Buchungsannahme in Hotels: Hotels in Großstädten werden typischerweise zum einen von Geschäftsreisenden und zum anderen von Touristen besucht. Während Touristen ihre Urlaubsreisen vielfach langfristig planen und buchen, können Geschäftsreisende dies nur recht kurzfristig tun. Allerdings ist die Zahlungsbereitschaft von Geschäftsreisenden für Übernachtungen in Hotelzimmern vielfach deutlich höher. Hier stellt sich die Frage, wie man bei der Annahme von Buchungsanfragen der Touristen dafür sorgt, dass hinreichend viele, aber eben nicht *zu* viele Zimmer für die später buchenden Geschäftsreisenden frei gehalten werden.

Routenplanung bei Briefzustellern oder im Außendienst: Briefträger müssen vielfach zu Fuß oder mit Fahrrädern Straßen oder ggf. einzelne Straßenseiten in Städten passieren, um dort Briefpost auszuliefern. Hier stellt sich die Aufgabe, die Routen der Briefträger so zu gestalten, dass sie möglichst wenig Straßen unproduktiv passieren müssen, also ohne dort Sendungen zuzustellen. Ähnlich sieht es vielfach bei Außendienstmitarbeitern aus, die im Laufe eines Tages oder einer Woche mehrere Kunden zu besuchen haben. Ihnen stellt sich die Aufgabe, ihre Route so zu planen, dass sie möglichst wenig unproduktive Zeit unterwegs verbringen.

Stundenplangestaltung in Schulen und Hochschulen: Schulen und Hochschulen organisieren den Unterricht häufig nach einem sich wöchentlich wiederholenden Stundenplan. Von der Güte dieses Stundenplans hängt ab, wie viel Unterricht erteilt werden kann, wie viele Lehrer, Räume, ggf. auch Schulbusse etc. benötigt werden.

Schichtplanung in Call Centern: Call Center zur Kundenbetreuung sehen sich häufig einem im Zeitablauf sehr stark schwankenden Anrufaufkommen gegenüber. Dies führt zu der Frage, wie durch geschickt konstruierte Schichtpläne dafür gesorgt werden kann, dass weder die Kosten des Personaleinsatzes zu groß, noch die Erreichbarkeit des Call Centers zu gering wird.

Losgrößenplanung in Industriebetrieben: Produktionseinrichtungen in Industriebetrieben können häufig für die Herstellung verschiedener Produktarten verwendet werden. Dazu ist oft ein Rüstprozess erforderlich, während dessen nicht produziert werden kann. Die zwischen zwei Rüstprozessen unmittelbar nacheinander hergestellten Einheiten einer gemeinsamen Produktart bezeichnet man als „Los". Produziert man jede Produktart stets in großen Losen, so entstehen unerwünscht hohe Lagerbestände. Produziert man dagegen in kleinen Losen, so muss man häufig umrüsten. Durch die dafür benötigte Rüstzeit geht u. U. wertvolle Produktionskapazität verloren. Möglicherweise entstehen auch unmittelbar zahlungswirksame Rüstkosten, die ebenfalls unerwünscht sind. Daher ist die kluge Wahl der Losgrößen eine wichtige Planungsaufgabe.

Bestandsmanagement in Wertschöpfungsketten: Häufig muss auf einzelnen Stufen von Wertschöpfungsketten (den sogenannten „Supply Chains") für einzelne Sachgüter Lagerhaltung betrieben werden. Die Nachfrage innerhalb der Wiederbeschaffungszeit für das Sachgut ist dabei in vielen Fällen unsicher. Das führt auf die Frage, durch welche Entscheidungen dafür gesorgt werden kann, dass zu möglichst geringen Kosten eine hohe Verfügbarkeit des Gutes gewährleistet werden kann.

Vergleicht man nun die genannten Beispiele, so zeigt sich, dass der Betrachtungsgegenstand des Operations Managements sehr weit gefasst ist. Es geht nicht nur um die Erstellung von Sachgütern in Fabriken, sondern gleichermaßen auch um die Produktion von Dienstleistungen. Mit Fragen des Operations Managements sind daher Betriebswirte und (Wirtschafts-)Ingenieure gleichermaßen befasst.

Zudem geht es nicht um die Frage, ob die erstellten Leistungen über Märkte abgesetzt werden und dabei ein Gewinnziel verfolgt wird. Das Operations Management betrachtet gleichermaßen auch die Leistungserstellung in öffentlichen oder Non-Profit-Unternehmen, die sich z. B. im Sinne einer Outputmaximierung bei gegebenem Kostenbudget darum bemühen, knappe Ressourcen einer ergiebigen Verwendung zuzuführen.

Ein gemeinsames Merkmal der o. g. Beispiele zu Problemfeldern des Operations Managements ist ihr quantitativer Charakter. Aus diesem Grund ist das Operations Management in erheblichem Maße mathematisch-quantitativ geprägt. Bei aller Unterschiedlichkeit der konkreten Erscheinungsformen von Wertschöpfungsprozessen in verschiedenen Wirtschaftsbereichen zeigen sich immer wieder gemeinsame Problemaspekte, sofern man nur hinreichend abstrakt über das jeweilige Problem nachdenkt.

Wenn Sie auf diese abstrakte Art und Weise an die jeweiligen konkreten Probleme herangehen, so erkennen Sie (hoffentlich) deren entscheidende Charakteristika. Auf diesem Weg werden Sie zu jenen allgemeinen Instrumenten und Methoden geführt, deren Anwendung im konkreten Fall weiterhilft. Dieses Buch verfolgt dazu das Ziel, Ihnen einen Überblick über typische Problemstellungen und Lösungsmethoden des Operations Managements zu verschaffen.

Moderne Systeme der betrieblichen Leistungserstellung sind vielfach durch einen massiven Einsatz von IT-Systemen gekennzeichnet. Wer sich derartigen Systemen gedanklich nähern will, wird dabei ebenfalls praktisch immer mit Computern arbeiten. Auch darauf soll Sie dieses Buch einstimmen.

1.2 Entscheidungsmodelle und Lösungsalgorithmen

1.2.1 Funktion und Merkmale von Entscheidungsmodellen

Wollen wir uns den im Operations Management zu treffenden Entscheidungen aus wissenschaftlicher Sicht nähern, so werden wir dazu regelmäßig formale Modelle der realen Probleme verwenden. Diese formalen Modelle sind in der Sprache der Mathematik formulierte *abstrakte Abbildungen* des realen Problems, mit denen wir versuchen, uns auf die *zentralen* Problemaspekte zu konzentrieren und auf die Betrachtung aller anderen Problemaspekte zu verzichten. Dies geschieht in der Hoffnung, dass eine gute Lösung des realen Problems im Wesentlichen von jenen wenigen zentralen Problemaspekten abhängt, um die wir uns in unserem Modell genauer kümmern.

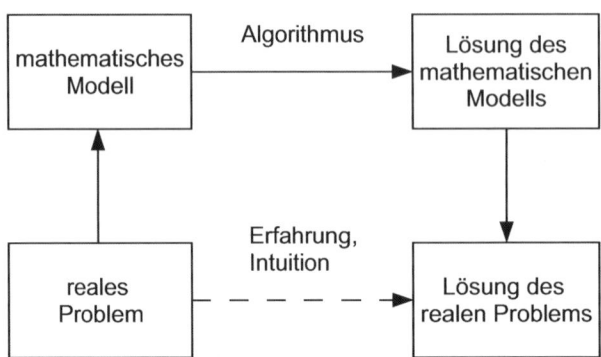

Abbildung 1.3: Problemlösung mittels mathematischer Modelle

In diesem Abschnitt betrachten wir dazu die sogenannten *Entscheidungsmodelle*. Deren Funktion wird in Abbildung 1.3 angedeutet. Zu einem realen Problem sucht ein Entscheidungsträger eine möglichst gute Lösung. Er kann nun seine Erfahrung und Intuition benutzen, um *unmittelbar* von

1.2 Entscheidungsmodelle und Lösungsalgorithmen

dem gegebenen realen Problem zu einer Lösung zu gelangen, wie dies durch den unterbrochen gezeichneten Pfeil in Abbildung 1.3 dargestellt ist.

Ein Beispiel für diese Problemlösungsstrategie auf Basis von Intuition und Erfahrungswissen ist die Konstruktion von Stundenplänen. An deutschen Universitäten wird der Stundenplan einer Fakultät häufig so erstellt, dass man den Plan des Vorjahres nimmt und diesen solange schrittweise an die Bedingungen des neuen Jahres anpasst, bis er für die (teilweise neuen) Bedingungen des neuen Jahres eine funktionierende, d.h. zulässige, Lösung darstellt. Ähnliche Vorgehensweisen findet man regelmäßig in privaten und öffentlichen Unternehmen aller Art.

Interessanterweise sind die Probleme im Operations Management einerseits oft so gelagert, dass wir Menschen uns ungemein schwer damit tun, auch nur eine *einzige* Lösung zu finden, die alle Anforderungen an die Lösung einhält. Andererseits besitzen solche Probleme oftmals extrem viele zulässige Lösungen und *darunter häufig mehrere, die alle optimal, also bestmöglich sind*. Um diese zu finden, muss gerechnet werden, und das können Computer definitiv besser als Menschen.

Falls die Probleme quantitativer Natur sind, so bietet es sich also an, einen „Umweg" über ein geeignet konstruiertes mathematisches Modell des Problems zu gehen. Das führt dann letztlich zu einer Rechenaufgabe, für die man eine Lösungsmethode benötigt. Eine solche Lösungsmethode der Rechenaufgabe besteht typischerweise aus einer Abfolge präzise beschriebener Schritte, die irgendwann zu einem Ergebnis führt und die wir im Folgenden als *Algorithmus* bezeichnen werden. Wenn man die durch den Algorithmus erhaltene Lösung des Modells dann in die Ebene der Realität zurücktransformiert, so hat man eine Lösung des realen Problems. Sofern das Modell und der Algorithmus gut zum Problem passen, so geht dies häufig schneller und führt zu besseren Ergebnissen als „erfahrungsbasiertes Herumprobieren". Die grundsätzliche Vorgehensweise erläutern wir nun anhand eines kleinen Beispiels.

Tabelle 1.1: Daten des Beispiels zur Auftragsannahme

Auftrag i	$a_{i,1}$ [h]	$a_{i,2}$ [h]	u_i [GE]
1	60	40	9.000
2	20	30	4.000
3	60	10	2.000
4	20	50	10.000

Beispiel zur Auftragsannahme

Franz Meier, dem Geschäftsführer der *Möllix GmbH*, liegen gemäß Tabelle 1.1 Anfragen für vier verschiedene Kundenaufträge vor, von denen er weiß, dass er sie im Betrachtungszeitraum nicht alle wird ausführen können. Für die Bearbeitung eines jeden Auftrags benötigt er zwei verschiedene maschinelle Anlagen $j \in \{1, 2\}$ mit jeweils begrenzter Kapazität c_j. Davon stehen im Betrachtungszeitraum noch $c_1 = 110$ bzw. $c_2 = 90$ Stunden zur Verfügung. Zunächst hat Meier als Differenz von auftragsspezifischen Erlösen und variablen Kosten die Deckungsbeiträge u_i der jeweiligen Aufträge $i \in \{1, 2, 3, 4\}$ berechnet und zudem ermittelt, wie viel Kapazität a_{ij} Auftrag i auf der Anlage j benötigt, siehe Tabelle 1.1.

Meier erkennt, dass es bei vier Aufträgen $2^4 = 16$ verschiedene Auftragskombinationen gibt, die aber nicht alle realisierbar sind. Durch welche Auswahl von Aufträgen kann er den Deckungsbeitrag maximieren?

Bevor sich der Geschäftsführer Gedanken über ein Verfahren macht, mit dem er sein konkretes Problem lösen kann, könnte er es erst einmal in einem mathematischen Sinne präzise beschreiben und zu diesem Zweck ein mathematisches Modell formulieren. Dabei könnte er sich überlegen, dass er ja regelmäßig über solche Probleme der Auftragsannahme zu entscheiden hat und die Problemstellung in ihrer Struktur immer identisch ist, sich von Fall zu Fall also nur hinsichtlich der konkreten Zahlen unterscheidet. Insofern wäre es also gut, auch das Modell so allgemein oder abstrakt zu formulieren, dass es immer passt und gewissermaßen nur die konkreten Zahlenwerte der jeweiligen Instanz eingesetzt werden müssen.

Zur Konstruktion eines abstrakten Entscheidungsmodells stellen wir *fünf Fragen*, die uns zu den *fünf Komponenten* eines Entscheidungsmodells führen. Dies tun wir anhand des gerade eingeführten Beispiels:

- *Welche Indizes verwenden wir?*

  Wir benötigen Indizes, um die Objekte unserer Betrachtung überhaupt bezeichnen zu können. Im konkreten Fall verwenden wir zwei Indizes i und j, um die vier Aufträge $i \in \{1, 2, 3, 4\}$ und die beiden Anlagen $j \in \{1, 2\}$ bezeichnen zu können. Häufig verwendet man hier Zahlen, das muss aber nicht sein. So könnten wir die Menge $\mathscr{J}$ der Anlagen $j \in \mathscr{J}$ auch als $\mathscr{J} = \{\text{DieErsteAnlage}, \text{DieZweiteAnlage}\}$ definieren.

- *Was sind die Parameter?*

  Als Parameter bezeichnen wir die von „außen" vorgegebenen Merkmale der betrachteten Objekte oder einer Relation zwischen den Objekten. Im konkreten Fall sind dies der Deckungsbeitrag u_i je Auftrag i, die Kapazität c_j je Anlage j sowie die Ressourceninanspruchnahme a_{ij} von Auftrag i auf Anlage j, also einer Relation zwischen den Aufträgen i und den Anlagen j.

- *Was sind die Entscheidungsvariablen?*

  Als Entscheidungsvariablen bezeichnen wir die unbekannten Größen, für die wir eine konkrete Ausprägung suchen, wenn wir das Modell lösen. Für diese müssen wir im Modell einen zulässigen Werte- oder Definitionsbereich angeben. Im konkreten Fall verwenden wir eine binäre Entscheidungsvariable $X_i \in \{0, 1\}$, die für jeden Auftrag i den Wert 1 erhält, wenn der Auftrag angenommen werden soll, und 0 sonst.

- *Wie sieht die Zielfunktion aus und in welche Richtung wird optimiert?*

  In der Zielfunktion werden zumindest einige der Entscheidungsvariablen mit Parametern verknüpft. Der Wert der Zielfunktion ist Ausdruck der Güte der Lösung. Im konkreten Fall summieren wir über alle Aufträge i die Terme $u_i \cdot X_i$. Dadurch ermitteln wir den gesamten Deckungsbeitrag der angenommenen Aufträge. Je *größer* dieser Zielfunktionswert ist, desto *besser* ist die Lösung, die Zielfunktion ist also hier zu *maximieren*.

- *Wie sehen die Nebenbedingungen aus?*

  Auch in den Nebenbedingungen werden die Entscheidungsvariablen mit den Parametern verknüpft. Die Nebenbedingungen drücken die Beschränkungen des Lösungsraums aus und bilden dazu die Abhängigkeiten zwischen den Entscheidungsvariablen ab. Im konkreten Fall sind die Nebenbedingungen die Kapazitätsrestriktionen der verschiedenen Anlagen.

Die Beantwortung der fünf Fragen erlaubt es uns nun, für das Problem der Auftragsannahme ein abstraktes formales Entscheidungsmodell zu formulieren. Mit der Notation in Tabelle 1.2 lautet das Modell dann folgendermaßen:[3]

---

[3] Sie werden in Abschnitt 6.2 noch ein zweites, deutlich komplexeres Modell „Auftragsannahme II" kennenlernen.

1.2 Entscheidungsmodelle und Lösungsalgorithmen

Tabelle 1.2: Notation des Modells zur Auftragsannahme I

Symbol	Bedeutung
Indizes und Indexmengen	
$i \in \mathscr{I} = \{1, ..., I\}$	Aufträge
$j \in \mathscr{J} = \{1, ..., J\}$	Anlagen
Parameter	
a_{ij}	Ressourcenverbrauch von Auftrag i auf Anlage j
c_j	Kapazität von Anlage j
u_i	Deckungsbeitrag von Auftrag i
Entscheidungsvariablen	
$X_i \in \{0, 1\}$	1, wenn Auftrag i angenommen wird, 0 sonst

---

Modell 1.1: Auftragsannahme I

$$\text{Maximiere } Z = \sum_{i=1}^{I} u_i \cdot X_i \quad (1.1)$$

unter Beachtung der Restriktionen (u. B. d. R.)

$$\sum_{i=1}^{I} a_{ij} \cdot X_i \leq c_j, \qquad j \in \mathscr{J} \quad (1.2)$$

Die Zielfunktion (1.1) fordert, dass der Deckungsbeitrag der ausgewählten Aufträge maximiert werden soll. Für jeden ausgewählten Auftrag i (also mit $X_i = 1$) geht dessen Deckungsbeitrag u_i in den Zielfunktionswert Z ein. Die Nebenbedingung (1.2) drückt die Kapazitätsrestriktionen der Anlagen aus. Für jede Anlage j muss gelten, dass die Kapazitätsbelastung (linke Seite der Restriktion (1.2)) aufgrund der ausgewählten Aufträge i nicht größer ist als die verfügbare Kapazität c_j (rechte Seite der Restriktion (1.2)). Beachten Sie, dass die (binären) Entscheidungsvariablen X_i jeweils nur die Werte 0 und 1 annehmen können. Dadurch wird erreicht, dass in der Zielfunktion der Deckungsbeitrag der ausgewählten Aufträge richtig ermittelt wird, dass die Belastungen der Ressourcen korrekt abgebildet werden und dass jeder Auftrag auch nur maximal einmal angenommen werden kann.

Das sieht recht übersichtlich aus, nicht wahr? Damit liegt das Modell nun in seiner *abstrakten*, allgemeinen Form vor, getrennt von den Daten der konkreten Instanz. Das ist die Form, in der wir solche Modelle formulieren. Diese Form der Darstellung erlaubt es uns, die mathematische Struktur des Problems zu studieren. Wir können das Modell natürlich auch für die konkrete Probleminstanz aufschreiben, das sieht dann folgendermaßen aus:

Modell 1.2: Modell Auftragsannahme I (konkrete Instanz)

$$\text{Maximiere } Z = 9.000 \cdot X_1 + 4.000 \cdot X_2 + 2.000 \cdot X_3 + 10.000 \cdot X_4 \quad (1.3)$$

u. B. d. R.

$$60 \cdot X_1 + 20 \cdot X_2 + 60 \cdot X_3 + 20 \cdot X_4 \leq 110 \quad (1.4)$$

$$40 \cdot X_1 + 30 \cdot X_2 + 10 \cdot X_3 + 50 \cdot X_4 \leq 90 \quad (1.5)$$

Der Geschäftsführer in unserem kleinen Beispiel könnte offensichtlich einen Monat später erneut vor einem Problem der Auftragsannahme stehen, welches sich von dem der gerade betrachteten konkreten Instanz nur durch die konkreten Zahlenwerte unterscheidet, aber weiterhin die identische abstrakte Struktur des Modells „Auftragsannahme I" aufweist. Zu einem abstrakten Modell kann es also durchaus unendlich viele Instanzen geben.

Wir betrachten hier eine Entscheidungssituation, in der *alle* Entscheidungen zu einem gemeinsamen Entscheidungszeitpunkt getroffen werden und somit ein *einstufiges Optimierungsproblem* vorliegt. Wir werden uns später noch Probleme ansehen, bei denen Entscheidungen in mehreren Stufen, also zu unterschiedlichen Zeitpunkten getroffen werden.

Worin besteht nun der Nutzen bzw. die Funktion dieses Modells? Es beschreibt zunächst, welche Vorstellung wir von dem zu lösenden Problem haben. Es formuliert gewissermaßen in der Sprache der Mathematik die *Anforderungen* an eine Lösung des betriebswirtschaftlichen Problems. Wohlgemerkt, das Modell selbst gibt uns zunächst noch keine Lösung. Dazu benötigen wir einen Algorithmus zur Lösung dieser abstrakten *Klasse* von Problemen. Ein solcher Algorithmus beschreibt, durch welche einzelnen Rechenschritte eine konkrete Probleminstanz gelöst werden kann. Haben wir einen derartigen Algorithmus, so können wir im Idealfall beliebige Instanzen dieser Problemklasse lösen. Es ist wichtig, dass Sie diese Unterschiede zwischen einem abstrakten (Entscheidungs-)Modell, einer konkreten Modell-Instanz und einem Lösungsverfahren verstehen.

Bevor wir uns etwas näher mit der Frage beschäftigen, wie wir zu einer Lösung unseres Modells und damit zu einem Entscheidungsvorschlag für unseren Geschäftsführer kommen, beschäftigen wir uns noch etwas eingehender mit der Funktion und einigen grundlegenden Ideen der algebraischen Modellierung.

1.2.2 Modellierung betriebswirtschaftlicher Anforderungen an die Lösung des Problems

Betrachten wir noch einmal die konkrete Instanz unseres Auftragsannahmeproblems mit der Zielfunktion (1.3) und den Nebenbedingungen (1.4) sowie (1.5). Offensichtlich wäre es *möglich* (wenngleich hinsichtlich des Gewinnziels nicht besonders sinnvoll), nur den Auftrag 1 anzunehmen und alle drei anderen Aufträge abzulehnen. Diese Lösung mit $X_2 = X_3 = X_4 = 0$ und $X_1 = 1$ führt offenbar auf einen Zielfunktionswert von $Z = 9000$. Die beiden Restriktionen

$$60 \cdot 1 + 20 \cdot 0 + 60 \cdot 0 + 20 \cdot 0 = 60 \leq 110 \tag{1.6}$$

$$40 \cdot 1 + 30 \cdot 0 + 10 \cdot 0 + 50 \cdot 0 = 10 \leq 90 \tag{1.7}$$

sind in dieser Lösung offenbar erfüllt, so dass wir hier eine *zulässige* Lösung unseres Problems haben.

Nun könnte es sein, dass sich der Geschäftsführer in unserem Beispiel plötzlich daran erinnert, dass der Auftrag 1 mit dem Auftrag 3 verbunden ist, und zwar in der Art, *dass der Auftrag 1 nur angenommen werden kann, wenn auch der Auftrag 3 angenommen wird*. Plötzlich steht also eine neue Anforderung an die Lösung des Problems im Raum, die zunächst nicht formuliert wurde. Das Grundmodell der „Auftragsannahme I" muss daher verändert werden, um diese zusätzliche Anforderung in algebraischer Form zu formulieren.

Wir erinnern uns, dass die Entscheidungsvariablen X_i für $i \in \mathscr{I}$ mit den beiden möglichen Werten „0" und „1" die Entscheidungen „Nein" bzw. „Ja" für die Annahme der jeweiligen Aufträge abbilden. Im Folgenden zeigen wir einige einfache Möglichkeiten auf, wie logische Verknüpfungen zwischen den Aufträgen in dem Entscheidungsmodell durch *zusätzliche Nebenbedingungen* abgebildet werden können.

- **Wird Auftrag i angenommen, dann muss auch Auftrag k angenommen werden:**

  Diese Anforderung kann durch die folgende zusätzliche Restriktion ausgedrückt werden:

  $$X_i \leq X_k \tag{1.8}$$

  Beachten Sie, dass sowohl die Variable X_i als auch die Variable X_k prinzipiell nur die Werte 0 oder 1 annehmen kann. Die Funktionsweise der Restriktion (1.8) können Sie durch eine einfache Fallunterscheidung verstehen:

  Im Fall $X_i = 1$ führt die Restriktion $X_i \leq X_k$ offensichtlich darauf, dass auch $X_k = 1$ sein muss.

  Im Fall $X_i = 0$ folgt dagegen nichts für die Variable X_k, diese kann sowohl den Wert 0 als auch den Wert 1 annehmen, ohne die Restriktion (1.8) zu verletzen.

In unserem Beispiel müsste also dem Modell die zusätzliche Restriktion $X_1 \leq X_3$ hinzugefügt werden. Dadurch würde sichergestellt, dass immer dann, wenn der Auftrag 1 angenommen wird, auch der Auftrag 3 angenommen wird.

Betrachten wir nun einige weitere **Typen von Anforderungen** und Möglichkeiten, diese in algebraischer Form aufzuschreiben.

- **Wird Auftrag i angenommen, dann darf Auftrag k nicht angenommen werden:**

  Diese Anforderung kann durch die folgende zusätzliche Restriktion ausgedrückt werden:

  $$X_i \leq (1 - X_k) \tag{1.9}$$

  Im Fall $X_i = 1$ wird durch die Restriktion (1.9) X_k auf den Wert 0 gezwungen.

  Im Fall $X_i = 0$ folgt dagegen nichts für die Variable X_k, diese kann hinsichtlich der Restriktion (1.9) sowohl den Wert 0 als auch den Wert 1 annehmen.

- **Auftrag i und Auftrag k können nur gemeinsam angenommen oder abgelehnt werden:**

  Diese Anforderung kann durch die folgende zusätzliche Restriktion ausgedrückt werden:

  $$X_i = X_k \tag{1.10}$$

- **Genau einer der Aufträge i und k muss ausgewählt werden:**

  $$X_i + X_k = 1 \tag{1.11}$$

- **Mindestens einer der Aufträge i und k muss ausgewählt werden:**

  $$X_i + X_k \geq 1 \tag{1.12}$$

- **Maximal einer der Aufträge i und k darf ausgewählt werden:**

  $$X_i + X_k \leq 1 \tag{1.13}$$

- **Wenn die Aufträge i und k ausgewählt werden, dann muss Auftrag l ausgewählt werden:**

  $$X_i + X_k \leq 1 + X_l \tag{1.14}$$

- **Wenn die Aufträge i und k ausgewählt werden, dann darf der Auftrag l nicht ausgewählt werden:**

  $$X_i + X_k \leq 2 - X_l \tag{1.15}$$

Die genannten Beispiele zeigen, dass man u. U. durch weitere Nebenbedingungen des Modells zusätzliche Anforderungen an die Lösung des Problems ausdrücken kann, ohne dem Modell zusätzliche Variablen hinzuzufügen. Nun betrachten wir einen Fall, bei dem es sich anbietet, das Modell um eine zusätzliche Variable zu erweitern.

Dazu unterstellen wir, dass es einen Zusammenhang zwischen den Aufträgen 1 und 2 gibt, weil für beide Aufträge viel identisches Material erforderlich ist und der Geschäftsführer weiß, dass er einen **Mengenrabatt** von 1000 Geldeinheiten für das einzukaufende Material bekommen wird, wenn er **sowohl Auftrag 1 als auch Auftrag 2** annimmt.

Nun wird es etwas komplizierter. Wir verwenden sowohl eine zusätzliche Nebenbedingung als auch eine darin sowie in der Zielfunktion enthaltene zusätzliche binäre Entscheidungsvariable Y. Diese soll *genau* dann den Wert 1 annehmen, wenn *sowohl* Auftrag 1 *als auch* Auftrag 2 angenommen werden, und 0 sonst. Mit dieser neuen Variable Y können wir also das Modell für den Fall formulieren, dass die gemeinsame Durchführung der Aufträge 1 und 2 den Zielfunktionswert um 1000 Geldeinheiten verbessert.

Modell 1.3: Auftragsannahme mit Mengenrabatt

$$\text{Maximiere } Z = 9.000 \cdot X_1 + 4.000 \cdot X_2 + 2.000 \cdot X_3 + 10.000 \cdot X_4 + 1.000 \cdot Y \quad (1.16)$$

u. B. d. R.

$$60 \cdot X_1 + 20 \cdot X_2 + 60 \cdot X_3 + 20 \cdot X_4 \leq 110 \quad (1.17)$$

$$40 \cdot X_1 + 30 \cdot X_2 + 10 \cdot X_3 + 50 \cdot X_4 \leq 90 \quad (1.18)$$

$$X_1 + X_2 \geq 2 \cdot Y \quad (1.19)$$

Die neue Nebenbedingung (1.19) führt im Zusammenwirken mit der Optimierungsrichtung in der Zielfunktion (1.16) dazu, dass die Variable Y dann und nur dann den Wert 1 annimmt, wenn $X_1 = X_2 = 1$ gilt, und damit die Regelung zum Mengenrabatt korrekt abbildet.

Die Beispiele machen deutlich, dass es prinzipiell möglich ist, betriebswirtschaftliche Anforderungen an die Struktur der Lösung des betriebswirtschaftlichen Problems durch geeignet formulierte Restriktionen des Modells auszudrücken. Das erfordert ein gewisses Maß an Übung und logischem Denkvermögen, ist aber keine Hexerei und stellt im Operations Management eine übliche Vorgehensweise und erwartete Kompetenz dar.

1.2.3 Lösungsverfahren für Optimierungsprobleme
1.2.3.1 Exakte vs. heuristische Lösungsverfahren

Sie haben nun hoffentlich verstanden, dass man mittels eines Entscheidungsmodells ein Problem präzise beschreiben kann. Eine Lösung, also konkrete Zahlenwerte für unsere Entscheidungsvariablen, erhalten wir dadurch (noch) nicht. Dazu benötigen wir noch einen Algorithmus, also ein Berechnungsverfahren, welches zu dem Problem passen muss.

Wie löst man solche Probleme nun konkret? Die schlechte Nachricht ist, dass für Probleme dieser Art im Regelfall *keine* geschlossenen Ausdrücke für optimale Lösungen existieren. Mit Ihren Kenntnissen zur Extremwertberechnung differenzierbarer Funktionen aus der Analysis können Sie hier zumeist nichts anfangen, weil die von uns im Operations Management betrachteten (Ziel-)Funktionen häufig nicht differenzierbar, oft noch nicht einmal stetig sind.

Um dies zu verstehen, erinnern Sie sich bitte an den Unterricht zur Differentialrechnung in der Schule oder im ersten Semester Ihres Studiums. Dort haben Sie (hoffentlich) gelernt, wie Sie mittels der Differentialrechnung das Minimum einer Funktion wie z. B. $f(x) = a \cdot (x-b)^2 + c$

1.2 Entscheidungsmodelle und Lösungsalgorithmen

ermitteln können, wenn die eine Variable x *reellwertig* ist und somit beliebige Werte im Bereich $-\infty < x < \infty$ annehmen kann. Das erlaubte es Ihnen zu zeigen, dass diese Funktion für $a > 0$ ihr Minimum an der Stelle $x^* = b$ annimmt und der Wert der Funktion in diesem Minimum $f(x^* = b) = a \cdot (b-b)^2 + c = c$ ist. Diese Ergebnisse stellen somit allgemeingültige Formeln bzw. *geschlossene* Ausdrücke dar, die stets gelten, gleichgültig, wie im konkreten Fall die Parameter a, b und c der betrachteten Funktion aussehen.

Gehen wir nun gedanklich zu unserem Problem der Auftragsannahme auf der Seite 9 zurück. Die dort betrachteten Variablen X_i für die verschiedenen Aufträge i sind *binär*, können also nur die Werte 0 oder 1 annehmen. Damit bricht uns die Differentialrechnung als Instrument der Optimierung weg und wir brauchen einen anderen Ansatz. Wir dürfen nicht mehr erwarten, für diese Probleme Formeln bzw. geschlossene Ausdrücke ermitteln zu können, die uns sagen, welche Aufträge wir annehmen sollten und welchen Zielfunktionswert wir dann im Optimum erhalten.

Statt dessen benötigen wir eine Verfahrensweise, die aus

- endlich vielen und

- klar definierten einzelnen Handlungsschritten

besteht und die wir als Algorithmus bezeichnen. Da die Handlungsschritte klar definiert sind, können sie von einem Computer übernommen werden. Weil die Zahl der Handlungsschritte endlich sein muss, kommt das Verfahren irgendwann zu einem Ende und einem Ergebnis.

1.2.3.2 Heuristische Lösung durch ein uninformiertes Verfahren

Für das Problem der Auftragsannahme könnte eine (zugegebenermaßen ziemlich unintelligente) Verfahrensweise beispielsweise darin bestehen, die Aufträge nach aufsteigenden Nummern bzw. Indizes zu betrachten und jeden Auftrag zur Durchführung annehmen, bei dem dies mit den noch verbleibenden Restkapazitäten möglich ist. In Algorithmus 1 wird diese Vorgehensweise als sogenannter „Pseudocode" dargestellt.

Wendet man diese einfache Vorgehensweise für die Klasse aller möglichen Instanzen des Problems auf die konkrete Instanz (1.3) - (1.5) mit den Parametern unseres konkreten Beispiels an, so werden nacheinander die Aufträge 1 und 2 angenommen bzw. eingeplant. Der dritte Auftrag kann nun nicht mehr eingeplant werden, weil dies die Kapazität der ersten Ressource überschreiten würde. Es ist ebenfalls nicht möglich, den vierten Auftrag noch zusätzlich einzuplanen, weil dann die Kapazität der zweiten Ressource überschritten würde. Werden die Aufträge 1 und 2 angenommen und die Aufträge 3 und 4 abgelehnt, so ergibt sich ein Zielfunktionswert in Höhe von 13.000 Geldeinheiten.

Mit dem Algorithmus 1 lässt sich jede denkbare Instanz der Problemklasse unseres Modells „Auftragsannahme I" lösen. Somit korrespondiert also der Algorithmus zur abstrakten Problemklasse. Der *konkrete Ablauf* wie auch das *Ergebnis des Algorithmus* hängen dagegen von den Gegebenheiten der konkreten Instanz mit ihren Bearbeitungszeiten a_{ij} und ihren Ressourcenkapazitäten c_j ab, so dass also der konkrete Ablauf und das Ergebnis zu der konkreten Instanz korrespondieren.

Bei genauerer Betrachtung des Algorithmus fällt Ihnen vielleicht auf, dass in der dort beschriebenen Vorgehensweise die Deckungsbeiträge u_i der verschiedenen Aufträge für den Ablauf und das Ergebnis des Verfahrens überhaupt keine Rolle gespielt haben. Insofern muss man schon viel Glück haben, um auf diese Weise zu einer guten oder gar zur bestmöglichen Entscheidung zu gelangen.

```
/* Teil I: Bestimme eine zulässige Startlösung, in welcher zunächst kein Auftrag
   angenommen wird */
for i ∈ 𝓘 do
 |  X_i := 0
end
for j ∈ 𝓙 do
 |  RestKap_j := c_j
end
/* Teil II: Verbessere die zulässige Lösung durch Hinzufügen von Aufträgen */
for i ∈ 𝓘 do
 |  RestkapazitätReicht := wahr
 |  for j ∈ 𝓙 do
 |   |  if a_ij > RestKap_j then
 |   |   |  RestkapazitätReicht := falsch
 |   |  end
 |  end
 |  if RestKapazitätReicht then
 |   |  X_i = 1
 |   |  for j ∈ 𝓙 do
 |   |   |  RestKap_j = RestKap_j − a_ij
 |   |  end
 |  end
end
```

Algorithmus 1 : Einfacher Algorithmus für das Auftragsannahmemodell

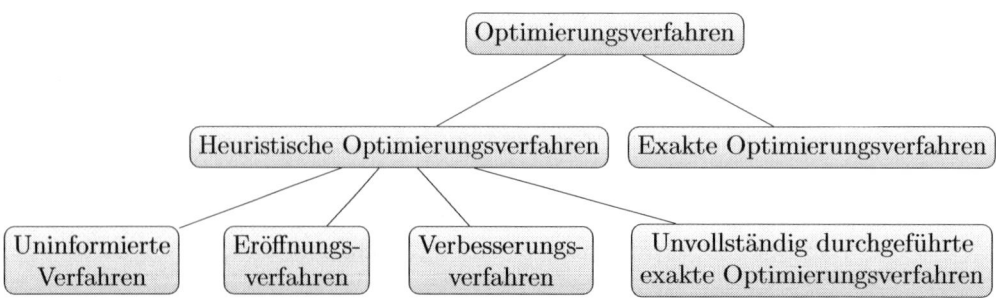

Abbildung 1.4: Exakte und heuristische Optimierungsverfahren (Quelle: Klein und Scholl (2011), Kap. 9.4)

Aus diesem Grund kann man mit Klein und Scholl (2011, S. 494) hier von einem „uninformierten Verfahren" sprechen.[4] Es handelt sich gemäß Abbildung 1.4 um ein Beispiel eines sogenannten „heuristischen" (Optimierungs-)Verfahrens. Diese heuristischen Verfahren sind oft geeignet, eine Lösung für ein Optimierungsproblem zu finden, die alle Restriktionen des Problems einhält und somit prinzipiell umsetzbar wäre. Eine Garantie, dass diese Lösung hinsichtlich der Zielfunktion des Problems auch gut oder gar näherungsweise optimal ist, kann bei einem heuristischen Verfahren in der Regel nicht gegeben werden.

1.2.3.3 Exakte Lösung durch Vollenumeration

Genau diese Garantie, nach Abschluss des Verfahrens eine optimale (also bestmögliche) Lösung gefunden zu haben, ist das Kennzeichen der *exakten* Optimierungsverfahren in Abbildung 1.4. Auch dafür wollen wir uns Beispiele ansehen.

---

[4] Ein weiteres Beispiel eines uninformierten Verfahrens finden Sie in Abschnitt 11.2. Dort wird in Tabelle 11.1 auf S. 234 die sogenannte „Nord-West-Ecken-Regel" verwendet, um sehr einfach zu einem zulässigen Transportplan zu gelangen.

1.2 Entscheidungsmodelle und Lösungsalgorithmen

Eine naheliegende Idee für ein exaktes Verfahren könnte ja darin bestehen, einfach in einer sogenannten „Vollenumeration" alle denkbaren Kombinationen der Auswahlentscheidungen für die einzelnen Aufträge durchzuprobieren und dann die beste Kombination auszuwählen, die hinsichtlich der Kapazitätsrestriktionen der beiden knappen Ressourcen zulässig ist. Dies könnte zu der Darstellung in Tabelle 1.3 führen. In der Tabelle erkennen Sie, dass nicht alle Kombinationen zulässig sind. So ist beispielsweise im Fall 11 der Lösungsvorschlag, die Projekte 1 und 3 durchzuführen, nicht zulässig, weil dadurch an der ersten Ressource eine zeitliche Belastung von 120 Stunden entstehen würde, so dass die verfügbare Kapazität von 110 Stunden überschritten würde. Die beste zulässige Lösung mit einem Zielfunktionswert von 19.000 Geldeinheiten liegt offenbar im Fall 10 vor. Hier werden die Aufträge 1 und 4 durchgeführt und der Rest abgelehnt.

Tabelle 1.3: Vollenumeration aller Lösungskandidaten des Auftragsannahmeproblems

Fall	X_1	X_2	X_3	X_4	Restkap. [ZE]		Zulässig?	Z [GE]	Z-rel [GE]
					$j=1$	$j=2$			
1	0	0	0	0	110	90	WAHR	0	0
2	0	0	0	1	90	40	WAHR	10.000	10.000
3	0	0	1	0	50	80	WAHR	2.000	2.000
4	0	0	1	1	30	30	WAHR	12.000	12.000
5	0	1	0	0	90	60	WAHR	4.000	4.000
6	0	1	0	1	70	10	WAHR	14.000	14.000
7	0	1	1	0	30	50	WAHR	6.000	6.000
8	0	1	1	1	10	0	WAHR	16.000	16.000
9	1	0	0	0	50	50	WAHR	9.000	9.000
10	1	0	0	1	30	0	WAHR	**19.000**	19.000
11	1	0	1	0	-10	40	FALSCH	-	11.000
12	1	0	1	1	-30	-10	FALSCH	-	21.000
13	1	1	0	0	30	20	WAHR	13.000	13.000
14	1	1	0	1	10	-30	FALSCH	-	23.000
15	1	1	1	0	-30	10	FALSCH	-	15.000
16	1	1	1	1	-50	-40	FALSCH	-	25.000

Da wir in Tabelle 1.3 alle denkbaren Lösungen betrachtet und aus diesen die beste ausgewählt haben, können wir garantieren, dass es keine bessere Lösung mehr geben kann. Im Sinne der Übersicht in Abbildung 1.4 haben wir also ein *exaktes* Optimierungsverfahren entwickelt zur Lösung des Problems „Auftragsannahme I". Zusätzlich zur Darstellung in Form einer Tabelle kann man sich auch einen Entscheidungsbaum für eine Vollenumeration wie in Abbildung 1.5 konstruieren und auf diese Weise sicherstellen, dass man tatsächlich auch alle möglichen Kombinationen betrachtet.

Der Baum[5] hilft uns dabei, den Lösungsraum systematisch und vollständig in überschneidungsfreie Teilbereiche zu zerlegen. So stellt der linke Zweig des Baums in Abbildung 1.5 jenen Teilbereich des Lösungsraums dar, bei dem der erste Auftrag angenommen wird ($X_1 = 1$), während es im rechten Zweig umgekehrt ist ($X_1 = 0$). In der Folge wird dann jeder Knoten vollständig weiter verzweigt, bis man am Ende jene Knoten erhält, die vollständige Lösungskandidaten darstellen. Die beste zulässige Lösung $X_1 = X_4 = 1$, $X_2 = X_3 = 0$ aus Fall 10 der Tabelle 1.3 entspricht dem Knoten 15 des Baums in Abbildung 1.5.

Leider hat die Sache einen Haken. Wenn wir mit $|\mathscr{J}|$ die Anzahl der Elemente in der Menge der möglichen Aufträge bezeichnen, dann ergibt sich die Anzahl der denkbaren Kombinationen bzw. Fälle in Tabelle 1.3 zu $2^{|\mathscr{J}|}$. Bei 4 Aufträgen ist $2^4 = 16$, das ist hier noch kein Problem.

---
[5] Botaniker mögen bitte verzeihen, dass Entscheidungsbäume oftmals von oben nach unten oder von links nach rechts wachsen. So ist es einfach am praktischsten.

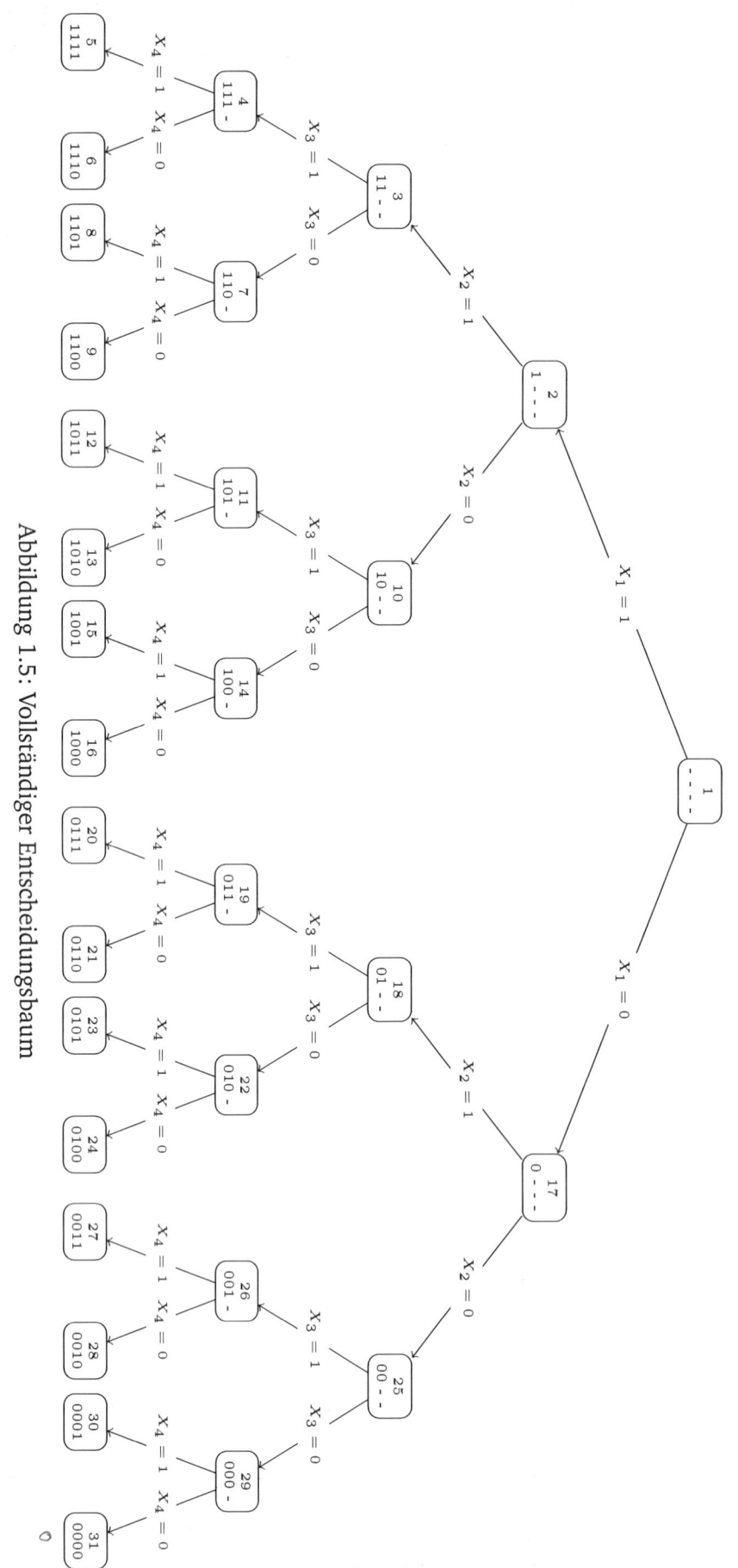

Abbildung 1.5: Vollständiger Entscheidungsbaum

1.2 Entscheidungsmodelle und Lösungsalgorithmen

Bei 20 Aufträgen ergeben sich jedoch bereits $2^{20} = 1.048.576$ verschiedene Kombinationen, das würde also zu recht großen Tabellen oder Entscheidungsbäumen führen. Die kombinatorische Struktur des Problems bereitet uns also mit steigender Problemgröße rasch erhebliche Schwierigkeiten.

1.2.3.4 Ein einfaches Branch&Bound-Verfahren

Glücklicherweise ist es oft möglich, eine **eingeschränkte Enumeration** so durchzuführen, dass man *nicht* alle denkbaren Fälle betrachten muss und trotzdem *garantieren* kann, nach Abschluss des Optimierungsverfahrens zumindest *eine* optimale Lösung gefunden zu haben.[6] Die grundlegende Idee der dazu eingesetzten **Branch&Bound-Verfahren** besteht darin, zwar mit einem Entscheidungsbaum wie in Abbildung 1.5 zu arbeiten, diesen aber nur so weit aufzubauen, dass die Optimalität der Lösung bewiesen werden kann.

Durch das systematische Verzweigen („Branching") stellen wir wie bei der Vollenumeration sicher, keine optimale Lösung übersehen zu können. Zudem berechnen wir leicht ermittelbare Schranken („Bounds") des Zielfunktionswerts, die es uns erlauben, Teile des Baums *nicht* zu durchsuchen, weil wir sicher sein können, dort keine *bessere* Lösung mehr finden zu können, als jene, die wir schon haben. Dabei können wir für ein *Maximierungsproblem* die Suche beenden, wenn wir über eine konkrete Lösung eine bislang beste untere Schranke (BUS) des Zielfunktionswerts kennen, welche *gleich* einer oberen Schranke (OS) des optimalen Zielfunktionswertes ist.

Eine von vielen möglichen Varianten dieser allgemeinen Vorgehensweise lässt sich sehr schön an unserem kleinen Beispiel der Auftragsannahme erklären. Dazu entwickeln wir schrittweise einen Entscheidungsbaum und beschreiben, was dort jeweils passiert.[7]

- Im **Knoten 1**, dem sogenannten Wurzelknoten, wird das Verfahren gemäß Abbildung 1.6 initialisiert. Hier ist noch keine Variable festgelegt, das wird durch den Eintrag „- - - -" unter der Knotennummer angedeutet. Außerdem finden Sie dort Angaben zur bislang *besten unteren Schranke* (BUS) sowie zur *oberen Schranke* (OS).

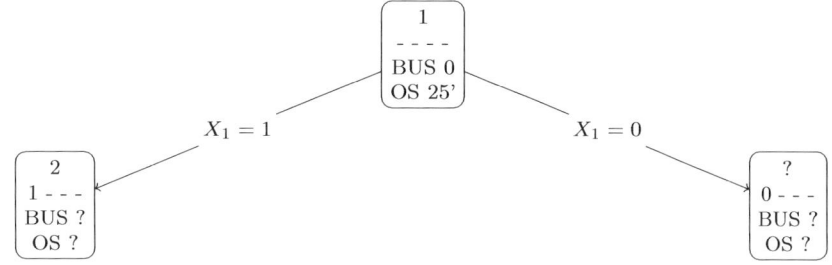

Abbildung 1.6: Verzweigung des Knotens 1

Die *bislang* beste untere Schranke gibt uns den Zielfunktionswert der im Verfahrensablauf bislang besten bekannten zulässigen Lösung unseres tatsächlichen Problems (1.3), (1.4) und (1.5). In dem Beispiel starten wir mit der (Ausgangs-)Lösung, *keinen* Auftrag anzunehmen, dann ist der Zielfunktionswert und damit unsere bislang BUS gleich 0. Diese Lösung ist zwar im betriebswirtschaftlichen Sinne nicht besonders gut, aber sie ist erstens tatsächlich im mathematischen Sinne zulässig und zweitens leicht zu ermitteln.

Die *obere* Schranke ist der Wert der optimalen Lösung eines *zweiten* (vereinfachten bzw. *relaxierten*) Problems, das wir dadurch erhalten, dass wir geeignet gewählte Nebenbedingungen des Ausgangsproblems *weglassen*. In dem konkreten Fall lassen wir zur

---

[6] Die im Operations Management häufig betrachten *kombinatorischen* Optimierungsprobleme mit ihren durch Binär-Variablen abgebildeten „Ja-Nein"-Entscheidungen haben oft mehrere und u. U. sogar sehr viele optimale Lösungen. Häufig genügt es uns, *eine* daraus zu finden.

[7] Hinweis für ungeduldige Leser: Den final aufgebauten Baum finden Sie in Abbildung 1.8 auf S. 19.

Vereinfachung die beiden Nebenbedingungen (1.4) und (1.5) weg. Damit besteht das sogenannte „relaxierte Problem" jetzt nur noch aus der Zielfunktion (1.3) und der Bedingung, dass die vier Entscheidungsvariablen jeweils nur die Werte 0 oder 1 annehmen dürfen. Die optimale Lösung *dieses* relaxierten Problems im Knoten 1 ist leicht zu erkennen. Sie besteht darin, alle Aufträge einzuplanen und führt auf einen Zielfunktionswert von 25.000 Geldeinheiten, im Knoten 1 durch den Eintrag «OS 25'» dargestellt.

Durch diese Vorgehensweise können wir also zweierlei mit Sicherheit sagen:

1. Jede zulässige Lösung des Ausgangsproblems ist auch zulässig für das relaxierte Problem.

2. Keine zulässige Lösung des Ausgangsproblems kann eine bessere Lösung haben als die optimale Lösung des relaxierten Problems.

Wir wissen also bereits im Knoten 1, dass es keine Lösung geben kann, die einen größeren Zielfunktionswert hat als 25.000 Geldeinheiten.

Da bislang die Werte BUS und OS der bislang besten unteren Schranke im Verfahrensablauf und der oberen Schranke im gerade betrachteten Knoten *nicht identisch* sind, sind wir mit der Bearbeitung dieses Knotens noch *nicht* fertig. Nun erfolgt das sogenannte „Branching": Wir spalten in Abbildung 1.6 das Problem in zwei Teilprobleme auf, die getrennt betrachtet werden können. Dadurch können wir sicher sein, dass uns keine mögliche Lösung verloren geht. Im Beispiel verzweigen wir den Knoten 1 durch die Entscheidung $X_1 = 1$ und erschaffen dadurch den Knoten 2, welcher eines der beiden neuen Teilprobleme abbildet. (Das andere Teilproblem auf Basis der gegenteiligen Entscheidung $X_1 = 0$ bekommt seine Nummer später.)

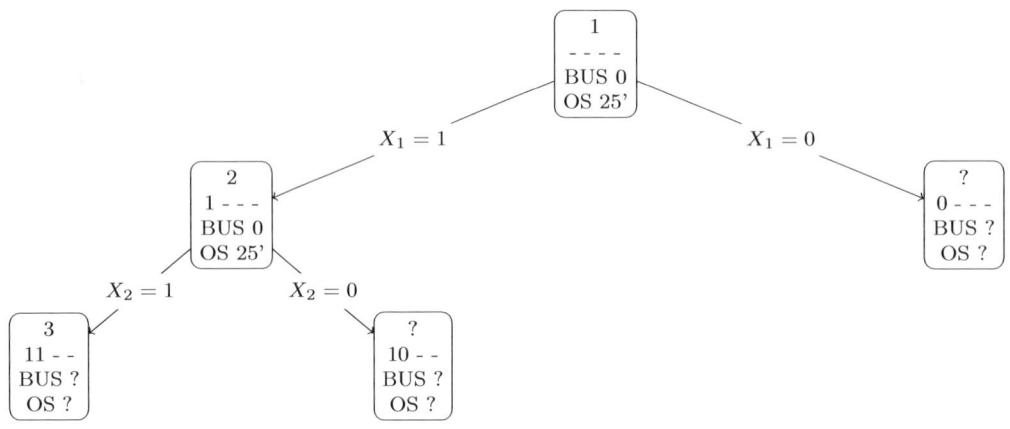

Abbildung 1.7: Verzweigung des Knotens 2

- Im Knoten 2 wissen wir nun, dass der erste Auftrag angenommen werden soll. Wir haben keine neue verbesserte zulässige Lösung, so dass es bei BUS=0 bleibt. An der oberen Schranke OS=25' des relaxierten Problems ohne die Kapazitätsrestriktionen ändert sich auch nichts. Wir verzweigen in Abbildung 1.7 den Knoten weiter und erschaffen den Knoten 3 durch die Entscheidung $X_2 = 1$.

- Im Knoten 3 wissen wir nun zumindest, dass in diesem Teil des Baums die beiden ersten Aufträge angenommen werden sollen. An den Schranken hat sich nichts geändert. Wir verzweigen den Knoten weiter und bilden den Knoten 4 durch die Entscheidung $X_3 = 1$. (Ab hier verfolgen Sie bitte in Abbildung 1.8 die weitere Konstruktion des Baums).

- Der Knoten 4 steht für die (Teil-)Entscheidung, die Aufträge 1 bis 3 alle anzunehmen. Selbst wenn der Auftrag 4 abgelehnt würde, so wäre dies schon unzulässig, weil durch die Annahme der Aufträge 1, 2 und 3 die Kapazitätsrestriktion der ersten Anlage überschritten

1.2 Entscheidungsmodelle und Lösungsalgorithmen

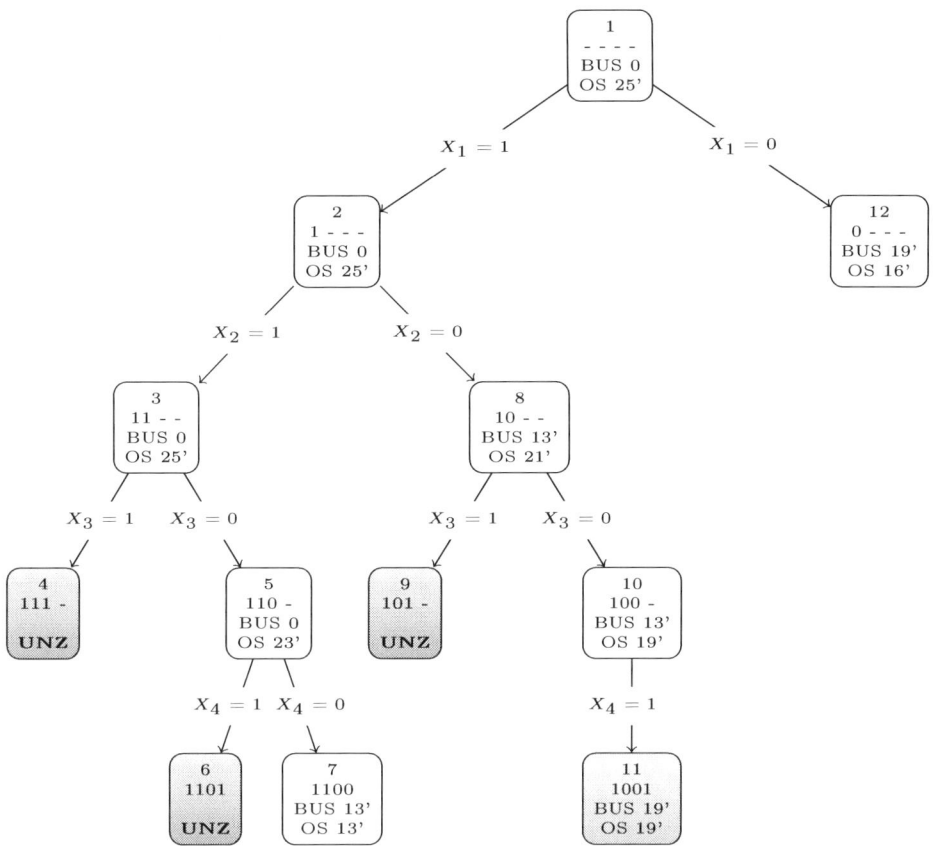

Abbildung 1.8: Entscheidungsbaum eines Branch&Bound-Verfahrens

würde. Damit ist der Knoten unzulässig und muss nicht weiter verzweigt werden. Wenn ein Knoten nicht mehr weiter verzweigt werden kann bzw. muss, dann bezeichnen wir ihn als *ausgelotet*. Der Knoten 4 ist somit ausgelotet aufgrund von Unzulässigkeit. Wir gehen zurück in unserem Baum zum Knoten 3 und verzweigen diesen weiter in den Knoten 5 durch die Entscheidung $X_3 = 0$.

- Im Knoten 5 ändert sich nun etwas an der oberen Schranke des relaxierten Problems. Wenn wir wissen, dass wir den dritten Auftrag *nicht* annehmen, ist die beste Lösung des relaxierten Problems OS=23'. Wir verzweigen den Knoten weiter und bilden den Knoten 6 durch die Entscheidung $X_4 = 1$.

- Der Knoten 6 ist unzulässig und damit ausgelotet, weil die Kapazitätsrestriktion der zweiten Anlage überschritten wird. Wir gehen zurück zum Knoten 5 und verzweigen diesen weiter in den Knoten 7 durch die Entscheidung $X_4 = 0$.

- Im Knoten 7 haben wir mit $X_1 = X_2 = 1$, $X_3 = X_4 = 0$ nun eine vollständige und zulässige Lösung unseres relaxierten Problem mit einer oberen Schranke OS = 13'. Wir stellen fest, dass diese Lösung auch zulässig ist für das ursprüngliche Problem inklusive der Kapazitätsrestriktionen. Das bedeutet, dass wir nun eine neue und bessere Lösung für unser (nicht relaxiertes Ausgangs-)Problem gefunden haben und daher den Wert der bislang besten unteren Schranke auf BUS=13' setzen können. Damit ist auch dieser Knoten ausgelotet, weil in ihm nun BUS=OS gilt. Wir gehen zurück in unserem Baum, bis wir einen noch nicht vollständig verzweigten Knoten finden. Das ist in diesem Fall der Knoten 2. Diesen verzweigen wir weiter durch die Entscheidung $X_2 = 0$ und bilden so den Knoten 8.

- Im Knoten 8 ist dessen obere Schranke OS mit 21' größer als die bislang beste untere Schranke BUS=13', so dass wir weiter verzweigen müssen. Wir verzweigen den Knoten 8 weiter durch die Entscheidung $X_3 = 1$ und bilden den Knoten 9.

- Der Knoten 9 ist unzulässig und damit ausgelotet, weil in ihm die Kapazitätsrestriktion der ersten Anlage überschritten wird. Wir gehen zurück zum Knoten 8 und verzweigen diesen weiter in den Knoten 10 durch die Entscheidung $X_3 = 0$.

- Im Knoten 10 ändert sich nun etwas an der oberen Schranke des relaxierten Problems. Wenn wir wissen, dass wir den zweiten und den dritten Auftrag *nicht* annehmen, ist die beste Lösung des relaxierten Problems OS=19'. Wir verzweigen den Knoten weiter und bilden den Knoten 11 durch die Entscheidung $X_4 = 1$.

- Im Knoten 11 haben wir nun mit $X_1 = X_4 = 1$, $X_2 = X_3 = 0$ erneut eine vollständige und zulässige Lösung des relaxierten Problems mit den Zielfunktionswert OS=19'. Wir stellen fest, dass diese Lösung auch zulässig ist für das ursprüngliche Problem inklusive der Kapazitätsrestriktionen. Wir haben eine verbesserte Lösung gefunden und setzen BUS=19'. Damit ist der Knoten 11 ausgelotet, weil wir eine bessere Lösung gefunden haben.

   Wir gehen in unserem Baum zurück zum Knoten 10. Mittlerweile kennen wir (aus dem Knoten 11) eine Lösung mit BUS=19'. Weil die OS in diesem Knoten nun gleich der aktuellen BUS ist, können wir darauf verzichten, den Knoten weiter zu verzweigen, denn dadurch kann nun keine bessere Lösung mehr gefunden werden. Damit ist der Knoten 10 ausgelotet. Wir gehen zurück in unserem Baum zum Knoten 8. Dieser ist nun vollständig verzweigt. Wir gehen zurück zum Knoten 2. Dieser ist ebenfalls vollständig verzweigt. Wir gehen zurück zum Knoten 1, verzweigen diesen durch die Entscheidung $X_1 = 0$, und bilden so den Knoten 12.

- Im Knoten 12 stellen wir fest, dass die optimale Lösung des relaxierten Problems auf die obere Schranke OS=16' führt, wir aber bereits (aus dem Knoten 11) eine bessere Lösung mit BUS=19' kennen. Damit ist der Knoten 12 ausgelotet, weil wir wissen, dass wir dort keine bessere Lösung mehr finden können als jene, die wir bereits haben.

   Wir gehen zurück zum Knoten 1 und stellen fest, dass dieser nun vollständig verzweigt ist. Damit ist das Verfahren beendet. Wir wissen nun, dass die **bewiesen optimale Lösung** $X_1 = X_4 = 1$, $X_2 = X_3 = 0$ ist und diese einen Zielfunktionswert von 19.000 Geldeinheiten aufweist.

Wenn Sie gerade zum ersten Mal ein solches Branch&Bound-Verfahren gesehen haben, so kommt Ihnen das Ganze möglicherweise kompliziert und unübersichtlich vor. Beachten Sie aber bitte, dass wir im Gegensatz zur Vollenumeration in Abbildung 1.5 in unserem Branch&Bound-Baum in Abbildung 1.8 nur 12 von 31 Knoten bilden mussten und (in den Knoten 7 und 11) nur zwei von 16 möglichen Lösungen betrachten mussten.

Solche Branch&Bound-Verfahren beruhen auf dem im Operations Management häufig verwendeten Grundsatz *divide et impera*[8] und sind insbesondere für Probleme mit ganzzahligen bzw. binären Entscheidungsvariablen geeignet. Sie sind ein zentrales Element jener kommerziellen Software für die Lösung von Entscheidungsmodellen, die wir im Operations Management regelmäßig einsetzen.

1.2.4 Algebraische Modellierungssysteme und professionelle Optimierungssoftware

In Abschnitt 1.2.3 hatten Sie am Beispiel unseres Auftragsannahmeproblems einige Ansätze kennengelernt, wie man heuristische oder exakte Lösungsverfahren für eine Klasse von Problemen konstruieren kann. In der Praxis möchten wir auf diese kleinteilige, fehleranfällige und zudem

---
[8] Lat. für „Teile und herrsche!"

1.2 Entscheidungsmodelle und Lösungsalgorithmen

auch noch problemspezifische Arbeit an selbst-entwickelten Verfahren bzw. Algorithmen gerne verzichten. Statt dessen möchten wir uns auf die betriebswirtschaftliche Frage der Modellierung des Problems konzentrieren. Dann benötigen wir zum einen ein algebraisches Modellierungssystem, mit dem wir das mathematische Modell formulieren sowie die Daten verwalten können. Zum anderen benötigen wir einen sogenannten *Solver*, also eine Computersoftware mit geeigneten Lösungsalgorithmen, welcher für jede konkrete Instanz aus der abstrakten Klasse des Problems eine Lösung errechnen kann.

Dies demonstrieren wir am Beispiel der Software GAMS, die Sie unter www.gams.com in einer Demo-Version herunterladen und im weiteren Verlauf des *Operations Management Tutorials* verwenden sollten. GAMS steht für „General Algebraic Modeling System" und ist ein derartiges Modellierungssystem. Wenn Sie die Software installieren, so installieren Sie zugleich auch diverse damit verbundene Solver für die Lösung verschiedener Klassen von Optimierungsproblemen. Für die Lösung linearer Optimierungsprobleme mit binären oder ganzzahligen Entscheidungsvariablen steht dort u. a. der Solver CPLEX zur Verfügung. In diesem ist u. a. ein Branch&Bound-Verfahren zur Lösung von Problemen mit ganzzahligen oder diskreten Entscheidungsvariablen enthalten, welches auf den in Abschnitt 1.2.3.4 dargestellten Prinzipien des Arbeitens mit einem Entscheidungsbaum operiert.

Unter www.operations-management-online.de finden Sie ein ZIP-Archiv mit jenen GAMS-Modellen, die in diesem Tutorial verwendet werden. Das folgende Listing zeigt die Implementierung des Entscheidungsmodells (1.1) - (1.2) zur Auftragsannahme.

```
* Modell Auftragsannahme I
* Stand: 23.1.2020

* abstrakte Definition des Modells
sets
i   Auftrag
j   Ressource;

binary variables
x(i)   Auswahl von Auftrag i;

free variables
z   Zielfunktionswert;

parameter
a(i,j)   Ressourcenverbrauch
C(j)     Kapazität
u(i)     Deckungsbeitrag;

equations Zielfunktion, Kapazitaetsrestriktion;

Zielfunktion..       z =E= sum(i, u(i) * x(i) );

Kapazitaetsrestriktion(j)..
sum(i, a(i,j) * x(i)) =L= C(j);

* Daten der konkreten Instanz
sets
i /i1*i4/
j /j1*j2/;

table a(i,j)
         j1        j2
i1       60        40
i2       20        30
i3       60        10
i4       20        50;
```

```
parameters
C(j)    /j1  110, j2  90/
u(i)    /i1  9000, i2  4000, i3  2000, i4  10000/;


* Lösung des Modells
model Auftragsannahme_I /Zielfunktion,Kapazitaetsrestriktion/;

option mip=cplex;
solve Auftragsannahme_I maximizing z using MIP;

* Ausgabe der Loesung
display z.l, x.l;
```

Beachten Sie, wie in dem Modell die abstrakten (Un-)Gleichungen von den konkreten Daten getrennt sind. Wenn Sie dieses GAMS-Programm in GAMS lösen lassen, so erhalten Sie die im Beispiel genannte Lösung. Sie sollten das unbedingt selbst ausprobieren und etwas mit dem Modell experimentieren, um ein Gefühl dafür zu bekommen.[9]

1.3 Simulationsmodelle

1.3

Während Entscheidungsmodelle darauf gerichtet sind, aus einer Vielzahl möglicher Lösungen eines Problems eine der u. U. mehreren besten oder zumindest eine gute Lösung zu finden, gibt es vielfach solche Situationen, bei denen bereits die **Bewertung einer einzelnen Konstellation** nicht ganz einfach ist. Das ist insbesondere dann der Fall, wenn wesentliche Parameter des Problems unsicher und im Zeitablauf veränderlich sind und wir es daher mit einem **stochastischen** und möglicherweise zudem **dynamischen Problem** zu tun haben. Derartige Fragestellungen treten z. B. dann auf, wenn man sich mit Systemen zum Bestandsmanagement[10] beschäftigt. Bei der Analyse des Verhaltens und der Leistungsfähigkeit solcher Systeme erkennt man, dass die Unsicherheit der Nachfrage innerhalb der Wiederbeschaffungszeit des Lagers eine zentrale Rolle für die Lieferfähigkeit des Lagers und seine Kosten spielt.

Ähnlich sieht es aus, wenn man ein Warte- und Bediensystem wie z. B. die telefonische Kundenbetreuung in einem Call Center betrachtet. Dann muss ein im Zeitablauf stochastischer Prozess untersucht werden, der durch die zufälligen Zwischenankunftszeiten sowie die ebenfalls zufälligen Bearbeitungszeiten der einzelnen Anrufer geprägt ist.

In solchen Situationen stößt man mit den Methoden der Wahrscheinlichkeitsrechnung häufig an Grenzen und wendet sich vom Denken ab und dem Probieren zu, getreu dem Motto „Wenn man nicht mehr weiter kann, fängt man zu simulieren an."[11] Dazu gibt es eine Vielzahl von Softwaresystemen, die in der Praxis intensiv und für die verschiedensten Fragestellungen eingesetzt werden.

Solche Simulationen kann man auch als digitale Durchführung von mathematischen Experimenten betrachten, aus denen man ebenfalls viel lernen kann. Allerdings muss man berücksichtigen, dass **Zufallsexperimente** nur zu zufälligen Ergebnissen führen können und man letztlich doch wieder Wahrscheinlichkeitsrechnungen durchführen muss, um deren Ergebnisse sachgerecht zu interpretieren. Um die grundlegenden Ideen und Probleme einer stochastischen Simulation zu erläutern, betrachten wir im Folgenden ein kleines Beispiel.

---

[9] In dem Video zu diesem Kapitel zeige ich Ihnen, wie das geht. Es ist wirklich sehr einfach und gleichzeitig erhellend.
[10] Früher nannte man das „Lagerhaltung".
[11] Zimmermann und Stache (2001, S. 336)

1.3 Simulationsmodelle

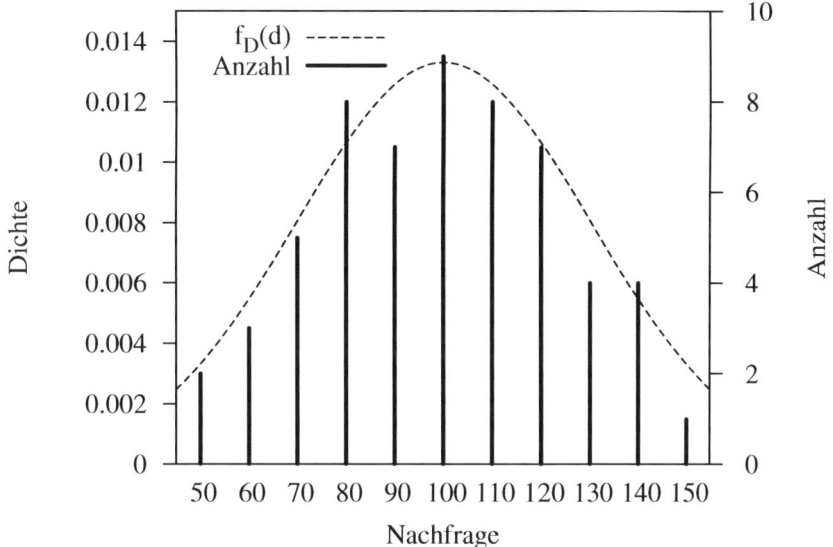

Abbildung 1.9: Empirische Häufigkeiten und Approximation durch eine Normalverteilung

Beispiel zum Zeitungsverkauf

Paul und Paula sind mobile Zeitungsverkäufer. Jeden Morgen kaufen sie 90 Exemplare der lokalen Tageszeitung für je 50 Cent und verkaufen diese dann im Tagesverlauf für 2,00 Euro je Stück an ihre Laufkundschaft weiter. An manchen Tagen sind die morgens gekauften Zeitungen am frühen Mittag schon alle verkauft und die beiden ärgern sich, den Bedarf unterschätzt zu haben. Andererseits gibt es Tage, an denen abends Zeitungen übrig bleiben, und die beiden sich ebenfalls ärgern, die übrigen Zeitungen wegwerfen zu müssen. Paul und Paula denken, dass es so nicht weiter gehen kann, und beschließen, der Sache auf den Grund zu gehen.

Ihnen ist klar, dass sie zunächst herausfinden müssen, wie die **Verteilung der Nachfrage** nach Zeitungen je Tag aussieht. Daher bleiben sie nun auch dann mit der Zeitschriftentasche vor dem Bauch an der Straßenecke stehen, wenn bereits alle Zeitschriften verkauft sind, und notieren, wie viele Kunden an diesem Tag gerne eine Zeitschrift gekauft *hätten*. Diese Daten aggregieren sie zunächst in 10er-Intervallen und finden heraus, dass z. B. an neun Tagen zwischen 96 und 105 Zeitungen hätten verkauft werden können, siehe Abbildung 1.9. Sie beschließen, die tägliche Nachfrage durch eine Normalverteilung mit Mittelwert 100 und Standardabweichung 30 zu approximieren, weil deren Dichtefunktion $f_D(d)$ so einigermaßen zu den empirischen Häufigkeiten zu passen scheint.

Paul ist sehr zufrieden. Er denkt, dass sie auf der „sicheren Seite" sind, wenn sie weiterhin jeden Morgen 90 Zeitungen kaufen. Dann müssen sie nicht so oft ungelesene Zeitungen wegwerfen, was ihm ein Gräuel ist. Paula dagegen möchte jetzt jeden Morgen 110 Zeitungen kaufen, weil es aus ihrer Sicht schlimmer ist, eine Zeitschrift nicht zu verkaufen, für die es eine Nachfrage gegeben hätte, als abends eine übrige Zeitung wegzuwerfen.

Da sie die Mathematik des Problems[a] nicht so richtig durchdringen, beschließen sie, die Angelegenheit durch eine stochastische Simulation zu untersuchen und verwenden dazu ein Tabellenkalkulationsprogramm.

---
[a] Dieses Problem betrachten wir noch sehr ausführlich in Abschnitt 7. Dann lernen Sie auch die Alternative zur hier betrachteten Simulation kennen.

	A	B	C	D	E	F
1	Einkaufsmenge		90			
2	Einkaufspreis		0,50 €			
3	Verkaufspreis		2,00 €			
4	Mittelwert Nachfrage		100			
5	Standardabweichung		30			
6						
7	Szenario	Nachfrage	Absatz	Kosten	Erlöse	Tagesgewinn
8	1	47	47	45,00 €	94,00 €	49,00 €
9	2	99	90	45,00 €	180,00 €	135,00 €
10	3	170	90	45,00 €	180,00 €	135,00 €
11	4	144	90	45,00 €	180,00 €	135,00 €
12	5	61	61	45,00 €	122,00 €	77,00 €
13	6	164	90	45,00 €	180,00 €	135,00 €
14	7	108	90	45,00 €	180,00 €	135,00 €
15	8	117	90	45,00 €	180,00 €	135,00 €
16	9	109	90	45,00 €	180,00 €	135,00 €
17	10	98	90	45,00 €	180,00 €	135,00 €
18						
19						
20	**Mittelwert des Tagesgewinns**					120,60 €
21	Standardabweichung des Tagesgewinns					31,07 €
22	Stichprobenumfang					10
23	Anzahl Freiheitsgrade					9
24	Konfidenzniveau					95,00%
25	Irrtumswahrscheinlichkeit Alpha					0,05
26	t-Wert					2,262157163
27						
28	**Untergrenze Konfidenzintervall**					98,38 €
29	**Obergrenze Konfidenzintervall**					142,82 €

Abbildung 1.10: Simulation der Bestellmenge 90 über 10 Szenarien

Sehen wir uns nun einmal an, was Paul und Paula hier zu tun haben, um eine stochastische Simulation durchzuführen. Zunächst ist den beiden klar, dass sie ihre Zufallsexperimente mehrmals werden durchführen müssen, um ein klares Bild zu erhalten. Jede dieser Wiederholungen bezeichnen wir als *Szenario*. Wenn wir mit q die Anzahl gekaufter Zeitungen bezeichnen, d_s die konkrete Realisation der zufälligen Nachfrage im Szenario s ist, und wir mit c den Einkaufspreis (also die Beschaffungskosten je Stück) sowie mit p den Verkaufspreis bzw. Stückerlös jeder Zeitung bezeichnen, so gilt für den (Tages-)Gewinn g_s im Szenario s offenbar folgende Beziehung:

$$g_s = p \cdot \min\{d_s, q\} - c \cdot q \qquad (1.20)$$

Während die Kosten $c \cdot q$ des Tages mit der Beschaffungsmenge q bereits festgelegt sind, hängen die Erlöse auch davon ab, wie an dem Tag die Nachfrage d_s aussieht. Abgesetzt werden kann im Szenario s nur das Minimum aus Nachfrage d_s und Beschaffungsmenge q.

Abbildung 1.10 zeigt die Simulation von zunächst insgesamt 10 unabhängigen Szenarien bei einer Einkaufsmenge von 90 Tageszeitungen in einem Tabellenkalkulationsprogramm. Die in der Tabelle verwendeten Berechnungsformeln werden durch Abbildung 1.11 dargestellt. Einige der Elemente und Berechnungsvorschriften dieses Tabellenblatts sehen wir uns nun genauer an, weil wir an diesem konkreten Beispiel einiges über die Durchführung einer stochastischen Simulation lernen können.

In den Zellen „C1" bis „C5" in Abbildung 1.10 stehen die Eingangsgrößen des Simulationsmodells. Das zufällige Element des Modells ist die Nachfrage d_s im jeweiligen Szenario s, beispielsweise in Szenario 5 die Nachfrage von 61 Mengeneinheiten in Zelle „B12". Sehen wir uns nun diese Zelle „B12" in Abbildung 1.11 genauer an, so finden wir dort die folgende Berechnungsvorschrift:

1.3 Simulationsmodelle

```
=RUNDEN(NORMINV(ZUFALLSZAHL();$C$4;$C$5);0)
```

Durch diese Vorschrift, die Sie von innen nach außen zu lesen haben, wird zunächst über die Funktion „ZUFALLSZAHL()" eine konkrete Realisation einer zwischen 0 und 1 gleich-verteilten (Pseudo-)Zufallszahl[12] bestimmt. Durch die Funktion „NORMINV()" wird die Normalverteilung mit dem Mittelwert in der Zelle „C4" und der Standardabweichung in der Zelle „C5" an der zuvor bestimmten zufälligen Stelle invertiert und es entsteht eine konkrete Realisation der normalverteilten Zufallsvariablen. Da die Normalverteilung stetig ist, wir aber eine diskrete Nachfrage modellieren wollen, wird die realisierte Zufallszahl abschließend noch auf einen ganzzahligen Wert gerundet.

Für jedes Szenario werden nun die Absatzmenge als Minimum aus Nachfrage und Einkaufsmenge ermittelt, die Kosten sowie die Erlöse und daraus der Tagesgewinn bestimmt. Im Szenario 5 der Abbildung 1.10 beträgt dieser 77 Euro. Vergleicht man nun die Tagesgewinne über die einzelnen Szenarien, so stellt sich erwartungsgemäß heraus, dass diese schwanken. Häufig interessiert man sich für die Frage, wo die betrachtete Größe, hier also der Tagesgewinn, denn „im Mittel" liegen wird. In den Zellen „F20" und „F21" wird dazu der Mittelwert und die Standardabweichung über die Szenarien bestimmt. Im konkreten Fall beträgt der Mittelwert 120,60 Euro. Abbildung 1.12 zeigt eine analog durchgeführte Simulation für die Einkaufsmenge von 110 Zeitungen mit einem mittleren Tagesgewinn von 114,60 Euro.

> **Beispiel zum Zeitungsverkauf (Fortsetzung)**
>
> Paul hat im Internet ein Tabellenblatt für die Simulation seines Problems gefunden und kommt nun mit den Ergebnissen zu Paula.
>
> »Paula, ich hab's simuliert: Wenn wir jeden Morgen 90 Zeitungen kaufen, so erhalten wir im Mittel einen Tagesgewinn von 120,60 Euro, bei 110 Zeitungen sind es nur 114,60 Euro. Glaubst du mir jetzt, dass wir nur 90 Zeitungen kaufen sollten?«
>
> Paula kennt ihren Paul. Sie sieht sich die Berechnungen in den Tabellenblättern genauer an. »Paul, hast du gesehen, dass da 'was vom „Konfidenzintervall" steht?«
>
> »Nö, keine Ahnung, was das soll.«
>
> »Na ja, leider ist nicht nur die Nachfrage zufällig, sondern auch in der Simulation die Schätzung des Mittelwerts. Wenn die Schätzung ungenau ist, dann ist das Konfidenzintervall für den Mittelwert breit. Hier geht das Konfidenzintervall von 98,38 Euro bis 142,82 Euro. Das ist ziemlich breit.«
>
> Paul ist genervt. »Von mir aus. Ich will doch nur wissen, ob 90 oder 110 Zeitungen besser sind. Und der Mittelwert bei 110 Zeitungen ist nur 114,60 Euro. Also sollten wir bei 90 Zeitungen bleiben.«
>
> »Langsam, Paul. Auch für 110 Zeitungen ist doch in der anderen Tabelle ein Konfidenzintervall angegeben, von 83,34 Euro bis 145,86 Euro. Die Konfidenzintervalle des Gewinns für 90 und 110 Zeitungen überschneiden sich. Die Schätzwerte unterscheiden sich also nicht signifikant.«
>
> »Das ist doch alles theoretischer Mist. Mach' doch selber, wenn du alles besser weißt.«
>
> Paul ist beleidigt. Zum Trost holt er sich erstmal ein Bier. Paula setzt sich an den Rechner und arbeitet da weiter, wo Paul aufgehört hat.

Die Genauigkeit eines stochastischen Simulationsergebnisses hängt vom Stichprobenumfang, hier also der Anzahl von Szenarien, ab. In dem konkreten Fall sind 10 Szenarien oder Wiederholungen *viel* zu wenig, um zu einem klaren Bild zu kommen. Das liegt an der starken Schwankung der stochastischen Größe, hier der Nachfrage bzw. daraus abgeleitet dem Tagesgewinn. Will man genauere Ergebnisse, so muss man die Zahl der Szenarien, also den Stichprobenumfang,

---

[12] Die Zahl ist nicht wirklich zufällig, weil sie durch eine deterministische Berechnungsvorschrift entsteht, für unsere Zwecke sieht sie aber hinreichend zufällig aus, vgl. zu derartigen Berechnungsvorschriften für Pseudo-Zufallszahlen Domschke, Drexl u. a. (2015, Abschnitt 10.3).

	A	B	C	D	E	F
1	Einkaufsmenge	90				
2	Einkaufspreis	0,5				
3	Verkaufspreis	2				
4	Mittelwert Nachfrage	100				
5	Standardabweichung	30				
6						
7	Szenario	Nachfrage	Absatz	Kosten	Erlöse	Tagesgewinn
8	1	=RUNDEN(NORMINV(ZUFALLSZAHL();$C$4;$C$5);0)	=MIN($C$1;B8)	=$C$1*$C$2	=C8*$C$3	=E8-D8
9	=A8+1	=RUNDEN(NORMINV(ZUFALLSZAHL();$C$4;$C$5);0)	=MIN($C$1;B9)	=$C$1*$C$2	=C9*$C$3	=E9-D9
10	=A9+1	=RUNDEN(NORMINV(ZUFALLSZAHL();$C$4;$C$5);0)	=MIN($C$1;B10)	=$C$1*$C$2	=C10*$C$3	=E10-D10
11	=A10+1	=RUNDEN(NORMINV(ZUFALLSZAHL();$C$4;$C$5);0)	=MIN($C$1;B11)	=$C$1*$C$2	=C11*$C$3	=E11-D11
12	=A11+1	=RUNDEN(NORMINV(ZUFALLSZAHL();$C$4;$C$5);0)	=MIN($C$1;B12)	=$C$1*$C$2	=C12*$C$3	=E12-D12
13	=A12+1	=RUNDEN(NORMINV(ZUFALLSZAHL();$C$4;$C$5);0)	=MIN($C$1;B13)	=$C$1*$C$2	=C13*$C$3	=E13-D13
14	=A13+1	=RUNDEN(NORMINV(ZUFALLSZAHL();$C$4;$C$5);0)	=MIN($C$1;B14)	=$C$1*$C$2	=C14*$C$3	=E14-D14
15	=A14+1	=RUNDEN(NORMINV(ZUFALLSZAHL();$C$4;$C$5);0)	=MIN($C$1;B15)	=$C$1*$C$2	=C15*$C$3	=E15-D15
16	=A15+1	=RUNDEN(NORMINV(ZUFALLSZAHL();$C$4;$C$5);0)	=MIN($C$1;B16)	=$C$1*$C$2	=C16*$C$3	=E16-D16
17	=A16+1	=RUNDEN(NORMINV(ZUFALLSZAHL();$C$4;$C$5);0)	=MIN($C$1;B17)	=$C$1*$C$2	=C17*$C$3	=E17-D17
18						
19						
20	**Mittelwert des Tagesgewi**					=MITTELWERT(F8:F17)
21	Standardabweichung des					=STABW(F8:F17)
22	Stichprobenumfang					=ANZAHL(F8:F17)
23	Anzahl Freiheitsgrade					=F22-1
24	Konfidenzniveau					0,95
25	Irrtumswahrscheinlichkeit					=1-F24
26	t-Wert					=TINV(F25;F23)
27						
28	**Untergrenze Konfidenzint**					=F20-F26*F21/WURZEL(F22)
29	**Obergrenze Konfidenzint**					=F20+F26*F21/WURZEL(F22)

Abbildung 1.11: Formeln zur Simulation des Zeitungsjungenproblems

1.3 Simulationsmodelle

	A	B	C	D	E	F
1	Einkaufsmenge		110			
2	Einkaufspreis		0,50 €			
3	Verkaufspreis		2,00 €			
4	Mittelwert Nachfrage		100			
5	Standardabweichung		30			
6						
7	Szenario	Nachfrage	Absatz	Kosten	Erlöse	Tagesgewinn
8	1	113	110	55,00 €	220,00 €	165,00 €
9	2	45	45	55,00 €	90,00 €	35,00 €
10	3	90	90	55,00 €	180,00 €	125,00 €
11	4	90	90	55,00 €	180,00 €	125,00 €
12	5	68	68	55,00 €	136,00 €	81,00 €
13	6	66	66	55,00 €	132,00 €	77,00 €
14	7	74	74	55,00 €	148,00 €	93,00 €
15	8	85	85	55,00 €	170,00 €	115,00 €
16	9	121	110	55,00 €	220,00 €	165,00 €
17	10	164	110	55,00 €	220,00 €	165,00 €
18						
19						
20	**Mittelwert des Tagesgewinns**					114,60 €
21	Standardabweichung des Tagesgewinns					43,69 €
22	Stichprobenumfang					10
23	Anzahl Freiheitsgrade					9
24	Konfidenzniveau					95,00%
25	Irrtumswahrscheinlichkeit Alpha					0,05
26	t-Wert					2,262157163
27						
28	**Untergrenze Konfidenzintervall**					83,34 €
29	**Obergrenze Konfidenzintervall**					145,86 €

Abbildung 1.12: Simulation der Bestellmenge 110 über 10 Szenarien

erhöhen. Die Abbildungen 1.13 und 1.14 zeigen die Tabellenblätter für 1000 Szenarien. Hier ergibt sich ein klareres Bild.

> **Beispiel zum Zeitungsverkauf (Schluss)**
>
> Paula hat in den Tabellenblättern 990 neue Szenarien eingefügt, der Rest der Rechnung bleibt sinngemäß identisch.
>   »Paul, kommst du 'mal?«
>   Paul ist immer noch genervt. »Was ist? Machst du immer noch mit den Tabellen 'rum? Gleich fängt Fußball an!«
>   Die Fußballübertragungen sind Paul heilig. Da versteht er keinen Spaß und Paula weiß das auch.
>   »Geht ganz schnell. Eigentlich war das schon sehr gut mit dem Tabellenblatt, das du gefunden und ausgefüllt hast. Ich habe nur die Zahl der Szenarien vergrößert, das war ganz einfach.«
>   »Tolle Sache. Und?«
>   »Wenn ich bei 90 Zeitungen 1000 Szenarien durchrechne, dann kommt für den Tagesgewinn ein Mittelwert von etwa 119 Euro heraus.«
>   »Klingt auch gut! Aber wie genau ist diese Schätzung?«
>   »Die ist schon deutlich genauer. Die Grenzen des Konfidenzintervalls liegen bei 117,13 Euro und 120,66 Euro.«
>   »Na ja, das ist dann zwar weniger als eben, aber immer noch mehr als die 114,60 Euro bei den 110 Zeitungen. Dann bleibt es bei den 90. Wusste ich es doch. Das hatte ich doch im Gefühl!«
>   Pause. »Du, Paul?«
>   »Ja?«

	A	B	C	D	E	F
1	Einkaufsmenge		90			
2	Einkaufspreis		0,50 €			
3	Verkaufspreis		2,00 €			
4	Mittelwert Nachfrage		100			
5	Standardabweichung		30			
6						
7	Szenario	Nachfrage	Absatz	Kosten	Erlöse	Tagesgewinn
8	1	153	90	45,00 €	180,00 €	135,00 €
9	2	51	51	45,00 €	102,00 €	57,00 €
10	3	70	70	45,00 €	140,00 €	95,00 €
11	4	120	90	45,00 €	180,00 €	135,00 €
12	5	71	71	45,00 €	142,00 €	97,00 €
...	...	...	...	...	...	...
1004	997	120	90	45,00 €	180,00 €	135,00 €
1005	998	92	90	45,00 €	180,00 €	135,00 €
1006	999	127	90	45,00 €	180,00 €	135,00 €
1007	1000	96	90	45,00 €	180,00 €	135,00 €
1008						
1009	**Mittelwert des Tagesgewinns**					118,89 €
1010	Standardabweichung des Tagesgewinns					28,45 €
1011	Stichprobenumfang					1000
1012	Anzahl Freiheitsgrade					999
1013	Konfidenzniveau					95,00%
1014	Irrtumswahrscheinlichkeit Alpha					0,05
1015	t-Wert					1,962341461
1016						
1017	**Untergrenze Konfidenzintervall**					117,13 €
1018	**Obergrenze Konfidenzintervall**					120,66 €

Abbildung 1.13: Simulation der Bestellmenge 90 über 1000 Szenarien

»Du musst jetzt ganz tapfer sein!«

»Wieso, was ist denn noch?«

»Äh, ich habe die Rechnung über 1000 Szenarien auch noch 'mal für die 110 Zeitungen gemacht.«

»Und?«

»Da liegt der Mittelwert bei etwa 132 Euro. Die Konfidenzintervalle überschneiden sich jetzt auch nicht mehr.«

»Wow! Ok, ich glaub's. Aber verstehen tue ich's nicht. Wieso sollen wir jeden Morgen 110 Zeitungen kaufen, wenn die mittlere Nachfrage nur 100 beträgt?«

»Paul, denk' doch 'mal so: Jede Zeitung, die wir abends wegschmeißen, kostet uns 50 Cent. Ist nicht schön. Aber jede Zeitung, die wir nicht verkaufen konnten, kostet uns 1,50 Euro. Das ist noch unschöner.«

Pause.

»Du, Paula?«

»Ja?«

»Bist du sicher, dass 110 Zeitungen die beste Lösung ist?«

»Vermutlich nicht. Das wäre ein echter Glückstreffer. Eine Simulation ist ja keine Optimierung. Wir können ja 'mal systematisch verschiedene Werte durchprobieren und dann den besten nehmen. Ist kein sehr intelligentes Verfahren, sollte hier aber reichen.«

In dem betrachteten Beispiel spielte die Zeit keine große Rolle. Eine einfache Tabellenkalkulation war ausreichend, um eine Simulation durchzuführen. Wenn wir komplexere Prozesse im Zeitablauf untersuchen müssen, so werden wir dazu typischerweise eine spezielle Simulationssoftware verwenden. Damit können wir z. B. komplette Call Center oder Fabriken abbilden

1.3 Simulationsmodelle

	A	B	C	D	E	F
1	Einkaufsmenge		110			
2	Einkaufspreis		0,50 €			
3	Verkaufspreis		2,00 €			
4	Mittelwert Nachfrage		100			
5	Standardabweichung		30			
6						
7		Szenario	Nachfrage	Absatz	Kosten	Erlöse	Tagesgewinn
8		1	118	110	55,00 €	220,00 €	165,00 €
9		2	108	108	55,00 €	216,00 €	161,00 €
10		3	85	85	55,00 €	170,00 €	115,00 €
11		4	67	67	55,00 €	134,00 €	79,00 €
12		5	67	67	55,00 €	134,00 €	79,00 €
13		6	84	84	55,00 €	168,00 €	113,00 €
1004		997	64	64	55,00 €	128,00 €	73,00 €
1005		998	79	79	55,00 €	158,00 €	103,00 €
1006		999	74	74	55,00 €	148,00 €	93,00 €
1007		1000	106	106	55,00 €	212,00 €	157,00 €
1008							
1009	**Mittelwert des Tagesgewinns**					131,55 €
1010	Standardabweichung des Tagesgewinns					41,41 €
1011	Stichprobenumfang					1000
1012	Anzahl Freiheitsgrade					999
1013	Konfidenzniveau					95,00%
1014	Irrtumswahrscheinlichkeit Alpha					0,05
1015	t-Wert					1,962341461
1016						
1017	**Untergrenze Konfidenzintervall**					128,98 €
1018	**Obergrenze Konfidenzintervall**					134,12 €

Abbildung 1.14: Simulation der Bestellmenge 110 über 1000 Szenarien

und simulieren. Die grundlegende Idee ist aber identisch: In einem digitalen Modell wird ein Zufallsexperiment durchgeführt.

In allen Fällen gilt: Ein einzelnes simuliertes Szenario ist in aller Regel ohne große Aussagekraft. Erst eine größere Zahl von **Wiederholungen** gibt ein klares Bild. Zu den durch die Simulation geschätzten Größen, im Beispiel dem mittleren Gewinn je Tag, sind die **Konfidenzintervalle** anzugeben.[13] Deren Breite hängt u. a. ab von der Standardabweichung der betrachteten Größe und dem Stichprobenumfang, also der Zahl der Szenarien oder Wiederholungen.

Man benötigt also Kenntnisse der schließenden Statistik, um Simulationsergebnisse sachgerecht interpretieren zu können. Zudem kann die handwerklich saubere Durchführung von Simulationsstudien für komplexe Systeme einen erheblichen Rechenaufwand erfordern. Deswegen ist es sehr hilfreich, wenn man durch analytische Modelle („Formeln") zumindest näherungsweise abschätzen kann, wie sich ein System verhalten wird.

Schließlich gibt es einen wichtigen Unterschied zwischen Simulation und Optimierung: Durch die Simulation wird nur eine *einzelne* Situation oder Konstellation *bewertet*. Optimieren bedeutet dagegen, aus der Vielzahl möglicher Konstellationen eine gute oder gar bestmögliche Lösung zu *finden*. Sehr häufig ist es dabei so, dass es nicht nur eine optimale Lösung gibt, sondern dass mehrere verschiedene Lösungen optimal sind. In der Praxis werden Sie es oft erleben, dass schon die Simulation einer verbesserten Systemalternative kurzerhand als „Optimierung" bezeichnet und vor allem auch im engeren Wortsinn als solche verkauft wird, z. B. als Beratungsleistung.

---

[13] Wie Sie das Konfidenzintervall zum Stichprobenmittelwert berechnen, lernen Sie in jedem ordentlichen Statistik-Kurs, vgl. z. B. Bleymüller (2012, Kapitel 14) oder Sibbertsen und Lehne (2012, Abschnitt 13.2).

Literaturhinweise

- Cachon und Terwiesch (2009)
- Günther und Tempelmeier (2020)
- Thonemann und Albers (2011)

1.4 Aufgaben und Übungen

Einfache Aufgaben

1. Grundbegriffe und elementare Zusammenhänge

   Beantworten Sie die folgenden Fragen:

   a) Was ist ein Wertschöpfungsprozess? Was versteht man unter Wertschöpfung?

   b) Stellen Sie sich vor, die Wertschöpfung in den Prozessen eines privatwirtschaftlichen Unternehmens sei dauerhaft *negativ*. Welchen Auswirkung hat dies auf das Betriebsergebnis, auf die Eigenkaptialquote und langfristig auf die Existenz des Unternehmens, dessen Mitarbeiter und Gläubiger?

   c) Was sind Produktionsfaktoren? Was unterscheidet Potential- von Repetierfaktoren?

   d) Wodurch unterscheiden sich Sachgüter von Dienstleistungen? Was sind hybride Leistungsbündel?

   e) Worin besteht der Gegenstand des Faches „Operations Management"?

   f) In welchem Verhältnis stehen die Fächer „Operations Management" und „Operations Research" zueinander?

   g) Wozu dienen Entscheidungsmodelle? Aus welchen Komponenten bestehen diese und was bilden diese Komponenten jeweils ab?

   h) Was ist damit gemeint, dass die Parameter als exogene und die Entscheidungsvariablen als endogene Attribute der in einem Entscheidungsmodell betrachteten Objekte sind?

   i) Worin besteht der Unterschied zwischen einem abstrakten Entscheidungsmodell, einer konkreten Modellinstanz und einem Lösungsverfahren?

   j) Wozu dienen die Software-Produkte GAMS und CPLEX?

   k) Was versteht man unter Simulation? Worin besteht der Unterschied zur Optimierung?

   l) Warum berechnet man in Simulationsexperimenten Konfidenzintervalle?

2. Simulation mit Microsoft Excel

   Laden Sie von der Homepage www.operations-management-online.de des Tutorials das ZIP-Archiv mit den Excel-Dateien herunter. Öffnen Sie die Datei für das Zeitungsjungenproblem und in dieser das Tabellenblatt für die Rechnung mit 10 Szenarien. Ändern Sie die Bestellmenge auf 100 und geben Sie den simulierten Mittelwert des Tagesgewinns sowie das Konfidenzintervall an. Führen Sie dazu mehrere Wiederholungen des Simulationsexperiments durch. (Zum Ziehen neuer Zufallszahlen müssen Sie eventuell die Funktionstaste F9 drücken.) Wiederholen Sie die Berechnung mit dem Tabellenblatt für 1000 Szenarien und vergleichen Sie die Ergebnisse!

1.4 Aufgaben und Übungen

> **Lösung/Lösungshinweis**
>
> Im Fall von nur 10 Szenarien schwankt der Mittelwert des Tagesgewinns so stark, dass hier kein sinnvoller Referenzwert angegeben werden kann. Im Fall der Simulation über 1000 Szenarien liegt der simulierte Mittelwert im Bereich um 125 bis 126 Geldeinheiten bei einer Breite des Konfidenzintervalls von etwa vier bis fünf Geldeinheiten.

Modellierungsaufgaben

1. Elementare Modellierung mit GAMS

   Durch die Bearbeitung der folgenden Aufgaben können Sie sich ein wenig an die Modellierung von betriebswirtschaftlichen Problemen mittels GAMS gewöhnen. Installieren Sie zunächst auf Ihrem Rechner GAMS und laden Sie sich dann von der Seite www.operations-management-online.de die ZIP-Datei mit den GAMS-Modellen herunter. Ihr Ausgangspunkt für die weiteren Schritte ist dann die Datei "Auftragsannahme_I.gms". Es empfiehlt sich, für jede Aufgabe eine eigene Datei mit einem möglichst aussagekräftigen Namen anzulegen, um noch die Übersicht zu bewahren.

   a) Betrachten Sie die konkrete Instanz des Modells „Auftragsannahme I" auf der Seite 9 sowie die GAMS-Implementierung auf der Seite 21.

      Sie sollen nun dem Modell die Anforderung hinzufügen, dass, sofern der Auftrag 1 angenommen wird, auch der Auftrag 3 angenommen werden muss.

      Formulieren Sie nun zunächst in algebraischer Form, also als mathematische (Un-)Gleichung, eine Restriktion, die diese Anforderung zum Ausdruck bringt.

      Erstellen Sie auf der Basis der Datei „Auftragsannahme_I.gms" eine neue und modifizierte Datei z. B. mit dem Namen „Auftragsannahme_I_wenn_1_dann_3.gms" mit einem neuen Modell, welches diese weitere Anforderung zusätzlich zu den bisherigen Anforderungen enthält.

      Geben Sie für diese erweiterte Problemstellung die optimale Lösung sowie den Zielfunktionswert im Optimum an.

      > **Lösung/Lösungshinweis**
      >
      > Die Restriktion lautet in algebraischer Form $X_1 \leq X_3$ und führt auf die optimale Lösung $X_1 = 0$, $X_2 = X_3 = X_4 = 1$ und $Z = 16.000$.

   b) Fügen Sie dem Ausgangsmodell „Auftragsannahme I" die folgende neue Anforderung hinzu und bestimmen sie die dann optimale Lösung: Wenn Auftrag 1 angenommen wird, dann darf Auftrag 4 nicht angenommen werden.

      > **Lösung/Lösungshinweis**
      >
      > $X_1 = 0$, $X_2 = X_3 = X_4 = 1$, $Z = 16.000$

   In dieser Weise behandeln Sie bitte nun weiter die folgenden Aufgaben:

   c) Die Aufträge 1 und 2 können nur gemeinsam angenommen oder abgelehnt werden.

   d) Von den Aufträgen 2 und 3 muss genau einer angenommen werden.

   e) Von den Aufträgen 2 und 3 muss mindestens einer angenommen werden.

   f) Von den Aufträgen 1 und 4 darf maximal einer angenommen werden.

g) Wenn sowohl der Auftrag 1 als auch der Auftrag 4 angenommen werden, so muss auch der Auftrag 2 angenommen werden.

h) Wenn sowohl der Auftrag 1 als auch der Auftrag 4 angenommen werden, so darf der Auftrag 2 nicht angenommen werden.

2. Auftragsannahme mit Mengenrabatt

   Erweitern Sie das Modell „Auftragsannahme I" in geeigneter Weise, um die folgende Regelung zu einem Mengenrabatt abzubilden: Wenn die Aufträge 3 und 4 gewählt werden, so erhält das Unternehmen einen den Gewinn steigernden Mengenrabatt in Höhe von 4.000 Geldeinheiten. Implementieren Sie die Modellerweiterung in GAMS und bestimmen Sie die dann optimale Lösung sowie den zugehörigen Zielfunktionswert.

   > **Lösung/Lösungshinweis**
   > $X_1 = 0, X_2 = X_3 = X_4 = 1, Z = 20.000$

3. Auftragsannahme mit CO_2-Emissionen

   Erweitern Sie das Modell „Auftragsannahme I" in geeigneter Weise, um Regelungen zur Eindämmung von CO_2-Emissionen abzubilden: Das Unternehmen ist gegenwärtig im Besitz von Emissionsrechten für 140 Emissionseinheiten. Mit der Durchführung der vier zur Entscheidung stehenden Aufträge sind CO_2-Emissionen in Höhe von 100, 50, 20 und 200 Emissionseinheiten verbunden. Das Unternehmen kann für den betrachteten Zeitraum weitere (zusätzliche) Emissionsrechte für 10 Geldeinheiten je Emissionseinheit erwerben. Zusammen mit der Entscheidung über die Auftragsannahme ist nun auch zu entscheiden, ob und ggf. in welchem Umfang weitere Emissionsrechte erworben werden sollen. Im Gegensatz zur Ausgangssituation beträgt nun die <u>Kapazität</u> der beiden Produktionsanlagen <u>150 bzw. 100</u> Stunden!

   a) Erweitern Sie das Modell in der erforderlichen Weise, implementieren Sie die Modellerweiterung in GAMS und bestimmen Sie die dann optimale Lösung sowie den zugehörigen Zielfunktionswert. Führen Sie dazu eine neue nicht-negative reellwertige Variable W in Ihrem Modell ein, die abbildet, in welchem Umfang zusätzliche Emissionsrechte erworben werden.

      Hinweis: Mit dem folgenden Befehl können Sie die nicht-negative reellwertige Variable W in GAMS definieren:

      ```
      positive variable W;
      ```

      > **Lösung/Lösungshinweis**
      > $X_2 = 0, X_1 = X_3 = X_4 = 1, W = 180$ und $Z = 19.200$

   b) Wie ändern sich die Struktur der Lösung sowie der Zielfunktionswert, wenn der Preis für das Emissionsrecht von 10 auf 100 Geldeinheiten je Emissionseinheit steigt?

      > **Lösung/Lösungshinweis**
      > $X_4 = 0, X_1 = X_2 = X_3 = 1, W = 30$ und $Z = 12.000$

1.4 Aufgaben und Übungen

Frühere oder naheliegende Prüfungsfragen

1. **Entscheidungsmodelle und Algorithmen**

   a) Erläutern Sie,
      i. aus welchen Komponenten formale Entscheidungsmodelle bestehen,
      ii. wozu Entscheidungsmodelle dienen und
      iii. in welchem Zusammenhang solche formalen Entscheidungsmodelle zu Algorithmen stehen!

   b) Betrachten Sie die folgende Frage, die auf das im Unterricht verwendete Lehrbuch Bezug nimmt:

   "*Ist die Lösung zum Capacitated Lot Sizing Problem (CLSP) auf Seite 209 bzw. die GAMS-Implementierung eine Heuristik oder ein Algorithmus?*"

   Nehmen Sie zu dieser Frage differenziert und fachlich präzise begründend Stellung! (5 Min.)

2. **Optimierungsverfahren**

   a) Was ist ein Algorithmus?

   b) Wodurch unterscheiden sich exakte von heuristischen Optimierungsverfahren?

   c) Wodurch unterscheidet sich ein Branch&Bound-Verfahren von einer Vollenumeration?

2 Prozessanalyse I: Zeiten und Bestände

2.1 Prozessorientierte Betrachtung von Warte- und Bediensystemen

Bislang haben wir uns Wertschöpfungsprozesse nur sehr abstrakt als Kombinationsprozesse für Produktionsfaktoren vorgestellt, die zur Erzeugung neuer und wertgesteigerter Güter dienen.[1] Nun wollen wir uns einige bedeutende Modellierungstechniken und Gesetzmäßigkeiten von Prozessabläufen ansehen. Dazu verwenden wir elementare Modelle und Begriffe der Analyse von Warte- und Bediensystemen. In Abbildung 2.1 wird dazu ein Grundmodell dargestellt.

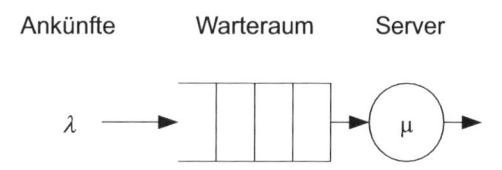

Abbildung 2.1: Grundmodell eines Warte- und Bediensystems

Die grundlegende Vorstellung besteht darin, dass im Zeitablauf *Jobs* eintreffen, die von einem als *Server* bezeichneten abstrakten (Bedien-)System bedient werden. Typischerweise gibt man zu dem Ankunftsprozess an, wie viele Jobs pro Zeiteinheit eintreffen. Das Symbol für diese sogenannte Ankunftsrate ist λ. Sie gibt an, wie viele Ankünfte im Mittel je Zeiteinheit erfolgen. Die Bedienrate μ eines Servers beschreibt entsprechend, wie viele Jobs ein Server pro Zeiteinheit im Mittel bearbeiten kann.

Sind der oder die Server belegt, so muss der Job in einem Warteraum oder Eingangspuffer warten. Diese Betrachtungsperspektive ist offenbar recht allgemein. Die Jobs können E-Mails von Kunden sein, die von Kundenbetreuern zu beantworten sind. Es kann sich auch um Patienten handeln, die in der Notaufnahme eines Krankenhauses von einem Arzt zu untersuchen und behandeln sind. Es könnten auch metallische Werkstücke sein, deren Form durch einen automatischen Fräsprozess verändert werden soll.

Wir betrachten nun drei Varianten eines einfachen Beispiels, an dem man schon einiges über das Verhalten eines derartigen System lernen kann. Dazu unterstellen wir, dass über einen Zeitraum von 16 Zeiteinheiten insgesamt vier Jobs bearbeitet werden. Die drei Fälle unterscheiden sich jedoch hinsichtlich der Zwischenankunftszeiten sowie der Bedienzeiten der Jobs:

Fall 1 - Identische Zwischenankunfts- und Bedienzeiten: Nach einer Zeiteinheit kommt der erste Job an. Alle vier Zeiteinheiten trifft ein weiterer Job ein. Jeder Job hat eine Bearbeitungszeit von drei Zeiteinheiten.

Fall 2 - Verschiedene Zwischenankunftszeiten, identische Bedienzeiten: Nach zwei Zeiteinheiten kommt der erste Job an, der zweite und der dritte Job treffen gleichzeitig eine Zeiteinheit nach dem ersten Job ein, nach einer weiteren Zeiteinheit folgt dann der vierte Job. Die Bearbeitungszeiten betragen weiterhin jeweils drei Zeiteinheiten.

Fall 3 - Verschiedene Zwischenankunfts- und Bedienzeiten: Nun treffen die Jobs erneut wie im zweiten Fall ein, allerdings betragen ihre Bearbeitungszeiten jetzt fünf, vier, eine und zwei Zeiteinheiten.

---
[1] Vgl. Abbildung 1.1 auf Seite 3.

Tabelle 2.1: Daten zu den Jobs von Fall 1

	Job 1	Job 2	Job 3	Job 4
Ankunftszeitpunkte [ZE]	1	5	9	13
Zwischenankunftszeiten [ZE]	-	4	4	4
Bedienzeiten [ZE]	3	3	3	3
Wartezeiten [ZE]	0	0	0	0

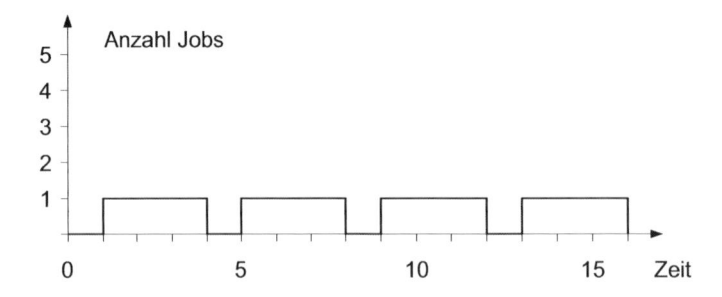

Abbildung 2.2: Anzahl der Jobs im System im Zeitablauf im Fall 1

Tabelle 2.2: Daten zu den Jobs von Fall 2

	Job 1	Job 2	Job 3	Job 4
Ankunftszeitpunkte [ZE]	2	3	3	4
Zwischenankunftszeiten [ZE]	-	1	0	1
Bedienzeiten [ZE]	3	3	3	3
Wartezeiten [ZE]	0	2	5	7

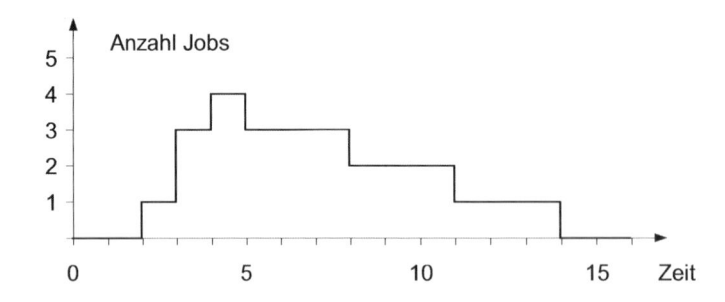

Abbildung 2.3: Anzahl der Jobs im System im Zeitablauf im Fall 2

Tabelle 2.3: Daten zu den Jobs von Fall 3

	Job 1	Job 2	Job 3	Job 4
Ankunftszeitpunkte [ZE]	2	3	3	4
Zwischenankunftszeiten [ZE]	-	1	0	1
Bedienzeiten [ZE]	5	4	1	2
Wartezeiten [ZE]	0	4	8	8

2.2 Bestimmungsgrößen und Berechnungsverfahren von Wartezeiten

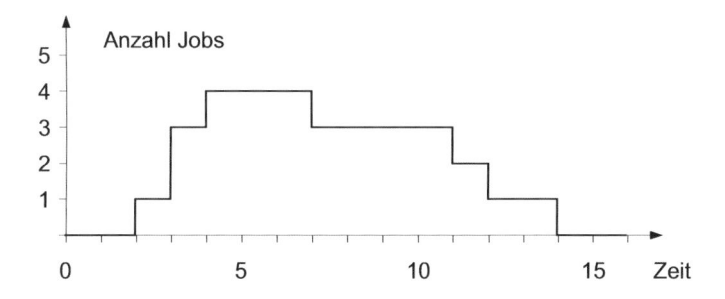

Abbildung 2.4: Anzahl der Jobs im System im Zeitablauf im Fall 3

Diese Daten werden auch in den Tabellen 2.1 bis 2.3 dargestellt. Wir nehmen an, dass die Jobs in der Reihenfolge ihres Eintreffens und so rasch wie möglich von dem einen Server des Systems bearbeitet werden. Die Abbildungen 2.2 bis 2.4 zeigen, wie sich die Anzahl der Jobs im Zeitablauf entwickelt.

Man erkennt deutlich, dass sich im Fall 2 und insbesondere im Fall 3 im zeitlichen Mittel mehr Jobs im System befinden. Aus der Sicht der Jobs bedeutet dies nun, dass diese im Fall 1 nie warten müssen und im Fall 3 die größte mittlere Wartezeit auftritt. Dies liegt aber nicht daran, dass der Server mehr zu tun hätte: In allen drei Fällen sind über den Betrachtungszeitraum von 16 Zeiteinheiten (ZE) vier Jobs angekommen. Die Summe der Bedienzeiten beträgt ebenfalls in allen drei Fällen 12 Zeiteinheiten. Damit ist der Server in allen drei Fällen offenbar zu $\frac{12}{16} = 75\%$ ausgelastet. Die allgemeine Formel für die **Auslastung** eines solchen Systems mit einem einzelnen Server lautet

$$\rho = \frac{\lambda}{\mu}. \tag{2.1}$$

Im konkreten Fall beträgt die **Ankunftsrate** $\lambda = \frac{4}{16}$ ZE^{-1}, weil im Betrachtungszeitraum von 16 Zeiteinheiten ja vier Aufträge eintreffen. Die mittlere Zeit zwischen zwei Ankünften ist also $\frac{1}{\lambda} = 4$ ZE. Die **Bedienrate** $\mu = \frac{1}{3}$ ZE^{-1} ist der Kehrwert der mittleren Bedienzeit von drei Zeiteinheiten. Auch auf diesem Weg erhält man den identischen Wert für die Auslastung

$$\rho = \frac{\frac{4}{16} \text{ ZE}^{-1}}{\frac{1}{3} \text{ ZE}^{-1}} = 75\%. \tag{2.2}$$

Wie kann es nun sein, dass in allen drei betrachteten Fällen der eine Server identisch stark ausgelastet ist, sich aber die Wartezeiten der Aufträge (und auch die Bestände von Jobs im System) so dramatisch unterscheiden? Die Antwort auf diese Frage liegt in der **Variabilität** des Ankunftsprozesses und des Bedienprozesses, genauer gesagt, in den (oft unvorhersehbaren) Schwankungen der Zwischenankunftszeiten und der Bedienzeiten.

2.2 Bestimmungsgrößen und Berechnungsverfahren von Wartezeiten

Wenn Größen unvorhersehbaren Schwankungen unterliegen, so modellieren wir sie typischerweise durch **Zufallsvariablen**.[2] Stellen wir uns vor, dass T_s eine nicht-negative Zufallsvariable sei, welche die zufällige Bearbeitungsdauer (oder Servicezeit) eines Jobs mit Bedienrate μ beschreibe. Dann sei $\text{E}[T_s] = \frac{1}{\mu}$ der Erwartungswert, also gewissermaßen der auf lange Sicht im Mittel zu erwartende Wert der Bearbeitungsdauer. Ferner sei σ_{T_s} die Standardabweichung der zufälligen Bearbeitungsdauer T_s. Je größer diese ist, desto stärker schwankt die Zufallsvariable.

---
[2] Schauen Sie noch einmal in Ihre Unterlagen aus dem Kurs in Statistik und Wahrscheinlichkeitsrechnung hinein, wenn Ihnen nicht klar sein sollte, was eine Zufallsvariable ist. Eine kompakte Darstellung finden Sie z. B. in Bleymüller (2012, Kap. 7).

Diese Schwankung σ_{T_s} der zufälligen Servicezeit kann man auf deren Erwartungswert $E[T_s]$ beziehen, wenn man ein **relatives Maß der Variabilität** erhalten will, den sogenannten **Variationskoeffizienten**:

$$c_s = \frac{\sigma_{T_s}}{E[T_s]} = \sigma_{T_s} \cdot \mu \qquad (2.3)$$

Wenn man also weiß, dass eine Größe einen Variationskoeffizienten von 0 aufweist, so heißt das, dass sie *nicht* schwankt. Ist dagegen der Variationskoeffizient gleich 1, so sind Erwartungswert und Standardabweichung gleich groß, was auf erhebliche Schwankungen hindeutet.

Analog kann man mit einer anderen Zufallsvariablen T_a die (zufälligen) Zwischenankunftszeiten eines Prozesses mit Ankunftsrate λ bezeichnen, mit $E[T_a] = \frac{1}{\lambda}$ als Erwartungswert und entsprechend σ_{T_a} als der Standardabweichung sowie

$$c_a = \frac{\sigma_{T_a}}{E[T_a]} = \sigma_{T_a} \cdot \lambda \qquad (2.4)$$

als dem Variationskoeffizienten der Zwischenankunftszeiten.

Wir bezeichnen im Folgenden mit der Zufallsvariablen W_q die zufällige Wartezeit in der Warteschlange („Queue"). Im Zuge der Prozessanalyse möchten wir u. a. herausfinden, wie groß diese Zeit im Mittel ist. Dieser mittlere Wert von W_q wird durch den Erwartungswert $E[W_q]$ beschrieben.

Nun betrachten wir eine kleine Serie von Simulationsexperimenten, durch die wir herausfinden wollen, wie dieser Erwartungswert der Wartezeit vor dem Server von den Mittelwerten und den Variationskoeffizienten der Zwischenankunfts- sowie Bedienzeiten der Jobs abhängt.

Wir untersuchen dazu ein einstufiges System wie in Abbildung 2.1 auf S. 35 mit den Parameterkonstellationen in Tabelle 2.4. In dem Experiment halten wir den mittleren Wert $E[T_s]$ der Servicezeit konstant und variieren zum einen die Auslastungen

$$\rho = \frac{\lambda}{\mu} = \frac{\frac{1}{E[T_a]}}{\frac{1}{E[T_s]}} = \frac{E[T_s]}{E[T_a]}, \qquad (2.5)$$

so dass wir über

$$E[T_a] = \frac{E[T_s]}{\rho} \qquad (2.6)$$

auf unterschiedliche mittlere Werte $E[T_a]$ der Zwischenankunftszeiten kommen. So beträgt im Fall der Auslastung von 98% die erwartete Zwischenankunftszeit $E[T_a] = \frac{10}{0,98}$ ZE = 10,204 ZE. Zum anderen variieren wir die Variationskoeffizienten c_a und c_s der zufälligen Zwischenankunfts- und Bedienzeiten, und zwar jeweils im gleichen Maße zwischen 0,25 und 2,0.

Tabelle 2.4: Parameter der Simulationsstudie

Größe	Ausprägung(en)
$E[T_s] = \frac{1}{\mu}$ [ZE]	10
$c_a = c_s$	0,25 / 0,5 / 1,0 / 2,0
$\rho = \frac{E[T_s]}{E[T_a]}$	50% / 65% / 80% / 95% / 98%

Unter Verwendung einer geeigneten Simulationssoftware simulieren wir nun dieses System. Für jede Parameterkombination aus Tabelle 2.4 führen wir dazu mehrere voneinander unabhängige Simulationsläufe durch. In jedem dieser Läufe werden für eine größere Anzahl von Jobs zufällige

2.2 Bestimmungsgrößen und Berechnungsverfahren von Wartezeiten

Niedrige Variabilität: $c_a = c_s = 0{,}25$

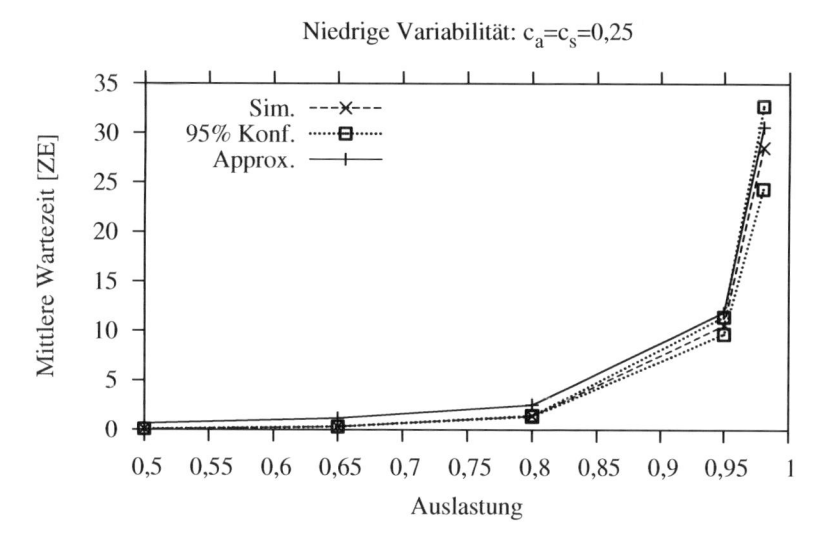

Abbildung 2.5: Mittlere Wartezeit bei niedriger Variabilität

Mittlere Variabilität: $c_a = c_s = 0{,}5$

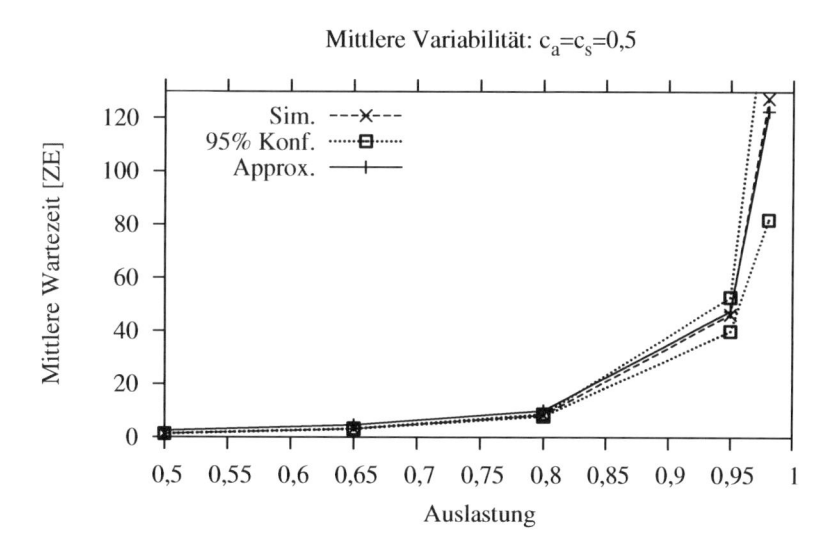

Abbildung 2.6: Mittlere Wartezeit bei mittlerer Variabilität

Realisationen der Zwischenankunftszeiten und der Bedienzeiten ermittelt. Daraus ergibt sich für jeden Job seine Wartezeit und letztlich über die Betrachtung vieler Jobs ein Schätzwert der mittleren Wartezeit.

Die Abbildungen 2.5 bis 2.8 zeigen die Ergebnisse dieser Simulationen. Man erkennt, dass die Wartezeit der Jobs mit zunehmender Auslastung stark ansteigt. Darüber hinaus zeigt sich, dass offenbar die Variabilität der Zwischenankunfts- und Bearbeitungszeiten auch einen extrem starken Einfluss auf die mittleren Wartezeiten hat.

Zusätzlich zu den Mittelwerten der Simulation (dicke gebrochene Linien) sind in den Abbildungen auch die Ober- und Untergrenzen der 95%-Konfidenzintervalle angegeben (dünne gepunktete Linien). Diese zeigen, dass die Simulationen offenbar im Bereich niedriger Auslastungen recht präzise sind, während sie im Bereich hoher Auslastungen jedoch recht ungenau scheinen.

Die Abbildungen enthalten darüber hinaus noch jeweils eine weitere Kurve mit der Bezeichnung „Approx.". Diese Kurve ist *nicht* das Ergebnis einer Simulation, sondern das Ergebnis einer approximativen analytischen Berechnung, die so einfach ist, dass man sie auch noch ohne Taschenrechner hinbekommen sollte. Bevor wir uns dieser Berechnung zuwenden, wollen wir

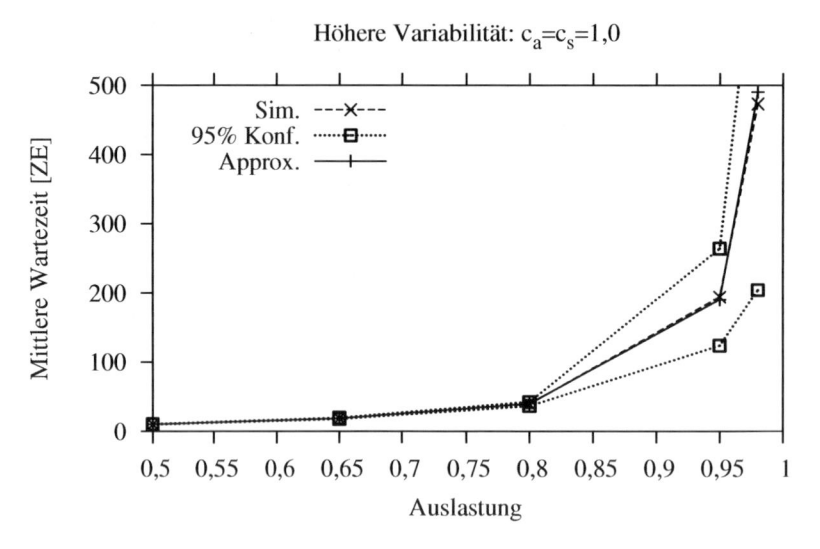

Abbildung 2.7: Mittlere Wartezeit bei höherer Variabilität

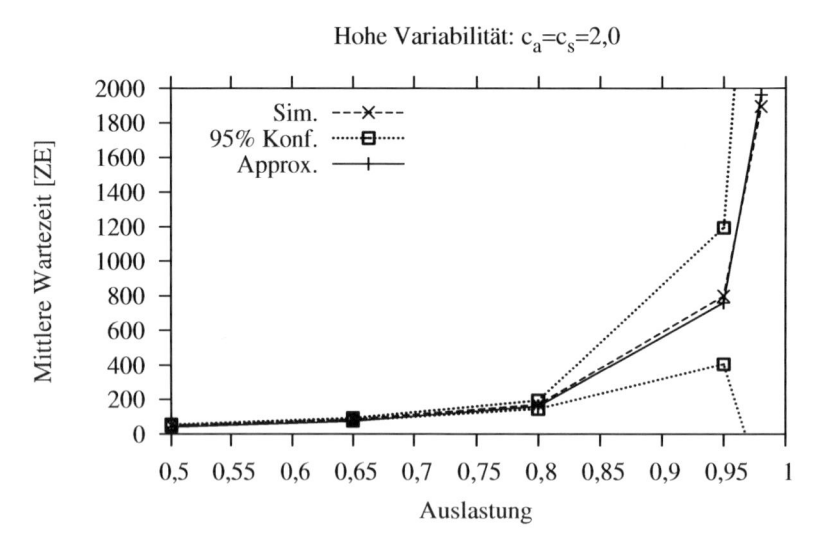

Abbildung 2.8: Mittlere Wartezeit bei hoher Variabilität

mit einem letzten Blick auf die Abbildungen 2.5 bis 2.8 festhalten, dass offenbar in allen Fällen die mittleren Wartezeiten der Jobs aus der Simulation („Sim.") recht gut mit den berechneten Werten („Approx.") übereinstimmen. Mit dem Wissen, wie man diese Berechnung durchführt, hätten wir auf die Simulation offenbar auch verzichten können.

2.2b Für diese approximative Bestimmung des Erwartungswertes der Wartezeit verwenden wir die folgende **Approximationsformel von Kingman:**[3]

$$E[W_q] \approx \frac{c_a^2 + c_s^2}{2} \cdot \frac{\rho}{1-\rho} \cdot \frac{1}{\mu} \qquad (2.7)$$

Sie erlaubt es, die im Mittel bei einem Bediensystem zu erwartende Wartezeit $E[W_q]$ abzuschätzen. Die Herleitung dieser Formel liegt weit jenseits des Anspruchs dieses Tutorials, die Anwendung ist aber gleichermaßen einfach wie erhellend. Dazu ist es offenbar ausreichend, eine Vorstellung vom Erwartungswert $E[T_a] = \frac{1}{\lambda}$ der Zwischenankunftszeit sowie vom Erwartungswert $E[T_s] = \frac{1}{\mu}$ der Bedienzeit und den jeweiligen Standardabweichungen σ_{T_a} und σ_{T_s} zu haben.

---

[3] Vgl. z. B. Curry und Feldman (2011, S. 94).

2.2 Bestimmungsgrößen und Berechnungsverfahren von Wartezeiten

Daraus kann man die Variationskoeffizienten c_a und c_s sowie die Auslastung $\rho = \frac{\lambda}{\mu}$ berechnen und alles in die Approximationsformel (2.7) einsetzen.

Die *gesamte* vom Job im System verbrachte Zeit W ist die Wartezeit plus der Bearbeitungszeit

$$W = W_q + T_s \tag{2.8}$$

und für deren Erwartungswert gilt wegen $\mathrm{E}[T_s] = \frac{1}{\mu}$ offenbar

$$\mathrm{E}[W] = \mathrm{E}[W_q] + \mathrm{E}[T_s] \approx \frac{c_a^2 + c_s^2}{2} \cdot \frac{\rho}{1-\rho} \cdot \frac{1}{\mu} + \frac{1}{\mu}. \tag{2.9}$$

Beispiel zur telefonischen Kundenbetreuung

Die Kunden der *Möllix GmbH* beschweren sich beim Geschäftsführer, Franz Meier, dass die Erreichbarkeit der telefonischen Kundenbetreuung eine absolute Zumutung sei. Meier kann das nicht verstehen. Häufig sieht er, wie der eine Kundenbetreuer untätig herumsitzt und auf Anrufe wartet. Früher gab es so etwas nicht. Daher hatte er schon überlegt, dem Kundenbetreuer zusätzliche Aufgaben zu übertragen. Kürzlich hat der Geschäftsführer mit Thorben Schneider erstmals einen Assistenten eingestellt. Dieser hat gerade an der Universität Hannover sein Studium der Wirtschaftswissenschaften abgeschlossen. Meier beauftragt ihn, der Sache nachzugehen.

Das Computerprotokoll der Telefonanlage zeigt, dass der Kundenbetreuer der Möllix GmbH pro Stunde im Mittel drei telefonische Anfragen erhält. Die Standardabweichung der Zeit zwischen zwei Anrufen beträgt 20 Minuten. Er benötigt im Mittel 15 Minuten für eine Anfrage, die Standardabweichung der Gesprächsdauer beträgt ebenfalls 15 Minuten. Die Analyse des Assistenten ergibt Folgendes:

1. Für die Zwischenanrufzeiten gilt:

$$\mathrm{E}[T_a] = 20 \text{ min}$$
$$\sigma_{T_a} = 20 \text{ min}$$
$$c_a = \frac{\sigma_{T_a}}{\mathrm{E}[T_a]} = 1$$
$$\lambda = \frac{1}{20} \text{ min}^{-1}$$

2. Für die Bearbeitungszeiten gilt:

$$\mathrm{E}[T_s] = 15 \text{ min}$$
$$\sigma_{T_s} = 15 \text{ min}$$
$$c_s = \frac{\sigma_{T_s}}{\mathrm{E}[T_s]} = 1$$
$$\mu = \frac{1}{15} \text{ min}^{-1}$$

3. Für die Auslastung folgt:

$$\rho = \frac{\lambda}{\mu} = 75\%$$

> 4. Für die Wartezeit folgt:
>
> $$E[W_q] \approx \frac{c_a^2 + c_s^2}{2} \cdot \frac{\rho}{1-\rho} \cdot \frac{1}{\mu}$$
> $$= \frac{1+1}{2} \frac{0{,}75}{1-0{,}75} \cdot 15 \text{ min}$$
> $$= 45 \text{ min}$$
>
> 5. Für die Summe aus Wartezeit und Bedienzeit folgt:
>
> $$E[W] = E[W_q] + E[T_s] \approx 45 \text{ min} + 15 \text{ min} = 60 \text{ min}$$
>
> Aus dieser Sicht erscheinen die Klagen der Kunden nachvollziehbar. Aber was ist zu tun?

Die Kingman'sche Approximationsformel für die Wartezeit

$$E[W_q] \approx \frac{c_a^2 + c_s^2}{2} \cdot \frac{\rho}{1-\rho} \cdot \frac{1}{\mu} \tag{2.10}$$

zeigt, dass es zur Reduzierung der Wartezeit eines Bediensystems offenbar drei Anknüpfungspunkte gibt:

- Verringerung der **Variabilität** $c_a^2 + c_s^2$
- Verringerung der **Auslastung** ρ
- Verringerung der **mittleren Servicezeit** $E[T_s] = \frac{1}{\mu}$

Wenn es gelingt, die Variabilität zu senken, also bei gleichen Erwartungswerten und somit auch gleicher Auslastung die *Schwankungen* der Zwischenankunfts- und Bearbeitungszeiten der Jobs zu reduzieren, so reduzieren sich die Wartezeiten. Schwanken diese Zeiten beide nicht, so gilt $c_a^2 + c_s^2 = 0$ und es treten gemäß Approximation (2.10) keine Wartezeiten auf.

> **Beispiel zur telefonischen Kundenbetreuung (Fortsetzung)**
>
> Thorben Schneider bespricht die Angelegenheit mit dem Kundenbetreuer. Dabei wird deutlich, dass der Kundenbetreuer bei komplizierteren Problemen häufig in der Entwicklungsabteilung nachfragen muss, dort aber nicht immer jemanden erreicht, was zu den langen und stark schwankenden Bedienzeiten führt. Thorben kommt zu dem Schluss, dass der Kundenbetreuer eine bessere Schulung benötigt, um fast alle Anfragen eigenständig beantworten zu können. Er schätzt, dass so die mittlere Bedienzeit auf 10 Minuten reduziert werden kann bei einer reduzierten Standardabweichung von 5 Minuten, und macht die folgende Rechnung auf:
>
> 1. An den Zwischenanrufzeiten kann nichts geändert werden, für sie gilt weiterhin:
>
> $$E[T_a] = 20 \text{ min}$$
> $$\sigma_{T_a} = 20 \text{ min}$$
> $$c_a = \frac{\sigma_{T_a}}{E[T_a]} = 1$$
> $$\lambda = \frac{1}{20} \text{ min}^{-1}$$

2.3 Bestände und Zeiten: Das Gesetz von Little

2. Für die Bearbeitungszeiten würde gelten:

$$E[T_s] = 10 \text{ min}$$
$$\sigma_{T_s} = 5 \text{ min}$$
$$c_s = \frac{\sigma_{T_s}}{E[T_s]} = 0{,}5$$
$$\mu = \frac{1}{10} \text{ min}^{-1}$$

3. Für die Auslastung würde folgen:

$$\rho = \frac{\lambda}{\mu} = \frac{10}{20} = 50\%$$

4. Für die Wartezeit ergäbe sich:

$$E[W_q] \approx \frac{c_a^2 + c_s^2}{2} \frac{\rho}{1-\rho} \frac{1}{\mu}$$
$$= \frac{1 + 0{,}5^2}{2} \frac{0{,}5}{1 - 0{,}5} \cdot 10 \text{ min}$$
$$= 6{,}25 \text{ min}$$

5. Für die Summe aus Wartezeit und Bedienzeit würde folgen:

$$E[W] = E[W_q] + E[T_s] \approx 6{,}25 \text{ min} + 10 \text{ min} = 16{,}25 \text{ min}$$

Thorben Schneider berichtet dem Geschäftsführer Franz Meier, dass es sich um ein selbstgemachtes Problem handelt, und dass eine verbesserte Schulung des Kundenbetreuers erforderlich ist. Dem Geschäftsführer ist es zwar ein Dorn im Auge, dass der Kundenbetreuer nach der Schulung nur noch zu 50% ausgelastet sein soll, aber er willigt ein, weil er die Kundenbeschwerden noch schlimmer findet.

In dem gerade vorgestellten Beispiel wurden durch die vorgeschlagenen Maßnahmen die Variabilität, die Auslastung und die mittlere Servicezeit gleichzeitig reduziert, mit ganz erheblichen Auswirkungen für die Wartezeiten der Kunden.

2.3 Bestände und Zeiten: Das Gesetz von Little

Die Alltagserfahrung lehrt uns, dass es lange dauert, wenn viele andere auch da sind (und vor uns stehen, z. B. im Supermarkt oder an der Tankstelle). Diese bewusst unscharfe Formulierung ist Ausdruck einer allgemeinen Gesetzmäßigkeit, auf die wir uns in der Prozessanalyse regelmäßig stützen, das sogenannte **Gesetz von Little**.[4] In einer natürlichsprachlichen Fassung sieht dieses Gesetz folgendermaßen aus:

> Mittlerer Bestand = Ankunftsrate · Mittlere Warte- bzw. Durchlaufzeit

Wir sehen uns dieses extrem wichtige Gesetz nun etwas genauer an. Sei $E[W]$ die erwartete Zeit für das Passieren eines Systems, z. B. einer Warteschlange und eines Bediensystems, und sei $E[L]$

---

[4] Siehe zum Beweis und für die folgende Erläuterung Little, John D. C. (1961) und Little, John D. C. (2011) sowie die Darstellung in Curry und Feldman (2011, Kap. 2.1.2).

die erwartete Anzahl von Jobs oder Kunden etc. in diesem System sowie λ die Rate, mit der Jobs in dem System ankommen. Sofern das System sich in einem stabilen („eingeschwungenen") Zustand befindet, gilt stets die folgende Beziehung:

$$\boxed{\mathrm{E}[L] = \lambda \cdot \mathrm{E}[W]} \qquad (2.11)$$

Der Bestand $\mathrm{E}[L]$ ist also proportional zur (Warte- bzw. Durchlauf-)Zeit $\mathrm{E}[W]$, der Proportionalitätsfaktor ist dabei die Ankunftsrate λ. Kann man zwei dieser drei Größen bestimmen, so lässt sich die dritte offenbar leicht berechnen.

Beachten Sie bitte, dass das Gesetz von Little für *beliebig gezogene Systemgrenzen* gilt. Entscheidend ist nur, dass sich die Zufallsvariablen L für den Bestand im System und W für das Passieren des Systems jeweils auf die *identischen Systemgrenzen* beziehen.

Interessiert uns zum Beispiel nur der Bestand im Warteraum und die Zeit des Wartens, so verwenden wir üblicherweise ein Subskript „q" (für „Queue"):

$$\boxed{\mathrm{E}[L_q] = \lambda \cdot \mathrm{E}[W_q]} \qquad (2.12)$$

Völlig analog können wir auch das Gesetz von Little auf das Bediensystem selbst (ohne den Warteraum) beziehen:

$$\boxed{\mathrm{E}[L_s] = \lambda \cdot \mathrm{E}[W_s]} \qquad (2.13)$$

Hier drückt das Subskript „s" (für „Service") aus, dass die Systemgrenzen nun den Warteraum ausschließen.

Die vielleicht unmittelbar plausibel erscheinende Aussage des Gesetzes von Little allgemein zu beweisen, liegt außerhalb des Anspruchs dieses Tutorials. Es macht eine Aussage über die Verknüpfung von Erwartungswerten der Zufallsvariablen L und W. Einen ersten Zugang zu dieser Gesetzmäßigkeit kann man erhalten, wenn man sich eine konkrete Realisation $l(t)$ des Bestandsverlaufs in einem Zeitintervall $t \in [0, T]$ vorstellt, für das $l(t=0) = l(t=T) = 0$ gilt, das System also zu den Start- und Endzeitpunkten 0 und T leer ist.

Abbildung 2.9 zeigt beispielhaft einen solchen Verlauf. Zum Zeitpunkt 0 ist das System leer, bis zum Zeitpunkt 13 kommen insgesamt 10 Jobs an, darunter die Jobs 3 und 4 gleichzeitig zum Zeitpunkt 3 sowie die Jobs 9 und 10 gleichzeitig zum Zeitpunkt 13. Zum Zeitpunkt 16 verlässt der letzte Job das System wieder.

Im oberen Diagramm gibt die obere Kurve $a(t)$ die kumulierten Zugänge an, die untere Kurve die kumulierten Abgänge $d(t)$. Die horizontale Differenz der beiden Kurven zeigt für jeden Job, wie viel Zeit er im System verbringt. Die vertikale Differenz der Kurven gibt zu jedem Zeitpunkt die Zahl der Jobs im System an. Dieser Bestandsverlauf wird auch im unteren Diagramm der Abbildung gezeigt. Die grau unterlegten Flächen im oberen und unteren Diagramm der Abbildung 2.9 sind offenbar gleich groß.

Ein gedanklicher Zugang zum Gesetz von Little führt über die Betrachtung der grau unterlegten Fläche in Abbildung 2.9. Im Zeitintervall $t \in [0, T]$ mit einem leeren System zu den Zeitpunkten $t = 0$ und $t = T$ kommen J Jobs an. Es sei t_j^a der Zeitpunkt der Ankunft und t_j^d der Zeitpunkt des Abgangs von Job j aus dem System. Dann ist offenbar

$$w_j = t_j^d - t_j^a \qquad (2.14)$$

2.3 Bestände und Zeiten: Das Gesetz von Little

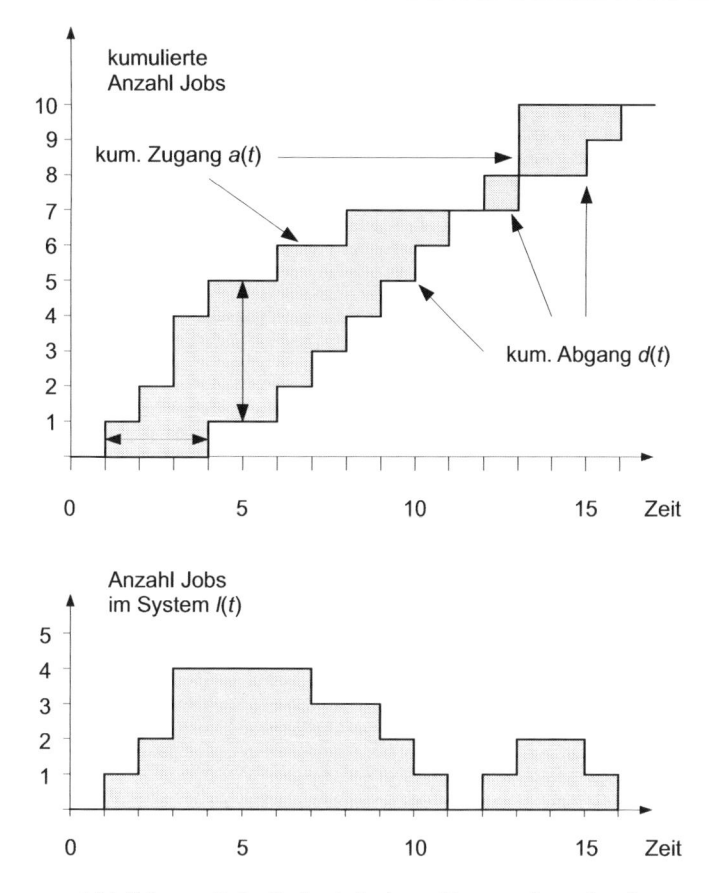

Abbildung 2.9: Beispiel eines Bestandsverlaufs

die Zeitdauer, die Job j im System verbringt, wartend und/oder in Bedienung. Für den mittleren Wert (über alle Jobs) $\overline{w}$ gilt sicher

$$\overline{w} = \frac{\sum_{j=1}^{J} w_j}{J}. \tag{2.15}$$

In dem Beispiel in Abbildung 2.9 beträgt dieser Mittelwert über die Jobs $\overline{w} = 3{,}4$ ZE. Wir definieren uns nun eine Hilfsgröße x, welche die Gesamtzeit *aller* Jobs im System darstellt:

$$x = \sum_{j=1}^{J} w_j \tag{2.16}$$

Damit stellt x den grau unterlegten Flächeninhalt zwischen den Kurven der Zugänge $a(t)$ und Abgänge $d(t)$ dar. Offenbar gilt auch

$$\overline{w} = \frac{x}{J} \tag{2.17}$$

beziehungsweise unmittelbar

$$x = \overline{w} \cdot J. \tag{2.18}$$

Betrachtet man den unteren Teil der Abbildung 2.9, so erkennt man, dass sich die grau unterlegte Fläche x durch Integration über die Zeit auch folgendermaßen berechnen lässt:

$$x = \int_{t=0}^{T} l(t)dt = \int_{t=0}^{T} (a(t) - d(t))dt \tag{2.19}$$

Für den zeitlichen Mittelwert $\overline{l}$ des Bestands gilt offenbar

$$\overline{l} = \frac{1}{T} \int_{t=0}^{T} l(t)dt = \frac{x}{T}. \tag{2.20}$$

Setzen wir in Gleichung (2.20) die Gleichung (2.18) ein, so erhalten wir

$$\bar{l} = \bar{w} \cdot \frac{J}{T}. \tag{2.21}$$

Da J die Zahl der Ankünfte im Zeitintervall der Länge T ist, gilt offenbar für die Ankunftsrate

$$\lambda = \frac{J}{T}. \tag{2.22}$$

Damit erhalten wir für (2.21) mit (2.22)

$$\bar{l} = \lambda \bar{w}. \tag{2.23}$$

Offensichtlich gilt also das Gesetz von Little für die konkrete Realisation, sofern das System zu den Zeitpunkten 0 und T leer ist. Der mittlere Bestand im System $\bar{l}$ entspricht dem Produkt aus Durchsatz λ und mittlerer Zeit im System $\bar{w}$.

Nun betrachten wir nicht mehr die konkrete, gegebene Realisation von Zeiten w_j und Beständen $l(t)$ sowie deren empirische Mittelwerte $\bar{w}$ und $\bar{l}$, sondern wenden uns den Erwartungswerten E[W] und E[L] der korrespondierenden Zufallsvariablen W und L zu. Zunächst überlegt man sich, dass bei einer mittleren Ankunftsrate λ im Zeitintervall von 0 bis T die erwartete Anzahl von Jobs $\lambda \cdot$ E[T] beträgt. Die erwartete Zeit *eines* Jobs im System ist E[W]. Die Gesamtzeit *aller* Jobs im System im Zeitintervall von 0 bis T sei durch die Zufallsvariable X beschrieben mit dem Erwartungswert E[X]. Für diesen Erwartungswert E[X] gilt offensichtlich

$$\mathrm{E}[X] = \lambda \cdot \mathrm{E}[T] \cdot \mathrm{E}[W], \tag{2.24}$$

wenn das System annahmegemäß zu den Zeitpunkten 0 und T leer ist. Andererseits gilt für den Mittelwert des Bestandes E[L] über die Zeit

$$\mathrm{E}[L] = \frac{\mathrm{E}[X]}{\mathrm{E}[T]}. \tag{2.25}$$

Durch Einsetzen von Gleichung (2.24) in (2.25) folgt unmittelbar das Gesetz von Little für den unterstellten Spezialfall eines zu den Zeitpunkten 0 und T leeren Systems:

$$\mathrm{E}[L] = \frac{\lambda \cdot \mathrm{E}[T] \cdot \mathrm{E}[W]}{\mathrm{E}[T]} = \lambda \cdot \mathrm{E}[W] \tag{2.26}$$

Beispiel zur Kundenbetreuung (2. Fortsetzung)

Bei der *Möllix GmbH* sind ständig die Telefonleitungen besetzt. Der Assistent des Geschäftsführers erhält den Auftrag zu prüfen, ob die telefonische Kundenbetreuung daran schuld ist. Die Daten sind ihm noch geläufig: Im Mittel ruft alle 20 Minuten ein Kunde an, also ist $\lambda = \frac{1}{\mathrm{E}[T_a]} = \frac{1}{20}$ min^{-1}. Die letzte Reorganisation der telefonischen Kundenbetreuung hat dazugeführt, dass die mittlere Warte- plus Bedienzeit eines Kunden am Telefon E[W] = 16,25 min. beträgt. Über das Gesetz von Little folgt:

$$\mathrm{E}[L] = \lambda \cdot \mathrm{E}[W] = \frac{1}{20} \text{ min}^{-1} \cdot 16{,}25 \text{ min} = 0{,}8125$$

Im zeitlichen *Mittel* ist also weniger als eine Telefonleitung durch die Kundenbetreuung belegt. Das scheint dem Assistenten nicht unverhältnismäßig hoch. Das Problem scheint an einer anderen Stelle zu liegen.

Das kleine Beispiel zeigt, dass die Kenntnis des Gesetzes von Little in der Praxis sehr nützlich sein kann.

2.4 Mehrstufige Produktionssysteme: Beurteilung von Beständen, Durchlaufzeiten und Durchsatz

2.4.1 Problemstellung

Bislang haben Sie gelernt, wie sich die Auslastung des Servers und die Variabilität der Zwischenankunfts- und der Bedienzeiten auf die Wartezeiten und Bestände auswirken. Sie können nun also von den Ursachen (z. B. Variabilität) her auf die Wirkungen (z. B. Bestände) hin argumentieren, ähnlich wie ein Arzt, der erklären kann, wie ein Virus eine Krankheit verursacht. In diesem Abschnitt lernen Sie dagegen, in der anderen Richtung zu denken und von einigen leicht beobachtbaren Größen zu einer ersten Einschätzung zu gelangen, ob ein Produktionssystem hinsichtlich der Variabilität in einem guten oder schlechten Zustand ist. Das ist so ähnlich wie die Vorgehensweise eines Arztes, der anhand von Körpertemperatur, Herzfrequenz und Blutdruck zu einer ersten Einschätzung gelangt, ob es einem Patienten gut geht oder nicht.

Tabelle 2.5: (Mittlere) Bearbeitungsdauer je Prozessschritt bzw. Maschine (identisch für alle vier Produktionslinien)

Prozessschritt/Maschine	1	2	3	4
(Mittlere) Dauer [ZE]	20	10	30	20

Tabelle 2.6: Logistische Leistungs-Daten der vier Produktionslinien

Linie	1	2	3	4
mittlerer Bestand	2	5	8	3
mittlerer Durchsatz [1/ZE]	0,02381	0,02564	0,03333	0,01429
mittlere Durchlaufzeit [ZE]	84	195	240	210

> **Beispiel zur Beurteilung von Beständen und Durchsatz (Teil 1)**
>
> Nachdem die Verkaufzahlen der neuen Schnulleratoren[a] alle Erwartungen übertroffen haben, hat Franz Meier wieder Stress. Er muss jetzt sehr rasch die Produktionskapazität hochfahren, sonst verliert die *Möllix GmbH* in wenigen Monaten die Marktführerschaft und Meier womöglich seinen Job.
>
> In Alt-Hintertupfingen wurden für Komponentenfertigung kürzlich vier parallele Produktionslinien eingerichtet. Die dort hergestellten Komponenten werden dann später in die eigentlichen Schnulleratoren eingebaut. Jede der vier Linien arbeitet autonom. An allen Linien müssen jedoch an jedem Schnullerator nacheinander auf getrennten Produktionsstufen vier Prozessschritte durchgeführt werden, die im Mittel jeweils 20, 10, 30 und 20 Zeiteinheiten benötigen, vgl. Tabelle 2.5.
>
> Ganz offensichtlich ist aber die logistische Leistungsfähigkeit der vier parallelen Linien völlig unterschiedlich, das sieht Meier in Tabelle 2.6. Wieso sind die Bestände, Durchlaufzeiten und der Durchsatz der vier Linien so unterschiedlich, wenn alle das gleiche Zwischenprodukt machen?
>
> Meier ist sich sicher, dass in Alt-Hintertupfingen irgend jemand Mist macht. Bevor er jetzt noch weitere vier Linien einrichtet, will er verstehen, welche seiner existierenden Linien gut arbeiten und die anderen auf Vordermann bringen. Wenn er nur Zeit hätte, der Sache nachzugehen …
>
> In dem Moment fällt sein Blick auf das Memo, das ihm sein Assistent Thorben Schneider am Morgen auf den Tisch gelegt hatte. Vor einem halben Jahr war der noch in Hannover an der Universität, und jetzt schlägt der junge Mann allen Ernstes vor, in den

Sozialräumen Sitzsäcke und Tischkicker aufzustellen. Meier stöhnt innerlich auf. Was gibt es als Nächstes? Hängematten für alle und Schulungen in „Work-Life-Balance"?

Dann fällt ihm ein, dass Thorben Schneider neulich ganz gute Arbeit gemacht hat, als die telefonische Kundenbetreuung im roten Bereich lief. Er beschließt, Schneider zu bitten, sich den Fall genauer anzusehen. Wenn dabei etwas 'rumkommt, kann man ja über die Sache mit dem Tischkicker noch 'mal reden.

a Vergl. Anhang E ab S. 399 sowie die Hintergrundinformation auf S. 118.

2.4.2 Best-möglicher Fall

In Abschnitt 2.2 hatten wir gesehen, dass gemäß der Gleichung (2.7) Wartezeiten dann unvermeidlich sind, wenn die Zwischenankunftszeiten und die Bearbeitungszeiten schwanken. Sind diese jedoch deterministisch, so können wir wie in Abbildung 2.2 auf S. 36 eine Situation erreichen, in welcher kein Auftrag warten muss. Aus diesem Grund gehen wir gemäß Hopp und Spearman (2011, S. 235) davon aus, dass im *best-möglichen Fall* alle Bearbeitungszeiten deterministisch sind und zeigen, wie dann der Durchsatz TH (*Throughput*) und die Durchlaufzeit CT (*Cycle Time*) vom Bestand WIP (*Work in Process*) abhängen.

Betrachten Sie nun bitte zunächst Abbildung 2.10. Sie erkennen dort eine mögliche Maschinenbelegung von vier Maschinen M1 bis M4, die gemeinsam eine der Produktionslinien aus Tabelle 2.6 bilden könnten. Entsprechend den Angaben aus dem gerade betrachteten Beispiel beträgt die Dauer der vier Prozessschritte 20, 10, 30 und 20 Zeiteinheiten.

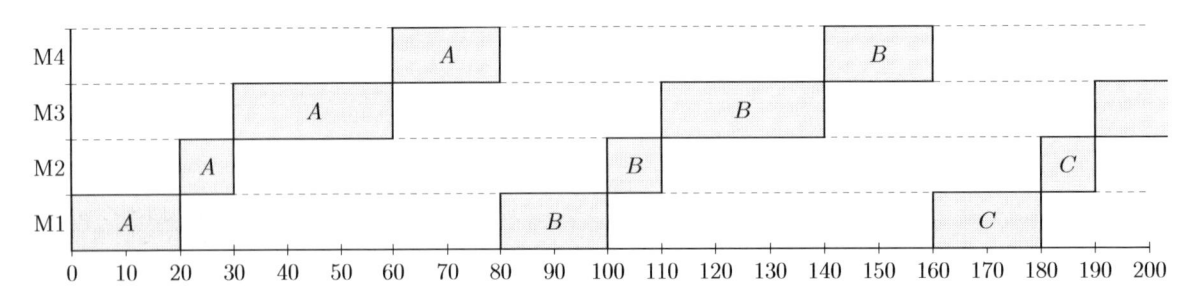

Abbildung 2.10: Maschinenbelegung im Fall 1

Sie erkennen, dass in Abbildung 2.10 alle 80 Zeiteinheiten ein Werkstück A, B, C, ... eingeschleust wird (an der Maschine 1) und ebenfalls alle 80 Zeiteinheiten eines die letzte Maschine 4 verlässt. Der Durchsatz des Systems ist damit $TH = 0{,}0125/\text{ZE}$. Zu jedem Zeitpunkt ist dann also *ein* Werkstück im System ($WIP = 1$), genau *eine* Maschine arbeitet, das eine Werkstück muss *nie* warten, so dass seine Durchlaufzeit stets $CT = 80$ ZE beträgt, die Summe seiner Bearbeitungszeiten.

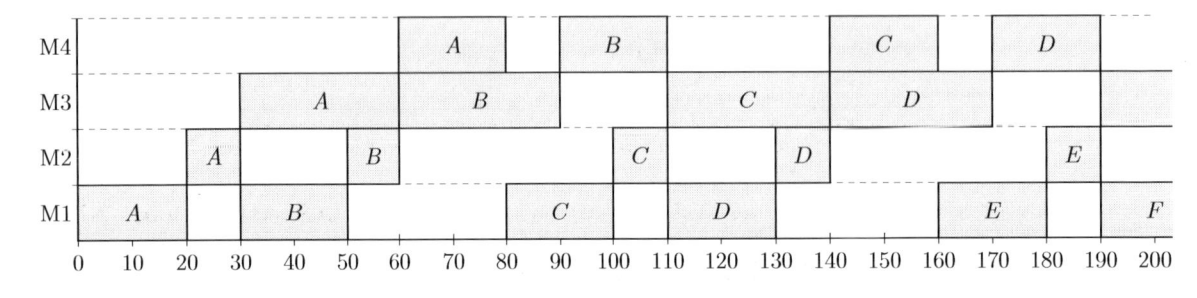

Abbildung 2.11: Maschinenbelegung im Fall 2

Betrachten Sie nun bitte Abbildung 2.11. Ab dem Zeitpunkt 30 sind im stets *zwei* Werkstücke im System ($WIP = 2$) und es wird (im Mittel) alle 40 Zeiteinheiten ein Werkstück ein- und auch wie-

2.4 Beurteilung von Beständen, Durchlaufzeiten und Durchsatz

der ausgeschleust, so dass der Durchsatz des Systems nun $TH = 0{,}025/\text{ZE}$ beträgt. Im Vergleich zur Situation in Abbildung 2.10 haben sich also sowohl der Bestand als auch der Durchsatz des Systems verdoppelt. Auch hier muss kein Werkstück warten. Wie im Fall der Abbildung 2.10 treten jedoch an allen Maschinen zeitweilig Leerzeiten auf, so dass das System seinen maximal denkbaren Durchsatz noch nicht erreicht haben kann.

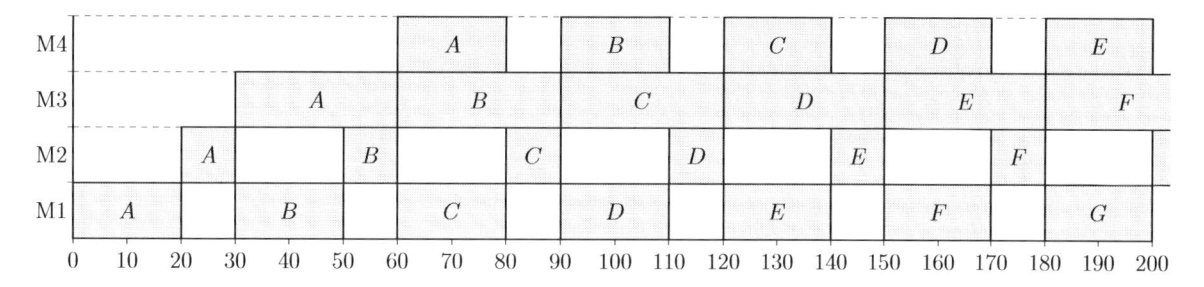

Abbildung 2.12: Maschinenbelegung im Fall 3

Dies ändert sich nun in der Situation in Abbildung 2.12. Hier ist nun die Maschine 3 ab Zeitpunkt 30 stets belegt. Im Mittel wird alle 30 Zeiteinheiten ein Werkstück ein- und eines ausgeschleust, der Durchsatz TH des Systems beträgt also $0{,}0\overline{3}/\text{ZE}$. Einen höheren Durchsatz kann das System nicht erreichen, weil der Engpass des Systems, also die Maschine 3, voll ausgelastet ist.

Im zeitlichen Mittel ist die Maschine 1 zu $20/30 = 2/3$ ausgelastet, die Maschine 1 zu $1/3$, die (Engpass-)Maschine 3 zu 100% und die Maschine 4 zu $2/3$. Der mittlere Bestand an den vier Stationen beträgt in diesem Fall daher

$$WIP_0 = \frac{2}{3} + \frac{1}{3} + 1 + \frac{2}{3} = 2\frac{2}{3} \qquad (2.27)$$

Würde man nun versuchen, noch mehr Aufträge in das System „hineinzudrücken", so würden zwar der Bestand und die Durchlaufzeit steigen, nicht aber der Durchsatz. Aus diesem Grund bezeichnen Hopp und Spearman (2011, S. 233) die Größe WIP_0 in Gleichung (2.27) als den sogenannten „kritischen Bestand".[5]

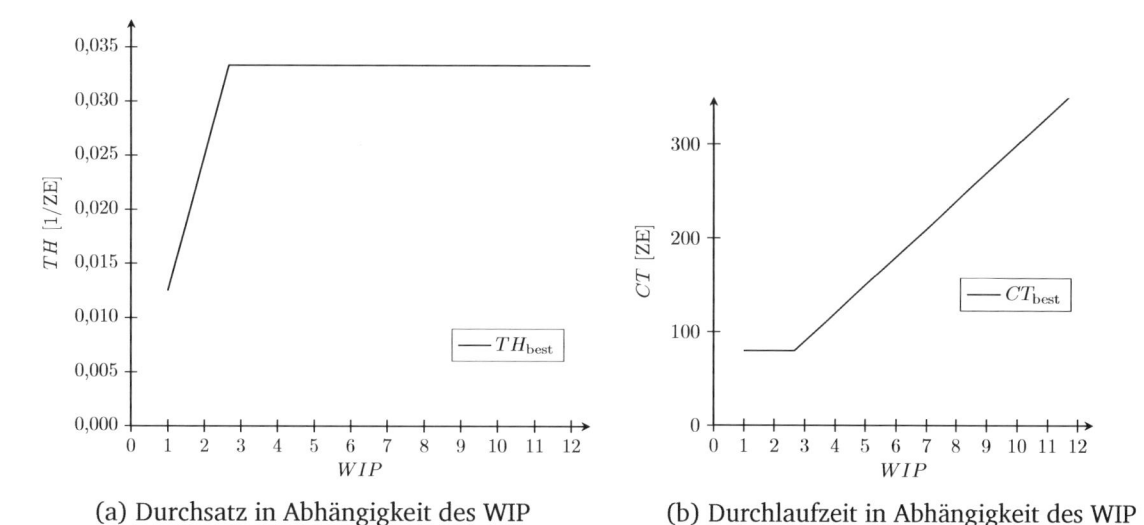

(a) Durchsatz in Abhängigkeit des WIP

(b) Durchlaufzeit in Abhängigkeit des WIP

Abbildung 2.13: Best-möglicher Fall

---

[5] Hopp und Spearman (2011, S. 233) verwenden anstatt WIP_0 für den kritischen Bestand das Symbol W_0 und für den tatsächlichen (mittleren) Bestand das Symbol w anstatt des hier verwendeten Symbols WIP. In diesem Buch wurde von der Original-Notation abgewichen, weil hier wie in vielen Schriften zur Warteschlangentheorie das Symbol W für eine Zufallsvariable steht, welche die Wartezeit darstellt.

Betrachten wir noch einmal in den Abbildungen 2.10 bis 2.12 den Zusammenhang zwischen der mittleren Anzahl WIP der Aufträge im System und dem Durchsatz TH des Systems. Offensichtlich steigt der Durchsatz TH des Systems zunächst linear mit dem mittleren Bestand WIP, bis er dann bei einem kritischen Bestand $WIP_0 = 2^2/_3$ ein Maximum von $0{,}0\overline{3}$/ZE erreicht. Dies wird durch den Graphen in Abbildung 2.13(a) zum Ausdruck gebracht.

Solange der Bestand im System den kritischen Bestand WIP_0 nicht überschreitet, muss kein Auftrag jemals warten und die Durchlaufzeit durch das System ist die Summe der Bearbeitungszeiten an den Maschinen, im vorliegenden Fall also 80 Zeiteinheiten. Steigert man den Bestand in dem System über den kritischen Bestand hinaus, so steigt zwar gemäß Abbildung 2.13(a) der Durchsatz nicht mehr, es steigt aber die Durchlaufzeit, weil sich die Werkstücke vor der Engpassstation stauen, hier also vor der dritten Maschine. Dies wird durch Abbildung 2.13(b) visualisiert. Im Folgenden zeigen wir, wie wir diese Kurven in Abbildung 2.13 berechnen können.

Bezeichnen wir mit $\mu_i = \frac{1}{\mathrm{E}[T_s(i)]}$, $i = 1, \ldots, I$ die mittleren Bedienraten der I Stationen des betrachten Fließproduktionssystems, so ist

$$r_b = \min(\mu_1, \mu_2, \ldots, \mu_I) \tag{2.28}$$

als Minimum aller Bedienraten μ_i die Engpassrate r_b des System und die Obergrenze des Systemdurchsatzes, im Beispiel also $r_b = 1/30$ ZE^{-1}. Ferner definieren wir die erwartete Gesamtbearbeitungszeit T_0 je Werkstück:

$$T_0 = \sum_{i=1}^{I} \mathrm{E}[T_s(i)] = \sum_{i=1}^{I} \frac{1}{\mu_i} \tag{2.29}$$

In dem Beispiel ist $T_0 = 20\,\mathrm{ZE} + 10\,\mathrm{ZE} + 30\,\mathrm{ZE} + 20\,\mathrm{ZE} = 80\,\mathrm{ZE}$. Auf dieser Basis können wir nun über die Beziehung

$$WIP_0 = r_b \cdot T_0 \tag{2.30}$$

den kritischen Bestand WIP_0 berechnen, der mindestens erforderlich ist, um den Engpass des hier betrachteten Systems zu 100% auszulasten,[6] im Beispiel also

$$WIP_0 = r_b \cdot T_0 = \frac{1}{30\,\mathrm{ZE}} \cdot 80\,\mathrm{ZE} = 2\frac{2}{3}. \tag{2.31}$$

Das erlaubt es uns nun, eine Berechnungsformel für den best-möglichen Systemdurchsatz anzugeben, mittels derer wir den Kurvenverlauf in Abbildung 2.13(a) berechnen können:

$$TH_{\mathrm{best}}(WIP) = \begin{cases} \frac{WIP}{T_0}, & \text{wenn } WIP \leq WIP_0 \\ r_b, & \text{wenn } WIP > WIP_0 \end{cases} \tag{2.32}$$

Das Gesetz von Little (2.26) auf S. 46 gilt auch für das hier betrachtete System und nimmt für die hier betrachten Kenngrößen die folgende Form an

$$WIP = TH(WIP) \cdot CT(WIP), \tag{2.33}$$

die wir nach Durchlaufzeit auflösen können:

$$CT(WIP) = \frac{WIP}{TH(WIP)} \tag{2.34}$$

---

[6] Beachten Sie bitte, dass dies ein Mittelwert ist. Zu jedem Zeitpunkt ist eine ganzzahlige Anzahl von Werkstücken im System, im Fall der Abbildung 2.12 sind das im eingeschwungenen Zustand stets entweder zwei oder drei Werkstücke.

2.4 Beurteilung von Beständen, Durchlaufzeiten und Durchsatz

Setzen wir in die Gleichung (2.34) nun die Gleichung (2.32) ein, so erhalten wir unmittelbar die Funktion der mittleren Durchlaufzeit in Abhängigkeit des Bestandes, die in Abbildung 2.13(b) visualisiert wird:

$$CT_{\text{best}}(WIP) = \begin{cases} T_0, & \text{wenn } WIP \leq WIP_0 \\ \frac{WIP}{r_b}, & \text{wenn } WIP > WIP_0 \end{cases} \quad (2.35)$$

In dem best-möglichen Fall eines Systems mit komplett deterministischen Bearbeitungszeiten wird also der Durchsatz TH nicht mehr größer, wenn man den Bestand WIP über den kritischen Bestand WIP_0 hinaus steigert. Größer wird dann nur noch die Durchlaufzeit CT, aber daran hat man normalerweise kein Interesse.

2.4.3 Schlechtest-möglicher Fall

Analog zum best-möglichen Fall kann man sich mit Hopp und Spearman (2011, S. 241) auch einen schlechtest-möglichen Fall vorstellen. In diesem geht man davon aus, dass sich alle WIP Werkstücke stets *gemeinsam* durch das System bewegen, zum Beispiel auf einer einzigen und gemeinsam genutzten Transportpalette.

(a) Durchsatz in Abhängigkeit des WIP

(b) Durchlaufzeit in Abhängigkeit des WIP

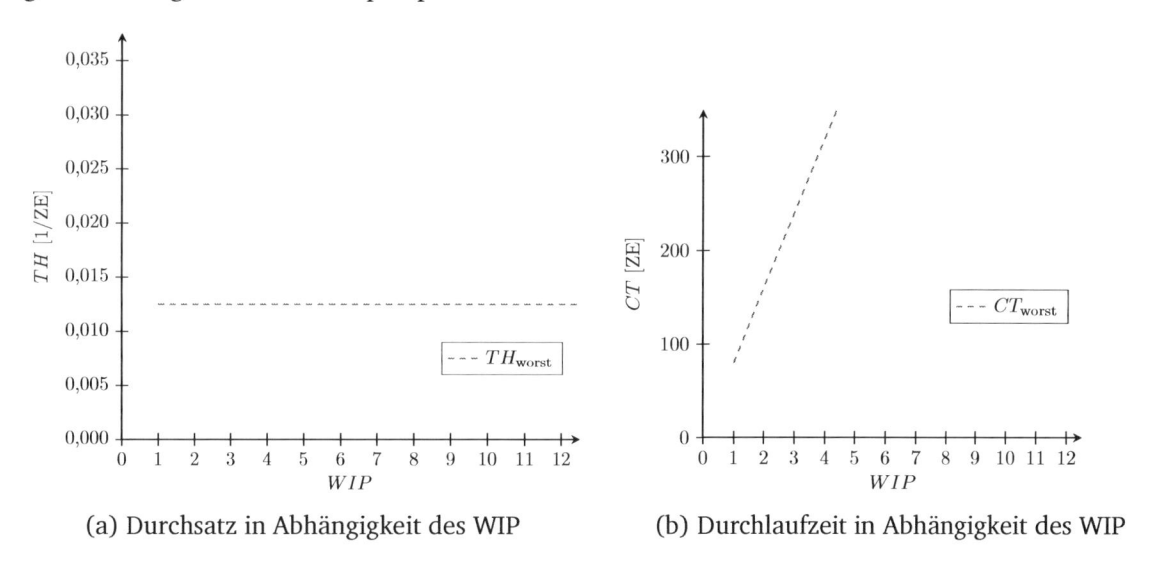

Abbildung 2.14: Schlechtest-möglicher Fall

Das an einer Maschine zuerst bearbeitete Werkstück muss also warten, bis das zuletzt bearbeitete Werkstück an dieser Maschine fertig bearbeitet wurde, bevor die Transportpalette mit allen Werkstücken gemeinsam zur nächsten Maschine transportiert wird und es an dieser weitergehen kann. In diesem schlechtest-möglichen Fall ist damit stets nur *eine* Maschine beschäftigt und es wird stets nur *ein* Werkstück bearbeitet. Alle anderen Maschinen stehen still und alle anderen Werkstücke werden nicht bearbeitet. Das ist ganz offensichtlich eine extrem schlechte Art und Weise, das Produktionssystem zu betreiben, und muss auf einen extrem schlechten Zusammenhang zwischen Bestand, Durchsatz und Durchlaufzeit führen.

Für die schlechtest-mögliche Durchlaufzeit erhält man unter diesen Annahmen die Beziehung

$$CT_{\text{worst}}(WIP) = WIP \cdot T_0 \quad (2.36)$$

die zum Ausdruck bringt, dass die Durchlaufzeit im schlechtest-möglichen Fall linear mit der Anzahl WIP der Werkstücke im System steigt, weil jedes Werkstück an jeder Maschine warten muss, bis auch alle anderen Werkstücke dort bearbeitet worden sind, vgl. Abbildung 2.14(b). Über das Gesetz von Little $WIP = TH(WIP) \cdot CT(WIP)$ erhalten wir aus Gleichung (2.36) unmittelbar die Beziehung

$$TH_{\text{worst}}(WIP) = \frac{WIP}{CT_{\text{worst}}(WIP)} = \frac{1}{T_0} \quad (2.37)$$

für den schlechtest-möglichen Durchsatz, vgl. Abbildung 2.14(a). Das ist also ein System, bei welchem *nichts* dadurch besser wird, dass der Bestand WIP im System steigt. Ein noch schlechteres System darf man offenbar kaum erwarten.

2.4.4 Praktisch schlechtest-möglicher Fall

In einem System, welches nach der Modellvorstellung des schlechtest-möglichen Falls betrieben wird, ist also stets nur eine Maschine beschäftigt und alle anderen warten. Weil man ein derartig schlecht organisiertes System in der Praxis eher selten findet, haben Hopp und Spearman (2011, S. 244) eine weitere Modellvorstellung für den praktisch schlechtest-möglichen Fall eingeführt. Diese Modellvorstellung geht von den folgenden Annahmen aus:

- Zu jedem Zeitpunkt befindet sich eine konstante Anzahl von WIP Werkstücken im System. Das lässt sich zum Beispiel über eine sogenannte CONWIP-Produktionssteuerung erreichen, bei der stets dann ein neues Werkstück in das System eingeschleust wird, wenn eines fertig bearbeitet worden ist.[7] Abbildung 2.15 zeigt schematisch ein derartiges System mit vier gleich schnellen Stationen.

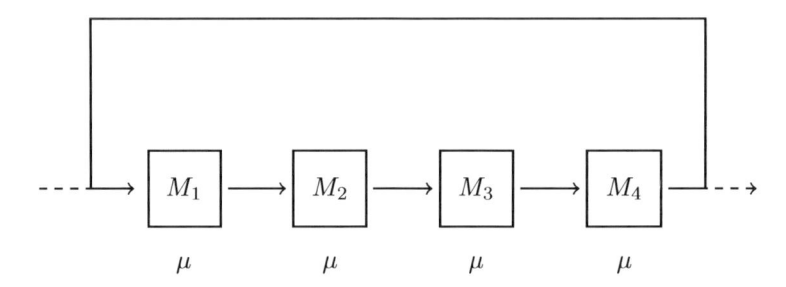

Abbildung 2.15: CONWIP-System mit vier gleich schnellen Stationen

- An allen Stationen i ist die Bedienrate μ identisch[8], so dass gewissermaßen *jede* Station den Engpass bildet mit $r_b = \mu$.

- Die Bearbeitungszeiten folgen an allen Stationen i einer *Exponentialverteilung* mit dem o. g. Parameter μ.

Die Exponentialverteilung ist eine Wahrscheinlichkeitsverteilung, die häufig benutzt wird, um zufällige Zeitdauern T zu modellieren, beispielsweise die Dauer von Serviceprozessen. Wenn eine Zufallsvariable T einer Exponentialverteilung mit der Rate μ folgt, so ist die Wahrscheinlichkeit, dass die zufällige Dauer T nicht größer ist als eine vorgegebene Grenze t, durch die Verteilungsfunktion

$$\text{Prob}[T \leq t] = F_T(t) = \begin{cases} 1 - e^{-\mu t}, & t \geq 0 \\ 0 & \text{sonst} \end{cases} \quad (2.38)$$

beschrieben. Abbildung 2.16 zeigt diese Verteilungsfunktion der Exponentialverteilung für unterschiedliche Werte der Rate μ. Man kann zeigen, dass diese spezielle Verteilung eine ganz bemerkenswerte Eigenschaft aufweist, die man als *Gedächtnislosigkeit* bezeichnet.[9] Eine zufällige Zeitdauer ist dann gedächtnislos, wenn das Wissen darüber, wie lange diese schon andauert, uns nicht dabei hilft, eine Aussage darüber zu machen, wie lange diese noch andauern wird.

---

[7] Vgl. dazu auch Abschnitt 17.3 ab Seite 334.
[8] Indem wir unterstellen, dass *alle* Stationen unseres Systems mit der Engpassrate r_b arbeiten, sind wir also in der Tat in unserer Modellvorstellung pessimistisch, weil wir ignorieren, dass ja u. U. einige der Stationen in der Realität schneller arbeiten als die Engpassstation. Unsere Berechnung ist damit vorsichtig bzw. konservativ und zudem, wie Sie gleich sehen werden, mathematisch vergleichsweise einfach.
[9] Wenn Sie sich davon überzeugen wollen, so finden Sie die Herleitung im Anhang D.1 auf S. 389.

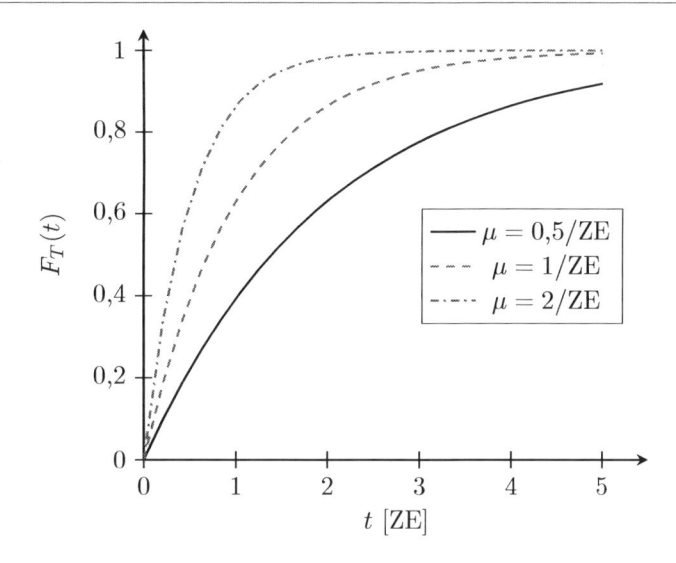

2.4 Beurteilung von Beständen, Durchlaufzeiten und Durchsatz

Abbildung 2.16: Verteilungsfunktion der Exponentialverteilung

Stellen Sie sich beispielsweise vor, dass Sie einen Würfelbecher zur Hand nehmen mit drei Würfeln darin und nun solange würfeln, bis Sie einen Sechser-Pasch erhalten, also alle drei Würfel sechs Augen bzw. Punkte zeigen. Die Wahrscheinlichkeit, dass Sie beispielsweise innerhalb der nächsten zwei Minuten den Sechser-Pasch erhalten, hängt nicht davon ab, wie lange Sie schon würfeln (sofern wir einmal davon ausgehen, dass Sie nicht irgendwann durch Erschöpfung langsamer würfeln).

Ganz offensichtlich ist das also ein ziemlich pessimistisches bzw. konservatives mathematisches Modell eines Bearbeitungsprozesses. Es erlaubt uns aber über eine sogenannte *Mittelwertanalyse* einige elegante logische Schlüsse, wie Sie gleich sehen werden.

Das Argument für die Analyse des praktisch-schlechtestmöglichen Falls geht nun folgendermaßen:

1. Im System mit I Maschinen befinden sich zu jedem Zeitpunkt WIP Werkstücke.

2. Alle Maschinen arbeiten gleich schnell, so dass die mittlere Bearbeitungszeit für jedes Werkstück an jeder Maschine $1/r_b$ beträgt.

3. Die Gesamt*bearbeitungs*dauer für *ein* Werkstück an *allen* I Maschinen beträgt damit

$$T_0 = I \cdot \frac{1}{r_b}. \tag{2.39}$$

4. In dem Moment, in welchem ein Werkstück an einer Station i ankommt, „sieht" dieses Werkstück ein Gesamtsystem mit $WIP - 1$ *anderen* Werkstücken, so dass an jeder Maschine der I Maschinen zu diesem zufälligen Ankunftszeitpunkt im Mittel $\frac{WIP-1}{I}$ Werkstücke warten oder bearbeitet werden.

5. Die erwartete Durchlaufzeit CT_i dieses an Maschine i gerade ankommenden Werkstücks setzt sich aus zwei Komponenten zusammen, der Bearbeitungszeit der $\frac{WIP-1}{I}$ anderen Werkstücke, die schon vorher angekommen sind, die Maschine aber noch nicht verlassen haben, und der Bearbeitungszeit des gerade angekommen Werkstücks selbst.

6. Sofern in dem Moment, in dem ein neues Werkstück an der Maschine i ankommt, bereits eine anderes dort in Bearbeitung ist, ist dessen *restliche* Bearbeitungszeit auch wieder $\frac{1}{r_b}$, weil die Bearbeitungszeiten ja exponentialverteilt und somit gedächtnislos sind.

7. Damit gilt also für die Durchlaufzeit des gerade an Maschine i eintreffenden Werkstücks an dieser Maschine

$$CT_i(WIP) = \frac{WIP-1}{I} \cdot \frac{1}{r_b} + \frac{1}{r_b} \qquad (2.40)$$

und somit im praktisch schlechtest-möglichen Fall über (2.39) für die Durchlaufzeit über alle I sich identisch verhaltenden Maschinen des Gesamtsystems

$$CT_{\text{pwc}}(WIP) = I \cdot CT_i(WIP) = \frac{WIP-1}{r_b} + \frac{I}{r_b} = \frac{WIP-1}{r_b} + T_0 = \frac{WIP-1+T_0 \cdot r_b}{r_b}. \qquad (2.41)$$

(Die tiefgestellte Abkürzung „pwc" steht für „practical worst case".) Über das Gesetz von Little und die Beziehung $WIP_0 = r_b \cdot T_0$ in Gleichung (2.30) folgt dann wieder unmittelbar eine Beziehung für den Durchsatz des Systems im praktisch-schlechtestmöglichen Fall:

$$TH_{\text{pwc}}(WIP) = \frac{WIP}{CT_{\text{pwc}}(WIP)} = \frac{WIP}{WIP-1+T_0 \cdot r_b} \cdot r_b = \frac{WIP}{WIP-1+WIP_0} \cdot r_b \qquad (2.42)$$

Die Funktionen (2.42) und (2.41) werden für den Fall des betrachteten Beispiels in den Abbildungen 2.17(a) und 2.17(b) dargestellt.

(a) Durchsatz in Abhängigkeit des WIP

(b) Durchlaufzeit in Abhängigkeit des WIP

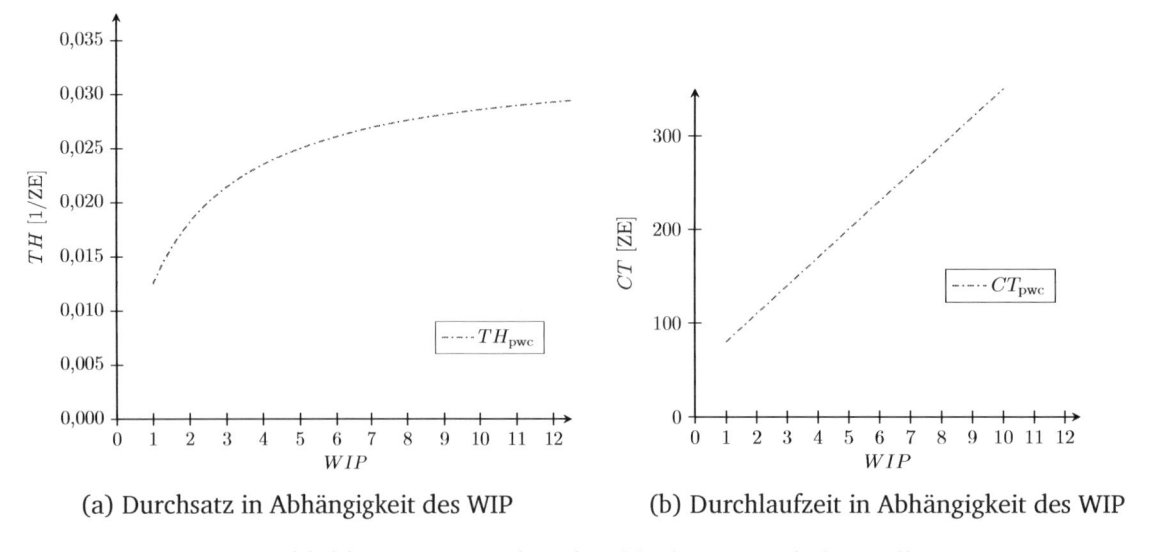

Abbildung 2.17: Praktisch schlechtest-möglicher Fall

2.4.5 Anwendung auf das Beispiel

Die drei dargestellten Modelle des best-möglichen, des schlechtest-möglichen und des praktisch schlechtest-möglichen Falles erlauben nun eine theoretisch fundierte und gleichzeitig sehr einfache grobe Einschätzung der Leistung eines Produktionssystems.

Wir müssen dazu lediglich

- die Summe T_0 aller Bearbeitungszeiten je Werkstück über alle Maschinen ermitteln,
- die Rate r_b bestimmen, mit der die langsamste Maschine arbeitet, daraus
- den kritischen Bestand $WIP_0 = T_0 \cdot r_b$ errechnen und dann
- aus diesen drei Größen über die Formeln (2.35), (2.36), (2.41) die Kurven für die Durchlaufzeit im best-möglichen, schlechtest-möglichen und praktisch schlechtest-möglichen Fall ermitteln. Analog gehen wir für den Durchsatz über die Formeln (2.32), (2.37) und (2.42) vor, um die entsprechenden Formeln für den Durchsatz zu ermitteln.

2.4 Beurteilung von Beständen, Durchlaufzeiten und Durchsatz

Wenn wir mit diesen Referenzwerten die tatsächlich gemessenen Werte eines Produktionssystems vergleichen, dann gelangen wir sehr rasch zu einer Einschätzung, ob dieses gut arbeitet oder nicht. Das sehen wir uns jetzt anhand des in Abschnitt 2.4.1 auf S. 47 eingeführten Beispiels an.

> **Beispiel zur Beurteilung von Beständen und Durchsatz (Teil 2 und Schluss)**
>
> Thorben Schneider hat vom Geschäftsführer Franz Meier die Daten der vier Produktionslinien in dem Werk in Alt-Hintertupfingen gemäß Tabelle 2.6 auf S. 47 erhalten und zusätzlich die Information, dass die vier Prozessschritte auf jeder der vier Linien jeweils im Mittel 20, 10, 30 und 20 ZE dauern. Schneider erkennt, dass die dritte Maschine mit einer Engpassrate
>
> $$r_b = \frac{1}{30}\text{ZE}^{-1} \qquad (2.43)$$
>
> den Engpass des Systems bildet, die Gesamtbearbeitungszeit
>
> $$T_0 = (20 + 10 + 30 + 20)\,\text{ZE} = 80\,\text{ZE} \qquad (2.44)$$
>
> beträgt und der kritische Bestand somit
>
> $$WIP_0 = r_b \cdot T_0 = \frac{80}{30} = 2\frac{2}{3} \qquad (2.45)$$
>
> ist. Mit diesen Werten berechnet er sich die Funktionen für den Durchsatz TH und die Durchlaufzeit CT in den Abbildungen 2.18 und 2.19.
>
> Anschließend zeichnet er jene vier Punkte ein, welche die Betriebspunkte der vier Linien des Werks in Alt-Hintertupfingen gemäß Tabelle 2.6 darstellen. Damit geht er zum Geschäftsführer Maier.

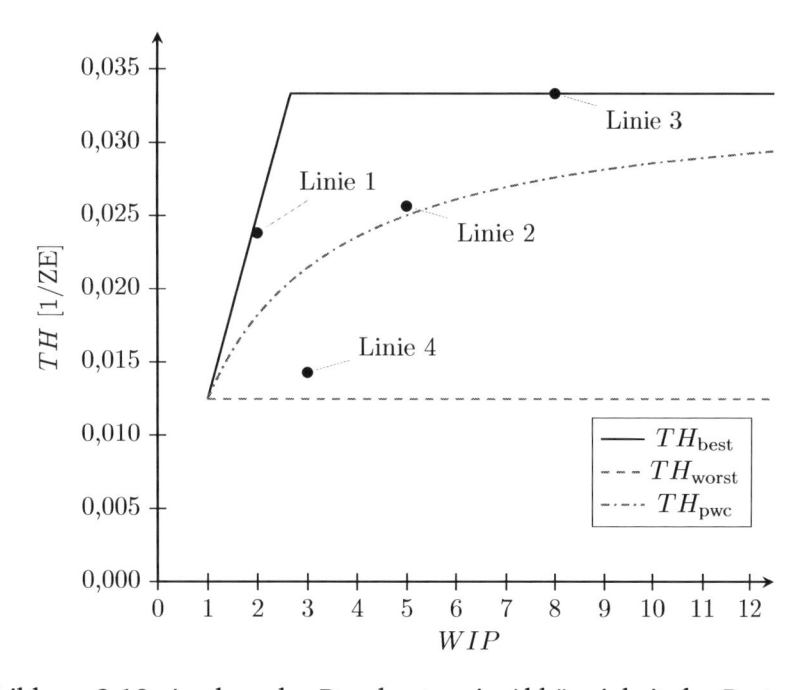

Abbildung 2.18: Analyse des Durchsatzes in Abhängigkeit des Bestandes

> »Hallo Chef, haben Sie 'mal 'nen Moment Zeit? Sie wollten doch wissen, was da mit den vier Produktionslinien los ist.«

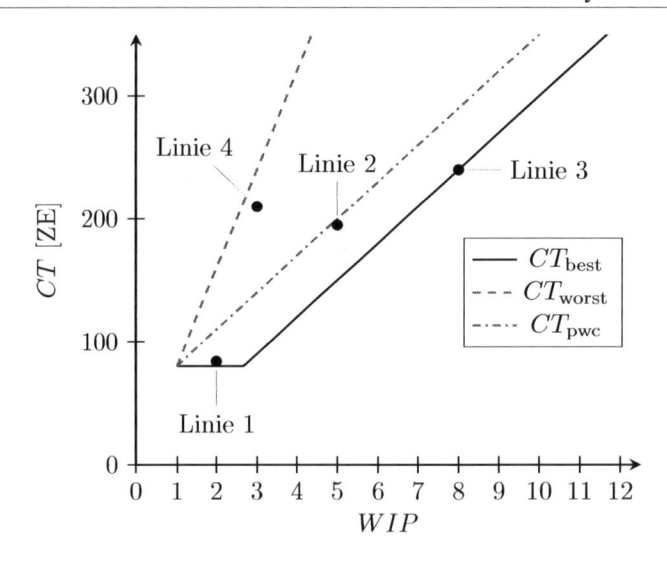

Abbildung 2.19: Analyse der Durchlaufzeit in Abhängigkeit des Bestandes

»Nee, Zeit habe ich eigentlich keine, aber neugierig bin ich schon. Was haben Sie herausgefunden?«

Schneider zeigt ihm die beiden Diagramme in den Abbildungen 2.18 und 2.19.

»Also Chef, fangen wir mal an mit der Linie 3. Dort ist der Durchsatz so hoch, dass der Engpass immer arbeitet und für den gegebenen mittleren Bestand die dann minimal mögliche Durchlaufzeit erreicht wird.«

»Ah, prima, dann soll also die Leiterin der Linie 3 den anderen sagen, wie sie das macht, und dann haben wir überall einen so hohen Durchsatz wie an der Linie 3.«

»Langsam, Chef. An der Linie 3 ist offenbar technisch alles bestens, da gibt es scheinbar keinerlei Störungen oder so. Es gibt dort aber ein leicht lösbares organisatorisches Problem. Die Linie 3 sitzt perfekt auf den Kennlinien für den best-möglichen Fall. Bei der Linie 3 kann man den mittleren Bestand von 8 auch auf 2²/₃ reduzieren, ohne dass der Durchsatz zurückgehen wird. Dadurch kriegen wir die Durchlaufzeit an der Linie von 240 auf 80 ZE herunter.«

»Super! Und was ist mit den anderen Linien?«

»Ähnlich gut wie Linie 3 ist die Linie 1. Die liegt ganz dicht an den Kennlinien für den best-möglichen Fall. Hier ist allerdings der Bestand so niedrig, dass der mögliche Durchsatz nicht erreicht werden kann. Eigentlich komisch, finde ich. Technisch muss da alles in Ordnung sein. Die müssen dort nur etwas großzügiger das Material einschleusen, dann sollten die auch mit einen mittleren Bestand von 2²/₃ auf einen Durchsatz von fast 0,333/ZE kommen können.«

Plötzlich erinnert sich Meier daran, dass ihm der Leiter der Linie 1 neulich voll Stolz sein *Lean Production*-Zertifikat gezeigt hat und bei jeder Gelegenheit erzählt, dass Bestände ein Zeichen von Verschwendung seien.

»Gut. Was ist mit den anderen Linien? «

»Die müssen wir uns genauer vor Ort ansehen. Bei Linie 4 läuft etwas ganz katastrophal aus dem Ruder. Die Linie 1 schafft mit weniger Bestand einen deutlich höheren Durchsatz. Ziemlich schlimm sieht es auch bei der Linie 2 aus. Da müssen auch irgendwelche Sachen im Argen liegen, sonst hätten die bei dem mittleren Bestand auch einen deutlich höheren Durchsatz. Irgendwas im System muss da zu Schwankungen und Störungen im Materialfluss führen.«

»Das haben Sie gut gemacht, Respekt. Offenbar kann man in Hannover an der Uni doch etwas Vernünftiges lernen. Ich möchte, dass Sie nächste Woche vor Ort dafür sorgen, dass die Linien 1 und 3 ihre Bestände sinnvoller steuern und dann mit den Leitern der

2.5 Aufgaben und Übungen

> Linien 1 und 3 die Linien 2 und 4 ansehen, um herauszufinden, was dort geändert werden muss, um auch dort den Durchsatz hochzukriegen.«
>
> Maier wendet sich wieder seinem Rechner zu.
>
> »Äh, Chef... Haben Sie schon über meinen Vorschlag mit dem Tischkicker und den Sitzsäcken nachgedacht?«

Literaturhinweise

- Cachon und Terwiesch (2009)
- Curry und Feldman (2011)
- Hopp und Spearman (2011)
- Thonemann und Albers (2011)

2.5 Aufgaben und Übungen

1. Grundbegriffe und elementare Verständnisfragen

    a) Was ist ein Variationskoeffizient?

    b) Kann ein Variationskoeffizient kleiner als 0 oder größer als 1 sein?

    c) Was passiert bei einem Bediensystem, wenn die Auslastung ρ gegen 100% geht?

2. Elementare Berechnungen

    Die Varianz der Zwischenankunftszeiten bei einem Bediensystem mit nur einem Server beträgt 10.000 ZE^2. Der Variationskoeffizient ist 0,5 und die Bedienrate ist $\frac{1}{50}$ZE^{-1}. Wie groß sind die mittleren Zwischenankunftszeiten, die Ankunftsrate und die Auslastung?

    > **Lösung/Lösungshinweis**
    >
    > Aus der Definition des Variationskoeffizienten
    >
    > $$c_a = \frac{\sigma_{T_a}}{E[T_a]}$$
    >
    > folgt
    >
    > $$E[T_a] = \frac{\sigma_{T_a}}{c_a} = \frac{\sqrt{\sigma_{T_a}^2}}{c_a} = \frac{100}{0{,}5}\text{ZE} = 200\text{ZE},$$
    >
    > damit ist die Ankunftsrate $\lambda = \frac{1}{E[T_a]} = \frac{1}{200}$ZE^{-1}. Für die Auslastung ergibt sich
    >
    > $$\rho = \frac{\lambda}{\mu} = \frac{\frac{1}{200}\text{ZE}^{-1}}{\frac{1}{50}\text{ZE}^{-1}} = \frac{1}{4} = 25\%.$$

3. Mittlere Zeiten und Bestände

    Vom Zeitpunkt 0 bis zum Zeitpunkt 100 sind an einen anfangs leeren System vier Jobs angekommen, bearbeitet worden und haben das System wieder verlassen. Die Jobs haben 60, 40, 30 und 70 Zeiteinheiten im System verbracht. Wie groß war im zeitlichen Mittel der Bestand im System?

> **Lösung/Lösungshinweis**
>
> Der Mittelwert der Zeit im System über die Jobs beträgt
>
> $$\overline{w} = \frac{60+40+30+70}{4} \text{ ZE} = 50 \text{ ZE}$$
>
> und die Ankunftsrate ist $\lambda = \frac{4}{100}\text{ZE}^{-1}$. Über das Gesetz von Little ergibt sich der mittlere Bestand folgendermaßen:
>
> $$\overline{l} = \lambda \cdot \overline{w} = \frac{4}{100}\text{ZE}^{-1} \cdot 50 \text{ ZE} = 2$$

4. Berechnung mittlerer Warte- und Durchlaufzeiten

   An einer Bearbeitungsstation kommt aus einer vorgelagerten Produktionsstufe stets alle 100 Zeiteinheiten ein neues Werkstück an. Die mittlere Bedienzeit an der Station beträgt 90 Zeiteinheiten bei einer Standardabweichung von 45 Zeiteinheiten. Wie groß sind die mittlere Wartezeit und die mittlere Durchlaufzeit an der Station?

> **Lösung/Lösungshinweis**
>
> Der Variationskoeffizient der Zwischenankunftszeiten ist gleich Null, weil die Werkstücke stets in gleichen zeitlichen Abständen eintreffen, also $c_a = 0$. Der Variationskoeffizient der Bearbeitungszeiten ist
>
> $$c_s = \frac{\sigma_s}{E[T_s]} = \frac{45 \text{ ZE}}{90 \text{ ZE}} = 0{,}5.$$
>
> Für die Auslastung gilt:
>
> $$\rho = \frac{\lambda}{\mu} = \frac{\frac{1}{100}\text{ZE}^{-1}}{\frac{1}{90}\text{ZE}^{-1}} = 90\%.$$
>
> Damit folgt für die mittlere Wartezeit:
>
> $$E[W_q] \approx \frac{c_a^2 + c_s^2}{2} \cdot \frac{\rho}{1-\rho} \cdot \frac{1}{\mu}$$
> $$= \frac{0 + 0{,}5^2}{2} \cdot \frac{0{,}9}{1-0{,}9} \cdot 90 \text{ ZE}$$
> $$= 101{,}25 \text{ min}$$
>
> Für die Summe aus Wartezeit und Bedienzeit folgt:
>
> $$E[W] = E[W_q] + E[T_s] \approx 101{,}25 \text{ ZE} + 90 \text{ ZE} = 191{,}25 \text{ ZE}$$

3 Prozessanalyse II: Auswirkungen von Organisationsentscheidungen

3.1 Warte- und Durchlaufzeiten bei mehreren Servern

Bislang sind wir in der Kingman'schen Approximationsformel davon ausgegangen, dass es nur **einen** Server gibt. Nun nehmen wir an, dass es sich um N parallele Server handelt, ähnlich wie die Schalter bei der Post. Wir gehen also von der Vorstellung aus, dass jeder Job immer nur von einem Server bedient wird. Damit berechnet sich die Auslastung zu

$$\rho = \frac{\lambda}{N \cdot \mu}$$

und die approximative Berechnung des Erwartungswertes der Wartezeit sieht folgendermaßen aus:[1]

$$\mathrm{E}[W_q] \approx \frac{c_a^2 + c_s^2}{2} \cdot \frac{\rho^{\sqrt{2 \cdot (N+1)} - 1}}{N \cdot (1 - \rho)} \cdot \frac{1}{\mu} \tag{3.1}$$

Man erkennt, dass sich für den Spezialfall $N = 1$ wieder die bereits bekannte Formel (2.10) auf S. 42 ergibt.

Die erwartete Durchlaufzeit berechnet sich wieder als Summe aus Warte- und Bedienzeit:

$$\mathrm{E}[W] = \mathrm{E}[W_q] + \frac{1}{\mu} \approx \frac{c_a^2 + c_s^2}{2} \cdot \frac{\rho^{\sqrt{2 \cdot (N+1)} - 1}}{N \cdot (1 - \rho)} \cdot \frac{1}{\mu} + \frac{1}{\mu} \tag{3.2}$$

Diese Formel ist sehr wichtig, um Skalen- oder Größeneffekte von Bediensystemen zu verstehen und die Auswirkungen organisatorischer Entscheidungen analysieren zu können.

3.2 Getrennte vs. gemeinsame Warteschlangen

Zunächst betrachten wir die Frage, wie sich **getrennte vs. gemeinsame Warteschlangen** auf die Warte- und Durchlaufzeiten der Jobs auswirken. Dazu betrachten wir wieder das auf S. 41 bereits eingeführte Beispiel.

> **Beispiel zur Kundenbetreuung**
>
> Die *Möllix GmbH* wächst rasant. Dies gilt auch für die Zahl der telefonischen Kundenbetreuer. Gab es vor einem Jahr nur einen Kundenbetreuer, so sind es nun schon vier. Schon wieder häufen sich die Klagen der Kunden über den Service, trotz der vor einem Jahr eingeführten verbesserten Schulung der Kundenbetreuer. Erneut schickt Geschäftsführer Franz Meier seinen Assistenten Thorben Schneider los, sich das leidige Problem anzusehen.
>
> Der Assistent findet heraus, dass die Kundenbetreuer eine Marketing-Schulung zum Thema „One-face-to-the-customer" erhalten hatten. Darauf hin haben sie die Kunden in vier gleich große Gruppen aufgeteilt und diesen jeweils die Telefonnummer ihres

---
[1] Vgl. Hopp und Spearman (2011) und Curry und Feldman (2011, Kap. 3.7.3).

speziellen Betreuers mitgeteilt. Durch diese gerechte Aufteilung sollte jeder auch gleich viel arbeiten müssen.

Thorben Schneider analysiert erneut die Telefondaten und findet heraus, dass in der Tat die Daten für die vier Gruppen praktisch identisch aussehen: Die mittleren Servicezeiten betragen 10 Minuten bei einer Standardabweichung von 5 Minuten. Jeder der vier Kundenbetreuer erhält im Mittel fünf Anrufe pro Stunde bei einer Standardabweichung der Zwischenankunftszeiten der Anrufer von 12 Minuten.

Zunächst rechnet der Assistent aus, wie die erwartete Wartezeit in jeder der Kundengruppen aussehen müsste:

1. Zwischenanrufzeiten:

$$E[T_a] = 12 \text{ min}$$
$$\sigma_{T_a} = 12 \text{ min}$$
$$c_a = \frac{\sigma_{T_a}}{E[T_a]} = 1$$
$$\lambda = \frac{1}{12} \text{ min}^{-1}$$

2. Bearbeitungszeiten:

$$E[T_s] = 10 \text{ min}$$
$$\sigma_{T_s} = 5 \text{ min}$$
$$c_s = \frac{\sigma_{T_s}}{E[T_s]} = 0{,}5$$
$$\mu = \frac{1}{10} \text{ min}^{-1}$$

3. Auslastung:

$$\rho = \frac{\lambda}{\mu} = \frac{10}{12} = 83{,}3\%$$

4. Wartezeit:

$$E[W_q] \approx \frac{c_a^2 + c_s^2}{2} \cdot \frac{\rho}{1-\rho} \cdot \frac{1}{\mu}$$
$$= \frac{1+0{,}5^2}{2} \cdot \frac{10/12}{1-10/12} \cdot 10 \text{ min}$$
$$= 31{,}25 \text{ min}$$

5. Summe aus Wartezeit und Bedienzeit:

$$E[W] = 31{,}25 \text{ min} + 10 \text{ min} = 41{,}25 \text{ min}$$

Offensichtlich hängen die erneut stark gestiegenen Wartezeiten damit zusammen, dass nun viel mehr Kunden anrufen als früher und die Auslastung jedes Kundenbetreuers von 50% auf über 80% gestiegen ist. Natürlich könnte man einen weiteren Kundenbetreuer einstellen, aber die Büros platzen jetzt schon aus allen Nähten, mit *dem* Vorschlag kann Schneider also nicht zum Geschäftsführer gehen.

3.2 Getrennte vs. gemeinsame Warteschlangen

Der Assistent erinnert sich aber, einmal etwas von Skaleneffekten gehört zu haben. Dazu müsste man alle Anrufe über eine gemeinsame Telefonnummer und Warteschlange bündeln und alle Kundenbetreuer gemeinsam dieser Warteschlange zuordnen. Das neue System hätte zwar eine viermal so hohe Ankunftsrate wie jedes der vier bisherigen Systeme, aber an der Variabilität der Anrufe würde sich nichts ändern und an der Auslastung auch nicht. Erneut macht der Assistent eine kurze Rechnung auf für den Fall, dass die vier Kundengruppen zu einer verschmolzen werden:

1. Zwischenanrufzeiten:

$$E[T_a] = \frac{12 \text{ min}}{4} = 3 \text{ min}$$

$$\sigma_{T_a} = \frac{12 \text{ min}}{4} = 3 \text{ min}$$

$$c_a = \frac{\sigma_{T_a}}{E[T_a]} = 1$$

$$\lambda = \frac{1}{3} \text{ min}^{-1}$$

2. Bearbeitungszeiten:

$$E[T_s] = 10 \text{ min}$$

$$\sigma_{T_s} = 5 \text{ min}$$

$$c_s = \frac{\sigma_{T_s}}{E[T_s]} = 0{,}5$$

$$\mu = \frac{1}{10} \text{ min}^{-1}$$

3. Auslastung bei $N = 4$ Servern:

$$\rho = \frac{\lambda}{N \cdot \mu} = \frac{10}{4 \cdot 3} = 83{,}3\%$$

4. Wartezeit:

$$E[W_q] \approx \frac{c_a^2 + c_s^2}{2} \cdot \frac{\rho^{\sqrt{2 \cdot (N+1)} - 1}}{N \cdot (1 - \rho)} \cdot \frac{1}{\mu}$$

$$= \frac{1 + 0{,}5^2}{2} \cdot \frac{(10/12)^{\sqrt{2 \cdot (4+1)} - 1}}{4 \cdot (1 - 10/12)} \cdot 10 \text{ min}$$

$$= 6{,}32 \text{ min}$$

5. Summe aus Wartezeit und Bedienzeit:

$$E[W] = 6{,}32 \text{ min} + 10 \text{ min} = 16{,}32 \text{ min}$$

Offenbar können die mittleren Wartezeiten der Anrufer erheblich gesenkt werden, wenn man die telefonische Kundenbetreuung bündelt. Dazu müssen einige Einstellungen in der Software der Telefonanlage und der Kundenbetreuung geändert werden, aber der Mitarbeiter aus dem IT-Bereich sagt, das sei eine Sache von einer halben Stunde. Thorben Schneider berichtet dem Geschäftsführer. Dieser ist total erstaunt, dass nun offenbar auch bei einer Auslastung von über 80% das bisherige Niveau der Wartezeiten von sechs bis sieben Minuten erreichbar sein soll.

Offensichtlich ist es so, dass die mittleren Wartezeiten $E[W_q]$ wie auch die mittleren Durchlaufzeiten $E[W]$ zurückgehen, wenn man nicht jedem Server seine eigene Warteschlange zuweist, sondern die Server zu einer Gruppe zusammenfasst und für diese Gruppe eine gemeinsame Warteschlange bildet. Es ist auch relativ leicht zu verstehen, warum das so ist: In dem System mit den getrennten Warteschlangen kann der Fall auftreten, dass einer der Server unbeschäftigt ist, während in einer der Schlangen eines anderen Servers noch Jobs warten. Diese Situation kann bei einer gemeinsamen Warteschlange nicht auftreten, so dass hier die mittleren Wartezeiten geringer sind.

3.3 Viele langsame vs. wenige schnelle Server

Nun wenden wir uns der zweiten Problemstellung zu und betrachten die Frage, ob es sinnvoller ist, ein System aus vielen langsamen oder im Extremfall nur einem schnellen Server aufzubauen. Dazu bezeichnen wir mit μ_1 die Bedienrate des einen schnellen Servers und mit μ_N die Bedienrate eines der langsameren Server in einem System mit insgesamt N Servern. Soll die Auslastung der beiden Konfigurationen identisch sein, so muss (bei unveränderter Ankunftsrate λ) die Bedienrate μ_1 des einen schnellen Servers offenbar N-mal so hoch sein wie jene Rate μ_N eines der N langsamen Server:

$$\mu_1 = N \cdot \mu_N \tag{3.3}$$

Daraus erkennt man unmittelbar, dass der Erwartungswert der **Bedienzeit** eines Jobs an einem der N parallelen Server dem N-fachen der erwarteten Bedienzeit an dem einen schnellen Server entspricht:

$$E[T_{s,N}] = \frac{1}{\mu_N} = \frac{N}{\mu_1} = N \cdot E[T_{s,1}] \tag{3.4}$$

Dabei ändert sich offenbar die Auslastung nicht:

$$\rho_1 = \frac{\lambda}{\mu_1} = \frac{\lambda}{N \cdot \mu_N} = \rho_N = \rho \tag{3.5}$$

Offensichtlich führt also der Einsatz mehrerer langsamer Server bei gleicher Auslastung $\rho_1 = \rho_N$ zu einem **Anstieg der Bedienzeiten**, eben weil die Server langsamer arbeiten.

Bemerkenswerterweise passiert jedoch hinsichtlich der **Wartezeiten** genau das **Gegenteil**, denn diese sinken mit zunehmender Anzahl von Servern, und zwar auch dann, wenn diese mit zunehmender Anzahl gemäß der folgenden Beziehung

$$\mu_N = \frac{\mu_1}{N} \tag{3.6}$$

einzeln betrachtet immer langsamer werden. Dies kann man erkennen, wenn man die erwartete Wartezeit $E[W_{q,N}]$ eines Systems mit N Servern auf jene eines Systems mit nur einem Server $E[W_{q,1}]$ bezieht:

$$\frac{E[W_{q,N}]}{E[W_{q,1}]} \approx \frac{\frac{c_a^2+c_s^2}{2}\frac{\rho^{\sqrt{2(N+1)}-1}}{N(1-\rho)}\frac{1}{\mu_N}}{\frac{c_a^2+c_s^2}{2}\frac{\rho}{(1-\rho)}\frac{1}{\mu_1}} = \frac{\frac{\rho^{\sqrt{2(N+1)}-1}}{N(1-\rho)}\frac{N}{\mu_1}}{\frac{\rho}{(1-\rho)}\frac{1}{\mu_1}} = \frac{\rho^{\sqrt{2(N+1)}-1}}{\rho} = \rho^{\sqrt{2(N+1)}-2}$$

Abbildung 3.1 zeigt, dass bei einer niedrigen Auslastung die Wartezeit stark zurückgeht, wenn ein schneller durch mehrere langsame Server ersetzt wird. Bei sehr hoher Auslastung tritt dieser Effekt jedoch kaum auf. Offensichtlich geht also die erwartete Wartezeit $E[W_{q,N}]$ eines Systems mit N Servern mit steigender Anzahl Server gemäß der Beziehung

$$E[W_{q,N}] = \rho^{\sqrt{2(N+1)}-2} \cdot E[W_{q,1}] \tag{3.7}$$

3.3 Viele langsame vs. wenige schnelle Server

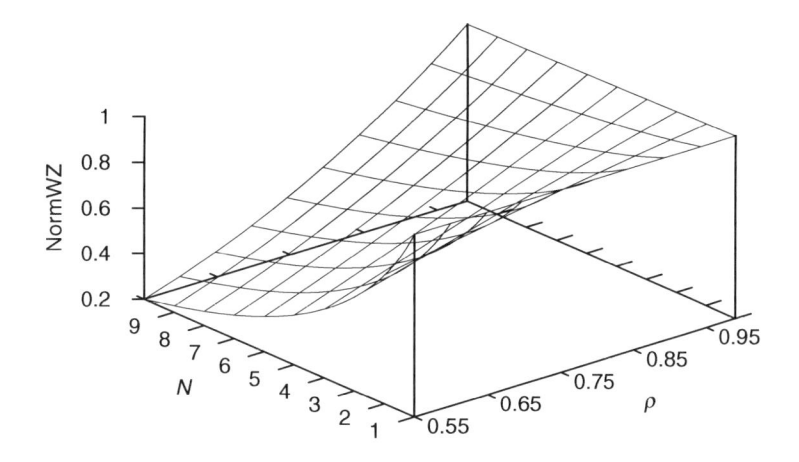

Abbildung 3.1: Normierte Wartezeit

zurück, weil in einem System, welches einen eingeschwungenen Zustand besitzt, die Auslastung $\rho < 1$ sein muss.

Etwas unhandlich erscheint der Ausdruck für die approximierte normierte Durchlaufzeit als Summe von Warte- und Bedienzeit:

$$\frac{E[W_N]}{E[W_1]} = \frac{\frac{c_a^2+c_s^2}{2}\frac{\rho^{\sqrt{2(N+1)}-1}}{N(1-\rho)}\frac{1}{\mu_N}+\frac{1}{\mu_N}}{\frac{c_a^2+c_s^2}{2}\frac{\rho}{(1-\rho)}\frac{1}{\mu_1}+\frac{1}{\mu_1}} = \frac{\frac{c_a^2+c_s^2}{2}\frac{\rho^{\sqrt{2(N+1)}-1}}{N(1-\rho)}\frac{N}{\mu_1}+\frac{N}{\mu_1}}{\frac{c_a^2+c_s^2}{2}\frac{\rho}{(1-\rho)}\frac{1}{\mu_1}+\frac{1}{\mu_1}} = \frac{\frac{c_a^2+c_s^2}{2}\frac{\rho^{\sqrt{2(N+1)}-1}}{(1-\rho)}+N}{\frac{c_a^2+c_s^2}{2}\frac{\rho}{(1-\rho)}+1}$$

Die Abbildungen 3.2 und 3.3 zeigen, dass der Anstieg der Bearbeitungszeiten den Rückgang der Wartezeiten in weiten Bereichen überkompensiert. Dies gilt generell dann, wenn die Variabilität der Zwischenankunftszeiten und der Bearbeitungszeiten niedrig ist und/oder das System nur relativ gering ausgelastet ist.

Im Ergebnis bedeutet dies, dass es darauf ankommt, ob eher die Wartezeit oder die Durchlaufzeit minimiert werden soll.

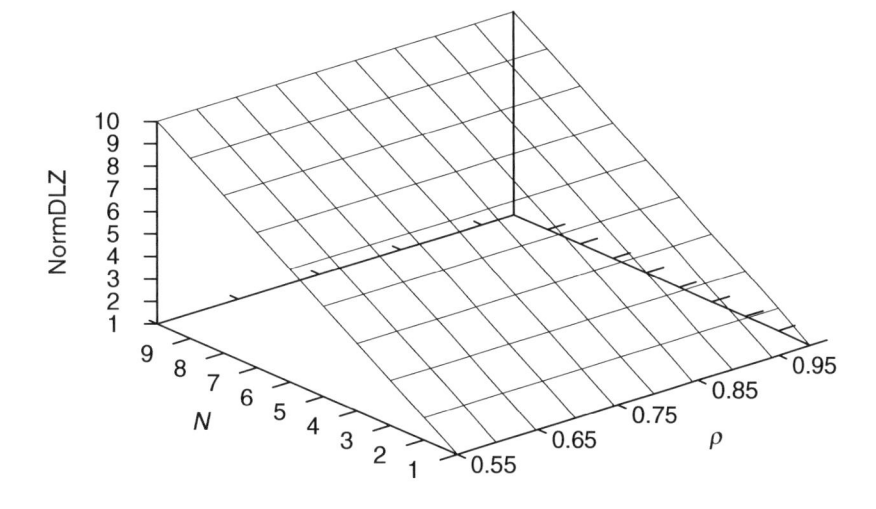

Abbildung 3.2: Normierte Durchlaufzeit im Fall $c^a = c^s = 0$

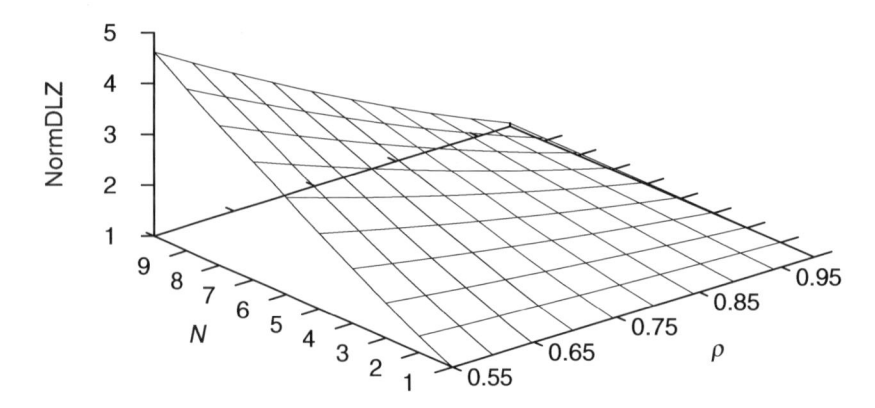

Abbildung 3.3: Normierte Durchlaufzeit im Fall $c^a = c^s = 1$

Beispiel zum Self-Check-In

ZeroFrillsAir ist *die* Airline für den kostenbewussten Flugreisenden. Die permanente Suche nach Rationalisierungspotentialen prägt die Unternehmenskultur. Durch Selbstbedienungsprozesse sollen Personalkosten vermieden werden, soweit es irgend geht. Dies gilt auch für den Self-Check-In, der insbesondere bei Flugreisenden mit mehreren Kleinkindern, Sehschwächen oder eher geringer Technik-Affinität stets starke Gefühlsäußerungen auslöst.

Für diesen Prozess wird nun an den Flughäfen eine neue Generation von schnelleren Check-In-Maschinen installiert. Projektmanagerin Chantal Schulze soll herausfinden, wie viele der neuen Maschinen künftig am X-Airport erforderlich sein werden, wenn die Wartezeiten der Flugreisenden an den Check-In-Maschinen das bislang etablierte Niveau nicht überschreiten sollen.

Chantal Schulze geht davon aus, dass in Spitzenzeiten bis zu drei Passagiere pro Minute zum Check-In eintreffen, also die Zwischenankunftszeiten 20 Sekunden betragen. Sie hat gelesen, dass bei zufälligen und voneinander unabhängigen Ankünften mit einem Variationskoeffizienten von $c_a = 1$ gerechnet werden kann und beschließt, dies hier zu tun. Sie wertet die Protokolle der zehn alten Check-In-Maschinen aus und stellt fest, dass die mittlere Dauer der Check-In-Zeit je Passagier drei Minuten beträgt, die Schwankungen aber erheblich sind. Sie unterstellt daher, dass die Variationskoeffizienten der Check-In-Zeiten ebenfalls $c_s = 1$ betragen. Bei den neuen Maschinen soll die mittlere Check-In-Zeit angeblich nur noch zwei Minuten betragen. Chantal nimmt an, dass auch bei den neuen Maschinen starke Schwankungen auftreten werden, weil manche Fluggäste einfach nicht gut mit diesen Maschinen zurechtkommen.

Chantal macht für die Auslastung des alten Systems folgende Rechnung auf:

$$\rho = \frac{\lambda}{N\mu} = \frac{3 \text{ min}^{-1}}{10 \cdot \frac{1}{3} \text{ min}^{-1}} = 0{,}9 \tag{3.8}$$

Dies führt auf die folgende Wartezeitabschätzung:

$$\begin{aligned}
E[W_q] &\approx \frac{c_a^2 + c_s^2}{2} \cdot \frac{\rho^{\sqrt{2(N+1)}-1}}{N(1-\rho)} \frac{1}{\mu} \\
&= \frac{1+1}{2} \cdot \frac{0{,}9^{\sqrt{2(10+1)}-1}}{10 \cdot (1-0{,}9)} \cdot 3 \text{ min} \\
&= 2{,}03 \text{ min}
\end{aligned}$$

Chantal probiert etwas herum und findet heraus, dass bei einer Zahl von sieben der neuen Maschinen das System immer noch stabil ist:

$$\rho = \frac{\lambda}{N\mu} = \frac{3 \min^{-1}}{7 \cdot \frac{1}{2} \min^{-1}} = \frac{6}{7} < 1 \tag{3.9}$$

Bei sieben Maschinen und einer Auslastung von $\frac{6}{7} \approx 85{,}7\%$ berechnet sie folgende erwartete Wartezeit:

$$\begin{aligned}
E[W_q] &\approx \frac{c_a^2 + c_s^2}{2} \cdot \frac{\rho^{\sqrt{2(N+1)}-1}}{N(1-\rho)} \frac{1}{\mu} \\
&= \frac{1+1}{2} \cdot \frac{\frac{6}{7}^{\sqrt{2(7+1)}-1}}{7 \cdot (1 - \frac{6}{7})} \cdot 2 \min \\
&= 1{,}26 \min
\end{aligned}$$

Die verringerte Auslastung und die verkürzten Wartezeiten machen sie nachdenklich. Schließlich will sie einen Beitrag zu dem neuen Kostensenkungsprogramm leisten. Sie überlegt sich, dass bei nur sechs Maschinen das System rechnerisch zu 100% ausgelastet wäre. Theoretisch würden sich dann unendlich lange Schlangen bilden. Andererseits …

Chantals Blick bleibt an dem großen Plakat mit dem Firmenmotto „ZeroFrills!" hängen. Ihr wird klar, dass ihre Berechnung ja von Spitzenzeiten ausgegangen ist und es auch Zeiten gibt, zu denen nicht so viel Betrieb am X-Flughafen ist. Wenn die Passagiere also alle ein bisschen mehr Zeit mitbrächten, so müssten doch auch sechs oder vielleicht nur fünf Check-In-Maschinen reichen, oder?

3.4 Mehrstufige Systeme und die Ausbreitung von Variabilität

In vielen Fällen benötigen Wertschöpfungsprozesse mehrere Prozessschritte, die auf räumlich oder logisch hintereinander angeordneten Servern durchgeführt werden. Abbildung 3.4 zeigt eine derartige Struktur.

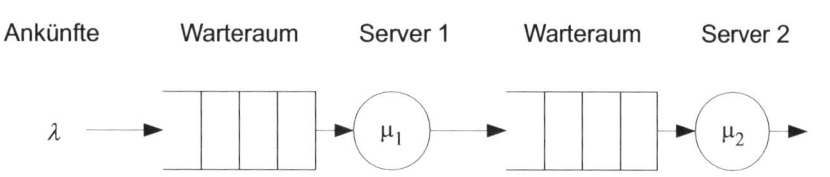

Abbildung 3.4: Zweistufiges Bearbeitungssystem

In einem derartigen System bildet der Abgangsprozess eines Servers i den Ankunftsprozess des Servers auf der nächsten Stufe $i+1$. In einem linearen System wie dem der Abbildung 3.4 gilt auf allen Stufen die **Eigenschaft der Flusserhaltung**. Sie bedeutet, dass alle Jobs alle Stufen genau einmal durchlaufen.

Daher „sieht" jeder Server die gleiche mittlere Ankunftsrate:

$$\lambda(1) = \lambda(2) = \ldots = \lambda \tag{3.10}$$

Dies bedeutet jedoch nicht, dass jeder Server einen in jeder Hinsicht identischen Ankunftsprozess erfährt. Insbesondere die Variabilität der Zwischenankunftszeiten kann sich von Produktionsstufe zu -stufe unterscheiden. Zur Erläuterung betrachten wir gedanklich ein System, bei dem an Produktionsstufe i die Zwischenankunftszeiten relativ stark schwanken, mithin ihr Variationskoeffizient $c_a(i)$ relativ groß ist, während die Bearbeitungszeiten kaum schwanken, ihr

Variationskoeffizient $c_s(i)$ also praktisch gleich Null ist. Dabei können wir zwei gegensätzliche Fälle unterscheiden:

- **Der Server der Stufe i ist niedrig ausgelastet.** In diesem Fall warten praktisch nie Jobs vor dem Server i. Dann ist bei (fast) jedem Job der Abgangszeitpunkt gleich der Summe aus seinem Ankunftszeitpunkt und seiner (Bearbeitungs-)Dauer. Dieser Fall ist in Abbildung 3.5 für den Fall einer deterministischen Prozessdauer skizziert. Auch dann, wenn die Prozessdauern wie im Fall der Abbildung 3.6 bei einer niedrigen Auslastung die Prozessdauern stärker schwanken, sind die Zwischenabgangszeiten den Zwischenankunftszeiten sehr ähnlich. Man erkennt also, dass bei einer niedrigen Auslastung die Variabilität der Zwischenabgangszeiten im Wesentlichen durch die Variabilität der Zwischenankunftszeiten bestimmt wird.

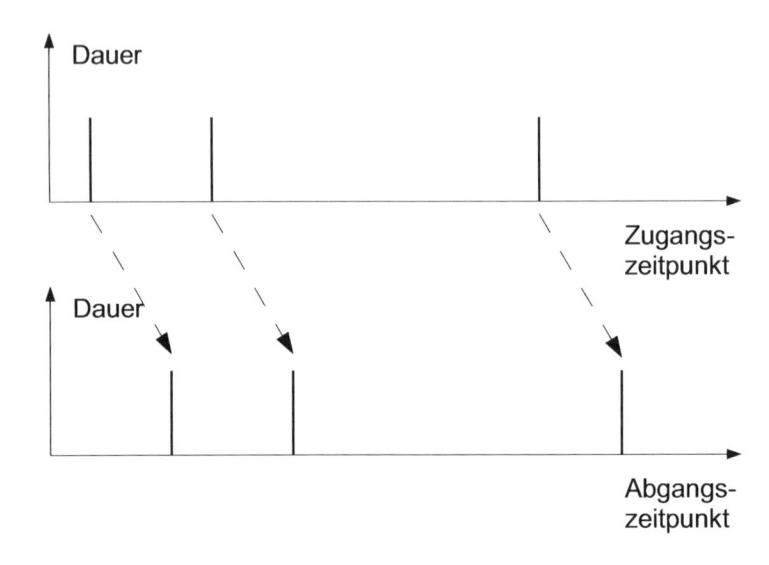

Abbildung 3.5: Zu- und Abgangsprozess bei niedriger Auslastung und niedriger Variabilität der Prozessdauer

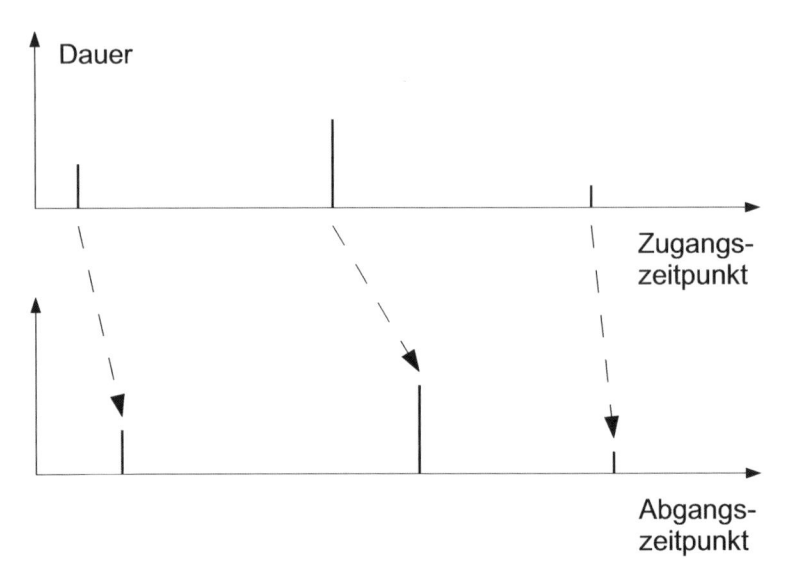

Abbildung 3.6: Zu- und Abgangsprozess bei niedriger Auslastung und hoher Variabilität der Prozessdauer

- **Der Server der Stufe i ist hoch ausgelastet.** In diesem Fall warten praktisch immer Jobs vor dem Server i. Dann ist bei (fast) jedem Job j der Abgangszeitpunkt gleich der Summe aus dem Abgangszeitpunkt des Vorgänger-Jobs $j-1$ und der (Bearbeitungs-)Dauer

3.4 Mehrstufige Systeme und die Ausbreitung von Variabilität

von Job j. Dieser Fall ist in Abbildung 3.7 skizziert. Man erkennt, dass die Variabilität der Zwischenabgangszeiten im Wesentlichen durch die (hier niedrige) Variabilität der Bearbeitungszeiten bestimmt wird.

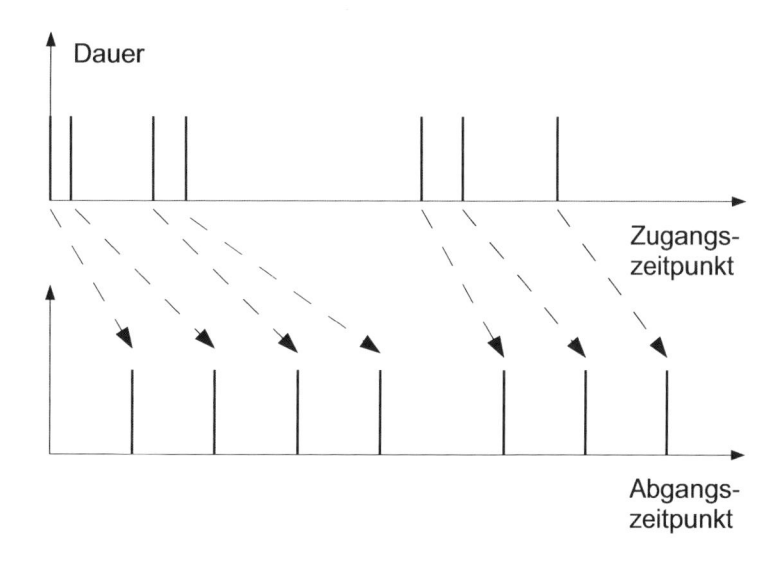

Abbildung 3.7: Zu- und Abgangsprozess bei hoher Auslastung

Diese Beobachtung nutzen wir nun, um eine Approximationsformel für den quadrierten Variationskoeffizienten $c_d^2(i)$ der Zwischenabgangszeiten von Server i eines mehrstufigen Produktionssystems zu begründen. Dazu bezeichnen wir mit $\mu(i)$ die Servicerate eines (einzelnen) Servers der Stufe i, auf der es N_i Server geben möge. Dann ist die Auslastung $\rho(i)$ auf Stufe i offenbar

$$\rho(i) = \frac{\lambda(i)}{N_i \cdot \mu(i)} = \frac{\lambda}{N_i \cdot \mu(i)}, \tag{3.11}$$

weil in dem rein linearen System ja gemäß Gleichung (3.10) für alle Server auf lange Sicht die gleiche Ankunftsrate λ gilt.

Ferner sei $c_a(i)$ der Variationskoeffizient der Zwischen*ankunfts*zeiten von Jobs an Stufe i und analog $c_d(i)$ der Variationskoeffizient der Zwischen*abgangs*zeiten von Jobs an Stufe i. Da die Abgänge von Stufe i die Ankünfte an Stufe $i+1$ darstellen, gilt offenbar die folgende Beziehung:

$$c_d(i) = c_a(i+1) \tag{3.12}$$

Der in den Abbildungen 3.5 bis 3.7 dargestellte Effekt wird in den folgenden Approximationsformeln[2] für die **Fortpflanzung von Variabilität** in Systemen mit je *einem* Server auf Stufe i abgebildet:

$$\boxed{c_d^2(i) \approx (1 - \rho(i)^2) \cdot c_a^2(i) + \rho(i)^2 \cdot c_s^2(i)} \tag{3.13}$$

Ist die Auslastung des Systems niedrig, so entspricht der (quadrierte) Variationskoeffizient der Zwischenabgangszeiten offenbar jenem der Zwischenankunftszeiten, ansonsten jenem der Bearbeitungszeiten. Im Fall *mehrerer* Server $N_i > 1$ auf Stufe i kann die folgende Approximationsformel verwendet werden:

$$\boxed{c_d^2(i) \approx (1 - \rho(i)^2) \cdot c_a^2(i) + \rho(i)^2 \cdot \frac{c_s^2(i) + \sqrt{N_i} - 1}{\sqrt{N_i}}} \tag{3.14}$$

---

[2] Vgl. Curry und Feldman (2011, Kap. 5.1).

Diese Approximationsformeln sind extrem nützlich, weil man mit ihnen abschätzen kann, wie sich Variabilität in mehrstufigen Wertschöpfungssystemen fortpflanzt. In Systemen mit einem rein linearen Materialfluss kann man damit eine Prozessanalyse durchführen, indem man das System „von vorne nach hinten" durchrechnet.

> **Beispiel eines mehrstufigen Produktionssystems mit Störungen**
>
> Franz Meier hat wieder Stress. Bei dem Geschäftsführer der *Möllix GmbH* häufen sich Klagen von Kunden über verspätete Lieferungen. Angefangen hat alles damit, dass auf der zweiten von drei Produktionsstufen die neue hochautomatisierte *Heinzelmann 10000* mit einer vom Hersteller zugesicherten Verfügbarkeit von 93,75% installiert worden ist. Die Kapazität der neuen Anlage wurde seines Erachtens großzügig dimensioniert, so dass die Anlage im Mittel nur zu $93,\overline{3}\%$ ausgelastet ist. Die früheren halbautomatischen Systeme waren sogar zu 98% ausgelastet, aber solche Probleme gab es nicht. Eigenartigerweise gibt es nun auch lange Staus vor der dritten Produktionsstufe, an der überhaupt nichts geändert wurde.
>
> Meier schickt wieder seinen Assistenten Thorben Schneider los, der neulich auch so gute Arbeit bei den Problemen mit der telefonischen Kundenbetreuung geleistet hat. Der Assistent spricht mit den Arbeitskräften vor Ort und sieht sich die Arbeitspläne der Erzeugnisse sowie die Protokolle der computergesteuerten Maschinen an. Er trägt die folgenden Daten zusammen:
>
> - **Produktionsstufe I:** Auf der ersten Produktionsstufe tut seit Jahr' und Tag eine alte Anlage völlig klaglos ihre Dienste. Sie erzeugt 35 Produktrohlinge je Stunde, welche die Anlage in gleichen zeitlichen Abständen verlassen. Aus Sicht der folgenden Produktionsstufen wird hier der Ankunftsprozess der Jobs erzeugt.[a] Der Assistent schätzt die Ankunftsrate auf $\lambda = 35\ \text{h}^{-1}$ und den Variationskoeffizienten auf $c_a = 0$.
>
> - **Produktionsstufe II:** Die neue *Heinzelmann 10000* kann theoretisch 40 Werkstücke pro Stunde bearbeiten. Bei einer Verfügbarkeit von 93,75% bleibt eine effektive Bearbeitungsrate von 37,5 Werkstücken pro Stunde übrig. Vor Ort erfährt der Assistent, dass die Störungen der Anlage zwar nicht oft auftreten, wenn sie jedoch auftreten, langwierige Fehlersuchen und Reparaturprozesse mit sich bringen. Für die Werkstücke, die dann gerade in Bearbeitung sind, ist die *effektive* Bearbeitungsdauer (inklusive der Dauer der Störungsbehebung) dann recht lang. Der Assistent ermittelt, dass der Variationskoeffizient dieser effektiven Bearbeitungszeiten 4 beträgt. Bei diesem hohen Wert wird er hellwach.
>
> - **Produktionsstufe III:** Hier wird ebenfalls eine alte Anlage eingesetzt. Sie hat eine Kapazität von 36 Werkstücken pro Stunde bei einem Variationskoeffizienten der Bearbeitungszeiten von 0,5.
>
> Auf lange Sicht hat offenbar die alte Anlage auf der Stufe 1 die niedrigste Kapazität von 35 Werkstücken je Stunde. Was sie produziert, müssten die beiden folgenden Produktionsstufen mit Kapazitäten von 37,5 bzw. 36 Werkstücken je Stunde verarbeiten können. Warum sind nun auf einmal die Schlangen vor der zweiten und vor allem der dritten Stufe so lang? Der Assistent macht die folgende Rechnung auf:
>
> - Die erste Produktionsstufe kann als Ankunftsprozess betrachtet werden. Für die Ankunftsrate an der zweiten (!) Produktionsstufe gilt daher
>
> $$\lambda(2) = \lambda = 35\ \text{h}^{-1}$$

3.4 Mehrstufige Systeme und die Ausbreitung von Variabilität

und für den Variationskoeffizienten der Zwischenankunftszeiten

$$c_a(2) = 0.$$

Die Auslastung der zweiten Stufe beträgt

$$\rho(2) = \frac{\lambda}{\mu(2)} = \frac{35 \text{ h}^{-1}}{37{,}5 \text{ h}^{-1}} = 93{,}\overline{3}\%.$$

Der Variationskoeffizient der Bedienzeiten an der zweiten Stufe beträgt $c_s(2) = 4$ bei einer effektiven Bedienrate von $\mu(2) = 37{,}5\text{h}^{-1}$.

Damit ist die erwartete Durchlaufzeit an der zweiten Stufe

$$\begin{aligned}E[W(2)] &\approx \frac{c_a(2)^2 + c_s(2)^2}{2} \frac{\rho(2)}{1-\rho(2)} \frac{1}{\mu(2)} + \frac{1}{\mu(2)} \\ &= \frac{0^2 + 4^2}{2} \frac{\frac{35}{37{,}5}}{1-\frac{35}{37{,}5}} \frac{1}{37{,}5} \text{ h} + \frac{1}{37{,}5} \text{ h} \\ &= 3{,}01\overline{3} \text{ h}\end{aligned}$$

Nach dem Gesetz von Little ist der erwartete Bestand an der zweiten Stufe

$$E[L(2)] = \lambda E[W(2)] = 35 \text{ h}^{-1} \cdot 3{,}01\overline{3} \text{ h} = 105{,}4\overline{6}.$$

Entscheidend sind offenbar die hohen Schwankungen der effektiven Bearbeitungszeiten an der zweiten Stufe aufgrund der Maschinenausfälle. Das erklärt nun die hohen Bestände an der zweiten Stufe. Aber warum gibt es nun so hohe Bestände an der dritten Stufe?

- Für die Ankunftsrate an der dritten (!) Produktionsstufe gilt ebenfalls

$$\lambda(3) = \lambda = 35 \text{ h}^{-1}$$

und für den Variationskoeffizienten der Zwischenankunftszeiten

$$\begin{aligned}c_a(3) = c_d(2) &= \sqrt{(1-\rho(2)^2)) \cdot c_a^2(2) + \rho(2)^2 \cdot c_s^2(2)} \\ &= \sqrt{(1-0{,}9\overline{3}^2) \cdot 0^2 + 0{,}9\overline{3}^2 \cdot 4^2} = 3{,}7\overline{3}.\end{aligned}$$

Die Auslastung der dritten Stufe beträgt

$$\rho(3) = \frac{\lambda}{\mu(3)} = \frac{35 \text{ h}^{-1}}{36 \text{ h}^{-1}} = 97{,}\overline{2}\%.$$

Damit ist die erwartete Durchlaufzeit an der dritten Stufe

$$\begin{aligned}E[W(3)] &\approx \frac{c_a(3)^2 + c_s(3)^2}{2} \frac{\rho(3)}{1-\rho(3)} \frac{1}{\mu(3)} + \frac{1}{\mu(3)} \\ &= \frac{3{,}7\overline{3}^2 + 0{,}5^2}{2} \frac{\frac{35}{36}}{1-\frac{35}{36}} \frac{1}{36} \text{ h} + \frac{1}{36} \text{ h} \\ &= 6{,}92\overline{3} \text{ h}\end{aligned}$$

Nach dem Gesetz von Little ist der erwartete Bestand an der dritten Stufe

$$E[L(3)] = \lambda \cdot E[W(3)] = 35 \text{ h}^{-1} \cdot 6{,}92\overline{3} \text{ h} = 242{,}2\overline{6}.$$

> Die hohen Bestände und Durchlaufzeiten an der dritten Produktionsstufe sind offenbar ein Ergebnis der hohen Variabilität der Bearbeitungszeiten an der zweiten Produktionsstufe.
>
> Diese ist wiederum darauf zurückzuführen, dass die gelegentlichen Ausfälle der neuen *Heinzelmann 10000* zu relativ langen Stillstandszeiten führen. Während dieser Zeiten staut sich das Material zunächst *vor* der Heinzelmann 10000. Ist diese dann repariert, so arbeitet sie diesen Stau ab und erzeugt damit einen neuen Stau vor der dritten Produktionsstufe, weil diese ja langsamer arbeitet als die zweite.
>
> Im Ergebnis sind die mittleren Bestände vor der dritten Produktionsstufe in Höhe von etwa 240 Werkstücken noch höher als jene vor der zweiten Produktionsstufe in Höhe von etwa 105 Werkstücken.
>
> Thorben Schneider kehrt zum Geschäftsführer zurück und berichtet, dass die langen Stillstandszeiten bei Ausfällen der *Heinzelmann 10000* das Problem verursachen. Die Werker in der Produktion haben dem Assistenten berichtet, dass diese langen Stillstandszeiten im Wesentlichen durch das Warten auf jenen Servicetechniker bedingt sind, der die Störung dann normalerweise sehr rasch beheben kann.
>
> Er schlägt dem Geschäftsführer daher vor, die Werker so zu schulen, dass sie kleine Störungen künftig selbst beheben können. Dadurch würde die mittlere Stillstandszeit zurückgehen und die effektive Bedienrate der *Heinzelmann 10000* etwas steigen. Im Ergebnis würden die Staus vor und hinter der zweiten Produktionsstufe zurückgehen. Der Geschäftsführer folgt seinem Vorschlag.
>
> ---
> [a] Vgl. Abbildung 3.4 auf Seite 65.

Dies ist ein deutliches Beispiel dafür, wie sich die Prozessvariabilität in Wertschöpfungsketten ausbreiten und erhebliche Probleme verursachen kann. Die Stelle, an der die Probleme am deutlichsten beobachtet werden können, hier die hohen Bestände vor der dritten Produktionsstufe, muss dabei nicht auch jene Stelle sein, an der die Probleme ihre Ursache haben. Die dargestellte Analysemethode kann verallgemeinert werden für Fälle mit einer komplexeren Materialflussstruktur, mehreren Produktarten etc.[3]

3.5 Arbeitsteilung, Variabilität und Wartezeiten

Wenn man beim Entwurf von Bediensystemen ausschließlich in *mittleren* Größen wie den Erwartungswerten der Zwischenankunftszeiten, der Bedienzeiten und der resultierenden Auslastung denkt, dabei aber die Effekte der Variabilität vernachlässigt, dann kann das leicht zu Ergebnissen führen, die gleichermaßen unerwartet und unangenehm sind. Das gilt auch für eine *stark arbeitsteilige Organisation* des Wertschöpfungsprozesses, bei dem ein Arbeitsprozess

- in viele *einzelne* Prozessschritte zerlegt wird und
- die einzelnen Prozessschritte auf *unterschiedliche* Server verteilt werden, die *nacheinander* die einzelnen erforderlichen Prozessschritte für einen Auftrag oder an einem Kunden oder Werkstück durchführen.

Wenn Sie jemals in einer Behörde waren und dort den Eindruck hatten, mit Ihrem Anliegen von einem Sachbearbeiter zum nächsten geschickt zu werden, um sich jeweils ein Formular abzuholen, eine Unterschrift eintragen zu lassen oder eine Gebühr zu entrichten, dann waren Sie mit einem derartigen System konfrontiert. Die Zerlegung des Prozesses in die einzelnen Prozessschritte und ihre Aufteilung auf die verschiedenen Bedieneinrichtungen kann dann zu erheblichen Durchlaufzeiten führen, wie wir an einem kleinen Beispiel erkennen können:

---
[3] Vgl. Curry und Feldman (2011, Kap. 5 und 6).

3.5 Arbeitsteilung, Variabilität und Wartezeiten

Stellen wir uns vor, ein Bearbeitungsprozess könne gedanklich in zwei verschiedene Prozessschritte zerlegt werden, deren Dauern T_1 und T_2 zufällig seien. Die Dauern seien dabei voneinander unabhängig, so dass also z. B. eine besonders lange Dauer des ersten Prozessschritts keinerlei Aussage über die Dauer des zweiten Prozessschritts erlaube. Unterstellen wir ferner, dass die erwartete (mittlere) Dauer beider Prozessschritte identisch sei mit $\mathrm{E}[T_1] = \mathrm{E}[T_2] = \mathrm{E}[T] = \frac{1}{\mu} = 1$ ZE. Die Bearbeitungszeiten für jeden der beiden Prozessschritte mögen nun Exponentialverteilungen mit Rate μ folgen. Man kann zeigen, dass dann für ihre quadrierten Variationskoeffizienten $c_s^2 = 1$ gilt.[4] Die Varianzen der Prozessschritte sind gemäß $\mathrm{VAR}[T_1] = \mathrm{VAR}[T_2] = \mathrm{VAR}[T]$ ebenfalls identisch, weil die zufälligen Dauern T_1 und T_2 ja identisch verteilt sind. Die Zwischenankunftszeiten seien ebenfalls exponentialverteilt, mit Rate $\lambda = 0{,}9$ ZE^{-1}, so dass für die quadrierten Variationskoeffizienten der Zwischenankunftszeiten ebenfalls $c_a^2 = 1$ gilt.

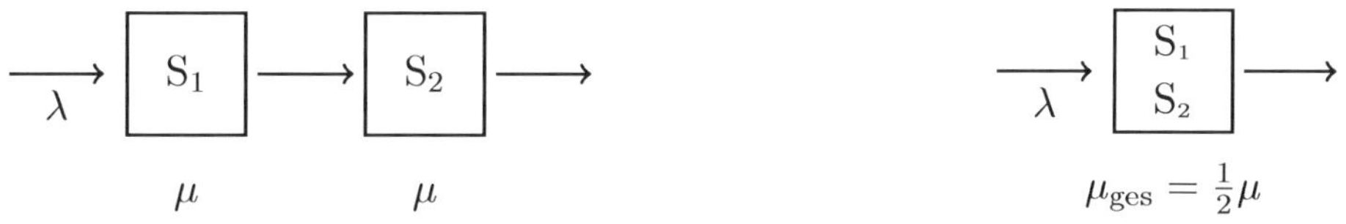

(a) Zwei Bedienstationen mit je einem Server   (b) Ein Bedienstation mit zwei paralellen Servern

Abbildung 3.8: Alternative Systemkonfigurationen

Ferner sei es so, dass zwei identische Server zur Verfügung stehen, um die Arbeit zu erledigen. Zu entscheiden ist, wie stark arbeitsteilig dabei vorgegangen werden soll. Zur Debatte stehen nun zwei verschiedene organisatorische Lösungen:

- Im ersten Fall werden, wie in Abbildung 3.8(a) dargestellt, für die beiden Prozessschritte zwei *nacheinander* liegende Stationen mit jeweils *einem* Server eingerichtet, während
- im zweiten Fall gemäß Abbildung 3.8(b) eine *einzelne* Station mit *zwei parallelen* Servern eingerichtet wird und jeder Server nacheinander beide Prozessschritte an dem jeweiligen Auftrag, Kunden oder Werkstück unmittelbar nacheinander durchführt.

Die erste Lösung führt also auf ein stärker arbeitsteilig organisiertes System als die zweite. Uns interessiert nun die Frage, wie sich die Durchlaufzeiten der Systeme in den beiden Fällen unterscheiden. In jedem Fall unterstellen wir dabei hier und im Folgenden, dass vor den Stationen unbegrenzte Pufferkapazitäten existieren, es also nie zu Blockierungen einer Station kommen kann.

Im Fall des **ersten Systems** gilt für die Auslastung offenbar $\rho = \frac{\lambda}{\mu} = 0{,}9$ und damit gemäß Gleichung (2.9) für die *Durchlaufzeit* durch die erste Station

$$\mathrm{E}[W_1] \approx \frac{c_a^2 + c_s^2}{2} \frac{\rho}{1-\rho} \frac{1}{\mu} + \frac{1}{\mu} = \frac{1+1}{2} \frac{0{,}9}{1-0{,}9} 1 \text{ ZE} + 1 \text{ ZE} = 10 \text{ ZE}. \quad (3.15)$$

Da der Prozess an der zweiten Station stochastisch identisch ist, folgt für die Durchlaufzeit durch das Gesamtsystem

$$\mathrm{E}[W_{\mathrm{ges}}] = \mathrm{E}[W_1] + \mathrm{E}[W_2] = 2 \cdot 10 \text{ ZE} = 20 \text{ ZE}, \quad (3.16)$$

wobei die Durchlaufzeit zu 90% aus der Wartezeit vor den beiden Servern besteht. Im Fall des **zweiten Systems** werden beide Prozessschritte zusammengefasst, so dass für die erwartete *Bedienzeit* eines Jobs auf einem der beiden Server offenbar

$$\mathrm{E}[T_{\mathrm{ges}}] = \mathrm{E}[T_1] + \mathrm{E}[T_2] = 2 \cdot \mathrm{E}[T] = 2 \cdot 1 \text{ ZE} = 2 \text{ ZE} \quad (3.17)$$

---
[4] Vgl. Stewart (2009, S. 89, S. 90 u. 138f.).

gilt und sich für die Bedienrate eines solchen Servers damit zu

$$\mu_{\text{ges}} = \frac{1}{\text{E}[T_{\text{ges}}]} = \frac{1}{2} \text{ ZE}^{-1} \qquad (3.18)$$

ergibt. Für die Varianz der zufälligen Gesamtbearbeitungszeit T_{ges} gilt nun, dass sie gleich der Summe der Varianzen der einzelnen Prozessschrittdauern ist, wenn diese Dauern alle voneinander unabhängig sind:[5]

$$\text{VAR}[T_{\text{ges}}] = \text{VAR}[T_1] + \text{VAR}[T_2] = \text{VAR}[T] + \text{VAR}[T] = 2 \cdot \text{VAR}[T] \qquad (3.19)$$

Daraus folgt dann für den quadrierten Variationskoeffizienten der Bedienzeiten an einem Server, der beide Prozessschritte nacheinander durchführt,

$$c_{\text{ges}}^2 = \frac{\text{VAR}[T_{\text{ges}}]}{\text{E}[T_{\text{ges}}]^2} = \frac{2 \cdot \text{VAR}[T]}{4 \cdot \text{E}[T]^2} = \frac{1}{2} c_T^2 = \frac{1}{2}, \qquad (3.20)$$

weil für den quadrierten Variationskoeffizienten c_T^2 der einzelnen Prozessschritte aufgrund der unterstellten Exponentialverteilung ja $c_T^2 = 1$ gilt. Die relative Schwankung $c_{\text{ges}}^2 = \frac{1}{2}$ der Summe der Bedienzeiten ist also deutlich geringer als die jeweiligen einzelnen relativen Schwankungen $c_T^2 = 1$.

Was bedeutet dies nun für die Durchlaufzeiten? In dem zweiten System gibt es nur die eine Station, diese hat aber zwei Server. Damit ergibt sich dort für die Auslastung ebenfalls

$$\rho = \frac{\lambda}{N \cdot \mu_{\text{ges}}} = \frac{0{,}9 \text{ ZE}^{-1}}{2 \cdot \frac{1}{2} \text{ ZE}^{-1}} = 0{,}9 \qquad (3.21)$$

und gemäß Formel (3.2) mit $c_s^2 = c_{\text{ges}}^2 = \frac{1}{2}$ für die erwartete Durchlaufzeit

$$\text{E}[W] \approx \frac{c_a^2 + c_s^2}{2} \cdot \frac{\rho^{\sqrt{2 \cdot (N+1)} - 1}}{N \cdot (1 - \rho)} \cdot \frac{1}{\mu} + \frac{1}{\mu} = \frac{1 + \frac{1}{2}}{2} \cdot \frac{0{,}9^{\sqrt{2 \cdot (2+1)} - 1}}{2 \cdot (1 - 0{,}9)} \cdot 2 \text{ ZE} + 2 \text{ ZE}$$
$$\approx 8{,}4378 \text{ ZE}. \qquad (3.22)$$

Entscheidet man sich hier also für die zweite Systemkonfiguration mit der Komplettbearbeitung der Werkstücke durch jeweils einen Server, so ändert sich zwar nichts an der Gesamtbearbeitungszeit (diese beträgt nach wie vor 2 ZE), aber die mittlere Durchlaufzeit sinkt von 20 ZE auf 8,4378 ZE.

Wir erkennen also an dem Beispiel, dass aufgrund der Schwankungen der Zwischenankunfts- sowie der Bedienzeiten die stark arbeitsteilige Konfiguration des Systems zu erheblich längeren Wartezeiten führt als eine Konfiguration, bei der mehrere voneinander stochastisch unabhängige Prozesszeiten zusammengefasst werden. Verallgemeinert man die Beziehung der Varianz der Summe von zwei voneinander unabhängig und identisch verteilten Zufallsvariablen (3.19) auf den Fall von k Zufallsvariablen mit jeweiligen quadrierten Variationskoeffizienten c_T^2, so ergibt sich für die Varianz der Summe

$$\text{VAR}[T_{\text{ges}}] = \text{VAR}[T_1] + \text{VAR}[T_2] + \ldots + \text{VAR}[T_k] = k \cdot \text{VAR}[T] \qquad (3.23)$$

und daraus für den Variationskoeffizienten der Summe

$$c_{\text{ges}}^2 = \frac{\text{VAR}[T_{\text{ges}}]}{\text{E}[T_{\text{ges}}]^2} = \frac{k \cdot \text{VAR}[T]}{k^2 \cdot \text{E}[T]^2} = \frac{1}{k} c_T^2. \qquad (3.24)$$

Je mehr voneinander unabhängig und identisch verteilte Zufallsvariablen addiert werden, je größer also deren Anzahl k ist, desto geringer ist offenbar die durch den Variationskoeffizienten c_{ges}^2 abgebildete relative Variabilität der Summe dieser Zufallsvariablen.

---

[5] Vgl. dazu Anhang D.2 auf S. 389.

3.6 Produktionssteuerung nach dem Push- bzw. dem Pull-Prinzip

Bislang sind wir in unseren Berechnungen davon ausgegangen, dass unsere Bediensysteme *offen* sind, weil in ihnen die Ankünfte der Jobs mit einer gegebenen und bekannten Rate λ sowie gegebenen Variationskoeffizienten c_a der Zwischenankunftszeiten von außen erfolgen. Aus den Raten und den Variationskoeffizienten der Zwischenankunftszeiten und der Bedienzeiten haben wir dann über die Kingman-Approximation (2.7) und das Gesetz von Little (2.26) auf die Warte- bzw. Durchlaufzeiten sowie die Bestände geschlossen.

Diese Betrachtungsweise passt zu der sogenannten *Push*-Produktionssteuerung, bei welcher man den Ankunftsprozess vorgibt bzw. steuert und dann die sich daraus ergebenden Bestände und Durchlaufzeiten beobachtet.[6] Die Bezeichnung „Push" drückt dabei die Vorstellung aus, dass die Arbeit von außen in das offene System „hineingedrückt" wird.

Im Folgenden werden Sie erkennen, dass man die Betrachtung auch gedanklich umkehren kann und mittels einer *Pull*-Produktionssteuerung die Bestände vorgibt bzw. steuert und insbesondere den daraus resultierenden Durchsatz des Systems beobachtet. Die Bezeichnung „Pull" soll dabei die Idee ausdrücken, dass sich das Produktionssystem gewissermaßen dann selbst ein neues Werkstück nimmt, wenn es dazu bereit ist, weil es gerade eines fertiggestellt hat. Dabei zeigt sich dann, dass es überaus sinnvoll sein kann, ein Produktionssystem über seine Bestände zu steuern.

In diesem Abschnitt gehen wir dabei davon aus, dass alle Bearbeitungszeiten durch *Exponentialverteilungen* beschrieben werden können.[7] Das bedeutet, dass für alle Variationskoeffizienten der Bearbeitungszeiten $c_s^2 = 1$ gilt. Diese Annahme vereinfacht die Berechnung erheblich und erlaubt es, strukturelle Zusammenhänge aufzuzeigen, die auch für andere Verteilungsfunktionen der Bearbeitungszeiten gelten.[8]

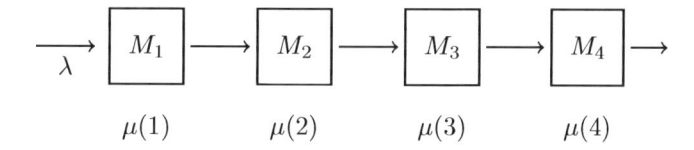

$$\xrightarrow{\lambda} \boxed{M_1} \rightarrow \boxed{M_2} \rightarrow \boxed{M_3} \rightarrow \boxed{M_4} \rightarrow$$
$$\mu(1) \quad \mu(2) \quad \mu(3) \quad \mu(4)$$

Abbildung 3.9: Offenes System mit gegebener Ankunftsrate (Push-Produktionssteuerung)

Tabelle 3.1: (Mittlere) Bearbeitungsdauer je Prozessschritt bzw. Maschine

Prozessschritt/Maschine	1	2	3	4
(Mittlere) Dauer $\mathrm{E}[T_s(i)]$ [ZE]	20	10	30	20

Betrachten wir in einem Beispiel zunächst das offene Fließproduktionssystem mit vier Stationen gemäß Abbildung 3.9, bei dem die Jobs an der ersten Station mit einer gegebenen Rate λ ankommen und sofort in das System „hineingedrückt" werden. Wir unterstellen ferner, dass an den vier Stationen die mittleren Dauern der Prozessschritte gemäß Tabelle 3.1 vorliegen und greifen damit jenes Beispiel erneut auf, mit dem wir uns bereits in Abschnitt 2.4.1 ab S. 47 befasst haben.

---

[6] Vgl. dazu auch Abschnitt 17.2 ab S. 332.
[7] Vgl. zur Exponentialverteilung S. 52 und S. 389.
[8] In Anhang C auf S. 387 finden Sie ein `Matlab`-Programm, mit dem Sie hier hier dargestellten Rechnungen leicht selbst durchführen können.

Hinsichtlich der Schwankungen der Zwischenankunftszeiten unterscheiden wir zwei Fälle:

- Im Fall **Push 1** unterstellen wir, dass die Ankünfte an der ersten Station zu zufälligen, zeitlich nicht koordinierten Zeitpunkten erfolgen. Dann folgen die Zwischenankunftszeiten ebenfalls einer Exponentialverteilung[9] und auch für die Variationskoeffizienten der Zwischenankunftszeiten gilt $c_a^2 = 1$. Wir modellieren hier also den Fall, in welchem das Management des Fließproduktionssystems die von außen kommenden Schwankungen der Zwischenankunftszeiten hinnehmen muss.

- Im Fall **Push 2** gehen wir dagegen davon aus, dass die Jobs deterministisch in zeitlich gleichen Abständen antreffen und somit für den Variationskoeffizienten der Zwischenankunftszeiten $c_a^2 = 0$ gilt. Diese Modellvorstellung passt zu dem Fall, dass das Management des Fließproduktionssystems den Ankunftsprozess komplett unter Kontrolle hat und Schwankungen der Zwischenankunftszeiten vollständig verhindern kann.

Sind an den vier Stationen die zufälligen Bearbeitungszeiten $T_s(i)$ exponentialverteilt mit Raten $\mu(i) = \frac{1}{E[T_s(i)]}$, $i = 1, ..., 4$ entsprechend Tabelle 3.1 und Variationskoeffizienten $c_s^2(i) = 1$, $i = 1, ..., 4$, dann folgt für die Auslastungen

$$\rho(i) = \frac{\lambda}{\mu(i)}, \qquad i = 1, ..., I, \qquad (3.25)$$

und gemäß (3.13) für die Variationskoeffizienten der Zwischenankunftszeiten

$$c_a^2(i) = c_d^2(i-1) \approx (1 - \rho(i-1)^2) \cdot c_a^2(i-1) + \rho(i-1)^2 \cdot c_s^2(i-1), \qquad i = 2, ..., I, \qquad (3.26)$$

so dass sich über die Kingman-Approximation (2.9) und das Gesetz von Little (2.26) für den Bestand an Maschine i

$$E[L(i)] = \lambda \cdot E[W(i)] = \lambda \cdot \left(\frac{c_a^2(i) + 1}{2} \frac{\rho(i)}{1 - \rho(i)} \frac{1}{\mu(i)} + \frac{1}{\mu(i)} \right), \qquad i = 1, ..., I \qquad (3.27)$$

ergibt. Für den Gesamtbestand im System erhalten wir somit

$$E[L_{\text{ges}}] = \sum_{i=1}^{4} E[L(i)] = \sum_{i=1}^{4} \lambda \cdot \left(\frac{c_a^2(i) + 1}{2} \frac{\rho(i)}{1 - \rho(i)} \frac{1}{\mu(i)} + \frac{1}{\mu(i)} \right). \qquad (3.28)$$

Für eine gegebene Kombination aus Ankunftsrate λ und quadrierten Variationskoeffizienten der Zwischenankunftszeiten $c_a^2(1)$ können wir also über die Gleichung (3.28) den Gesamtbestand in der Linie leicht ausrechnen.

Abbildung 3.10 zeigt die Ergebnisse dieser Berechnung für die Daten in Tabelle 3.1, die man leicht in einem Tabellenkalkulationsprogramm oder mittels des `Matlab`-Programms in Anhang C durchführen kann. Sie erkennen in der Abbildung den bereits bekannten Zusammenhang, dass bei dem offenen System die Bestände (und damit auch die Warte- sowie die Durchlaufzeiten) geradezu explodieren, wenn sich die Ankunftsrate der Bedienrate des Engpasses nähert.

Sofern die Bearbeitungszeiten wie hier angenommen zufällig schwanken, so gilt dies offenbar auch dann, wenn im Fall „Push 2" die Zwischenankunftszeiten an der ersten Station komplett deterministisch sind. Der Gesamtbestand im System ist jedoch in diesem Fall für jede gegebene Ankunftsrate λ etwas niedriger als im Fall „Push 1", bei dem ja auch die Zwischenankunftszeiten exponentialverteilt sind.

Beachten Sie bitte, dass bei dieser Betrachtung die Durchlaufzeiten $W(i)$ und die Bestände $L(i)$ an den verschiedenen Stationen i im Zeitablauf zufällig schwankende Größen darstellen, für die

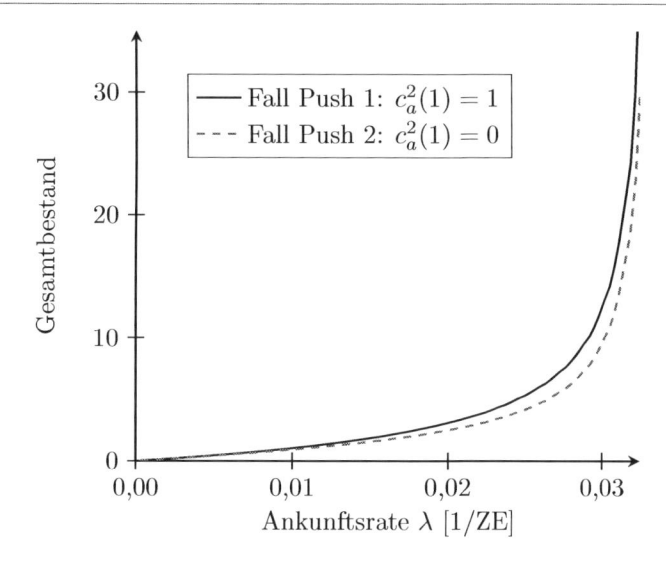

3.6 Produktionssteuerung nach dem Push- bzw. dem Pull-Prinzip

Abbildung 3.10: Mittlerer Bestand in Abhängigkeit der Ankunftsrate (Push-System)

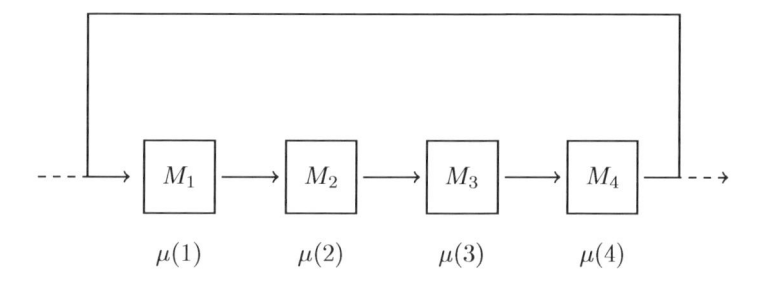

Abbildung 3.11: Geschlossenes (Pull-) System mit gegebenem Bestand (CONWIP-Produktionssteuerung)

wir über die Gleichungen (3.27) und (3.28) die *Erwartungswerte* bzw. Mittelwerte der Bestände ermitteln.

Nun betrachten wir das geschlossene System in Abbildung 3.11 und gehen von einem *gegebenen* zeitlich konstanten und somit deterministischen Bestand aus. Physisch können Sie sich das so vorstellen, dass die Werkstücke jeweils auf einem eigenen Werkstückträger montiert werden, bevor die Bearbeitung an der ersten Station beginnt. Sie werden von dem Werkstückträger demontiert, wenn sie an der letzten Station fertig bearbeitet wurden, und sogleich wird das nächste Werkstück auf dem gerade frei gewordenen Werkstückträger montiert. Dies ist in Abbildung 3.11 durch die durchgezogen dargestellten Pfeile dargestellt. Damit zirkuliert in dem System zu jedem Zeitpunkt eine feste Anzahl von Werkstücken auf den Werkstückträgern und wir betrachten somit ein *geschlossenes* System mit einem *zeitlich konstanten Bestand*.[10]

Wir verwenden nun das Symbol WIP, um diesen deterministischen weil von uns vorgegebenen Bestand in dem geschlossenen System gemäß Abbildung 3.11 klar von dem Erwartungswert $E[L_{\text{ges}}]$ des zufällig schwankenden Gesamtbestandes in dem offenen System in Abbildung 3.9 unterscheiden zu können. Zudem verwenden wir das Symbol TH, um den sich ergebenden mittleren Durchsatz des Systems zu beschreiben, der gleich der Ankunftsrate an jeder der Stationen ist.

In der weiteren Betrachtung des geschlossenen Systems gemäß Abbildung 3.11 greifen wir auf Überlegungen zurück, die uns schon auf S. 52 im Zuge der Analyse des prak-

---

[9] Vgl. Stewart (2009, S. 136).
[10] Zu einer derartigen CONWIP-Produktionssteuerung siehe auch Abschnitt 17.3 ab S. 334 sowie die Darstellung zum praktisch schlechtest-möglichen Fall im Kontext der Beurteilung von Produktionssystemen in Abschnitt 2.4.4 ab S. 52.

tisch schlechtest-möglichen Fall begegnet sind. Wir überlegen uns dazu, wie die mittlere Durchlaufzeit E[W(i,WIP)] an Station *i* vom Gesamtbestand WIP im System abhängt.

Recht einfach ist offenbar der Fall WIP = 1. Hier zirkuliert nur ein *einziges* Wertstück im System, so dass dieses beim Eintreffen an Station *i nie* warten muss. Damit ist bei nur einem Werkstück im System offensichtlich die erwartete Durchlaufzeit an jeder der Stationen

$$\mathrm{E}[W(i, WIP = 1)] = \frac{1}{\mu(i)}, \qquad i = 1, ..., I, \qquad (3.29)$$

gleich der jeweiligen erwarteten Bearbeitungszeit an der gerade betrachteten Station *i*, weil ja keine Wartezeiten auftreten können.

Nun betrachten wir den Fall, dass $WIP \geq 2$ Werkstücke im System zirkulieren. In dem Moment, in welchem ein Werkstück bei einer Station *i* ankommt, sieht dieses Werkstück offenbar ein System, in welchem *WIP* − 1 *andere* Werkstücke unterwegs sind. Nach dem Gesetz von Little $\mathrm{E}[L(i)] = TH \cdot \mathrm{E}[W(i)]$ müssen die erwarteten Bestände E[L(i)] an den Stationen proportional zu den jeweiligen Durchlaufzeiten E[W(i)] sein.

Das *Verhältnis*

$$\frac{\mathrm{E}[L(i, WIP-1)]}{WIP-1} = \frac{\mathrm{E}[L(i, WIP-1)]}{\sum_{k=1}^{I} \mathrm{E}[L(k, WIP-1)]} = \frac{\mathrm{E}[W(i, WIP-1)]}{\sum_{k=1}^{I} \mathrm{E}[W(k, WIP-1)]} \qquad (3.30)$$

beschreibt nun den mittleren *Anteil* des Bestands von Werkstücken an Station *i* am Gesamtbestand in einem System mit insgesamt *WIP* − 1 Werkstücken. Wenn ein Werkstück an Station *i* eintrifft, sieht es dort also im Mittel

$$\mathrm{E}[L(i, WIP-1)] = (WIP-1) \cdot \frac{\mathrm{E}[W(i, WIP-1)]}{\sum_{k=1}^{I} \mathrm{E}[W(k, WIP-1)]} \qquad (3.31)$$

andere Werkstücke, die an dieser Station warten oder bearbeitet werden.[11] Die erwartete oder mittlere *Durchlaufzeit* des *gerade ankommenden* Werkstücks setzt sich nun wie in der Mittelwertanalyse des praktisch schlechtest-möglichen Falls in Abschnitt 2.4.4 auf S. 52 aus drei Komponenten zusammen,

1. der restlichen Bearbeitungszeit jenes Werkstücks, welches gerade schon bearbeitet wird,
2. der Bearbeitungszeit eines jeden dort schon wartenden Werkstücks und
3. der Bearbeitungszeit des gerade ankommenden Werkstücks selbst.

Wenn die Bearbeitungszeiten annahmegemäß exponentialverteilt sind, so ist die erwartete *Rest*bearbeitungszeit eines eventuell gerade bearbeiteten Werkstücks aufgrund der Gedächtnislosigkeitseigenschaft der Exponentialverteilung $\frac{1}{\mu(i)}$ und entspricht damit der Bearbeitungszeit eines jeden wartenden Werkstücks sowie des gerade ankommenden Werkstücks selbst.[12]

Dies führt auf die folgende rekursive Beziehung für die Berechnung der erwarteten Durchlaufzeit eines Werkstücks an Station *i* in einem System mit insgesamt WIP zirkulierenden Werkstücken:

$$\mathrm{E}[W(i, WIP)] = (WIP-1) \cdot \frac{\mathrm{E}[W(i, WIP-1)]}{\sum_{k=1}^{I} \mathrm{E}[W(k, WIP-1)]} \frac{1}{\mu(i)} + \frac{1}{\mu(i)} \qquad (3.32)$$

---

[11] Vgl. Curry und Feldman (2011, S. 246) sowie zum theoretischen Hintergrund der *PASTA*-Eigenschaft des Poisson-Prozesses, die nichts mit Nudeln zu tun hat, Stewart (2009, S. 394).
[12] Siehe zur Gedächtnislosigkeit Anhang D.1 ab S. 389.

3.6 Produktionssteuerung nach dem Push- bzw. dem Pull-Prinzip

Dabei stellt der erste Term die (ggf. restliche) erwartete Bearbeitungszeit jener Werkstücke dar, die sich im Mittel an Station i befinden (wartend oder in Bearbeitung), und der zweite Teil die erwartete Bearbeitungszeit des gerade eintreffenden Werkstücks selbst.

Entscheidend ist nun die rekursive Struktur der Gleichung (3.32), die es uns erlaubt, von den erwarteten Durchlaufzeiten eines Systems mit einem Gesamtbestand $WIP-1$ auf jene eines Systems mit einem Gesamtbestand WIP zu schließen.

In dem betrachteten Beispiel ergeben sich die erwarteten Durchlaufzeiten je Station für einen Gesamtbestand im System von $WIP = 1$ zu 20 ZE, 10 ZE, 30 ZE und 20 ZE und entsprechen damit den erwarteten Bearbeitungszeiten in Tabelle 3.1. Betrachten wir nun im nächsten Schritt einen Bestand $WIP = 2$, so können wir auf diese Durchlaufzeiten für den bereits betrachten $WIP = 1$ zurückgreifen und beispielsweise für die erste Station $i = 1$ die erwartete Durchlaufzeit

$$\mathrm{E}[W(i=1, WIP=2)] = (2-1) \cdot \frac{\mathrm{E}[W(i=1, WIP=2-1=1)]}{\sum_{k=1}^{I} \mathrm{E}[W(k, WIP=2-1=1)]} \frac{1}{\mu(1)} + \frac{1}{\mu(1)}$$
$$= \frac{20}{80} \cdot 20 \text{ ZE} + 20 \text{ ZE} = 25 \text{ ZE} \quad (3.33)$$

berechnen. Die erwarteten Durchlaufzeiten an den Stationen 2 bis 4 werden nach dem identischen Verfahren berechnet und ergeben sich zu 11,25 ZE, 41,25 ZE und 25,00 ZE. Somit beträgt bei einem Gesamtbestand $WIP = 2$ die Gesamtdurchlaufzeit 102,50 ZE. Damit können wir nun gemäß (3.30) für diesen Fall den mittleren Bestand an Station 1 zu

$$\mathrm{E}[L(i=1, WIP=2)] = 2 \cdot \frac{25}{102,50} = 0,4878 \quad (3.34)$$

berechnen. Über das Gesetz von Little erhalten wir den Durchsatz zu

$$TH(i=1, WIP=2) = \frac{\mathrm{E}[L(i=1, WIP=2)]}{\mathrm{E}[W(i=1, WIP=2)]} = \frac{0,4878}{25} \text{ ZE}^{-1} \approx 0,0195 \text{ ZE}^{-1} \quad (3.35)$$

und schließlich als Verhältnis von Ankunftsrate (und damit auch Durchsatz) zur Bedienrate die Auslastung $\rho(i, WIP) = {TH(WIP)}/{\mu(i)}$ je Station zu

$$\rho(i=1, WIP=2) = \frac{0,0195 \text{ ZE}^{-1}}{\frac{1}{20} \text{ ZE}^{-1}} = 39\%. \quad (3.36)$$

Abbildung 3.12 zeigt die mittlere Durchlaufzeit der Werkstücke an den einzelnen Stationen in Abhängigkeit des Gesamtbestandes der im System bearbeiteten Werkstücke. Die Bearbeitungszeit an Station 3 ist am längsten (mit 30 ZE, s. Tabelle 3.1) und damit ist diese Station der Engpass.

Wenn man die Zahl der im System zirkulierenden Werkstückträger (und damit den Bestand) vergrößert, so stauen sich die Werkstücke vor allem vor der Station 3 und gemäß Abbildung 3.13 steigt dort die Auslastung gegen 100%. Die Auslastung an den anderen (schnelleren) Stationen geht gegen einen niedrigeren Grenzwert. Abbildung 3.14 zeigt dazu passend, dass bei einem Gesamtbestand $WIP = 10$ des Systems mit der Pull-Produktionssteuerung entsprechend einer Auslastung der Station von fast 100% sich der Durchsatz TH der Engpassrate $r_b = \frac{1}{\mu(3)} = \frac{1}{30 \text{ ZE}} = 0,0\overline{3} \text{ ZE}^{-1}$ nähert.

Beachten Sie bitte auch, dass Abbildung 3.14 zusätzlich auch jene Information enthält, die für den Zusammenhang zwischen Ankunftsrate λ und Gesamtbestand in Abbildung 3.10 für die beiden Fälle des Push-Systems dargestellt wurde. In dem (offenen) Push-System ist ja die Ankunftsrate λ stets gleich dem Durchsatz TH, sofern das System stabil ist, was immer dann gilt, wenn die Ankunftsrate λ kleiner ist als die Engpassrate r_b. Bei dem offenen System kann

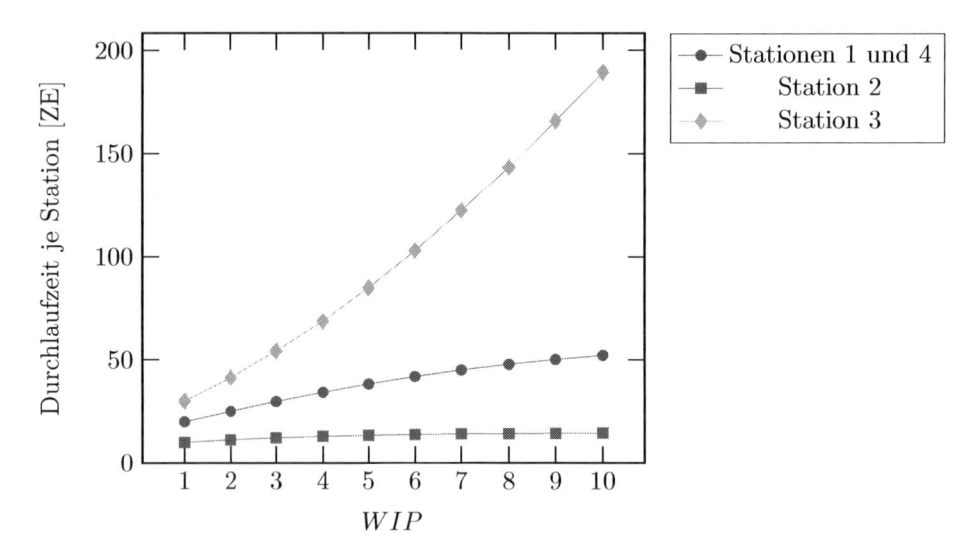

Abbildung 3.12: Durchlaufzeit je Station in Abhängigkeit des Gesamtbestands (Pull-System)

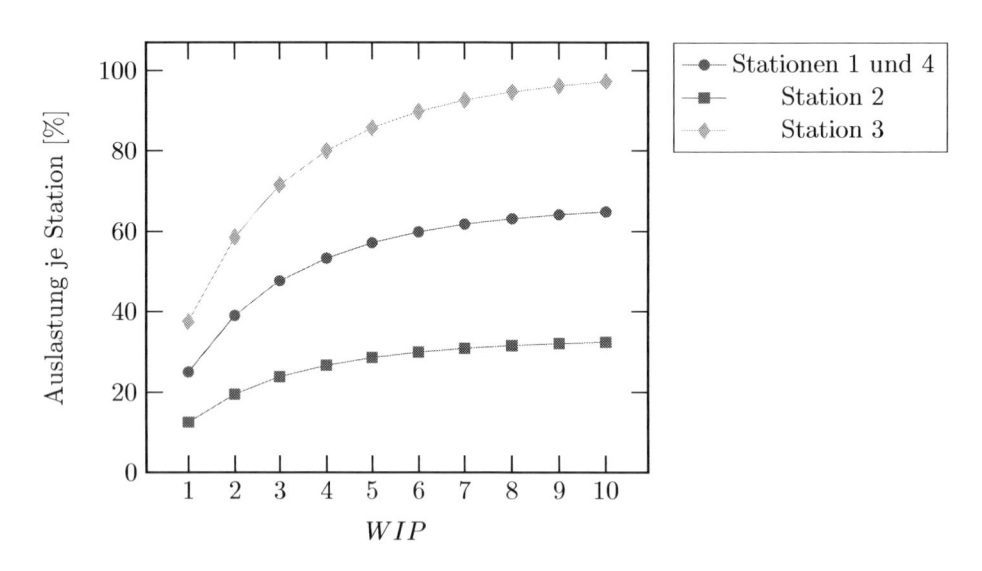

Abbildung 3.13: Auslastung je Station in Abhängigkeit des Gesamtbestands (Pull-System)

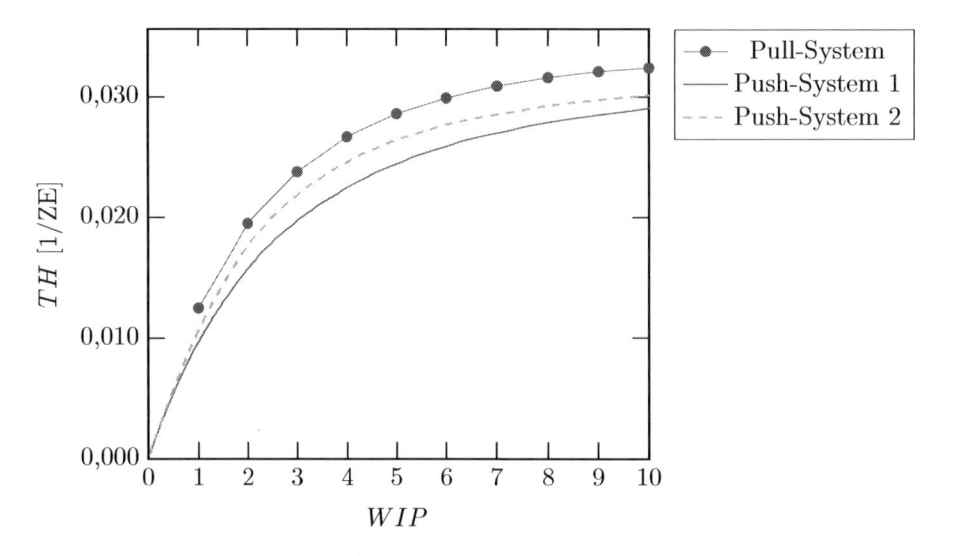

Abbildung 3.14: Durchsatz in Abhängigkeit des Gesamtbestands

3.6 Produktionssteuerung nach dem Push- bzw. dem Pull-Prinzip

diese Ankunftsrate stetig verändert werden, so dass in Abbildung 3.14 für das Push-System eine durchgezogene Linie gezeigt wird.

Anhand dieses Beispiels können Sie wichtige Einsichten für die Steuerung von Produktionssystemen gewinnen: Es hat keinen Zweck, mehr Arbeit in ein System hineinzustopfen, als der Engpass des Systems bewältigen kann, und das gilt offenbar unabhängig von der Frage, ob das System eine Push- oder einer Pull-Produktionssteuerung aufweist.

Abbildung 3.14 entnehmen wir, dass das geschlossene Pull-System ein günstigeres Verhältnis von Durchsatz zu (mittlerem) Bestand aufweist als die betrachteten offenen Push-Systeme. Wie kann man sich dies nun erklären? Der entscheidende Punkt ist, dass bei den (offenen) Push-Systemen die Gesamtbestände im Gesamtsystem ja schwanken können, und zwar auch in dem Fall „Push 1", in welchem die Ankünfte streng deterministisch erfolgen. Wenn die Bestände schwanken können, dann tritt gelegentlich der Fall ein, dass die Stationen aufgrund von Materialmangel nicht arbeiten können. Das kann auch die Engpassstation betreffen. Bei dem geschlossenen System gemäß Abbildung 3.11 schwankt der Bestand nicht und die Bestände stauen sich insbesondere vor der Engpassstation, wie Abbildung 3.12 zeigt. Das führt dazu, dass gerade die Engpassstation tendenziell relativ selten aufgrund von Materialmangel still steht und begründet den Vorteil der Pull-Produktionssteuerung, bei gleichem (mittleren) Bestand zu einem höheren Durchsatz zu führen.

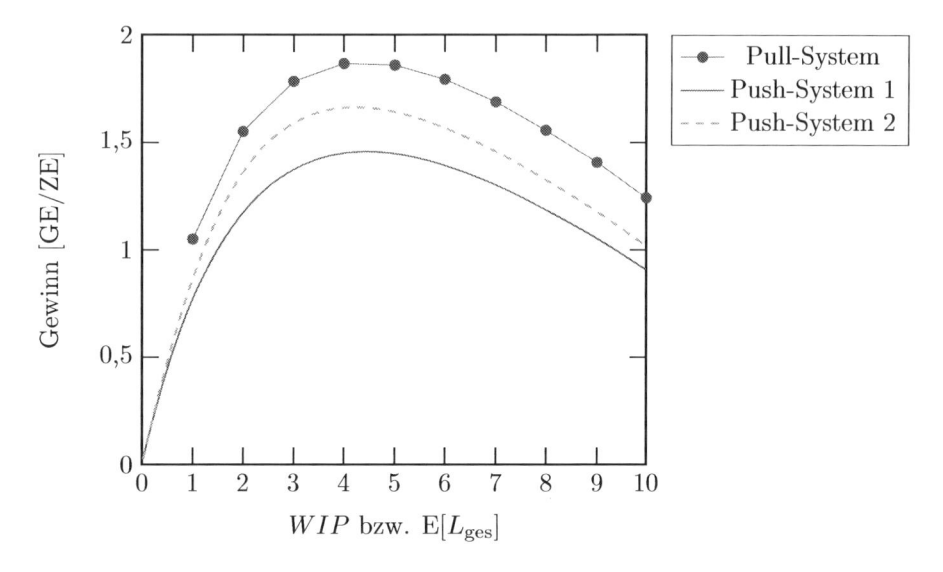

Abbildung 3.15: Gewinn in Abhängigkeit des Gesamtbestands

Dies kann auch deutliche Auswirkungen auf den Gewinn haben. Dazu unterstellen wir nun, dass eine produzierte und abgesetzte Produkteinheit einen Deckungsbeitrag von $db = 100$ GE ergibt, während die Bestands-Kosten eines jeden Werkstücks im System $hc = 0{,}2$ GE/ZE sind. Dann ist die Funktion des Gewinns offenbar

$$G = db \cdot TH - hc \cdot WIP. \tag{3.37}$$

Abbildung 3.15 zeigt nun für unterschiedliche Ausprägungen des (mittleren) Bestands im System den jeweiligen Gewinn je Zeiteinheit. Man erkennt deutlich, dass die Pull-Produktionssteuerung die Push-Systeme klar dominiert. Für jeden mittleren Bestand erhält man bei dem Pull-System einen höheren Gewinn je Zeiteinheit. In dem Beispiel gilt zudem, dass sich für einen weiten Bereich des Gesamtbestandes WIP ein höherer Gewinn je Zeiteinheit einstellt als im *optimalen* Fall für die Push-Systeme. Damit verknüpft das Pull-System zwei betriebswirtschaftlich attraktive Merkmale miteinander: Zum einen führt es auf den höheren Gewinn und zum anderen ist es auch robust gegen Abweichungen vom optimalen Bestand!

Literaturhinweise

- Cachon und Terwiesch (2009)
- Curry und Feldman (2011)
- Hopp und Spearman (2011)
- Thonemann und Albers (2011)

3.7 Aufgaben und Übungen

1. Elementare Zusammenhänge

    a) Stellen Sie sich eine Postfiliale mit mehreren identischen Service-Schaltern vor. Welche Auswirkung auf die Wartezeit, die Servicezeit und die gesamte Durchlaufzeit der Kunden hat es, wenn man dort statt getrennter Warteschlangen vor jedem der Schalter eine gemeinsame Warteschlange einrichtet? Warum?

    > **Lösung/Lösungshinweis**
    > Die gemeinsame Warteschlange reduziert die Wartezeit, während die Servicezeit unverändert bleibt. Die Durchlaufzeit reduziert sich ebenfalls. Die Wartezeit reduziert sich, weil nicht mehr der Fall eintreten kann, dass gleichzeitig an einem Schalter kein Kunde bedient wird, während an einem anderen Schalter ein Kunde wartet.

    b) Stellen Sie sich den automatisierten Check-In-Bereich eines Flughafens vor. Welche Auswirkungen auf die Wartezeit sowie die Servicezeit der Kunden hat es, wenn man bei gleicher Auslastung viele langsame statt weniger schneller Check-In-Maschinen einsetzt?

    > **Lösung/Lösungshinweis**
    > Die Wartezeit reduziert sich, die Servicezeit steigt an.

    c) Stellen Sie sich ein mehrstufiges Bediensystem vor und betrachten Sie gedanklich eine einzelne Stufe i des Systems. Unterstellen Sie zunächst, die Auslastung $\rho(i)$ dieser Stufe i sei niedrig. Was bestimmt dann im Wesentlichen den Variationskoeffizienten $c_d(i)$ der Zwischenabgangszeiten an dieser Station? Wie sieht es im Fall einer hohen Auslastung an dieser Station aus?

    > **Lösung/Lösungshinweis**
    > Bei niedriger Auslastung wird der Variationskoeffizient der Zwischenabgangszeiten im Wesentlichen durch jenen der Zwischenankunftszeiten an der Station bestimmt, im Fall einer hohen Auslastung dagegen durch jenen der Servicezeiten an der betrachteten Station.

2. Bediensysteme mit mehreren Servern

    In einem Call Center treffen pro Stunde 6,25 Anrufe ein. Der Variationskoeffizient der Zwischenankunftszeit der Anrufe beträgt $c_a = 1$. Der Erwartungswert der Gesprächsdauer beträgt 10 Minuten bei einem Variationskoeffizienten von 0,5. Wie viele Agenten müssen in dem Call Center mindestens eingesetzt werden, um die Arbeitslast zu bewältigen? Wie viele werden benötigt, wenn die mittlere Wartezeit der Anrufer nicht größer sein darf als

3.7 Aufgaben und Übungen

30 Sekunden? Wie groß ist die mittlere Wartezeit der Anrufer bei dieser erforderlichen Agentenzahl?

> **Lösung/Lösungshinweis**
>
> Es gilt für die Ankunftsrate
>
> $$\lambda = 6{,}25\,\text{h}^{-1} = \frac{6{,}25}{3600}\,\text{s}^{-1}$$
>
> und für die Servicerate
>
> $$\mu = \frac{1}{10}\,\text{min}^{-1} = \frac{1}{600}\,\text{s}^{-1}.$$
>
> Die Auslastung des Systems mit N Servern muss unter 100% bleiben, also
>
> $$\rho = \frac{\lambda}{N\mu} < 1$$
>
> bzw.
>
> $$N > \frac{\lambda}{\mu} = \frac{\frac{6{,}25}{3600}\,\text{s}^{-1}}{\frac{1}{600}\,\text{s}^{-1}} = \frac{6{,}25 \cdot 600}{3600} \approx 1{,}042.$$
>
> Es werden also mindestens zwei Agenten benötigt, um die Arbeitslast bewältigen zu können.
>
> Bei zwei Agenten ergibt sich über Gleichung (3.1) eine Wartezeit der Anrufer von im Mittel etwa 152 Sekunden, bei drei Agenten sinkt diese auf ca. 28 Sekunden, daher reichen drei Agenten aus.

3. **Fortpflanzung von Variabilität in mehrstufigen Systemen**

   An einer Bedienstation eines mehrstufigen Bediensystems kommt im Mittel alle 100 Sekunden ein Werkstück an. Der Variationskoeffizient der Zwischenankunftszeiten beträgt 1. Die Servicezeit an der Station beträgt stets genau 95 Sekunden. Geben Sie die Auslastung der Station und den Variationskoeffizienten der Zwischenabgangszeiten an der Station an.

> **Lösung/Lösungshinweis**
>
> Für die Auslastung gilt
>
> $$\rho = \frac{\lambda}{\mu} = \frac{\frac{1}{\text{E}[T_a]}}{\frac{1}{\text{E}[T_s]}} = \frac{\text{E}[T_s]}{\text{E}[T_a]} = \frac{95\,\text{s}}{100\,\text{s}} = 95\%,$$
>
> und mit $c_s = 0$ gilt für den quadrierten Variationskoeffizienten der Zwischenabgangszeiten
>
> $$c_d^2 \approx (1-\rho^2) \cdot c_a^2 + \rho^2 \cdot c_s^2 = (1-0{,}95^2) \cdot 1 + 0{,}95^2 \cdot 0 = 0{,}0975$$
>
> und daher für den Variationskoeffizienten $c_d = \sqrt{0{,}0975} \approx 0{,}312.$

4. **Arbeitsteilung in mehrstufigen Systemen**

   Betrachten Sie die in Abschnitt 3.5 dargestellte Problemstellung und gehen Sie abweichend davon aus, dass es nun nicht mehr zwei, sondern 10 Prozessschritte seien und dafür 10 identische Server zur Verfügung stehen. Ermitteln Sie für diesen Fall für jede der beiden Systemkonfigurationen die erwartete Durchlaufzeit.

> **Lösung/Lösungshinweis**
>
> Die erste Systemkonfiguration mit den 10 nacheinander angeordneten Servern führt auf eine erwartete Gesamtdurchlaufzeit von 100 ZE. Im Fall der 10 parallelen Servern, die jeweils alle Prozessschritte durchführen, ergibt sich eine erwartete Gesamtdurchlaufzeit von ca. 13,7282 Zeiteinheiten. Eine erstaunlich große Differenz, nicht wahr?

5. Produktionssteuerung nach dem Push- sowie dem Pull-System

Ein Fließproduktionssystem besteht aus zwei Stationen, die von den Werkstücken nacheinander durchlaufen werden. Die Bearbeitungszeiten sind exponentialverteilt, die Erwartungswerte betragen $E[T_1] = \frac{1}{\mu(1)} = 20$ ZE und $E[T_2] = \frac{1}{\mu(2)} = 10$ ZE.

   a) Betrachten Sie zunächst den Fall einer Pull-Produktionssteuerung gemäß Abbildung 3.16.

      i. Ermitteln Sie für den Fall $WIP = 1$ die Wartezeiten sowie die Durchlaufzeiten an den beiden Stationen. Ermitteln Sie dann die mittleren Bestände an den Stationen sowie deren Auslastung. Ermitteln Sie den Durchsatz des Systems für den Fall $WIP = 1$.

      ii. Betrachten Sie nun den Fall $WIP = 2$ und ermitteln Sie erneut alle die zuvor für den Fall $WIP = 1$ berechneten Größen.

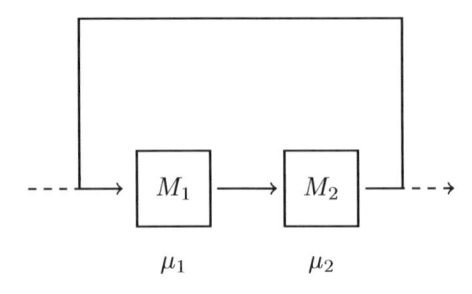

Abbildung 3.16: Geschlossenes (Pull-)System mit gegebenem Bestand

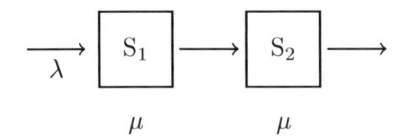

Abbildung 3.17: Offenes (Push-) System mit gegebener Ankunftsrate

   b) Betrachten Sie nun den Fall der Push-Produktionssteuerung gemäß Abbildung 3.17. Gehen Sie zunächst davon aus, dass die Zwischenankunftszeiten der Werkstücke an der ersten Station ebenfalls exponentialverteilt sind, somit $c_a^2(1) = 1$ gilt. Verwenden Sie als Ankunftsrate λ jenen Durchsatz des Systems, den Sie zuvor für die Pull-Produktionssteuerung mit $WIP = 2$ ermittelt haben. Berechnen Sie für diese Ankunftsrate die erwarteten Bestände je Station und den erwarteten Gesamtbestand des Systems. Erklären Sie das unterschiedliche Verhalten der beiden Produktionssteuerungen hinsichtlich des Verhältnisses von Bestand zu Durchsatz. Wiederholen Sie die Berechnungen nun für den Fall, dass die Zwischenankunftszeiten an der Station deterministisch sind, somit $c_a^2(1) = 0$ gilt, und vergleichen sowie erklären Sie die Ergebnisse.

3.7 Aufgaben und Übungen

Lösung/Lösungshinweis

Für einen Gesamtbestand $WIP = 2$ im geschlossenen (Pull-) System erhält man einen Durchsatz von $^3/_{70}ZE^{-1}$. Gibt man diesen Durchsatz als Ankunftsrate λ des offenen (Push-) Systems vor, so ergibt sich im Fall $c_a^2(1) = 1$ ein erwarteter Gesamtbestand $E[L_{ges}] = E[L_1] + E[L_2]$ von 6,75 Werkstücken. Sind die Zwischenankunftszeiten an der ersten Station dagegen deterministisch ($c_a^2(1) = 0$), so ist der erwartete Gesamtbestand an Werkstücken im System ca. 4,1359.

Teil II

Prozessplanung

4 Prognoserechnungen

"History does not repeat itself, but it often rhymes."[1]

4.1 Problemaspekte

4.1.1 Gegenstand von Prognosen

Versucht man, künftige Prozesse in ihrem zeitlichen Ablauf durch Planung zu gestalten, so wird man sich zunächst oft mit Problemen der Prognoserechnung beschäftigen. Damit gibt man der Planung eine Basis, auf der diese dann aufbauen kann.

Im Operations Management steht dabei häufig die **Bedarfsprognose** im Vordergrund. Es ist aber keineswegs so, dass ausschließlich Bedarfe prognostiziert werden müssen. So kann es beispielsweise in Deutschland für den Betreiber einer Biogasanlage zur Stromerzeugung wichtig sein, über eine **Preisprognose** eine hinreichend genaue Vorstellung zu bekommen, wie sich in den nächsten Tagen die stündlichen Preise für elektrische Energie entwickeln werden.

Diese Information kann es ihm dabei helfen, die Anlage genau dann zu betreiben, wenn er hohe Erlöse für die erzeugte und ins Stromnetz eingespeiste Energie erhält. Sowohl bei der Bedarfsprognose als auch bei der Preisprognose auf dem Markt für elektrische Energie handelt es sich um Beispiele von **Zeitreihenprognosen**, weil die zu prognostizierende Größe für bestimmte Zeitpunkte oder -räume gesucht und die Prognoserechnung selbst im Zeitablauf regelmäßig wiederholt wird.

Prognoserechnungen müssen sich jedoch keineswegs nur auf Nachfragemengen oder -preise im Zeitablauf beschränken:

- Als Kunde sind Sie zum Beispiel an einer **Wartezeitprognose** interessiert, wenn Sie im Online-Versandhandel ein neues Paar Schuhe bestellt haben. Ähnlich sieht es aus, wenn Ihr Auto unterwegs liegen geblieben ist und Sie gerne wüssten, wann ein Pannenhelfer bei Ihnen sein wird.

- Wenn Sie mit dem Auto von A nach B fahren, dann sind Sie froh, wenn Ihnen Ihr Navigationssystem neben einer vorgeschlagenen Routenführung auch eine **Fahrtzeitprognose** liefern kann und dabei berücksichtigt, wie viel Verkehr zu einer bestimmten Zeit auf einem Streckenabschnitt zu erwarten ist.

- In einem Produktionsunternehmen sind Sie u. U. an einer **Standzeitprognose** interessiert, wie lange wohl ein Werkzeug oder eine ausfallgeneigte Maschinenkomponente funktionieren wird, bis es Zeit für einen Austausch oder eine Reparatur ist.

In diesem Kapitel gehen wir der Frage nach, wie man jene Gesetzmäßigkeiten erkennt und in Form mathematischer Formeln beschreibt, mit denen man dann eine Prognoserechnung durchführen kann. Insbesondere im Fall von Bedarfsprognosen spielt dabei *kollektives* menschliches Verhalten eine große Rolle, das über seine bemerkenswerte Gleichförmigkeit Prognosen oft erst ermöglicht.

---

[1] Diese schönen Formulierung wird häufig Mark Twain zugeschrieben, es erscheint aber unklar, ob sie tatsächlich von ihm stammt, vgl. `https://quoteinvestigator.com/2014/01/12/history-rhymes/`, abgerufen am 17.3.2020.

4.1.2 Individuelle Zufälligkeit vs. kollektive Vorhersehbarkeit: Das Beispiel des Call Centers

Sie haben vermutlich schon einmal bei der telefonischen Kundenbetreuung eines Unternehmens angerufen, telefonisch eine Auskunft eingeholt oder bei einer Notrufzentrale angerufen, um einen Unfall oder einen medizinischen Notfall zu melden und um Hilfe zu bitten.

Die Menschen, die dort Ihre Anrufe entgegengenommen haben, wurden offensichtlich *zuvor* für diesen Dienst eingeteilt. Dies geschah in der Erwartung, dass in bestimmten Zeitabschnitten vermutlich eine bestimmte Anzahl von Anrufen eingehen würde. Wie und mit welcher Genauigkeit kann man so etwas prognostizieren?

Als ersten Ansatz könnte man auf den Gedanken kommen, das Geschehen detailliert auf der Mikro-Ebene des Verhaltens **einzelner Menschen** zu modellieren, dieses zusammenzusetzen und so das Verhalten der Gesamtheit zu beschreiben und zu begründen. Das würde aber schon daran scheitern, dass vermutlich kaum jemand in der Lage ist, die Frage zu beantworten, wann er denn das nächste Mal eine bestimmte telefonische Kundenbetreuung zum Beispiel eines Versandhandelsunternehmens oder eines Paketdienstes anrufen wird. Auf der Ebene der einzelnen Menschen liegt also offenbar ein extrem zufälliges und nur sehr eingeschränkt prognostizierbares Verhalten vor.

Allerdings gibt es doch viele Ähnlichkeiten und Gemeinsamkeiten in menschlichen Verhaltensweisen. Man muss daher nicht wissen, was ein bestimmter Mensch zu einer bestimmten Zeit tun wird, um recht sicher vorhersagen zu können, dass zu bestimmten Zeiten Züge voll besetzt, Straßen verstopft, Supermärkte voll und Telefonleitungen besetzt sein werden.

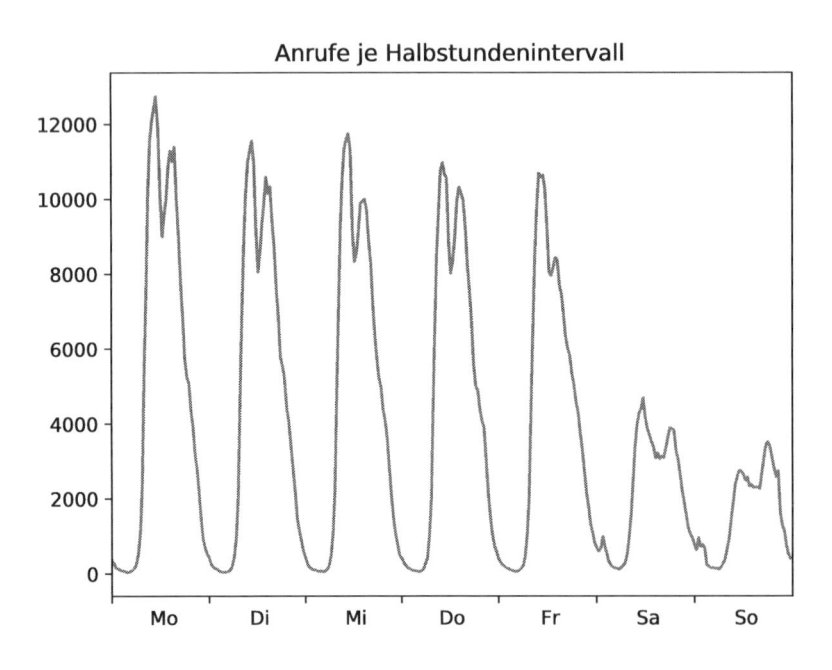

Abbildung 4.1: Beispielhafter Anrufeingang im Call Center einer Telefonauskunft, Quelle: Helber und Stolletz (2004, S. 5)

Betrachten Sie als Beispiel bitte einmal Abbildung 4.1. Dort sehen Sie die Anzahl von Anrufen, die einmal im Verlauf einer Woche je halbe Stunde in einem Call Center einer Telefonauskunft in Deutschland eingegangen sind. Dort konnte man beispielsweise Telefonnummern erfragen, sich verbinden lassen und derlei mehr.

In dem Call Center gingen im Laufe eines Tages viele Tausend Anrufe ein. Nichts deutet darauf hin, dass die Anrufer, die einander vermutlich nicht kannten, die Zeitpunkte ihrer Anrufe irgendwie untereinander abgestimmt hätten. Auf der Mikro-Ebene des Verhaltens einzelner Anrufer und einzelner Anrufe herrscht also ein extremes Maß an Unsicherheit. Ganz anders sieht es jedoch für das **aggregierte Verhalten** aller Anrufer zusammen aus. Es folgt offenbar einem recht regelmäßigen Muster. Haben Sie die Zeitreihe für die Zeit von Montag bis Mittwoch gesehen, so entwickeln Sie vermutlich sofort eine auch recht gut passende Vorstellung, wie ein zeitlicher Verlauf der Anrufeingänge für den Donnerstag aussehen könnte, der „zum bisherigen Muster passt".

Dies ist ein sehr schönes Beispiel dafür, wie das offensichtlich unkoordinierte Verhalten einer großen Zahl von Menschen zu einem überraschend stabilen und präzise beschreibbaren Verhalten der Gesamtheit führen kann. Im Operations Management ist es für uns oft ausreichend, das Verhalten der **Gesamtheit** prognostizieren zu können, um auf dieser Basis Entscheidungen über Investitionen, Produktionspläne, Bestellungen und vielerlei mehr zu treffen. Im Fall des Call Centers erlaubt uns das nun auch, Wochen im Voraus Dienstpläne für den Personaleinsatz von Call Center-Agenten zu erstellen und dafür zu sorgen, dass diese zur Verfügung stehen, wenn sie benötigt werden.[2] Wir verzichten also regelmäßig darauf, die Frage nach dem Verhalten des Einzelnen zu stellen. Statt dessen betrachten und prognostizieren wir direkt das kollektive Verhalten der Gesamtheit. Dies ist nicht nur einfacher, es ist zudem auch viel präziser.

4.1.3 Grundidee von Prognoserechnungen: Stabilität datenerzeugender Prozesse

Einer Prognoserechnung liegen typischerweise mehrere Hoffnungen oder Überzeugungen zugrunde, die sich alle um die Idee des „bisherigen Musters" ranken und über die wir tiefer nachdenken müssen.

Wenn wir eine Prognoserechnung vornehmen, so nehmen wir (oftmals unbewusst) an, dass

1. ein **datenerzeugender Prozess existiert**, welcher zu den bereits vorliegenden Daten aus der Vergangenheit geführt hat, dass

2. die **Gesetzmäßigkeit** in diesem datenerzeugenden Prozess auch von uns **identifiziert** oder erkannt und durch eine mathematische Funktion als Prognosemodell beschrieben werden kann und dass

3. dieser datenerzeugende Prozess auch in der **Zukunft stabil** sein wird, es also auf absehbare Zeit keinen Strukturbruch geben wird.

Dann können wir mit der mathematischen Funktion unseres Prognosemodells eine Fortschreibung in die Zukunft vornehmen auf diese Weise Prognosewerte für die Zukunft ermitteln, für die uns naturgemäß noch keine Beobachtungswerte der uns interessierenden und daher zu prognostizierenden Größe vorliegen. Solche auf die Zukunft gerichteten Werte bezeichnen wir als *Ex-ante-Prognosen*. Natürlich können wir unser Prognosemodell auch verwenden, um in einer *Ex-post-Prognose* die Vergangenheit „vorherzusagen". Indem wir prüfen, ob unser Prognosemodell zumindest für die Vergangenheit Werte erzeugt, die gut zu den vorliegenden Beobachtungen passen, können wir einen Teil der offensichtlich unsinnigen Prognosemodelle erkennen und frühzeitig aus unseren weiteren Überlegungen eliminieren.

Betrachten wir das Beispiel in Abbildung 4.2. Hier liegen uns für die Perioden 1 bis 8 Beobachtungswerte der Nachfrage nach einem Produkt vor, die als Punkte dargestellt sind. Die Daten legen den Gedanken nahe, dass das Niveau ansteigt und zwar pro Periode mit in etwa gleichen (absoluten) Zuwächsen. Als Prognosemodell könnte man hier die in der Abbildung ebenfalls eingezeichnete Geradengleichung verwenden.

---
[2] Vergleiche dazu auch Kapitel 13.

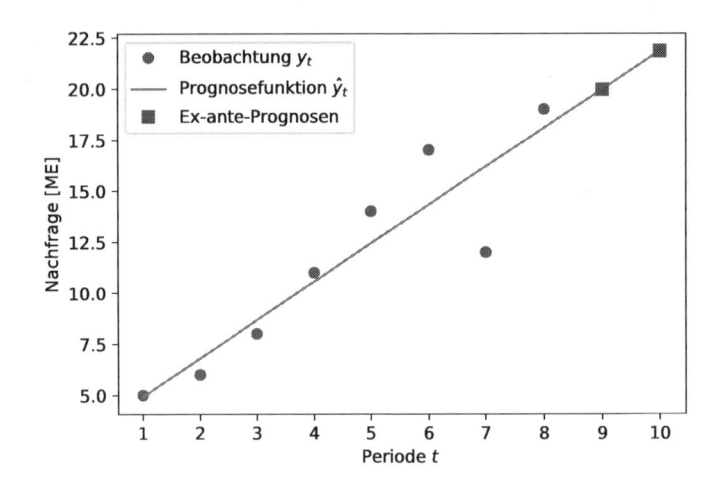

Abbildung 4.2: Fortschreibung einer Zeitreihe mit linearem Trend in die Zukunft

Diese Geradengleichung ist durch die Funktion

$$\hat{y}_t = a \cdot t + b \tag{4.1}$$

mit Steigungsmaß $a = 1{,}881$ und Achsenabschnitt $b = 3{,}04$ beschrieben. Somit ergeben sich für die Perioden $t = 9$ sowie $t = 10$ die Ex-ante-Prognosewerte $\hat{y}_9 \approx 20{,}0$ und $\hat{y}_{10} \approx 21{,}8$, die in Abbildung 4.2 durch die Quadrate am Ende der Prognosefunktion dargestellt sind.

Diese Überlegungen führen nun auf die Frage, wie man eine Prognosefunktion wie jene in Gleichung (4.1) ermittelt und wie man beurteilt, ob dies im konkreten Fall gut oder weniger gut gelungen ist. Es stellt sich heraus, dass Prognoserechnungen sehr unterschiedlich gestaltet sein können. Sie können in konzeptioneller und mathematischer Hinsicht sehr einfach sein und möglicherweise mit minimalen Datenanforderungen einher gehen. Es gibt jedoch auch andere Prognoserechnungen, die mathematisch durchaus ausgefeilt sind, die aufwendig zu erstellen sind und die erhebliche Anforderungen an die Datenbasis stellen.

Wir werden uns in den folgenden Abschnitten beide Arten von Prognoserechnungen genauer ansehen. Zuvor machen wir uns aber ein Bild von den unterschiedlichen Verwendungszwecken und Voraussetzungen von Prognoserechnungen.

4.2 Verwendungungszwecke und Voraussetzungen von Prognoserechnungen

Bevor man ein Prognosemodell entwickelt und damit eine Prognoserechnung erstellt, sollte man sich darüber Klarheit verschaffen,

- zu welchem **Zweck** sie vorgenommen werden soll,
- wie wichtig **Genauigkeit** ist und
- welche **Datenbasis** für die Rechnung überhaupt zur Verfügung steht.

Die Antworten auf diese drei Fragen werden typischerweise zusammenhängen. Zur gedanklichen Einordnung eines Prognoseproblems oder eines Verfahrens der Prognoserechnung ist es hilfreich, sich zwei extreme Fallkonstellationen vorzustellen, die man entlang der o. g. Fragen kennzeichnen kann. Betrachten Sie dazu bitte Abbildung 4.3, in der ein gedankliches Kontinuum von einfachen bis hin zu ausgefeilten Prognoserechnungen dargestellt wird.

4.2 Verwendungungszwecke und Voraussetzungen von Prognoserechnungen

[Diagramm mit sechs Keil-Darstellungen:
- ökonomische Bedeutung der einzelnen Prognose (zunehmend)
- Datenbasis (zunehmend)
- mathematische Komplexität der Rechnung (zunehmend)
- Genauigkeit der Rechnung (zunehmend)
- Automatisierungsgrad (abnehmend)
- Verbreitung in der Praxis (abnehmend)

Achse von „einfache Prognoserechnung" bis „ausgefeilte Prognoserechnung"]

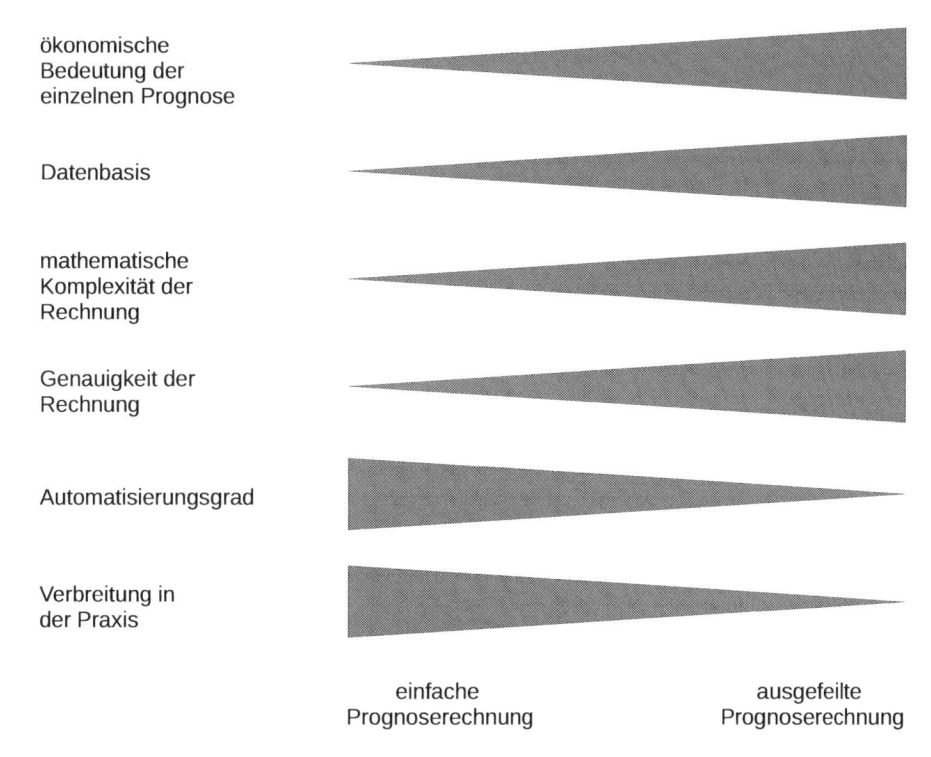

Abbildung 4.3: Einfache vs. ausgefeilte Prognoserechnungen

Die Fallkonstellation einer **einfachen Prognoserechnung** finden wir am linken Rand des Kontinuums der Abbildung 4.3. Hier wird eine Prognoserechnung für eine häufig zu treffende Routineentscheidung von ökonomisch eher geringer Tragweite auf der Basis einer recht eingeschränkten Datenbasis getroffen. In dieser Fallkonstellation ist es nicht sehr wichtig, sehr genau zu prognostizieren, weil auf der Basis der Prognose eine Entscheidung von geringer ökonomischer Bedeutung aufgrund geringer zeitlicher und wirtschaftlicher Bindungswirkung getroffen wird. Möglicherweise wird man in solchen Fällen auch komplett darauf verzichten, ein explizites mathematisches Modell der Prognoserechnung zu entwickeln und Entscheidungen statt dessen *ad hoc* treffen.

In Ihrem **Privatleben** kennen Sie solche Prognoseprobleme. Denken Sie zum Beispiel an die Frage, wie viele Papiertaschentücher Sie vermutlich im nächsten Monat benötigen werden. Zusammen mit der Kenntnis Ihres Bestandes an Papiertaschentüchern wird das Ihre Kaufentscheidungen für Papiertaschentücher beeinflussen. Sollten Sie sich in Ihrer Prognose nach oben verschätzen und in der Folge zu viele kaufen, so bleiben diese eben erst einmal liegen und werden später verbraucht als geplant. Verschätzen Sie sich nach unten, so putzen Sie sich vielleicht ersatzweise mit Küchenpapier die Nase und der Schaden besteht allenfalls darin, dass sich Ihre Nase unsanft behandelt fühlt. Wenn Sie das nicht wollen, so müssen Sie eben noch einmal loslaufen und Papiertaschentücher kaufen. Auch in diesem Fall ist der Schaden begrenzt.

In der **betrieblichen Praxis der Materialwirtschaft und Lagerhaltung** tritt in ähnlicher Weise häufig der Fall ein, dass für eine sehr große Zahl von jeweils eher geringwertigen Produkten über die

- Bestellmengen und
- Bestellzeitpunkte

dieser Produkte entschieden werden muss. Denken Sie an die Beschaffung von Schrauben, Klebstoffen, Schreibpapier und derlei mehr. Aufgrund der oftmals in Industriebetrieben großen

Anzahl solcher Produkte wird man die Lagerhaltung, die Beschaffung und auch die der Beschaffung zugrundeliegende Bedarfsprognose

- **computergestützt** und automatisiert durchführen und dazu
- in der Regel sehr **einfache Prognosemethoden** verwenden, die
- nur **geringe Anforderungen an die Datenbasis** stellen.

Ein Beispiel für ein sehr einfaches Prognoseverfahren ist die Verwendung **arithmetischer Mittelwerte**. Wenn man mit y_t, $t = 1, \ldots, t_a$ die Beobachtungen vom Zeitpunkt $t = 1$ bis zum aktuellen Zeitpunkt $t = t_a$ bezeichnet, so kann man als Prognosewert $\hat{y}_{t_a+1}$ bzw. $\hat{y}_{t_a+2}$ für die nächste(n) Periode(n) $t_a + 1, t_a + 2, \ldots$ gemäß

$$\hat{y}_{t_a+1} = \hat{y}_{t_a+2} = \ldots = \frac{1}{t_a} \sum_{t=1}^{t_a} y_t \qquad (4.2)$$

den arithmetischen Mittelwert verwenden. Betrachten Sie bitte das Beispiel in Abbildung 4.4. Für die Zeitreihe $\mathbf{y} = (10, 8, 12, 11, 7, 11, 8, 9)$ erhält man in der 8. Periode (also für $t_a = 8$) mit den bis dahin vorliegenden Beobachtungswerten $y_1, \ldots, y_8$ den Wert 9,5 als Mittelwert und damit als Prognosewert für die kommende Periode $t_a + 1$. Abbildung 4.4 zeigt, wie dieser Mittelwert als konstante Größe in die Zukunft, also für $t = 9$ und $t = 10$, als Prognose auf Basis der zum Zeitpunkt $t_a = 8$ vorliegenden Datenbasis fortgeschrieben wird.

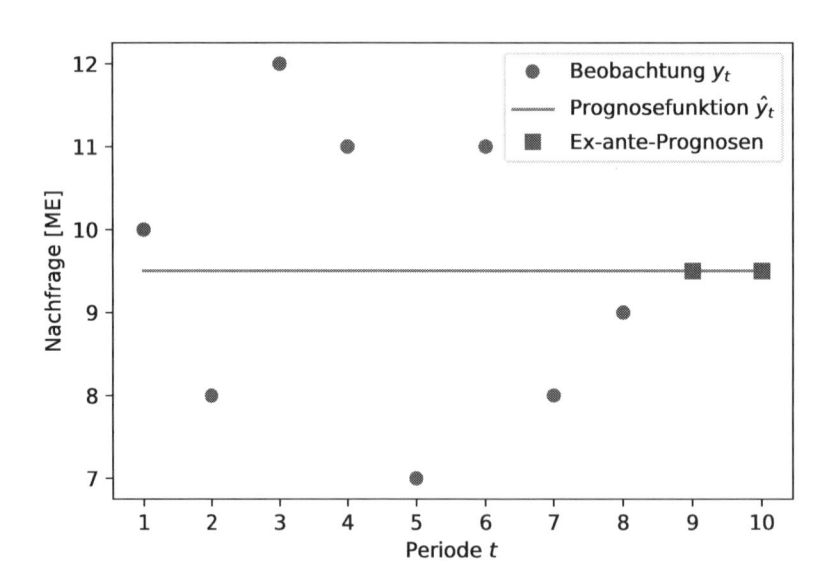

Abbildung 4.4: Fortschreibung einer Gesetzmäßigkeit mit konstantem Niveau in die Zukunft

Dies ist ein Beispiel für ein extrem einfaches Prognosemodell, welches leicht zu verstehen ist und in der Praxis tatsächlich verwendet wird. Ihm liegt die implizite Annahme zugrunde, dass die zu prognostizierende Zeitreihe zufällig um ein konstantes Niveau herum schwankt. Weitere Prognosemodelle für diesen Fall werden wir uns später in diesem Kapitel ansehen.

Stellen Sie sich nun bitte eine Situation vor, in der ein Einkäufer in der Materialwirtschaft eines Unternehmens über die Prognose und Beschaffung Tausender geringwertiger Artikel zu entscheiden hat. In einer solchen Situation wird man häufig nicht für jede Artikelnummer individuell ein Prognosemodell auswählen wie jenes für ein konstantes Niveau mit Gleichung (4.2) oder jenes

4.2 Verwendungszwecke und Voraussetzungen von Prognoserechnungen

für einen linearen Trend mit Gleichung (4.1) auf S. 90. Statt dessen wird man dies eine sog. „Business Intelligence/Analytics" Software automatisiert erledigen lassen.[3] Trotzdem sollte man noch verstehen, was diese Software eigentlich macht und warum.

In jedem Fall gehen wir also davon aus, durch die Betrachtung von Datenpunkten aus der Vergangenheit Muster in der Datenbasis finden und diese in die Zukunft fortschreiben zu können. Die **Datenbasis** der Prognose ist also **eher eingeschränkt**, weil wir uns auf nichts anderes stützen als auf Beobachtungswerte der zu prognostizierenden Größe aus der Vergangenheit. Solche Prognoseverfahren bezeichnet man als **univariate Verfahren**, weil die Variation der „erklärten" Größe y_t auf eine einzige „erklärende" Größe, in der betrieblichen Praxis typischerweise die Zeit t, zurückgeführt wird. Wenn Sie genauer darüber nachdenken, so erkennen Sie, dass nichts im engeren Sinne einer *Kausalität* erklärt wird. Statt dessen wird nur postuliert, dass ein inhaltlich nicht weiter hinterfragter Sachzusammenhang für die nächste Zeit konstant bleibt und durch eine Art *Black Box* ohne weitere zugrundeliegende Sachlogik beschrieben werden kann. Das ist zwar methodisch primitiv, funktioniert aber häufig recht gut.

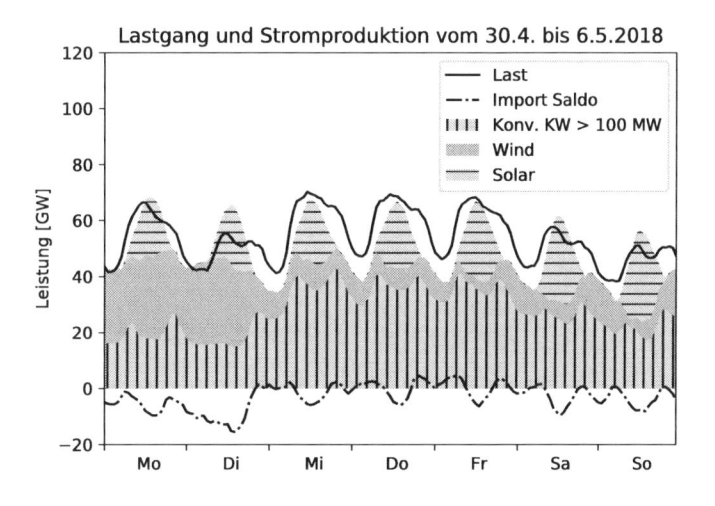

(a) Lastgang und Stromproduktion

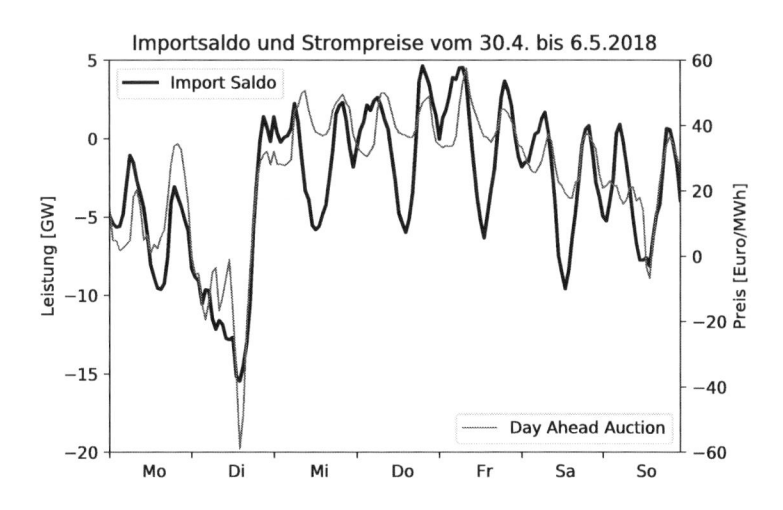

(b) Importsaldo und Day-Ahead-Strompreis

Abbildung 4.5: Marktgeschehen für elektrische Energie vom 30.4.2018 bis 6.5.2018, Quelle: https://www.energy-charts.de/price_de.htm

---

[3] Wenn Sie in einer Suchmaschine Stichworte wie „automatic forecasting analytics cloud" eingeben, dann finden Sie Online-Dokumentationen von Softwareherstellern, die solche Systeme anbieten und erläutern.

Betrachten wir nun einmal kurz einen Fall, der entlang der Kategorien der Abbildung 4.3 auf S. 91 völlig gegenteilig gelagert ist, die **Prognose** von **Bedarfsmengen** und **Preisen elektrischer Energie**, vgl. Abbildung 4.5. Wer prognostiziert solche Größen und warum? Die Erzeuger elektrischer Energie müssen solche Größen prognostizieren, denn sie haben u. a. zwei wichtige Entscheidungen zu treffen. Zum einen können sie u. U. auf den sogenannten Spotmärkten für elektrische Energie Gebote abgeben. Diese Gebote gelten für die Produktion und Einspeisung von elektrischer Energie in die Energienetze für genau bestimmte Tage und Uhrzeiten. Damit verbunden ist zum anderen die Frage, zu welchen Zeiten sie ihre Kraftwerke betreiben und zu welchen Zeiten beispielsweise Wartungsarbeiten durchgeführt werden.

Zu jedem Zeitpunkt muss im elektrischen Netz aus physikalischen Gründen die durch Kraftwerke bereitgestellte und die von den Verbrauchern benötigte elektrische Leistung identisch sein, um das Netz stabil zu betreiben. Nun ist aber einerseits die Nachfrage nach elektrischer Energie im Zeitablauf sehr variabel. Andererseits wird etwa in Deutschland mittlerweile ein bedeutender Teil der elektrischen Energie durch Windräder und Photovoltaikanlagen bereitgestellt, so dass hier durch die Wetterbedingungen und die Tageszeiten auch das Energieangebot zeitlich hoch variabel ist.

Abbildung 4.5(a) zeigt die in Deutschland im Stundenmittel benötigte und bereitgestellte elektrischen Leistung von Montag, 30. April 2018, bis Sonntag, 6. Mai 2018. Die obere durchgezogene Kurve stellt als sogenannter **Lastgang** die benötigte Leistung im System dar, also für jeden Zeitpunkt die pro Zeiteinheit verbrauchte elektrische Energie. Im Lastprofil kann man sehr schön sehen, wie an den Wochentagen und tagsüber die benötigte elektrische Leistung deutlich höher ist als nachts und an den Wochenenden, wenn viele Menschen schlafen oder zumindest nicht arbeiten. Da Dienstag, 1. Mai 2018, ein gesetzlicher Feiertag war, wurde in vielen Unternehmen nicht gearbeitet und entsprechend zeigt der Lastgang, dass an diesem Tag weniger elektrische Energie als am Montag und am Mittwoch verbraucht wurde.

Die obere waagerecht schraffierte Fläche zeigt die Produktion der Solarenergieanlagen, die darunterliegende nicht schraffierte Fläche jener der Windenergieanlagen. Darunter findet sich senkrecht schraffiert die Produktion mittels größerer konventioneller Kraftwerke (Kohle, Gas, Atom).

Am 1. Mai wurde insbesondere durch die Solar- und Windenergieanlagen mehr Energie produziert als verbraucht werden konnte. Die Energieproduktion eines großen Teils der konventionellen Kraftwerke (Kohle, Atom) kann nicht kurzfristig herauf- und heruntergefahren werden. Anhand der unteren Kurve des Import-Saldos können Sie erkennen, dass an diesem Dienstag (wie auch am Tag zuvor) aus diesem Grund in erheblichem Maße Energie in die Netze der Nachbarländer hineingedrückt wurde. Dies führte zu einem *negativen* Strompreis, Deutschland musste also seine Nachbarländer dafür bezahlen, dass diese die in Deutschland überschüssige Energie mit ihren Netzen aufnahmen.

Betrachten Sie nun bitte Abbildung 4.5(b). Hier wird der eben genannte Import-Saldo in den einzelnen Stunden dem Day-Ahead-Auktionspreis gegenübergestellt. Diese Preise schwanken offenbar sehr stark und können durchaus negativ werden. Sie hängen ganz offensichtlich sowohl mit dem Lastgang als auch mit der politisch priorisierten Energieerzeugung[4] durch Windenergie- und Solaranlagen zusammen, die ihrerseits sehr stark vom Wetter abhängt. Sowohl das Wetter als auch den Lastgang und auch den sich an der Strombörse einstellenden Preis kann und muss man daher für einige Tage im Voraus prognostizieren, wenn man als größerer Energieproduzent oder ggf. -konsument agiert.

Ihnen wird vermutlich unmittelbar einleuchten, dass für Angebots- und Produktionsentscheidungen auf diesen Märkten bessere und genauere Prognosemodelle verwendet werden müssen, als wenn es um die Prognose des Bedarfs für Schrauben und Schreibpapier geht. So sind diese

---

[4] Über die Stichworte „Einspeisevorrang" und „Erneuerbare-Energien-Gesetz" finden Sie online weitere interessante Informationen zur Transformation des Energiesystems in Deutschland.

Prognosen zentral für die Frage, wann und ggf. in welcher Intensität Kraftwerke betrieben werden, und daher von großer Tragweite für die Versorgungssicherheit. Da die elektrische Energie bislang praktisch nicht gespeichert werden kann, muss das Netz durch die relativ teure Bereitstellung von Regelenergie sowie durch Im- und Exporte aus den Netzen bzw. in die Netze der Nachbarländer stets im Gleichgewicht gehalten werden. Insofern sind hier Fehlentscheidungen auch wirtschaftlich sehr problematisch. Zudem liegt diesen Prognosen typischerweise auch eine umfangreichere Datenbasis zugrunde als betrieblichen Entscheidungen beispielsweise über die Beschaffung von Schreibpapier. Diese Datenbasis kann z. B. Folgendes umfassen:

- **Wetterdaten und -prognose:** Die zu einem Zeitpunkt durch Windenergie- und Photovoltaikanlagen erbrachte elektrische Leistung hängt vom Wind und der Sonneneinstrahlung zum jeweiligen Zeitpunkt ab.

- **Kalenderdaten:** Der Bedarf an elektrischer Energie hängt insbesondere von Wochentagen, eventuellen Feiertagen sowie der jeweiligen Uhrzeit ab. Auch das Wetter kann eine große Rolle spielen, denken Sie beispielsweise an den wetterabhängigen Energiebedarf für elektrische Heizungen.

- **Verfügbarkeit von Kraftwerksleistung:** Kraftwerke erzeugen nicht zu jedem Zeitpunkt elektrische Energie, sondern befinden sich zeitweilig in Revision oder dienen in der einen oder anderen Form als Reserve.

Weil diese Entscheidungen der Energieerzeuger über die Fahrweise ihrer Kraftwerke so bedeutend sind, wurden dafür zahlreiche methodisch sehr unterschiedliche Prognoseverfahren entwickelt, die vielfach deutlich anspruchsvoller sind als einfache Mittelwertberechnungen, auf die man sich vielleicht stützt, wenn man den Bedarf geringwertiger Güter wie Büroklammern prognostiziert. Wir befinden uns hier also nun eher am rechten Rand des Kontinuums in Abbildung 4.3 auf S. 91.

Das verdeutlicht, dass das Feld der Prognoserechnungen sehr weit gespannt ist. In der Folge sehen wir uns nun zunächst einige praktisch sehr wichtige und zudem sehr einfache Prognoseverfahren an. Anschließend betrachten wir exemplarisch ein Beispiel für ein etwas aufwendigeres Prognoseverfahren und gehen dabei dann auch auf die grundsätzliche Frage ein, wie man prinzipiell ein Prognoseverfahren konstruiert.

4.3 Elementare Prognosemodelle für Zeitreihen mit einem näherungsweise konstanten Niveau

In Abschnitt 4.2 haben wir uns bereits den **arithmetischen Mittelwert**

$$\hat{y}_{t_a+1} = \frac{1}{t_a} \sum_{t=1}^{t_a} y_t \tag{4.3}$$

als einfachstes (und zugleich praktisch höchst relevantes) Prognosemodell angesehen. In diesem Prognoseverfahren werden in einer Durchschnittsbildung **alle** Beobachtungswerte y_t mit dem Faktor $\frac{1}{t_a}$ gleichermaßen stark gewichtet.

Nun könnte man argumentieren, dass die in der aktuellen Periode t_a berechnete Prognose für die Periode $t_a + 1$ nicht durch die besonders weit in der Vergangenheit liegenden Beobachtungswerte beeinflusst werden sollten. Dazu könnte man mit einem **gleitenden arithmetischen Mittelwert**

$$\hat{y}_{t_a+1} = \frac{1}{N} \sum_{t=t_a-N+1}^{t_a} y_t \tag{4.4}$$

über die letzten N Perioden arbeiten. Bei dieser Vorgehensweise werden die N aktuellsten Werte alle gleich stark gewichtet.

Möglicherweise möchte man jedoch die Beobachtungswerte umso stärker gewichten, je jünger sie sind, dabei aber weiterhin von einem konstanten Niveau der Zeitreihe ausgehen. Dies erreicht man durch eine **exponentielle Glättung 1. Ordnung**. Hier wird die Prognose $\hat{y}_{t+1}$ für die Periode $t+1$ als gewichtetes Mittel des Beobachtungswertes y_t und der Prognose $\hat{y}_t$ für die Periode t bestimmt:

$$\hat{y}_{t+1} = \alpha \cdot y_t + (1-\alpha) \cdot \hat{y}_t \tag{4.5}$$

Der Gewichtungsfaktor α mit $0 < \alpha < 1$ wird dabei umso größer gewählt, je stärker die aktuellen Beobachtungswerte einbezogen werden sollen.

Beachten Sie bitte die *rekursive* Struktur der Prognosegleichung (4.5). Sie erlaubt es, die Gleichungen für verschiedene Perioden t ineinander einzusetzen. Wir setzen nun beispielhaft den Wert des Gewichtungsfaktors $\alpha = 0{,}2$ und zeigen, dass durch die rekursive Struktur der Prognosegleichung die weiter zurückliegenden Beobachtungswerte $y_{t-1}, y_{t-2}, \ldots$ mit abklingenden Gewichten in die Prognose für die Periode $t+1$ eingehen:

$$\begin{aligned}
\hat{y}_{t+1} &= 0{,}2 \cdot y_t + 0{,}8 \cdot \hat{y}_t \\
&= 0{,}2 \cdot y_t + 0{,}8 \cdot (0{,}2 \cdot y_{t-1} + 0{,}8 \cdot \hat{y}_{t-1}) \\
&= 0{,}2 \cdot y_t + 0{,}8 \cdot 0{,}2 \cdot y_{t-1} + 0{,}8^2 \cdot \hat{y}_{t-1} \\
&= 0{,}2 \cdot y_t + 0{,}8 \cdot 0{,}2 \cdot y_{t-1} + 0{,}8^2 \cdot (0{,}2 \cdot y_{t-2} + 0{,}8 \cdot \hat{y}_{t-2}) \\
&= 0{,}2 \cdot y_t + 0{,}8 \cdot 0{,}2 \cdot y_{t-1} + 0{,}8^2 \cdot 0{,}2 \cdot y_{t-2} + 0{,}8^3 \cdot \hat{y}_{t-2} \\
&= 0{,}2 \cdot y_t + 0{,}8 \cdot 0{,}2 \cdot y_{t-1} + 0{,}8^2 \cdot 0{,}2 \cdot y_{t-2} + 0{,}8^3 \cdot (0{,}2 \cdot y_{t-3} + 0{,}8 \cdot \hat{y}_{t-3}) \\
&= 0{,}2 \cdot y_t + 0{,}8 \cdot 0{,}2 \cdot y_{t-1} + 0{,}8^2 \cdot 0{,}2 \cdot y_{t-2} + 0{,}8^3 \cdot 0{,}2 \cdot y_{t-3} + 0{,}8^4 \cdot \hat{y}_{t-3} \\
&= 0{,}2 \cdot y_t + 0{,}16 \cdot y_{t-1} + 0{,}128 \cdot y_{t-2} + 0{,}1024 \cdot y_{t-3} + 0{,}4096 \cdot \hat{y}_{t-3} \\
&= \ldots
\end{aligned}$$

Für $\alpha = 0{,}2$ beträgt der Gewichtungsfaktor für den Beobachtungswert der Periode t also 0,2, der für Periode $t-1$ beträgt 0,16, der für Periode $t-2$ ist 0,128 etc. Je weiter ein Beobachtungswert in der Vergangenheit liegt, desto geringer ist damit seine Auswirkung auf den in Periode t berechneten Prognosewert $p_{t+1} = \hat{y}_{t+1}$ für die Periode $t+1$.

Wenn Sie genau hingesehen haben, dann ist Ihnen vielleicht aufgefallen, dass hier aus mathematischer Sicht eine unendlich weit in die Vergangenheit zurückreichende Zeitreihe unterstellt wird. Das führt auf die Frage nach einem Startwert, weil die Anzahl der Vergangenheitsdaten stets endlich ist. Praktisch ist das kein Problem, man setzt in der ersten Prognoserechnung für die Periode 2 als Prognosewert die Beobachtung aus Periode 1 an, also $\hat{y}_2 = y_1$, und verwendet ab dann die rekursive Gleichung (4.5).[5]

Diese Berechnungen schauen wir uns nun anhand eines Beispiels an. Betrachten Sie bitte Abbildung 4.6. Sie zeigt die beobachteten Werte y_t einer Größe über insgesamt 20 Perioden. Wenn man sich zunächst die Werte für die Perioden 1 bis 12 ansieht, so schwanken diese größtenteils um einen Wert von 100 herum. Lediglich der Wert von 130 in Periode 6 fällt aus dem Rahmen und sieht wie ein sogenannter „Ausreißer" aus. Zwischen Periode 12 und Periode 13 hat sich dann scheinbar etwas Fundamentales an dem datenerzeugenden Prozess geändert, denn von Periode 13 bis Periode 20 schwanken die Daten nun um ein verändertes Niveau von etwa 130. Wir sehen hier also offenbar einen *Strukturbruch* in unserem datenerzeugenden Prozess.

---

[5] Vielleicht ist Ihnen zudem aufgefallen, dass im Fall des arithmetischen Mittels die insgesamt t_a Beobachtungswerte y_t jeweils mit dem Faktor $\frac{1}{t_a}$ gewichtet werden, sich also die Summe aller Gewichte zu $t_a \cdot \frac{1}{t_a} = 1$ addiert. Im Fall des gleitenden Mittelwerts über die letzten N Perioden gemäß Gleichung (4.4) beträgt das Gewicht jedes in die Prognose für die Periode $t+1$ einbezogenen Beobachtungswertes $\frac{1}{N}$ und somit die Summe der N Gewichte ebenfalls $\frac{N}{N} = 1$. Wenn Sie sich noch an Ihren Kurs in Analysis und die sog. *geometrische Reihe* erinnern können, dann können Sie auch ohne große Probleme zeigen, dass sich die Gewichte auch im Fall der exponentiellen Glättung 1. Ordnung zu 1 addieren.

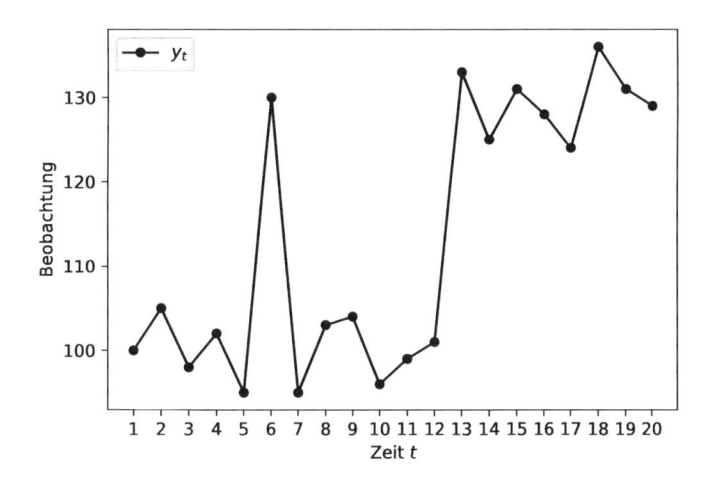

4.3 Elementare Prognosemodelle für ein konstantes Niveau

Abbildung 4.6: Beobachtungswerte über 20 Perioden

Das Beispiel ist gut geeignet, um das Verhalten von Prognosemodellen auf der Basis von gleitenden oder gewichteten Durchschnittswerten zu studieren und dabei zugleich zu zeigen, wie man eine derartige Rechnung leicht innerhalb einer Tabellenkalkulation durchführen kann. Abbildung 4.7 zeigt Ihnen in den Spalten D bis F sowie H bis J die berechneten Prognosewerte für jede Periode. Die entsprechenden Berechnungsformeln in der Tabellenkalkulation finden Sie in den Abbildungen 4.8 und 4.9.

	A	B	C	D	E	F	G	H	I	J
1				(Gleitende) Durchschnitte				Exp. Glättung 1. Ordnung		
2			Perioden	alle	6	3	Alpha	0,1	0,3	0,5
3										
4		t	$y(t)$	$p_{gda}(t)$	$p_{gd6}(t)$	$p_{gd3}(t)$		$p_{eg0.1}(t)$	$p_{eg0.3}(t)$	$p_{eg0.5}(t)$
5	1	100		NaN	NaN	NaN		NaN	NaN	NaN
6	2	105		100,00	NaN	NaN		100,00	100,00	100,00
7	3	98		102,50	NaN	NaN		100,50	101,50	102,50
8	4	102		101,00	NaN	101,00		100,25	100,45	100,25
9	5	95		101,25	NaN	101,67		100,43	100,92	101,13
10	6	130		100,00	NaN	98,33		99,88	99,14	98,06
11	7	95		105,00	105,00	109,00		102,89	108,40	114,03
12	8	103		103,57	104,17	106,67		102,10	104,38	104,52
13	9	104		103,50	103,83	109,33		102,19	103,97	103,76
14	10	96		103,56	104,83	100,67		102,37	103,98	103,88
15	11	99		102,80	103,83	101,00		101,74	101,58	99,94
16	12	101		102,45	104,50	99,67		101,46	100,81	99,47
17	13	133		102,33	99,67	98,67		101,42	100,87	100,23
18	14	125		104,69	106,00	111,00		104,58	110,51	116,62
19	15	131		106,14	109,67	119,67		106,62	114,85	120,81
20	16	128		107,80	114,17	129,67		109,06	119,70	125,90
21	17	124		109,06	119,50	128,00		110,95	122,19	126,95
22	18	136		109,94	123,67	127,67		112,26	122,73	125,48
23	19	131		111,39	129,50	129,33		114,63	126,71	130,74
24	20	129		112,42	129,17	130,33		116,27	128,00	130,87

Abbildung 4.7: Berechnete Prognosemodelle in einer Tabellenkalkulation

Betrachten wir beispielhaft in Abbildung 4.7 in Zeile 8 die Periode 4 als „aktuelle Periode" $t_a = 4$. Auf der Basis der bis einschließlich Periode $t_a = 4$ vorliegenden Daten werden die Prognosewerte $p_5 = \hat{y}_5$ für die Periode 5 berechnet. Im Fall einer Durchschnittswertbildung über alle Perioden ist gemäß Formel (4.3) der Prognosewert $p_5 = \hat{y}_5 = (100 + 105 + 98 + 102)/4 = 101{,}25$ in der Zelle D9.

Bei einer gleitenden Durchschnittswertbildung erhalten wir über $N = 3$ Perioden gemäß Formel (4.4) wie in Zelle F9 gezeigt den Prognosewert $p_5 = \hat{y}_5 = (105 + 98 + 102)/3 = 101{,}67$. In diese Prognose geht also der Beobachtungswert $y_1 = 100$ der ersten Periode nicht mehr mit ein. Eine Prognose auf der Basis einer gleitenden Durchschnittswertbildung über sechs Perioden können wir erstmals für die Periode 7 berechnen und erhalten dann in Zelle E11 einen Prognosewert in Höhe von 105.

In den Spalten H bis J der Tabellenkalkulation in Abbildung 4.7 finden Sie die berechneten Werte für eine Prognose mittels exponentieller Glättung 1. Ordnung gemäß Formel (4.5) für Glättungsparameter α von 0,1, 0,3 sowie 0,5. Initialisiert wird die Prognoserechnung, indem wir die erste Prognose (für die Periode 2) auf den Beobachtungswert der ersten Periode setzen, also $\hat{y}_2 = y_1$. Mit einem Glättungsparameter $\alpha = 0,1$ erhalten wir dann in der Zelle H7 die Prognose für die Periode 3 zu $p_3 = \hat{y}_3 = \alpha \cdot y_2 + (1-\alpha) \cdot \hat{y}_2 = 0,1 \cdot 105 + (1-0,1) \cdot 100 = 100,5$.

	A	B	C	D	E	F
1				(Gleitende) Durchschnitte		
2			Perioden	alle	6	3
3						
4	t	y(t)		$p_{gda}(t)$	$p_{gd6}(t)$	$p_{gd3}(t)$
5	1	100		NaN	NaN	NaN
6	=A5+1	105		=MITTELWERT($B$5:B5)	NaN	NaN
7	=A6+1	98		=MITTELWERT($B$5:B6)	NaN	NaN
8	=A7+1	102		=MITTELWERT($B$5:B7)	NaN	=MITTELWERT($B5:$B7)
9	=A8+1	95		=MITTELWERT($B$5:B8)	NaN	=MITTELWERT($B6:$B8)
10	=A9+1	130		=MITTELWERT($B$5:B9)	NaN	=MITTELWERT($B7:$B9)
11	=A10+1	95		=MITTELWERT($B$5:B10)	=MITTELWERT($B5:$B10)	=MITTELWERT($B8:$B10)
12	=A11+1	103		=MITTELWERT($B$5:B11)	=MITTELWERT($B6:$B11)	=MITTELWERT($B9:$B11)
13	=A12+1	104		=MITTELWERT($B$5:B12)	=MITTELWERT($B7:$B12)	=MITTELWERT($B10:$B12)

Abbildung 4.8: Prognoseformeln für (gleitende) Durchschnitte

	A	B	G	H	I	J
1				Exp. Glättung 1. Ordnung		
2			Alpha	0,1	0,3	0,5
3						
4	t	y(t)		$p_{eg0.1}(t)$	$p_{eg0.3}(t)$	$p_{eg0.5}(t)$
5	1	100		NaN	NaN	NaN
6	=A5+1	105		=B5	=B5	=B5
7	=A6+1	98		=H$2*$B6+(1-H$2)*H6	=I$2*$B6+(1-I$2)*I6	=J$2*$B6+(1-J$2)*J6
8	=A7+1	102		=H$2*$B7+(1-H$2)*H7	=I$2*$B7+(1-I$2)*I7	=J$2*$B7+(1-J$2)*J7
9	=A8+1	95		=H$2*$B8+(1-H$2)*H8	=I$2*$B8+(1-I$2)*I8	=J$2*$B8+(1-J$2)*J8
10	=A9+1	130		=H$2*$B9+(1-H$2)*H9	=I$2*$B9+(1-I$2)*I9	=J$2*$B9+(1-J$2)*J9
11	=A10+1	95		=H$2*$B10+(1-H$2)*H10	=I$2*$B10+(1-I$2)*I10	=J$2*$B10+(1-J$2)*J10

Abbildung 4.9: Prognoseformeln für exponentielle Glättungen 1. Ordnung

Nun wollen wir uns ansehen, wie diese insgesamt sechs verschiedenen Modelle mit dem Ausreißer in Periode 6 und dem offensichtlichen Strukturbruch ab Periode 13 unserer Zeitreihe umgehen. Betrachten wir dazu zunächst Abbildung 4.10 für den Fall einer Prognose mittels Durchschnittswertbildung. Die mit p_t^{gda} bezeichnete Kurve für eine Durchschnittswertbildung über *alle* bisherigen Perioden reagiert offensichtlich am wenigsten auf den Ausreißer in Periode 6 und passt sich nur sehr langsam an den Strukturbruch ab Periode 13 an. Im Gegensatz dazu reagiert die mit p_t^{gd3} bezeichnete Kurve für die Prognose als Durchschnitt über die letzten drei Perioden sehr stark auf den Ausreißer in Periode 6 und den Strukturbruch ab Periode 13.

Ganz ähnlich sieht es mit den drei Modellen der exponentiellen Glättung 1. Ordnung in Abbildung 4.11 aus. Für einen Parameter $\alpha = 0.1$ hat das Prognosemodell offenbar ein sehr „langes Gedächtnis" und reagiert in der Kurve $p_t^{eg0.1}$ nur geringfügig auf den Ausreißer in Periode 6. Dieses „lange Gedächtnis" führt allerdings auch dazu, dass sich das Modell nur relativ langsam an den Strukturbruch ab Periode 13 anpasst.

Nun könnte man argumentieren, dass man ab Periode 13 oder 14 *keines* der dargestellten Prognosemodelle verwenden sollte, weil diese ja für den Fall eines konstanten Niveaus konstruiert

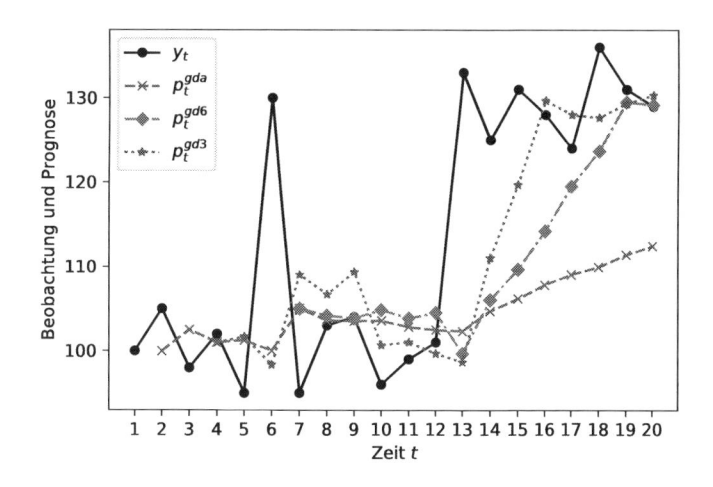

4.3 Elementare Prognosemodelle für ein konstantes Niveau

Abbildung 4.10: Prognose mittels (gleitender) Durchschnittswerte

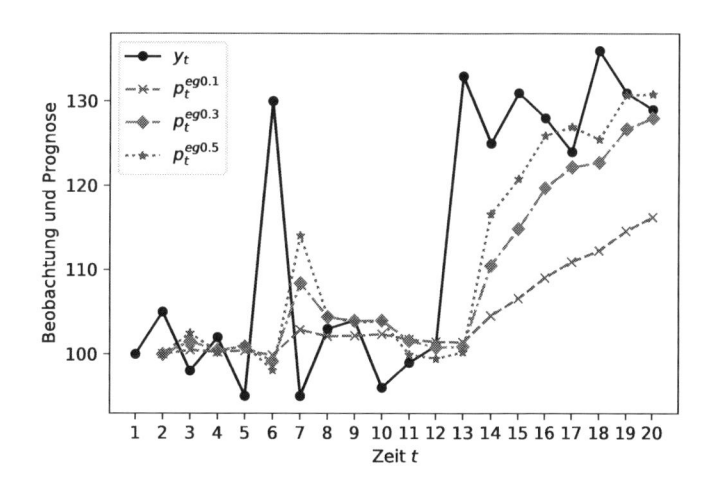

Abbildung 4.11: Prognose mittels exponentieller Glättung 1. Ordnung

wurden und sich die Zeitreihe ab Periode 13 offenbar auf einem neuen, höheren Niveau bewegt. In Periode 13 weiß man aber noch nicht, wie sich die Zeitreihe in den Perioden 14, 15, etc. verhalten wird, sonst hätte man ja kein Prognoseproblem. Der große Beobachtungswert von $y_{13} = 133$ in Periode 13 könnte ja ebenso wie jener in Periode 6 ein Ausreißer sein. Wenn man sich nur auf die Betrachtung der Zeitreihe y(t) in den Abbildungen 4.10 bzw. 4.11 stützen kann, dann wird man erst ab ca. Periode 16 einigermaßen sicher sein können, dass man in Periode 13 tatsächlich einen Strukturbruch erlebt hat. Dann könnte man das Prognosemodell mit den Werten ab Periode 13 neu initialisieren.

Wenn dies nicht der Mühe wert erscheinen sollte, dann könnte man auch darauf vertrauen, dass sich eine gleitende Durchschnittsbildung über eine hinreichend kleine Zahl historischer Beobachtungswerte oder eine exponentielle Glättung mit einem hinreichend großen Parameter α schnell genug an das neue Niveau der Zeitreihe anpassen werden.

4.4 Konstruktion komplexerer Prognosemodelle mittels Regressionsrechnung

4.4.1 Prognosefunktion, Prognosefehler und die Auswahl einer Verlustfunktion

Im vorherigen Abschnitt haben Sie einige gleichermaßen einfache und in der Praxis wichtige Prognoseverfahren kennengelernt. Wir haben uns dabei auf die Frage beschränkt, wie die Rechnung durchgeführt wird, ohne dabei zu begründen, wo denn das Rechnungsverfahren selbst herkommt. Nun ist es Zeit, einmal etwas grundsätzlicher zu werden und anhand eines etwas komplexeren Beispiels zu zeigen, wie man ein Prognoseverfahren konstruieren kann. Bei der Gelegenheit lösen wir uns auch ein wenig von der Vorstellung, dass sich unsere Prognose auf den *zeitlichen* Verlauf einer interessierenden Größe beziehen muss. Beispielsweise könnte man ja auf der Basis von Größen wie Alter, Ausbildung, Einkommen und Familienstand, die Wahrscheinlichkeit prognostizieren, mit der jemand einen beantragten Kredit zurückzahlen wird oder nicht, eine für Kreditgeber überaus wichtige Frage.

Wir gehen nun davon aus, dass uns $i = 1, ..., I$ Datenpunkte oder Beobachtungen vorliegen. Mit y_i bezeichnen wir jene Größe, die wir prognostizieren (oder auch „erklären") möchten. Wir gehen ferner davon aus, dass es $j = 1, ..., J$ verschiedene andere Größen $x_{i,j}$ gibt, die wir ebenfalls beobachten konnten und von denen wir vermuten, dass sie irgendwie auf die interessierende Größe y_i unseres i-ten Datenpunktes wirken. Jeder Datenpunkt i ist also durch eine Kombination aus einem Skalar y_i und einem Zeilenvektor $\mathbf{x}_i = (x_{i,1}, x_{i,2}, ..., x_{i,J})$ beschrieben. Dieser Zeilen- oder Merkmalsvektor $\mathbf{x}_i$ der i-ten Beobachtung beschreibt also die Kombination der Ausprägungen $x_{i,j}$ jener Größen $j = 1, ..., J$, auf die wir den zu erklärenden Wert y_i des i-ten Datenpunkts zurückführen wollen.

Die Gesamtheit unserer Daten können wir damit als eine Kombination aus Spaltenvektor Y und Matrix X gemäß

$$Y = \begin{pmatrix} y_1 \\ y_2 \\ \vdots \\ y_i \\ \vdots \\ y_I \end{pmatrix} \quad \text{und} \quad X = \begin{pmatrix} \mathbf{x}_1 \\ \mathbf{x}_2 \\ \vdots \\ \mathbf{x}_i \\ \vdots \\ \mathbf{x}_I \end{pmatrix} = \begin{pmatrix} x_{1,1} & x_{1,2} & \cdots & x_{1,j} & \cdots & x_{1,J} \\ x_{2,1} & x_{2,2} & \cdots & x_{2,j} & \cdots & x_{2,J} \\ \vdots & & \ddots & & & \vdots \\ x_{i,1} & x_{i,2} & \cdots & x_{i,j} & \cdots & x_{i,J} \\ \vdots & & & & \ddots & \vdots \\ x_{I,1} & x_{I,2} & \cdots & x_{I,j} & \cdots & x_{I,J} \end{pmatrix} \quad (4.6)$$

darstellen. Die Idee der Konstruktion eines Prognosemodells besteht nun darin, eine Funktion

$$\hat{y}_i = f(\mathbf{x}_i) = f(x_{i,1}, x_{i,2}, ..., x_{i,j}, ..., x_{i,J}) \quad (4.7)$$

zu finden, die für jeden Datenpunkt i aus der Kenntnis der Werte des Zeilenvektors $\mathbf{x}_i = (x_{i,1}, x_{i,2}, ..., x_{i,j}, ..., x_{i,J})$ der Merkmale der i-ten Beobachtung einen Schätzwert $\hat{y}_i$ liefert.

Beispiel zur Datendarstellung in Matrix-Form

Die folgende Tabelle zeigt Informationen zu Gewicht, Alter, Größe und Geschlecht (m/w) für vier Personen:

Person	Gewicht [kg]	Alter [Jahre]	Größe [cm]	Geschlecht
1	80	45	185	m
2	55	42	170	w
3	50	17	172	w
4	65	16	180	m

4.4 Konstruktion komplexerer Prognosemodelle mittels Regressionsrechnung

Stellen wir uns nun vor, wir möchten das Gewicht als erklärte Variable durch die drei verbleibenden Angaben zu Alter, Körpergröße und Geschlecht erklären. Dann könnten wir für jedes Geschlecht eine sogenannte „Dummy-Variable" einführen, die den Wert 1 annimmt, wenn die Person das entsprechende Geschlecht aufweist, und 0 sonst. Wir hätten hier also einen Merkmalsvektor aus vier erklärenden Variablen $\mathbf{x}_i = (x_{i,1}, x_{i,2}, x_{i,3}, x_{i,4})$, wobei $x_{i,1}$ das Alter und $x_{i,2}$ die Körpergröße darstellt. Die Dummy-Variable $x_{i,3}$ hat den Wert 1, wenn es sich um einen Mann handelt (und 0 sonst), für die Dummy-Variable $x_{i,4}$ gilt dies analog im Fall einer Frau.

$$Y = \begin{pmatrix} 80 \\ 55 \\ 50 \\ 65 \end{pmatrix} \quad \text{und} \quad X = \begin{pmatrix} 45 & 185 & 1 & 0 \\ 42 & 170 & 0 & 1 \\ 17 & 172 & 0 & 1 \\ 16 & 180 & 1 & 0 \end{pmatrix} \quad (4.8)$$

Wenn es uns gelänge, eine geeignete Prognosefunktion $f(x_{i,1}, x_{i,2}, x_{i,3}, x_{i,4})$ zu ermitteln, so könnten wir dann beispielsweise für eine bislang noch nicht betrachtete männliche Person im Alter von 35 Jahren mit einer Körpergröße von 175 cm durch Berechnen der Funktion für $f(35, 175, 1, 0)$ einen Schätzwert des Gewichts ermitteln.

Je nachdem, wie man die oben genannte Schätzfunktion $f(\mathbf{x}_i)$ konstruiert, erhält man den (in aller Regel unvermeidlichen) **Prognosefehler**

$$e_i = y_i - \hat{y}_i = y_i - f(x_{i,1}, x_{i,2}, ..., x_{i,j}, ..., x_{i,J}). \quad (4.9)$$

Die Güte eines Prognosemodells bemisst sich somit über seine Prognosefehler. Ganz offensichtlich hängt dieser Prognosefehler e_i für die i-te Beobachtung davon ab, *wie* die Prognosefunktion $f(\mathbf{x}_i)$ den Vektor $\mathbf{x}_i = (x_{i,1}, x_{i,2}, ..., x_{i,j}, ..., x_{i,J})$ auf den Schätzwert $\hat{y}_i$ abbildet. Prinzipiell können wir diese zunächst völlig beliebig formulieren.

Wir werden im nächsten Kapitel noch sehen, dass man dabei der Versuchung widerstehen sollte, übermäßig komplizierte Modelle zu konstruieren. Zudem sollte der mathematische Zusammenhang, der in der Schätzfunktion $\hat{y}_i = f(\mathbf{x}_i)$ zum Ausdruck gebracht wird, nicht in einem offensichtlichen Widerspruch zu theoretischem Wissen über den Zusammenhang zwischen den erklärenden und der erklärten Variable stehen.

In dem oben betrachteten Fall könnte eine solche Schätzfunktion, also ein Prognosemodell, z. B. die folgende Form aufweisen:

$$f_A(\mathbf{x}_i) = \hat{y}_i^A = c_1 \cdot x_{i,1} + c_2 \cdot x_{i,2} + c_3 \cdot x_{i,3} + c_4 \cdot x_{i,4} \quad (4.10)$$

Alternativ könnte man auch die folgende, inhaltlich äquivalente, Schätzfunktion formulieren:

$$f_B(\mathbf{x}_i) = \hat{y}_i^B = c_0 + c_1 \cdot x_{i,1} + c_2 \cdot x_{i,2} + c_3 \cdot x_{i,3} \quad (4.11)$$

Die zweite Schätzfunktion (4.11) weist im Gegensatz zur ersten Schätzfunktion (4.10) die Dummy-Variable $x_{i,4}$ für das weibliche Geschlecht *nicht* mehr auf. Statt dessen gibt es in diesem Modell eine Konstante c_0 für ein konstantes Ausgangsniveau des Gewichts y_i. Das kann man so interpretieren, dass man das „Frau-Sein" als den Normalfall ansieht und bei Männern extra eine Dummy-Variable auf den Wert 1 setzt. Dann kann man deren Koeffizienten c_3 in Schätzfunktion (4.11) als Schätzer dafür interpretieren, um wie viel ein Mann *ceteris paribus* mehr wiegt als eine Frau.

Der Prognosefehler $e_i = y_i - \hat{y}_i$ hängt offenbar davon ab, wie das Prognosemodell mathematisch formuliert wird und welche Werte die darin enthaltenen Koeffizienten c_i annehmen.

Allerdings ist ein einzelner Prognosefehler y_i nicht sehr aussagekräftig zur Beurteilung der Güte eines Prognosemodells. Man benötigt ein aggregiertes Fehlermaß über *alle* Prognosefehler. Dieses Fehlermaß wird gerne als Verlustfunktion (englisch *loss function*) bezeichnet. Praktisch besonders bedeutsam sind die drei folgenden Verlustfunktionen:

- Der **mittlere quadratische Fehler** (englisch *Mean Squared Error, MSE*)

$$L^{\text{MSE}} = \frac{1}{I} \sum_{i=1}^{I} (y_i - \hat{y}_i)^2 \tag{4.12}$$

hat die beiden erwünschten Eigenschaften, dass sich Abweichungen in entgegengesetzte Richtungen nicht gegenseitig aufheben können, die Abweichungen in beide Richtungen gleich stark gewichtet werden und dass starke Abweichungen überproportional stark in das Fehlermaß L eingehen. Eine Prognosefunktion bzw. ein Prognosemodell, welches den L^{MSE} minimiert, minimiert zugleich auch die Quadratwurzel aus dem mittleren quadratischen Fehler (*Root Mean Squared Error, RMSE*), also

$$L^{\text{RMSE}} = \sqrt{L^{\text{MSE}}} = \sqrt{\frac{1}{I} \sum_{i=1}^{I} (y_i - \hat{y}_i)^2}. \tag{4.13}$$

Das Maß L^{RMSE} hat den Vorteil, die gleiche Einheit wie die zu prognostizierende Größe y_i selbst aufzuweisen.

Die Ihnen hoffentlich aus einer Statistik-Vorlesung bekannten *linearen Regressionsrechnungen* zielen typischerweise darauf ab, die Verlustfunktion L^{MSE} bzw. L^{RMSE} zu minimieren.

- Der **mittlere absolute Fehler** (*Mean Absolute Error, MAE*)

$$L^{\text{MAE}} = \frac{1}{I} \sum_{i=1}^{I} |y_i - \hat{y}_i|. \tag{4.14}$$

stellt durch die Betragsbildung ebenfalls sicher, dass sich Prognosefehler nicht gegenseitig aufheben können. Im Gegensatz zu den Verlustfunktionen L^{MSE} bzw. L^{RMSE} verzichtet man hier darauf, die Fehler zu quadrieren und so größere Abweichungen überproportional stark zu werten.

- Der **mittlere absolute prozentuale Fehler** (*Mean Absolute Percentage Error, MAPE*)

$$L^{\text{MAPE}} = \frac{1}{I} \sum_{i=1}^{I} |\frac{y_i - \hat{y}_i}{y_i}| \tag{4.15}$$

stellt ebenfalls durch die Betragsbildung sicher, dass sich Prognosefehler nicht gegenseitig aufheben können, zielt nun aber auf relative statt auf absolute Abweichungen ab.

Sehr häufig arbeitet man mit den Verlustfunktionen L^{MSE} bzw. L^{RMSE}, die auf den quadrierten Abweichungen beruhen. So halten wir es in den hier betrachteten Beispielen auch. Es ist aber wichtig zu verstehen, dass dies eine Entscheidung ist, die man aus guten Gründen auch anders treffen kann, wenn man ein Prognosemodell konstruiert.

Beispiel zur Konstruktion eines elementaren Prognosemodells

Betrachten wir die denkbar einfachste Schätzfunktion

$$\hat{y}_i = f(\mathbf{x}_i) = f(x_{i,1}, x_{i,2}, ..., x_{i,j}, ..., x_{i,J}) = c, \tag{4.16}$$

die also einen konstanten Wert c aufweisen soll, der in Abhängigkeit der Daten zu ermitteln ist.

4.4 Konstruktion komplexerer Prognosemodelle mittels Regressionsrechnung

Wir stellen die Verlustfunktion L^{MSE} auf und setzen die gewählte Form der Schätzfunktion $\hat{y}_i = f(\mathbf{x}_i) = c$ ein:

$$L^{\text{MSE}} = \frac{1}{I}\sum_{i=1}^{I}(y_i - \hat{y}_i)^2 = \frac{1}{I}\sum_{i=1}^{I}(y_i - c)^2 \qquad (4.17)$$

Der gesuchte Parameter c soll nun so bestimmt werden, dass der Wert der Verlustfunktion L^{MSE} möglichst klein wird. Dazu leiten wir die Verlustfunktion L^{MSE} nach c ab und setzen den Differentialquotienten gleich 0:

$$\frac{\mathrm{d}L^{\text{MSE}}}{\mathrm{d}c} = (-2)\frac{1}{I}\sum_{i=1}^{I}(y_i - c) \stackrel{!}{=} 0 \qquad (4.18)$$

(Die zweite Ableitung der Verlustfunktion ist $\frac{\mathrm{d}^2 L^{\text{MSE}}}{\mathrm{d}c^2} = 2 > 0$, so dass tatsächlich ein Minimum vorliegt.) Die Bedingung (4.18) lösen wir nach der gesuchten Größe c auf:

$$c = \frac{1}{I}\sum_{i=1}^{I} y_i \qquad (4.19)$$

Die Formel für die Berechnung des Koeffizienten c ist nun bekannt, so dass wir unsere Prognosefunktion jetzt explizit angeben können:

$$f(\mathbf{x}_i) = c = \frac{1}{I}\sum_{i=1}^{I} y_i \qquad (4.20)$$

Sie hängt wie gewünscht *nicht* von den Werten $\mathbf{x}_i$ ab, sondern lediglich von den Beobachtungswerten y_i, aus denen sie den arithmetischen Mittelwert bildet.

Anhand des betrachteten Beispiels sehen wir also, dass hinter der Prognose mittels arithmetischer Mittelwerte, die wir in Formel (4.2) auf S. 92 kennengelernt haben, tatsächlich eine klare inhaltliche Begründung steht. Diese bezieht sich sowohl auf die gewählte Schätzfunktion (4.16) als auch auf die gewählte Verlustfunktion L^{MSE}.

4.4.2 Trainings- vs. Validierungsdaten und die Gefahr des Overfitting

Im vorherigen Abschnitt sind wir dem Gedanken begegnet, eine Prognosefunktion so zu gestalten, dass sie zu kleinen Prognosefehlern e_i bzw. zu geringen Werten einer geeignet gewählten Verlustfunktion führt. Wir haben auch gesehen, dass die Prognose mittels arithmetischer Mittelwerte bereits eine (zugegebenermaßen sehr einfache, weil konstante) Prognosefunktion darstellt.

Gestaltet man die Prognosefunktion aufwendiger und berücksichtigt in ihr die Werte der Merkmalsvektoren $\mathbf{x}_i = (x_{i,1}, x_{i,2}, ..., x_{i,j}, ..., x_{i,J})$, so kann man oft die Prognosefehler verringern. Allerdings besteht hier die Gefahr der Überanpassung, fachsprachlich als *Overfitting* bezeichnet. Betrachten Sie dazu Abbildung 4.12. Sie zeigt eine Zeitreihe mit 10 Beobachtungswerten y_i. Um zu verhindern, dass wir unser Modell übermäßig an die vorhandenen Daten anpassen, legen wir gedanklich einen Teil der Beobachtungswerte zur Seite, im konkreten Fall jene für die Perioden 7 bis 10, die in Abbildung 4.12 mit Kreuzen dargestellt sind.

Wir bezeichnen nun jene Datensätze, die wir benutzen, um unser Prognosemodell zu spezifizieren, als „Trainingsdaten". Die zur Seite gelegten Datensätze haben keinen Einfluss auf die Konstruktion des Modells und werden vielfach im Kontext des *Maschinellen Lernens* in einer nicht immer konsistenten Terminologie als „Testdaten" bzw. oft auch als „Validierungsdaten" bezeichnet. Wenn wir ein Prognosemodell konstruiert haben, werden wir es anhand der Frage

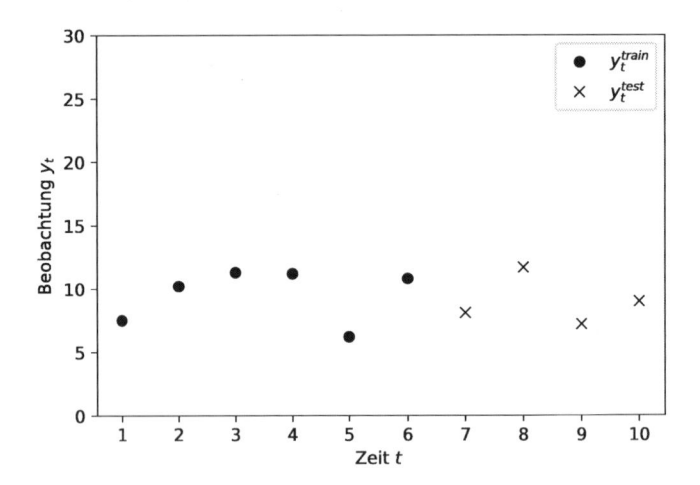

Abbildung 4.12: Zeitreihe mit Aufteilung in Trainings- und Testdaten

beurteilen, wie gut seine Prognosewerte zu den Testdaten passen, die *nicht* für seine Konstruktion herangezogen wurden. Auf diesem Weg schützen wir uns vor einer Überanpassung unseres Modells an unsere Beobachtungsdaten.

Als erklärende Variable verwenden wir die Zeit bzw. Polynome der Zeit. Im einfachsten Fall einer Regression auf die Zeit t stellt sich also unser Datensatz (Y, X) insgesamt folgendermaßen

$$Y = \begin{pmatrix} 7{,}5 \\ 10{,}2 \\ 11{,}3 \\ 11{,}2 \\ 6{,}2 \\ 10{,}8 \\ 8{,}1 \\ 11{,}7 \\ 7{,}2 \\ 9{,}0 \end{pmatrix} \quad \text{und} \quad X = \begin{pmatrix} 1 \\ 2 \\ 3 \\ 4 \\ 5 \\ 6 \\ 7 \\ 8 \\ 9 \\ 10 \end{pmatrix} \quad (4.21)$$

dar, entsprechend ist unser Trainingsdatensatz $(Y^{\text{train}}, X^{\text{train}})$

$$Y^{\text{train}} = \begin{pmatrix} 7{,}5 \\ 10{,}2 \\ 11{,}3 \\ 11{,}2 \\ 6{,}2 \\ 10{,}8 \end{pmatrix} \quad \text{und} \quad X^{\text{train}} = \begin{pmatrix} 1 \\ 2 \\ 3 \\ 4 \\ 5 \\ 6 \end{pmatrix}. \quad (4.22)$$

Mittels einer linearen Regressionsrechnung[6] über die Trainingsdaten $(Y^{\text{train}}, X^{\text{train}})$ können wir nun für die Funktion

$$\hat{y}_i^{(1)} = f_1(\mathbf{x}_i) = c_0 + c_1 \cdot x_i \quad (4.23)$$

den Achsenabschnitt c_0 und den Koeffizienten c_1 der Geradengleichung (4.23) so ermitteln, dass der Wert unserer Verlustfunktion über dem Trainingsdatensatz minimiert wird. Zur Ermittlung dieser Koeffizienten wie auch zu allen anderen Berechnungen im Kontext von Prognosen setzt man eine Statistik-Software wie R, eine Mathematik-Software wie Matlab oder eine

---

[6] Siehe dazu Standardlehrbücher der Statistik, z. B. Bleymüller (2012) oder Sibbertsen und Lehne (2012).

4.4 Konstruktion komplexerer Prognosemodelle mittels Regressionsrechnung

Programmiersprache wie `Python` ein. Damit sind für solche Berechnungen jeweils nur wenige Zeilen Programmcode erforderlich.

Das ist aber keineswegs die einzige Möglichkeit. Wir könnten auch eine lineare Regression auf ein Polynom höheren Grades vornehmen, also gemäß

$$\hat{y}_i^{(2)} = f_2(\mathbf{x}_i) = c_0 + c_1 \cdot x_i + c_2 \cdot x_i^2 \tag{4.24}$$

mit Trainingsdaten

$$Y^{\text{train}} = \begin{pmatrix} 7{,}5 \\ 10{,}2 \\ 11{,}3 \\ 11{,}2 \\ 6{,}2 \\ 10{,}8 \end{pmatrix} \quad \text{und} \quad X^{\text{train}} = \begin{pmatrix} 1 & 1 \\ 2 & 4 \\ 3 & 9 \\ 4 & 16 \\ 5 & 25 \\ 6 & 36 \end{pmatrix} \tag{4.25}$$

eine Regression auf eine quadratische Funktion (4.24) oder gemäß

$$\hat{y}_i^{(3)} = f_3(\mathbf{x}_i) = c_0 + c_1 \cdot x_i + c_2 \cdot x_i^2 + c_3 \cdot x_i^3 \tag{4.26}$$

mit Trainingsdaten

$$Y^{\text{train}} = \begin{pmatrix} 7{,}5 \\ 10{,}2 \\ 11{,}3 \\ 11{,}2 \\ 6{,}2 \\ 10{,}8 \end{pmatrix} \quad \text{und} \quad X^{\text{train}} = \begin{pmatrix} 1 & 1 & 1 \\ 2 & 4 & 8 \\ 3 & 9 & 27 \\ 4 & 16 & 64 \\ 5 & 25 & 125 \\ 6 & 36 & 216 \end{pmatrix} \tag{4.27}$$

eine Regression auf eine kubische Funktion (4.26) der erklärenden Variablen, hier also der Zeit, durchführen. Beachten Sie bitte, dass die Schätzfunktionen in Bezug auf die zu ermittelnden Koeffizienten c_0, c_1, c_2, c_3 weiterhin linear sind, auch wenn wir eine Regression auf Polynome der erklärenden Variablen x_i vornehmen! Die Linearität der linearen Regressionsrechnung bezieht sich auf den linearen Zusammenhang zwischen Koeffizienten c_0, c_1, ... und der erklärten Variablen y_i.

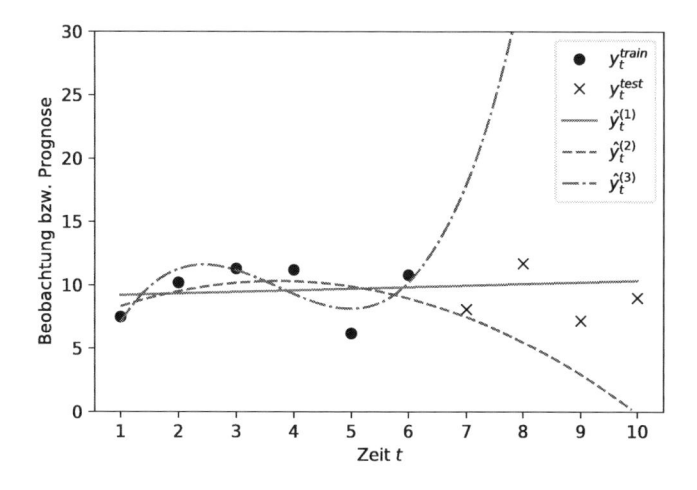

Abbildung 4.13: Vergleich dreier Modelle über die Trainings- und die Testdaten

Je „reichhaltiger" unser Regressionsmodell gestaltet ist, desto besser können wir es durch geeignete Wahl der Koeffizienten c_0, c_1, ... an die Trainingsdaten anpassen. Diese Spezialisierung auf die dem Modell bekannten Daten kann aber mit einem Verlust an Generalisierung für noch nicht bekannte Daten einhergehen. Dies erkennen Sie sehr deutlich, wenn Sie nun Abbildung 4.13 betrachten. Das „sparsamste", weil hinsichtlich der erklärenden Variablen x_i rein lineare Modell

$$\hat{y}_i^{(1)} = f(\mathbf{x}_i) = c_0 + c_1 \cdot x_i, \tag{4.28}$$

passt sich zwar nicht sehr gut an die (wenigen) Trainingsdaten an, vermeidet aber eine Überanpassung und erweist sich als einigermaßen brauchbar bei Anwendung auf die Testdaten der Perioden 7 bis 10. Anders sieht es dagegen bei dem quadratischen Modell in Gleichung (4.24) oder dem kubischen Modell in Gleichung (4.26) aus. Diese sind zwar besser an die Trainingsdaten angepasst, versagen aber offenbar völlig bei den Testdaten.

Betrachten Sie nun bitte Tabelle 4.1, welche die Form der drei Schätzfunktionen mit den mittels einer linearen Regression errechneten Koeffizienten sowie ferner Angaben zu zwei üblichen Gütemaßen beinhaltet.

Tabelle 4.1: Ergebnisse der drei Regressionsrechnungen

Nr.	Schätzfunktion	Koeffizienten	RMSE-Train	RMSE-Test
1	$\hat{y}_i^{(1)} = c_0 + c_1 \cdot x_i$	$c_0 = 9{,}09333333$	1,954	2,064
		$c_1 = 0{,}12571429$		
2	$\hat{y}_i^{(2)} = c_0 + c_1 \cdot x_i + c_2 \cdot x_i^2$	$c_0 = 6{,}61$	1,838	5,918
		$c_1 = 1{,}98821429$		
		$c_2 = -0{,}26607143$		
3	$\hat{y}_i^{(3)} = c_0 + c_1 \cdot x_i + c_2 \cdot x_i^2 + c_3 \cdot x_i^3$	$c_0 = -3{,}866$	1,230	54,305
		$c_1 = 15{,}167$		
		$c_2 = -4{,}631$		
		$c_3 = 0{,}416$		

In den beiden letzten Spalten der Tabelle 4.1 finden Sie unter der Bezeichnung „RMSE" (für *Root Mean Squared Error*) die Quadratwurzel aus der Verlustfunktion L^{MSE}. Das Fehlermaß RMSE entspricht hinsichtlich seiner Einheit dem der prognostizierten Größe y_i und ist somit leichter zu interpretieren als die Verlustfunktion L^{MSE} selbst. Eine Minimierung der Verlustfunktion L^{MSE} führt offenbar immer auch zur Minimierung des RMSE. Wenn Sie das Maß „RMSE-Train" für die Trainingsdaten über die drei Modelle 1 bis 3 vergleichen, so erkennen Sie, dass die mit mehr Koeffizienten ausgestatteten (also gewissermaßen opulenteren) Modelle 2 und 3 zu kleineren Fehlermaßen bei den Trainingsdaten führen, gleichzeitig aber zu größeren Fehlermaßen „RMSE-Test" bei den Testdaten.

Hier bestätigen also die Vergleiche der Fehlermaße die Einsicht, die wir schon durch die Betrachtung der Abbildung 4.13 gewonnen haben. Die Modelle 2 und 3 sind also keineswegs besser als das Modell 1. Im Gegenteil, sie sind ein Beispiel für *Overfitting* und zeigen, was man alles falsch machen kann.

Zur Beurteilung der Güte eines Prognosemodells sollten Sie also stets einen Teil der Daten vor der Schätzung Ihrer Prognosefunktionen beiseite legen und dann die konkurrierenden Modelle anhand ihrer Performance auf den Testdaten vergleichen. Dann werden Sie feststellen, dass *sparsam* konstruierte, also eher einfache Modelle, oftmals eine höhere Vorhersagekraft haben als mathematisch sehr aufwendige Modelle, die zwar sehr gut an die zur Konstruktion verwendeten Daten angepasst sind, dabei aber gleichzeitig nicht gut den zugrundeliegenden Zusammenhang zwischen den erklärenden und der erklärten Größe generalisieren.[7]

---

[7] Googlen Sie einmal nach „Ockhams Rasiermesser", wenn Sie mehr über dieses Sparsamkeitsprinzip, fachsprachlich auch *lex parsimoniae* genannt, wissen möchten.

4.4 Konstruktion komplexerer Prognosemodelle mittels Regressionsrechnung

Die Berechnungen wurden mittels eines `Python`-Programms durchgeführt, welches Sie in Anhang B auf S. 383 finden. Wenn Sie sich eine geeignete `Python`-Distribution (z. B. Anaconda) auf Ihrem Rechner installieren, so sollten Sie die Berechnungen reproduzieren können.

4.4.3 Beispiel: Besucherprognose im Fitnessstudio

Im vorherigen Abschnitt haben wir uns einige grundsätzliche Aspekte der Konstruktion von Prognosemodellen angesehen. Im folgenden Beispiel vertiefen wir einige praktisch bedeutsame Gesichtspunkte und verdeutlichen dabei, dass dies ein kreativer Prozess ist, der zu verschiedenen und dabei auch unterschiedlich guten Prognosemodellen führen kann.

> **Beispiel zur Besucherprognose im Fitnessstudio *LaFortune*:**
>
> Die Gründer des Fitness- und Wellnessstudios *LaFortune* hatten sich 2012 entschlossen, keine halben Sachen zu machen. Einem breiten, aber zahlungskräftigen urbanen Publikum sollte ein qualitativ hochwertiges Fitness- und Wellnessangebot gemacht werden. Der Name ihres neuen Studios *LaFortune* war schon mit Bedacht gewählt worden. Das Studio deckte den gesamten Bereich ab, das Krafttraining im Freihantelbereich ebenso wie das physiotherapeutische Training mit den besten computergesteuerten Maschinen, die man für Geld kaufen konnte. Dazu kamen die diversen Kurse in den Gruppenräumen bis hin zur Wassergymnastik im größten der drei vorhandenen Pools. Mehrere Saunen, Dampfbäder und Massageräume sowie die ansprechend gestalteten Ruheräume sprachen auch diejenigen an, die sich eher in Richtung Wellness als Fitness orientierten. Man hatte den Anspruch, jeden Kunden glücklich zu machen und das bei jedem einzelnen Besuch im *LaFortune*.
>
> Das alles lief nicht von alleine. Dutzende von Servicekräften, Trainern, Saunameistern und Reinigungskräften kümmerten sich um die Kunden, die sich für das teuerste Studio in der Stadt entschieden hatten und einen tadellosen Service erwarteten.
>
> Allerdings hatte der Geschäftsführer, Paul Pumper, seit einiger Zeit doch große Probleme mit dem Personal, zum Beispiel für die Kundenbetreuung an den Fitnessgeräten. Hier mussten immer wieder Hilfestellungen sowohl zur Einstellung der computergesteuerten Trainingsgeräte als auch zur korrekten Durchführung der Bewegungen gegeben werden. Die Mitarbeiter, die das konnten, waren teuer und mussten also zielgenau eingesetzt werden. Das Studio war an jedem Tag der Woche von 8:00 Uhr bis 22:00 Uhr geöffnet, aber die Besucherzahlen schwankten ganz erheblich.
>
> Sonja Klar hatte nach dem Abitur zunächst im *LaFortune* eine Ausbildung zur Sport- und Fitnesskauffrau gemacht und dann an der Leibniz Universität Hannover ein Studium der Wirtschaftswissenschaften aufgenommen. Sie unterstützte aber weiterhin Paul Pumper in der Verwaltung des Studios. Als es dann ins Seminar im Bereich *Operations Management* ging, konnte sie ihren Professor davon überzeugen, sich am Beispiel des *LaFortune* um die Prognose der Besucherzahlen in Fitnessstudios zu kümmern.
>
> Praktischerweise bekam seit Anfang 2017 jeder Kunde des Studios ein drahtlos lesbares Trainingsarmband, mit dem er sich beim Betreten und Verlassen des Studios an- und abmelden musste. Mit diesem Band wurden auch die korrekten Einstellungen der Trainingsmaschinen übertragen, die Spinde geöffnet, die Getränkeanlagen bedient, etc.
>
> Dadurch war für jeden Kunden seit Januar 2017 in einer `MySQL`-Datenbank jeder einzelne Besuch digital erfasst worden und es war möglich, für jeden Zeitpunkt anzugeben, wie viele Kunden im Studio waren. Glücklicherweise hatte Sonja einen `Python`-Kurs besucht und konnte mittels `Python` recht leicht die Daten der `MySQL`-Datenbank auslesen und aufbereiten.

Sonja beschloss, ihre Betrachtung auf die Zeit vom 1. Januar 2017 bis zum 31. März 2019 zu begrenzen, weil ihr für diese Zeit die Daten zur Verfügung standen.

In einem ersten Schritt ermittelte sie für jede einzelne Stunde die Zahl der dort angefallenen *Kundenstunden*, also die mittlere Anzahl von Kunden im Fitnessstudio je Stundenintervall. Diese aggregierte sie zusätzlich auf Tages- und Monatsbasis. Die monatlich angefallenen Kundenstunden stellte sie dann in Abbildung 4.14 der Mitgliederentwicklung gegenüber.

In Abbildung 4.14(a) der monatlichen Kundenstunden erkannte Sonja ein vertrautes Muster. Zu Beginn eines Jahres gab es stets Kunden, die mit guten Vorsätzen in das neue Jahr gestartet waren, und so war es im Januar und Februar zumeist brechend voll. Im Sommer waren die Leute dann mehr im Freien unterwegs oder, insbesondere wegen der Schulferien, verreist. Dann war es weniger voll im *LaFortune*. Wenn es schließlich im Herbst dunkler und kühler wurde, dann zogen die Besucherzahlen wieder an.

Als nächstes betrachtete Sonja in Abbildung 4.15 die Kundenstunden auf Tagesbasis für die Monate Januar und Februar 2019 sowie auf Stundenbasis für die Woche vom 7. bis 13. Januar 2019. Sie nickte, als sie sah, dass die Kurve in Abbildung 4.15(b) unterbrochen war. Nachts war das Studio ja geschlossen. Allerdings hatte Paul Pumper ihr gegenüber erwähnt, das Studio möglicherweise demnächst rund um die Uhr geöffnet zu halten. In der Angelegenheit sei aber das letzte Wort noch nicht gesprochen.

(a) Monatliche Kundenstunden

(b) Mitgliederbestand

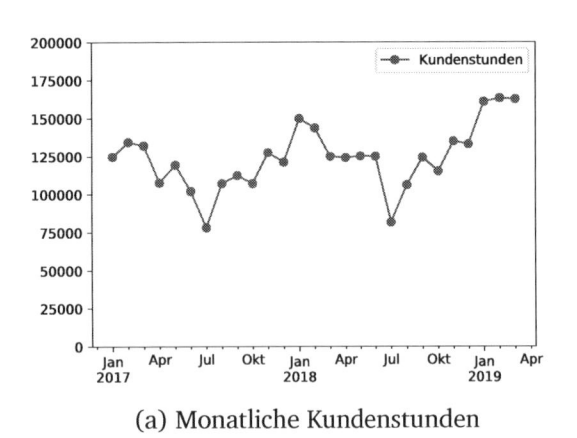

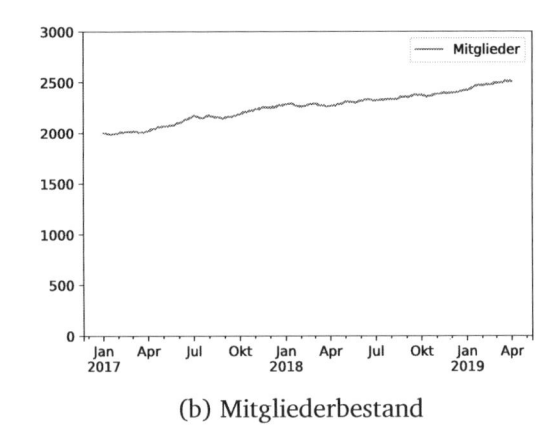

Abbildung 4.14: Kundenstunden und Mitgliederbestand

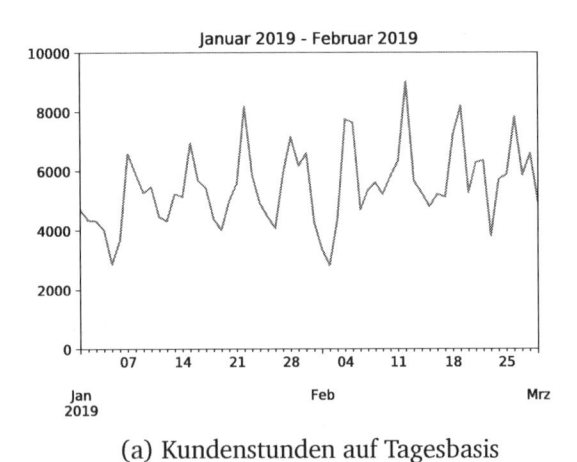

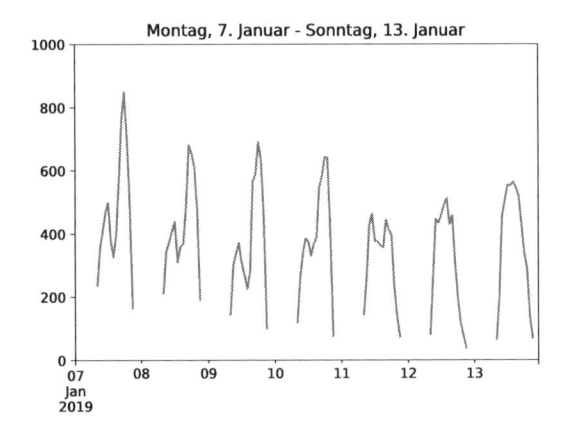

(a) Kundenstunden auf Tagesbasis

(b) Kundenstunden auf Stundenbasis

Abbildung 4.15: Kundenstunden auf Tages- und Stundenbasis

4.4 Konstruktion komplexerer Prognosemodelle mittels Regressionsrechnung

Ganz offensichtlich wiesen sowohl der Verlauf der Kundenstunden auf Tagesbasis in Abbildung 4.15(a) als auch jener auf Stundenbasis in Abbildung 4.15(b) wiederkehrende Muster auf. Weil ihre Daten ja nun auf Stundenbasis vorlagen, beschloss Sonja, sich zunächst um die Modellierung des Stundeneinflusses zu kümmern.

Sonja erinnerte sich daran, dass ihr Professor in *Operations Management* erklärt hatte, man könne mit sogenannten Dummy-Variablen zeitlich wiederkehrende Muster abbilden. Also könnte sie es ja mit dem folgenden Modell versuchen:

$$\hat{y}_i = c_{\text{Anz}} \cdot x_{i,\text{Anz}} + c_{8h} \cdot x_{i,8h} + c_{9h} \cdot x_{i,9h} + \ldots + c_{21h} \cdot x_{i,21h} \tag{4.29}$$

Als erklärende Variablen wären einerseits der Mitglieder- bzw. Kundenbestand $x_{i,\text{Anz}}$ heranzuziehen und andererseits Dummy-Variablen für jene Stunden während der Öffnungszeit, die von 8:00 Uhr bis 21:00 Uhr beginnen. Das wäre dann ein schönes, lineares Regressionsmodell, weil in diesem die Zahl der Kunden je Stunde linear von den Koeffizienten $c_{\text{Anz}}, c_{8h}, \ldots, c_{21h}$ abhinge. Sie legte in Python eine entsprechende Matrix an, die dann folgendermaßen aussah:

```
Out[29]:
                      X8h   X9h   X10h  X11h  ...   X19h  X20h  X21h   XAnz
2017-01-01 08:00       1     0     0     0    ...    0     0     0    2002.0
2017-01-01 09:00       0     1     0     0    ...    0     0     0    2002.0
2017-01-01 10:00       0     0     1     0    ...    0     0     0    2002.0
...                   ...   ...   ...   ...   ...   ...   ...   ...     ...
2019-03-31 19:00       0     0     0     0    ...    1     0     0    2507.0
2019-03-31 20:00       0     0     0     0    ...    0     1     0    2507.0
2019-03-31 21:00       0     0     0     0    ...    0     0     1    2507.0

[11480 rows x 15 columns]
```

Bevor sie jedoch weiterrechnete, kam ihr ein Gedanke: In dem Modell in Gleichung (4.29) wurde der zyklische Einfluss der einzelnen Stunden des Tages *additiv* berücksichtigt. Damit wurde ja unterstellt, dass die *Schwankungsbreite innerhalb des Tages* nicht davon abhinge, wie groß eigentlich der Bestand an Kunden sei.

Das erschien Sonja nicht plausibel und so überlegte sie, dass diese zyklische Komponente für den Einfluss der Stunden eines Tages besser multiplikativ mit der Anzahl von Kunden im Bestand verknüpft werden sollte. Also entschied sich sie für die folgende Schätzfunktion ihres multiplikativen und somit nicht-linearen Modells[a] A:

$$\hat{y}_i^A = x_{i,\text{Anz}}^{c_{\text{Anz}}} \cdot c_{8h}^{x_{i,8h}} \cdot c_{9h}^{x_{i,9h}} \cdot \ldots \cdot c_{21h}^{x_{i,21h}} \tag{4.30}$$

Nun stand sie vor dem Problem, dass sie nicht wusste, wie sie die Regressionskoeffizienten $c_{\text{Anz}}, c_{8h}, \ldots c_{21h}$ für die erklärenden Variablen $x_{i,\text{Anz}}, x_{i,8h}, \ldots x_{i,21h}$ in diesem Modell ermitteln sollte.

Sonja hatte gerade eine multiplikative und damit nicht-lineare Regressionsfunktion konstruiert. Wären diese miteinander additiv (und somit linear) verknüpft, so könnte sie auf eine lineare Regressionsrechnung zurückgreifen, um aus den gegebenen Werten der Kundenstunden y_i und den gegebenen und (hoffentlich) erklärenden Variablen $x_{i,\text{Anz}}, x_{i,8h}, \ldots x_{i,21h}$ die Regressionskoeffizienten so zu bestimmen, dass eine ebenfalls noch zu wählende Verlustfunktion, zum Beispiel die mittleren quadratischen Abweichungen L^{MSE} in Gleichung (4.12) auf S. 102 minimiert wird.

---

[a] Falls Sie Schwierigkeiten haben sollten, die Gleichung (4.30) zu lesen: Der erste Term $x_{i,\text{Anz}}^{c_{\text{Anz}}}$ auf der rechten Seite der Gleichung (4.30) ist eine Potenz mit der Basis $x_{i,\text{Anz}}$, deren Wert man für jeden Datenpunkt kennt, und dem Regressionskoeffizienten c_{Anz}, der noch zu ermitteln ist, als Exponent dieser Potenz. Der zweite Term $c_{8h}^{x_{i,8h}}$ ist ebenfalls eine Potenz. Hier ist allerdings der zu ermittelnde Regressionskoeffizient c_{8h} die Basis der Potenz und die bereits bekannte Dummy-Variable $x_{i,8h}$ ist deren Exponent.

Dann fiel ihr ein, dass sie ja eine Transformation über den natürlichen Logarithmus vornehmen könnte, um die multiplikative Verknüpfung in Modell (4.30) in eine additive Verknüpfung zu überführen. Dann hätte sie eine lineare Beziehung und könnte mit der multiplen linearen Regressionsrechnung arbeiten. Sie musste also von beiden Seiten der Gleichung den natürlichen Logarithmus bilden und dann entsprechend der Regeln für das Rechnen mit Logarithmen umformen:[a]

$$\ln(\hat{y}_i^A) = \ln\left(x_{i,\text{Anz}}^{c_{\text{Anz}}} \cdot c_{8h}^{x_{i,8h}} \cdot c_{9h}^{x_{i,9h}} \cdot \ldots \cdot c_{21h}^{x_{i,21h}}\right)$$

$$= \ln\left(x_{i,\text{Anz}}^{c_{\text{Anz}}}\right) + \ln\left(c_{8h}^{x_{i,8h}}\right) + \ln\left(c_{9h}^{x_{i,9h}}\right) + \ldots + \ln\left(c_{21h}^{x_{i,21h}}\right)$$

$$= c_{\text{Anz}} \cdot \ln(x_{i,\text{Anz}}) + \ln(c_{8h}) \cdot x_{i,8h} + \ln(c_{9h}) \cdot x_{i,9h} + \ldots + \ln(c_{21h}) \cdot x_{i,21h} \quad (4.31)$$

Zur Vereinfachung der Schreibweise führte Sonja für die logarithmierten Koeffizienten die folgende Kurzschreibweise ein:

$$\tilde{c}_{8h} = \ln(c_{8h})$$
$$\tilde{c}_{9h} = \ln(c_{9h})$$
$$\vdots$$
$$\tilde{c}_{21h} = \ln(c_{21h})$$

Damit erhielt sie die hinsichtlich dieser Koeffizienten lineare Schätzfunktion:

$$\ln(\hat{y}_i^A) = c_{\text{Anz}} \cdot \ln(x_{i,\text{Anz}}) + \tilde{c}_{8h} \cdot x_{i,8h} + \tilde{c}_{8h} \cdot x_{i,9h} + \ldots + \tilde{c}_{21h} \cdot x_{i,21h} \quad (4.32)$$

Zur Bestimmung der Koeffizienten der Regressionsfunktion musste sie also für jede in ihre Regressionsrechnung eingehende Beobachtung i als erklärte Variable den logarithmierten Wert der Kundenstunden $\ln(y_i)$ verwenden. Dazu kamen noch als erklärende Variablen die ebenfalls logarithmierten Werte $\ln(x_{i,\text{Anz}})$ des Kundenbestands zu dem Zeitpunkt der Beobachtung i sowie die Dummy-Variablen $x_{i,8h}, \ldots, x_{i,21h}$ für die 14 Stunden zwischen 8:00 und 22:00, an denen das Studio täglich geöffnet hatte.

Nun war Sonja klar, dass sie nicht alle vorliegenden Daten zu Bestimmung ihrer Regressionskoeffizienten heranziehen sollte, sondern zur Beurteilung der Güte ihrer Rechnung ein Teil der Daten als Test- oder Validierungsdaten zur Seite gelegt werden sollten.[b]

Daher beschränkte sie ihre Trainingsdaten auf den Zeitraum vom Januar 2017 bis Dezember 2018. Diese Berechnung führte sie mit den folgenden Zeilen eines Python-Programms durch und nutzte die entsprechenden Python-Pakete für lineare Regressionsrechnungen:

```
from sklearn.linear_model import LinearRegression
import numpy as np

linearesModellA = LinearRegression(fit_intercept=False)
linearesModellA.fit(X_trainA,Ylog_train)
```

[a] Hoffentlich können Sie sich daran erinnern, dass für Logarithmen die beiden Regeln $\ln(x \cdot y) = \ln(x) + \ln(y)$ sowie $\ln(y^x) = x \cdot \ln(y)$ gelten. Beide Regeln brauchen Sie jetzt!

[b] Vergleiche Abschnitt 4.4.2 zur Verwendung von Trainings- und Testdaten und zum Problem des Overfitting.

4.4 Konstruktion komplexerer Prognosemodelle mittels Regressionsrechnung

Mit den Koeffizienten des so geschätzten Modells bestimmte sie zunächst die logarithmierten Schätzwerte $\text{lnYhatA} = \ln(\hat{y}_i^A)$ und dann über die Exponentialfunktion als Umkehrfunktion des natürlichen Logarithmus die letztlich interessierende nicht-logarithmierten Schätzwerte $\hat{y}_i^A = \text{YhatA} = \exp(\text{lnYhatA})$. Diese Berechnung führte sie für *alle* Beobachtungen durch, auch jene des ersten Quartals 2019, die sie zuvor als Testdaten zur Seite gelegt hatte. Auch dafür brauchte sie nur zwei Zeilen Python-Code:

```
lnYhatA = linearesModellA.predict(XA)
YhatA = np.exp(lnYhatA)
```

Nun hatte sie für jede Stunde vom 1. Januar 2017, 8:00 Uhr bis 31. März 2019, 21:00 Uhr, sowohl eine Beobachtung y_i als auch einen Schätzwert $\hat{y}_i^A$, wobei die Jahre 2017 und 2018 als Trainingsdaten und das erste Quartal 2019 als Testdaten dienten.

Sonja erstellte sich für Ihr Modell A in Abbildung 4.16(a) ein Diagramm der Ist- und der Prognosedaten mit den täglichen Kundenstunden im Januar und Februar 2019 sowie in Abbildung 4.16(b) mit den stündlichen Daten der Woche vom 28.1.2019 bis zum 3.2.2019.

Sonja lächelte. Ein Anfang war gemacht, aber es lag noch ein Stück Arbeit vor ihr. Das erste Modell prognostizierte jetzt für jeden Tag ein praktisch identisches Verlaufsmuster und konnte die Unterschiedlichkeit der verschiedenen Wochentage offenbar nicht aufnehmen. Sonja notierte sich die Werte des RMSE (*Root Mean Sqaured Error*)[a] für die Trainings- und die Testdaten zu 118,96 und 181,56. Das Modell schnitt auf den Testdaten offenbar schlechter ab als auf den Trainingsdaten, aber das war ja zu erwarten.

---

[a] Vergleiche Gleichung 4.13 auf S. 102.

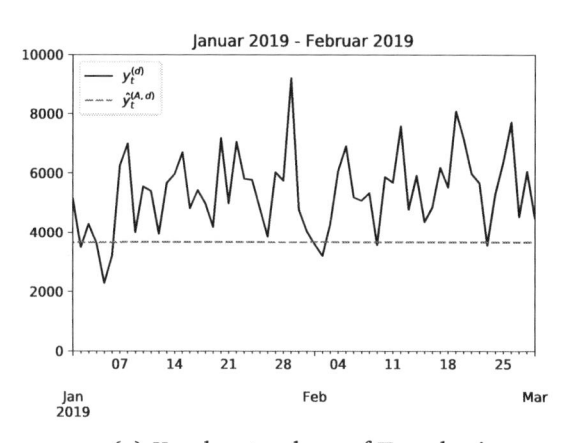

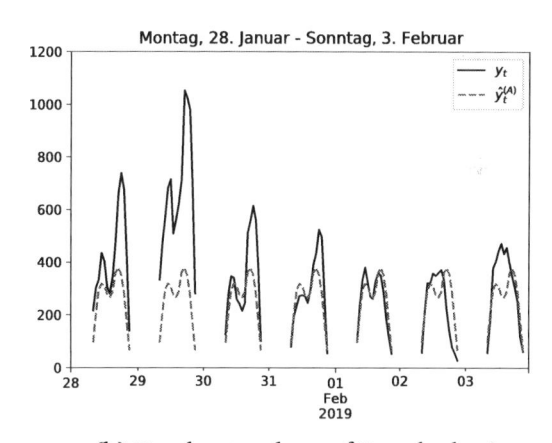

(a) Kundenstunden auf Tagesbasis   (b) Kundenstunden auf Stundenbasis

Abbildung 4.16: Ist-Werte und Prognosen der Kundenstunden im Modell A

Im nächsten Schritt wollte sie berücksichtigen, dass die verschiedenen Wochentage typischerweise zu einem unterschiedlichen Kundenaufkommen führen. Zur Konstruktion ihres neuen Modells B fügte Sonja daher dem bisherigen Modell sieben weitere Dummy-Variablen $x_{i,\text{Mo}}, x_{i,\text{Di}}, \ldots, x_{i,\text{So}}$ für die sieben Tage der Woche hinzu. Dadurch erhielt sie die neue Regressionsfunktion:

$$\ln(\hat{y}_i^B) = c_{\text{Anz}} \cdot \ln(x_{i,\text{Anz}}) + \tilde{c}_{8h} \cdot x_{i,8h} + \tilde{c}_{8h} \cdot x_{i,9h} + \ldots + \tilde{c}_{21h} \cdot x_{i,21h} + \\ \tilde{c}_{\text{Mo}} \cdot x_{i,\text{Mo}} + \tilde{c}_{\text{Di}} \cdot x_{i,\text{Di}} + \ldots + \tilde{c}_{\text{Sa}} \cdot x_{i,\text{Sa}} + \tilde{c}_{\text{So}} \cdot x_{i,\text{So}} \quad (4.33)$$

Für dieses Modell B erhielt sie die Diagramme in Abbildung 4.17 und Werte der Verlustfunktion RMSE für die Trainings- und Testdaten von 110,55 und 168,06. Das sah nun

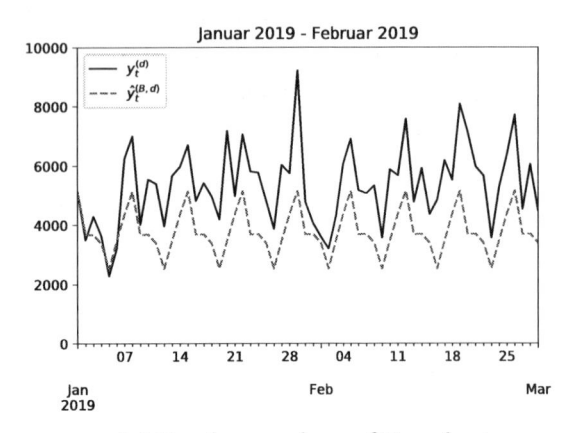

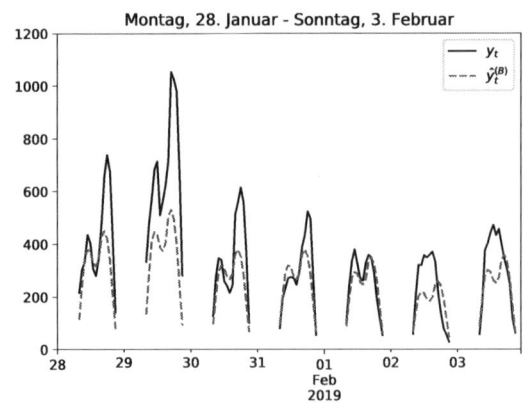

(a) Kundenstunden auf Tagesbasis (b) Kundenstunden auf Stundenbasis

Abbildung 4.17: Ist-Werte und Prognosen der Kundenstunden im Modell B

---

schon etwas besser bzw. weniger schlecht aus als im Modell A. Das neue Modell B zeigte nun tatsächlich einen Wochenverlauf.

Es hatte aber noch immer einige unbefriedigende Aspekte. So war zwar nun das Niveau der Kundenstunden von Tag zu Tag unterschiedlich, aber die Verlaufsform innerhalb der Tage war noch immer identisch. Das passte nicht gut zu den Daten. So konnte man ja sehen, dass an den Wochenenden viele Kunden schon vormittags ins Studio kamen oder über Mittag blieben, was von Montag bis Freitag typischerweise nicht geschah.

Sonja überlegte kurz und kam dann zu dem Schluss, die bislang getrennten Sätze von Dummy-Variablen für die Stunden des Tages auf der einen Seite und für die Tage der Woche auf der anderen aus dem Modell zu entfernen und statt dessen mit einem einzigen Satz von Dummy-Variablen für jede *Kombination* von Tag und Stunde zu arbeiten, also mit einem Satz von Dummy-Variablen von $x_{i,\text{Mo8h}}$ für die Stunde von 8:00 bis 9:00 Uhr an Montagen bis $x_{i,\text{So21h}}$ für die letzte Betriebsstunde am Sonntagabend. Damit lautete also ihre Schätzfunktion in der linearisierten Form folgendermaßen:

$$\ln(\hat{y}_i^C) = c_{\text{Anz}} \cdot \ln(x_{i,\text{Anz}}) +$$
$$\tilde{c}_{\text{Mo8h}} \cdot x_{i,\text{Mo8h}} + \tilde{c}_{\text{Mo9h}} \cdot x_{i,\text{Mo9h}} + \ldots + \tilde{c}_{\text{So21h}} \cdot x_{i,\text{So21h}} \quad (4.34)$$

Für dieses Modell sah nun der verarbeitete Datensatz der erklärenden Variablen in einer Python-Abfrage folgendermaßen aus:

```
X_trainC
Out[46]:
                      XMo8h   XMo9h   XMo10h  ...   XSo20h   XSo21h   logAnz
...                   ...     ...     ...     ...    ...      ...      ...
2017-01-01 19:00      0       0       0       ...    0        0        7.601902
2017-01-01 20:00      0       0       0       ...    1        0        7.601902
2017-01-01 21:00      0       0       0       ...    0        1        7.601902
2017-01-02 08:00      1       0       0       ...    0        0        7.599902
2017-01-02 09:00      0       1       0       ...    0        0        7.599902
2017-01-02 10:00      0       0       1       ...    0        0        7.599902
...                   ...     ...     ...     ...    ...      ...      ...
[10220 rows x 99 columns]
```

Nachdem sie für das in Gleichung (4.34) definierte Modell die Berechnungen durchgeführt hatte, erhielt sie die Ergebnisse in Abbildung 4.18. Mit diesem neuen Modell hatten sich auch die Fehlermaße des RMSE für die Trainings- und die Testdaten verringert auf 73,14 bzw. 124,98. Das neue Modell konnte wie in Abbildung 4.18(b) gezeigt nun die

4.4 Konstruktion komplexerer Prognosemodelle mittels Regressionsrechnung

Unterschiede in den stündlichen Verläufen an den verschiedenen Tagen der Woche deutlich besser abbilden. Allerdings zeigte Abbildung 4.18(a), dass auf Tagesbasis gerechnet die Anzahl der Kundenstunden systematisch und erheblich unterschätzt wurde.

Sonja erinnerte sich an Abbildung 4.14(a) auf S. 108 und die Erfahrung, dass im Januar und Februar überdurchschnittlich viele Leute mit guten Vorsätzen für das neue Jahr in das Fitnesscenter gingen, während es in den warmen Sommermonaten tendenziell eher ruhiger zuging.

Das legte den Gedanken nahe, zusätzlich zu den Dummy-Variablen für die Kombination von Wochentag und Betriebsstunde $x_{i,\text{Mo8h}}$ bis $x_{i,\text{So21h}}$ einen zweiten Satz von Dummy-Variablen für die verschiedenen Monate des Jahres in das Modell aufzunehmen. Dazu definierte sie die zusätzlichen Dummy-Variablen $x_{i,\text{Jan}}, x_{i,\text{Feb}}, \ldots, x_{i,\text{Dez}}$ für die Monate von Januar bis Dezember. Damit stellte sich das vierte Modell nun in der linearisierten Regressionsgleichung folgendermaßen dar:

$$\begin{aligned}\ln\left(\hat{y}_i^D\right) = {} & c_{\text{Anz}} \cdot \ln(x_{i,\text{Anz}}) + \tilde{c}_{\text{Mo8h}} \cdot x_{i,\text{Mo8h}} + \tilde{c}_{\text{Mo9h}} \cdot x_{i,\text{Mo9h}} + \ldots + \tilde{c}_{\text{So21h}} \cdot x_{i,\text{So21h}} + \\ & \tilde{c}_{\text{Jan}} \cdot x_{i,\text{Jan}} + \tilde{c}_{\text{Feb}} \cdot x_{i,\text{Feb}} + \ldots + \tilde{c}_{\text{Dez}} \cdot x_{i,\text{Dez}}\end{aligned} \qquad (4.35)$$

Mit diesem Modell erhielt Sonja die Prognoseergebnisse in Abbildung 4.19 und Werte der Verlustfunktion für den RMSE von 55.45 für die Trainingsdaten und 65.57 für die Testdaten. Offenbar war es ihr erneut gelungen, ihr Modell zu verbessern.

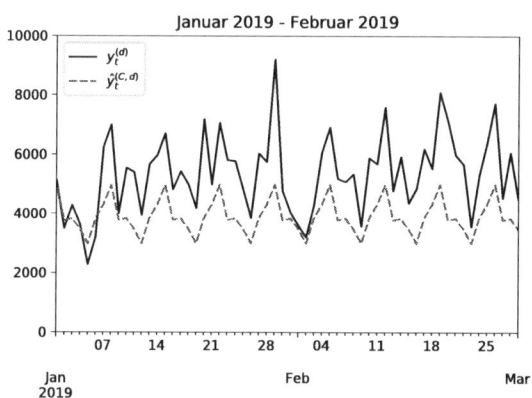

(a) Kundenstunden auf Tagesbasis

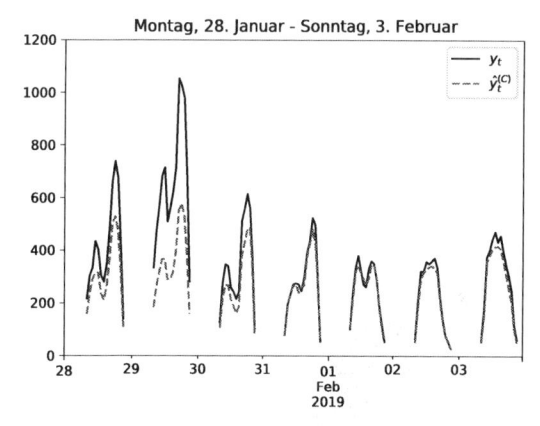

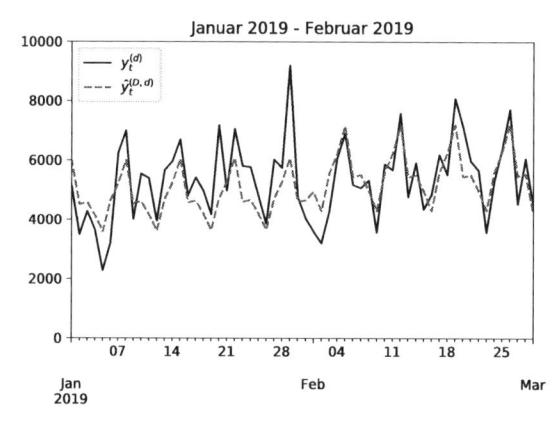

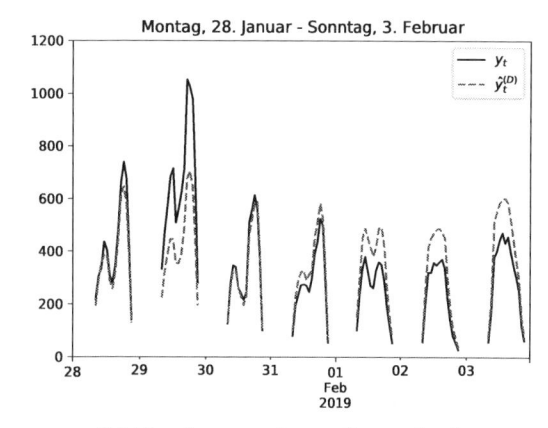

(b) Kundenstunden auf Stundenbasis

Abbildung 4.18: Ist-Werte und Prognosen der Kundenstunden im Modell C

(a) Kundenstunden auf Tagesbasis

(b) Kundenstunden auf Stundenbasis

Abbildung 4.19: Ist-Werte und Prognosen der Kundenstunden im Modell D

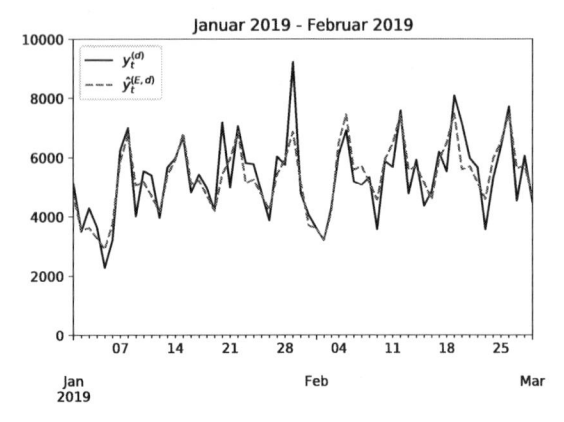

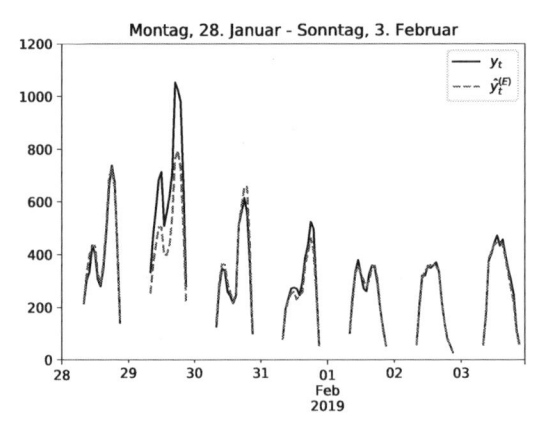

(a) Kundenstunden auf Tagesbasis

(b) Kundenstunden auf Stundenbasis

Abbildung 4.20: Ist-Werte und Prognosen der Kundenstunden im Modell E

Wie sollte sie nun weitermachen? Ihr Blick blieb an dem großen Wandkalender hängen, in dem die Schulferien und die Feiertage farbig markiert waren. An den Feiertagen wurde das Kursprogramm stets deutlich reduziert und in den Schulferien war ein Teil der Kunden verreist. Sonja beschloss, eine weitere Dummy-Variable $x_{i,\text{SFFT}}$ einzuführen, die für alle Stundenintervalle während eines Schulferien- oder Feiertages sowie der angrenzenden Wochenenden den Wert 1 annahm (und 0 sonst, sonst wäre es ja keine Dummy-Variable). Damit erhielt sie die folgende linearisierte Regressionsfunktion:

$$\ln\left(\hat{y}_i^E\right) = c_{\text{Anz}} \cdot \ln(x_{i,\text{Anz}}) + \tilde{c}_{\text{Mo8h}} \cdot x_{i,\text{Mo8h}} + \tilde{c}_{\text{Mo9h}} \cdot x_{i,\text{Mo9h}} + \ldots + \tilde{c}_{\text{So21h}} \cdot x_{i,\text{So21h}} + $$
$$\tilde{c}_{\text{Jan}} \cdot x_{i,\text{Jan}} + \tilde{c}_{\text{Feb}} \cdot x_{i,\text{Feb}} + \ldots + \tilde{c}_{\text{Dez}} \cdot x_{i,\text{Dez}} + \tilde{c}_{\text{SFFT}} \cdot x_{i,\text{SFFT}} \qquad (4.36)$$

Damit ergaben sich die Prognosen in Abbildung (4.20) und Werte der Verlustfunktion für den RMSE von 41,80 für die Trainingsdaten und 47,77 für die Testdaten. Jetzt hatte sie endlich ein vernünftig aussehendes Modell. Die relativ geringen Kundenstunden in der ersten Januarwoche wurden nun ebenso durch das Modell vorhergesagt wie das geringe Besucheraufkommen Ende Januar und Anfang Februar, das offenbar mit den zweitägigen Winterferien in Niedersachsen zusammenhing.

Tabelle 4.2: Vergleich der fünf Modelle für das Besucheraufkommen im Fitnessstudio

Modell	erklärende Variablen	RMSE-Train	RMSE-Test
A	$x_{i,\text{Anz}}$, $x_{i,8h}$, ..., $x_{i,21h}$	118,96	181,56
B	$x_{i,\text{Anz}}$, $x_{i,8h}$, ..., $x_{i,21h}$, $x_{i,\text{Mo}}$, ..., $x_{i,\text{So}}$	110,55	168,06
C	$x_{i,\text{Anz}}$, $x_{i,\text{Mo8h}}$, ..., $x_{i,\text{So21h}}$	73,14	124,98
D	$x_{i,\text{Anz}}$, $x_{i,\text{Mo8h}}$, ..., $x_{i,\text{So21h}}$, $x_{i,\text{Jan}}$, ..., $x_{i,\text{Dez}}$	55,45	65,57
E	$x_{i,\text{Anz}}$, $x_{i,\text{Mo8h}}$, ..., $x_{i,\text{So21h}}$, $x_{i,\text{Jan}}$, ..., $x_{i,\text{Dez}}$, $x_{i,\text{SFFT}}$	41,80	47,77

Zur Dokumentation ihrer Arbeit fertigte Sonja nun in Tabelle 4.2 eine Übersicht über die Struktur ihrer fünf Modelle und deren jeweilige Werte der Verlustfunktion RMSE auf den Trainings- und den Testdaten an. Nun hatte sie etwas in der Hand! Ihrem Professor würde das hier sicher gefallen, soviel war sicher.

In diesem Moment kam Paul Pumper vorbei und ließ sich von ihr erklären, was sie da gemacht hatte.

»Wow!«, sagte er. »So etwas lernt Ihr an der Uni?«

4.4 Konstruktion komplexerer Prognosemodelle mittels Regressionsrechnung

>»Wenn man es will, dann ja. Es gibt Angebote in Statistik und Ökonometrie und es gibt auch Kurse im Programmieren und in Datenanalyse, aber da muss man sich halt durchbeißen, und das ist vielen zu schwierig. Bei uns gibt es interessanterweise auch Leute, die sich für's Wiwi-Studium entschieden haben, weil sie Mathe nicht konnten.«
>
>Paul Pumper lachte.
>
>»Kann ich verstehen. Hast Du prima gemacht, Sonja!«, sagte Paul und ging zur Tür.
>
>»Danke, freut mich. Du sollst mich ja gut in Erinnerung behalten.«
>
>Paul blieb stehen und drehte sich um.
>
>»Was soll das heißen, *in Erinnerung behalten*?«
>
>Sonja beschloss, nicht lange um den heißen Brei herumzureden.
>
>»Ich habe ein Angebot bekommen, für eine Analytics-Beratung statistische Analysen zu machen, kleine Programme zu schreiben und mathematische Modelle zu bauen. Die zahlen mir pro Stunde das Dreifache von dem, was ich bei Dir verdiene, und außerdem lerne ich noch 'was dabei. Wenn ich das mache, habe ich gleichzeitig mehr Zeit für die Uni und mehr Geld.«
>
>Paul erkannte eine aussichtslose Situation, wenn er sie sah.
>
>»Na schön, dann herzlichen Glückwunsch! Aber was ist, wenn wir eine neue Berechnung mit deinem tollen Modell brauchen?«
>
>Sonja lächelte.
>
>»Dann mache ich Dir einen Freundschaftspreis!«

Das Beispiel zeigt, dass die Konstruktion von Prognosemodellen ein überaus kreativer Prozess ist, in dessen Zuge man typischerweise diverse Modelle baut, deren Ergebnisse analysiert und daraus Anregungen für veränderte Modelle erhält. Zudem konnten Sie sehen, dass man dazu spezialisierte Computerprogramme einsetzt, mit denen die Daten verwaltet, aufbereitet und verarbeitet werden. Dies setzt gewisse Statistik-Kenntnisse sowie eine gewisse IT-Affinität voraus. Weil durch die um sich greifende Digitalisierung immer mehr Daten verfügbar werden, steigt entsprechend auch der Bedarf an Datenanalysten, die aus diesen begründete Schlüsse ziehen können.[8]

---

[8] Googlen Sie einmal nach Stellenangeboten für Datenanalysten. Sie werden überrascht sein!

5 Produktionsprogramme und aggregierte Planung

5.1 Problemaspekte

In vielen Unternehmen muss sich das Management immer wieder eine Vorstellung davon bilden, was und wie viel eigentlich produziert werden soll. Die strategische Frage nach dem „Was" richtet sich auf das Produktprogramm und betrifft das Unternehmen insgesamt, überschreitet damit die Grenzen des Operations Managements. Wir unterstellen daher im Folgenden, dass diese Frage bereits geklärt ist und nun in der Produktionsprogrammplanung der Frage nachgegangen werden soll, **in welchen Mengen** und ggf. auch **wann** oder **wo** die verschiedenen Güter erzeugt werden sollen. Derartige Fragestellungen können sich in der Realität höchst unterschiedlich darstellen. Von großer Bedeutung ist dabei die Frage, wodurch der Wertschöpfungsprozess im Wesentlichen beschränkt wird. Dies führt auf die drei Fälle in Abbildung 5.1.

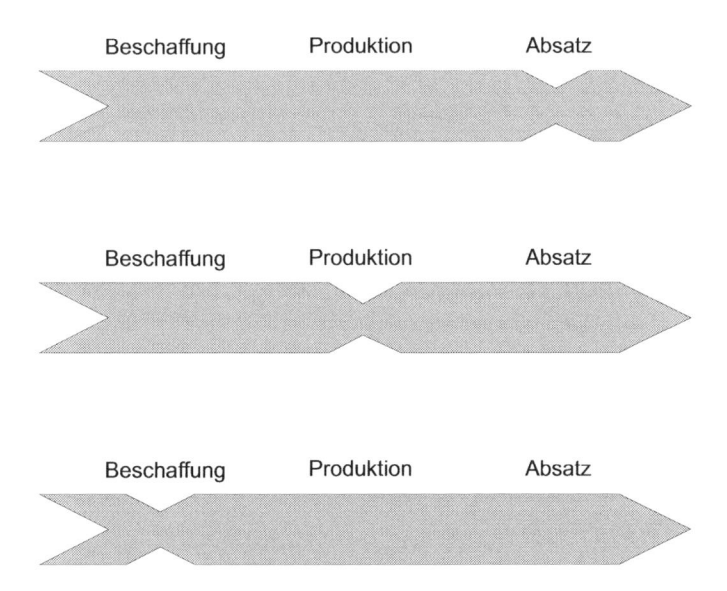

Abbildung 5.1: Unterschiedlich beschränkte Wertschöpfungsprozesse

Häufig tritt der Fall auf, dass ein Unternehmen genau das produziert, wofür konkrete Kundenaufträge oder zuverlässige Absatzprognosen vorliegen. Hier ist die Produktion gewissermaßen im Wesentlichen durch die **Nachfrage begrenzt**. Dieser Fall ist im oberen Teil der Abbildung 5.1 dargestellt. Er tritt oft bei ausgereiften Produkten auf, für die es mehrere verschiedene Anbieter auf dem Markt gibt, die ihre Erzeugnisse u. U. kundenindividuell herstellen. So werden z. B. Kraftfahrzeuge vielfach auftragsbezogen und in einer großen Variantenvielfalt hergestellt.

Es kann aber auch der Fall auftreten, dass sich ein Unternehmen etwa durch ein sehr hohes Innovationstempo zumindest zeitweilig in der Lage sieht, praktisch alles verkaufen zu können, was es herstellen kann. Dann ist der Wertschöpfungsprozess, wie im mittleren Fall der Abbildung 5.1 angedeutet, zumindest vorübergehend im Wesentlichen durch die **Produktion beschränkt**. Hierfür lassen sich immer wieder Beispiele in der Konsumgüterelektronik finden, beispielsweise bei besonders hochwertigen Mobiltelefonen, den neuesten Spielekonsolen etc. In einer solchen Situation wird u. U. produziert, ohne dass von vornherein klar ist, wer die produzierten Güter kaufen wird.

Letztlich gibt es auch den Fall, dass die **Beschaffung** den Wertschöpfungsprozess quantitativ begrenzt, siehe dazu den unteren Teil der Abbildung 5.1. Dies kann z. B. bei Naturprodukten durch saisonale Wachstums- und Erntezyklen bedingt sein, so dass Beschaffungsgüter nur zeitweise verfügbar sind. Auch die Übernutzung natürlicher Ressourcen kann zu derartigen Begrenzungen führen, man denke an die Überfischung der Weltmeere und die Herstellung von Fisch-Produkten.

Bei der Entscheidung, wie viel von den einzelnen Sachgütern oder Dienstleistungen erzeugt werden soll, müssen diese Begrenzungen des Wertschöpfungsprozesses offensichtlich berücksichtigt werden. Die einzelnen Erzeugnisse des Unternehmens unterscheiden sich dabei häufig nicht nur hinsichtlich ihrer Beschaffungs-, Produktions- und Absatzmöglichkeiten, sondern führen zudem auch zu unterschiedlichen **Kosten** und **Erlösen**, die ebenfalls beachtet werden müssen, wenn in der Produktion die eingesetzten Ressourcen einer ergiebigen Verwendung zugeführt werden sollen.

Weil die Planung von Produktionsprogrammen je nach Unternehmenssituation höchst unterschiedlich aussehen kann, behandeln wir im Folgenden vier verschiedene, jedoch miteinander verwandte Problemstellungen, in denen jeweils ein anderer Gesichtspunkt im Vordergrund steht:

- Zunächst betrachten wir in Abschnitt 5.2 anhand eines einfachen Beispiels das Problem, gegebene **Kapazitäten** der Produktionsressourcen möglichst **profitabel einzusetzen**. Hier geht es im Kern um die Frage, gewinnmaximierende Produktionsmengen für hergestellte Güter zu ermitteln, die um gemeinsam genutzte Ressourcen konkurrieren.

- Darauf aufbauend erweitern wir die Fragestellung in Abschnitt 5.3 um eine mögliche **Kapazitätsreservierung** angesichts einer **unsicheren Nachfrage**. Es handelt sich um eine *zweistufige* Entscheidung, bei der zunächst entschieden werden muss, ob zusätzliche Kapazität geschaffen werden soll, *bevor* die Nachfrage bekannt ist und die Produktionsmengen festgelegt werden können.

- Die dritte betrachtete Problemstellung ist in Abschnitt 5.4 auf eine mehrperiodige **aggregierte Planung** gerichtet, bei der die wesentlichen Entscheidungen jene über den gezielten Auf- und Abbau von **Lagerbeständen** und über den Einsatz von **Überstunden** darstellen.

- Abschließend behandeln wir in Abschnitt 5.5 den Fall einer Programm- und Transportplanung in einem **räumlich verteilten Netzwerk** von Produktionsbetrieben und berücksichtigen dabei auch Umweltauswirkungen wie beispielsweise **CO2-Emissionen** aufgrund der Produktion sowie der Transporte.

5.2 Programmplanung: Konzentration auf profitable Produkte

In dem **ersten Beispiel** geht es vorrangig um die Frage, wie viel von welchem Produkt hergestellt und abgesetzt werden soll. Im Zentrum der Problemstellung steht dabei die unterschiedliche Profitabilität der verschiedenen Produkte. Wir gehen davon aus, dass das Unternehmen bestrebt ist, jene Nachfragen zu bedienen, die sich als besonders gewinnträchtig darstellen, dabei aber die Kapazitätsbeschränkungen der eigenen Produktion berücksichtigen muss.

> **Beispiel zur Programmplanung**
>
> In der *Möllix GmbH* laufen die Planungen für das nächste Quartal. Franz Meier, der Geschäftsführer, beauftragt seinen Assistenten Thorben Schneider damit, einen Plan für das Werk in Alt-Hintertupfingen aufzustellen.

5.2 Programmplanung: Konzentration auf profitable Produkte

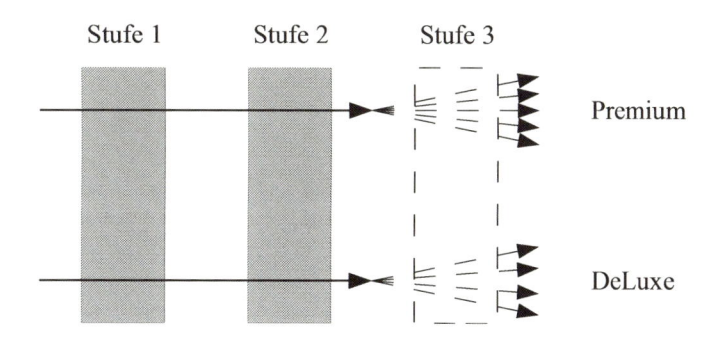

Abbildung 5.2: Dreistufiger Produktionsprozess mit zwei Engpassstufen

> In Alt-Hintertupfingen hat die Möllix GmbH die komplette Produktion von internetfähigen Schnulleratoren konzentriert.[a] Die mehrfach patent-geschützten High-End-Schnulleratoren der Möllix GmbH sind *das* Lifestyle-Gadget der Reichen und Schönen und verkaufen sich national und international ganz hervorragend.
>
> Die Schnulleratoren werden in verschiedenen Ausstattungsvarianten hergestellt, die aus produktionstechnischer und planerischer Sicht in zwei getrennten Produktlinien „Premium" sowie „DeLuxe" zusammengefasst werden können. Der Herstellungsprozess findet in drei Stufen statt, wobei erst in der dritten und letzten Stufe durch die jeweilige Gehäusegestaltung und Farbgebung die individuellen Ausstattungsvarianten *innerhalb* der beiden Produktlinien bestimmt werden, siehe Abbildung 5.2. Dieser dritte Prozessschritt stellt jedoch keinen Engpass dar, so dass sich der Assistent in seiner Planung nur um die beiden ersten Produktionsstufen kümmern muss. Die dazu erforderlichen Prozesszeiten sowie weitere relevante Daten enthält Tabelle 5.1.
>
> Auf den Produktionsstufen 1 und 2 stehen im nächsten Quartal planmäßig jeweils 40.000 Fertigungsminuten zur Verfügung. Zusatzkapazitäten können nicht eingesetzt werden, weil bereits an der technischen Kapazitätsgrenze des Werks in Alt-Hintertupfingen gearbeitet wird. Für die Geschäftsplanung auf Quartalsebene spielt auch die Lagerhaltung keine Rolle, so dass die Produktions- und Absatzmengen einander entsprechen.
>
> [a] Vgl. Anhang E ab S. 399.

Tabelle 5.1: Produktbezogene Daten des Beispiels zur Programmplanung

	Premium	DeLuxe
Prozesszeit Stufe 1 [min]	12	8
Prozesszeit Stufe 2 [min]	6	20
Stückerlös [GE]	300	550
var. Stückkosten [GE]	100	150
Absatzobergrenze [ME]	3.500	1.500

Die hier beispielhaft skizzierte Problemstellung kann folgendermaßen beschrieben werden:

- Für einen gegebenen Zeitraum sollen die Produktions- und Absatzmengen der verschiedenen Produkte ermittelt werden.

- Dabei sollen diese Produktionsmengen die Kapazitätsgrenzen des Produktionssystems einhalten.

- Zudem sollen die Produktionsmengen nicht größer sein als die Absatzhöchstgrenzen.

- Es sollen die Deckungsbeiträge (Erlöse abzüglich der variablen Kosten) maximiert werden. Alle jene Kosten, die kurzfristig *nicht* verändert werden können, sind im Kontext dieser Problemstellung damit für die Entscheidung irrelevante Fixkosten und müssen somit nicht in das Modell aufgenommen werden.

Diese zugegebenermaßen sehr stilisierte Problemstellung kann mit einem sehr einfachen Entscheidungsmodell abgebildet werden, welches die Notation in Tabelle 5.2 verwendet.

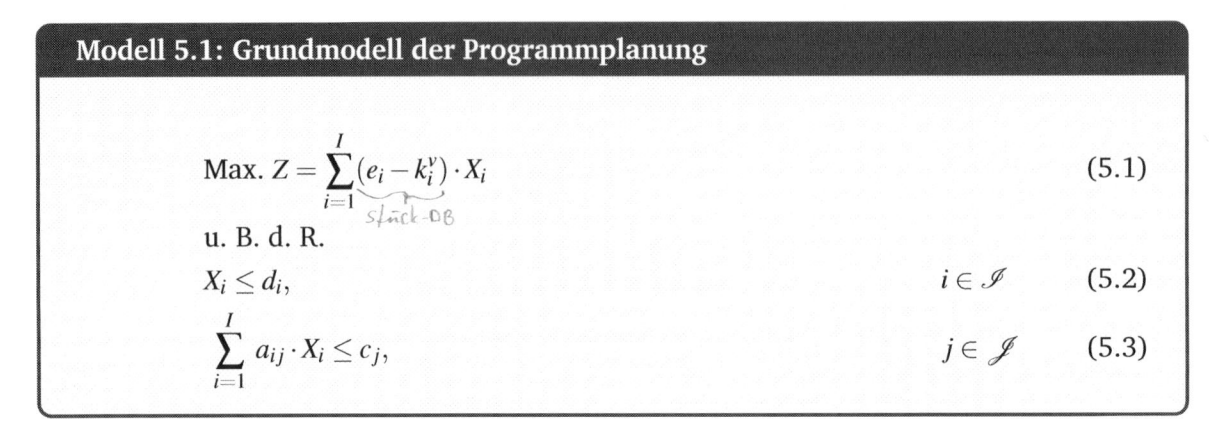

Modell 5.1: Grundmodell der Programmplanung

$$\text{Max. } Z = \sum_{i=1}^{I} (e_i - k_i^v) \cdot X_i \tag{5.1}$$

u. B. d. R.

$$X_i \leq d_i, \qquad i \in \mathscr{I} \tag{5.2}$$

$$\sum_{i=1}^{I} a_{ij} \cdot X_i \leq c_j, \qquad j \in \mathscr{J} \tag{5.3}$$

Die Zielfunktion (5.1) des Entscheidungsmodells zielt darauf ab, die Summe der Deckungsbeiträge, also der Differenz der Stückerlöse und der variablen Kosten, zu maximieren. Die Restriktionen (5.2) legen fest, dass die geplanten Produktions- und Absatzmengen die Absatzobergrenzen nicht überschreiten. Die Restriktionen (5.3) bilden die Kapazitätsgrenzen des Produktionssystems ab. Durch sie wird gefordert, dass die Kapazitätsbelastung jeder Anlage j aufgrund der gewählten Produktionsmengen X_i insgesamt die auf der Anlage j verfügbare Kapazität c_j nicht überschreitet.

Tabelle 5.2: Notation des Grundmodells zur Programmplanung

Symbol	Bedeutung
	Indizes und Indexmengen
$i \in \mathscr{I}$	Produkte, $\mathscr{I} = \{1, ..., I\}$
$j \in \mathscr{J}$	Ressourcen, $\mathscr{J} = \{1, ..., J\}$
	Parameter
a_{ij}	Kapazitätsbelastung je Einheit von Produkt i auf Ressource j
c_j	reguläre Periodenkapazität von Ressource j
d_i	Absatzobergrenze von Produkt i
e_i	Erlös je Einheit von Produkt i
k_i^v	variable Herstellkosten je Einheit von Produkt i
	Entscheidungsvariablen
$X_i \geq 0$	Produktions- und Absatzmenge von Produkt i

Beispiel zur Programmplanung (Fortsetzung)

Der Assistent benutzt die GAMS-Implementierung des Entscheidungsmodells zur Programmplanung in Abschnitt A.2.1 auf S. 343 mit den dort enthaltenen Daten und Parametern aus Tabelle 5.1 auf S. 119. Er startet die Optimierung und findet heraus, dass in der optimalen Lösung des Problems von der Produktlinie „Premium" 2.500 ME

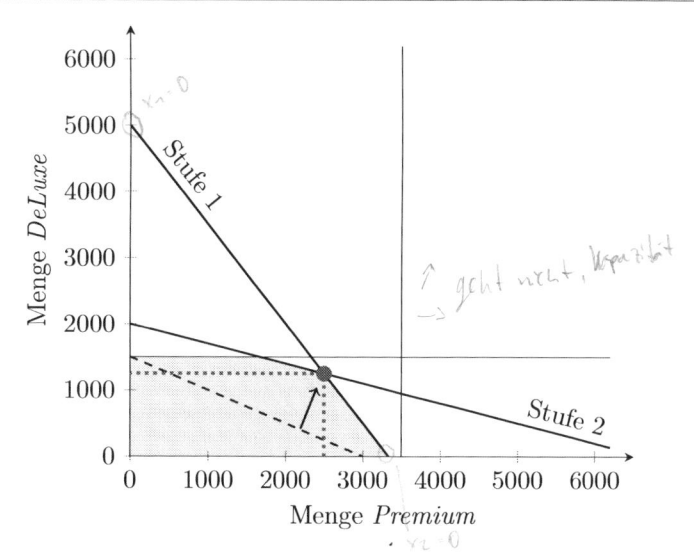

5.2 Programmplanung: Konzentration auf profitable Produkte

Abbildung 5.3: Graphische Lösung des Programmplanungsbeispiels

> und von der Produktlinie „DeLuxe" 1.250 ME hergestellt werden sollten. Damit wäre ein Gewinnbeitrag von 1.000.000 GE verbunden.
>
> Mit dem Ergebnis geht er zu seinem Chef, stößt dort aber auf Unverständnis.
>
> »Mensch, Schneider, das kann's doch nun wirklich nicht sein! Wenn ich an einem DeLuxe-Schnullerator 400 GE verdiene und an einem Premium nur 200, dann mache ich doch von den DeLuxe so viele, wie ich verkaufen kann, und nehme die Rest-Kapazität für die Premium-Linie! Das sieht doch jedes Kind! Was haben Sie denn da bloß gerechnet?«
>
> »Chef, das hieße doch, dass Sie 1.500 DeLuxe herstellen würden. Dann könnten wir noch 1.666 Premiums machen. Damit würden wir aber nur rund 933.000 GE verdienen, nicht wahr? 67.000 GE weniger als mit dem anderen Plan.«
>
> »Hm. Sie scheinen Recht zu haben. Aber wieso ist das so?«
>
> Der Assistent zeichnet das Diagramm in Abbildung 5.3 auf. Dort stellen die beiden starken Linien die Kapazitätsrestriktionen der Produktionsstufen 1 und 2 dar. Grau unterlegt ist der Raum möglicher Lösungen. Die gestrichelte Linie visualisiert die Zielfunktion und die punktierten Linien geben die optimalen Produktions- und Absatzmengen an.
>
> »Chef, schauen Sie hier: Auf der zweiten Stufe braucht jeder DeLuxe mehr als dreimal so viel Zeit wie ein Premium, nicht wahr?«
>
> »Ja, ok, und?«
>
> »Na ja, ein DeLuxe bringt uns nur doppelt so viel Geld wie ein Premium. Relativ gesehen, also bezogen auf die Kapazität der zweiten Produktionsstufe, sind die Premiums also profitabler. Auf der ersten Stufe ist es allerdings genau andersherum. Deswegen braucht man das Entscheidungsmodell, um die beste Lösung zu finden.«
>
> »Ok, 'raus mit Ihnen, Sie Besserwisser!«

Bei dem Grundmodell der Programmplanung auf der S. 120 handelt es sich um ein leicht lösbares *lineares Programm*, weil die Zielfunktion und alle Restriktionen linear in den Entscheidungsvariablen sind und diese Variablen alle reellwertig sind, also nicht-ganzzahlige Werte annehmen dürfen. Probleme mit dieser Struktur kann man mit einem *Solver*[1] wie CPLEX in kürzester Zeit lösen, auch wenn man es mit Tausenden von Variablen oder Restriktionen zu tun hat.

In dem konkreten Fall kann man das Problem wie in Abbildung 5.3 gezeigt auch graphisch lösen, weil es mit den Produktionsmengen der beiden Produkte ja nur zwei verschiedene Variablen X_1

---

[1] Vgl. Abschnitt 1.2.4 ab S. 20.

(für den Produkttyp *Premium*) und X_2 (für den Produkttyp *DeLuxe*) gibt. Die vertikale Linie in Abbildung 5.3 stellt die Absatzobergrenze

$$X_1 \leq 3.500 \text{ ME} \tag{5.4}$$

für die Produktart *Premium* dar, analog die horizontale Linie die Absatzobergrenze

$$X_2 \leq 1.500 \text{ ME} \tag{5.5}$$

für die Produktart *DeLuxe*. An der Produktionsstufe 1 beträgt die Kapazität 40.000 Minuten, die Stückbearbeitungszeiten betragen laut Tabelle 5.1 für die Produktarten *Premium* und *DeLuxe* 12 bzw. 8 Minuten. Damit lautet die Kapazitätsrestriktion für die Produktionsstufe 1

$$12 \text{ min/ME} \cdot X_1 + 8 \text{ min/ME} \cdot X_2 \leq 40.000 \text{ min.} \tag{5.6}$$

Sie lässt sich unmittelbar auflösen nach der Produktionsmenge X_2 zu

$$X_2 \leq \frac{40.000 \text{ min}}{8 \text{ min/ME}} - \frac{12 \text{ min/ME}}{8 \text{ min/ME}} \cdot X_1$$
$$X_2 \leq 5.000 \text{ ME} - \frac{3}{2} \cdot X_1 \tag{5.7}$$

Somit sind aus der Sicht der Produktionsstufe 1 alle Kombinationen von Produktionsmengen (X_1, X_2) zulässig, die der Bedingung (5.7) genügen. Das ist zum Beispiel für die Lösungen ($X_1 = 0$ ME, $X_2 = 5.000$ ME) sowie ($X_1 = 3.333,\overline{3}$ ME, $X_2 = 0$ ME) der Fall. In Abbildung 5.3 stellt die Gerade mit der Bezeichnung „Stufe 1" genau die Restriktion (5.7) dar. Analog lassen sich die anderen Restriktionen einzeichnen. Im Fall der Zielfunktion

$$Z = (300 - 100) \text{ GE/ME} \cdot X_1 + (550 - 150) \text{ GE/ME} \cdot X_2 \tag{5.8}$$

gibt man einen beliebigen positiven Zielfunktionswert vor, z. B. $Z = 600.000$ GE, löst die Zielfunktion (5.8) nach X_2 auf und erhält so die in Abbildung 5.3 gestrichelt dargestellte Zielfunktion. Je weiter man diese in Richtung des Pfeils vom Koordinatenursprung wegschiebt, desto höher ist offenbar der Zielfunktionswert. Die beste Lösung erhält man hier für den Fall, dass beide Kapazitätsrestriktionen gleichzeitig erfüllt sind. Das entspricht gerade der Lösung, bei der 2.500 ME des *Premium*- und 1.250 ME des *DeLuxe*-Produktes hergestellt werden.

Dieses sehr einfache Beispiel zeigt, dass man die verschiedenen Restriktionen des Entscheidungsproblems *gemeinsam* in einem formalen Entscheidungsmodell berücksichtigen muss, wenn man die optimale Entscheidung treffen will. Diese wird erst durch das Zusammenspiel der verschiedenen Kapazitäts- und Nachfragerestriktionen sowie der Kosten- und Erlösparameter bestimmt. Einfache Daumenregeln der Art „Produziere so viel wie möglich von dem Produkt mit dem höchsten Erlös oder dem höchsten Deckungsbeitrag" können leicht auf suboptimale Lösungen führen. Entscheidungsmodelle wie das gerade behandelte können jedoch dabei helfen, systematisch jene Fragen zu stellen und zu beantworten, die auf eine profitable Verwendung der knappen Produktionsressourcen führen.

5.3 Programmplanung mit Kapazitätsreservierung bei unsicherer Nachfrage

5.3 In der eben betrachteten Variante des Programmplanungsproblems sind wir davon ausgegangen, die Nachfragen d_i bzw. Absatzobergrenzen der verschiedenen Produkte i mit Sicherheit zu kennen. Da auch alle anderen Parameter als sicher bekannt angenommen wurden, lag somit

5.3 Programmplanung mit Kapazitätsreservierung bei unsicherer Nachfrage

eine *deterministische* Problemstellung vor. Von dieser Vorstellung lösen wir uns jetzt und betrachten den Fall, dass die **Nachfrage** nach den verschiedenen Produkten **unsicher** ist und durch Wahrscheinlichkeitsverteilungen beschrieben werden kann. Zudem unterstellen wir, dass ein Teil der Entscheidungen zu treffen sind, bevor bekannt wird, wie die Nachfrage tatsächlich aussehen wird. Dann entsteht ein **mehrstufiges Optimierungsproblem**, in welchem Effekte auftreten, die es in einstufigen Optimierungsproblemen nicht geben kann. Dazu wenden wir uns wieder dem bereits eingeführten Beispiel zu.

Beispiel zur Programmplanung unter Unsicherheit

»Also gut, Herr Weber, wir werden über Ihren Vorschlag nachdenken und Sie hören bald von mir, spätestens bis Ende der Woche.«

Mit einem nachdenklichen Gesichtsausdruck legte Franz Meier den Telefonhörer auf. Wieder hatte es ein Elektronik-Unternehmen in der Region erwischt.

Der Geschäftsführer der *Weber SmartTech GmbH*, Fritz Weber, hatte Meier von der Eröffnung des Insolvenzverfahrens berichtet. Webers größter Kunde war pleite gegangen und hatte Webers Unternehmen ins Taumeln gebracht. Nicht nur war ein großer Teil der Forderungen abzuschreiben, auch die kurzfristige Auftragslage hatte sich dramatisch verschlechtert, so dass Weber ein Insolvenzverfahren hatte einleiten müssen. Weil noch Hoffnung bestand, die *Weber SmartTech GmbH* wieder aufs Gleis zu bekommen, war es eine Insolvenz in Eigenverwaltung. Webers größtes Problem bestand nun darin, irgendwie kurzfristig seine Produktionskapazitäten auszulasten, und so hatte er Meier ein interessantes Angebot gemacht.

***

»Und deshalb«, erklärte Meier seinem Assistenten Thorben Schneider, »bietet uns SmartTech für das nächste Quartal eine zusätzliche Produktionskapazität von jeweils 25.000 Minuten für jede unserer beiden Produktionsstufen an. Deren Anlagen könnten auch für unsere Produkte genutzt werden. Dafür will Weber jeweils 155.000 GE fix. Ansonsten wären die Herstellkosten genau so wie bei uns auch, die Mitarbeiter sind ähnlich qualifiziert wie bei uns und der Branchentarifvertrag ist ja auch identisch. Technisch müsste das eigentlich gehen. Was denken Sie darüber?«

»Interessanter Vorschlag«, meinte Schneider, »mit unserer Produktionskapazität sind wir ja eh' ziemlich knapp dran. Die Marketing-Leute waren auch der Meinung, dass der Markt durchaus noch besser aussehen könnte als in unserer Planung für das nächste Quartal, haben dann aber ziemlich konservativ prognostiziert, weil wir ja ohnehin am Limit arbeiten werden.«[a]

»Aber bekommen wir die Kapazität denn auch ausgelastet?«, fragte ihn Meier zögernd. »Die zusätzlichen 25.000 Minuten erscheinen mir ja ziemlich viel im Vergleich zu unserer Normalkapazität!«

»Vermutlich nicht«, stimmte ihm Schneider zu.

»Ok, dann lassen wir das sein. Ich rufe Weber an us sage ihm ab.«

»Langsam, Chef. Für uns ist doch nicht wichtig, ob wir die ganze Zusatzkapazität brauchen können, sondern ob wir mehr Gewinn machen als ohne die Zusatzkapazität. Da müsste ich erst mal rechnen.«

»Na gut, dann rechnen Sie 'mal, Sie Genie!«

---

[a] Vgl. dazu Abschnitt 5.2 ab S. 118.

Wenn die Nachfrage unsicher ist, dann bietet es sich an, sie durch Wahrscheinlichkeitsverteilungen zu beschreiben. Diese Verteilungen können entweder diskreter oder stetiger Natur sein. Wir betrachten hier den mathematisch einfacher zu handhabenden Fall diskreter Verteilungen und unterstellen, dass der zukünftige Zustand der Welt, hier bezogen auf die Nachfrage, durch alternative Szenarien $s \in \mathscr{S}$ beschrieben werden kann, für die es jeweils eine Eintrittswahrscheinlichkeit $p_s \geq 0$ gibt mit $\sum_{s \in \mathscr{S}} p_s = 1$. Beispielsweise könnten wie in Tabelle 5.3 die Szenarien 1 bis 3 die Fälle einer geringen, mittleren oder starken Nachfrage nach den Gütern des Unternehmens in der zukünftigen Periode darstellen.

Tabelle 5.3: Nachfrageszenarien für das Programmplanungsbeispiel

Szenario	p_s	Premium [ME]	DeLuxe [ME]
1	0,1	3.000	1.200
2	0,5	3.500	1.500
3	0,4	4.500	2.500

Es kann nun der Fall auftreten, dass Entscheidungen zu treffen sind, bevor bekannt ist, welches der Szenarien tatsächlich eintritt. Im Fall des betrachteten Beispiels wäre dies die Entscheidung, ob für die Produktionsstufen I und II jeweils die Zusatzkapazität von 25.000 Minuten für jeweils 155.000 GE reserviert werden sollen oder nicht. Sollte die Nachfrage hoch sein, so wäre das möglicherweise eine gute Entscheidung. Ist die Nachfrage jedoch niedrig, dann hat man u. U. für viel Geld Kapazitäten reserviert, die man nicht nutzen kann.

Tabelle 5.4: Notation des Modells zur Programmplanung unter Unsicherheit

Symbol	Bedeutung
Indizes und Indexmengen	
$i \in \mathscr{I}$	Produkte, $\mathscr{I} = \{1, ..., I\}$
$j \in \mathscr{J}$	Ressourcen, $\mathscr{J} = \{1, ..., J\}$
$s \in \mathscr{S}$	Szenarien, $\mathscr{S} = \{1, ..., S\}$
Parameter	
a_{ij}	Ressourcenverbrauch je Einheit von Produkt i auf Ressource j
c_j	reguläre Periodenkapazität von Ressource j
c_j^z	zusätzliche Periodenkapazität von Ressource j
d_{is}	Absatzobergrenze von Produkt i in Szenario s
e_i	Erlös je Einheit von Produkt i
p_s	Eintrittswahrscheinlichkeit von Szenario s
k_i^v	variable Herstellkosten je Einheit von Produkt i
k_j^z	Kosten der Kapazitätsreservierung für Ressource j
Entscheidungsvariablen	
$X_{is} \geq 0$	Produktions- und Absatzmenge von Produkt i in Szenario s
$Y_j \in \{0, 1\}$	gleich 1, falls Zusatzkapazität für Ressource j genutzt wird, sonst 0

Im Vergleich zur Situation der Produktionsprogrammplanung in Abschnitt 5.2 gehen wir nun also davon aus, dass die Entscheidungen in zwei aufeinander folgenden Stufen getroffen werden:

- In der **Stufe 1** wird lediglich entschieden, ob die Zusatzkapazität in Anspruch genommen wird oder nicht. Diese Entscheidung gilt szenarioübergreifend. Dabei werden die folgenden Entscheidungen der zweiten Stufe über die Produktionsmengen antizipiert. Dazu werden szenarioabhängige Entscheidungen über die Produktions- und Absatzmengen getroffen. Es wird so entschieden, dass der Erwartungswert des Deckungsbeitrags unter Berücksichtigung der Kosten für die ggf. in Anspruch genommene Zusatzkapazität maximiert wird.

- In der **Stufe 2** werden auf Basis der in Stufe 1 getroffenen Entscheidung über die Zusatzkapazität und der nun bekannten Nachfrage die tatsächlichen Entscheidungen über die Produktionsmengen getroffen.

Uns interessiert das Problem der Stufe 1, jenes der Stufe 2 entspricht dem bereits behandelten Grundproblem in Abschnitt 5.2. Wir können das neue Modell für die Stufe 1 aus dem bisherigen Grundmodell 5.1 auf S. 120 leicht ableiten. Dazu werden in dem Modell die verschiedenen Szenarien s mit ihren jeweiligen Eintrittswahrscheinlichkeiten p_s abgebildet. Für jedes Szenario s werden die Produktions- und Absatzmengen X_{is} der Produkte i nun szenario*abhängig* modelliert. Außerdem führen wir szenario*unabhängige* bzw. szenario*übergreifende* Binärvariablen Y_j hinzu, die den Wert 1 annehmen sollen, wenn für die Ressource j die Zusatzkapazität in Anspruch genommen wird, und 0 sonst. In diesem Fall sind die dafür anfallenden Kosten in der Zielfunktion mit den jeweiligen Kostensätzen und in den Kapazitätsrestriktionen mit den jeweiligen Zusatzkapazitäten zu ergänzen.

Für die hier interessierende Stufe 1 des Problems, also der Entscheidung, ob die Zusatzkapazität in Anspruch genommen werden soll, erhalten wir also mit der Notation in Tabelle 5.4 das folgende Entscheidungsmodell:

Modell 5.2: Programmplanung mit Kapazitätsreservierung

$$\text{Max. } Z = \sum_{s=1}^{S} \sum_{i=1}^{I} p_s (e_i - k_i^v) \cdot X_{is} - \sum_{j=1}^{J} k_j^z \cdot Y_j \tag{5.9}$$

u. B. d. R.

$$X_{is} \leq d_{is}, \qquad\qquad i \in \mathscr{I}, s \in \mathscr{S} \tag{5.10}$$

$$\sum_{i=1}^{I} a_{ij} \cdot X_{is} \leq c_j + c_j^z \cdot Y_j, \qquad\qquad j \in \mathscr{J}, s \in \mathscr{S} \tag{5.11}$$

Die Zielfunktion (5.9) des Entscheidungsmodells zielt nun darauf ab, den *Erwartungswert* der Deckungsbeiträge abzüglich der Kosten für die reservierte Zusatzkapazität zu maximieren. Gemäß den Restriktionen (5.10) müssen die Produktions- und Absatzmengen die Absatzobergrenzen der Produkte i in jedem Szenario s einhalten. Entsprechend müssen in jedem Szenario s auch gemäß den Restriktionen (5.11) die Kapazitätsrestriktionen der Ressourcen j eingehalten werden, wobei in diesen auf den rechten Seiten der Restriktionen auch die ggf. einzusetzende Zusatzkapazität $c_j^z \cdot Y_j$ berücksichtigt wird. Auf diese Weise werden die szenarioübergreifenden Entscheidungen über die Reservierung der Zusatzkapazität in den Binärvariablen Y_j mit den szenarioabhängigen Entscheidungen über die Produktions- und Absatzmengen X_{is} verknüpft.

Wenn man dieses Modell löst, so führt das auf die *im Mittel* und *ex ante* beste Entscheidung hinsichtlich der Ja-/Nein-Entscheidung über die Reservierung von Zusatzkapazität. Wenn dann die tatsächliche Nachfrage bekannt ist, kann man erkennen, ob die Entscheidung auch *ex post* optimal war. Das sehen wir, indem wir zu unserem Beispiel zurückkehren.

Beispiel zur Programmplanung unter Unsicherheit (Fortsetzung)

Thorben Schneider besorgte sich die Daten in Tabelle 5.3 und löste damit das Modell zur Programmplanung mit Kapazitätsreservierung mittels der GAMS-Implementierung auf S. 344. Anschließend ging er mit den Ergebnissen zu Franz Meier.

»Chef, haben Sie einen Moment?«, fragte Schneider. »Ich denke, wir sollten die Zusatzkapazität bei der *SmartTech* für das nächste Quartal reservieren.«

> »Wirklich? Aber gestern waren Sie doch der Meinung, dass wir die möglicherweise nicht auslasten können.«
>
> »Das ist tatsächlich so. Ich habe noch mal mit dem Marketing gesprochen. Die haben mir gesagt, dass die Absatzobergrenzen von 3.500 für die Premiums und die 1.500 für die DeLuxe aus ihrer Sicht so eine Art mittleres Szenario darstellen, das sie aber eher konservativ geschätzt hätten, weil sie nicht schuld sein wollen, wenn sie etwas von einer großen Nachfrage erzählen und die kommt dann nicht. Außerdem haben sie gesagt, dass man sich bei unseren geringen Produktionskapazitäten über den Fall einer sehr großen Nachfrage ja ohnehin keine Gedanken machen müsse.«
>
> »Und das heißt jetzt was genau?«
>
> »Na ja, ich habe die gefragt, was sie wirklich denken und für wie wahrscheinlich sie das jeweils halten. Dabei ist jetzt Folgendes herausgekommen.«
>
> Schneider deutet auf Tabelle 5.3.
>
> »Unsere alte Ausgangssituation[a] ist hier das Szenario 2 mit einer Eintrittswahrscheinlichkeit von 50%. Im schlechtesten Fall gehen sie von 3.000 bzw. 1.200 Einheiten aus, aber die Wahrscheinlichkeit dafür haben sie bei nur 10% angesetzt. Der dritte Fall sieht so aus, dass wir 4.500 Premiums und 2.500 DeLuxe absetzen könnten. Und die Wahrscheinlichkeit dafür sehen die im Marketing mit 40% als ziemlich hoch an.«
>
> »Und was sollen wir jetzt tun und warum?«
>
> »Wir sollten so entscheiden, dass wir unseren erwarteten Deckungsbeitrag maximieren! Und dass heißt, wir sollten die Zusatzkapazität bei Weber reservieren, obwohl es gut sein kann, dass wir sie zumindest nicht vollständig brauchen können.«
>
> ---
> [a] Siehe dazu Abschnitt 5.2.

Die Vorstellung des Assistenten, so zu entscheiden, dass der *erwartete Deckungsbeitrag* maximiert wird, entspricht exakt der Zielfunktion des Modells auf S. 125. Der erwartete (mittlere) Deckungsbeitrag beläuft sich lt. Tabelle 5.5 auf 1.098.000 GE, wenn die Kapazität reserviert wird, und entsprechend lt. Tabelle 5.6 auf 998.667 GE, wenn dies nicht geschieht. Der Assistent in unserem Beispiel hatte also recht. Wenn man risikoneutral ist (und sich somit nur an den *erwarteten* Konsequenzen einer Entscheidung orientiert, deren Varianz aber nicht berücksichtigt), dann sollte in dieser Situation die Zusatzkapazität reserviert werden.

Tabelle 5.5: Szenarioabhängige Produktionsprogramme mit Kapazitätsreservierung

Szenario s	1	2	3
Nachfrage d_{is} [ME]			
Premium	3000	3500	4500
DeLuxe	1200	1500	2500
Produktion X_{is} [ME]			
Premium	3000	3500	4062,50
DeLuxe	1200	1500	2031,25
Deckungsbeitrag [GE]	770.000	990.000	1.315.000
Wahrscheinlichkeit p_s	0,1	0,5	0,4
Erwarteter Deckungsbeitrag [GE]	\multicolumn{3}{c}{77.000 + 495.000 + 526.000 = 1.098.000}		

In dem konkreten Fall führt dies also zu der Entscheidung, sowohl für die erste als auch für die zweite Produktionsstufe die Zusatzkapazität in Höhe von jeweils 25.000 Minuten zu reservieren. Das kostet dann 310.000 GE nur für die Reservierung. Wenngleich diese Entscheidung *ex ante* zu dem maximalen Erwartungswert des Deckungsbeitrags führt, kann sie sich *ex post* dennoch als nachteilig erweisen.

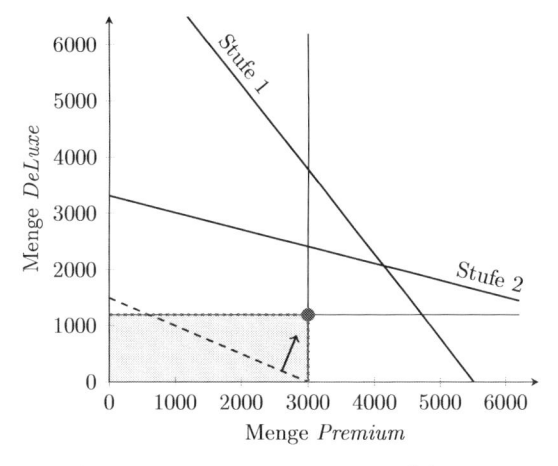

5.3 Programmplanung mit Kapazitätsreservierung bei unsicherer Nachfrage 127

(a) Szenario mit geringer Nachfrage

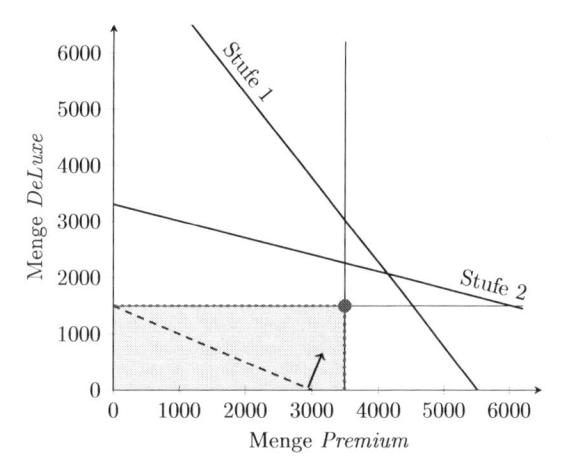

(b) Szenario mit mittlerer Nachfrage

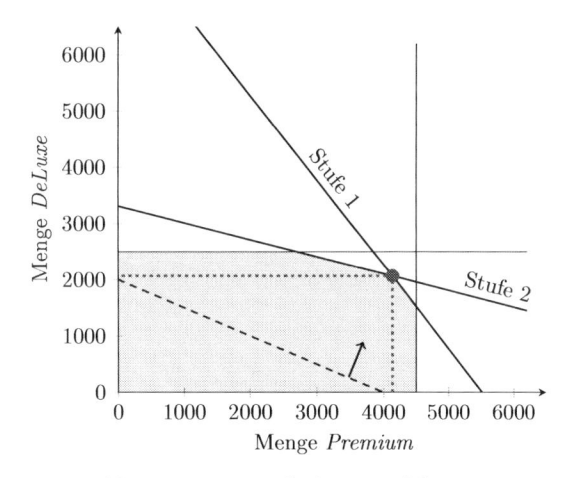

(c) Szenario mit hoher Nachfrage

Abbildung 5.4: Produktionsmengen bei Kapazitätserweiterung

Falls die Nachfrage im Szenario 1 gering ausfällt, dann ist laut Tabelle 5.5 der Deckungsbeitrag mit 770.000 GE deutlich geringer als in dem Fall, dass man die Zusatzkapazität nicht in Anspruch nimmt und sich das Szenario 1 einstellt (Tabelle 5.6). Umgekehrt verhält es sich, wenn die Nachfrage in Szenario 3 hoch ausfällt. Dann könnte man einen großen Teil der Zusatzkapazität nutzen und einen relativ hohen Deckungsbeitrag realisieren.

Tabelle 5.6: Szenarioabhängige Produktionsprogramme ohne Kapazitätsreservierung

Szenario s	1	2	3
Nachfrage d_{is} [ME]			
Premium	3000	3500	4500
DeLuxe	1200	1500	2500
Produktion X_{is} [ME]			
Premium	2533	2500	2500
DeLuxe	1200	1250	1250
Deckungsbeitrag [GE]	986.666	1.000.000	1.000.000
Wahrscheinlichkeit p_s	0,1	0,5	0,4
Erwarteter Deckungsbeitrag [GE]	\multicolumn{3}{c}{98.666,6 + 500.000 + 400.000 = 998.667}

Die Abbildungen 5.4(a) bis 5.4(c) zeigen, dass nur in dem Fall der hohen Nachfrage die zusätzlich reservierte Kapazität voll in Anspruch genommen wird. In den Fällen einer geringen sowie einer mittleren Nachfrage kann durch die Zusatzkapazität die Nachfrage jeweils vollständig befriedigt werden, was ohne die Zusatzkapazität auch in diesen Fällen nicht möglich ist (s. Tabelle 5.6 sowie Abbildung 5.3 auf S. 121).

Man kann also die Entscheidung für die Reservierung der Zusatzkapazität als Nutzung einer *Realoption* interpretieren und darin ein Instrument zum Umgang mit Unsicherheit sehen. Abschließend sei noch erwähnt, dass die Orientierung am Erwartungswert der Zielgröße, hier also des Deckungsbeitrags, keineswegs die einzige Möglichkeit darstellt. Sie ist mathematisch relativ leicht handhabbar und drückt mit der Risikoneutralität nur eine von mehreren möglichen Risikoneigungen aus. Es ist auch möglich, andere Risikoeinstellungen, darunter insbesondere die Risikoaversion, im Rahmen solcher Entscheidungsmodelle abzubilden.

5.4 Aggregierte Planung: Lagerung vs. Überstunden

In diesem Abschnitt wenden wir uns nun der aggregierten Planung zu. Dabei unterstellen wir, dass die Nachfrage bereits bekannt ist. Im Zentrum steht nun die Frage, wie diese Nachfrage mit den begrenzten Produktionskapazitäten über mehrere Perioden hinweg durch geschickten Einsatz von Überstunden und Lagerhaltung kostenminimal befriedigt werden kann.[2]

> **Beispiel zur aggregierten Planung**
>
> Franz Meier ist erleichtert. Nach zähen Verhandlungen hat der Geschäftsführer der *Möllix GmbH* es geschafft, sich mit dem Betriebsrat zu einigen. Im Gegenzug für seine Zusage, mehrere zunächst befristet angestellte Arbeitskräfte nun unbefristet zu beschäftigen und in den nächsten 12 Monaten keine betriebsbedingten Kündigungen vorzunehmen, hat der Betriebsrat endlich einem größeren Einsatz von Überstunden und Sonderschichten zugestimmt. Die reguläre Kapazität der beiden Produktionsstufen 1 und 2 liegt nun bei 3.500 Minuten pro Woche, sie kann durch Überstunden oder Sonderschichten jeweils um maximal 300 Minuten je Woche erhöht werden. Das eröffnet ganz neue Perspektiven für die Fertigung der Schnulleratoren in Alt-Hintertupfingen.[a]

---

[2] Vgl. Günther und Tempelmeier (2020, Abschnitt 10.2) und Thonemann und Albers (2011, Kapitel 8) sowie im Kontext von *Advanced Planning Systemen* Rohde und Wagner (2014).

5.4 Aggregierte Planung: Lagerung vs. Überstunden

> Thorben Schneider, der Assistent des Geschäftsführers, soll nun einen aggregierten Produktionsplan für die nächsten sechs Wochen erstellen. Auf dieser Basis will Meier mit dem Betriebsrat Absprachen über die Überstunden und Sonderschichten treffen.
>
> Für die nächsten sechs Wochen liegen verbindliche Kundenaufträge sowie recht zuverlässige Absatzprognosen vor, die nach den Produktlinien „Premium" und „DeLuxe" aggregiert auf die Nachfragedaten in Tabelle 5.7 führen. Die Bearbeitungszeiten finden sich in Tabelle 5.1 auf S. 119.
>
> Thorben Schneider multipliziert die Nachfragen der Produktlinien 1 (Premium) und 2 (DeLuxe) mit den jeweiligen Stückbearbeitungszeiten und erhält so die Kapazitätsbelastung der jeweiligen Produktionsstufe je Woche für den Fall, dass die Produktionsmengen jeweils den Periodennachfragen entsprechen. In diesem Fall wird also *ohne* Lagerbestände gearbeitet, mit den Kapazitätsbelastungen in den Abbildungen 5.5(a) und 5.5(b).
>
> Schneider erkennt, dass die Lösungen in den Abbildungen 5.5(a) und 5.5(b) nicht unmittelbar umgesetzt werden können, weil in einzelnen Perioden die Maximalkapazität von 3.800 Minuten überschritten würde, während in anderen Perioden ein Teil der Produktionskapazität ungenutzt bliebe. Um dies zu vermeiden, wird es also erforderlich sein, in einigen Wochen auf Vorrat zu produzieren und somit Lagerhaltung zu betreiben.
>
> Nach den Verhandlungen mit dem Betriebsrat kostet die Zusatzkapazität aufgrund von Überstunden etc. pro Minute jeweils 10 GE. Die Lagerung eines Premium-Produktes kostet je Periode 10 GE, die eines DeLuxe-Produktes 15 GE. Schneider stellt sich nun die Frage, welche Kombination von Lagerhaltung und Überstunden es erlaubt, die vorliegende Nachfrage möglichst kostengünstig zu befriedigen.
>
> ---
> [a] Siehe S. 118ff. sowie Anhang E ab S. 399.

Tabelle 5.7: Aggregierte Nachfragedaten

Woche	1	2	3	4	5	6
Premium	150	300	200	50	100	450
DeLuxe	50	150	50	100	250	50

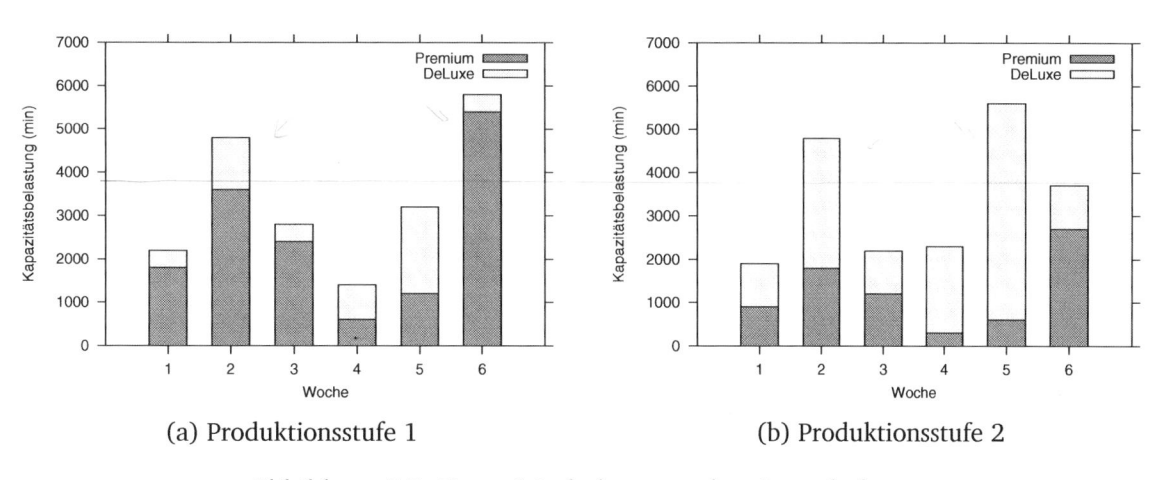

(a) Produktionsstufe 1   (b) Produktionsstufe 2

Abbildung 5.5: Kapazitätsbelastung ohne Lagerhaltung

An dieser Stelle verlassen wir für einen Moment das Beispiel und wenden uns der formalen Modellierung des Problems zu. Die Anforderungen an eine Lösung des Problems können wir folgendermaßen umreißen:

- Zu entscheiden ist über die Produktionsmengen, die Lagerbestände und den Umfang der Nutzung von Zusatzkapazität in Form von Überstunden.

- Die Produktionsmengen und die Lagerbestände müssen so gewählt werden, dass die Nachfrage befriedigt wird.

- Die Produktionsmengen müssen die Kapazitätsrestriktionen inklusive der eventuell genutzten Zusatzkapazität respektieren, wobei die Zusatzkapazität durch die Überstunden nur in begrenztem Umfang nutzbar ist.

- Als Zielsetzung wird angestrebt, die gesamten Kosten der Lagerung und der Nutzung von Zusatzkapazität zu minimieren.

Tabelle 5.8: Notation des Modells zur aggregierten Planung

Symbol	Bedeutung
	Indizes und Indexmengen
$i \in \mathscr{I}$	Produkte, $\mathscr{I} = \{1, ..., I\}$
$j \in \mathscr{J}$	Ressourcen, $\mathscr{J} = \{1, ..., J\}$
$t \in \mathscr{T}$	Perioden, $\mathscr{T} = \{1, ..., T\}$
	Parameter
a_{ij}	Ressourcenverbrauch je Einheit von Produkt i auf Ressource j
c_j	reguläre Periodenkapazität von Ressource j
d_{it}	Nachfrage nach Produkt i in Periode t
k_i^l	Lagerkostensatz von Produkt i
k_j^o	Überstundenkostensatz von Ressource j
$o_j^{\max}$	maximale Zusatzkapazität von Ressource j durch Überstunden je Periode
	Entscheidungsvariablen
$L_{it} \geq 0$	Lagerbestand von Produkt i am Ende von Periode t
$O_{jt} \geq 0$	Zusatzkapazität von Ressource j in Periode t
$X_{it} \geq 0$	Produktionsmenge von Produkt i in Periode t

Mit der Notation in Tabelle 5.8 kann das Problem wie folgt mathematisch gefasst werden:

Modell 5.3: Aggregierte Planung

$$\text{Min. } Z = \sum_{i=1}^{I} \sum_{t=1}^{T} k_i^l \cdot L_{it} + \sum_{j=1}^{J} \sum_{t=1}^{T} k_j^o \cdot O_{jt} \tag{5.12}$$

u. B. d. R.

$$L_{i,t-1} + X_{it} - L_{it} = d_{it}, \qquad i \in \mathscr{I}, t \in \mathscr{T} \tag{5.13}$$

$$\sum_{i=1}^{I} a_{ij} \cdot X_{it} \leq c_j + O_{jt}, \qquad j \in \mathscr{J}, t \in \mathscr{T} \tag{5.14}$$

$$O_{jt} \leq o_j^{\max}, \qquad j \in \mathscr{J}, t \in \mathscr{T} \tag{5.15}$$

Die Zielfunktion (5.12) bringt zum Ausdruck, dass die Summe der Lagerkosten sowie der Kosten für die Zusatzkapazität minimiert werden soll. Die sogenannten Lagerbilanzgleichungen (5.13) verknüpfen für jedes Produkt und jede Periode die Produktionsmengen und die Lagerbestände mit den Bedarfen. Durch die Restriktionen (5.14) wird gefordert, dass die Kapazitätsbelastung der Ressourcen innerhalb der Grenzen der Summe aus Normal- und Zusatzkapazität bleibt. Sie dienen auch zur Berechnung der perioden- und ressourcenspezifischen Zusatzkapazitäten O_{jt}, welche einerseits in der Kostenfunktion erfasst werden und andererseits in den Restriktionen (5.15) nach oben begrenzt werden.

Tabelle 5.9: Produktionsmengen, Lagerbestände und Überstunden

Woche	1	2	3	4	5	6
Produktion						
Premium	218,750	231,250	200,000	135,417	206,250	258,333
DeLuxe	109,375	105,625	115,000	141,875	128,125	50,000
Lager						
Premium	68,750			85,417	191,667	
DeLuxe	59,375	15,000	80,000	121,875		
Zusatzkapazität						
Stufe 1		120				
Stufe 2				150	300	

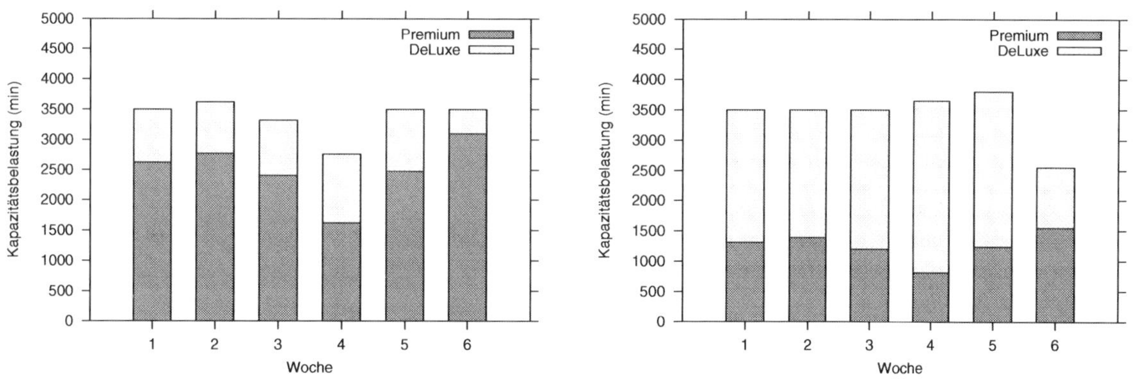

(a) Produktionsstufe 1 (b) Produktionsstufe 2

Abbildung 5.6: Kapazitätsbelastung mit Lagerhaltung

Beispiel zur aggregierten Planung (Fortsetzung)

Der Assistent verwendet das Entscheidungsmodell zur aggregierten Planung in der GAMS-Implementierung auf der S. 345. Die Lösung des Modells führt auf die Produktions- und Lagermengen sowie die Überstunden in Tabelle 5.9. Die Summe der Kosten für Lagerung und Überstunden beträgt 13.302,083 GE. Auf der Basis dieses Plans kann nun mit dem Betriebsrat über die zusätzliche Arbeitszeit in den Wochen 2, 4 und 5 gesprochen werden. Thorben Schneider ist nicht beunruhigt, dass die Produktions- und Lagermengen nicht ganzzahlig sind. Wenn diese aggregierte Planung umgesetzt werden soll, so wird hier ohnehin im Detail noch einiges kurzfristig geändert werden müssen. Die Kapazitätsbelastung der einzelnen Produktionsstufen aufgrund der so geplanten Produktionsmengen wird in den Abbildungen 5.6(a) und 5.6(b) dargestellt. Die Anwendung des Optimierungsmodells hat zu einer deutlichen Glättung der Belastung geführt. Da die Überstunden nach den Verhandlungen mit dem Betriebsrat im Vergleich zur Lagerung doch relativ teuer sind, werden die Schwankungen der Nachfrage vorrangig durch Lagerhaltung ausgeglichen. Überstunden werden nur dort eingeplant, wo es absolut erforderlich ist, um die Nachfrage zu befriedigen.

Komplexere Modelle der aggregierten Planung können ganze Netzwerke aus Produktionsstätten und auch die Transportflussbeziehungen zwischen diesen abbilden.[3] Diesem Aspekt widmen wir uns im folgenden Abschnitt.

5.5 Programm- und Transportplanung für Produktionsnetzwerke unter Berücksichtigung von CO2-Emissionen

Bei größeren Unternehmen mit mehreren Produktionsstandorten müssen die Produktionsprogramme über verschiedene Werke häufig aufeinander abgestimmt werden. Oft spielen dabei Transportbeziehungen zwischen den Werken und den Märkten in den verschiedenen Regionen, Ländern oder Kontinenten eine große Rolle, insbesondere dann, wenn der Transport der hergestellten Güter einen erheblichen Kostenbestandteil darstellt. Dann kann es durchaus sinnvoll sein, für einen bestimmten Markt an einem Ort zu produzieren, an dem zwar die Produktionskosten höher sind als an einem anderen Ort, dafür aber die Transportkosten zu den zu bedienenden Märkten niedriger. In diesem Fall müssen also die Produktionsentscheidungen mit den Transportentscheidungen gemeinsam betrachtet werden.

Sowohl die Produktion als auch der Transport der Güter haben dabei u. U. Auswirkungen auf die natürliche Umwelt, insbesondere hinsichtlich der Emissionen von CO2, die für die globale Klimaerwärmung verantwortlich gemacht werden. Aus diesem Grund diskutieren bzw. entwickeln diverse Regierungen Systeme zur Bepreisung bzw. Besteuerung von CO2, um die Unternehmen dazu zu zwingen, in ihren Entscheidungen CO2-Emissionen zu erfassen und diese aus ihrem eigenen betriebswirtschaftlichen Interesse heraus zu reduzieren.

Der vom Staat gesetzte CO2-Steuersatz für die Emission einer Einheit von CO2 stellt sich dann aus der Perspektive als Kostensatz k^E dar und geht in das betriebswirtschaftliche Entscheidungskalkül unmittelbar ein. Dies betrifft dann sowohl die Entscheidungen der Produktion als auch jene des Transports. In diesem Abschnitt sehen wir, dass sich dies sehr leicht in unsere Modelle integrieren lässt und wir so die Wirkungen einer derartigen CO2-Bepreisung bzw. CO2-Besteuerung auf die Entscheidungen eines Unternehmens analysieren können. Von den praktischen Problemen der tatsächlichen Erfassung der CO2-Emissionen sehen wir hier einmal ab.

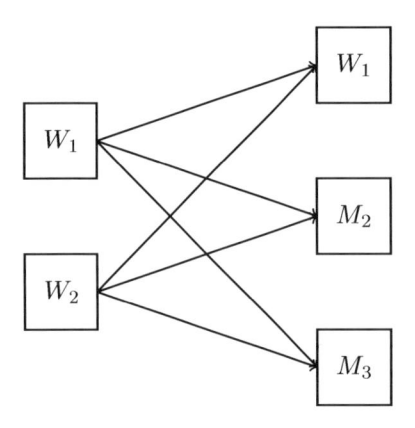

Abbildung 5.7: Produktionsnetzwerk mit zwei Werken und drei Märkten

Dazu betrachten wir gemäß Abbildung 5.7 ein kleines, stilisiertes Beispiel eines Unternehmens mit zwei Produktionswerken W_1 und W_2 an unterschiedlichen Standorten, welches drei regional unterschiedliche Absatzmärkte M_1, M_2 und M_3 bedient. Wir nehmen an, dass das Unternehmen vier verschiedene Produkte herstellen kann, wobei prinzipiell jedes der vier Produkte in jedem der Werke herstellbar ist und in jedem der Märkte nachgefragt wird.

---

[3] Siehe z. B. Tempelmeier (2001).

5.5 Berücksichtigung von CO2-Emissionen

Wir unterstellen darüber hinaus, dass für jedes der vier Produkte an jedem der drei Märkte eine Nachfrage von 100 ME vorliegt. Die einzelnen Produktionswerke betrachten wir gedanklich hoch aggregiert als jeweils *einzelne* kapazitätsbeschränkte Ressourcen. Diese Vorgehensweise ist insbesondere dann naheliegend, wenn es aus produktionstechnischen Gründen in jedem der Werke jeweils einen einzelnen entscheidenden Engpass gibt, der den Output des Werkes limitiert. In unserem Beispiel nehmen wir an, dass für die Herstellung *einer* Produkteinheit jedes Produktes in jedem Werk *eine* Kapazitätseinheit erforderlich ist und im Betrachtungszeitraum in jedem Werk 300 Kapazitätseinheiten vorliegen.

Wir gehen ferner davon aus, dass die Produkte 1 und 2 auf eine Art und Weise hergestellt werden, die gemäß den Tabellen 5.10 und 5.11 zu niedrigeren Kosten führt als die Herstellung der Produkte 3 und 4, damit aber gleichzeitig erheblich höhere CO2-Emissionen einhergehen. Somit sind also im Vergleich die Produkte 1 und 2 salopp gesprochen „billig und schmutzig" und die Produkte 3 und 4 „sauber und teuer". Ferner nehmen wir an, dass entsprechend Tabelle 5.12 die Produkte 3 und 4 auf den jeweiligen Märkten zu höheren Erlösen führen als die Produkte 1 und 2, weil man sie, beispielsweise über geeignete Öko-Labels, als umwelt- und klimaschonend bewerben und eine höhere Zahlungsbereitschaft der Konsumenten abschöpfen kann. Die variablen Produktionskosten sowie die Erlöse der verschiedenen Produkte hängen gemäß den Tabellen 5.10 und 5.12 von den jeweiligen Werken bzw. Absatzmärkten ab.

Tabelle 5.10: Variable Produktionskosten pro Stück je Produkt i in Werk w [GE]

$i \backslash w$	1	2
1	100	110
2	115	120
3	165	160
4	190	200

Tabelle 5.11: CO2-Emissionen der Produktion pro Stück je Produkt i in Werk w [ME]

$i \backslash w$	1	2
1	20	19
2	15	21
3	2	1
4	1	1

Tabelle 5.12: Erlöse je Produkt i auf Markt m [GE]

$i \backslash m$	1	2	3
1	220	230	200
2	225	240	215
3	265	260	245
4	290	290	285

Die Tabellen 5.13 sowie 5.14 zeigen die Transportkostensätze sowie die CO2-Emissionen für den Transport einer (beliebigen) Produkteinheit von den Werken zu den Absatzmärkten. Beachten Sie bitte, dass hier *keine* durchgängig proportionale Beziehung zwischen den Transportkostensätzen und den CO2-Emissionen vorliegt. Das kann z. B. dann passieren, wenn unterschiedliche Transportmittel eingesetzt werden.

Tabelle 5.13: Transportkostensätze für alle Produkte i von Werk w zu Markt m [GE]

$w \backslash m$	1	2	3
1	10	20	30
2	45	30	15

Tabelle 5.14: CO2-Emissionen des Transport für alle Produkte i von Werk w zu Markt m [ME]

$w \backslash m$	1	2	3
1	10,0	2,0	30,0
2	4,5	3,0	1,5

Tabelle 5.15: Notation des Modells zur Programmplanung mit C02-Emission

Symbol	Bedeutung
Indizes und Indexmengen	
$i \in \mathscr{I}$	Produkte, $\mathscr{I} = \{1, ..., I\}$
$m \in \mathscr{M}$	Märkte, $\mathscr{T} = \{1, ..., T\}$
$w \in \mathscr{W}$	Werke, $\mathscr{W} = \{1, ..., W\}$
Parameter	
a_{iw}	Ressourcenverbrauch je Einheit von Produkt i in Werk w
c_w	Periodenkapazität von Werk w
d_{im}	Absatzobergrenze von Produkt i auf Markt m
e_{im}	Erlös je Einheit von Produkt i auf Markt m
em^P_{iw}	CO2-Emission der Produktion je Einheit von Produkt i in Werk w
em^T_{iwm}	CO2-Emission des Transports je Einheit von Produkt i von Werk w zu Markt m
k^E	Kosten der Emission einer Einheit CO2
k^T_{iwm}	Transportkostensatz je Einheit von Produkt i von Werk w zu Markt m
k^v_{iw}	variable Produktionskosten je Einheit von Produkt i in Werk w
Entscheidungsvariablen	
$E^{ges} \geq 0$	gesamte Emission der Produktion und des Transports
$U_{im} \geq 0$	Absatzmenge von Produkt i auf Markt m
$X_{iw} \geq 0$	Produktionsmenge von Produkt i in Werk w
$Y_{iwm} \geq 0$	Transportmenge von Produkt i in Werk zum Markt m w

In einer Situation dieser Art kann die Aufgabe der Programmplanung darin bestehen, unter Berücksichtigung der Besteuerung der CO2-Emissionen

- die Produktionsmengen je Produkt und Werk sowie
- die Transportmengen je Produkt von den Werken zu den Märkten und damit auch
- die Absatzmengen je Produkt und Markt

so zu bestimmen, dass

- die Produktionskapazitäten an den Werken sowie
- die Absatzhöchstgrenzen auf den Märkten

eingehalten werden und der daraus entstehende kurzfristige Beitrag zum Gewinn im Sinne eines Deckungsbeitrags maximiert wird.

5.5 Berücksichtigung von CO2-Emissionen

Ähnlich wie im Fall des Modells 5.1 ab S. 120 spielt hier erneut die Konzentration der Produktion auf profitable Produkte die zentrale Rolle. Die Frage, welche Produkte profitabel sind, hängt nun aber davon ab, wie die Regierung den Preis bzw. den Steuersatz für die Emission von CO2 gesetzt hat. Dabei gehen wir davon aus, dass für alle CO2-Emissionen aus der Produktion sowie aus dem Transport ein einheitlicher Preis gilt. Aus der Sicht des Unternehmens stellt der für die Emission einer Einheit CO2 zu zahlende Preis somit eine Kostenkomponente k^E dar, welche in das Kostenminimierungskalkül des Unternehmens eingeht.

Mit der Notation in Tabelle 5.15 formulieren wir das folgende Modell.

Modell 5.4: Programmplanung mit CO2-Emission

$$\text{Max. } Z = \sum_{i=1}^{I} \sum_{m=1}^{M} e_{im} \cdot U_{im} - \sum_{i=1}^{I} \sum_{w=1}^{W} k_{iw}^{v} \cdot X_{iw} - \sum_{i=1}^{I} \sum_{w=1}^{W} \sum_{m=1}^{M} k_{iwm}^{T} \cdot Y_{iwm} - k^{E} \cdot E^{\text{ges}} \quad (5.16)$$

u. B. d. R.

$$\sum_{i=1}^{I} a_{iw} \cdot X_{iw} \leq c_w, \qquad w \in \mathcal{W} \quad (5.17)$$

$$X_{iw} = \sum_{m=1}^{M} Y_{iwm}, \qquad i \in \mathcal{I}, w \in \mathcal{W} \quad (5.18)$$

$$\sum_{w=1}^{W} Y_{iwm} = U_{im}, \qquad i \in \mathcal{I}, m \in \mathcal{M} \quad (5.19)$$

$$U_{im} \leq d_{im}, \qquad i \in \mathcal{I}, m \in \mathcal{M} \quad (5.20)$$

$$E^{\text{ges}} = \sum_{i=1}^{I} \sum_{w=1}^{W} \left(em_{iw}^{P} \cdot X_{iw} + \sum_{m=1}^{M} em_{iwm}^{T} \cdot Y_{iwm} \right) \quad (5.21)$$

In der Zielfunktion (5.16) wird der Deckungsbeitrag bestimmt, indem von den Erlösen die variablen Kosten der Produktion, die Transportkosten sowie die Kosten für die Emission von CO2 abgezogen werden. Die Restriktionen (5.17) stellen sicher, dass die Kapazität der Produktionswerke nicht überschritten wird. Durch die Gleichungen (5.18) sowie (5.19) werden die Transportmengen mit den Produktions- sowie den Absatzmengen verknüpft. Die Absatzmengen berücksichtigen über die Restriktionen (5.20) die Absatzobergrenzen. Die Gesamtemission der Produktion und des Transports wird durch die Gleichung (5.21) ermittelt.[4]

Tabelle 5.16: Transportbeziehungen für $k^E = 0$ mit Deckungsbeitrag von 56.500 GE und CO2-Emission $E^{\text{ges}} = 14.400$ ME

$(i, w)\backslash m$	$m = 1$	$m = 2$	$m = 3$
$i = 1, w = 1$	100	100	
$i = 1, w = 2$			100
$i = 2, w = 1$	100		
$i = 2, w = 2$		100	100

---

[4] Wenn Sie das Modell genau betrachten, dann erkennen Sie, dass man ein mathematisch gleichwertiges und deutlich schlankeres Modell *ohne* die Variablen E^{ges}, X_{iw} sowie U_{im} formulieren kann, aus dessen Lösung man dann die Produktions- und Absatzmengen unmittelbar ableiten kann. Versuchen Sie einmal als Übung, dieses Modell aufzustellen!

Wir können nun dieses Modell mittels des GAMS-Programms auf der S. 346 mit den o. g. Daten für unterschiedliche Kosten der Emission einer Einheit CO2 lösen. Als Ausgangssituation betrachten wir den Fall, dass mit $k^E = 0$ die CO2-Emissionen kostenfrei sind. In diesem Fall ergibt sich im Optimum die Lösung in Tabelle 5.16 mit einem Deckungsbeitrag von 56.500 GE und CO2-Emissionen E^{ges} in Höhe von 14.400 ME. In dieser Lösung werden nur die beiden Produkte 1 und 2 hergestellt. Deren Produktion führt laut Tabelle 5.11 in der Produktion zu erheblichen CO2-Emissionen. Zudem wird der Markt 1 vom Werk 1 bedient. Auf dieser Transportrelation fallen gemäß Tabelle 5.14 bei dem Transport vergleichsweise große CO2-Emissionen an.

Tabelle 5.17: Transportbeziehungen für $k^E = 0{,}3$ GE/ME mit Deckungsbeitrag von 52.220 GE und CO2-Emission von 12.600 ME

$(i, w)\backslash m$	$m = 1$	$m = 2$	$m = 3$
$i = 1, w = 1$	100	100	
$i = 2, w = 1$	100		
$i = 2, w = 2$		100	100
$i = 3, w = 2$			100

Nun untersuchen wir, wie sich das Ergebnis verändert, wenn wir den Kostensatz für die CO2-Emissionen steigen lassen. In Tabelle 5.17 sehen wir, dass bei einem Kostensatz von $k^E = 0{,}3$ GE je ME CO2 bereits Veränderungen im Produktionsprogramm auftreten. Die Produktionsmenge von Produkt 1 geht um 100 ME zurück, dafür steigt jene von Produkt 3 an. Damit geht eine eher geringe Reduzierung des Deckungsbeitrag auf 52.220 GE einher bei einer bereits vergleichsweise starken Reduzierung der CO2-Emissionen von 14.400 auf 12.600 ME.

Tabelle 5.18: Transportbeziehungen für $k^E = 0{,}6$ GE/ME mit Deckungsbeitrag von 48.820 GE und CO2-Emission von 7.800 ME

$(i, w)\backslash m$	$m = 1$	$m = 2$	$m = 3$
$i = 1, w = 1$	100	100	
$i = 2, w = 1$		100	
$i = 3, w = 2$		100	100
$i = 4, w = 2$			100

Verdoppeln wir nun den Kostensatz k^E auf 0,6 GE/ME, so geht gemäß Tabelle 5.18 die Produktion des Produktes 2 um 200 ME zurück, während jene der weniger CO2-intensiven Produkte 3 und 4 um jeweils 100 ME steigt. Der Deckungsbeitrag reduziert sich auf 48.820 GE und die CO2-Emissionen gehen auf 7.800 ME zurück.

Tabelle 5.19: Transportbeziehungen für $k^E = 3{,}1$ GE/ME mit Deckungsbeitrag von 35.100 GE und CO2-Emission von 3.500 ME

$(i, w)\backslash m$	$m = 1$	$m = 2$	$m = 3$
$i = 3, w = 1$	100		
$i = 3, w = 2$		100	100
$i = 4, w = 1$	100	100	
$i = 4, w = 2$			100

Für einen Kostensatz von $k^E = 3{,}1$ GE/ME zeigen sich nun laut Tabelle 5.19 erhebliche Änderungen im Produktionsprogramm. Die Produkte 1 und 2 werden nun nicht mehr hergestellt und die CO2-Emissionen gehen auf 3.500 ME zurück. Das ist allerdings mit einem Rückgang

5.5 Berücksichtigung von CO2-Emissionen

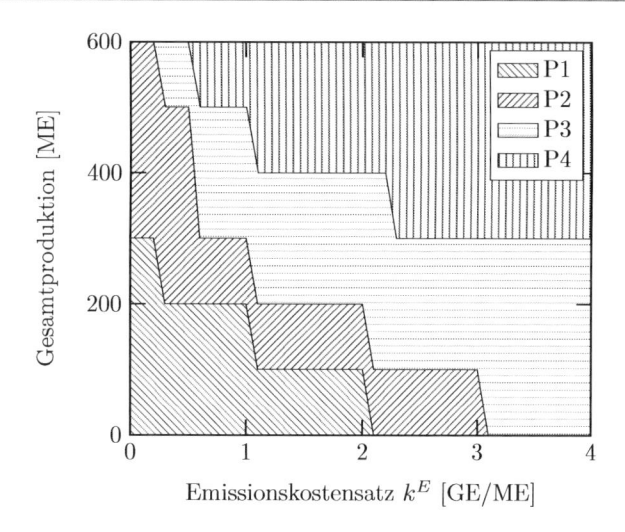

Abbildung 5.8: Einfluss relativ niedriger CO2-Steuersätze auf die Gesamtproduktion

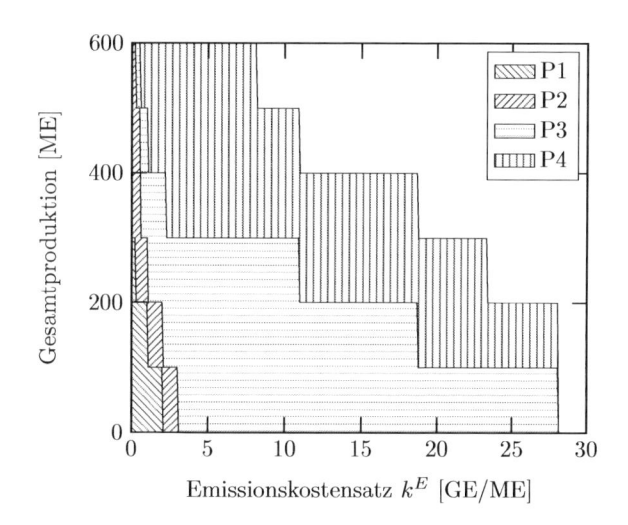

Abbildung 5.9: Einfluss relativ hoher CO2-Steuersätze auf die Gesamtproduktion

des Deckungsbeitrags auf 35.100 GE verbunden. Noch immer wird der Markt 1 vom Werk 1 versorgt und nicht vom Werk 2, obwohl der Transport vom Werk 2 zu Markt 1 zu niedrigeren CO2-Emissionen führen würde.

In der Gesamtsicht zeigt Abbildung 5.8, wie sich die Produktion für eher relativ geringe Preise der CO2-Emission bis zu 4 GE je ME CO2 auf die verschiedenen Produktarten verteilt. In diesem Bereich arbeiten beide Werke stets an ihrer Kapazitätsgrenze von jeweils 300 ME.

Dies ändert sich nun in Abbildung 5.9, welche die Produktion der verschiedenen Produktarten für deutlich größere Preise der CO2-Emission bis zu 30 GE je ME CO2 darstellt. Die Abbildungen zeigen auch deutlich, dass auf der Mikro-Ebene des einzelnen Unternehmens nicht jede Veränderung des CO2-Preises auch zu Veränderungen der Produktionsentscheidungen führt. Sie zeigen ferner, dass Fälle auftreten können, in denen sowohl die CO2-intensiven als auch die CO2-reduzierten Produkte nebeneinander hergestellt werden (s. auch Tabelle 5.18). Wird der Preis für die CO2-Emission zu hoch, so wird, wie in Abbildung 5.9 gezeigt, irgendwann auch die Produktion der weniger CO2-intensiven Produkte 3 und 4 eingestellt.

Die Abbildungen 5.8 und 5.9 zeigten ja bereits, dass das Produktionsprogramm sich nicht kontinuierlich ändert, wenn der Preis für die CO2-Emission bzw., aus Sicht des Unternehmens, der Emissionskostensatz k^E variiert wird. Der Deckungsbeitrag des Unternehmens und die zu zahlende CO2-Steuer ändert sich aber sehr wohl, wie Abbildung 5.10 zeigt. Der untere Teil der Abbildung stellt den Deckungsbeitrag dar und der obere Teil die zu zahlende CO2-Steuer. Solange sich das Produktionsprogramm nicht ändert, bleibt trotz des veränderten Emissionskostensatzes k^E die Summe beider Größen gleich.

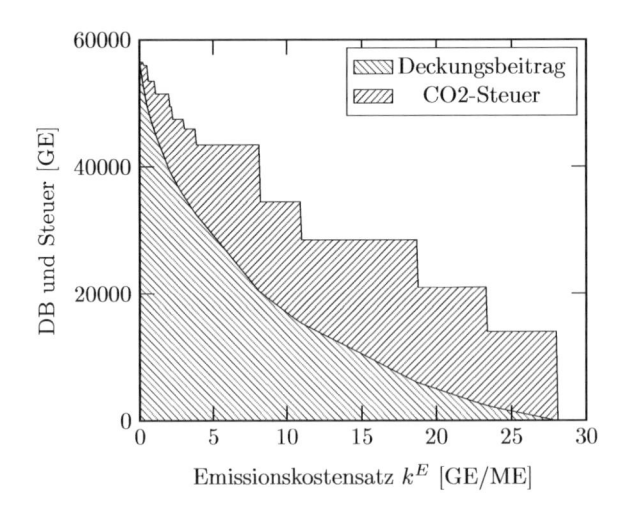

Abbildung 5.10: Einfluss des CO2-Steuersatzes auf den Deckungsbeitrag des Unternehmens und die insgesamt gezahlte CO2-Steuer

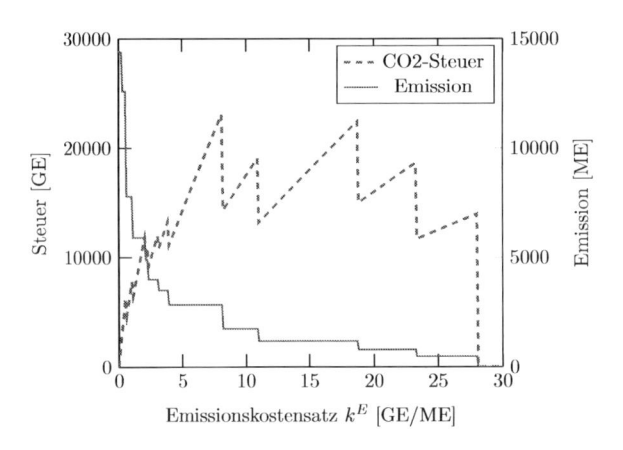

Abbildung 5.11: Einfluss des CO2-Steuersatzes auf die insgesamt gezahlte CO2-Steuer und die CO2-Emission

Zum Abschluss betrachten wir in Abbildung 5.11 einerseits die CO2-Emissionen und andererseits die gezahlte CO2-Steuer. Während die CO2-Emissionen mit steigendem CO2-Preis nie steigen, sondern entweder gleich bleiben oder zurückgehen, kann die insgesamt gezahlte CO2-Steuer sowohl steigen als auch zurückgehen. In dem betrachteten Beispiel gehen beide Größen für einen CO2-Preis von 28,1 GE/ME gleichzeitig auf den Wert Null zurück, weil das Unternehmen dann die Produktion einstellt.

Abbildung zeigt 5.11 auch noch einen weiteren wichtigen Effekt. Wir erkennen, dass bereits ein vergleichsweise geringer Kostensatz für die CO2-Emission zu Veränderungen im Verhalten der Unternehmen führen kann. Das ist dann der Fall, wenn es Handlungsalternativen gibt, die zwar (in der Ausgangssituation und ohne die staatliche Intervention über die CO2-Steuer) betriebswirtschaftlich suboptimal sind und somit zunächst nicht realisiert werden, die aber gleichzeitig nur *wenig* schlechter sind als die optimalen Alternativen. In dem hier bewusst konstruierten Beispiel ist genau dies der Fall. Andererseits zeigt das Beispiel auch, dass man eine solche Steuer eventuell sehr hoch ansetzen muss, um eine Emission vollständig zu unterbinden.

Literaturhinweise

- Chopra und Meindl (2014)
- Günther und Tempelmeier (2020)
- Tempelmeier (2020)
- Thonemann und Albers (2011)

5.6 Aufgaben und Übungen

1. Programmplanung mit GAMS

   Laden Sie sich die GAMS-Dateien zum *Operations Management Tutorial* über die Homepage `operations-management-online.de` herunter und öffnen Sie die GAMS-Implementierung auf S. 343. Betrachten Sie die in Abschnitt 5.2 dargestellte Problemstellung und ermitteln Sie das optimale Produktionsprogramm, wenn an den beiden Anlagen 50.000 Minuten zur Verfügung stehen. Geben Sie den Zielfunktionswert an.

   > **Lösung/Lösungshinweis**
   >
   > Die optimale Lösung beträgt ca. 3.166,66 ME des Premium-Produktes und 1.500 ME des DeLuxe-Produktes bei einem Zielfunktionswert von ca. 1.233.333 GE.

2. Aggregierte Planung mit GAMS

   Laden Sie sich die GAMS-Dateien zum *Operations Management Tutorial* über die Homepage `operations-management-online.de` herunter und öffnen Sie die GAMS-Implementierung auf S. 345. Betrachten Sie die in Abschnitt 5.4 dargestellte Problemstellung und ermitteln Sie das optimale Produktionsprogramm, wenn die zusätzlichen Lohnkosten für Überstunden nicht 10 Geldeinheiten, sondern nur 1 GE betragen.

   > **Lösung/Lösungshinweis**
   >
   > Es ergibt sich der folgende Plan mit Kosten in Höhe von 7.395,833 GE:
   >
   > | Woche | 1 | 2 | 3 | 4 | 5 | 6 |
   > |---|---|---|---|---|---|---|
   > | **Produktion** | | | | | | |
   > | Premium | 231.250 | 218.750 | 200.000 | 110.417 | 206.250 | 283.333 |
   > | DeLuxe | 90.625 | 109.375 | 115.000 | 156.875 | 128.125 | 50.000 |
   > | **Lager** | | | | | | |
   > | Premium | 81.250 | | | 60.417 | 166.667 | |
   > | DeLuxe | 40.625 | | 65.000 | 121.875 | | |
   > | **Zusatz-kapazität** | | | | | | |
   > | Stufe 1 | | | | | | 300 |
   > | Stufe 2 | | | | 300 | 300 | |

6 Annahme von Aufträgen und Buchungen

6.1 Problemaspekte

In Kapitel 5 haben wir mit Blick auf den Output des Produktionssystems das Problem betrachtet, im Zuge der Herstellung von Sachgütern sogenannte „Produktionsprogramme" aufzustellen. Im Kern ging es um die Frage, wie viel wann wovon hergestellt werden sollte. Sachgüter sind vielfach lagerfähig, so dass ihre Herstellung dem Konsum zeitlich vorausgeht. Zudem ist im Moment der Erstellung des Sachgutes oft auch noch nicht klar, wer es letzten Endes erhalten und konsumieren wird.

In diesem Abschnitt betrachten wir dagegen die Annahme von Aufträgen und Buchungen im Zuge der Erstellung von Dienstleistungen. Diese sind vielfach nicht lagerfähig und werden typischerweise nur dann erbracht, wenn zwischen dem Erbringer der Dienstleistung und dem Kunden darüber zunächst eine Vereinbarung abgeschlossen wurde.

Gegenstand dieser Vereinbarung ist in der Regel insbesondere der Zeitpunkt oder -raum der Leistungserstellung. Aus diesem Grund ist es hier besonders wichtig, die Leistungserstellung in zeitlicher Hinsicht präzise abzubilden, wenn man entscheiden möchte, ob man einen potentiellen Auftrag oder eine Buchungsanfrage annimmt.

Wie diese Entscheidungssituation der Annahme eines Auftrags oder einer Buchungsanfrage konkret aussieht, hängt dabei von den konkreten Bedingungen der jeweiligen Dienstleistungsproduktion ab, so dass wir uns diese Bedingungen zunächst etwas genauer ansehen wollen.

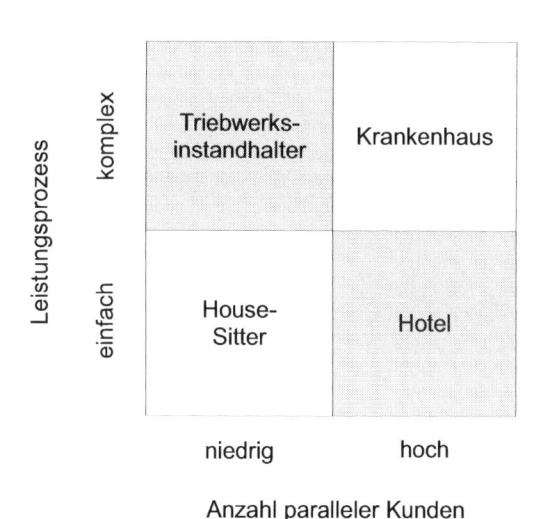

Abbildung 6.1: Typologie von Dienstleistungssystemen

Man kann Dienstleistungen anhand zahlreicher Kriterien klassifizieren und analysieren. Für die Zwecke unserer Betrachtung in diesem Kapitel erscheinen zwei Kriterien hilfreich. Zum einen ist dies die **Anzahl gleichzeitig bedienter Kunden**, zum anderen die **Komplexität des Leistungsprozesses** und des eingesetzten Systems. Abbildung 6.1 verdeutlicht diese Klassifikation anhand einer Vier-Felder-Matrix. Relativ einfache Dienstleistungen für einzelne Kunden wie etwa das House-Sitting lassen keine allzu schwierigen Planungsprobleme entstehen, während hoch komplexe Dienstleistungen wie z. B. Krankenhausbehandlungen durch das Mitwirken einer großen Zahl von Entscheidungsträgern bestimmt sein können. Aus diesen und weiteren Gründen ist dort eine systematische betriebswirtschaftliche Optimierung des Outputs außerordentlich schwierig.

Wenn jedoch die Leistungsprozesse zwar vergleichsweise komplex sind, aber die Zahl der parallel bedienten Kunden und ihrer Aufträge eher gering ist, so lässt sich das Problem der Auftragsannahme methodisch relativ leicht unterstützen. Im Kern steht hier die Frage, ob (noch) freie Kapazitäten verschiedener Ressourcen die Abwicklung eines weiteren Auftrages ermöglichen. Derartige Fragestellungen entstehen beispielsweise, wenn Planer von Unternehmen für die Instandhaltung von Flugzeugtriebwerken über die Annahme und ggf. Terminfindung derartiger Aufträge zu entscheiden haben. Diese Fallkonstellation betrachten wir in Abschnitt 6.2.

Häufig tritt auch der Fall auf, dass Unternehmen eine hoch standardisierte und vergleichsweise wenig komplexe Leistung für eine größere Zahl von Kunden gleichzeitig erbringen, dabei aber der Zeitpunkt der Leistungserstellung aus Kundensicht von zentraler Bedeutung ist. Dieser Fall tritt beispielsweise bei Hotelübernachtungen auf. Hier unterscheiden sich unterschiedliche Kundenklassen hinsichtlich ihrer Zahlungsbereitschaft und ihres Buchungsverhaltens. Dies führt zu der Frage, wie man über die Annahme oder Ablehnung von Buchungsanfragen in derartigen Systemen entscheidet. Dieser Fragestellung gehen wir in Abschnitt 6.3 nach.

6.2 Annahme von Aufträgen für komplexe Prozesse

In diesem Abschnitt betrachten wir den Fall, dass in Betrieben vergleichsweise komplexe Prozesse durchgeführt werden, die im Zeitablauf unterschiedliche Ressourcen in möglicherweise unterschiedlich starkem Umfang in Anspruch nehmen. In Abschnitt 1.2.1 haben wir auf S. 9 bereits ein erstes sehr einfaches Modell zur Auftragsannahme betrachtet, welches wir nun etwas reichhaltiger und realistischer gestalten wollen.

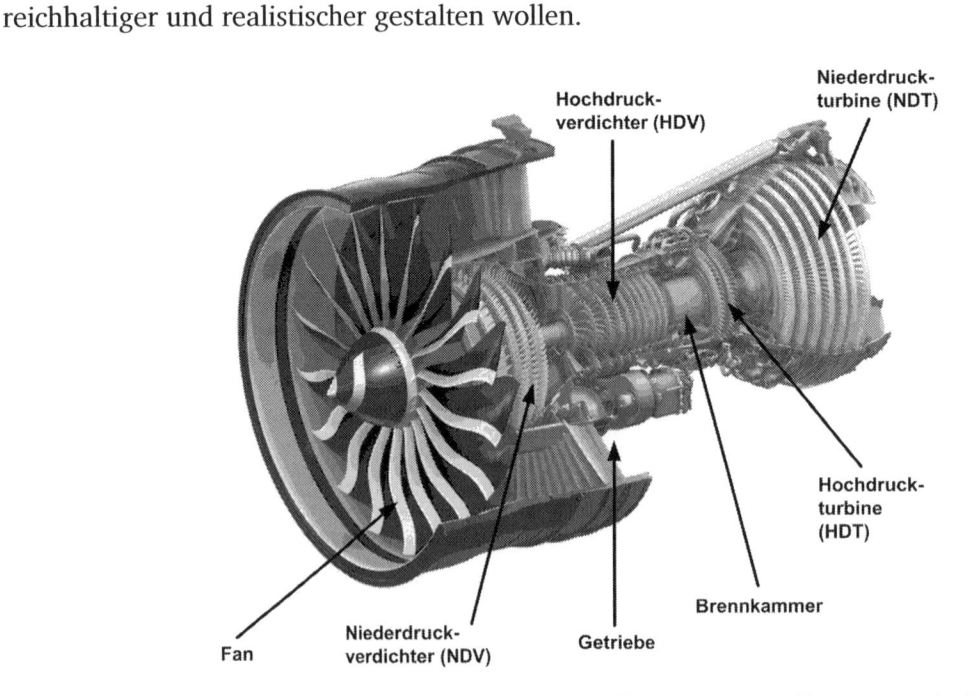

Abbildung 6.2: Triebwerk eines Verkehrsflugzeugs, Quelle: General Electric

Beispiel I zur Triebwerksinstandhaltung

Triebwerke von Verkehrsflugzeugen sind sehr wertvoll und können u. U. mehrere Jahrzehnte lang genutzt werden. Sie müssen dazu jedoch nach streng vorgeschriebenen Re-

6.2 Annahme von Aufträgen für komplexe Prozesse

geln und Verfahren gewartet und überholt werden, um jederzeit ihre sog. *Lufttüchtigkeit* zu gewährleisten. Wenn derartige Triebwerke (s. Abbildung 6.2[a]) einen Nutzungszyklus hinter sich gebracht haben, so werden sie von der Tragfläche des Flugzeugs abgenommen und bei einem Instandhaltungsdienstleister einem Prozess unterzogen, der sich in die folgenden vier wesentlichen Schritte gliedern lässt:

1. Demontage und Befundung

2. Instandsetzung oder Austausch von Komponenten

3. Montage

4. Funktionsnachweis des Gesamttriebwerks

Die Demontage der Triebwerke erfolgt an dafür ausgerüsteten Plätzen.[b] Dort oder an speziellen Lagerplätzen verbleiben dann die demontierten Triebwerke, bis alle schadhaften Komponenten instandgesetzt oder ausgetauscht worden sind. In der Befundung wird festgestellt, welche Komponenten in welchem Umfang geschädigt sind. Auf dieser Basis kann dann entschieden werden, was ausgetauscht oder ggf. auf welche Weise repariert wird.

Abbildung 6.3 zeigt eine benutzte Turbinenschaufel aus der Hochdruckturbine eines Triebwerks vor und nach der Instandsetzung. Für eine derartige Überholung und Instandsetzung werden hochqualifizierte Arbeitskräfte benötigt, die u. a. Schäden an Turbinenschaufeln beheben können. Nach der anschließenden Montage müssen die Triebwerke durch Testläufe auf Prüfständen überprüft werden, um den Nachweis ihrer fehlerfreien Funktionsfähigkeit zu erbringen.

---

[a] `http://files.ecomagination.com/wp-content/uploads/2012/04/GEnx-Illustration_844x680.jpg`, Abruf am 14.4.2014.

[b] Zu technischen und ökonomischen Rahmenbedingungen der Triebwerksinstandhaltung vgl. Herde (2013).

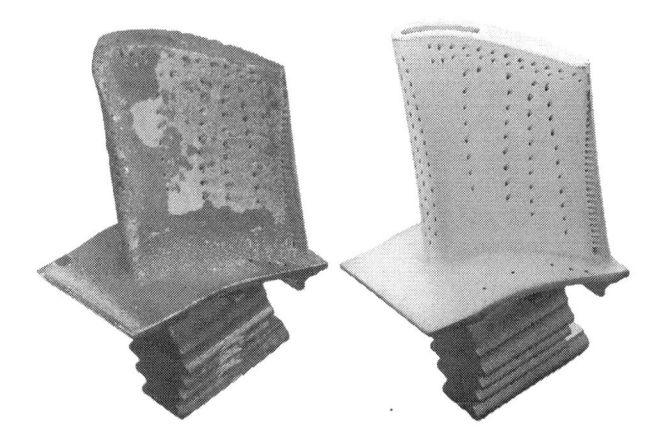

Abbildung 6.3: Hochdruckturbinenschaufel vor (links) und nach (rechts) der Überholung

Wenn in einem Betrieb über die Annahme eines Auftrags entschieden werden muss, so liegen häufig zum einen ein Wunschtermin des Kunden und zum anderen ein Bestand von zuvor angenommenen Aufträgen vor, die bereits zeitlich fixiert wurden. Daraus folgt, dass die Kapazitäten bereits partiell verplant sind. Dann muss geprüft werden, ob und ggf. zu welchem Termin noch ein weiterer Auftrag angenommen werden kann.

Vielfach werden für die Durchführung eines Auftrags nicht alle Ressourcen zu jeder Zeit im gleichen Umfang in Anspruch genommen. Dann ist es erforderlich, die Ressourcenbelastung im Zeitablauf detaillierter zu betrachten, als wir dies in dem ersten Modell zur Auftragsannahme in

Kapitel 1.2.1 auf S. 9 gemacht haben. Zu diesem Zweck definieren wir zum einen eine binäre Entscheidungsvariable X_{it}, die den Wert 1 aufweist, wenn Auftrag i zum Beginn in Periode t angenommen wird (und 0 sonst).

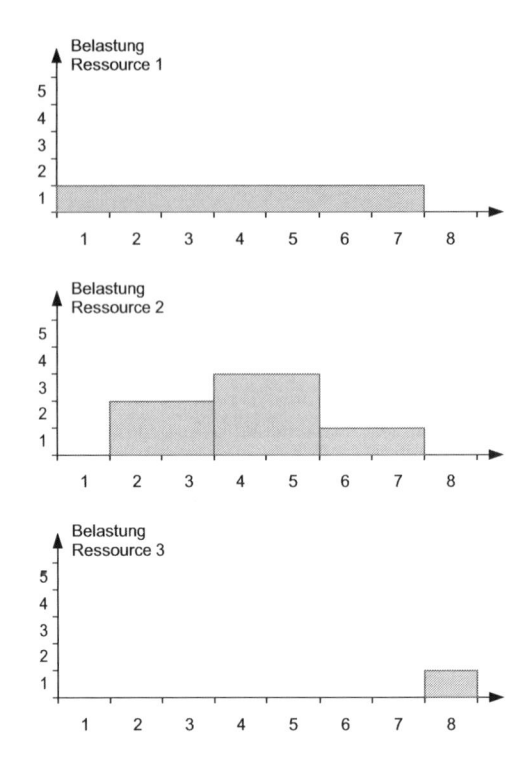

Abbildung 6.4: Zeitliche Belastung dreier Ressourcen durch einen Auftrag

Zum anderen nehmen wir an, dass ein Ressourcenverbrauchskoeffizient $a_{ij\tau}$ angibt, wie viele Einheiten der Ressource j in der τ-ten Periode der Arbeit an Auftrag i benötigt werden. Wenn in der Periode t mit der Arbeit an Auftrag i begonnen wird, so ist beispielsweise die Periode $t+1$ die zweite (!) Periode der Arbeit an dem Auftrag. Betrachten wir dazu beispielhaft die in Abbildung 6.4 dargestellte Belastung dreier Ressourcen über insgesamt acht Perioden durch Auftrag i. Die Ressource 1 wird in den Perioden 1 bis 7 der Bearbeitung durchgängig mit einer Einheit belastet, also ist $a_{i,1,\tau} = 1$ für $1 \leq \tau \leq 7$ und 0 sonst. Im Fall von Ressource 2 ist $a_{i,2,2} = a_{i,2,3} = 2$, ferner $a_{i,2,4} = a_{i,2,5} = 3$ und $a_{i,2,6} = a_{i,2,7} = 1$, die anderen Koeffizienten $a_{i,2,\tau}$ sind gleich 0. Letztlich ist bei Ressource 3 lediglich der Koeffizient mit $a_{i,3,8} = 1$ ungleich 0.

Wir formulieren nun erneut ein Entscheidungsmodell für die Entscheidungssituation, aus einer Menge potentieller Aufträge diejenigen auszuwählen, die angenommen und durchgeführt werden sollen. Bitte vergleichen Sie dieses Modell mit jenem in Abschnitt 1.2.1 auf Seite 9.

Die Zielsetzung des Entscheidungsmodells besteht darin, den Deckungsbeitrag der angenommenen Aufträge zu maximieren. Der Deckungsbeitrag eines Auftrages ist die Differenz seines Erlöses und der variablen Kosten, die mit seiner Durchführung einhergehen. In der Entscheidung wird berücksichtigt, dass die Aufträge i in der Teilmenge $\overline{\mathscr{I}} \subset \mathscr{I}$ der Aufträge bereits verbindlich eingeplant wurden. Für diese Aufträge wurden mit den Kunden bereits die Zeitpunkte der Auftragsdurchführung vereinbart. Daraus ergibt sich für diese Aufträge auch ein vorgegebener Wert $\bar{x}_{it}$ der Entscheidungsvariablen X_{it}. Zudem ist zu berücksichtigen, dass für jeden Auftrag i nur eine Teilmenge $\mathscr{T}_i \subseteq \mathscr{T}$ der Perioden für den Auftragsstart in Frage kommt.

Diese Problemstellung wird durch das folgende Entscheidungsmodell mit der Notation in Tabelle 6.1 dargestellt.

6.2 Annahme von Aufträgen für komplexe Prozesse

Modell 6.1: Auftragsannahme II

$$\text{Maximiere } Z = \sum_{i=1}^{I} \sum_{t=1}^{T} u_i \cdot X_{it} \tag{6.1}$$

u. B. d. R.

$$\sum_{i=1}^{I} \sum_{\tau=1}^{d_i} a_{ij\tau} \cdot X_{i,t-\tau+1} \leq c_{jt}, \qquad j \in \mathcal{J}, t \in \mathcal{T} \tag{6.2}$$

$$\sum_{t \in \mathcal{T}_i} X_{it} \leq 1, \qquad i \in \mathcal{I} \tag{6.3}$$

$$X_{it} = 0, \qquad i \in \mathcal{I}, t \in \mathcal{T} \setminus \mathcal{T}_i \tag{6.4}$$

$$X_{it} = \overline{x}_{it}, \qquad i \in \overline{\mathcal{I}}, t \in \mathcal{T}_i \tag{6.5}$$

Tabelle 6.1: Notation des Modells II zur Auftragsannahme

Symbol	Bedeutung
Indizes und Indexmengen	
$i \in \mathcal{I}$	Aufträge, $\mathcal{I} = \{1, ..., I\}$
$\overline{\mathcal{I}} \subset \mathcal{I}$	Teilmenge der angenommenen und zeitlich fixierten Aufträge
$j \in \mathcal{J}$	Ressourcen, $\mathcal{J} = \{1, ..., J\}$
$t \in \mathcal{T}$	Perioden, $\mathcal{T} = \{1, ..., T\}$
$\mathcal{T}_i \subset \mathcal{T}$	mögliche Startzeitpunkte von Auftrag i
Parameter	
$a_{ij\tau}$	Ressourcenverbrauch von Auftrag i auf Ressource j in der τ-ten Periode der Bearbeitung
d_i	Bearbeitungsdauer (in Perioden) von Auftrag i
c_{jt}	Kapazität von Ressource j in Periode t
u_i	Deckungsbeitrag von Auftrag i
$\overline{x}_{it} \in \{0, 1\}$	1, wenn Auftrag i bereits zum Start in Periode t angenommen wurde, 0 sonst
Entscheidungsvariablen	
$X_{it} \in \{0, 1\}$	1, wenn Auftrag i zum Start in Periode t angenommen wird oder wurde, 0 sonst

In der Zielfunktion (6.1) wird gefordert, den Deckungsbeitrag der eingeplanten Aufträge zu maximieren. Die Kapazitätsrestriktionen (6.2) berücksichtigt die zeitlich variable Inanspruchnahme der Ressourcen. Für jede Ressource j wird in jeder Periode t sichergestellt, dass die Ressourceninanspruchnahme die verfügbare Kapazität c_{jt} nicht überschreitet. In den Restriktionen (6.3) wird abgebildet, dass jeder Auftrag maximal einmal gestartet werden darf. Die Restriktionen (6.4) verhindern, dass dies in einer der Perioden außerhalb der zulässigen Startzeitpunkte $\mathcal{T}_i$ des betrachteten Auftrags i geschieht. Letztlich wird durch die Restriktionen (6.5) erreicht, dass die bereits zuvor getroffenen Entscheidungen über die zeitliche Einplanung der Aufträge in der Menge $\overline{\mathcal{I}}$ der bereits angenommenen Aufträge fortgeschrieben werden.

Beispiel II zur Triebwerksinstandhaltung

Die *AircraftEngineWizard GmbH* überholt im Kundenauftrag Triebwerke von Verkehrsflugzeugen. Im Wettbewerb der Instandhaltungsdienstleister profiliert sich das Unternehmen

Tabelle 6.2: Daten der Ressourcen der Triebwerksinstandhaltung

Ressource	Bezeichnung	Kapazität je Periode [KE]
1	(De-)Montagestraße	3
2	Komponentenüberholung	8
3	Prüfstand	1

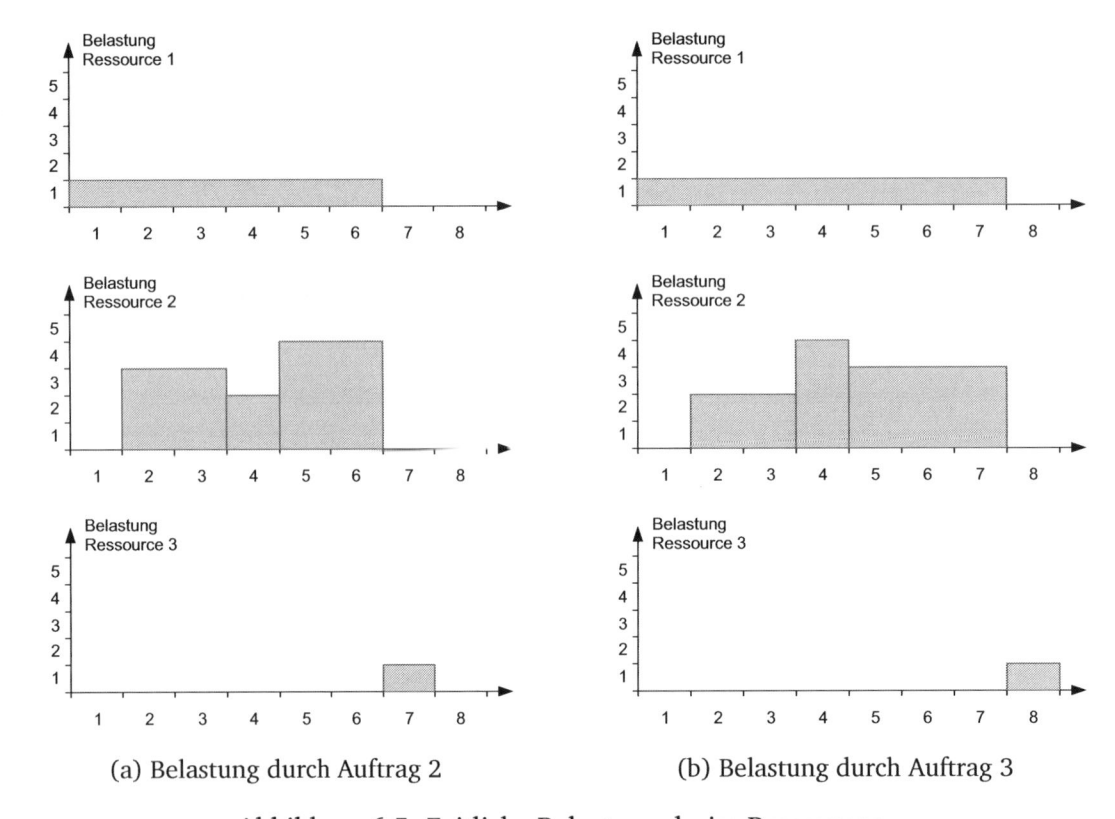

(a) Belastung durch Auftrag 2

(b) Belastung durch Auftrag 3

Abbildung 6.5: Zeitliche Belastung dreier Ressourcen

durch vergleichsweise kurze Durchlaufzeiten, so dass zu jedem Zeitpunkt nur einige wenige Triebwerke in der Überholung sind.

Auf der (De-)Montagestraße, hier als Ressource 1 bezeichnet, werden die Triebwerke teilzerlegt und verbleiben dort, bis sie nach Abschluss der Montagearbeiten in den Prüfstand (Ressource 3) gehen. Die Komponentenüberholung (Ressource 2) ist der zentrale Prozess und stellt häufig den Engpass der AircraftEngineWizard GmbH dar. Tabelle 6.2 gibt die Kapazitäten der einzelnen Ressourcen an.

Mandy Moosbichler und ihr Mitarbeiter Kevin Kalthuber haben zu entscheiden, ob zu einem vom Kunden gewünschten Zeitpunkt ein Kundenauftrag angenommen und eingeplant werden kann. Für die aktuell zu betrachtenden Planungsperioden 1 bis 16 wurde bereits ein Auftrag angenommen und fest eingeplant, und zwar zum Start in Periode 1. Sein Ressourcenbelastungsprofil zeigt Abbildung 6.4 auf S. 144. Auf Grundlage der Nutzungsdaten aus dem *Condition Monitoring System* für das Triebwerk und nach Rücksprache mit dem Engineering verwenden Mandy und Kevin für ihre Entscheidung über die Annahme und Terminierung der potentiellen Aufträge 2 und 3 die Kapazitätsbelastungsprofile in den Abbildungen 6.5(a) und 6.5(b). Der Kunde von Auftrag 2 wäre mit einem Start seines Auftrags in Periode 3 oder 4 einverstanden, der Kunde von Auftrag 3 dagegen drängelt und sagt, dass der Auftrag 3 in Periode 2 starten muss. Die Deckungsbeiträge u_i der drei Aufträge betragen 5.000 GE, 4.000 GE und 2.000 GE.

6.2 Annahme von Aufträgen für komplexe Prozesse

> Mandy hatte sich dafür stark gemacht, dass Kevin eingestellt wurde. Vorher hat Kevin für ein Software-Unternehmen gearbeitet. Dort entwickelte und implementierte er computergestützte Verfahren der betrieblichen Entscheidungsunterstützung. Nun hat Kevin das Entscheidungsmodell zur Auftragsannahme auf S. 145 implementiert (s. Anhang A.3 ab S. 349) und die konkrete Instanz durchgerechnet. Er kommt mit dem Ergebnis in Abbildung 6.6 zu Mandy, um es ihr zu präsentieren.
>
> »Hi, Mandy, hast du einen Moment?«
>
> »Klar, was gibt's?«
>
> »Ich glaube, wir haben ein Problem.«
>
> »Kevin, wir haben dich eingestellt, weil wir Lösungen brauchen. Probleme hatten wir vorher schon genug. Also, was ist?«
>
> »Ich habe 'mal die Sache mit den beiden neuen Aufträgen durchgerechnet. Das kriegen wir nicht hin.«
>
> Er zeigt Mandy das Belegungsdiagramm in Abbildung 6.6.

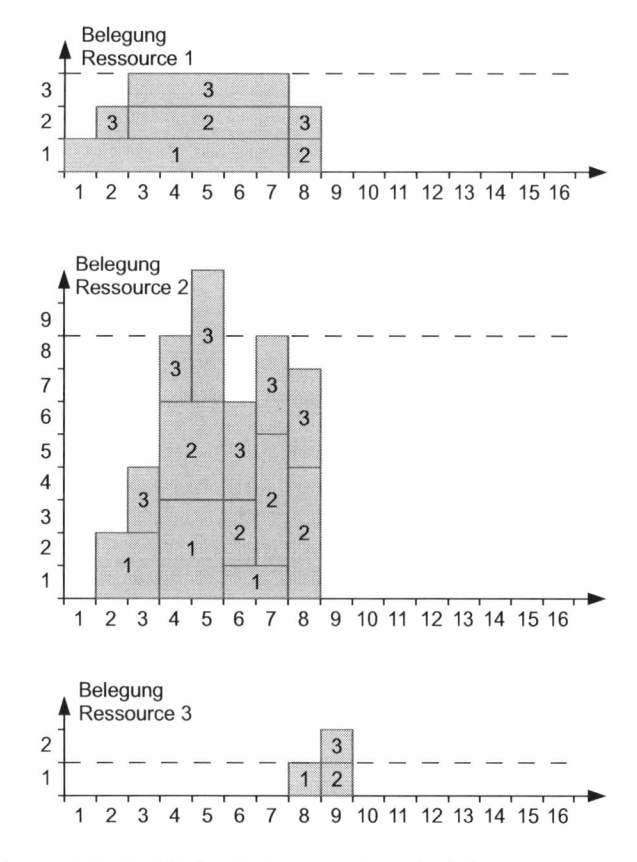

Abbildung 6.6: Zeitliche Belegung der drei Ressourcen im Fall 1

> »Egal, ob wir mit Auftrag 2 in Periode 3 oder 4 starten, den Auftrag 3 bekommen wir nicht rechtzeitig fertig. Ich hab' das 'mal als „Fall 1" bezeichnet und angenommen, dass die Aufträge 2 und 3 in den Perioden 3 bzw. 2 starten. Dann kracht es in der Komponentenüberholung in der Periode 5 und auf dem Prüfstand in der Periode 9. Das geht nicht gut.«
>
> »Ok, und was schlägst du vor?«
>
> »Na ja, ich habe als „Fall 2" einmal gerechnet was denn wäre, wenn wir Auftrag 3 auch in Periode 3 statt Periode 2 starten könnten. Dann würde es gehen.«

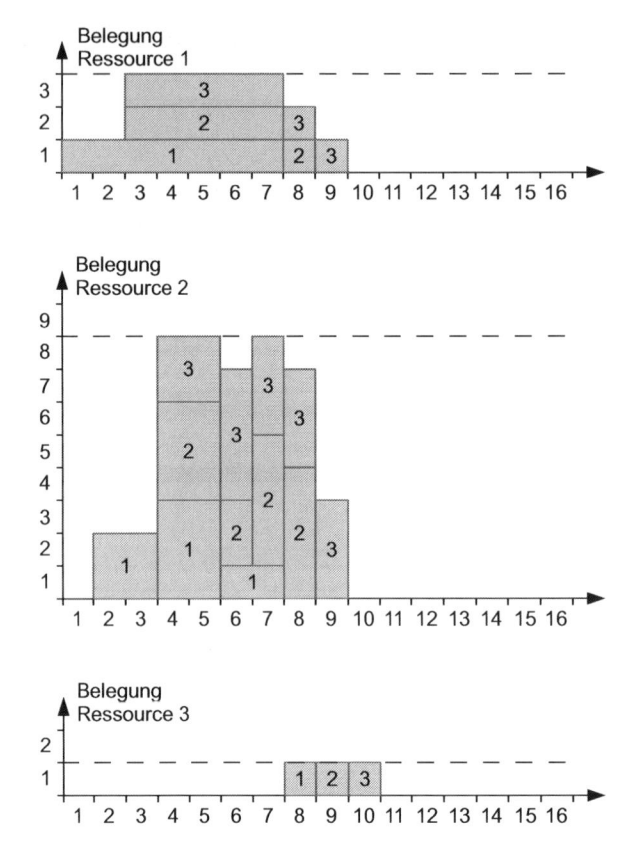

Abbildung 6.7: Zeitliche Belegung der drei Ressourcen im Fall 2

> Kevin zeigt Mandy das Belegungsdiagramm in Abbildung 6.7.
> »Prima, Kevin, damit sehen wir doch schon etwas klarer.«
> »Ja, aber der Kunde von Auftrag 3 will doch unbedingt, dass sein Auftrag in Periode 2 startet.«
> Mandy grinst.
> »Lass' das 'mal meine Sorge sein. Den Bearbeiter dort kenne ich aus dem Arbeitskreis Qualitätssicherung. Das ist ein Netter. Und er weiß, dass er mir wegen des anderen Auftrags neulich noch einen Gefallen schuldig ist. Gute Arbeit, Kevin.«
> Kevin geht und Mandy greift noch immer lächelnd zum Telefon.

6.3 Annahme von Buchungen über eine Kapazitätssteuerung

In vielen Dienstleistungssystemen wie z. B. Hotels tritt das Problem auf, dass die Leistungen des Systems von **verschiedenen Kundengruppen** nachgefragt werden, die sich in ihrem Verhalten unterscheiden. Wir betrachten beispielhaft die Situation eines großstädtischen Hotels, ähnliche Überlegungen lassen sich für den Luft- oder Bahnverkehr, die Nutzung von Mietwagen und derlei mehr anstellen. Die Kunden großstädtischer Hotels kann man oft einer der beiden folgenden Gruppen zuordnen:

Geschäftsreisende: Geschäftsreisende können in vielen Fällen nur **kurzfristig buchen**, weil sich Termine für Kundenbesuche oder geschäftliche Verhandlungen erst kurzfristig ergeben. Vor dem Hintergrund der wirtschaftlichen Bedeutung dieser Geschäftsreisen kommt jedoch den Übernachtungskosten insgesamt eine untergeordnete Bedeutung zu, so dass Geschäftsreisende vielfach eine relativ **hohe Zahlungsbereitschaft** aufweisen, dabei aber terminlich weitgehend unflexibel sind. Die Ausgaben für die Übernachtungen können Geschäftsreisende oder ihre Arbeitgeber zudem steuerlich als Betriebsausgaben absetzen.

Touristen: Touristen können und wollen dagegen häufig **langfristig buchen**, weil Urlaubsplanungen in ihren Familien und Betrieben abgestimmt werden müssen. Zudem soll häufig ein ganzes Bündel von Buchungen etwa für Bahnreisen, Übernachtungen, Mietwagen, Eintrittskarten für kulturelle oder Sport-Ereignisse etc. für ganze Familien oder Reisegruppen koordiniert werden, was ebenfalls langfristige Festlegungen erzwingt. Touristen können jedoch ihre Ausgaben für Übernachtungen regelmäßig nicht steuerlich absetzen und haben vielfach eine deutlich **geringere Zahlungsbereitschaft**.

Aus Sicht eines Hotelbetreibers konkurrieren diese beiden Kundengruppen um die Ressource der Hotelzimmer, die wir im Folgenden zur Vereinfachung als homogen ansehen, also keine Unterscheidung von Einzel- vs. Doppel- oder Standard- vs. Luxuszimmern vornehmen. Die Kosten der Beherbergung eines Geschäftsreisenden entsprechen mehr oder weniger denen eines Touristen. Dann stellt sich also für den Betreiber des Hotels die Frage, wie er zu jedem Zeitpunkt eine möglichst profitable Mischung der beiden Kundengruppen erreichen kann.

Mit solchen Fragen beschäftigt sich das sogenannte *Revenue Management*[1]. Der Begriff „Revenue" deutet schon an, dass hier kurzfristig nur noch die Erlöse relevant sind, weil die von einem *weiteren* Kunden unmittelbar verursachten Grenzkosten praktisch vernachlässigbar erscheinen und sich Erlöse und Deckungsbeiträge daher weitgehend entsprechen. Dieser Konvention werden wir hier folgen.

Betrachten wir nun den Leistungs- und Vermarktungsprozess in einem Hotel, so ist dieser offensichtlich durch folgende Merkmale[2] gekennzeichnet:

Integration eines externen Faktors: Der Kunde muss selbst bei der Leistungserstellung, in diesem Fall der Beherbergung, dabei sein. Damit bestimmt er den Zeitpunkt der Leistungserstellung.

Eingeschränkte operative Flexibilität: Die Anzahl der Zimmer in einem Hotel ist kurzfristig praktisch nicht veränderlich und die erstellten Leistungen sind nicht lagerfähig. Die kurzfristig variablen Kosten eines Hotels hängen kaum von der Anzahl der Gäste ab, die Fixkosten dominieren also.

Heterogenes Nachfragerverhalten: Die Nachfrager buchen mit unterschiedlichen Fristigkeiten und weisen dabei unterschiedliche Zahlungsbereitschaften auf. Ihnen können unterschiedliche Angebote gemacht werden.

Standardisiertes Leistungsprogramm: Die Beherbergungsleistungen eines Hotels sind für Geschäftsreisende und Touristen weitestgehend identisch. Wird ein Zimmer nicht an einen Touristen vermietet, so kann es daher u. U. später an einen zahlungskräftigeren Geschäftsreisenden vermietet werden.

Diese Merkmale legen den bewussten Einsatz einer Reihe von Instrumenten des Revenue Mangements nahe, aus denen wir uns nun die sogenannte **Kapazitätssteuerung** in ihrer einfachsten Grundform näher ansehen wollen. Dazu verwenden wir ein grundlegendes Modell nach *Littlewood* mit den folgenden Annahmen:[3]

- Wir betrachten ein Hotel mit insgesamt C Zimmern und dort die Buchungen für eine einzelne Nacht.

---

[1] Vergl. zum Überblick Talluri und van Ryzin (2004) und Klein und Steinhardt (2008).
[2] Siehe Klein und Steinhardt, 2008, S. 9f.
[3] Vgl. hierzu und im Folgenden den Nachdruck des Originalpapiers aus 1972 in Littlewood (2005), ferner Klein und Steinhardt (2008, S. 86ff.) sowie Talluri und van Ryzin (2004, Abschnitt 2.2.1). Mit Blick auf den Einsatz bei Flugbuchungen spricht man vom *Expected Marginal Seat Revenue* (EMSR)-Modell.

- Die Kundengruppe 1 der Geschäftsreisenden hat eine zufällige Nachfrage nach Hotelzimmern in der betrachteten Nacht, die durch die Zufallsvariable D_1 mit bekannter Wahrscheinlichkeitsverteilung beschrieben wird. Geschäftsreisende haben eine Zahlungsbereitschaft in Höhe von r_1 je Übernachtung.

- Die Kundengruppe 2 der Touristen hat eine Zahlungsbereitschaft in Höhe von r_2 mit $r_2 < r_1$ je Übernachtung.

- Es treffen zuerst die Buchungsanfragen der Kundengruppe 2 und erst danach jene der Kundengruppe 1 ein.

In diesem Fall bietet es sich an, nicht beliebig viele Buchungen von Touristen für eine bestimmte Nacht anzunehmen, weil dann die Gefahr besteht, den später eintreffenden, aber zahlungskräftigeren Geschäftsreisenden keine Zimmer mehr anbieten zu können.

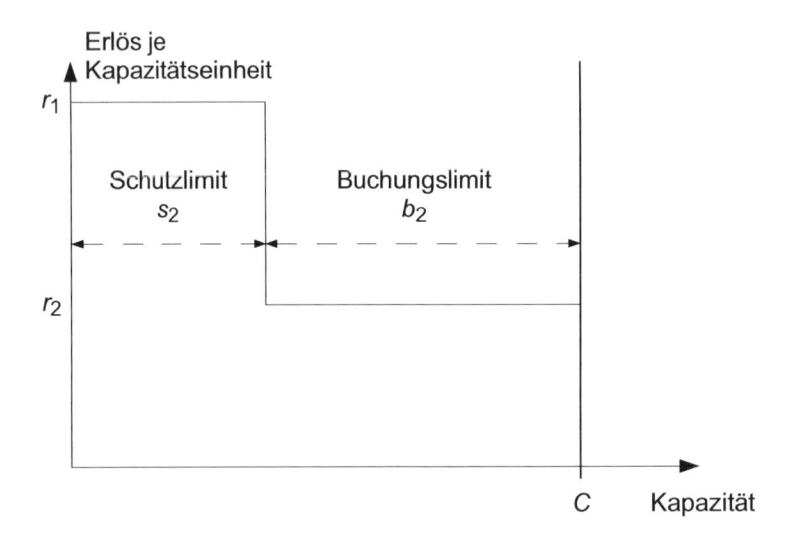

Abbildung 6.8: Schutz- und Buchungslimit bei zwei Buchungsklassen

Zu diesem Zweck kann man die Gesamtzahl der C Zimmer aufteilen in insgesamt b_2 Zimmer, die als sogenanntes **Buchungslimit** für die Kundengruppe 2 buchbar sind und den Rest, das sogenannte **Schutzlimit** von s_2 Zimmern:

$$C = b_2 + s_2 \tag{6.6}$$

Dieses Schutzlimit s_2 gibt die Zahl jener Zimmer an, die gewissermaßen vor der Kundengruppe 2 geschützt werden, siehe Abbildung 6.8. Die Idee besteht also darin, für die betrachtete Nacht in der Zukunft maximal b_2 Buchungen von Touristen anzunehmen und die verbleibenden s_2 Zimmer für die später anfragenden Geschäftsreisenden zu reservieren. Dies führt nun unmittelbar zu der Frage, wie man das Buchungslimit b_2 bzw. das Schutzlimit $s_2 = C - b_2$ sinnvoll bestimmt.

6.3b Unter den genannten Annahmen ist dies relativ einfach. Stellen Sie sich zu diesem Zweck vor, es läge eine Buchungsanfrage der Kundengruppe 2 vor, die bei Annahme der Buchung offenbar zu einem sicheren Erlös in Höhe von r_2 führen würde. Zudem seien bereits x_2 Buchungen von Touristen angenommen worden. Damit verbleibt noch eine Restkapazität von $c = C - x_2$ Zimmern für die besagte Nacht. Die Wahrscheinlichkeit dafür, dass *alle* noch nicht vergebenen Zimmer durch Geschäftsreisende belegt werden können, ist offenbar $\text{Prob}[D_1 \geq c]$. Nun betrachten wir das c-te der c vor Touristen geschützten Zimmer. Der Erwartungswert des Erlöses aus der Vermietung dieses c-ten der noch c freien Zimmer an Geschäftsreisende ist offenbar $r_1 \cdot \text{Prob}[D_1 \geq c]$. Also ist für einen risikoneutralen Entscheidungsträger eine Annahme der Buchung

6.3 Annahme von Buchungen über eine Kapazitätssteuerung

eines Touristen mit Zahlungsbereitschaft r_2 profitabel, solange die folgende Bedingung gilt:

$$r_2 \geq r_1 \cdot \text{Prob}[D_1 \geq c] \tag{6.7}$$

Je größer die Restkapazität c ist, desto kleiner ist offenbar die Wahrscheinlichkeit $\text{Prob}[D_1 \geq c]$, dass alle c Zimmer an Geschäftsreisende vergeben werden können. Daher muss das optimale Schutzlimit s_2^* so groß sein, dass im Fall $c = s_2^* + 1$ die Anfrage des Touristen (gerade noch) angenommen wird, im Fall $c = s_2^*$ jedoch (gerade) nicht mehr. Gesucht ist also jener Wert des Schutzlimits s_2^*, der die folgenden beiden Bedingungen gleichzeitig erfüllt:

$$r_2 < r_1 \cdot \text{Prob}[D_1 \geq s_2^*] \quad \wedge \quad r_2 \geq r_1 \cdot \text{Prob}[D_1 \geq s_2^* + 1] \tag{6.8}$$

Wenn wir der Einfachheit halber von der Annahme abstrahieren, dass Kundennachfrage und Hotelzimmer in der Realität ganzzahlig sein müssen, so können wir diese beiden Bedingungen zusammenführen und erhalten die folgende Bedingung für ein optimal gewähltes Schutzlimit s_2^*:

$$r_2 = r_1 \cdot \text{Prob}[D_1 \geq s_2^*] \tag{6.9}$$

Wir können diese Bedingung (6.9) auch als Ergebnis eines marginal-analytischen Optimierungskalküls deuten, mit der generellen ökonomischen Optimalitätsbedingung „Grenzkosten = (erwartete) Grenzerlöse", hier bezogen auf die Zahl der für die Kundengruppe 1 reservierten Zimmer. Die Grenzkosten des Reservierens sind jene des Abweisens eines (marginalen) Kunden der Kundenklasse 2, also r_2 für den dadurch entgangenen Erlös. Die damit einhergehenden erwarteten Grenzerlöse sind $r_1 \cdot \text{Prob}[D_1 \geq s_2^*]$. Diese Bedingung müssen wir nun nach dem gesuchten Schutzlimit s_2^* auflösen:

$$r_2 = r_1 \cdot \text{Prob}[D_1 \geq s_2^*] = r_1 \cdot (1 - \text{Prob}[D_1 \leq s_2^*])$$

$$\frac{r_2}{r_1} = 1 - \text{Prob}[D_1 \leq s_2^*]$$

$$\text{Prob}[D_1 \leq s_2^*] = 1 - \frac{r_2}{r_1} \tag{6.10}$$

$$F_{D_1}(s_2^*) = 1 - \frac{r_2}{r_1} = \frac{r_1 - r_2}{r_1} \tag{6.11}$$

$$s_2^* = F_{D_1}^{-1}\left(\frac{r_1 - r_2}{r_1}\right) \tag{6.12}$$

Dabei stellt $F_{D_1}^{-1}$ die Inverse der Verteilungsfunktion $F_{D_1}(d_1)$ der Zufallsvariablen D_1 dar, welche die Nachfrage der Geschäftsreisenden abbildet.

Für die Modellierung einer zufälligen *diskreten* Anzahl von Ereignissen, hier also der Buchungsanfragen der Geschäftsreisenden, bietet sich die Poissonverteilung an. Eine poissonverteilte Zufallsvariable D_1 mit dem Parameter $\lambda > 0$ besitzt die Wahrscheinlichkeitsfunktion

$$\text{Prob}[D_1 = i] = e^{-\lambda} \frac{\lambda^i}{i!}, \qquad i = 0, 1, 2, \ldots \tag{6.13}$$

und die Verteilungsfunktion

$$F_{D_1}(d_1) = \text{Prob}[D_1 \leq d_1] = \sum_{i=0}^{d_1} e^{-\lambda} \frac{\lambda^i}{i!}. \tag{6.14}$$

Ist die Zufallsvariable D_1 poissonverteilt, so gilt für ihren Erwartungswert und ihre Varianz $\mu_{D_1} = \sigma_{D_1}^2 = \lambda$. Die Abbildungen 6.9 und 6.10 zeigen den Verlauf der diskreten Wahrscheinlichkeitsfunktion $\text{Prob}[D_1 = d_1]$ für Parameter $\lambda = 2$ sowie $\lambda = 10$. Beachten Sie in der Abbildung 6.10 die Ähnlichkeit zur Dichtefunktion der (stetigen) Normalverteilung.

Mit der Poissonverteilung lässt sich einerseits sehr einfach in einem Tabellenkalkulationsprogramm arbeiten, wie wir gleich bei der Betrachtung eines Beispiels sehen werden. Für eine

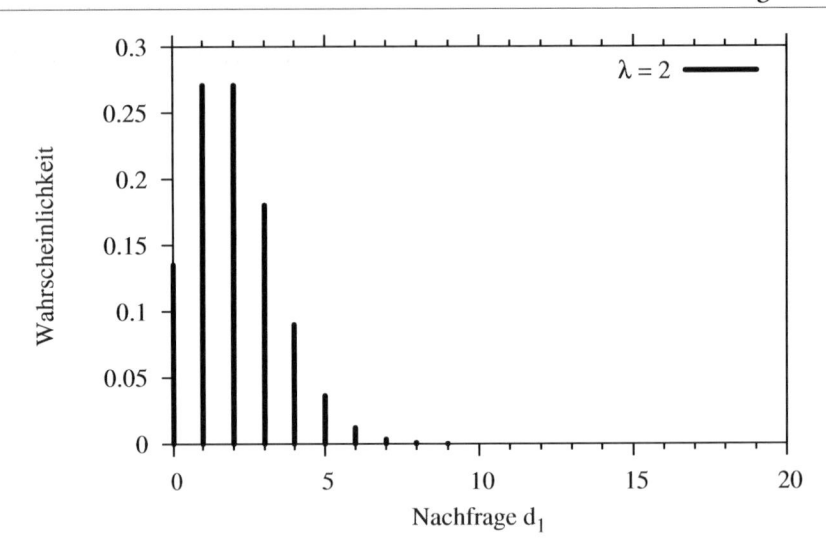

Abbildung 6.9: Wahrscheinlichkeitsfunktion einer Poissonverteilung mit Parameter $\lambda = 2$

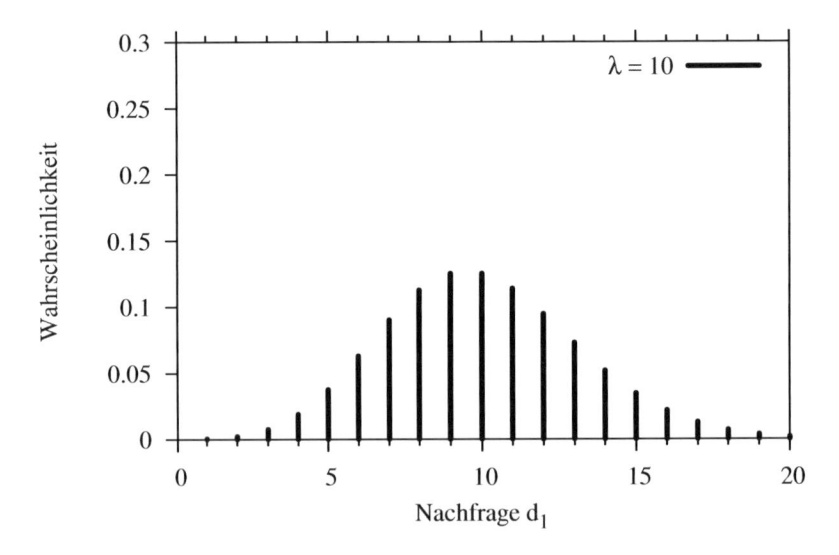

Abbildung 6.10: Wahrscheinlichkeitsfunktion einer Poissonverteilung mit Parameter $\lambda = 10$

Überschlagsrechnung können wir andererseits an Stelle der diskreten Poissonverteilung mit Parameter λ zur Abbildung der Anzahl von Buchungsanfragen die stetige Normalverteilung verwenden, weil die Wahrscheinlichkeitsfunktion bei hinreichend großem Parameter λ strukturell der Dichtefunktion im Fall einer Normalverteilung sehr ähnelt. Wir unterstellen also, dass die Nachfrage $D_1 \sim N(\mu_{D_1}, \sigma_{D_1})$ normalverteilt ist mit Erwartungswert $\mu_{D_1} = \lambda$ und Standardabweichung $\sigma_{D_1} = \sqrt{\lambda}$. Für die Bestimmung des optimalen Schutzlimits s_2^* über die Beziehung (6.12) müssen wir dann auf die tabellierte Verteilungsfunktion der Standardnormalverteilung zurückgreifen, siehe Anhang D.3 auf Seite 390. Natürlich dürfen wir *nicht* erwarten, dabei auf exakt das identische Schutzlimit zu kommen wie bei der Rechnung über die diskrete Poissonverteilung, aber als *Vergleichsrechnung* kann diese *Approximation* über die Normalverteilung trotzdem instruktiv sein.

Die Zufallsvariable $D_1 \sim N(\mu_{D_1}, \sigma_{D_1})$ ist mit der standardnormalverteilten Zufallsvariablen $X \sim N(0, 1)$ über die lineare Transformationsbeziehung

$$D_1 = \sigma_{D_1} \cdot X + \mu_{D_1} \tag{6.15}$$

verknüpft. Substituieren wir in der Gleichung (6.10) nun gemäß der Gleichung (6.15) die Zufallsvariable D_1 für die Nachfrage der Geschäftsreisenden durch $\sigma_{D_1} \cdot X + \mu_{D_1}$, so erhalten

6.3 Annahme von Buchungen über eine Kapazitätssteuerung   153

wir über einige Umformungen eine Gleichung zur Bestimmung des optimalen Schutzlimits s_2^*:

$$\text{Prob}[D_1 \leq s_2^*] = 1 - \frac{r_2}{r_1} = \frac{r_1 - r_2}{r_1}$$

$$\text{Prob}[\sigma_{D_1} \cdot X + \mu_{D_1} \leq s_2^*] = \frac{r_1 - r_2}{r_1}$$

$$\text{Prob}\left[X \leq \frac{s_2^* - \mu_{D_1}}{\sigma_{D_1}}\right] = \frac{r_1 - r_2}{r_1}$$

$$F_X\left(\frac{s_2^* - \mu_{D_1}}{\sigma_{D_1}}\right) = \frac{r_1 - r_2}{r_1} \tag{6.16}$$

$$\frac{s_2^* - \mu_{D_1}}{\sigma_{D_1}} = F_X^{-1}\left(\frac{r_1 - r_2}{r_1}\right)$$

$$s_2^* = \sigma_{D_1} \cdot F_X^{-1}\left(\frac{r_1 - r_2}{r_1}\right) + \mu_{D_1} \tag{6.17}$$

Zur Bestimmung des Schutzlimits über die Formel (6.17) müssen wir also die folgenden Schritte durchlaufen:

1. Bestimmung der Wahrscheinlichkeit $\frac{r_1 - r_2}{r_1}$.

2. Ermittlung jenes Wertes $F_X^{-1}\left(\frac{r_1 - r_2}{r_1}\right)$, der in der Verteilungsfunktion einer *standardnormalverteilten* Zufallsvariablen X mit der Wahrscheinlichkeit $\frac{r_1 - r_2}{r_1}$ korrespondiert.[4]

3. Multiplikation dieses Wertes $F_X^{-1}\left(\frac{r_1 - r_2}{r_1}\right)$ mit der Standardabweichung σ_{D_1} und Addition des Erwartungswertes μ_{D_1}.

4. Abrunden auf die größte ganze Zahl $\lfloor s_2^* \rfloor$, die kleiner oder gleich s_2^* ist.

Zwar sieht dieser Rechengang einigermaßen kompliziert aus, die tatsächlich durchzuführenden Schritte sind allerdings recht einfach, wie das folgende Beispiel zeigt.

Beispiel zur Kapazitätssteuerung

Paul und Paula haben geheiratet. Kurz danach ist Paulas wohlhabende, aber kinderlose Großtante verstorben. In ihrem Testament hat sie Paula ihr seit Jahrzehnten gut eingeführtes, aber doch leicht angestaubtes Hotel „Zur harten Matratze" im Zentrum Hannovers vererbt. Paul und Paula haben daraufhin ihre Tätigkeit im mobilen Zeitungsvertrieb eingestellt und auf Hotellerie umgesattelt.[a]

Paul ist als der Mann für das Grobe eher für die praktisch-handwerklichen Dinge zuständig, während Paula sich vorrangig um die kaufmännischen Angelegenheiten kümmert. In letzter Zeit musste sie zu ihrem Bedauern häufiger kurzfristige Anfragen von Geschäftskunden abweisen, weil das Hotel mit seinen 50 Zimmern schon mit Touristen belegt war. Die Anfragen über die Internet-basierten Buchungsportale erlauben es ihr, ein ungefähres Bild der Nachfrage der zahlungskräftigen Geschäftskunden abzuschätzen. Den Touristen berechnet sie pro Nacht und Zimmer 70 Euro, den Geschäftsreisenden 250 Euro.

Wenn sie für eine bestimmte Nacht eine hinreichende Zahl von Buchungen zum Preis von 70 Euro pro Nacht und Zimmer beisammen hat, gibt sie die weiteren Zimmer nur an solche Kunden ab, die bereit sind, dafür 250 Euro pro Nacht zu bezahlen. Die Idee hat sie irgendwo im Internet gelesen. Nun fragt sie sich, wie genau sie diese Grenze ermitteln

---
[4] Siehe dazu die Tabelle in Anhang D.3 auf S. 390.

	A	B	C	D	E	F	G
1	Erw. Nachfrage E[D1]		10				
2	Erlös r1 =		250				
3							
4		Poissonverteilung				Normalverteilung	
5						Varianz	10
6							
7	s2	Prob[D1<s2]	Prob[D1 >= s2]	r_1*Prob[D1>=s2]		Prob[D1 >= s2]	r_1*Prob[D1>=s2]
8	0	0,000	1,000	250,00		0,999	249,80
9	1	0,000	1,000	249,99		0,998	249,45
10	2	0,000	1,000	249,88		0,994	248,57
11	3	0,003	0,997	249,31		0,987	246,64
12	4	0,010	0,990	247,42		0,971	242,78
13	5	0,029	0,971	242,69		0,943	235,77
14	6	0,067	0,933	233,23		0,897	224,26
15	7	0,130	0,870	217,46		0,829	207,15
16	8	0,220	0,780	194,94		0,736	184,11
17	9	0,333	0,667	166,80		0,624	156,02
18	10	0,458	0,542	135,52		0,500	125,00
19	11	0,583	0,417	104,24		0,376	93,98
20	12	0,697	0,303	75,81		0,264	65,89
21	13	0,792	0,208	52,11		0,171	42,85
22	14	0,864	0,136	33,88		0,103	25,74
23	15	0,917	0,083	20,86		0,057	14,23
24	16	0,951	0,049	12,19		0,029	7,22
25	17	0,973	0,027	6,76		0,013	3,36
26	18	0,986	0,014	3,57		0,006	1,43
27	19	0,993	0,007	1,80		0,002	0,55
28	20	0,997	0,003	0,86		0,001	0,20

Abbildung 6.11: Ermittlung des Schutzlimits

soll, wenn sie z. B. damit rechnet, dass für eine bestimmte Nacht die mittlere Nachfrage der Geschäftsreisenden 10 Zimmer beträgt.

Paula erinnert sich daran, dass zur Modellierung von Ankünften etc. die Poissonverteilung benutzt werden kann. Der einzige Parameter λ dieser Verteilung ist ihr Erwartungswert. Sie bastelt sich eine Tabelle in einem Tabellenkalkulationsprogramm, siehe Abbildungen 6.11 und 6.12. In dieser Tabelle berechnet sie auf der Basis einer erwarteten Nachfrage der Geschäftsreisenden in Höhe von 10 Zimmern und einer unterstellten Zahlungsbereitschaft in Höhe von $r_1 = 250$ Geldeinheiten den Erwartungswert $r_1 \cdot \text{Prob}[D_1 \geq s_2]$ des Erlöses für das letzte der s_2 vor Touristen geschützten Zimmer.[b]

Ein Blick in die Tabelle zeigt Paula, dass sie das Schutzlimit auf $s_2 = 12$ setzen sollte. Dann ist der Erwartungswert des Erlöses aus dem *letzten* (also dem 12.) für Geschäftsreisende freigehaltenen Zimmer mit 75,81 Geldeinheiten immer noch größer als die 70 Geldeinheiten, die sie einem Touristen abnehmen würde, wenn sie ihm jenes Zimmer gäbe. Für $s_2 = 12$ sind offenbar die Bedingungen der Ungleichungen (6.8) gerade beide erfüllt. Setzte sie dagegen das Schutzlimit $s_2 = 13$, so wäre der erwartete Erlös aus dem 13. für Geschäftsreisende freigehaltenen Zimmer mit nur 52,11 Geldeinheiten niedriger als der Erlös von 70 Geldeinheiten beim Vermieten an einen Touristen.

Da Paula stets gerne an ihre Uni-Vorlesungen in Statistik und Wahrscheinlichkeitsrechnung zurückdenkt, erinnert sie sich natürlich *sofort* daran, dass die Poissonverteilung durch die Normalverteilung approximiert werden kann und dass bei der Poissonverteilung Erwartungswert und Varianz identisch sind, d. h. $\mu = \sigma^2 = \lambda$.

Also geht Paula zur Kontrolle ihrer Überlegung, das Schutzlimit s_2 auf 12 Zimmer zu setzen, in einer *Näherungsrechnung* von einer Normalverteilung der Nachfrage D_1 der Geschäftsreisenden mit dem Erwartungswert $\mu_{D_1} = 10$ und der Varianz $\sigma^2_{D_1} = 10$ bzw. der Standardabweichung $\sigma_{D_1} = \sqrt{10}$ aus, also $D_1 \sim N(10, \sqrt{10})$. Ihr ist bewusst, dass sie durch

6.3 Annahme von Buchungen über eine Kapazitätssteuerung

	A	B	C	D	E	F	G
1	Erw. Nachfrage		10				
2	Erlös r1 =		250				
3							
4		Poissonverteilung				Normalverteilung	
5						Varianz	=$C$1
6							
7	s2	Prob[D1<s2]	Prob[D1 >= s2]	r_1*Prob[D1>=s2]		Prob[D1 >= s2]	r_1*Prob[D1>=s2]
8	0	0	=1-B8	=$C$2*C8		=1-NORMVERT(A8;$C$1;WURZEL($G$5);WAHR)	=$C$2*F8
9	=A8+1	=POISSON(A9-1;$C$1;WAHR)	=1-B9	=$C$2*C9		=1-NORMVERT(A9;$C$1;WURZEL($G$5);WAHR)	=$C$2*F9
10	=A9+1	=POISSON(A10-1;$C$1;WAHR)	=1-B10	=$C$2*C10		=1-NORMVERT(A10;$C$1;WURZEL($G$5);WAHR)	=$C$2*F10
11	=A10+1	=POISSON(A11-1;$C$1;WAHR)	=1-B11	=$C$2*C11		=1-NORMVERT(A11;$C$1;WURZEL($G$5);WAHR)	=$C$2*F11
12	=A11+1	=POISSON(A12-1;$C$1;WAHR)	=1-B12	=$C$2*C12		=1-NORMVERT(A12;$C$1;WURZEL($G$5);WAHR)	=$C$2*F12
13	=A12+1	=POISSON(A13-1;$C$1;WAHR)	=1-B13	=$C$2*C13		=1-NORMVERT(A13;$C$1;WURZEL($G$5);WAHR)	=$C$2*F13
14	=A13+1	=POISSON(A14-1;$C$1;WAHR)	=1-B14	=$C$2*C14		=1-NORMVERT(A14;$C$1;WURZEL($G$5);WAHR)	=$C$2*F14
15	=A14+1	=POISSON(A15-1;$C$1;WAHR)	=1-B15	=$C$2*C15		=1-NORMVERT(A15;$C$1;WURZEL($G$5);WAHR)	=$C$2*F15
16	=A15+1	=POISSON(A16-1;$C$1;WAHR)	=1-B16	=$C$2*C16		=1-NORMVERT(A16;$C$1;WURZEL($G$5);WAHR)	=$C$2*F16
17	=A16+1	=POISSON(A17-1;$C$1;WAHR)	=1-B17	=$C$2*C17		=1-NORMVERT(A17;$C$1;WURZEL($G$5);WAHR)	=$C$2*F17
18	=A17+1	=POISSON(A18-1;$C$1;WAHR)	=1-B18	=$C$2*C18		=1-NORMVERT(A18;$C$1;WURZEL($G$5);WAHR)	=$C$2*F18
19	=A18+1	=POISSON(A19-1;$C$1;WAHR)	=1-B19	=$C$2*C19		=1-NORMVERT(A19;$C$1;WURZEL($G$5);WAHR)	=$C$2*F19
20	**=A19+1**	=POISSON(A20-1;$C$1;WAHR)	=1-B20	**=$C$2*C20**		=1-NORMVERT(A20;$C$1;WURZEL($G$5);WAHR)	=$C$2*F20
21	=A20+1	=POISSON(A21-1;$C$1;WAHR)	=1-B21	=$C$2*C21		=1-NORMVERT(A21;$C$1;WURZEL($G$5);WAHR)	=$C$2*F21
22	=A21+1	=POISSON(A22-1;$C$1;WAHR)	=1-B22	=$C$2*C22		=1-NORMVERT(A22;$C$1;WURZEL($G$5);WAHR)	=$C$2*F22
23	=A22+1	=POISSON(A23-1;$C$1;WAHR)	=1-B23	=$C$2*C23		=1-NORMVERT(A23;$C$1;WURZEL($G$5);WAHR)	=$C$2*F23
24	=A23+1	=POISSON(A24-1;$C$1;WAHR)	=1-B24	=$C$2*C24		=1-NORMVERT(A24;$C$1;WURZEL($G$5);WAHR)	=$C$2*F24
25	=A24+1	=POISSON(A25-1;$C$1;WAHR)	=1-B25	=$C$2*C25		=1-NORMVERT(A25;$C$1;WURZEL($G$5);WAHR)	=$C$2*F25
26	=A25+1	=POISSON(A26-1;$C$1;WAHR)	=1-B26	=$C$2*C26		=1-NORMVERT(A26;$C$1;WURZEL($G$5);WAHR)	=$C$2*F26
27	=A26+1	=POISSON(A27-1;$C$1;WAHR)	=1-B27	=$C$2*C27		=1-NORMVERT(A27;$C$1;WURZEL($G$5);WAHR)	=$C$2*F27
28	=A27+1	=POISSON(A28-1;$C$1;WAHR)	=1-B28	=$C$2*C28		=1-NORMVERT(A28;$C$1;WURZEL($G$5);WAHR)	=$C$2*F28

Abbildung 6.12: Formeln zur Berechnung des Schutzlimits

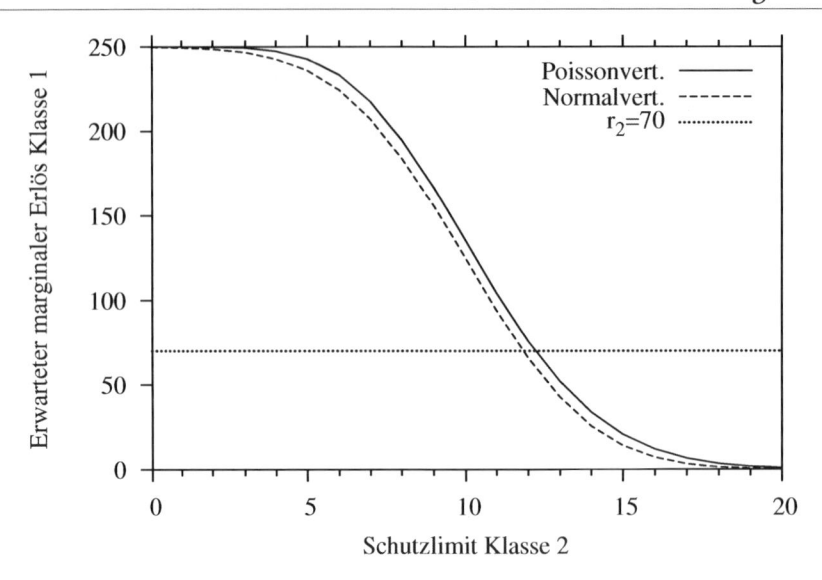

Abbildung 6.13: Graphische Darstellung der Bestimmung des Schutzlimits

diese Näherungsrechnung möglicherweise ein anderes Ergebnis als das gerade ermittelte Schutzlimit von 12 Zimmern erhalten kann, aber gerade das macht sie neugierig. Sie berechnet zunächst den Quotienten

$$\frac{r_1 - r_2}{r_1} = \frac{250 - 70}{250} = 0{,}72. \qquad (6.18)$$

In der Tabelle der Verteilungsfunktion $F_X(x)$ sieht sie, dass zu einer Wahrscheinlichkeit von $F_X(x) = 0{,}72$ näherungsweise ein Wert von $x = 0{,}58$ passt.[c] Sie setzt nun den Wert der Größe $F_X^{-1}\left(\frac{r_1 - r_2}{r_1}\right) = 0{,}58$ in die Formel (6.17) ein und kann so unmittelbar das Schutzlimit berechnen:

$$s_2^* = \sigma_{D_1} \cdot F_X^{-1}\left(\frac{r_1 - r_2}{r_1}\right) + \mu_{D_1} = \sqrt{10} \cdot 0{,}58 + 10 \approx 11{,}83 \qquad (6.19)$$

Diesen nicht-ganzzahligen Wert muss sie noch auf ein ganzzahliges Schutzlimit s_2 von in diesem Fall 11 Zimmern abrunden. Nun ist also in der Modellvorstellung einer *normalverteilten* Nachfrage der Geschäftsreisenden der Erwartungswert des Erlöses des 11. Zimmers, welches vor einer Buchung durch Touristen geschützt wird, gemäß der Zelle G19 der Tabellenkalkulation in Abbildung 6.11 gleich 93,98 GE und somit höher als der sichere Erlös von 70 GE durch einen Touristen. Hätte Paula dagegen den Wert $s_2^* = 11{,}83$ nicht auf 11 Zimmer ab-, sondern auf 12 Zimmer aufgerundet, so erhielte sie bei einer normalverteilten Nachfrage der Geschäftsreisenden gemäß Zelle G20 in Abbildung 6.11 lediglich einen *erwarteten* Erlös in Höhe von 65,89 GE von den Geschäftsreisenden für dieses 12. Zimmer. Dafür müsste sie auf einen sicheren Erlöses in Höhe von 70 GE von einem Touristen verzichten, wenn sie diesen bei einer Buchungsanfrage abweisen würde.

Wie erwartet hat Paula bei der Näherung über die Normalverteilung mit 11 Zimmern ein anderes Schutzlimit erhalten als bei der Rechnung über die Poissonverteilung mit einem Ergebnis von 12 Zimmern. Sie zeichnet das Diagramm in Abbildung 6.13 und erkennt, dass beide Berechnungen dicht beieinander liegen. Das gibt ihr Vertrauen in die Sinnhaftigkeit ihrer Berechnung über die Poissonverteilung in Abbildung 6.11 mit dem Ergebnis eines Schutzlimits von 12 Zimmern. Plötzlich kommt Paul mit der Bohrmaschine unter dem Arm in ihr Büro.

»Na Paula, spielst du wieder am Computer?«

»Nix spielen, Paul. Wir hatten doch neulich eine Reihe von Anfragen von Geschäftsreisenden, die wir nicht unterbringen konnten, weil wir den Laden voll hatten mit Touristen, die kaum Geld mitgebracht haben. Weißt du noch?«

»Ja, blöd gelaufen. Und?«

»Ich habe 'mal gerechnet. Wenn wir für eine Nacht mit im Mittel 10 Buchungsanfragen von Geschäftsleuten rechnen, dann sollten wir 12 Zimmer für die Geschäftsleute freihalten, jedenfalls bei den jetzigen Preisen.«

»Auch dann, wenn wir alle Zimmer an Touristen vermieten könnten?«

»Gerade dann, Paul. Sonst haben wir ja ohnehin nicht viel zu entscheiden.«

»Aber dann bleiben doch sogar dann im Mittel Zimmer leer, wenn wir die an Touristen vermieten könnten?«

»Paul, weißt du noch damals bei den Zeitungen? Da konnte es doch auch besser sein, abends ein paar Zeitungen wegzuwerfen, als eine Zeitung nicht verkaufen zu können.«[d]

»Ja, das fand' ich damals schon irgendwie komisch.«

»Hier ist es ähnlich. Die Geschäftsreisenden lassen so viel mehr Geld bei uns als die Touristen, dass wir für die gewissermaßen „Reservezimmer" frei halten. Die sind zwar nicht immer voll, bringen uns aber im Mittel mehr Geld, als wenn wir die Touristen dort 'reinpacken.«

»Na gut, wenn du es sagst.«

Paul nimmt seine Bohrmaschine und geht, während sich Paula mit einem leisen Lächeln wieder ihrem Rechner zuwendet. Sie hat es schon gut getroffen mit ihrem Paul.

---

[a] Zum beruflichen Hintergrund von Paul und Paula vgl. Seite 23.
[b] Siehe Spalte „D" in Abbildungen 6.11 und 6.12.
[c] Siehe dazu die Tabelle in Anhang D.3 auf S. 390.
[d] Siehe S. 23.

Literaturhinweise

- Cachon und Terwiesch (2009)

- Klein und Steinhardt (2008)

- Talluri und van Ryzin (2004)

6.4 Aufgaben und Übungen

1. Überlegen Sie sich, was an dem Entscheidungsmodell auf Seite 145 geändert werden müsste, wenn die Deckungsbeiträge der Aufträge zeitabhängig wären. (Einfach)

   Lösung/Lösungshinweis
   Man müsste den Koeffizienten für die Deckungsbeiträge zusätzlich zu dem Index i für den jeweiligen Auftrag einen weiteren Index t für die Perioden geben, so dass der modifizierte Koeffizient in der Zielfunktion also u_{it} lauten würde.

2. Unter Umständen gibt es für eine konkrete Instanz des Entscheidungsmodells auf Seite 145 mehrere optimale Lösungen. So kann es für einen Auftrag mehrere realisierbare und gleich gute Startzeitpunkte geben. Welchen würden Sie bevorzugen und warum? (Einfach)

> **Lösung/Lösungshinweis**
>
> Es könnte u. U. sein, dass im Verlauf der Arbeit an den Aufträgen neue Anfragen eintreffen. Diese könnte man tendenziell leichter annehmen, wenn man sich bei den bereits begonnenen Aufträgen nach Möglichkeit für die frühen Startzeitpunkte entschieden hätte.

3. Kapazitätserweiterung im Modell zur Auftragsannahme

    a) Überlegen Sie sich, was an dem Entscheidungsmodell auf S. 145 geändert werden müsste, wenn es möglich wäre, die Kapazität einzelner Ressourcen bei Inkaufnahme entsprechender Zusatzkosten in einzelnen Perioden zu erweitern. Tipp: Sehen Sie sich das Modell 5.3 zur aggregierten Planung auf S. 130 noch einmal genauer an. Haben Sie eine Idee? (Mittel)

    b) Ändern Sie das GAMS-Modell in Anhang A.3 ab S. 349 und unterstellen Sie dabei, dass der Auftrag 3 weiterhin nur in Periode 2 gestartet werden kann, die Kapazität der Ressource 2 aber zum Preis von 500 Geldeinheiten je Periode und Kapazitätseinheit erhöht werden kann. Ist es dann möglich und sinnvoll, den dritten Auftrag auch anzunehmen? (Schwierig)

4. Multiple Modi im Modell zur Auftragsannahme

    a) Stellen Sie sich vor, dass Aufträge u. U. in verschiedenen Modi durchgeführt werden können. Definieren Sie dazu eine Menge der Modi $\mathcal{M}_i$ für jeden Auftrag i und bilden Sie in der modifizierten Entscheidungsvariablen $x_{imt} = 1$ ab, dass Auftrag i in Periode t im Modus m startet (0 sonst). Führen Sie entsprechend einen Parameter $a_{ijm\tau}$ ein für die Kapazitätsbelastung der Ressource j durch Auftrag i in der τ-ten Periode seiner Bearbeitung in Modus m. Sorgen Sie dafür, dass jeder Auftrag nur in maximal einem Modus durchgeführt werden kann. (Schwierig)

    b) Ändern Sie das GAMS-Modell in Anhang A.3 ab S. 349 und unterstellen Sie dabei, dass der Auftrag 3 weiterhin nur in Periode 2 gestartet werden kann, für ihn nun aber ein zweiter Modus zur Verfügung steht, in welchem die Ressource 2 von der zweiten bis zur siebten Periode der Bearbeitung durchgängig im Umfang von zwei Kapazitätseinheiten belastet wird. Ist es dann möglich und sinnvoll, den dritten Auftrag auch anzunehmen? (Schwierig)

5. Schutzlimits in der Buchungsannahme

    a) Gehen Sie davon aus, dass im Modell zur Kapazitätssteuerung in Abschnitt 6.3 die Nachfrage der höherwertigen Kundenklasse durch eine normalverteilte Zufallsvariable modelliert wird, also $D_1 \sim N(\mu_{D_1}, \sigma_{D_1})$ unterstellt wird und die Berechnung des Schutzlimits über die Formel (6.17) erfolgt.

        i. Welche Auswirkung hat *ceteris paribus* eine Vergrößerung der Standardabweichung σ_{D_1} der Nachfrage der Geschäftsreisenden auf das Schutzlimit s_2 sowie auf den mittleren Erlös der s_2 für Geschäftsreisende geschützten Zimmer? Bei welchem Wert von σ_{D_1} würde der mittlere Erlös der für Geschäftsreisende geschützten Zimmer maximal? Wie groß wären dann s_2 und der mittlere Erlös pro Zimmer?

6.4 Aufgaben und Übungen

ii. Unterstellen Sie, dass $r_1 = 200$ und $r_2 = 100$ gelten möge. Ferner sei $\sigma_{D_1} = 3{,}14159$. Wie groß muss μ_{D_1} sein, damit sich ein Schutzlimit $s_2 = 42$ ergibt?

> **Lösung/Lösungshinweis**
>
> Schummeln ist verlockend, daher hier die Lösung in etwas verschlüsselter Form: $11 + \sin(2\pi) + 16 \cdot 2 - e^0 + \ln(1)$

iii. Das Schutzlimit sei $s_2 = 57$, ferner seien $\mu_{D_1} = 50$ und $\sigma_{D_1} = 10$. Der Erlös je Geschäftsreisenden betrage $r_1 = 200$. Wie hoch muss dann der Erlös je Tourist sein?

> **Lösung/Lösungshinweis**
>
> Schummeln ist verlockend, daher hier die Lösung in etwas verschlüsselter Form: $171{,}39 - 123$

> **Lösung/Lösungshinweis**
>
> Eine Vergrößerung der Standardabweichung σ_{D_1} führt zu einer linearen Vergrößerung des Schutzlimits s_2. Bei gleichbleibendem Erwartungswert der Nachfrage μ_{D_1} der Geschäftsreisenden sinkt der durchschnittliche bzw. mittlere Erlös der s_2 geschützten Zimmer. Wäre die Standardabweichung $\sigma_{D_1} = 0$, so gäbe es keine Unsicherheit bezüglich der Nachfrage der Geschäftsreisenden. Dann wäre $s_2 = \mu_{D_1}$ und der mittlere Erlös der geschützten Zimmer wäre r_1.

7 Bestandsmanagement I: Das Zeitungsjungenproblem

7.1 Problemaspekte

Am 26. Juli 2012 ereigneten sich schwere Gewitter in Madrid. Flugzeuge im Anflug auf Madrid wurden daher zum Flughafen in Valencia umgeleitet. Die umgeleiteten Flugzeuge mussten im Luftraum bei Valencia Warteschleifen fliegen. Darunter waren drei Verkehrsflugzeuge der Fluggesellschaft *Ryanair*. Bei diesen drei Flugzeugen setzte die Besatzung den Notruf „Mayday" ab, als nach einer gewissen Zeit der Treibstoffvorrat den vorgeschriebenen minimalen Bestand erreichte. Die Flugzeuge erhielten dadurch beschleunigt die Landeerlaubnis, so dass andere Flugzeuge noch länger im Luftraum kreisen mussten. Alle Flugzeuge landeten problemlos.[1]

Die irische Flugaufsicht *Irish Aviation Authority* (IAA) untersuchte den Fall und bestätigte der Fluggesellschaft, dass alle Regeln eingehalten worden waren. Die IAA legte *Ryanair* jedoch eine Überprüfung ihrer Betankungspolitik nahe, insbesondere für Flüge zu stark ausgelasteten Flughäfen bei schlechten Wetterbedingungen.[2] Als sogenannter *low cost carrier* wirbt *Ryanair* mit günstigen Flugpreisen und muss daher sehr genau auf die Kosten achten. In der Berichterstattung über die drei Notrufe an einem Tag wurde darauf hingewiesen, dass *Ryanair* den Flugkapitänen explizite Anweisungen zur Ermittlung und Begründung der Betankungsmengen gegeben hatte. Je mehr Treibstoff ein Flugzeug mitführt, desto höher sind aufgrund des Treibstoffgewichts der Verbrauch an Treibstoff und damit die betriebswirtschaftlich sehr wichtigen Treibstoffkosten.

Dieser Zwischenfall bescherte *Ryanair* Diskussionen in den Medien, auf welche die Fluggesellschaft sicher gerne verzichtet hätte. Unsere Aufmerksamkeit lenkt er auf solche Fragen des Managements von Beständen, bei denen die Entscheidung über die zu beschaffende (oder auch selbst herzustellende) Menge eines Gutes zu treffen ist, bevor die Nachfrage bekannt wird. Stellen Sie sich vor, Sie laden Freunde zu einer Party ein und wollen ihnen einen Erdbeersalat als Nachtisch servieren. Wenn Sie zu viel Erdbeersalat zubereiten, so werden sie an den Resten am nächsten Tag keine Freude mehr haben. Machen Sie zu wenig, so werden Ihre Gäste sicher noch lange über Ihren Geiz lästern, und das wollen Sie vielleicht auch nicht. Was ist also zu tun?

Gleichgültig, ob man ein Flugzeug betankt oder Erdbeersalat für eine Party macht, man kann offenbar sowohl zu viel als auch zu wenig beschaffen oder herstellen. Das zentrale Problem ist dabei die Unsicherheit der Nachfrage. In der Literatur wird diese Problemstellung in ihrer einfachsten Form im Modell des sogenannten *Zeitungsjungenproblems* analysiert, wobei die Aussagen sinngemäß auch für Zeitungsmädchen gelten. Man denkt dabei an einen Zeitschriftenverkäufer, der sich morgens entscheiden muss, wie viele Zeitungen er selbst kauft, bevor er weiß, wie viele er im Laufe des Tages selbst verkaufen kann. Kauft er zu viele, so kann er den Rest abends in die Mülltonne werfen, kauft er zu wenig, so entgehen ihm die Gewinne aus den nicht verkauften Zeitungen.[3] Der Analyse dieses Problems ist dieses Kapitel gewidmet.

---

[1] http://www.indepedelndent.ie/irish-news/three-ryanair-mayday-calls-go-out-on-same-day-26886838.html, abgerufen am 11.11.2013, 10:20 Uhr.
[2] http://www.ryanair.com/doc/news/2012/iaa_report_valencia_EN.pdf, abgerufen am 11.11.2013, 10:34 Uhr.
[3] Siehe dazu auch die Geschichte von Paul und Paula auf S. 23.

7.2 Modellierung von Nachfrage, Fehlmenge und Restmenge

Wenn die Nachfrage unsicher ist, so liegt es nahe, sie durch eine Zufallsvariable zu modellieren. Wir verwenden dazu die Zufallsvariable D (denken Sie an „demand") und benötigen dann eine Wahrscheinlichkeitsverteilung, um diese zu beschreiben.

Tabelle 7.1: Diskrete Wahrscheinlichkeitsfunktion und Verteilungsfunktion

d	$\text{Prob}[D = d]$	$F_D(d) = \text{Prob}[D \leq d]$
0	0,1	0,1
1	0,2	0,3
2	0,3	0,6
3	0,2	0,8
4	0,1	0,9
5	0,1	1,0

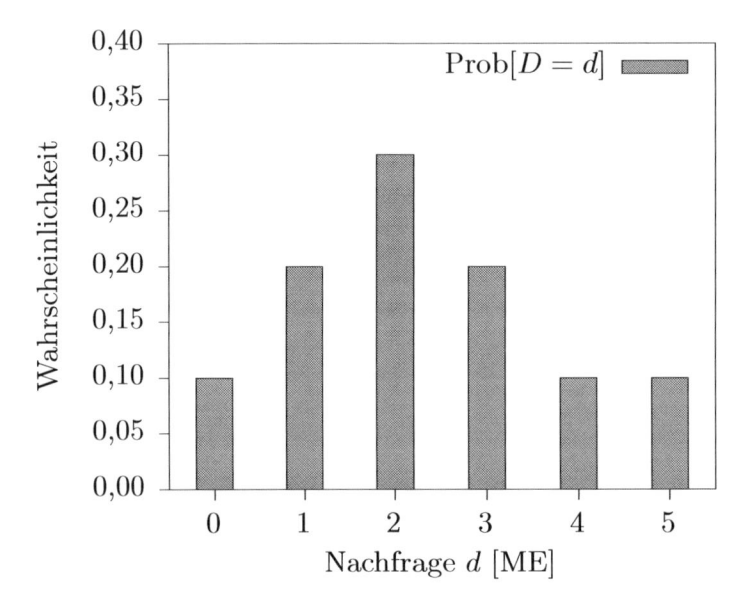

Abbildung 7.1: Diskrete Wahrscheinlichkeitsfunktion

In vielen Fällen wird die Nachfrage nach einem (zählbaren, weil diskreten) Gut ganzzahlig sein. Dann kann man daran denken, zur Modellierung der Nachfrage auch eine diskrete Verteilungsfunktion zu verwenden. Betrachten wir als Beispiel die Wahrscheinlichkeitsfunktion $\text{Prob}[D = d]$ und die dazu korrespondierende Verteilungsfunktion $F_D(d) = \text{Prob}[D \leq d]$ in Tabelle 7.1, siehe auch Abbildung 7.1. Dort können Sie z. B. ablesen, dass die Wahrscheinlichkeit einer Nachfrage von maximal zwei Mengeneinheiten 60% beträgt, weil mit der Wahrscheinlichkeit von 10% nichts nachgefragt wird, jedoch mit einer Wahrscheinlichkeit von 20% eine Nachfrage von einer Mengeneinheit und mit einer Wahrscheinlichkeit von 30% eine von zwei Mengeneinheiten auftritt. Über eine derartige Zufallsvariable lässt sich also die Zufälligkeit der Nachfrage formal beschreiben.

Wenn wir nun q Mengeneinheiten beschaffen und die Nachfrage durch die Zufallsvariable D beschreiben, so tritt eine ebenfalls zufällige Fehlmenge $F = F(q)$ auf, die positiv ist, wenn die Nachfrage D die Beschaffungsmenge q überschreitet:

$$F = F(q) = \max(D - q, \ 0) \tag{7.1}$$

Andererseits kann auch eine zufällige positive Restmenge $R = R(q)$ auftreten, wenn die Nachfrage D kleiner ist als q:

$$R = R(q) = \max(q - D, \ 0) \tag{7.2}$$

7.2 Modellierung von Nachfrage, Fehlmenge und Restmenge

Wenn die Nachfrage nur nicht-negative ganzzahlige Werte annehmen kann, so berechnet sich der Erwartungswert der Fehlmenge E[F(q)] in Abhängigkeit der Beschaffungsmenge q zu

$$\mathrm{E}[F(q)] = \sum_{d=0}^{\infty} \max(d-q,\ 0) \cdot \mathrm{Prob}[D=d] = \sum_{d=q}^{\infty} (d-q) \cdot \mathrm{Prob}[D=d] \qquad (7.3)$$

und ganz analog auch der Erwartungswert der Restmenge E[R(q)] zu

$$\mathrm{E}[R(q)] = \sum_{d=0}^{\infty} \max(q-d,\ 0) \cdot \mathrm{Prob}[D=d] = \sum_{d=0}^{q} (q-d) \cdot \mathrm{Prob}[D=d]. \qquad (7.4)$$

Für unsere Wahrscheinlichkeitsfunktion Prob[D = d] in Abbildung 7.1 erhalten wir bei einer beispielhaft betrachteten Beschaffungsmenge $q = 2$ die folgenden Erwartungswerte der Fehlmenge E[F(2)] sowie der Restmenge E[R(2)]:

$$\mathrm{E}[F(2)] = (2-2) \cdot 0{,}3 + (3-2) \cdot 0{,}2 + (4-2) \cdot 0{,}1 + (5-2) \cdot 0{,}1 = 0{,}7$$
$$\mathrm{E}[R(2)] = (2-0) \cdot 0{,}1 + (2-1) \cdot 0{,}2 + (2-2) \cdot 0{,}3 = 0{,}4$$

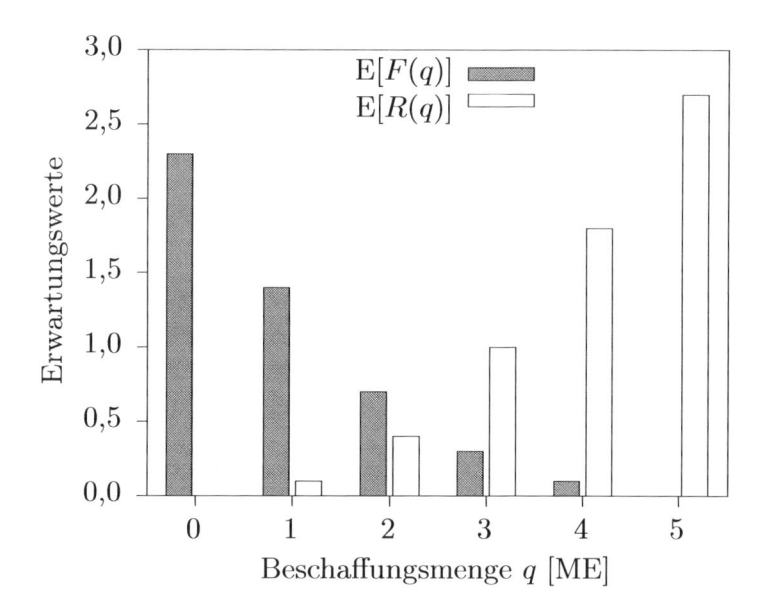

Abbildung 7.2: Erwartungswerte von Fehlmengen und Restmengen in Abhängigkeit der Beschaffungsmenge

Abbildung 7.2 zeigt die Erwartungswerte der Fehlmengen sowie der Restmengen für Beschaffungsmengen q von 0 bis 5. Aus Tabelle 7.1 ergibt sich, dass der Erwartungswert der Nachfrage $\mathrm{E}[D] = 0{,}1 \cdot 0 + 0{,}2 \cdot 1 + 0{,}3 \cdot 2 + 0{,}2 \cdot 3 + 0{,}1 \cdot 4 + 0{,}1 \cdot 5 = 2{,}3$ Mengeneinheiten beträgt. Beschafft man nichts, so ist der Erwartungswert der Fehlmenge gleich 2,3 Mengeneinheiten, beschafft man 5 Mengeneinheiten, so ist der Erwartungswert der Restmenge $5 - 2{,}3 = 2{,}7$ Mengeneinheiten. In jedem Fall gilt die Beziehung

$$\mathrm{E}[D] - q = \mathrm{E}[F(q)] - \mathrm{E}[R(q)], \qquad (7.5)$$

die es uns sehr einfach macht, die erwartete Restmenge E[R(q)] zu bestimmen, wenn wir die erwartete Fehlmenge E[F(q)] erst einmal berechnet haben, vgl. zum Beweis Anhang D.7 auf S. 398.

Bislang sind wir davon ausgegangen, dass wir die Nachfrage über eine nicht-negative diskrete Zufallsvariable abbilden. Häufig verwendet man zur Abbildung der Nachfrage die Normalverteilung. Das kann u. a. aus den beiden folgenden Gründen sinnvoll sein:

1. Die Gesamtnachfrage kann sich als Summe einer großen Zahl von unabhängigen Einzelnachfragen mit ähnlichen oder identischen Verteilungsfunktionen ergeben. Diese Summe folgt dann nach dem *zentralen Grenzwertsatz* der Normalverteilung.

2. Zur Prognose der Nachfrage wird ein mathematisches Prognosemodell verwendet, dessen Prognosefehler (idealerweise) der Normalverteilung folgt.

Aus diesem Grund betrachten wir nun die Berechnung des erwarteten Fehlbestands sowie des Restbestands für den Fall einer normalverteilten Nachfrage. Eine normalverteilte Zufallsvariable D mit Erwartungswert μ_D und Standardabweichung σ_D besitzt die Dichtefunktion

$$f_D(d) = \frac{1}{\sigma_D \sqrt{2 \cdot \pi}} \cdot e^{-\frac{1}{2}\left(\frac{d-\mu_D}{\sigma_D}\right)^2} \tag{7.6}$$

und die Verteilungsfunktion

$$F_D(d) = \text{Prob}[D \leq d] = \int_{y=-\infty}^{d} \frac{1}{\sigma_D \sqrt{2 \cdot \pi}} \cdot e^{-\frac{1}{2}\left(\frac{y-\mu_D}{\sigma_D}\right)^2} dy. \tag{7.7}$$

Für den Fall eines Erwartungswertes $\mu_D = 100$ und einer Standardabweichung $\sigma_D = 20$ zeigt Abbildung 7.3 die Dichtefunktion $f_D(d)$ und Abbildung 7.4 die Verteilungsfunktion $F_D(d) = \text{Prob}[D \leq d]$.

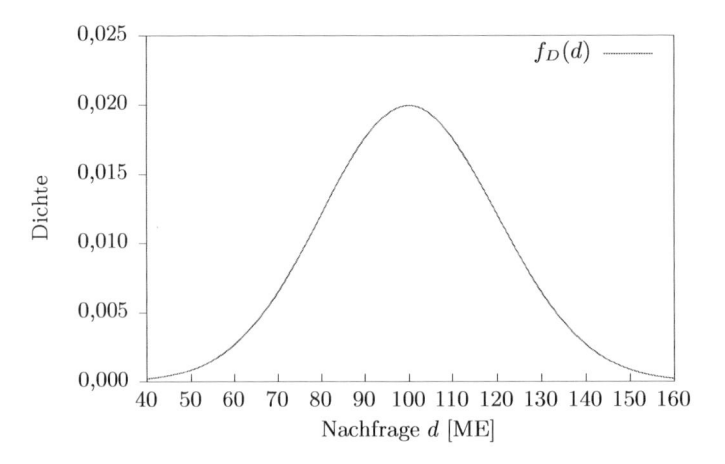

Abbildung 7.3: Dichtefunktion einer Normalverteilung mit Erwartungswert 100 und Standardabweichung 20

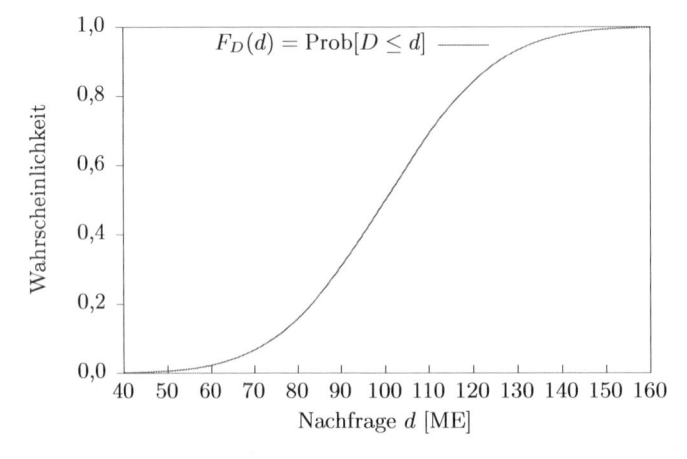

Abbildung 7.4: Verteilungsfunktion einer Normalverteilung mit Erwartungswert 100 und Standardabweichung 20

7.2 Modellierung von Nachfrage, Fehlmenge und Restmenge

Für eine beliebige stetige Verteilung (und damit auch für die Normalverteilung) ist der Erwartungswert der Fehlmenge analog zu Gleichung (7.3) definiert als

$$\mathrm{E}[F(q)] = \int_{d=-\infty}^{\infty} \max(d-q,\ 0) \cdot f_D(d)\delta d = \int_{d=q}^{\infty} (d-q) \cdot f_D(d)\delta d \tag{7.8}$$

und die erwartete Restmenge analog zu Gleichung (7.4)

$$\mathrm{E}[R(q)] = \int_{d=-\infty}^{\infty} \max(q-d,\ 0) \cdot f_D(d)\delta d = \int_{d=-\infty}^{d=q} (q-d) \cdot f_D(d)\delta d. \tag{7.9}$$

Die erwartete Restmenge $\mathrm{E}[R(q)]$ können wir auch hier wieder alternativ über die Beziehung (7.5) bestimmen, sofern wir die erwartete Fehlmenge $\mathrm{E}[F(q)]$ bestimmt haben.

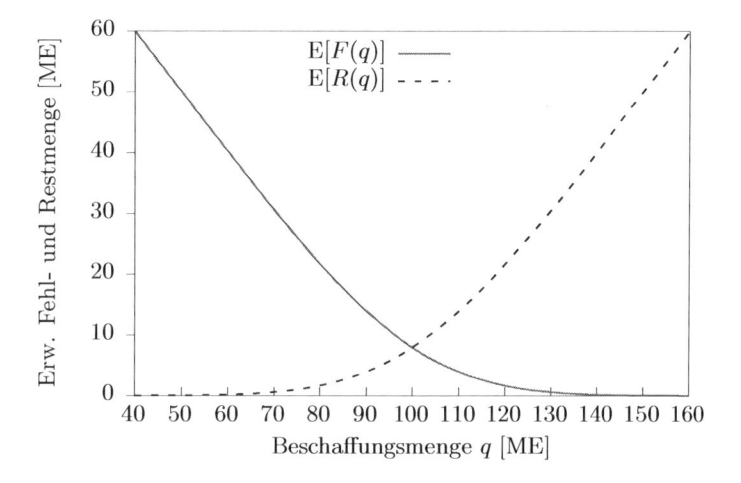

Abbildung 7.5: Erwartungswerte $\mathrm{E}[F(q)]$ und $\mathrm{E}[R(q)]$ von Fehl- und Restmenge bei normalverteilter Nachfrage mit Erwartungswert 100 und Standardabweichung 20

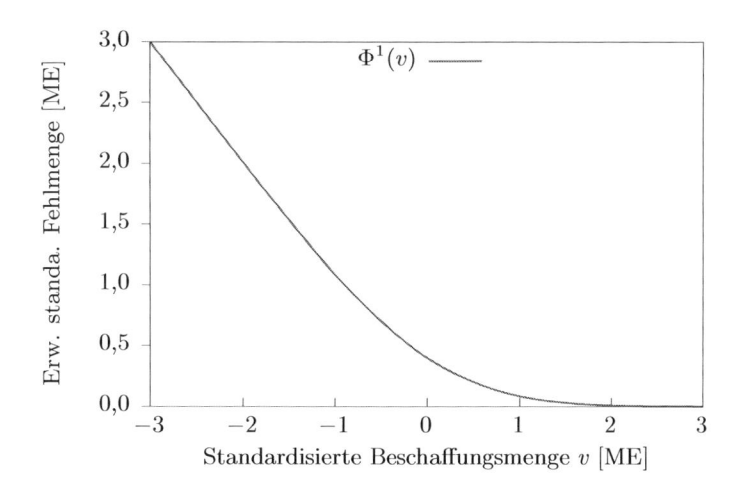

Abbildung 7.6: Standardisierte Verlustfunktion

Schauen wir uns zunächst in Abbildung 7.5 einmal an, wie die Funktionen der erwarteten Fehl- und Restmengen überhaupt aussehen. Ist bei einer normalverteilten Nachfrage mit Erwartungswert von 100 und Standardabweichung von 20 die beschaffte Menge gleich 40, so liegen die erwartete Fehlmenge bei 60 und die erwartete Restmenge bei Null. Bei einer beschafften Menge von 160 Einheiten ist es offenbar genau umgekehrt. Beschafft man genau jene 100 Mengeneinheiten, die dem erwarteten Bedarf $\mathrm{E}[D]$ entsprechen, so sind die erwartete Fehlmenge und die erwartete Restmenge gleich groß und beide größer als Null. Beide steigen mit zunehmender Standardabweichung der Nachfrage D: Wäre die Standardabweichung σ_D der Nachfrage gleich 0, so hätte man bei einer Beschaffungsmenge von 100 Mengeneinheiten weder eine Rest- noch eine Fehlmenge und das Problem existierte nicht. Im Fall einer unsicheren Nachfrage ist deren Standardabweichung aber größer als Null. Prinzipiell zeigen offenbar die Abbildungen 7.2 und 7.5 einen sehr ähnlichen Verlauf. In Anhang D.5 ab S. 396 zeigen wir, dass der Erwartungswert der Fehlmenge $\mathrm{E}[F(q)]$ bei normalverteilter Nachfrage D gemäß der Beziehung

$$\mathrm{E}[F(q)] = \sigma_D \cdot \Phi^1\left(\frac{q - \mu_D}{\sigma_D}\right) \tag{7.10}$$

über die sogenannte *standardisierte Verlustfunktion* $\Phi^1(v)$ berechnet werden kann.[4] Deren Werte liegen in Anhang D.4 auf S. 393ff. in tabellierter Form vor, den Verlauf der Funktion zeigt Abbildung 7.6. Beachten Sie die Ähnlichkeit mit Abbildung 7.5 für den Fall der nicht standardisierten Verlustfunktion.

Beispiel zur Rechnung bei normalverteilter Nachfrage

Die Nachfrage D nach einem Gut sei normalverteilt mit Erwartungswert $\mathrm{E}[D] = \mu_D = 100$ ME und Standardabweichung $\sigma_D = 20$ ME. Wie groß ist jeweils der Erwartungswert der Fehlmenge und der Restmenge, wenn die Beschaffungsmenge $q = 120$ ME beträgt?

Wenn die Nachfrage D normalverteilt ist mit Erwartungswert μ_D und Standardabweichung σ_D, dann ist sie über die Transformationsbeziehung

$$D = \sigma_D \cdot X + \mu_D \tag{7.11}$$

mit der standard-normalverteilten Zufallsvariablen X (s. Anhang D.3) verknüpft. Entsprechend ist dann auch die Beschaffungsmenge q über die Transformationsbeziehung

$$q = \sigma_D \cdot v + \mu_D \tag{7.12}$$

mit der standardisierten Beschaffungsmenge v verknüpft. Die standardisierte Beschaffungsmenge v berechnet sich im konkreten Fall damit zu

$$v = \frac{q - \mu_D}{\sigma_D} = \frac{120 - 100}{20} = 1. \tag{7.13}$$

Der Wert der Verlustfunktion $\Phi^1(v)$ an der Stelle $v = 1$ ist laut Tabelle in Anhang D.4 näherungsweise $\Phi^1(1) = 0{,}083315$. Damit ergibt sich für die erwartete Fehlmenge

$$\begin{aligned}\mathrm{E}[F(q)] &= \sigma_D \cdot \Phi^1(v) = \sigma_D \cdot \Phi^1\left(\frac{q - \mu_D}{\sigma_D}\right) = \sigma_D \cdot \Phi^1(1) \\ &= 20 \cdot 0{,}083315 = 1{,}6663\end{aligned} \tag{7.14}$$

und für die erwartete Restmenge

$$\mathrm{E}[R(q)] = \mathrm{E}[F(q)] - \mathrm{E}[D] + q = 21{,}6663. \tag{7.15}$$

---

[4] In der Literatur finden Sie auch den gleichbedeutenden Begriff der „*Verlustfunktion erster Ordnung*".

7.3 Minimierung der erwarteten Kosten

Wenn man sowohl zu viel als auch zu wenig beschaffen kann und beides unerwünscht ist, so kann man dies in einer Kostenfunktion dadurch zum Ausdruck bringen, dass man für die zu viel beschaffte Menge einen Kostensatz c_o („over") und für die zu wenig beschaffte Menge einen Kostensatz c_u („under") einführt.

Stellen wir uns vor, der Zeitungsjunge könnte morgens eine Zeitung zum Einkaufspreis $c = 1$ Geldeinheit kaufen und sein Verkaufspreis bzw. Erlös pro verkaufter Zeitung betrage $p = 5$ Geldeinheiten. Jede zu viel gekaufte Zeitung, die er abends wegwerfen muss, kostet ihn also $c_o = c = 1$ Geldeinheiten, jede zu wenig gekaufte Zeitung, die er hätte verkaufen können, kostet ihn somit (im Sinne der Opportunitätskosten der entgangenen Gelegenheit) $c_u = p - c = 5 - 1 = 4$ Geldeinheiten.

Wir unterstellen zunächst, dass der Zeitungsjunge *risikoneutral* ist. Dann orientiert er sich bei einer Entscheidung unter Risiko *ausschließlich* an den *Erwartungswerten* seiner Zielgröße, hier des Gewinns als Erlös aus dem Verkauf der Zeitungen abzüglich der Kosten für deren Beschaffung. Die Auswirkungen seiner Entscheidung auf *Schwankungsmaße* seiner Zielgröße wie die Standardabweichung, die Varianz oder den Variationskoeffizienten *ignoriert* ein risikoneutraler Entscheidungsträger hingegen. Allgemein lautet die Funktion der erwarteten Kosten

$$\mathrm{E}[K(q)] = c_u \cdot \mathrm{E}[F(q)] + c_o \cdot \mathrm{E}[R(q)] = (p-c) \cdot \mathrm{E}[F(q)] + c \cdot \mathrm{E}[R(q)]. \qquad (7.16)$$

In Tabelle 7.1 auf S. 162 sowie Abbildung 7.1 haben wir bereits das Beispiel einer diskret verteilten Nachfrage mit möglichen Ausprägungen von 0 bis 5 betrachtet. Abbildung 7.2 auf S. 163 zeigt für Beschaffungsmengen zwischen 0 und 5 die korrespondierenden Erwartungswerte von Fehl- und Restmenge. Wenn wir diese mit den Kostensätzen $c_u = p - c = 4$ Geldeinheiten und $c_o = c = 1$ Geldeinheit bewerten, so erhalten wir die diskrete Kostenfunktion in Abbildung 7.7. Wir erkennen hier, dass die Beschaffung von drei wie auch die von vier Mengeneinheiten zu den minimalen erwarteten Kosten führt.

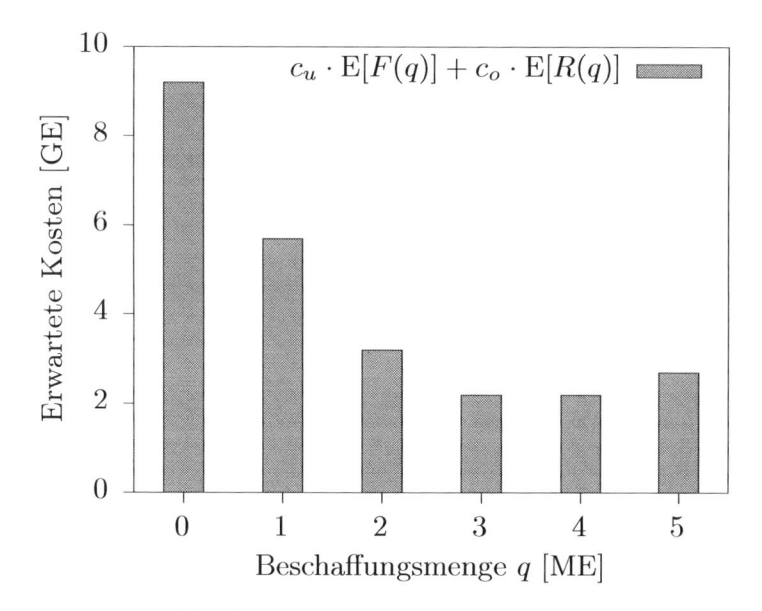

Abbildung 7.7: Diskrete Kostenfunktion

Im Fall einer diskreten Kostenfunktion kann man das Kostenminimum dadurch ermitteln, dass man von einer Beschaffungsmenge von Null ausgehend diese solange um eine Einheit vergrößert, wie dadurch die erwarteten Kosten sinken. Es kann dabei wie in Abbildung 7.7 gezeigt der Fall auftreten, dass *mehrere* benachbarte Beschaffungsmengen auf das identische Kostenminimum führen, hier für die Beschaffung von drei sowie von vier Mengeneinheiten.

Wenden wir uns nun wieder dem Fall einer normalverteilten Nachfrage mit Erwartungswert $\mu_D = 100$ und Standardabweichung $\sigma_D = 20$ zu. In Abbildung 7.5 haben wir bereits den Verlauf der erwarteten Fehl- und der Restmenge betrachtet. Bewerten wir auch hier diese Erwartungswerte wieder mit den Kostensätzen $c_u = p - c = 4$ Geldeinheiten und $c_o = c = 1$ Geldeinheit, so erhalten wir die Kostenfunktion in Abbildung 7.8, die der in Abbildung 7.7 hinsichtlich ihres Verlaufs offenbar sehr ähnlich sieht.

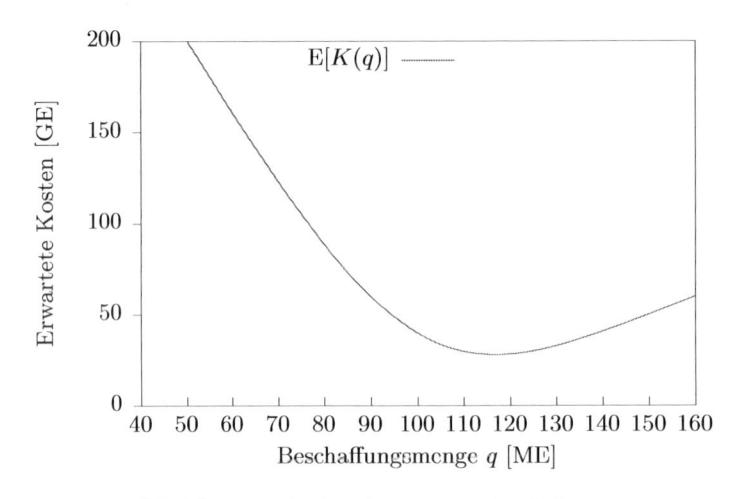

Abbildung 7.8: Stetige Kostenfunktion

Auch im Fall einer stetigen Nachfrageverteilung gibt es offenbar eine Beschaffungsmenge q^*, welche die erwarteten Kosten minimiert. Die Bedingung für deren Berechnung lautet folgendermaßen:

$$\text{Prob}[D \leq q^*] = \frac{c_u}{c_o + c_u} = \frac{p-c}{c+p-c} = \frac{p-c}{p} \tag{7.17}$$

In Anhang D.6 auf S. 397ff. können Sie eine ausführliche Herleitung dieser Bedingung für die kostenminimale Beschaffungs- oder Bestellmenge q^* nachlesen, wenn Sie Freude an Differential- und Integralrechnung haben.[5] Man kann zur Ermittlung der kostenminimalen Beschaffungsmenge q^* allerdings auch einen eher intuitiven *marginalanalytischen Zugang* finden, der im Folgenden dargestellt wird.

Aus der *mikroökonomischen Theorie* der Unternehmung kennen Sie nun (hoffentlich) bereits den Gedanken, dass zum Zweck der Gewinnmaximierung eine ökonomische Aktivität bis zu jenem Punkt ausgedehnt wird, an dem die *Grenz*kosten der Aktivität ihren *Grenz*erlösen entsprechen. Dann kann man sich weder dadurch verbessern, dass man die Aktivität ausweitet, noch dadurch, dass man sie reduziert.

Im Fall des Zeitungsjungen ist die ökonomische Aktivität die Beschaffung von Zeitungen mit einer Beschaffungsmenge q. Die *Grenz*kosten des Zeitungsjungen entsprechen dem Einkaufspreis c. Seine *erwarteten Grenz*erlöse sind offenbar das Produkt aus dem Verkaufspreis p und der Wahrscheinlichkeit $\text{Prob}[D \geq q]$ dafür, die letzte der beschafften Zeitungen auch verkaufen zu können, weil die Nachfrage größer ist als die Beschaffungsmenge. Also führt das marginalanalytische Optimierungskalkül „Grenzkosten = (erwarteter) Grenzerlös" auf den folgenden Ansatz:

$$c = p \cdot \text{Prob}[D \geq q^*] \tag{7.18}$$

Für die Berechnung des Erwartungswerts des *Grenz*erlöses $p \cdot \text{Prob}[D \geq q^*]$ bei einer Beschaffungsmenge q^* benötigen wir also die Wahrscheinlichkeit $\text{Prob}[D \geq q^*]$, dass die zufällige Nachfrage D die Beschaffungsmenge zumindest erreicht. Dann kann auch die letzte der q^*

---

[5] Vgl. Tempelmeier (2012, Abschnitt C.2.1.1 sowie Anhang 4).

7.3 Minimierung der erwarteten Kosten

Zeitungen verkauft werden. In den folgenden Umformungsschritten wird diese Wahrscheinlichkeit durch die Wahrscheinlichkeit $\text{Prob}[D \leq q^*] = 1 - \text{Prob}[D \geq q^*]$ ihres Gegenereignisses ausgedrückt und es wird nach dieser aufgelöst.

$$c = p \cdot \text{Prob}[D \geq q^*]$$
$$\Leftrightarrow \quad \frac{c}{p} = 1 - \text{Prob}[D \leq q^*]$$
$$\Leftrightarrow \quad \text{Prob}[D \leq q^*] = 1 - \frac{c}{p} = \frac{p-c}{p} \quad (7.19)$$

Nun setzen wir wieder $c_o = c$ als Kostensatz der Überbeschaffung und $c_u = p - c$ als Kostensatz der Unterbeschaffung und lösen die entstehende Bedingung nach der optimalen Beschaffungsmenge q^* auf:

$$\text{Prob}[D \leq q^*] = \frac{p-c}{p}$$
$$\Leftrightarrow \quad \text{Prob}[D \leq q^*] = \frac{c_u}{c_o + c_u} \quad (7.20)$$
$$\Leftrightarrow \quad F_D(q^*) = \frac{c_u}{c_o + c_u}$$
$$\Leftrightarrow \quad q^* = F_D^{-1}\left(\frac{c_u}{c_o + c_u}\right) \quad (7.21)$$

Das Verhältnis $\frac{c_u}{c_o+c_u}$ wird vielfach auch als „kritisches Verhältnis" bezeichnet. Die optimale Beschaffungsmenge q^* ist also offenbar dadurch gekennzeichnet, dass die Wahrscheinlichkeit $\text{Prob}[D \leq q^*]$ für eine Nachfrage D in Höhe von maximal q^* gerade $\frac{c_u}{c_o+c_u}$ beträgt. Im Folgenden nehmen wir eine normalverteilte Nachfrage mit Erwartungswert μ_D und Standardabweichung σ_D an. Die Zufallsvariable $D \sim N(\mu_D, \sigma_D)$ ist mit der standardnormalverteilten Zufallsvariablen $X \sim N(0, 1)$ über die lineare Transformationsbeziehung

$$D = \sigma_D \cdot X + \mu_D \quad (7.22)$$

verknüpft. Substituieren wir in Gleichung (7.20) nun gemäß Gleichung (7.22) die Zufallsvariable D für die Nachfrage durch $\sigma_D \cdot X + \mu_D$, so erhalten wir schließlich über einige Umformungen eine Gleichung zur Bestimmung der optimalen Beschaffungsmenge q^*:

$$\text{Prob}[D \leq q^*] = \frac{c_u}{c_o + c_u}$$
$$\Leftrightarrow \quad \text{Prob}[\sigma_D \cdot X + \mu_D \leq q^*] = \frac{c_u}{c_o + c_u}$$
$$\Leftrightarrow \quad \text{Prob}\left[X \leq \frac{q^* - \mu_D}{\sigma_D}\right] = \frac{c_u}{c_o + c_u}$$
$$\Leftrightarrow \quad F_X\left(\frac{q^* - \mu_D}{\sigma_D}\right) = \frac{c_u}{c_o + c_u}$$
$$\Leftrightarrow \quad \frac{q^* - \mu_D}{\sigma_D} = F_X^{-1}\left(\frac{c_u}{c_o + c_u}\right)$$
$$\Leftrightarrow \quad q^* = \sigma_D \cdot F_X^{-1}\left(\frac{c_u}{c_o + c_u}\right) + \mu_D \quad (7.23)$$

Zu Bestimmung der Beschaffungsmenge q^* über die Formel (7.23) müssen wir also die folgenden Schritte durchlaufen:[6]

---
[6] Beachten Sie die formale Analogie zur Bestimmung eines optimalen Schutzlimits in der Kapazitätssteuerung bei der Buchungsannahme in Formel (6.17) auf S. 153.

1. Bestimmung der Wahrscheinlichkeit $\frac{c_u}{c_o+c_u}$.

2. Ermittlung jenes Wertes $F_X^{-1}\left(\frac{c_u}{c_o+c_u}\right)$, der in der Verteilungsfunktion einer *standardnormalverteilten* Zufallsvariablen X zur Wahrscheinlichkeit $\frac{c_u}{c_o+c_u}$ korrespondiert.[7]

3. Multiplikation dieses Wertes $F_X^{-1}\left(\frac{c_u}{c_o+c_u}\right)$ mit der Standardabweichung σ_D und Addition des Erwartungswertes μ_D.

Beispiel zur Minimierung der erwarteten Kosten

Der Erwartungswert der normalverteilten Nachfrage sei $\mu_D = 100$ und die Standardabweichung betrage $\sigma_D = 20$. Der Kostensatz für Fehlmengen sei $c_u = 4$ Geldeinheiten, der für Restmengen $c_o = 1$ Geldeinheit. Welche Beschaffungsmenge q^* minimiert die Kosten und wie groß sind bei dieser Menge die erwartete Fehlmenge, die erwartete Restmenge und die erwarteten Kosten?

Für das kritische Verhältnis finden wir

$$\frac{c_u}{c_o+c_u} = \frac{4}{1+4} = 0{,}8$$

und dazu über die Tabelle in Anhang D.3 auf S. 390ff.

$$F_X^{-1}\left(\frac{c_u}{c_o+c_u}\right) = F_X^{-1}(0{,}8) \approx 0{,}84.$$

Somit ist die standardisierte Beschaffungsmenge $v = 0{,}84$. Damit erhalten wir im Kostenminimum die (nicht standardisierte) Beschaffungsmenge

$$q^* = \sigma_D \cdot F_X^{-1}\left(\frac{c_u}{c_o+c_u}\right) + \mu_D \approx 20 \cdot 0{,}84 + 100 = 116{,}8.$$

Für die Ermittlung der erwarteten Fehlmenge im Kostenminimum verwenden wir die eben ermittelte standardisierte Beschaffungsmenge

$$v = \frac{q - \mu_D}{\sigma_D} = \frac{116{,}8 - 100}{20} = 0{,}84.$$

Der Wert der Verlustfunktion $\Phi^1(v)$ an der Stelle $v = 0{,}84$ ist laut Tabelle in Anhang D.4 näherungsweise $\Phi^1(0{,}84) = 0{,}111962$. Damit ergibt sich für die erwartete Fehlmenge

$$E[F(q)] \approx \sigma_D \cdot \Phi^1(v) = \sigma_D \cdot \Phi^1(0{,}84)$$
$$= 20 \cdot 0{,}111962 = 2{,}23924$$

und für die erwartete Restmenge

$$E[R(q)] \approx E[F(q)] - E[D] + q$$
$$= 2{,}23924 - 100 + 116{,}8 = 19{,}03924$$

sowie für die erwarteten Kosten

$$K(q) = c_u E[F(q)] + c_o E[R(q)]$$
$$\approx 4 \cdot 2{,}23934 + 1 \cdot 19{,}03924 = 27{,}9966.$$

---

[7] Siehe dazu die Tabelle in Anhang D.3 auf S. 390.

7.4 Verwendung von Servicegrad-Maßen

Wenn die Nachfrage D nach einem Gut unsicher ist, so können je nach Beschaffungsmenge q offenbar stochastische Fehlmengen $F(q)$ auftreten. In Kapitel 7.3 zur Kostenminimierung im Zeitungsjungenproblem haben wir gesehen, dass wir diese durch Verwendung eines Kostensatzes c_u für den Erwartungswert der Fehlmengen begrenzen können. In vielen Fällen ist es jedoch sehr schwer, entscheidungstheoretisch korrekt begründete Kostensätze c_u anzugeben. Stellen Sie sich z. B. vor, dass nicht bediente Kunden sich für ihren nächsten Einkauf einen anderen Lieferanten suchen. Den dadurch entstehenden Schaden kann man kaum objektiv bemessen.

Hier hilft man sich gerne durch eine Servicegradrestriktion, welche durch die zu ermittelnde Menge q eingehalten werden soll. Aus den verschiedenen denkbaren und in der Literatur diskutierten Servicegrad-Maßen betrachten wir zwei im Folgenden genauer:

Mit dem sogenannten α-**Servicegrad** wird die Wahrscheinlichkeit angegeben, dass *keine* Fehlmenge auftritt:

$$\alpha = \text{Prob}[D \leq q] = F_D(q) \qquad (7.24)$$

Daraus können wir die (Mindest-)Menge bestimmen zu

$$q = F_D^{-1}(\alpha). \qquad (7.25)$$

Nun sagt eine bekannte Wahrscheinlichkeit dafür, dass keine Fehlmenge auftritt, noch nichts darüber aus, wie groß denn der Erwartungswert jener Fehlmenge ist, insbesondere als relative Größe bezogen auf die Nachfrage. Genau dieses Verhältnis wird durch den β-**Servicegrad** abgebildet, der angibt, wie groß der Anteil der Nachfrage ist, der (sofort) befriedigt werden kann:

$$\beta = 1 - \frac{\text{E}[F(q)]}{\text{E}[D]} = 1 - \frac{\text{E}[F(q)]}{\mu_D} \qquad (7.26)$$

Die Vorstellung, dass zur sofortigen Befriedigung der Nachfrage nur „ins Regal gegriffen" werden muss, hat zu der englischsprachigen Bezeichnung "fill rate" für den β-Servicegrad geführt.

Wie der Zusammenhang zwischen dem α- und dem β-Servicegrad aussieht, hängt vom Typ der Verteilungsfunktion der zufälligen Nachfrage D ab.

Beispiel zum α- und β-Servicegrad

Der Erwartungswert der normalverteilten Nachfrage sei $\mu_D = 100$ und die Standardabweichung sei $\sigma_D = 20$. Welche Beschaffungsmenge q führt zu einem α-Servicegrad von 97%, welche zu einem β-Servicegrad von ebenfalls 97%?

Zunächst betrachten wir den α-Servicegrad. Wie zuvor gehen wir den Weg über die Transformationsbeziehung

$$D = \sigma_D \cdot X + \mu_D \qquad (7.27)$$

zur standardnormalverteilten Zufallsvariable X:

$$\text{Prob}[D \leq q_\alpha] = \alpha$$
$$\Leftrightarrow \text{Prob}[\sigma_D \cdot X + \mu_D \leq q_\alpha] = \alpha$$
$$\Leftrightarrow \text{Prob}\left[X \leq \frac{q_\alpha - \mu_D}{\sigma_D}\right] = \alpha$$
$$\Leftrightarrow F_X\left(\frac{q_\alpha - \mu_D}{\sigma_D}\right) = \alpha$$
$$\Leftrightarrow \frac{q_\alpha - \mu_D}{\sigma_D} = F_X^{-1}(\alpha)$$
$$\Leftrightarrow q_\alpha = \sigma_D \cdot F_X^{-1}(\alpha) + \mu_D \tag{7.28}$$

Wir finden über die Tabelle in Anhang D.3 für die Beziehung $F_X^{-1}(\alpha) = v$ zwischen dem Servicegrad α und der standardisierten Beschaffungsmenge v die korrespondierenden Wertepaare

$$F_X^{-1}(0{,}969946) = 1{,}88 \quad \text{sowie}$$
$$F_X^{-1}(0{,}970621) = 1{,}89.$$

Mit einer standardisierten Beschaffungsmenge v von 1,88 würden wir also den angestrebten α-Servicegrad von 97% knapp verfehlen. Wir wählen daher mit 1,89 die kleinstmögliche standardisierte Beschaffungsmenge aus der Tabelle, mit der wir angestrebten α-Servicegrad definitiv erreichen. Damit erhalten wir die uns interessierende nicht-standardisierte Beschaffungsmenge

$$q_\alpha = \sigma_D \cdot F_X^{-1}(\alpha) + \mu_D \approx 20 \cdot 1{,}89 + 100 = 137{,}8.$$

Nun ermitteln wir jene Menge, die zu einem β-Servicegrad von 97% führt. Dazu gehen wir in mehreren Schritten vor: Zunächst ermitteln wir die (gerade noch) zulässige erwartete Fehlmenge zu einem β-Servicegrad von 97%. Aus

$$\beta = 1 - \frac{\mathrm{E}[F(q)]}{\mathrm{E}[D]} = 1 - \frac{\mathrm{E}[F(q)]}{\mu_D}$$

folgt unmittelbar

$$\mathrm{E}[F(q)] = (1 - \beta)\mathrm{E}[D] = (1 - 0{,}97) \cdot 100 = 0{,}03 \cdot 100 = 3.$$

Nun ist bekanntlich gemäß (7.10) bzw. Anhang D.5 auf S. 396ff. der Erwartungswert der Fehlmenge $\mathrm{E}[F(q)]$ mit der Verlustfunktion erster Ordnung $\Phi^1(v)$ durch die Beziehung

$$\mathrm{E}[F(q)] = \sigma_D \cdot \Phi^1\left(\frac{q - \mu_D}{\sigma_D}\right) = \sigma_D \cdot \Phi^1(v)$$

verbunden, über die wir durch Umformung auf den zulässigen Wert der Verlustfunktion schließen können:

$$\Phi^1(v) = \frac{\mathrm{E}[F(q)]}{\sigma_D} = \frac{3}{20} = 0{,}15$$

Der Tabelle für die Verlustfunktion erster Ordnung in Anhang D.4 auf S. 393ff. entnehmen wir, dass sich für eine standardisierte Beschaffungsmenge v von 0,67 ein standardisierter Fehlmengenerwartungswert $\Phi^1(v)$ von 0,150280 einstellt. Damit würde der angestrebte β-Servicegrad also knapp verfehlt. Die nächstgrößere standardisierte Beschaffungsmenge v von 0,68 führt jedoch auf eine hinreichend kleine standardisierte Fehlmenge $\Phi^1(v)$ von 0,147781, mit der der angestrebte β-Servicegrad tatsächlich erreicht wird. Aus der Beziehung für die normalisierte Beschaffungsmenge v finden wir unmittelbar mit

$$q_\beta = \sigma_D v + \mu_D = 0{,}68 \cdot 20 + 100 = 113{,}6$$

jene (nicht normalisierte) Beschaffungsmenge q_β, die auf den vorgegebenen β-Servicegrad führt.

7.4 Verwendung von Servicegrad-Maßen

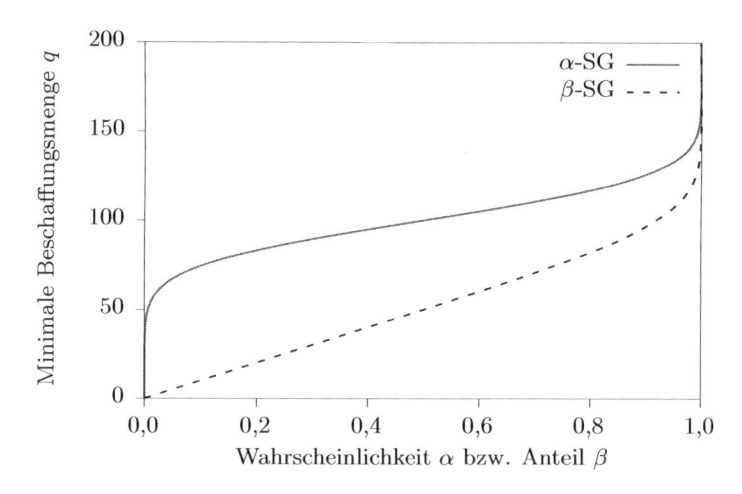

Abbildung 7.9: Beschaffungsmenge für vorgegebene Servicegrade

In dem gerade betrachteten Beispiel konnten wir erkennen, dass es einen großen Unterschied machen kann, ob die Prozentangabe eines Servicegradmaßes sich auf den α- oder den β-Servicegrad bezieht. Für den Fall einer normalverteilten Nachfrage mit Erwartungswert $\mu_D = 100$ und Standardabweichung $\sigma_D = 20$ zeigt Abbildung 7.9 die erforderlichen Beschaffungsmengen für vorgegebene α- bzw. β-Servicegradmaße.

Betrachtet man für den Fall einer normalverteilten Nachfrage den Zusammenhang zwischen den beiden Servicegradmaßen genauer, so zeigt sich, dass dieser Zusammenhang vom Variationskoeffizienten der Nachfrage abhängt, also dem Verhältnis $c_D = \frac{\sigma_D}{\mu_D}$ der Standardabweichung der Nachfrage zu deren Erwartungswert.

Abbildung 7.10 zeigt diesen Zusammenhang für verschiedene Variationskoeffizienten der Nachfrage. Liegt bei einer normalverteilten Nachfrage der Variationskoeffizient der Nachfrage bei 0,1, was auf relativ geringe Schwankungen der Nachfrage hindeutet, so entspricht ein α-Servicegrad in Höhe von 10% derselben Lieferfähigkeit wie ein β-Servicegrad von über 80%. Andererseits entspricht ein α-Servicegrad von 90% für die betrachteten Variationskoeffizienten der Nachfrage einem β-Servicegrad von über 90%.

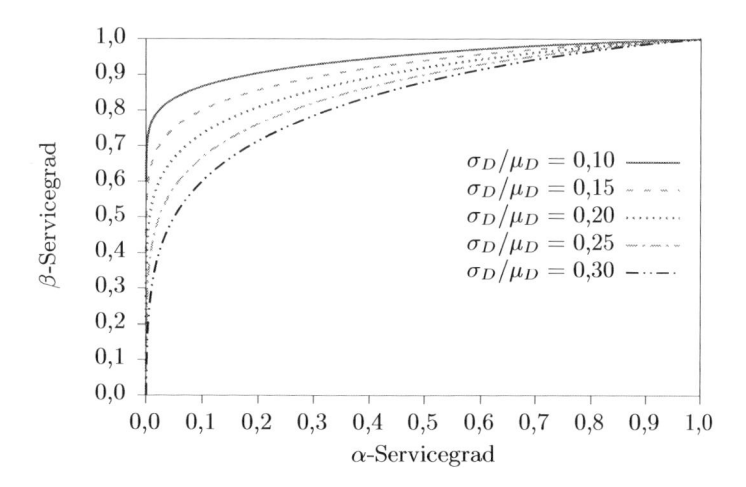

Abbildung 7.10: Korrespondierende Servicegrade für unterschiedliche Variationskoeffizienten $\frac{\sigma_D}{\mu_D}$ der Nachfrage

Offensichtlich ist es also entscheidend zu wissen, von welchem Servicegradmaß die Rede ist. Sollte Ihnen einmal jemand berichten, sein Lager weise einen Servicegrad von „X Prozent" auf, so fragen Sie ruhig einmal, wie dieser Servicegrad denn genau berechnet werde. Es kann gut sein, dass Sie die lustigsten Antworten erhalten.

7.5 Optimierung der Beschaffungsmenge mit einem Szenarioansatz

In Abschnitt 7.3 haben wir gesehen, dass es prinzipiell möglich sein kann, eine Beschaffungsmenge q so zu bestimmen, dass angesichts einer zufälligen und durch eine Zufallsvariable D modellierten Nachfrage die erwarteten Kosten der Über- sowie der Unterbeschaffung in der Summe minimal sind. Aus einer marginalanalytischen Optimalitätsbedingung kamen wir mit der Gleichung (7.21) auf eine geschlossene Berechnungsvorschrift für die Beschaffungsmenge q^*, die zum Kostenminimum führt. Wir konnten diese explizit ermitteln, weil es keine komplizierten Nebenbedingungen gab.

Oftmals muss man aber mit solchen Nebenbedingungen umgehen, die beispielsweise die Beschaffungsmengen verschiedener Produkte oder über verschiedene Perioden hinweg miteinander verknüpfen, beispielsweise aufgrund von Mengenrabatten in der Beschaffung oder Kapazitätsrestriktionen in der Produktion. Dann kann man die optimalen Beschaffungsmengen nicht mehr so einfach wie in Abschnitt 7.3 bestimmen. Ein alternativer Ansatz besteht darin, in deterministischen Entscheidungsmodellen mit *Szenarien* zu arbeiten, um die Unsicherheit der Daten abzubilden, wie Sie es bereits in Abschnitt 5.3 auf S. 122 zur Programmplanung gesehen haben.

Diese Gedanken greifen wir nun wieder auf und formulieren dazu ein Entscheidungsmodell, welches wie jenes in Abschnitt 5.3 mit Szenarien arbeitet und ebenfalls *zweistufig* angelegt ist. Dabei bildet wieder jedes der Szenarien s einen denkbaren künftigen Umweltzustand ab. Für jedes dieser Szenarien ermitteln wir eine szenariospezifische Nachfrage d_s als eine Realisation der Zufallsvariable D, durch welche wir wie zuvor die Nachfrage modellieren.

In der *ersten Stufe* unseres zweistufigen Modells entscheiden wir über die Beschaffungsmenge q, die für alle Szenarien gleichermaßen gilt. In der *zweiten Stufe* entscheiden wir dann für im jeweiligen Szenario s mit seiner spezifischen Nachfrage d_s über die abgesetzte Menge a_s, die Fehlmenge f_s und die Restmenge r_s. In jedem einzelnen Szenario s sind diese Größen durch die Beziehung

$$d_s - q = f_s - r_s, \qquad s \in \mathscr{S} = \{1, 2, ..., S\} \qquad (7.29)$$

miteinander und mit der szenarioübergreifend gültigen Beschaffungsmenge q verbunden, vgl. Gleichung (7.5).

Die Idee besteht nun darin, den Erwartungswert der Fehlmenge $\mathrm{E}[F(q)]$ und jenen der Restmenge $\mathrm{E}[R(q)]$ durch *Mittelwerte* einer Simulation zu approximieren, die wir in unser Modell einbetten:

$$\mathrm{E}[F(q)] \approx \frac{1}{S} \sum_{s=1}^{S} f_s \qquad (7.30)$$

$$\mathrm{E}[R(q)] \approx \frac{1}{S} \sum_{s=1}^{S} r_s \qquad (7.31)$$

Wir simulieren also gewissermaßen innerhalb unseres Entscheidungsmodells insgesamt S verschiedene Nachfrageszenarien $s = 1, ..., S$ mit jeweiligen Nachfragerealisationen d_s, berechnen dabei für jedes Szenario, welche Fehlmengen f_s und Restmengen r_s sich in dem jeweiligen Szenario für eine Beschaffungsmenge q ergeben, und ermitteln daraus die simulierten Mittelwerte der Fehl- und der Restmengen.

Im Gegensatz zur Vorgehensweise in dem Modell der Programmplanung mit Kapazitätserweiterung bei unsicherer Nachfrage in Abschnitt 5.3 unterstellen wir jetzt *nicht* mehr, dass es für die zufällige Nachfrage nur eine *endliche* Anzahl möglicher Szenarien mit jeweils bekannten Eintrittswahrscheinlichkeiten gibt. Statt dessen nehmen wir an, dass es im Extremfall unendlich viele

7.5 Optimierung der Beschaffungsmenge mit einem Szenarioansatz

Tabelle 7.2: Notation des Szenario-Modells für das Zeitungsjungenproblem

Symbol	Bedeutung
Indizes und Indexmengen	
$s \in \mathscr{S} = \{1, 2, ..., S\}$	Szenarien
Parameter	
c_o	Kostensatz der Überbeschaffung
c_u	Kostensatz der Unterbeschaffung
d_s	Nachfrage im Szenario s
Entscheidungsvariablen	
$f_s \geq 0$	Fehlmenge im Szenario s
$r_s \geq 0$	Restmenge im Szenario s
$q \geq 0$	Beschaffungsmenge (identisch über alle Szenarien)

denkbare Ausprägungen der Nachfrage geben kann und wir diese zufälligen Nachfragen mittels unserer endlichen Anzahl von Szenarien nur näherungsweise beschreiben können. Die so simulierten Mittelwerte der Fehl- und der Restmengen verwenden wir nun in der Zielfunktion des folgenden Entscheidungsmodells mit der Notation in Tabelle 7.2.

Modell 7.1: Zeitungsjungenproblem mit dem Szenarioansatz

$$\text{Minimiere } Z = c_u \cdot \frac{1}{S} \sum_{s=1}^{S} f_s + c_o \cdot \frac{1}{S} \sum_{s=1}^{S} r_s \tag{7.32}$$

u. B. d. R.

$$d_s - q = f_s - r_s, \qquad s \in \mathscr{S} \tag{7.33}$$

Dieses Modell lösen wir nun mittels des GAMS-Programms auf S. 352 für den Fall einer normalverteilten Nachfrage mit Erwartungswert $\mu_D = 100$ ME und Standardabweichung $\sigma_D = 20$ ME bei Kosten der Überbeschaffung von $c_o = 1$ GE/ME und Kosten der Unterbeschaffung von $c_u = 4$ GE/ME. Für diesen Fall hatten wir in dem Beispiel auf S. 170f. ja bereits ermittelt, dass die optimale Beschaffungsmenge etwa 116,8 ME ist und zu minimalen erwarteten Kosten von 28 GE führt.

Nun wollen wir prüfen, wie dicht wir an diesen bekannten optimalen Wert herankommen, wenn wir das Entscheidungsmodell mit dem Szenarioansatz lösen. Zu diesem Zweck müssen wir den szenariospezifschen Nachfragen d_s in Modell 7.1 zunächst konkrete Zahlenwerte zuweisen, um zu einer lösbaren konkreten Modellinstanz zu gelangen. In unserem GAMS-Programm auf S. 352 werden diese durch die Anweisung

```
d(sc) = normal(mue, sigma)
```

als (Pseudo-)Zufallszahlen aus einer Normalverteilung gezogen. Nun zeigt sich, dass es ausgesprochen wichtig ist, dass man mit hinreichend vielen Szenarien arbeitet, wenn man verlässliche Ergebnisse erhalten möchte.

Betrachten Sie zunächst Abbildung 7.11 als Beispiel dafür, was man *nicht* machen sollte. Hier wurde das Problem zehnmal gelöst, jeweils mit fünf zufällig gezogenen Szenarien. In Abbildung 7.11(a) sehen Sie die für jeden der 10 Fälle die errechnete Beschaffungsmenge. Sie erkennen, dass diese von Mal zu Mal sehr stark schwanken.

(a) Beschaffungsmengen

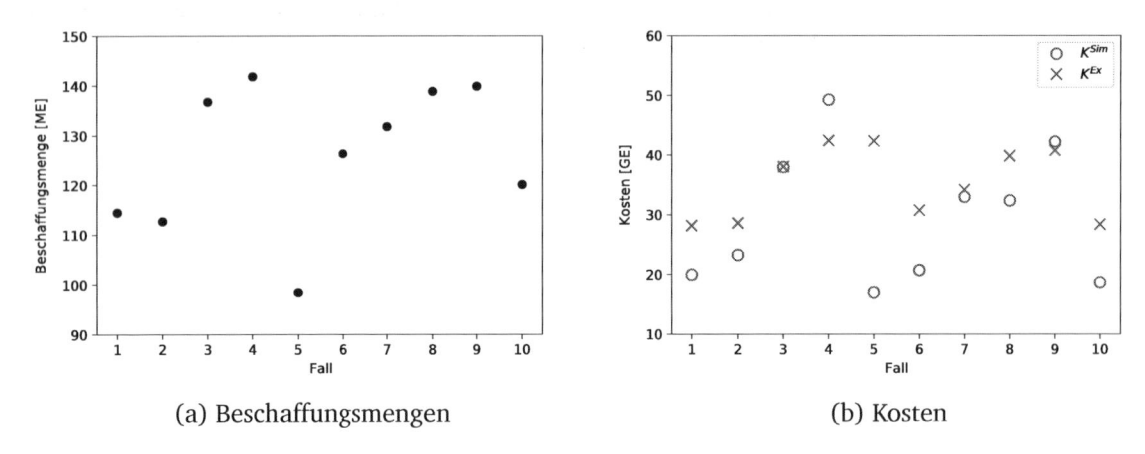

(b) Kosten

Abbildung 7.11: Ergebnisse bei Optimierung über fünf Szenarien

(a) Beschaffungsmengen

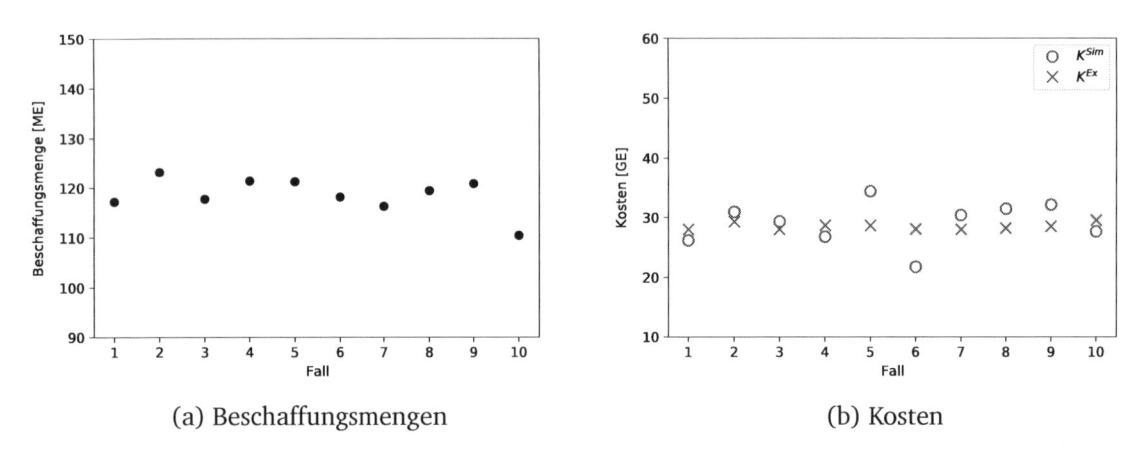

(b) Kosten

Abbildung 7.12: Ergebnisse bei Optimierung über 50 Szenarien

(a) Beschaffungsmengen

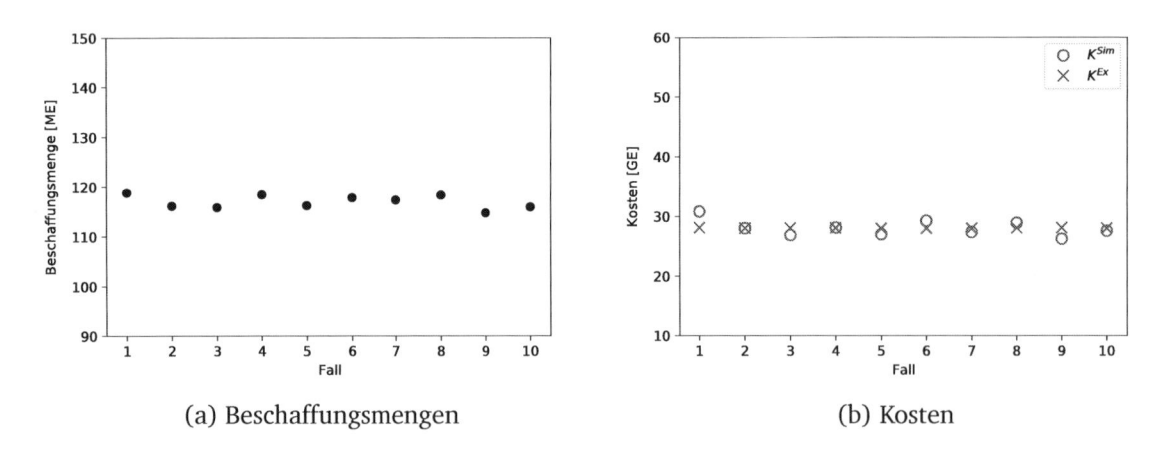

(b) Kosten

Abbildung 7.13: Ergebnisse bei Optimierung über 500 Szenarien

Abbildung 7.11(b) zeigt mit den Einträgen K^{Sim} den Zielfunktionswert gemäß Gleichung (7.32). Für jeden Fall finden Sie dort zudem den analytisch exakten Wert der erwarteten Kosten K^{Ex} gemäß der Gleichung (7.16) zu der jeweiligen Beschaffungsmenge aus Abbildung 7.11(a). Sie erkennen, dass die beiden Kostenwerte deutlich voneinander abweichen. Instruktiv ist hier insbesondere der Fall 5, der durch eine sehr niedrige Beschaffungsmenge von weniger als 100 ME gekennzeichnet ist, in der Lösung des Entscheidungsmodells auf geschätzte erwartete Kosten von ca. 17 GE führt, während die tatsächlichen erwarteten Kosten dieser Beschaffungsmenge bei

7.5 Optimierung der Beschaffungsmenge mit einem Szenarioansatz

42 GE liegen. Offensichtlich sind fünf Szenarien nicht ausreichend, um zu kostenminimierenden Beschaffungsmengen sowie zu verlässlichen Kostenschätzungen für diese Beschaffungsmengen zu gelangen.

(a) Beschaffungsmengen (b) Kosten

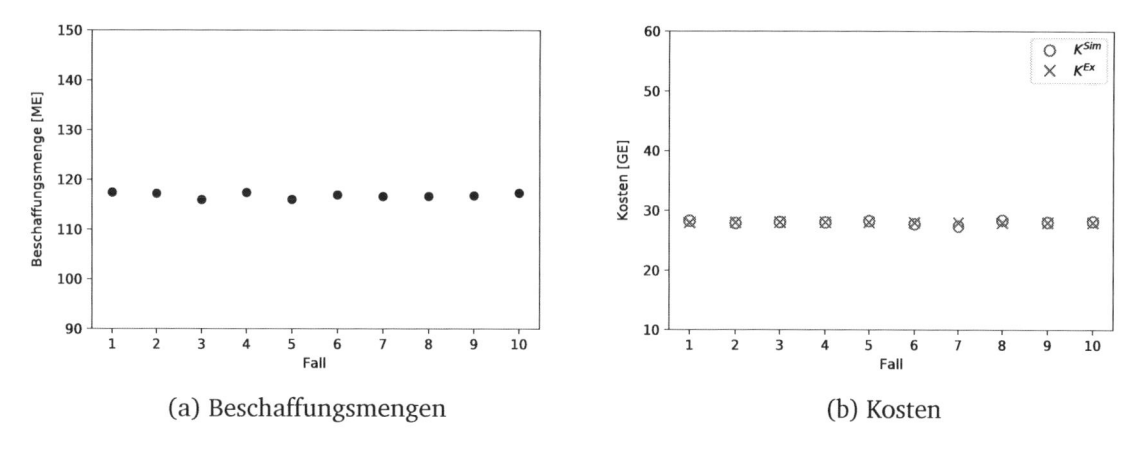

Abbildung 7.14: Ergebnisse bei Optimierung über 5000 Szenarien

In den Abbildungen 7.12 bis 7.14 sehen Sie nun die entsprechenden Ergebnisse für 50, 500 und 5000 Szenarien. Sie erkennen, dass zum einen mit einer größeren Zahl von Szenarien die Beschaffungsmengen weniger stark schwanken. Zum anderen erkennen Sie, dass auch die Abschätzung des Kostenwertes durch das Entscheidungsmodell mit zunehmender Szenarienanzahl genauer wird, also die Werte K^{Sim} und K^{Ex} tendenziell dichter beieinander liegen.

Anhand der Histogramme in den Abbildungen 7.15(a) bis 7.15(d) kann man erkennen, warum dies der Fall ist. Bei einer geringen Anzahl von Szenarien passen die relativen Häufigkeiten der realisierten Nachfragen nicht gut zu der theoretischen Dichte der hier unterstellten Normalverteilung. Dies liegt (auch) daran, dass hier die Realisationen der Nachfrage in den Szenarien voneinander unabhängig gezogen wurden. Dies bezeichnet man als *Simple Random Sampling* (SRS). Will man mittels SRS eine gegebene Verteilung in einem Szenarioansatz abbilden, so benötigt man u. U. sehr viele Szenarien und in der Folge viele szenariospezifische Variablen und Nebenbedingungen. So führt die Restriktion 7.33 des Entscheidungsmodells im Fall der Rechnung mit 5.000 Szenarien auf 5.000 Nebenbedingungen in der konkreten Modellinstanz.

Man kann den Berechnungsaufwand reduzieren, indem man die Nachfragerealisationen d_s der Szenarien nicht mehr voneinander unabhängig bestimmt. Statt dessen bestimmt man wie in Abbildung 7.16 die Realisationen so, dass diese den Bereich der Wahrscheinlichkeiten zwischen 0 und 1 gleichmäßig abdecken und dadurch zu Histogrammen führen, welche gemäß Abbildung 7.17 die theoretische Verteilung auch besser annähern.

Das sehen wir uns in Abbildung 7.16 an unserem Beispiel der normalverteilten Nachfrage D mit Erwartungswert $\mu_D = 100$ ME und Standardabweichung $\sigma_D = 20$ ME an. In Abbildung 7.16 wurde auf der Ordinatenachse das Intervall von 0 bis 1, welches die Wahrscheinlichkeit abbildet, in insgesamt 11 gleich große Teilintervalle zerlegt und für jedes Teilintervall der zentrale Wert ermittelt. Betrachten Sie beispielsweise das sechste der 11 Intervalle in Abbildung 7.16. Der zentrale Wert dieses sechsten Intervalls ist die Wahrscheinlichkeit 0,5. Zu dieser Wahrscheinlichkeit korrespondiert eine Ausprägung der Nachfrage d von 100 ME, gerade dem Erwartungswert der Zufallsvariablen D. Diese Vorgehensweise bezeichnet man nach Saliby (1990) als *Descriptive Sampling*.

In den Abbildungen 7.17(a) und 7.17(b) erkennen Sie anhand der Histogramme für die Fälle von 50 sowie von 500 Szenarien, dass diese Methode, die Nachfragerealisationen d_s

(a) Fünf Szenarien

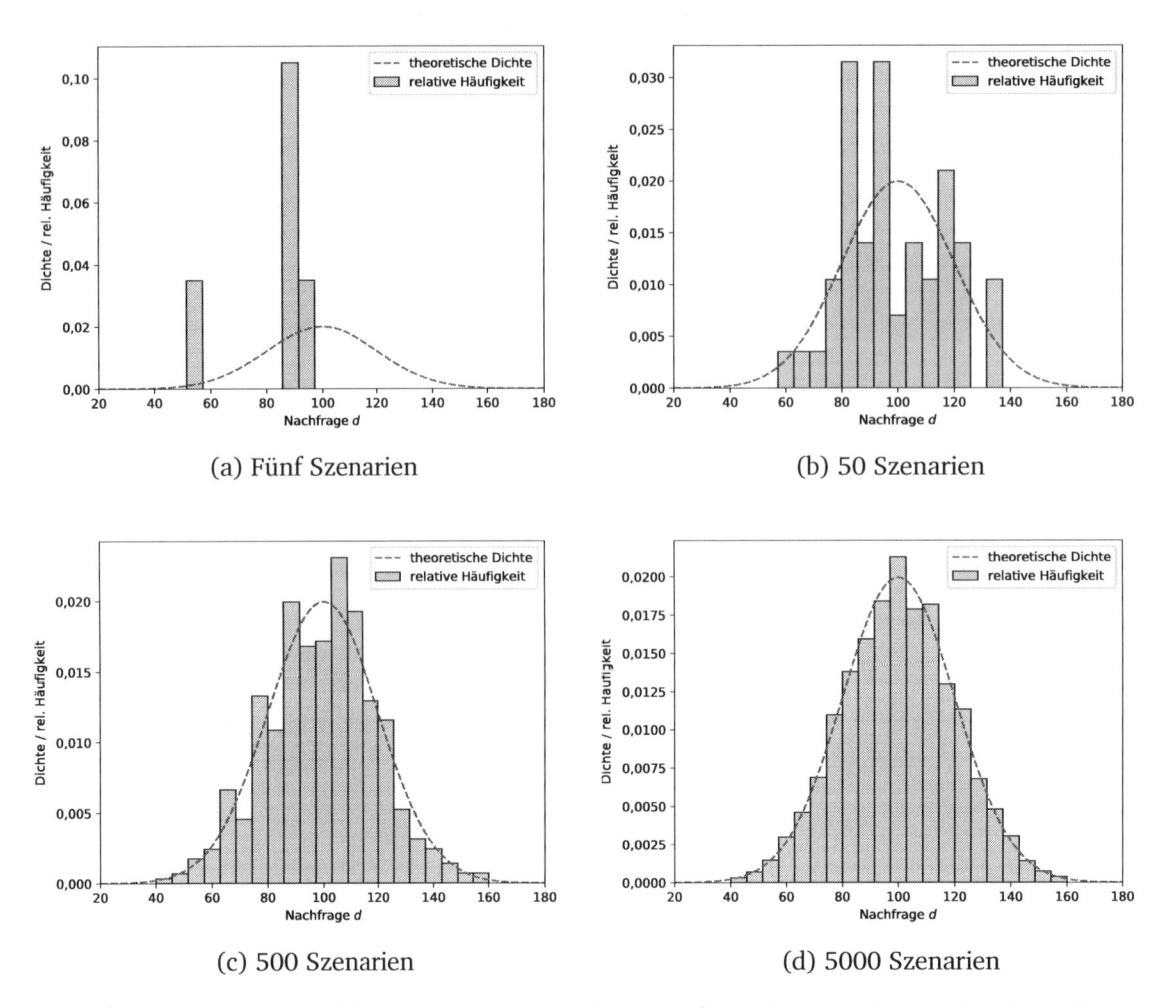

(b) 50 Szenarien

(c) 500 Szenarien

(d) 5000 Szenarien

Abbildung 7.15: Zufällige Histogramme der Nachfrage bei *Simple Random Sampling*

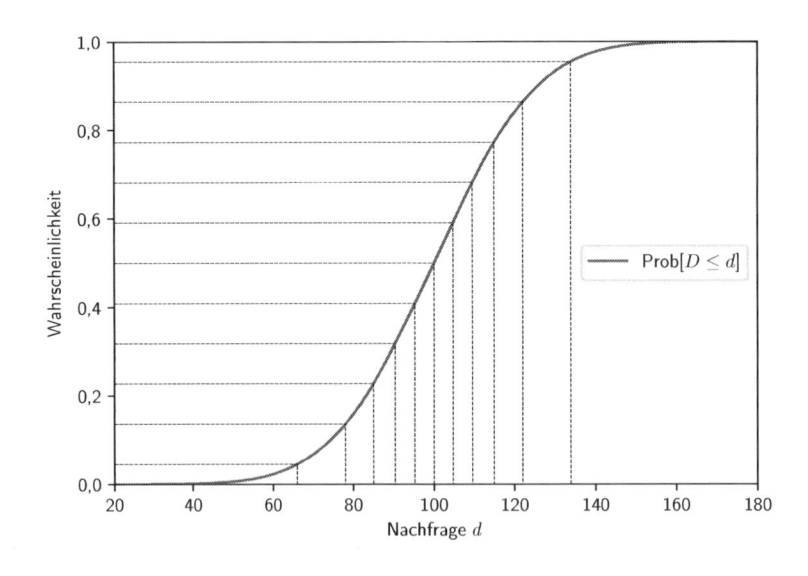

Abbildung 7.16: Vorgehensweise beim *Descriptive Sampling*

zu ermitteln, die hier zugrundeliegende theoretische (Normal-)Verteilung sehr viel besser approximiert als das Simple Random Sampling in den Abbildungen in den Abbildungen 7.15(b) bzw. 7.15(c).

| (a) 50 Szenarien | (b) 500 Szenarien |

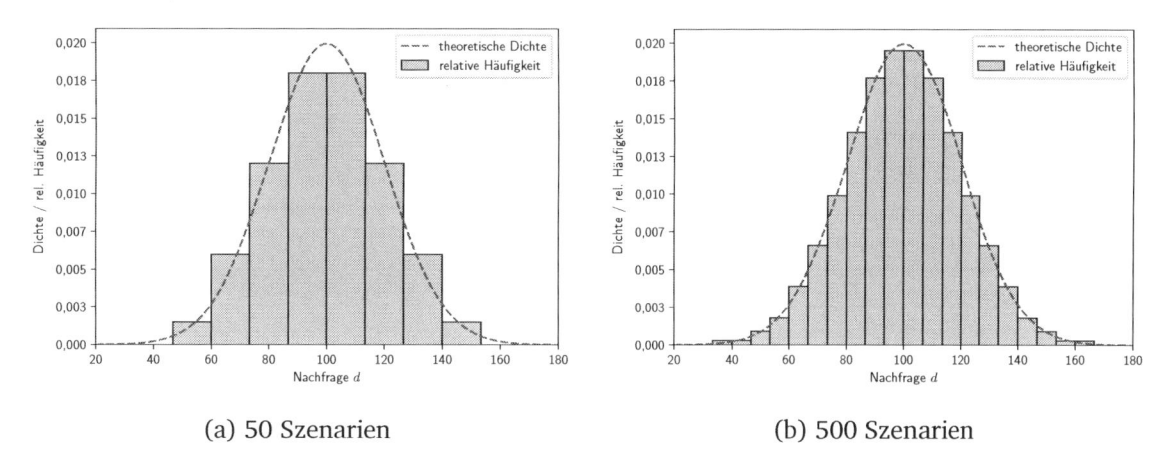

Abbildung 7.17: Histogramme der Nachfrage bei *Descriptive Sampling*

Löst man nun das Entscheidungsmodell mit den 50 Szenarien aus Abbildung 7.17(a), so erhält man eine Beschaffungsmenge q von 117,558 ME bei einem geschätzten Wert der Kosten von 27,78 GE. Der tatsächliche Erwartungswert der Kosten für diese Beschaffungsmenge beträgt 28,014 GE und ist bereits sehr nahe am theoretischen Optimum von 28,0 aus der Berechnung auf S. 170. Der Vergleich mit den Werten K^{Sim} in Abbildung 7.12(b) für den Fall des *Simple Random Sampling* zeigt, dass man mittels des *Descriptive Sampling* in einem Szenario-Ansatz eines Entscheidungsmodells die Genauigkeit der Rechnung bei gegebener Anzahl von Szenarien offenbar deutlich verbessern kann.

Literaturhinweise

- Cachon und Terwiesch (2009)
- Tempelmeier (2012)
- Thonemann und Albers (2011)
- Zipkin (2000)

7.6 Aufgaben und Übungen

1. Elementare Kontroll- und Verständnisfragen

    a) Nehmen Sie an, dass die Nachfrage durch eine Zufallsvariable D beschrieben wird. Was bedeutet dann der Ausdruck $F_D(d) = \text{Prob}[D \leq d]$? Wie nennt man $F_D(d)$?

    b) Was ist mit der Aussage gemeint, die Zufallsvariable D sei diskret bzw. stetig verteilt?

    c) Betrachten Sie Tabelle 7.1 auf S. 162. Wie groß ist die Wahrscheinlichkeit, dass die Nachfrage 2 oder 3 Mengeneinheiten beträgt?

    Lösung/Lösungshinweis

    Für Fragen dieser Art dürfen Sie *wirklich* keine Musterlösung benötigen. (Die Antwort lautet 0,5.)

d) Fix will einen α-Servicegrad von 50% erreichen, Foxi schlägt dagegen einen β-Servicegrad von 50% vor. Welcher der Vorschläge würde c. p. zu einer größeren Beschaffungsmenge führen? Bei welchem der beiden Vorschläge wäre die Lieferfähigkeit höher?

> **Lösung/Lösungshinweis**
>
> Schauen Sie sich einmal Abbildung 7.9 an, da finden Sie die Lösung!

e) Welche der folgenden Formeln für die Berechnung der zufälligen Fehlmenge sind falsch, und warum?

  i.
  $$F = \max(D - q, q)$$

  ii.
  $$F = \max(D - q, D)$$

  iii.
  $$f = \max(D - q, 0)$$

  iv.
  $$F = \max(d - q, 0)$$

  v.
  $$F = \max(D - Q, 0)$$

  vi.
  $$F = \min(D - q, 0)$$

  vii.
  $$F = \max(q - D, 0)$$

  viii.
  $$F = \max(D - q, 0)$$

  ix.
  $$F = \max(D - q, 10)$$

f) Welche der folgenden Formeln für die Berechnung der zufälligen Restmenge sind falsch, und warum?

  i.
  $$R = \max(q - d, 0)$$

  ii.
  $$R = \max(Q - D, 0)$$

  iii.
  $$R = \max(q - D, 0)$$

  iv.
  $$R = \min(q - D, 0)$$

  v.
  $$R = \max(0, q - D)$$

7.6 Aufgaben und Übungen

vi.
$$R = \max(q - D, -D)$$

vii.
$$r = \max(q - D, q)$$

g) Worin besteht die Problemstellung des Zeitungsjungenproblems?

h) Geben Sie für den Fall einer stetig verteilten Nachfrage D die Optimalitätsbedingung für die Ermittlung der Beschaffungsmenge q^* an und begründen Sie diese!

2. **Erwartete Fehlmenge und Restmenge bei diskret verteilter Nachfrage**

Unterstellen Sie, dass die Nachfrage nach einem Gut einer diskreten Verteilung folgt. Mit Wahrscheinlichkeit 0,2 betrage die Nachfrage 10 ME, mit Wahrscheinlichkeit 0,5 betrage die Nachfrage 15 ME und mit Wahrscheinlichkeit 0,3 sei die Nachfrage 20 ME. Die Beschaffungsmenge betrage 14 ME. Wie groß ist bei dieser Beschaffungsmenge der Erwartungswert der Fehlmenge und wie groß der Erwartungswert der Restmenge? Wie groß ist der Erwartungswert der Nachfrage? Mit welcher Wahrscheinlichkeit tritt eine negative Nachfrage auf?

> **Lösung/Lösungshinweis**
>
> Wenn die Nachfrage nur nicht-negative ganzzahlige Werte annehmen kann, so berechnet sich der Erwartungswert der Fehlmenge $E[F(q)]$ in Abhängigkeit der Beschaffungsmenge q zu
>
> $$E[F(q)] = \sum_{d=q}^{\infty} (d-q) \cdot \text{Prob}[D=d]$$
>
> und analog der Erwartungswert der Restmenge $E[R(q)]$ zu
>
> $$E[R(q)] = \sum_{d=0}^{q} (q-d) \cdot \text{Prob}[D=d].$$
>
> Daraus ergibt sich
>
> $E[F(q=14)] = (15-14) \cdot 0{,}5 \text{ ME} + (20-14) \cdot 0{,}3 \text{ ME} = 2{,}3 \text{ ME}$
> $E[R(q=14)] = (14-10) \cdot 0{,}2 \text{ ME} = 0{,}8 \text{ ME}$
>
> Aus der Beziehung
>
> $$E[D] - q = E[F(q)] - E[R(q)]$$
>
> findet man den Erwartungswert der Nachfrage:
>
> $E[D] = E[F(q)] - E[R(q)] + q = (2{,}3 - 0{,}8 + 14) \text{ ME} = 15{,}5 \text{ ME}$
>
> Aus den Angaben zur Verteilung der Nachfrage ergibt sich unmittelbar, dass keine negative Nachfrage auftreten kann, damit ist die Wahrscheinlichkeit dieses Ereignisses gleich Null.

3. **Erwartete Fehlmenge und Restmenge bei gleichverteilter Nachfrage**

Unterstellen Sie, dass die Nachfrage nach einem Gut einer Gleichverteilung im Intervall von 10 bis 20 folgt. Die Beschaffungsmenge betrage 14 ME. Wie groß ist bei dieser Beschaffungsmenge der Erwartungswert der Fehlmenge und wie groß der Erwartungswert der Restmenge? Wie groß ist der Erwartungswert der Nachfrage? Mit welcher Wahrscheinlichkeit tritt eine negative Nachfrage auf?

Lösung/Lösungshinweis

Für eine beliebige stetige Verteilung ist der Erwartungswert der Fehlmenge definiert als

$$E[F(q)] = \int_{d=-\infty}^{\infty} \max(d-q, 0) \cdot f_D(d)\, dd = \int_{d=q}^{\infty} (d-q) \cdot f_D(d)\, dd$$

und die erwartete Restmenge

$$E[R(q)] = \int_{d=-\infty}^{\infty} \max(q-d, 0) \cdot f_D(d)\, dd = \int_{d=-\infty}^{q} (q-d) \cdot f_D(d)\, dd.$$

Die Dichtefunktion der stetig verteilten zufälligen Nachfrage D ist (unter Vernachlässigung der Einheiten) $f_D(d) = \frac{1}{10}$ für $10 \leq d \leq 20$ und 0 sonst. Damit ergibt sich für den Erwartungswert der Fehlmenge:

$$E[F(q)] = \int_{-\infty}^{d=q} (d-q) \cdot f_D(d)\, dd = \int_{20}^{d=14} (d-14) \cdot \frac{1}{10}\, dd$$

$$= \frac{1}{10}\left[\frac{d^2}{2} - 14d\right]_{d=20}^{d=14} = \frac{1}{10}\left[\frac{14^2}{2} - 14 \cdot 14 - \frac{20^2}{2} + 14 \cdot 20\right] = 1{,}8$$

Analog ergibt sich für den Erwartungswert der Restmenge:

$$E[R(q)] = \int_{d=-\infty}^{q} (q-d) \cdot f_D(d)\, dd = \int_{14}^{d=10} (14-d) \cdot \frac{1}{10}\, dd$$

$$= \frac{1}{10}\left[14d - \frac{d^2}{2}\right]_{d=10}^{d=14} = \frac{1}{10}\left[14 \cdot 14 - \frac{14^2}{2} - 14 \cdot 10 + \frac{10^2}{2}\right] = 0{,}8$$

Aus der Beziehung

$$E[D] - q = E[F(q)] - E[R(q)]$$

findet man den Erwartungswert der Nachfrage, die nie negativ werden kann:

$$E[D] = E[F(q)] - E[R(q)] + q = (1{,}8 - 0{,}8 + 14)\,\text{ME} = 15\,\text{ME}$$

4. **Erwartete Fehlmenge und Restmenge bei normalverteilter Nachfrage**

Unterstellen Sie, dass die Nachfrage nach einem Gut einer Normalverteilung mit Erwartungswert von 15 ME und einer Standardabweichung von 3 ME folgt. Die Beschaffungsmenge betrage 14 ME. Wie groß ist bei dieser Beschaffungsmenge der Erwartungswert der Fehlmenge und wie groß der Erwartungswert der Restmenge?

7.6 Aufgaben und Übungen

> **Lösung/Lösungshinweis**
>
> Die standardisierte Bestellmenge v berechnet sich zu
>
> $$v = \frac{q - \mu_D}{\sigma_D} = \frac{14 - 15}{3} \approx -0{,}33. \tag{7.34}$$
>
> Der Wert der Verlustfunktion $\Phi'(v)$ an der Stelle $v = -0{,}33$ ist laut Tabelle in Anhang D.4 näherungsweise $\Phi'(-0{,}33) = 0{,}585470$. Damit ergibt sich für die erwartete Fehlmenge
>
> $$E[F(q)] = \sigma_D \cdot \Phi'(v) = \sigma_D \cdot \Phi'\left(\frac{q - \mu_D}{\sigma_D}\right)$$
> $$= 3 \cdot 0{,}585470 \text{ ME} = 1{,}756 41 \text{ ME} \tag{7.35}$$
>
> und für die erwartete Restmenge
>
> $$E[R(q)] = E[F(q)] - E[D] + q = 0{,}756 41 \text{ ME}. \tag{7.36}$$

5. **Zeitungsjungenproblem bei gleichverteilter Nachfrage**

   Unterstellen Sie, dass die Nachfrage nach einem Gut einer Gleichverteilung im Intervall von 10 bis 20 folgt. Die Kosten der Unterbeschaffung je ME betragen 3 GE, die der Überbeschaffung seien je ME 7 GE. Wie groß ist die optimale Beschaffungsmenge q^*?

> **Lösung/Lösungshinweis**
>
> Im allgemeinen Fall wird die optimale Beschaffungsmenge über die Bedingung 7.21 auf S. 169 bestimmt. Das kritische Verhältnis beträgt hier $\frac{c_u}{c_o + c_u} = \frac{3}{7+3} = 0{,}3$. Die Stelle, an der die Verteilungsfunktion einer im Intervall von 10 bis 20 gleichverteilten Zufallsvariablen den (Wahrscheinlichkeits-)Wert 0,3 aufweist, ist offensichtlich $q = 13$ ME. Somit ist $q^* = 13$ ME.

6. **Zeitungsjungenproblem bei normalverteilter Nachfrage**

   Unterstellen Sie, dass die Nachfrage nach einem Gut einer Normalverteilung mit Erwartungswert von 15 ME und einer Standardabweichung von 3 ME folgt. Die Kosten der Unterbeschaffung je ME betragen 3 GE, die der Überbeschaffung seien je ME 7 GE. Wie groß ist die optimale Beschaffungsmenge q^*?

> **Lösung/Lösungshinweis**
>
> Für das kritische Verhältnis finden wir
>
> $$\frac{c_u}{c_o + c_u} = \frac{3}{7+3} = 0{,}3$$
>
> und dazu über die Tabelle der Standardnormalverteilung in Anhang D.3
>
> $$F_X^{-1}\left(\frac{c_u}{c_o + c_u}\right) = F_X^{-1}(0{,}3) \approx -0{,}52.$$
>
> Damit erhalten wir bei normalverteilter Nachfrage die kostenminimierende Beschaffungsmenge
>
> $$q^* = \sigma_D \cdot F_X^{-1}\left(\frac{c_u}{c_o + c_u}\right) + \mu_D = 3 \cdot (-0{,}52)\ \text{ME} + 15\ \text{ME} = 13{,}44\ \text{ME}.$$

7. α- und β-Servicegrad

Der Erwartungswert der normalverteilten Nachfrage sei $\mu_D = 100$ ME und die Standardabweichung sei $\sigma_D = 30$ ME. Zu welchem α-Servicegrad und zu welchem β-Servicegrad führt eine Beschaffungsmenge von $q = 120$ ME?

> **Lösung/Lösungshinweis**
>
> Der α-Servicegrad beträgt ca. 74,5%, der β-Servicegrad ca. 95,4%.

8. α-Servicegrad

Der Erwartungswert der normalverteilten Nachfrage sei $\mu_D = 15$ und die Standardabweichung sei $\sigma_D = 3$. Welche Beschaffungsmenge q führt zu einem α-Servicegrad von 95%?

> **Lösung/Lösungshinweis**
>
> Wir gehen den Weg über die standardnormalverteilte Zufallsvariable X und finden über die Tabelle in Anhang D.3
>
> $$F_X^{-1}(\alpha) = F_X^{-1}(0{,}95) \approx 1{,}65.$$
>
> Damit erhalten wir die hinreichend große Beschaffungsmenge
>
> $$q_\alpha = \sigma_D \cdot F_X^{-1}(\alpha) + \mu_D = 3 \cdot 1{,}65\ \text{ME} + 15\ \text{ME} = 19{,}95\ \text{ME}.$$

9. β-Servicegrad

Der Erwartungswert der normalverteilten Nachfrage sei $\mu_D = 15$ und die Standardabweichung sei $\sigma_D = 3$. Welche Beschaffungsmenge q führt zu einem β-Servicegrad von 95%?

7.6 Aufgaben und Übungen

Lösung/Lösungshinweis

Wir gehen in mehreren Schritten vor. Zunächst ermitteln wir die (noch) zulässige erwartete Fehlmenge zu einem β-Servicegrad von 95%. Aus

$$\beta = 1 - \frac{E[F(q)]}{E[D]} = 1 - \frac{E[F(q)]}{\mu_D}$$

folgt unmittelbar

$$E[F(q)] = (1-\beta)E[D] = (1-0{,}95) \cdot 15 \text{ ME} = 0{,}05 \cdot 15 = 0{,}75 \text{ ME}.$$

Nun ist gemäß (7.10) bzw. Anhang D.5 auf S. 396ff. der Erwartungswert der Fehlmenge $E[F(q)]$ mit der Verlustfunktion erster Ordnung $\Phi^1(v)$ über die folgende Beziehung verbunden

$$E[F(q)] = \sigma_D \cdot \Phi^1\left(\frac{q-\mu_D}{\sigma_D}\right) = \sigma_D \cdot \Phi^1(v),$$

über die wir auf den zulässigen Wert der standardisierten Verlustfunktion schließen können:

$$\Phi^1(v) = \frac{E[F(q)]}{\sigma_D} = \frac{0{,}75}{3} = 0{,}25.$$

Der Tabelle für die Verlustfunktion erster Ordnung in Anhang D.4 auf S. 393ff. entnehmen wir, dass zum Funktionswert $\Phi^1(v) = 0{,}25$ der kleinste zulässige Wert des Arguments $v \approx 0{,}35$ korrespondiert. Aus der Beziehung

$$v = \frac{q-\mu_D}{\sigma_D}$$

finden wir unmittelbar mit

$$q_\beta = \sigma_D v + \mu_D = 0{,}35 \cdot 3 \text{ ME} + 15 \text{ ME} = 16{,}05 \text{ ME}$$

jene Beschaffungsmenge, die den vorgegebenen β-Servicegrad nicht unterschreitet.

8 Bestandsmanagement II: Lagerhaltung bei mehrfachen Beschaffungsvorgängen

8.1 Problemaspekte

In Kapitel 7 hatten wir bereits einen ersten Zugang zu Problemen des Managements von Beständen über das *Zeitungsjungenproblem* gefunden. Die zentrale Annahme war dort, dass zunächst aufgrund einer Nachfrageprognose bestellt oder beschafft wird, und dann die Nachfrage auftritt. Die über den Bedarf hinausgehenden Beschaffungsmengen sind am Ende des Tages für den Zeitungsjungen ebenso wertlos wie die nicht bedienten Nachfragen. Diese beiden Annahmen heben wir nun auf und betrachten den Fall, dass einerseits die beschafften Güter über eine längere Zeit gelagert werden können und dass andererseits eine nicht sofort befriedigte Nachfrage vorgemerkt und nach Eintreffen einer Lieferung verspätet befriedigt werden kann.

Dann muss zum einen, ähnlich wie im Fall des Zeitungsjungenproblems, entschieden werden, **wie viel** bestellt oder beschafft wird. Zum anderen muss festgelegt werden, **wann** das geschieht. Ganz offensichtlich hängen diese Fragen zusammen. Die Antwort auf diese Fragen wird typischerweise in Form einer **Bestell-** oder **Lagerhaltungspolitik** gegeben. Eine solche Politik ist eine Regel, die festlegt, wie in einer bestimmten Situation zu verfahren ist. Solche Politiken zum Bestandsmanagement sind vielfach in IT-Systemen implementiert, die automatisch Beschaffungsvorschläge machen oder selbständig Bestellungen auslösen.

Ähnlich wie im Fall des Zeitungsjungenproblems kann man auch bei mehrfachen Beschaffungsvorgängen für lagerfähige Güter zu viel oder zu wenig beschaffen. Beschafft man zu viel, so führt dies zu unnötigen Kosten der Lagerhaltung, insbesondere zu Zinskosten für das in den gelagerten Gütern gebundene Kapital. Beschafft man zu wenig, so muss man die Kunden warten lassen, die sich dann u. U. für die nächsten Bestellungen einen anderen Lieferanten suchen. Eine kluge Wahl der Lagerhaltungspolitik und ihrer Parameter hilft dabei, in diesem Spannungsfeld eine betriebswirtschaftlich sinnvolle Entscheidung zu treffen.

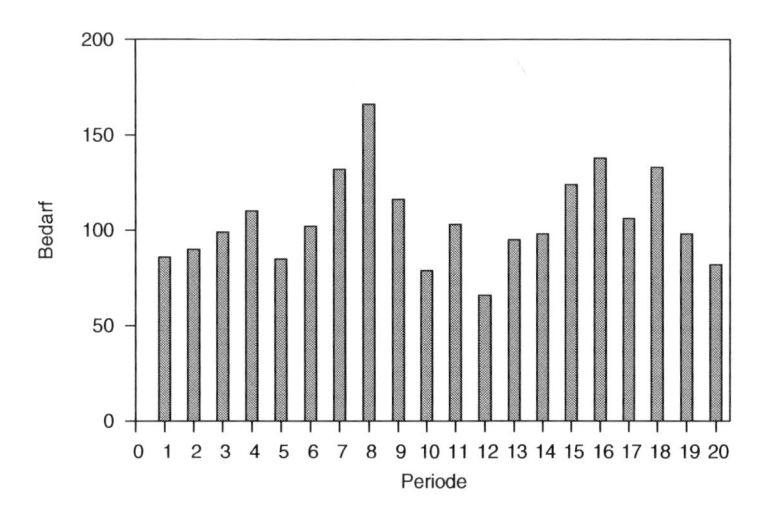

Abbildung 8.1: Bedarfsverlauf über 20 Perioden

Betrachten wir den Bedarfsverlauf eines Produkts über 20 Perioden in Abbildung 8.1. Offensichtlich schwankt dieser Bedarf von Periode zu Periode ganz erheblich. Das mittlere Niveau der Nachfrage scheint jedoch konstant zu sein. Wenn die Nachfrage zufällig schwankt, dann scheint es nicht sinnvoll zu sein, in stets gleichen zeitlichen Abständen stets gleiche Mengen zu beschaffen. Man liefe Gefahr, zu manchen Zeiten zu hohe Bestände zu haben und zu anderen Zeiten nicht lieferfähig zu sein.

Sinnvoller erscheint dagegen eine flexible Vorgehensweise, die sich an die jeweilige Nachfrage- und Bestandsentwicklung anpasst. Wir könnten dazu *eine* der beiden Größen *Bestellmenge* oder *Bestellabstand* festlegen und dann mit der jeweils anderen flexibel darauf reagieren, wie sich die zufällige Nachfrage und daraus folgend der Bestand entwickeln.

Im Fall einer sogenannten **(s, q)-Lagerhaltungspolitik** legen wir eine Bestellmenge q fest, die stets dann bestellt wird, wenn der sogenannte *disponible Lagerbestand* den ebenfalls festzulegenden Bestellpunkt s erreicht oder unterschritten hat. Abbildung 8.2 zeigt für den Fall des Bedarfsverlaufs in Abbildung 8.1 und eines Anfangsbestands von 300 Mengeneinheiten (ME) bei einer Lieferzeit l von drei Perioden die Wirkungsweise einer (s, q)-Lagerhaltungspolitik mit Bestellpunkt $s = 200$ ME und Bestellmenge $q = 600$ ME.

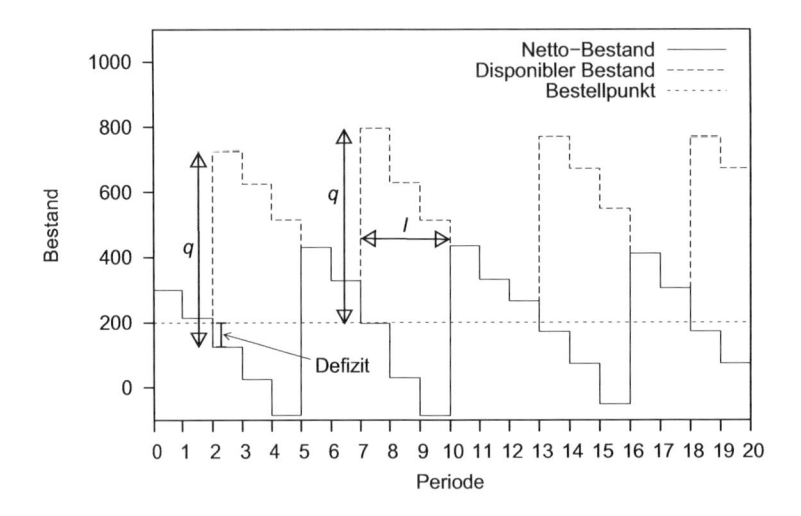

Abbildung 8.2: Bestandsverlauf einer (s, q)-Lagerhaltungspolitik mit Bestellpunkt $s = 200$ ME und Bestellmenge $q = 600$ ME

Ist der sogenannte *Netto-Bestand* in Abbildung 8.2 positiv, so liegt ein physischer Bestand am Ende der Periode vor. Ist er dagegen negativ, so liegen Vormerkungen für noch nicht befriedigte Kundennachfragen vor. Damit ist der Netto-Bestand die Differenz zwischen dem physischen Bestand und dem Fehlbestand.

Der sogenannte *disponible Lagerbestand* ist die Summe aus dem Netto-Bestand und den ausstehenden Lieferungen. So wird am Ende von Periode 2 eine Bestellung ausgelöst, auf die während der Perioden 3, 4 und 5 gewartet wird, weil die Lieferzeit l drei Perioden beträgt. Aus diesem Grund unterscheidet sich in diesen drei Perioden der Netto-Lagerbestand vom disponiblen Lagerbestand. Weil für die (s, q)-Politik der Vergleich des *disponiblen Bestands* mit dem Bestellpunkt s relevant ist, werden die bereits vorgenommenen, aber noch ausstehenden Lieferungen bei künftigen Bestellungen berücksichtigt. Bei der (s, q)-Lagerhaltungspolitik sind also die Bestellmengen q konstant und die zeitlichen Abstände zwischen den Bestellvorgängen schwanken in Abhängigkeit der zufälligen Nachfragen.

Streng genommen besteht die Idee einer (s, q)-Lagerhaltungspolitik darin, *sofort* eine Bestellung auszulösen, wenn der Bestellpunkt s erreicht wird. In der Praxis wird das häufig nicht ganz genau so funktionieren können. Stellen Sie sich vor, dass einzelne Nachfragen mehrere Mengeneinheiten umfassen können. Wenn ein Kunde mehrere Mengeneinheiten des Gutes gleichzeitig kauft, so lag der disponible Lagerbestand *vor* der Bedienung dieses Kunden u. U. oberhalb des Bestellpunktes, während er nach der Bedienung dieses Kunden bereits unterhalb des Bestellpunktes liegen könnte. Selbst wenn in diesem Moment bestellt würde, so wäre es

8.1 Problemaspekte

streng genommen für ein korrektes Arbeiten der (s, q)-Politik bereits zu spät. Ähnlich ist es, wenn der Bestand nur periodisch, zum Beispiel einmal pro Tag, überwacht wird oder nur einmal pro Periode bestellt und/oder geliefert werden kann.

In allen diesen Fällen ist die periodenbezogene Darstellung in Abbildung 8.2 realistischer als die Vorstellung einer *kontinuierlichen* Bestandsüberwachung in Verbindung mit einer *sofortigen* Bestellauslösung beim Erreichen des Bestellpunktes s.

Realistischer ist dann die Annahme, dass zum Zeitpunkt des Auslösens der Bestellung der disponible Bestand den Bestellpunkt bereits *unterschritten* hat. Dieser Fall wird in Abbildung 8.2 am Ende von Periode 2 gezeigt. Hier hat der disponible Bestand den Bestellpunkt bereits um das in der Abbildung dargestellte *Defizit* unterschritten.[1]

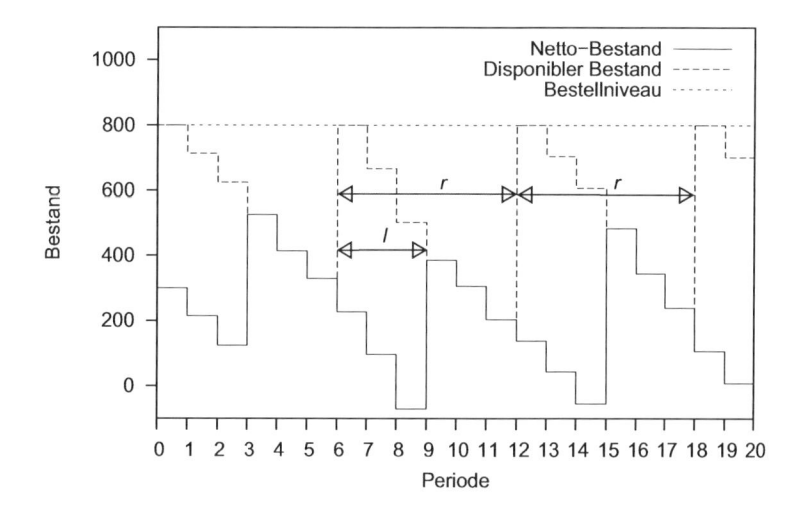

Abbildung 8.3: Bestandsverlauf einer (r, S)-Lagerhaltungspolitik mit Bestellabstand $r = 6$ ZE und Bestellniveau $S = 800$ ME

Anstatt in zeitlich variablen Abständen stets gleiche Mengen zu bestellen, kann man auch in konstanten zeitlichen Abständen variable Mengen bestellen. Das ist die Idee hinter der sogenannten **(r, S)-Lagerhaltungspolitik**. Hier wird im Abstand von r Zeiteinheiten jeweils so viel bestellt, dass unter Einschluss der gerade betrachteten Bestellung der disponible Lagerbestand auf das sogenannte *Bestellniveau S* ansteigt. Die bestellte Menge ist also hier die Differenz zwischen dem Bestellniveau S und dem disponiblen Lagerbestand. Daher kann bei der (r, S)-Politik kein Defizit wie in der (s, q)-Politik auftreten. Abbildung 8.3 zeigt den Bestandsverlauf für die bereits betrachtete Nachfragezeitreihe aus Abbildung 8.1 und einen Anfangsbestand von erneut 300 Mengeneinheiten.

Nachdem wir nun wissen, wie eine (s, q)- sowie eine (r, S)-Lagerhaltungspolitik funktionieren, müssen wir uns noch dem Begriff des sogenannten **Risikozeitraums** zuwenden. Dazu unterstellen wir, dass die Lieferungen immer in der Reihenfolge eintreffen, in der die zugrundeliegenden Bestellungen ausgelöst wurden. Das bedeutet, dass sich die Lieferungen nicht überholen können. Der Risikozeitraum ist dann der kleinstmögliche Zeitraum zwischen dem Auslösen einer Bestellung und dem Eintreffen der *nächsten* (danach ausgelösten) Bestellung. Betrachten wir zunächst den Risikozeitraum im Fall der (r, S)-Politik. Falls nach dem Auslösen der ersten Bestellung plötzlich unerwartet hohe Nachfragen eintreffen, so gefährden diese die Lieferfähigkeit des Lagers bis zum Eintreffen der nächsten, r Zeiteinheiten später ausgelösten Bestellung. Während dieser Zeit ist das Lager gewissermaßen „im Risiko".

Im Fall einer (r, S)-Politik mit periodischer Bestandsüberwachung und Bestellauslösung zeigt uns der Blick in Abbildung 8.3, dass beispielsweise die erste betrachtete Bestellung zum Zeitpunkt 6 ausgelöst wird und die zweite zum Zeitpunkt 12, also $r = 6$ Perioden später. Zum Zeitpunkt

---
[1] Zum Defizit vgl. die Darstellung in Tempelmeier (2012, Abschnitt C.1.1.2).

15, also nach einer Lieferzeit von $l = 3$ Perioden, trifft diese zweite Bestellung ein, so dass sich der Risikozeitraum vom Zeitpunkt 6, dem Zeitpunkt des Auslösens der ersten betrachteten Bestellung, bis zum Zeitpunkt 15, dem Zeitpunkt der Lieferung zur darauffolgenden Bestellung, erstreckt. Allgemein lautet die Berechnungsformel für die Länge des Risikozeitraums der (r, S)-Politik damit offenbar

$$z^{(r, S)} = r + l. \tag{8.1}$$

Der Risikozeitraum einer (s, q)-Politik erschließt sich über die Vorstellung, dass der Bestand kontinuierlich überwacht wird.[2] Es sei nun mit t_1 der Zeitpunkt des Auslösens der ersten Bestellung bezeichnet, durch die der disponible Bestand wieder auf das Niveau $s + q$ angehoben wird, zumindest für einen Moment. Nun stellen wir uns vor, in einem infinitesimal kleinen Zeit-Intervall $[t_1, t_1 + \delta t]$ träfe so viel Nachfrage ein, dass zum Zeitpunkt $t_1 + \delta t$ erneut der Bestellpunkt s erreicht sei und daher die zweite Bestellung ausgelöst werde. Die erste Bestellung träfe damit zum Zeitpunkt $t_1 + l$ ein, die zweite zum Zeitpunkt $t_1 + \delta t + l$, also nur einen infinitesimal kleinen Moment später als die erste Bestellung. Offenbar entspricht also der Risikozeitraum der (s, q)-Politik der Lieferzeit l:

$$z^{(s, q)} = (t_1 + \delta t + l) - t_1 = l + \delta t \approx l \tag{8.2}$$

Diese Vorstellungen vom Risikozeitraum werden wir bei der Festlegung des Bestellpunktes s bzw. des Bestellniveaus S noch benötigen.

Im konkreten Anwendungsfall werden die praktischen Rahmenbedingungen dafür ausschlaggebend sein, ob man eher in regelmäßigen zeitlichen Abständen variable Mengen bestellt oder stets gleich große Mengen in variablen Abständen. In jedem Fall muss man die Parameter s und q oder aber r und S irgendwie bestimmen. Dieser Aufgabe widmen wir uns in den folgenden Abschnitten.

8.2 Ausgangspunkt: Optimale Bestellmengen und -abstände bei konstanten Bedarfsraten

Als gedanklichen Ausgangspunkt der Ermittlung kostenminimaler Bestellmengen q bzw. -abstände r untersuchen wir zunächst einmal den Fall, dass die Nachfrage *nicht* zufällig schwankend, sondern je Zeiteinheit konstant ist, also eine im Zeitablauf konstante Bedarfsrate vorliegt. Zudem betrachten wir die Güter als stetig, so dass die Bestellmengen wie auch die Bestände keine Ganzzahligkeitsbedingungen erfüllen müssen. Wenn neben der Bedarfsrate auch alle weiteren Parameter zeitlich konstant sind, dann gibt es keinen Grund für die Annahme, dass sich die im Sinne einer Kostenminimierung optimalen Bestellmengen im Zeitablauf ändern. In einer sehr einfachen Modellvorstellung gehen wir davon aus, dass stets dann, wenn der Lagerbestand des einen betrachteten Gutes auf Null abgesunken ist, eine neue Bestellung ausgelöst wird, die (praktisch) sofort eintrifft. Dann weist der Bestand im Lager, wie in Abbildung 8.4 gezeigt, einen typischen „Sägezahn-Verlauf" auf.

Der mittlere Bestand bei einer Bestellmenge q beträgt offensichtlich $\frac{q}{2}$. Nun sei h der Kostensatz für die Lagerung einer Mengeneinheit über eine Zeiteinheit. Dann betragen offenbar die Lagerkosten je Zeiteinheit

$$K^L(q) = h \cdot \frac{q}{2}, \tag{8.3}$$

sie steigen also linear mit der Bestellmenge q. Wenn sonst keine weiteren Kosten durch die Bestellmenge beeinflusst würden, so könnte man offenbar im Rahmen dieser Modellvorstellung auf Lagerhaltung verzichten und würde im Bedarfsfall stets die gerade benötigte Mengeneinheit bestellen.

---

[2] Weiter oben hatte ich Ihnen erläutert, warum diese Annahme etwas unrealistisch ist und zum *Defizit* in der (s, q)-Politik führt. Das ignorieren wir jetzt einmal.

8.2 Ausgangspunkt: Konstante Bedarfsraten

Klassisches Modell I

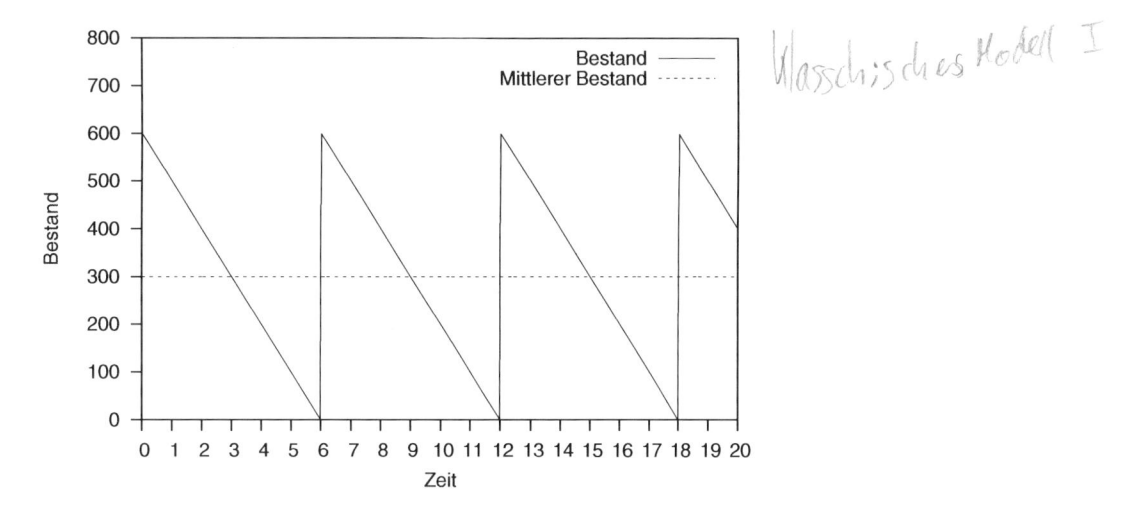

Abbildung 8.4: Bestandsverlauf des klassischen Bestellmengenmodells bei Bestellmenge $q = 600$ ME und Bedarfsrate $\tilde{d} = 100$ ME/ZE

Oft gibt es jedoch weitere Kosten, deren Ausprägung von der bestellten Menge unabhängig ist, etwa im Sinne einer Pauschale für Verpackung, Versand oder Anlieferung. In solchen Fällen ist es häufig sinnvoll, größere Mengen zu bestellen und zeitweilig einzulagern. Es sei für diesen Fall mit s der Kostensatz je Bestellung bezeichnet. Ferner sei mit $\tilde{d}$ die Bedarfsrate[3] (in Mengeneinheiten je Zeiteinheit) bezeichnet. Daraus ergibt sich der Quotient $\frac{\tilde{d}}{q}$ als Rate der Bestellvorgänge je Zeiteinheit. Damit sind die Kosten der Bestellvorgänge je Zeiteinheit

$$K^B(q) = s \cdot \frac{\tilde{d}}{q}, \tag{8.4}$$

sie sinken also mit der Bestellmenge q. Für die Summe aus Bestell- und Lagerkosten ergibt sich damit die folgende (Ziel-)Funktion:

$$K(q) = K^B(q) + K^L(q) = s \cdot \frac{\tilde{d}}{q} + h \cdot \frac{q}{2} \tag{8.5}$$

Abbildung 8.5 zeigt für den Fall eines Bestellkostensatzes von $s = 30$ GE, eines Lagerkostensatzes von $h = \frac{1}{60}$ GE je ME und ZE und einer Bedarfsrate von $\tilde{d} = 100$ ME je ZE den Verlauf der Bestellkosten, der Lagerkosten und der Gesamtkosten als Summe der beiden genannten Kostenkategorien.

Beachten Sie bitte, dass die eigentlichen Materialkosten je Mengeneinheit nicht betrachtet werden müssen, sofern der komplette Bedarf in jedem Fall befriedigt werden muss und (wie hier unterstellt) keine Mengenrabatte vorliegen. Die Höhe dieser Materialkosten je Zeiteinheit hängt nur vom exogen gegebenen Bedarf ab, nicht aber von der hier interessierenden Bestellmenge q. Abbildung 8.5 können Sie entnehmen, dass im betrachteten Fall offenbar das Minimum der Kosten je Zeiteinheit für eine Bestellmenge von 600 Mengeneinheiten erreicht wird. Die Abbildung zeigt auch, dass kleinere Abweichungen von dieser optimalen Bestellmenge nicht zu einem nennenswerten Anstieg der Gesamtkosten je Zeiteinheit führen. Wie kann man nun die optimale (also kostenminimale) Bestellmenge q^* bestimmen? Dazu müssen wir die erste

---

[3] Für die Nachfrage*rate* wird hier das Symbol $\tilde{d}$ verwendet, weil in den Abschnitten zum Bestandsmanagement der zufällige Bedarf in einer einzelnen Periode mit der Zufallsvariablen D modelliert wird und deren konkrete Ausprägung mit d bezeichnet wird. Die Symbole d und $\tilde{d}$ bezeichnen damit unterschiedliche Größen.

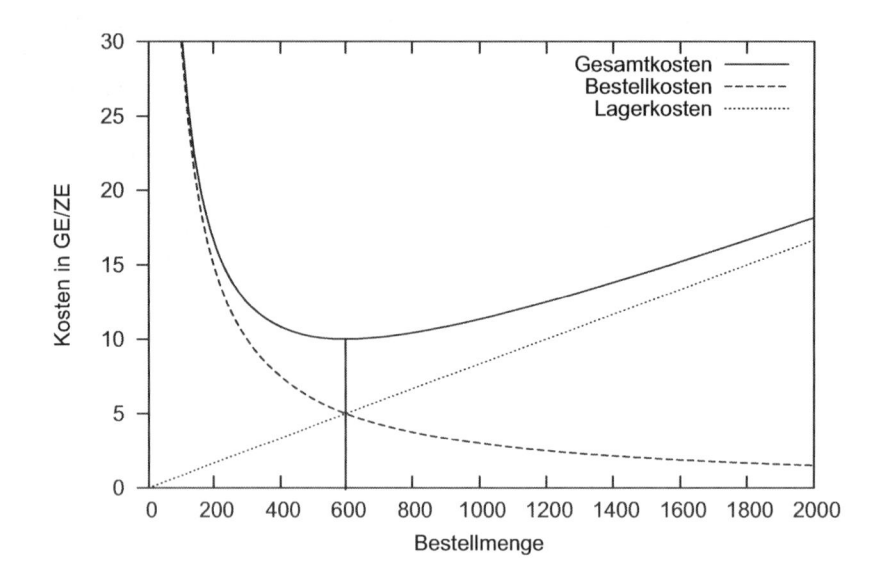

Abbildung 8.5: Kostenfunktion des klassischen Bestellmengenmodells

Ableitung der Kostenfunktion $K(q)$ ermitteln, diese gleich Null setzen und die so erhaltene Gleichung nach der gesuchten Bestellmenge auflösen:

$$K(q)' = \frac{d\,K(q)}{d\,q} = -s\frac{\tilde{d}}{q^2} + \frac{h}{2} \stackrel{!}{=} 0 \tag{8.6}$$

$$\Rightarrow \quad q^* = \sqrt{\frac{2s\tilde{d}}{h}} \tag{8.7}$$

Die zweite Ableitung

$$K(q)'' = \frac{d^2\,K(q)}{d\,q^2} = 2s\frac{\tilde{d}}{q^3} > 0 \tag{8.8}$$

ist offenbar positiv, so dass tatsächlich ein Kostenminimum vorliegt. Setzen wir die kostenminimale Bestellmenge aus Gleichung (8.7) in die Kostenfunktion (8.5) ein, so erhalten wir auch den Wert des Kostenminimums:

$$K(q^*) = s \cdot \frac{\tilde{d}}{q^*} + h \cdot \frac{q^*}{2}$$

$$= s \cdot \frac{\tilde{d}}{\sqrt{\frac{2s\tilde{d}}{h}}} + h \cdot \frac{\sqrt{\frac{2s\tilde{d}}{h}}}{2} = \sqrt{2 \cdot s \cdot \tilde{d} \cdot h} \tag{8.9}$$

Wenn man die kostenminimale Bestellmenge q^* kennt, so kann man unmittelbar die korrespondierende Länge des kostenminimierenden Bestellzyklus t^* ermitteln, und zwar als den zeitlichen Abstand zwischen zwei Bestellvorgängen. Dazu überlegt man sich, dass die Bestellmenge q^* den Bedarf während des Bestellzyklus t^* abdecken muss und löst die so erhaltene Gleichung nach der Länge des Bestellzyklus auf:

$$q^* = \tilde{d} \cdot t^* \tag{8.10}$$

$$t^* = \frac{q^*}{\tilde{d}} = \frac{\sqrt{\frac{2s\tilde{d}}{h}}}{\tilde{d}} = \sqrt{\frac{2s}{\tilde{d}h}} \tag{8.11}$$

Je größer die Bestellkosten s werden, desto länger wird offenbar der Bestellzyklus. Je größer die Bedarfsrate $\tilde{d}$ wie auch der Lagerkostensatz h werden, desto kürzer wird er. Das alles entspricht (hoffentlich) auch Ihrer Intuition.

> **Beispiel zum klassischen Bestellmengenmodell**
>
> Ein Jahr möge rechnerisch aus 360 Tagen bestehen und ein Lager werde an allen 360 Tagen je Jahr betrieben. Die jährliche Nachfrage nach einem Produkt betrage 36.000 Mengeneinheiten. Der Bestellkostensatz sei 30 Geldeinheiten und der Lagerkostensatz sei 6 Geldeinheiten je Mengeneinheit und Jahr. Gesucht sind die kostenminimale Bestellmenge, die (Zyklus-)Dauer zwischen zwei Bestellvorgängen und die Höhe der bestellmengenabhängigen Kosten im Optimum.
>
> Zunächst bestimmen wir (unter Beachtung der Einheiten!) über die Gleichung (8.7) die optimale Bestellmenge:
>
> $$q^* = \sqrt{\frac{2s\tilde{d}}{h}} = \sqrt{\frac{2 \cdot 30 \text{ GE} \cdot 36.000 \text{ ME / Jahr}}{6 \text{ GE /(ME Jahr)}}} = 600 \text{ ME}$$
>
> Damit folgt unmittelbar die Länge des Bestellzyklus via (8.11):
>
> $$t^* = \sqrt{\frac{2s}{\tilde{d}h}} = \sqrt{\frac{2 \cdot 30 \text{ GE}}{36.000 \text{ ME / Jahr} \cdot 6 \text{ GE/(ME Jahr)}}}$$
> $$= \frac{1}{60} \text{ Jahr} = 6 \text{ Tage}$$
>
> Die Kosten betragen gemäß (8.9)
>
> $$K(q^*) = \sqrt{2 \cdot s \cdot \tilde{d} \cdot h}$$
> $$= \sqrt{2 \cdot 30 \text{ GE} \cdot 36.000 \text{ ME / Jahr} \cdot 6 \text{ GE /(ME Jahr)}}$$
> $$= 3.600 \text{ GE / Jahr} = 10 \text{ GE / Tag}$$
>
> Das ist genau das in Abbildung 8.5 dargestellte Kostenminimum.

Damit sind wir offenbar in der Lage, in einer Situation der Sicherheit hinsichtlich der Nachfrage eine kostenminimale Bestellmenge bzw. einen kostenminimalen Bestellabstand festzulegen.

8.3 Ermittlung des Bestellpunktes bei gegebener Bestellmenge

In Abschnitt 8.1 haben wir die **(s, q)-Lagerhaltungspolitik** für den Fall eines *unsicheren* Bedarfs kennengelernt. Aus Abschnitt 8.2 wissen wir nun zudem, wie wir im Falle eines *sicheren* Bedarfes über die Gleichung (8.7) auf S. 192 die kostenminimale Bestellmenge q^* ermitteln können. Das legt den Gedanken nahe, in einem ersten Schritt zunächst die Bestellmenge $q = q^*$ einer (s, q)-Politik über jene Gleichung (8.7) zu bestimmen und auf dieser Basis in einem zweiten Schritt den Bestellpunkt s festzulegen. Dabei muss die Unsicherheit der Nachfrage nun berücksichtigt werden, was prinzipiell auf verschiedenen Wegen geschehen kann, entweder über den Ansatz von Fehlmengenkosten oder über eine Servicegradrestriktion.

Wir werden dazu den β-Servicegrad verwenden, den Sie bereits in Abschnitt 7.4 ab S. 171 kennengelernt haben. Durch eine β-Servicegradrestriktion wird der zulässige Erwartungswert der Fehlmenge in einem Zeitraum auf einen vorgegebenen Anteil $(1 - \beta)$ der erwarteten Nachfrage in diesem Zeitraum begrenzt. In dem hier betrachteten Kontext ist der relevante Zeitraum der Bestellzyklus t, also die (mittlere) Dauer zwischen zwei aufeinander folgenden Bestellvorgängen (oder zwischen zwei aufeinanderfolgenden Lieferungen). Für eine annahmegemäß bereits gegebene Bestellmenge q beträgt die erwartete Nachfrage in dem Bestellzyklus $\tilde{d} \cdot t$ eben diese Bestellmenge $q = \tilde{d} \cdot t$, wenn sich auf lange Sicht weder ein Bestand auf- noch abbauen soll.

Bezeichnen wir mit $F(s)$ die vom Bestellpunkt s abhängige Fehlmenge im Zyklus, so lässt sich die β-Servicegradrestriktion folgendermaßen formulieren:

$$\mathrm{E}[F(s)] \leq (1-\beta) \cdot q \qquad (8.12)$$

Je größer der Bestellpunkt s einer (s, q)-Politik, desto kleiner ist offenbar die erwartete Fehlmenge in einem Zyklus. Beachten Sie bitte die Analogie zum Zeitungsjungenproblem. Dort wurde die tägliche erwartete Fehlmenge um so kleiner, je mehr Zeitungen der Zeitungsjunge morgens kaufte.

Um nun mit dieser β-Servicegradrestriktion (8.12) arbeiten zu können, müssen wir uns zuvor noch zwei Aufgaben zuwenden:

1. Wir müssen eine Vorstellung entwickeln, wie wir die Fehlmenge in einem Bestellzyklus definieren.
2. Wir müssen die Wahrscheinlichkeitsverteilung der Nachfrage im Risikozeitraum bestimmen.

Zunächst wenden wir uns der Frage zu, was wir unter der Fehlmenge eines Bestellzyklus verstehen. Grundsätzlich ist die **Fehlmenge eines Zyklus** die **Differenz** zwischen dem **Fehlbestand am Ende eines Zyklus** (unmittelbar vor dem Eintreffen der Lieferung) und dem **Fehlbestand am Anfang dieses Zyklus** (unmittelbar nach dem Eintreffen der vorherigen Lieferung).

Tabelle 8.1: Beispielhafte Bestandsentwicklung bei einer $(s = 3, q = 10)$-Politik und einer Lieferzeit von $l = 3$ Perioden

Periode	Nachfrage	Netto-bestand	dispon. Bestand	Bestellung	Lieferung	phys. Bestand	Fehl-bestand
0	0	7	7	0	0	7	0
1	2	5	5	0	0	5	0
2	2	3	13	10	0	3	0
3	4	−1	9	0	0	0	1
4	2	−3	7	0	0	0	3
5	1	6	6	0	10	6	0
6	2	4	4	0	0	4	0
7	2	2	12	10	0	2	0
8	5	−3	7	0	0	0	3
9	2	−5	5	0	0	0	5
10	1	4	4	0	10	4	0
11	3	1	11	10	0	1	0
12	2	−1	9	0	0	0	1
13	5	−6	4	0	0	0	6

Das Beispiel in Tabelle 8.1 verdeutlicht den Sachverhalt. Dort wird die Anwendung einer $(s = 3, q = 10)$-Politik bei einer Lieferzeit von $l = 3$ Perioden gezeigt. Alle Bestandsangaben beziehen sich auf das jeweilige Periodenende. In den Perioden 2, 7 und 11 wird der Bestellpunkt von 3 ME erreicht oder unterschritten und eine Bestellung von 10 ME ausgelöst. Wir stellen uns vor, dass die Lieferungen jeweils zum Beginn einer Periode erfolgen. In Periode 5 trifft zunächst jene Bestellung ein, die in Periode 2 ausgelöst wurde. Unmittelbar vorher, zum Ende von Periode 4, lag ein Fehlbestand in Höhe von drei ME vor. Dieser wird nachgeliefert, es wird die Nachfrage von einer ME der Periode 5 bedient und so ergibt sich ein Endbestand am Ende der Periode 5 in Höhe von sechs ME. Zu Beginn dieses Zyklus gibt es also keinen Fehlbestand. Anders sieht es zum Ende dieses Zyklus aus: Am Ende von Periode 8 gibt es bereits einen Fehlbestand von drei ME und am Ende von Periode 9 einen von fünf ME. Zu Beginn von Periode 10 trifft dann die nächste Lieferung ein, die in Periode 7 bestellt wurde. Die Fehlmenge in diesem Zyklus beträgt also fünf ME. Sie entspricht dabei dem Fehlbestand am Ende des Zyklus, weil es zu Beginn des

8.3 Ermittlung des Bestellpunktes bei gegebener Bestellmenge

Zyklus (nach Eintreffen der vorherigen Lieferung und Befriedigung der Fehlbestände vom Ende der Vorperiode) keine Fehlbestände gab.

Wenn ein Lager ein recht hohes Maß an Lieferfähigkeit aufweist, so liegt unmittelbar nach dem Eintreffen einer Lieferung (und der auch bereits erfolgten Befriedigung aller Fehlbestände aufgrund bislang nicht befriedigter Nachfragen) praktisch immer ein physischer Lagerbestand vor. Dann ist das Lager also am Beginn des Zyklus lieferfähig und es gibt somit keinen anfänglichen Fehlbestand. In diesem Fall entspricht der Erwartungswert der Fehlmenge in einem Zyklus dem Erwartungswert des Bestands am Ende des Zyklus. Von dieser vereinfachenden Annahme gehen wir im Folgenden aus. Wir müssen also den Erwartungswert des Fehlbestandes am **Ende eines Zyklus** berechnen können.

Zu diesem Zweck müssen wir uns nun noch Gedanken über den zweiten oben genannten Punkt machen, die Wahrscheinlichkeitsverteilung der Nachfrage im Risikozeitraum. Diese Wahrscheinlichkeitsverteilung wie auch der gewählte Bestellpunkt s bestimmen letztlich den Erwartungswert des Fehlbestandes am Zyklusende.

Wir hatten über die Gleichung (8.2) auf S. 190 gesehen, dass der Risikozeitraum bei einer (s, q)-Lagerhaltungspolitik der Länge l der Wiederbeschaffungszeit entspricht. Wir unterstellen nun, dass die Nachfrage periodenweise (z. B. täglich) auftritt und die Lieferzeit eine ganzzahlige Anzahl von Perioden beträgt. Die zufällige Nachfrage im Risikozeitraum Y ist dann also die Summe der Nachfragen in den einzelnen Perioden im Risikozeitraum.

Es sei D eine Zufallsvariable mit Erwartungswert μ_D und Standardabweichung σ_D, welche die Nachfrage in einer einzelnen Periode beschreibt. Wenn die Nachfragen der verschiedenen Perioden voneinander unabhängig und identisch verteilt sind und zudem der Risikozeitraum l Perioden beträgt, so ist der Erwartungswert μ_Y der Nachfrage Y im Risikozeitraum das l-fache der erwarteten Nachfrage je Periode:

$$\mu_Y = l \cdot \mu_D \tag{8.13}$$

Die Varianz von Y ist, aufgrund der Unabhängigkeit der Periodennachfragen D, das l-fache der Varianz der Nachfrage in einer einzelnen Periode:

$$\sigma_Y^2 = l \cdot \sigma_D^2 \tag{8.14}$$

Handelt es sich bei der Wahrscheinlichkeitsverteilung von D zudem um eine Normalverteilung, so folgt auch die Nachfrage im Risikozeitraum der Länge l einer Normalverteilung mit den Parametern μ_Y und σ_Y.

Durch die (s, q)-Politik wird also beim Erreichen des Bestellpunktes s die Bestellung ausgelöst und es tritt bis zum Eintreffen der Bestellung eine zufällige Nachfrage Y auf, so dass sich der folgende Erwartungswert des Fehlbestandes unmittelbar *vor* dem Eintreffen der Lieferung ergibt:

$$E[F(s)] = E[\max(Y - s,\ 0)] \tag{8.15}$$

Diesen erwarteten Fehlbestand können wir mit den aus dem Kapitel zum Zeitungsjungenproblem bereits bekannten Methoden berechnen und begrenzen. Dies führt auf das folgende Entscheidungsmodell:[4]

Modell 8.1: Bestellpunkt der (s,q)-Lagerhaltungspolitik

$$\text{Minimiere } s \tag{8.16}$$
u. B. d. R.
$$E[F(s)] \leq (1-\beta) \cdot q \tag{8.17}$$

---

[4] Vgl. Günther und Tempelmeier (2020, Abschnitt 12.2).

Wir lösen das Modell unter der oben genannten Annahme einer normalverteilten Nachfrage Y während des Risikozeitraums der (s, q)-Politik von l Perioden. Zur Lösung des Modells wenden wir wieder die bereits in Gleichung (7.10) auf S. 166 sowie in Anhang D.5 auf S. 396 eingeführte Normalisierung an. Dazu führen wir die normalverteilte Zufallsvariable Y mit Erwartungswert μ_Y und Standardabweichung σ_Y über die Transformationsbeziehung

$$Y = \sigma_Y \cdot X + \mu_Y \qquad (8.18)$$

auf die standardnormalverteilte Zufallsvariable $X \sim N(0,1)$ zurück. Analog gilt dann für den Bestellpunkt s und den normalisierten Bestellpunkt v die Beziehung

$$s = \sigma_Y \cdot v + \mu_Y \qquad (8.19)$$

Ferner gilt damit gemäß Gleichung (D.33)

$$\mathrm{E}[F(s)] = \sigma_Y \Phi^1(v) = \sigma_Y \Phi^1\left(\frac{s - \mu_Y}{\sigma_Y}\right) \qquad (8.20)$$

wieder die bereits vom Zeitungsjungenproblem bekannte Beziehung zwischen Fehlmengenerwartungswert $\mathrm{E}[F(s)]$ und normalisierten Fehlmengenerwartungswert $\Phi^1(v)$. Die Differenz

$$SB = s - \mu_Y = (\mu_Y + \sigma_Y \cdot v) - \mu_Y = \sigma_Y \cdot v \qquad (8.21)$$

zwischen dem Bestellpunkt s und dem Erwartungswert der Nachfrage im Risikozeitraum μ_Y kann als **Sicherheitsbestand** interpretiert werden. Je größer die Standardabweichung der Nachfrage im Risikozeitraum ist, desto größer muss c. p. auch dieser Sicherheitsbestand $SB = \sigma_Y \cdot v$ sein.

Beispiel zur Minimierung des Bestellpunktes s bei gegebener Bestellmenge q

Die tägliche Nachfrage sei normalverteilt mit Erwartungswert 100 Mengeneinheiten und Standardabweichung 30 ME. Die Länge der Wiederbeschaffungszeit betrage drei Tage. Die Bestellmenge sei bereits auf 600 ME festgelegt. Gesucht ist nun der kleinstmögliche Bestellpunkt s, der gerade noch einen β-Servicegrad von 98% ergibt.

Im ersten Schritt bestimmen wir den Erwartungswert und die Standardabweichung der Nachfrage Y im Risikozeitraum der Länge $l = 3$ Perioden:

$$\mu_Y = l \cdot \mu_D = 3 \cdot 100 \text{ ME} = 300 \text{ ME}$$
$$\sigma_Y^2 = l \cdot \sigma_D^2 = 3 \cdot 30^2 \text{ ME}^2 = 2700 \text{ ME}^2$$

Also ist die Standardabweichung der Nachfrage im Risikozeitraum $\sigma_Y = \sqrt{2700}$ ME. Nun ermitteln wir die (noch) zulässige erwartete Fehlmenge zu einem β-Servicegrad von 98%:

$$\mathrm{E}[F(s)] = (1 - \beta) \cdot q = (1 - 0{,}98) \cdot 600 \text{ ME} = 0{,}02 \cdot 600 \text{ ME} = 12 \text{ ME}.$$

Aus der Beziehung

$$\mathrm{E}[F(s)] = \sigma_Y \cdot \Phi^1\left(\frac{s - \mu_Y}{\sigma_Y}\right) = \sigma_Y \cdot \Phi^1(v),$$

erhalten wir den zulässigen Wert der Verlustfunktion:

$$\Phi^1(v) = \frac{\mathrm{E}[F(s)]}{\sigma_Y} = \frac{12}{\sqrt{2700}} = 0{,}23$$

Der Tabelle für die Verlustfunktion erster Ordnung in Anhang D.4 auf S. 393 entnehmen wir, dass zum Funktionswert $\Phi^1(v) = 0{,}23$ der kleinste zulässige Wert des Arguments $v = 0{,}41$ korrespondiert. Aus der Beziehung

$$v = \frac{s - \mu_Y}{\sigma_Y}$$

finden wir unmittelbar mit

$$s = \sigma_Y v + \mu_Y \approx 0{,}41 \cdot \sqrt{2700} \text{ ME} + 300 \text{ ME} = 321{,}30 \text{ ME}$$

jenen Bestellpunkt, der auf den vorgegebenen β-Servicegrad führt. In der praktischen Anwendung müsste man also s auf 322 Mengeneinheiten aufrunden, weil man ja bei diskreten Gütern nicht mit einem reellwertigen Bestellpunkt operieren kann. Der Sicherheitsbestand beträgt

$$SB = s - \mu_Y = 321{,}30 \text{ ME} - 300 \text{ ME} = 21{,}30 \text{ ME}$$

bzw. aufgerundet 22 ME.

Die hier dargestellte Vorgehensweise zur Ermittlung der Parameter einer (s, q)-Lagerhaltungspolitik ist eine einfache Heuristik, die nicht exakt auf die kostenminimale Lösung führt. Will man diese finden, so muss man die Werte von s und q wechselseitig aufeinander abstimmen, wie die folgende Überlegung zeigt: Ist die Bestellmenge q relativ groß, so tritt nur relativ selten der Fall ein, dass das Lager (fast) leer ist. Dann übernimmt der mittlere Bestellbestand $\frac{q}{2}$ gewissermaßen eine Sicherungsfunktion und der Bestellpunkt s kann etwas niedriger gewählt werden, als wenn sehr häufig bestellt und mit sehr niedrigen Bestellbeständen gearbeitet wird. Allerdings führt die hier dargestellte Vorgehensweise typischerweise schon auf sehr gute Lösungen.[5]

8.4 Ermittlung des Bestellniveaus bei gegebenem Bestellabstand

Die Überlegungen, die im Fall der (s, q)-Politik bei gegebener Bestellmenge q die Bestimmung des Bestellpunktes s ermöglichen, lassen sich weitgehend analog auf die Ermittlung des Bestellniveaus S einer (r, S)-Politik mit gegebenem Bestellzyklus r übertragen.[6] Das ist nicht allzu überraschend, denn bei konstanter (mittlerer) Bedarfsrate $\tilde{d}$ ist ja die Länge des Bestellzyklus proportional zur Bestellmenge. In Abschnitt 8.2 hatten wir in Gleichung (8.11) bereits die Formel für die kostenminimale Zykluslänge bei sicherer Nachfrage kennengelernt:

$$t^* = \frac{q^*}{\tilde{d}} = \frac{\sqrt{\frac{2s\tilde{d}}{h}}}{\tilde{d}} = \sqrt{\frac{2s}{\tilde{d}h}} \tag{8.22}$$

Diesen Wert t^* verwenden wir nun als Überprüfungs- und Bestellabstand r, wir setzen also $r = t^* = \sqrt{2s/\tilde{d}h}$. Somit ist der Bestellabstand r gegeben und wir müssen in einem weiteren Schritt das Bestellniveau S festlegen. Wie in Abschnitt 8.3 gehen wir davon aus, dass die Lieferfähigkeit des Lagers relativ hoch ist. In diesem Fall ist der Erwartungswert des Fehlbestands zum Zyklusbeginn (nach Eintreffen einer Lieferung) vernachlässigbar klein. Dann ist wieder der Erwartungswert der Fehlmenge $E[F(S)]$ in einem Zyklus praktisch gleich dem Fehlbestand am Ende des Zyklus (vor dem Eintreffen einer Lieferung). Je größer das Bestellniveau S ist, desto kleiner ist der Erwartungswert der Fehlmenge $E[F(S)]$ in einem Zyklus.

Im Unterschied zur Situation der (s, q)-Politik müssen wir allerdings berücksichtigen, dass gemäß Gleichung (8.1) bei der (r, S)-Politik ein längerer Risikozeitraum von insgesamt $r + l$ Perioden vorliegt, wobei l die Lieferzeit ist, siehe S. 190. Somit ist die zufällige Nachfrage im Risikozeitraum Z gleich der Summe der zufälligen Nachfragen über $r + l$ voneinander unabhängige

---

[5] Vgl. zur simultanen Optimierung z. B. Tempelmeier (2012, Abschnitt C.1.1.3).
[6] Vgl. Tempelmeier (2012, Abschnitt C.1.2).

Perioden. Wenn die Zufallsvariable D mit Erwartungswert μ_D und Standardabweichung σ_D wieder die zufällige Nachfrage einer einzelnen Periode beschreibt, so gilt für den Erwartungswert μ_Z der Nachfrage im Risikozeitraum:

$$\mu_Z = (r+l) \cdot \mu_D \tag{8.23}$$

Die Varianz von Z ist aufgrund der Unabhängigkeit der Periodennachfragen D das $(r+l)$-fache der Varianz der Nachfrage in einer einzelnen Periode:

$$\sigma_Z^2 = (r+l) \cdot \sigma_D^2 \tag{8.24}$$

Handelt es sich bei der Wahrscheinlichkeitsverteilung von D zudem um eine Normalverteilung, so gilt dies auch für die Zufallsvariable Z zur Beschreibung der Nachfrage im Risikozeitraum der (r, S)-Politik.

Wir fordern nun erneut, dass gemäß einer β-Servicegradrestriktion die Fehlmenge $E[F(S)]$ einen bestimmten Anteil der Nachfrage $\tilde{d} \cdot r$ im Zyklus nicht überschreiten darf. Dabei soll das Bestellniveau S den kleinstmöglichen Wert aufweisen, um die Kosten der Lagerhaltung zu minimieren. Dies führt auf das folgende Entscheidungsmodell:

Modell 8.2: Bestellniveau der (r,S)-Lagerhaltungspolitik

$$\text{Minimiere } S \tag{8.25}$$

u. B. d. R.

$$E[F(S)] \leq (1-\beta) \cdot \tilde{d} \cdot r \tag{8.26}$$

Zur Lösung des Modells führen wir die annahmegemäß normalverteilte Zufallsvariable Z mit Erwartungswert μ_Z und Standardabweichung σ_Z über die Transformationsbeziehung

$$Z = \sigma_Z \cdot X + \mu_Z \tag{8.27}$$

auf die standardnormalverteilte Zufallsvariable $X \sim N(0,1)$ zurück. Analog gilt dann für das Bestellniveau S und das normalisierte Bestellniveau v die Beziehung

$$S = \sigma_Z \cdot v + \mu_Z. \tag{8.28}$$

Ferner gilt damit gemäß Gleichung (D.33)

$$E[F(S)] = \sigma_Z \Phi^1(v) = \sigma_Z \Phi^1\left(\frac{S - \mu_Z}{\sigma_Z}\right) \tag{8.29}$$

wieder die bereits vom Zeitungsjungenproblem bekannte Beziehung zwischen Fehlmengenerwartungswert $E[F(S)]$ und normalisierten Fehlmengenerwartungswert $\Phi^1(v)$. Die Differenz

$$SB = S - \mu_Z = (\mu_Z + \sigma_Z \cdot v) - \mu_Z = \sigma_Z \cdot v \tag{8.30}$$

zwischen dem Bestellniveau S und Erwartungswert der Nachfrage im Risikozeitraum μ_Z kann man als **Sicherheitsbestand** interpretieren.

Beispiel zur Minimierung des Bestellniveaus S bei gegebenem Bestellabstand r

Die tägliche Nachfrage sei normalverteilt mit Erwartungswert 100 ME und Standardabweichung 30 ME. Damit ist die mittlere Nachfragerate $\tilde{d} = 100$ ME/Tag. Die Länge der Wiederbeschaffungszeit betrage drei Tage. Die Länge des Überwachungsintervalls und damit der Bestellabstand sei bereits auf $r = 6$ Tage festgelegt. Gesucht ist nun

8.4 Ermittlung des Bestellniveaus bei gegebenem Bestellabstand

das kleinstmögliche Bestellniveau S, das gerade noch einen β-Servicegrad von 98% ergibt.

Im ersten Schritt bestimmen wir den Erwartungswert und die Standardabweichung der Nachfrage Y im Risikozeitraum der Länge $r + l = 6 + 3$ Tage $= 9$ Tage:

$$\mu_Z = (r+l) \cdot \mu_D = 9 \cdot 100 \text{ ME} = 900 \text{ ME}$$

$$\sigma_Z^2 = (r+l) \cdot \sigma_D^2 = 9 \cdot 30^2 \text{ ME}^2 = 8100 \text{ ME}^2$$

Also ist die Standardabweichung der Nachfrage im Risikozeitraum $\sigma_Z = \sqrt{8100}$ ME $=$ 90 ME. Nun ermitteln wir die (noch) zulässige erwartete Fehlmenge zu einem β-Servicegrad von 98%:

$$\text{E}[F(S)] = (1-\beta) \cdot \tilde{d} \cdot r = (1-0{,}98) \cdot 100 \text{ ME/Tag} \cdot 6 \text{ Tage}$$
$$= 0{,}02 \cdot 600 \text{ ME} = 12 \text{ ME}.$$

Aus der Beziehung

$$\text{E}[F(S)] = \sigma_Z \cdot \Phi^1\left(\frac{S-\mu_Z}{\sigma_Z}\right) = \sigma_Z \cdot \Phi^1(v),$$

erhalten wir den zulässigen Wert der Verlustfunktion:

$$\Phi^1(v) = \frac{\text{E}[F(S)]}{\sigma_Z} = \frac{12}{90} = 0{,}133$$

Der Tabelle für die Verlustfunktion erster Ordnung in Anhang D.4 auf S. 393 entnehmen wir, dass zum Funktionswert $\Phi^1(v) = 0{,}133$ der kleinste zulässige Wert des Arguments $v = 0{,}75$ korrespondiert. Aus der Beziehung

$$v = \frac{S - \mu_Z}{\sigma_Z}$$

finden wir unmittelbar mit

$$S = \sigma_Z \cdot v + \mu_Z = 90 \cdot 0{,}75 \text{ ME} + 900 \text{ ME} = 967{,}5 \text{ ME}$$

jenes Bestellniveau S, das auf den vorgegebenen β-Servicegrad führt. In der praktischen Anwendung müsste man also S auf 968 Mengeneinheiten aufrunden. Der Sicherheitsbestand beträgt also

$$SB = S - \mu_Z = 967{,}5 \text{ ME} - 900 \text{ ME} = 67{,}5 \text{ ME},$$

bzw. aufgerundet 68 ME.

Vergleicht man die Ergebnisse des Beispiels in Abschnitt 8.3 mit jenen des gerade betrachteten Beispiels, so unterscheiden sich die Politiken offenbar hinsichtlich des ermittelten Sicherheitsbestands. Dieser ist bei der (r, S)-Politik c. p. offenbar höher als bei der (s, q)-Politik, weil letztere einen kürzeren Risikozeitraum aufweist. Dies führt zu einer geringeren Standardabweichung der Nachfrage im Risikozeitraum. Allerdings tritt bei der (r, S)-Politik im Gegensatz zur (s, q)-Politik nicht das in Abbildung 8.2 auf S. 188 erläuterte Defizit auf.

Literaturhinweise

- Cachon und Terwiesch (2009)
- Tempelmeier (2012)

- Thonemann und Albers (2011)
- Zipkin (2000)

8.5 Aufgaben und Übungen

1. Elementare Kontroll- und Verständnisfragen

   a) Was versteht man unter einer Lagerhaltungspolitik?

   b) Wie funktioniert eine (s, q)-Politik?

   c) Wieso kommt es bei einer (s, q)-Politik zu einem Defizit und wie wirkt sich dieses Defizit aus?

   d) Was ist der Netto-Bestand?

   e) Was ist der disponible Bestand?

   f) Wie funktioniert eine (r, S)-Politik?

   g) Wieso kommt es bei einer (r, S)-Politik nicht zu einem Defizit?

   h) Wie groß ist bei einer (s, q)-Politik der Risikozeitraum? Warum?

   i) Wie groß ist bei einer (r, S)-Politik der Risikozeitraum? Warum?

2. Bestellmengenbildung bei gleichbleibendem Bedarf in stetiger Zeit

   a) Welchen Einfluss auf die Lagerkosten je Zeiteinheit hat die Bestellmenge q?

   b) Welchen Einfluss auf die Bestellkosten je Zeiteinheit hat die Bestellmenge q?

   c) Wie sieht der Verlauf der Gesamtkosten je Zeiteinheit in Abhängigkeit der Bestellmenge q aus?

   d) Wie sieht der zeitliche Verlauf des Lagerbestands aus?

   e) Wie groß ist der maximale und wie groß der mittlere Lagerbestand?

   f) Wie begründen Sie die Beziehung $q = \tilde{d} \cdot t$?

3. Optimale Bestellmenge bei gleichbleibendem Bedarf

   Ermitteln Sie die kostenminimale Bestellmenge für die folgenden Daten:

Nachfragerate $\tilde{d}$ [ME/ZE]	1.000
Bestellkostensatz s [GE]	100
Lagerkostensatz h [GE/(ME·ZE)]	20

   Berechnen Sie auch die optimale Länge des Bestellzyklus. Wie hoch sind der maximale und der mittlere Lagerbestand?

   Lösung/Lösungshinweis

   Die kostenminimale Bestellmenge beträgt 100 ME und die entsprechende Dauer des Bestellzyklus beträgt 0,1 ZE. Der maximale Lagerbestand ist 100 ME, der mittlere Lagerbestand beträgt 50 ME.

8.5 Aufgaben und Übungen

4. **Bestellpolitiken mit Servicegradrestriktionen**

   Die Firma *ProPoMen Retail GmbH* ist ein europaweit agierender Händler für Gesäß- und Brustimplantate für Männer.[7] Die Implantate werden von auf Schönheitschirurgie spezialisierten Privatkliniken bestellt, die ihrer zahlungskräftigen männlichen Kundschaft ohne den lästigen Umweg über das Fitnessstudio zu einem knackigeren Gesamteindruck verhelfen.

   a) Minimierung des Bestellpunktes s bei gegebener Bestellmenge q und β-Servicegradrestriktion

   Die tägliche Nachfrage nach Gesäßimplantat-Sets (je zwei Stück in der Größe XL) sei normalverteilt mit Erwartungswert 1000 und Standardabweichung 200. Die Länge der Wiederbeschaffungszeit betrage 20 Tage. Die Bestellmenge sei bereits auf 10.000 Sets festgelegt. Gesucht ist nun der kleinstmögliche Bestellpunkt s, der gerade noch einen β-Servicegrad von 90% ergibt.

   > **Lösung/Lösungshinweis**
   >
   > Im ersten Schritt bestimmen wir den Erwartungswert und die Standardabweichung der Nachfrage Y im Risikozeitraum der Länge $l = 20$ Perioden:
   >
   > $\mu_Y = l \cdot \mu_D = 20 \cdot 1000 \text{ ME} = 20.000 \text{ ME}$
   >
   > $\sigma_Y^2 = l \cdot \sigma_D^2 = 20 \cdot 200^2 \text{ ME}^2 = 800.000 \text{ ME}^2$
   >
   > Also ist die Standardabweichung der Nachfrage im Risikozeitraum $\sigma_Y = \sqrt{800.000}$ ME. Nun ermitteln wir die (noch) zulässige erwartete Fehlmenge zu einem β-Servicegrad von 90%:
   >
   > $\mathrm{E}[F(s)] = (1-\beta) \cdot q = (1 - 0{,}90) \cdot 10.000 \text{ ME} = 0{,}1 \cdot 10.000 \text{ ME} = 1000 \text{ ME}.$
   >
   > Aus der Beziehung
   >
   > $\mathrm{E}[F(s)] = \sigma_Y \cdot \Phi^1\left(\frac{s - \mu_Y}{\sigma_Y}\right) = \sigma_Y \cdot \Phi^1(v),$
   >
   > erhalten wir den zulässigen Wert der Verlustfunktion:
   >
   > $\Phi^1(v) = \frac{\mathrm{E}[F(s)]}{\sigma_Y} = \frac{1.000}{\sqrt{800.000}} = 1{,}12$
   >
   > Der Tabelle für die Verlustfunktion erster Ordnung in Anhang D.4 auf S. 393 entnehmen wir, dass zum Funktionswert $\Phi^1(v) = 1{,}12$ der kleinste zulässige Wert des Arguments $v \approx -1{,}04$ korrespondiert. Aus der Beziehung
   >
   > $v = \frac{s - \mu_Y}{\sigma_Y}$
   >
   > finden wir unmittelbar mit
   >
   > $s = \sigma_Y v + \mu_Y \approx \sqrt{800.000} \cdot (-1{,}04) + 20.000 \text{ ME} = 19.069{,}80 \text{ ME}$
   >
   > jene Menge, die auf den vorgegebenen β-Servicegrad führt. In der praktischen Anwendung müsste man also s auf 19070 Mengeneinheiten aufrunden, weil man ja bei diskreten Gütern nicht mit einem reellwertigen Bestellpunkt operieren kann. Der Sicherheitsbestand beträgt
   >
   > $SB = s - \mu_Y = 19.069{,}80 \text{ ME} - 20.000 \text{ ME} = -930{,}20 \text{ ME}$
   >
   > bzw. aufgerundet -930 ME.

---

[7] Der Firmenname ist erfunden. Falls Sie aber glauben sollten, so etwas gäbe es nicht, dann googeln Sie doch einmal danach.

b) Minimierung des Bestellniveaus S bei gegebenem Bestellabstand r und α-Servicegradrestriktion

Die tägliche Nachfrage nach Brustmuskelimplantat-Sets für Männer (je zwei Stück in der Größe XXXL) sei normalverteilt mit Erwartungswert 1000 und Standardabweichung 200. Die Länge der Wiederbeschaffungszeit betrage 9 Tage. Der Bestellabstand sei bereits auf 11 Tage festgelegt. Gesucht ist nun das kleinstmögliche Bestellniveau S, das gerade noch einen α-Servicegrad[8] von 90% ergibt.

Lösung/Lösungshinweis

Im ersten Schritt bestimmen wir den Erwartungswert und die Standardabweichung der Nachfrage im Risikozeitraum Z der Länge $r + l = 11 + 9 = 20$ Perioden:

$$\mu_Z = (r+l) \cdot \mu_D = 20 \cdot 1000 \text{ ME} = 20.000 \text{ ME}$$

$$\sigma_Z^2 = (r+l) \cdot \sigma_D^2 = 20 \cdot 200^2 \text{ ME}^2 = 800.000 \text{ ME}^2$$

Also ist die Standardabweichung der Nachfrage im Risikozeitraum $\sigma_Z = \sqrt{800.000}$ ME.

Wir gehen den Weg über die standardnormalverteilte Zufallsvariable X und finden über die Tabelle in Anhang D.3

$$F_X^{-1}(\alpha) = F_X^{-1}(0,9) \approx 1,29.$$

Damit erhalten wir das Bestellniveau S

$$S_\alpha = \sigma_Z \cdot F_X^{-1}(\alpha) + \mu_Z \approx \sqrt{800.000} \cdot 1,29 + 20.000 = 21.153,81,$$

bzw. aufgerundet 21.154 Sets. Der Sicherheitsbestand ist

$$SB = \sigma_Z \cdot F_X^{-1}(\alpha) \approx \sqrt{800.000} \cdot 1,29 = 1.153,81,$$

bzw. aufgerundet 1154 Sets.

---

[8] Beachten Sie, dass es sich um den α-Servicegrad handelt!! Lesen Sie ggf. in Abschnitt 7.4 ab S. 171 nach!

9 Losgrößenplanung

9.1 Problemaspekte

Häufig können Produktionseinrichtungen für die Herstellung oder Bearbeitung unterschiedlicher Produktarten verwendet werden, sofern man sie vorab durch einen sogenannten „Rüstvorgang" dazu einrichtet und vorbereitet. Im Zuge dieser Rüstvorgänge werden u. U. Werkzeugwechsel vorgenommen, technische Einstellungen verändert oder auf andere Weise spezifische für die jeweilige Produktart erforderliche Zustände der Produktionseinrichtung herbeigeführt. Uns interessiert hier der praktisch wichtige Fall solcher Rüstvorgänge, während derer nicht produziert werden kann.

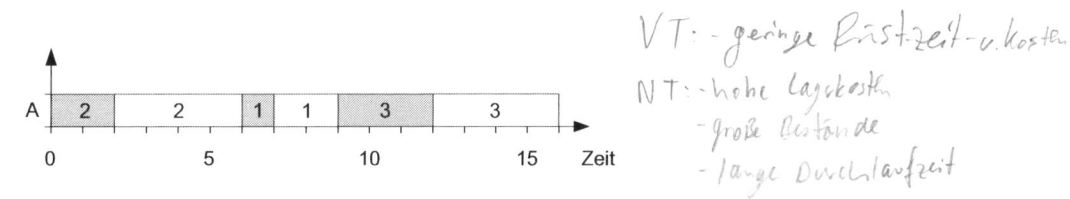

Abbildung 9.1: Rüst- und Bearbeitungsvorgänge dreier Produktarten im Zeitablauf mit gemeinsamen Rüstvorgängen für gleichartige Produkteinheiten

Abbildung 9.1 zeigt schematisch, wie eine Anlage „A" über 16 Zeiteinheiten mit den Rüst- und Bearbeitungsprozessen für drei nacheinander hergestellte Produktarten 2, 1 und 3 belegt ist. Die jeweiligen Rüstvorgänge sind dabei grau unterlegt dargestellt.

Die unmittelbar nacheinander bearbeiteten Einheiten einer gemeinsamen Produktart bezeichnet man als „Los", ihre Anzahl entsprechend als Losgröße. Wäre also bei den drei Produktarten in Abbildung 9.1 die Bearbeitungszeit jeweils eine Zeiteinheit, so wäre die Losgröße der (zuerst bearbeiteten) Produktart 2 gleich vier ME, die der Produktart 1 wäre zwei ME und die der Produktart 3 wäre ebenfalls vier ME.

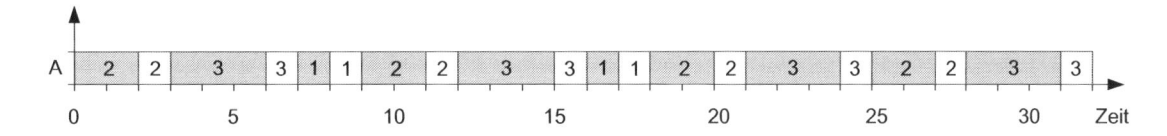

Abbildung 9.2: Rüst- und Bearbeitungsvorgänge dreier Produktarten im Zeitablauf mit einzelnen Rüstvorgängen je Produkteinheit

In Abbildung 9.2 betrachten wir nun einen anderen Prozessablauf mit identischen Ausbringungsmengen der drei Produktarten. Im Unterschied zum Prozessablauf in Abbildung 9.1 unterstellen wir jedoch, dass nun für jede Produkteinheit der drei Produktarten jeweils neu gerüstet wird, aus welchen Gründen auch immer dies geschehen möge. Dadurch werden offensichtlich mehr Rüstvorgänge erforderlich und der gesamte Herstellungsprozess dauert erheblich länger.

Damit wird deutlich, dass die Bildung von Produktionslosen mit jeweils mehreren Produkteinheiten je Los bei einer solchen *Serienproduktion* sinnvoll sein kann, wenn nennenswerte Rüstzeiten auftreten und/oder Rüstkosten für jeden Rüstvorgang entstehen, beispielsweise für Reinigungs- oder Aufheizprozesse. Ein wichtiger Problemaspekt besteht offenbar darin, dass die Rüstprozesse der Anlagen und die Herstellungsprozesse auf diesen Anlagen um die zeitliche Kapazität dieser Anlagen konkurrieren und daher aufeinander abgestimmt werden müssen. Wir sprechen in diesem Kontext von einer *Serienproduktion*, weil die einzelnen Produkteinheiten eines Loses seriell nacheinander bearbeitet werden.

Durch eine gezielte Losbildung können offenbar Rüstzeiten oder Rüstkosten begrenzt werden. Bildet man jedoch sehr große Produktionslose, um Rüstzeiten und/oder Rüstkosten zu vermeiden, so führt dies zu hohen Beständen und damit auch zu langen Durchlaufzeiten. Es kann dann schwerfallen, auf kurzfristige Änderungen in der Nachfrage zu reagieren.

Das verdeutlicht, dass eine losweise Produktion zu einem fundamentalen Optimierungsproblem des Operations Managements führt. Es liegt hier ein *Trade-off* vor, der auftritt, wenn mehrere Produktarten um die Kapazität einer gemeinsamen Produktionseinrichtung konkurrieren und jeweils einen anderen Rüstzustand benötigen. Dann führen kleine Produktionslose zu zahlreichen Rüstvorgängen und somit zu großen Rüstkosten, während große Produktionslose zwar zu niedrigen Rüstzeiten und Rüstkosten führen, dies aber mit hohen Lagerbeständen und großen Lagerkosten einhergeht.

In Abschnitt 8.2 hatten Sie im Kontext wiederholter Bestellvorgänge ein grundlegendes und eng verwandtes Modell zur Ermittlung kostenminimaler Bestellmengen kennengelernt, in dessen Zentrum auf S. 192 die Berechnungsformel (8.7) für die kostenminimale Bestellmenge q^* stand:

$$q^* = \sqrt{\frac{2sd}{h}} \qquad (9.1)$$

Dabei stellte d die Bedarfsrate und h den Lagerkostensatz dar.[1] Interpretieren wir nun s nicht als Bestellkostensatz, sondern als Rüstkostensatz, und q^* nicht als Bestellmenge, sondern als Losgröße, so sehen wir in Gleichung (9.1) gewissermaßen die „Mutter aller Losgrößenformeln".[2]

Diese Formel zur Berechnung einer „optimalen" Produktionslosgröße ist vielfach in computergestützten Systemen der Produktionsplanung und -steuerung (PPS-Systemen) enthalten, stellt aber nur eine sehr grobe Vereinfachung des zugrundeliegenden Problems dar. Zwei Aspekte sind besonders problematisch:

- Wie in Abbildung 8.4 auf S. 191 gezeigt wurde, liegt dem Modell die Vorstellung eines unendlich schnellen Lagerzugangs zugrunde. In unserem Kontext entspricht dem die Vorstellung einer unendlich schnellen Produktion. Das ist nicht nur physikalisch unmöglich, sondern es führt auch dazu, dass die in der Realität wichtige Konkurrenz der verschiedenen Produktarten um die Produktionsressourcen während der Rüst- und Herstellungsprozesse nicht abgebildet werden kann.

- Das Modell, welches zu der Formel (9.1) geführt hat, unterstellt zudem, dass die Nachfrage zeitlich konstant ist und gewissermaßen kontinuierlich auftritt. In der Realität treten Nachfragen dagegen häufig periodenweise auf, z. B. täglich, und schwanken zudem von Periode zu Periode.

In den beiden folgenden Kapiteln werden wir Modelle betrachten, die diese beiden wichtigen Problemaspekte zumindest teilweise berücksichtigen und damit etwas realitätsnäher als das Grundmodell mit der Lösung in Gleichung (9.1) sind.

---

[1] Wenn Sie genau hinsehen, dann fällt Ihnen auf, dass im Kontext des Bestellmengenmodells auf S. 192 für die Bedarfsrate nicht das Symbol d, sondern das Symbol $\tilde{d}$ verwendet wurde. Das war dort erforderlich, weil dort das Symbol d bereits für die Realisation der Zufallsvariablen D verwendet wurde, welche die zufällige Nachfrage in einer diskreten Periode darstellte. Dieses Darstellungsproblem haben wir hier nicht und können der üblichen Darstellung folgend in diesem Kapitel für die Bedarfsrate das Symbol d verwenden.

[2] Grundlegend war hierzu Harris (1913), im deutschsprachigen Raum Andler (1929).

9.2 Kostenminimale Losgrößen bei gleichbleibendem Bedarf und endlicher Produktionsgeschwindigkeit

Betrachten wir zunächst den Fall der Produktion eines einzelnen Produktes bei gleichbleibendem Bedarf mit Bedarfsrate d und *endlicher* Produktionsgeschwindigkeit p. Wir gehen dabei von der Vorstellung aus, dass eine Produktionseinrichtung nach Abschluss der Produktion eines Loses ihren Rüstzustand verliert und für ein neues Los der einen zu betrachtenden Produktart erneut gerüstet werden muss. Ein solcher Fall kann z. B. dann auftreten, wenn die Produktionseinrichtung aufgeheizt werden muss oder wenn jedem Los ein aufwendiger Reinigungsvorgang zuzurechnen ist. Dann kann auch im Ein-Produkt-Fall ein Losgrößenproblem entstehen.

9.2

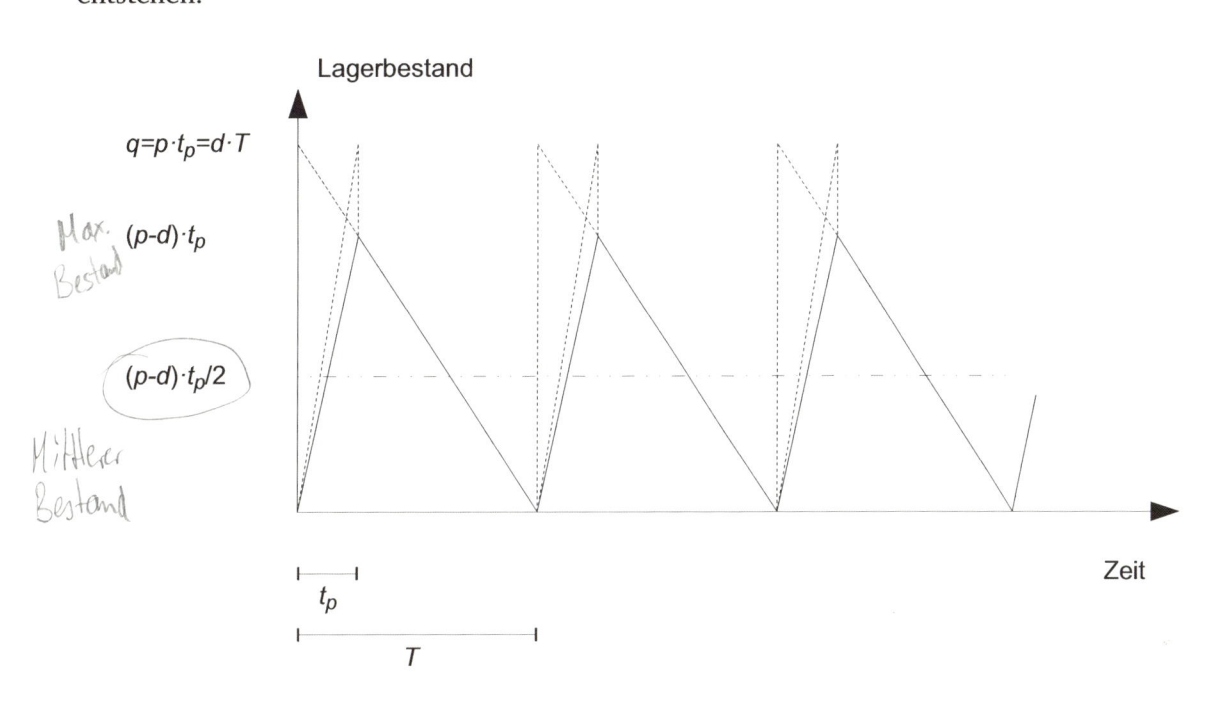

Abbildung 9.3: Bestandsverlauf bei endlicher Produktionsgeschwindigkeit

Abbildung 9.3 zeigt, wie sich dann der Lagerbestand im Zeitablauf entwickelt. In zeitlichen Abständen T, der Länge des Produktionszyklus, werden aufeinanderfolgende Lose der Größe q aufgelegt. Dabei hat jedes Los eine Produktionsphase mit Dauer t_p. Nun kann man sich überlegen, dass jedes Los so groß sein muss, dass es den Bedarf in einem Zyklus abdeckt:

$$q = d \cdot T \tag{9.2}$$

Andererseits entspricht die Losgröße auch dem Produkt aus Produktionsgeschwindigkeit und Länge der Produktionsphase

$$q = p \cdot t_p, \tag{9.3}$$

was auf eine Berechnungsformel für die Länge der Produktionsphase führt:

$$t_p = \frac{q}{p} \tag{9.4}$$

Geht die Produktionsgeschwindigkeit p gegen Unendlich, so geht offenbar *ceteris paribus* die Länge der Produktionsphase t_p gegen Null.

Zur Ermittlung der in Abbildung 9.4 dargestellten Kostenfunktion betrachten wir zunächst den Zusammenhang zwischen der Losgröße q und dem Bestand. Im Fall der *unendlichen* Produktionsgeschwindigkeit entspricht der maximale Bestand offenbar der Losgröße q und der mittlere

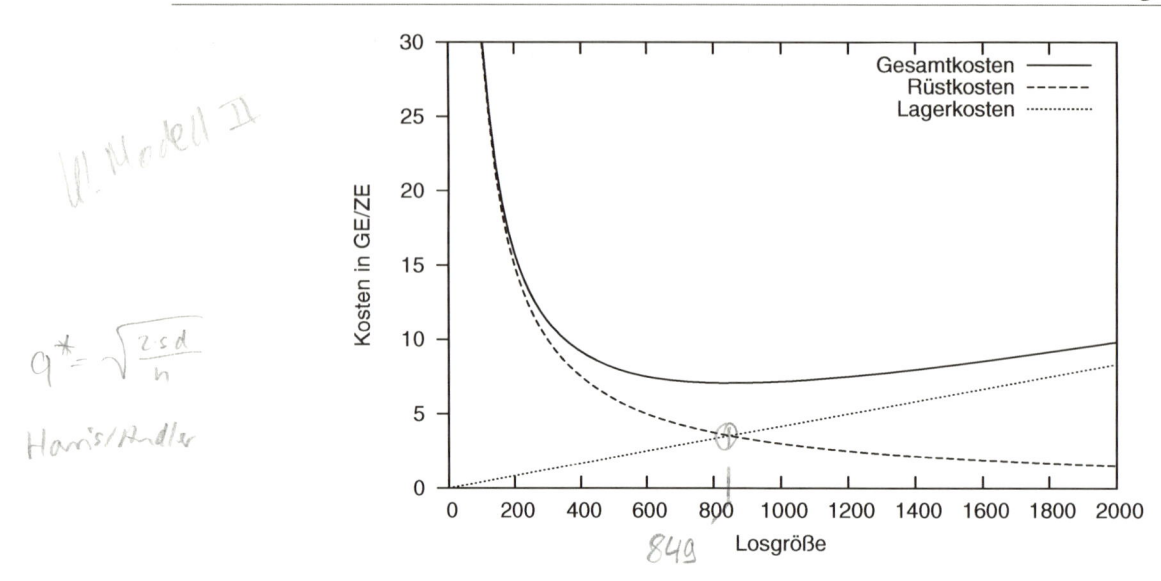

Abbildung 9.4: Kostenverlauf bei endlicher Produktionsgeschwindigkeit

Bestand im Zeitablauf ist $\frac{q}{2}$, siehe Abbildung 8.4 auf S. 191. Im Fall einer *endlichen* Produktionsgeschwindigkeit sind der maximale und damit auch der mittlere Bestand wie in Abbildung 9.3 gezeigt kleiner. Ein Lagerbestand kann sich offenbar nur dann aufbauen, wenn die Produktionsrate p größer als die Nachfragerate d ist. Die Rate, mit der sich während der Produktionsphase der Länge t_p der Bestand aufbaut, ist $(p-d)$. Der maximale Bestand am Ende der Produktionsphase ist damit $(p-d) \cdot t_p$ und der mittlere Bestand schließlich $(p-d) \cdot t_p / 2$. Diese Überlegungen führen mit der Bedingung (9.4) auf die Lagerkosten je Zeiteinheit:

$$K^L(q) = h \cdot \frac{(p-d) \cdot t_p}{2}$$

$$= h \cdot \frac{(p-d) \cdot \frac{q}{p}}{2}$$

$$= \frac{1}{2} \cdot q \cdot h \cdot \left(1 - \frac{d}{p}\right) \qquad (9.5)$$

Mit den Rüstkosten

$$K^R(q) = s \cdot \frac{d}{q} \qquad (9.6)$$

erhalten wir die folgenden Gesamtkosten:

$$K(q) = s \cdot \frac{d}{q} + \frac{1}{2} \cdot q \cdot h \cdot \left(1 - \frac{d}{p}\right) \qquad (9.7)$$

Leitet man nun die Kostenfunktion nach der Losgröße ab und setzt die Ableitung gleich Null (s. S. 192), so erhält man nach Umformung die folgende kostenminimale Losgröße:

$$q^* = \sqrt{\frac{2 \cdot s \cdot d}{h \cdot \left(1 - \frac{d}{p}\right)}} \qquad (9.8)$$

Ist (im Vergleich zur Nachfragerate d) die Produktionsrate p sehr groß, so ist der Quotient $\frac{d}{p}$ näherungsweise gleich Null und die Bedingung (9.8) geht in die bereits bekannte Bedingung (9.1) für den Fall einer unendlich hohen Produktionsgeschwindigkeit über.

Beispiel zur Ein-Produkt-Losgrößenplanung bei endlicher Produktionsgeschwindigkeit

Ein Jahr möge rechnerisch aus 360 Tagen bestehen und ein Produktionssystem werde an allen 360 Tagen je Jahr betrieben. Die jährliche Nachfrage nach einem Produkt betrage 36.000 Mengeneinheiten und die Produktionsgeschwindigkeit betrage 72.000 Mengeneinheiten pro Jahr. Der Rüstkostensatz betrage 30 Geldeinheiten und der Lagerkostensatz sei 6 Geldeinheiten je Mengeneinheit und Jahr. Gesucht seien

- die kostenminimale Losgröße,
- die Zyklusdauer zwischen zwei Losauflagen und
- die Dauer der Produktionsphase je Produktionszyklus

im Optimum.

Zunächst bestimmen wir (unter Beachtung der Einheiten!) über (9.8) die optimale Losgröße:

$$q^* = \sqrt{\frac{2sd}{h \cdot \left(1 - \frac{d}{p}\right)}} = \sqrt{\frac{2 \cdot 30 \text{ GE} \cdot 36.000 \text{ ME / Jahr}}{6 \text{ GE /(ME Jahr)} \cdot \left(1 - \frac{36.000 \text{ ME / Jahr}}{72.000 \text{ ME / Jahr}}\right)}}$$
$$= 848{,}528 \text{ ME} \approx 849 \text{ ME}$$

Damit folgt unmittelbar die Länge des Produktionszyklus via (9.2):

$$T = \frac{q}{d} = \frac{849 \text{ ME}}{36.000 \text{ ME / Jahr}} = 8{,}49 \text{ Tage}$$

Die Dauer der Produktionsphase je Zyklus beträgt

$$t_p = \frac{q}{p} = \frac{849 \text{ ME}}{72.000 \text{ ME / Jahr}} = 4{,}245 \text{ Tage.}$$

Den Verlauf der Kostenfunktion (in Geldeinheiten je Tag) stellt Abbildung 9.4 dar.

Der Blick auf die Kostenfunktion in Abbildung 9.4 zeigt, dass diese im Bereich des Kostenminimums recht flach verläuft. Insofern kommt es nicht darauf an, das rechnerische Kostenminimum genau zu treffen. Kleinere Abweichungen von der kostenminimalen Losgröße führen in dieser Modellvorstellung nur zu relativ geringen Kostenanstiegen.

9.3 Kostenminimale Losgrößen bei schwankendem Bedarf und begrenzter Produktionskapazität

Vielfach werden Produktionseinrichtungen verwendet, um verschiedene Produktarten herzustellen. Dann tritt die Konkurrenz der verschiedenen Produktarten um die Kapazität der Anlagen in den Vordergrund. In diesem Mehrproduktfall dienen die Rüstvorgänge zum *Umrüsten* der Anlage, beispielsweise durch Wechsel von Werkzeugen oder Einstellungen. Während für eine Produktart gerüstet oder diese hergestellt wird, können die anderen Produktarten nicht hergestellt werden. Dann müssen die Lose über die verschiedenen Produktarten hin abgestimmt werden, um sicherzustellen, dass zu jedem Zeitpunkt die Nachfrage befriedigt werden kann. Das ist insbesondere dann gleichermaßen schwierig und wichtig, wenn die Nachfrage nach den verschiedenen Produktarten im Zeitablauf schwankt. Es erscheint unmittelbar einleuchtend, dass dann auch die kostenminimalen Losgrößen im Zeitablauf schwanken. Damit nähern wir uns dem sogenannten *Capacitated Lot Sizing Problem* (CLSP)[3] , das wir anhand eines kleinen Beispiels erläutern:

Tabelle 9.1: Nachfrage je Produkt und Periode

$k \backslash t$	1	2	3	4	5	6
1	10	25	30	100		130
2		5	40		10	60
3	5	45	30		40	60
4		40	20	15	80	
5	20		5	15	70	50

Tabelle 9.2: Produktbezogene Parameter

Produkt k	1	2	3	4	5
Rüstkostensatz sc_k	20	50	40	30	50
Lagerkostensatz hc_k	3	5	6	4	3
Rüstzeit ts_k	30	100	50	40	40
Bearbeitungszeit tb_k	1	2	1	4	2

Beispiel zum CLSP

Wir verwenden die Nachfragedaten für fünf Produkte über sechs Perioden in Tabelle 9.1. Die Daten zu Zeiten und Kosten je Produktart finden Sie in Tabelle 9.2.

Gesucht ist ein Produktionsplan für alle fünf Produkte über die sechs Perioden, der die Summe aus den Rüst- und Lagerkosten minimiert und mit der zur Verfügung stehenden Produktionskapazität auch umgesetzt werden kann. Anfangslagerbestände gibt es für keines der Produkte. Uns interessiert nun die Frage, wie dieser Plan aussieht, wenn die Kapazität je Periode 800 beziehungsweise 400 Zeiteinheiten beträgt.

Die anhand dieses Beispiels eingeführte Problemstellung wollen wir nun zunächst wieder formal als abstraktes Entscheidungsmodell fassen. Dazu treffen wir die folgenden **Annahmen:**

- Für die Produktion ist eine Ressource erforderlich, deren Periodenkapazität bekannt ist.

- Innerhalb einer Periode darf die für Rüst- und Bearbeitungsprozesse vorgesehene Zeit diese Periodenkapazität der Ressource nicht überschreiten.

- Für jedes in der Periode aufgelegte Los eines Produktes wird ein Rüstvorgang durchgeführt.

- Der Rüstzustand der Anlage geht am Ende einer jeden Periode verloren.

- Die Reihenfolge der in einer Periode aufgelegten Produkte wird nicht betrachtet.

- Die Produktions- und Lagermengen je Produkt und Periode sind so zu bestimmen, dass die Summe aus Rüst- und Lagerkosten minimiert wird.

Mit der Notation in Tabelle 9.3 und den oben genannten Annahmen wird das Modell CLSP folgendermaßen formuliert:

---

[3] Vgl. z. B. Tempelmeier (2020, S. 57f.).

9.3 Schwankender Bedarf und begrenzte Produktionskapazität

Tabelle 9.3: Notation des CLSP

Symbol	Bedeutung
Indizes und Indexmengen	
$k = 1, ..., K$	Produkte
$t = 1, ..., T$	Perioden
Parameter	
c_t	Kapazität der Ressource in Periode t
d_{kt}	Bedarf von Produkt k in Periode t
hc_k	Kosten der Lagerung einer Einheit von Produkt k pro Periode
sc_k	Kosten eines Rüstvorgangs für Produkt k
tb_k	Stückbearbeitungszeit für Produkt k
ts_k	Rüstzeit für Produkt k
Y_{k0}	Lageranfangsbestand von Produkt k
Entscheidungsvariablen	
$Q_{kt} \geq 0$	Produktionsmenge von Produkt k in Periode t
$Y_{kt} \geq 0$	Lagerbestand von Produkt k am Ende von Periode t
$\gamma_{kt} \in \{0, 1\}$	binäre Rüstvariable, hat den Wert 1, wenn in Periode t das Produkt k aufgelegt wird, ansonsten den Wert 0

Modell 9.1: Capacitated Lot Sizing Problem (CLSP)

$$\text{Minimiere} \sum_{k=1}^{K} \sum_{t=1}^{T} (sc_k \cdot \gamma_{kt} + hc_k \cdot Y_{kt}) \tag{9.9}$$

u. B. d. R.

$$Y_{k,t-1} + Q_{kt} - Y_{kt} = d_{kt}, \qquad k = 1, ..., K; \; t = 1, ..., T \tag{9.10}$$

$$\sum_{k=1}^{K} (ts_k \cdot \gamma_{kt} + tb_k \cdot Q_{kt}) \leq c_t, \qquad t = 1, ..., T \tag{9.11}$$

$$Q_{kt} \leq \frac{c_t}{tb_k} \cdot \gamma_{kt}, \qquad k = 1, ..., K; \; t = 1, ..., T \tag{9.12}$$

In der Zielfunktion (9.9) wird die Minimierung der Summe der Rüst- und Lagerkosten über alle Produkte und Perioden angestrebt. Die Lagerbilanzgleichung (9.10) schreibt die Lagerbestände Y_{kt} von Periodenende zu Periodenende fort und berücksichtigt dabei die Zugänge aufgrund der geplanten Produktionsmengen Q_{kt} sowie die Abgänge aufgrund der gegebenen Nachfrage d_{kt}. Die Kapazitätsrestriktion wird durch die Bedingung (9.11) abgebildet. Die linke Seite der Restriktion stellt die Kapazitätsbelastung aufgrund der Rüstzeiten sowie der Produktionszeiten dar. Diese darf die Kapazitätsgrenze c_t nicht überschreiten. Über die Bedingungen (9.12) wird schließlich erreicht, dass stets dann, wenn die Produktionsmenge Q_{kt} positiv ist, die Binärvariable γ_{kt} den Wert 1 annehmen muss. Dies erfolgt auch *nur* in diesem Fall, da die Variable γ_{kt} in der Zielfunktion (9.9) mit dem Rüstkostensatz sc_k bewertet und eine Kostenminimierung angestrebt wird.

Bei dem dargestellten Modell handelt es sich um ein gemischt-ganzzahliges lineares Modell, welches für Problemstellungen mit einer größeren Zahl von Produkten und Perioden überaus schwer zu lösen sein kann. Schon die Frage, ob eine konkrete Probleminstanz *überhaupt* eine Lösung besitzt, kann außerordentlich schwer zu beantworten sein.

Beispiel zum CLSP (Fortsetzung)

Löst man das Modell für die Daten in den Tabellen 9.1 und 9.2 unter Verwendung der GAMS-Implementierung in Anhang A.5 auf S. 354 exakt, so erhält man für den Fall einer Periodenkapazität c_t von jeweils 800 Zeiteinheiten die Lösung in Tabelle 9.4. Die Analyse der Lösung zeigt, dass in dem konkreten Fall die Produktionsmengen je Periode weitestgehend den Nachfragen entsprechen. Lediglich die „kleine" Nachfrage von fünf Mengeneinheiten des Produktes 5 in der Periode 3 wird in dem Los dieses Produktes in der ersten Periode mit produziert und zwei Perioden lang gelagert.

Tabelle 9.4: Lösung bei einer Periodenkapazität von 800 Zeiteinheiten

t	1	2	3	4	5	6
d_{1t}	10	25	30	100		130
d_{2t}		5	40		10	60
d_{3t}	5	45	30		40	60
d_{4t}		40	20	15	80	
d_{5t}	20		5	15	70	50
Q_{1t}	10	25	30	100		130
Q_{2t}		5	40		10	60
Q_{3t}	5	45	30		40	60
Q_{4t}		40	20	15	80	
Q_{5t}	25			15	70	50
Y_{1t}						
Y_{2t}						
Y_{3t}						
Y_{4t}						
Y_{5t}	5	5				
γ_{1t}	1	1	1	1		1
γ_{2t}		1	1		1	1
γ_{3t}	1	1	1		1	1
γ_{4t}		1	1	1	1	
γ_{5t}	1			1	1	1

d_{kt} = Nachfragemenge

Q_{kt} = Produktionsmenge

Y_{kt} = Lagerbestand

γ_{kt} = binäre Rüstvariable

Beispiel zum CLSP (Fortsetzung)

Die Abbildung 9.5 zeigt je Periode die zu dem Produktionsplan in Tabelle 9.4 korrespondierende Kapazitätsbelastung. Man erkennt, dass die stark schwankende Nachfrage zu einer ebenfalls stark schwankenden Kapazitätsbelastung führt. Ferner zeigt sich, dass die Kapazitätsgrenze von 800 Zeiteinheiten in keiner der sechs Perioden erreicht wird. Die Rüstprozesse nehmen einen erheblichen Teil der Kapazität in Anspruch, insgesamt haben sie eine Dauer von insgesamt 1120 Zeiteinheiten. Der Zielfunktionswert dieser Lösung beträgt 850 Geldeinheiten.

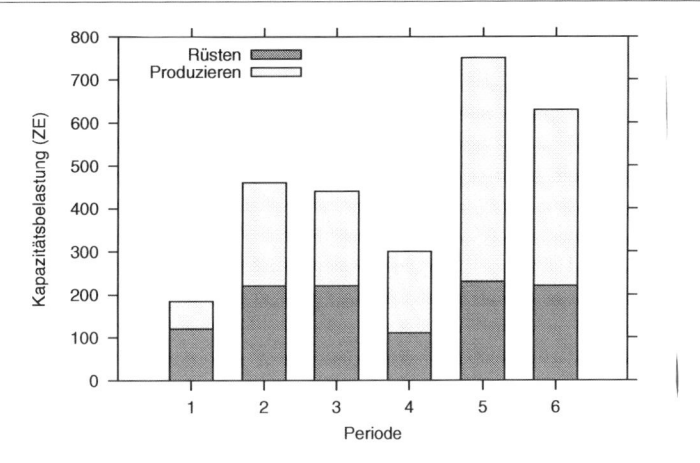

9.3 Schwankender Bedarf und begrenzte Produktionskapazität

Abbildung 9.5: Kapazitätsbelastung bei einer Periodenkapazität von 800 Zeiteinheiten

Tabelle 9.5: Lösung bei einer Periodenkapazität von 400 Zeiteinheiten

t	1	2	3	4	5	6
d_{1t}	10	25	30	100		130
d_{2t}		5	40		10	60
d_{3t}	5	45	30		40	60
d_{4t}		40	20	15	80	
d_{5t}	20		5	15	70	50
Q_{1t}	30	35		100		130
Q_{2t}		55				60
Q_{3t}	5	75			100	
Q_{4t}	40		57.5	57.5		
Q_{5t}	20		35		105	
Y_{1t}	20	30				
Y_{2t}		50	10	10		
Y_{3t}		30			60	
Y_{4t}	40		37.5	80		
Y_{5t}			30	15	50	
γ_{1t}	1	1		1		1
γ_{2t}		1				1
γ_{3t}	1	1			1	
γ_{4t}	1		1	1		
γ_{5t}	1		1		1	

Beispiel zum CLSP (Fortsetzung)

Nun untersuchen wir, wie sich die Struktur der Lösung verändert, wenn je Periode nur eine Kapazität von 400 Zeiteinheiten vorliegt. Wir erhalten für diesen Fall die optimale Lösung in Tabelle 9.5 mit dem Graphen der Kapazitätsbelastung in Abbildung 9.6. Die im Vergleich zum vorherigen Fall erheblich engere Kapazitätsgrenze macht es zum einen erforderlich, Rüstprozesse einzusparen und nun mit insgesamt 710 Zeiteinheiten für die Rüstprozesse auszukommen. Zum anderen muss in Perioden mit relativ geringer Nachfrage auf Lager produziert werden. So gelingt es auch in diesem Fall, einen Produktionsplan zu finden, durch den die Nachfrage befriedigt und die Kapazitätsgrenzen eingehalten

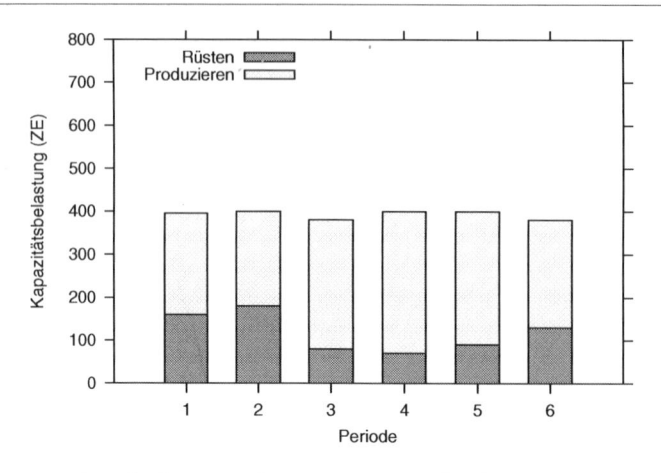

Abbildung 9.6: Kapazitätsbelastung bei einer Periodenkapazität von 400 Zeiteinheiten

werden können. Allerdings sind mit diesem Plan Rüst- und Lagerkosten in Höhe von 2495 Geldeinheiten verbunden.

In dem betrachteten Beispiel sind wir bislang von relativ geringen Rüstkosten ausgegangen, die es tendenziell nahelegen, so spät wie möglich zu produzieren. Nun betrachten wir zum Abschluss des Beispiels unter ansonsten gleichen Annahmen einmal den Fall relativ hoher Rüstkosten und unterstellen dazu, dass sich die Rüstkostensätze sc_k auf das 100-fache der Werte in Tabelle 9.2 erhöhen. Zunächst ermitteln wir wieder die Lösung für den Fall einer Periodenkapazität von 400 Zeiteinheiten.

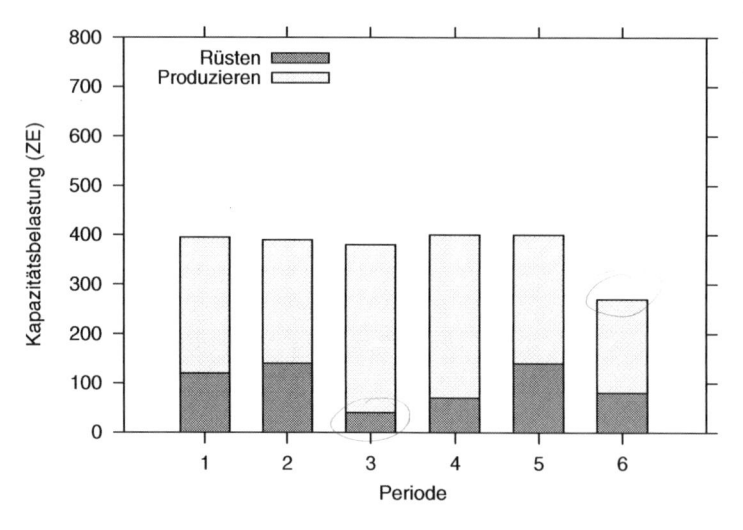

Abbildung 9.7: Kapazitätsbelastung bei einer Periodenkapazität von 400 Zeiteinheiten und 100-fachen Rüstkosten

Beispiel zum CLSP (Fortsetzung)

Die resultierende Kapazitätsbelastung ist in Abbildung 9.7 dargestellt. Im Vergleich zu Abbildung 9.6 zeigt sich, dass weitere Rüstvorgänge eingespart wurden, es werden jetzt noch 590 Zeiteinheiten für Rüstvorgänge in Anspruch genommen. Die Kosten betragen dabei 46525 Geldeinheiten. Der erhebliche Kostenanstieg im Vergleich zu dem Fall mit der Lösung in Tabelle 9.5 und Abbildung 9.6 ist auf die hier erheblich höheren Rüstkostensätze zurückzuführen.

9.3 Schwankender Bedarf und begrenzte Produktionskapazität

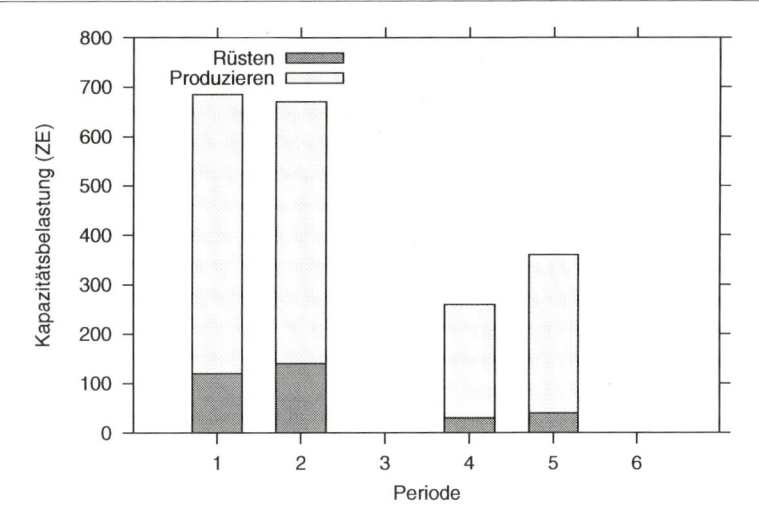

Abbildung 9.8: Kapazitätsbelastung bei einer Periodenkapazität von 800 Zeiteinheiten und 100-fachen Rüstkosten

> **Beispiel zum CLSP (Fortsetzung)**
>
> Abschließend betrachten wir einen Fall mit 100-fachen Rüstkostensätzen (im Vergleich zu den Daten Tabelle 9.2) in Verbindung mit einer Periodenkapazität von 800 Zeiteinheiten. Nun ergibt sich eine kostenminimale Lösung mit Kosten in Höhe von 31930 Geldeinheiten. In dieser Lösung reduzieren sich die Rüstzeiten auf insgesamt 330 Zeiteinheiten und man erhält die Kapazitätsbelastung in Abbildung 9.8. Vergleicht man diese Abbildung mit Abbildung 9.5 für den Fall niedriger Rüstkosten, so erkennt man, dass nun die Produktion zeitlich „nach vorne" wandert, weil auf diese Art und Weise Rüstprozesse und die mit ihnen verbundenen Kosten eingespart werden können.

Das Beispiel verdeutlicht, dass die Wirkungszusammenhänge bei der Ermittlung optimaler Pläne überaus komplex sind. Tendenziell legen hohe Rüstkosten es nahe, in großen Losen auf Lager zu produzieren. Sind dagegen die Rüstkosten niedrig, so ist es erstrebenswert, mit der Produktion der Nachfrage zeitlich zu folgen, also weitgehend auf Lagerhaltung zu verzichten. Ist jedoch die Nachfrage sehr volatil und gleichzeitig die Kapazitätsgrenze vergleichsweise eng, so kann man in beiden Fällen gezwungen sein, von diesen unter Kostenaspekten attraktiven Vorgehensweisen abzuweichen und mit einer gleichmäßigen und hohen Kapazitätsauslastung zu operieren.

Das dargestellte Modell CLSP berücksichtigt im Gegensatz zu dem Ein-Produkt-Modell in Abschnitt 9.2 zum einen die im Zeitablauf schwankende Nachfrage und zum anderen die Konkurrenz der verschiedenen Produktarten um die begrenzte Produktionskapazität. Dennoch abstrahiert es von vielen weiteren Problemaspekten, die in der Realität eine große Rolle spielen können:

Mehrstufige Prozesse und multiple Ressourcen: Produktionsprozesse erstrecken sich häufig über mehrere Produktionsstufen, so dass die Losgrößenentscheidungen nicht nur horizontal über verschiedene Produkte, sondern auch vertikal über verschiedene Produktionsstufen und die jeweils erforderlichen Ressourcen koordiniert werden müssen.

Reihenfolgeabhängige Rüstzeiten und -kosten: Die Dauer von Rüstvorgängen und auch die Rüstkosten hängen häufig davon ab, für welches Produkt die Anlage zuletzt gerüstet wurde. Manche Produkte sind einander sehr ähnlich, so dass nur geringe Umrüstungen erforderlich sind, während dies bei anderen Paaren von Produkten gänzlich anders sein kann. In diesem Fall kann es sinnvoll sein, im Zuge der Entscheidung über die Losgrößen auch gleich die Reihenfolge der Lose auf der Anlage festzulegen.

Übertragung des Rüstzustandes am Periodenende: In dem betrachteten Modell CLSP wird unterstellt, dass in jeder Periode für jede hergestellte Produktart erneut gerüstet werden muss. Bei vielen Produktionseinrichtungen kann der Rüstzustand jedoch über die Periodengrenzen hinweg übertragen werden.

Unsichere Nachfrage: Die Nachfrage wird in dem betrachten Modell CLSP als deterministisch unterstellt. In der Realität ist die Nachfrage jedoch häufig eine zufällige Größe, deren Ausprägung durch ein Prognoseverfahren abgeschätzt wird. Dann stellt sich die Frage, wie man mit den unvermeidlichen Prognosefehlern umgeht.

Obgleich das dargestellte Modell der dynamischen Losgrößenplanung unter begrenzten Produktionskapazitäten also auf einer Reihe geradezu heroisch vereinfachender Annahmen aufbaut, ist es zugleich ein außerordentlich schwieriges kombinatorisches Optimierungsproblem, weil es bei K Produktarten und T Perioden insgesamt $2^{K \cdot T}$ verschiedene Rüstmuster der Binärvariablen γ_{kt} gibt. Aus diesem Grund ist es seit Jahrzehnten Gegenstand intensiver Forschung.

Literaturhinweise

- Buschkühl u. a. (2010)
- Domschke, Scholl und Voß (1997, Kapitel 3)
- Günther und Tempelmeier (2020, Kapitel 11)
- Tempelmeier (2020)

9.4 Aufgaben und Übungen

1. Elementare Verständnisfragen

    a) Was ist ein Los, was versteht man unter einer Losgröße?

    b) Unter welchen Umständen ist Losbildung sinnvoll oder erforderlich?

    c) Losgrößenbildung bei gleichbleibendem Bedarf in stetiger Zeit

    i. Welchen Einfluss auf die Lagerkosten je Zeiteinheit hat die Losgröße q?

    ii. Welchen Einfluss auf die Rüstkosten je Zeiteinheit hat die Losgröße q?

    iii. Wie sieht der Verlauf der Gesamtkosten je Zeiteinheit in Abhängigkeit der Losgröße q aus?

    iv. Wie sieht der zeitliche Verlauf des Lagerbestands bei unendlicher Produktionsgeschwindigkeit aus?

    v. Wie groß ist der maximale und wie groß der mittlere Lagerbestand im Fall einer unendlichen bzw. im Fall einer endlichen Produktionsgeschwindigkeit?

    vi. Wie begründen Sie die Beziehung $q = d \cdot T = p \cdot t_p$?

    vii. Wie sieht der Verlauf des Lagerbestands bei endlicher Produktionsgeschwindigkeit aus?

9.4 Aufgaben und Übungen

    d) Losgrößenbildung bei schwankendem Bedarf in diskreter Zeit

        i. Gibt es eine allgemeine Berechnungsformel für die Ermittlung kostenminimaler Losgrößen für das CLSP?

        ii. Worin besteht die Zielsetzung des CLSP?

        iii. Was bilden die Nebenbedingungen des CLSP ab?

        iv. Inwiefern hat das CLSP einen kombinatorischen Charakter? Welche Konsequenz hat das für die Ermittlung optimaler Lösungen für konkrete Probleminstanzen?

2. **Optimale Losgröße bei endlicher Produktionsgeschwindigkeit**

   Ermitteln Sie unter den Annahmen des klassischen Ein-Produkt-Losgrößenmodells bei endlicher Produktionsgeschwindigkeit die kostenminimale Losgröße für die folgenden Daten:

Bedarf d [ME/ZE]	1.000
Produktionsrate p [ME/ZE]	4.000
Rüstkostensatz s [GE]	300
Lagerkostensatz h [GE/(ME·ZE)]	20

   Berechnen Sie auch die optimale Länge des Produktionszyklus. Wie lange dauert die Produktionsphase? Wie hoch sind der maximale und der mittlere Lagerbestand?

   > **Lösung/Lösungshinweis**
   >
   > Die kostenminimale Losgröße beträgt 200 ME und die entsprechende Dauer des Produktionszyklus beträgt 0,2 ZE. Die Dauer der Produktionsphase beträgt 0,05 ZE. Der maximale Bestand beträgt 150 ME und der mittlere Bestand 75 ME.

3. **Losgrößenplanung im Ein-Produktfall bei endlicher Produktionsgeschwindigkeit und gleichmäßigem Bedarf**

   Stellen Sie sich vor, Sie hätten unter den o. g. Bedingungen eine kostenminimale Produktionslosgröße von 950 ME errechnet. Nun stellt sich heraus, dass aus hier nicht näher interessierenden Gründen eine Produktionslosgröße von 900 oder auch von 1000 ME leichter zu realisieren wäre und man fragt Sie, ob eine Abweichung von dem errechneten Optimum von 950 ME Ihres Erachtens ein Problem wäre. Wie würden Sie dies aus betriebswirtschaftlicher Sicht beurteilen?

   > **Lösung/Lösungshinweis**
   >
   > In Abbildung 9.4 können Sie erkennen, dass die Kostenfunktion im Bereich des Optimums recht flach verläuft. Kleine Abweichungen der Losgröße vom errechneten Optimum führen daher nur zu einem minimalen Anstieg der Kosten je Zeiteinheit und erscheinen in dem konkreten Fall als praktisch wenig bedeutsam.

4. **Dynamische Mehr-Produkt-Losgrößenplanung in der Modellvorstellung des CLSP**

   Betrachten Sie das in Abschnitt 9.3 eingeführte Beispiel zum CLSP für den Fall einer Periodenkapazität von 400 Zeiteinheiten und begründen Sie, ob die im Folgenden aufgeführten Zielfunktionen oder Nebenbedingungen (unter Verzicht auf die Angabe von Einheiten) korrekt sind:

a) Zielfunktion

Minimiere

$20 \cdot \gamma_{1,1} + 20 \cdot \gamma_{1,2} + 20 \cdot \gamma_{1,3} + 20 \cdot \gamma_{1,4} + 20 \cdot \gamma_{1,5} + 20 \cdot \gamma_{1,6} +$
$50 \cdot \gamma_{2,1} + 50 \cdot \gamma_{2,2} + 50 \cdot \gamma_{2,3} + 50 \cdot \gamma_{2,4} + 50 \cdot \gamma_{2,5} + 50 \cdot \gamma_{2,6} +$
$40 \cdot \gamma_{3,1} + 40 \cdot \gamma_{3,2} + 40 \cdot \gamma_{3,3} + 40 \cdot \gamma_{3,4} + 40 \cdot \gamma_{3,5} + 40 \cdot \gamma_{3,6} +$
$30 \cdot \gamma_{4,1} + 30 \cdot \gamma_{4,2} + 30 \cdot \gamma_{4,3} + 30 \cdot \gamma_{4,4} + 30 \cdot \gamma_{4,5} + 30 \cdot \gamma_{4,6} +$
$3 \cdot Y_{1,1} + 3 \cdot Y_{1,2} + 3 \cdot Y_{1,3} + 3 \cdot Y_{1,4} + 3 \cdot Y_{1,5} + 3 \cdot Y_{1,6} +$
$5 \cdot Y_{2,1} + 5 \cdot Y_{2,2} + 5 \cdot Y_{2,3} + 5 \cdot Y_{2,4} + 5 \cdot Y_{2,5} + 5 \cdot Y_{2,6} +$
$6 \cdot Y_{3,1} + 6 \cdot Y_{3,2} + 6 \cdot Y_{3,3} + 6 \cdot Y_{3,4} + 6 \cdot Y_{3,5} + 6 \cdot Y_{3,6} +$
$4 \cdot Y_{4,1} + 4 \cdot Y_{4,2} + 4 \cdot Y_{4,3} + 4 \cdot Y_{4,4} + 4 \cdot Y_{4,5} + 4 \cdot Y_{4,6}$

Lösung/Lösungshinweis

Hier fehlt das fünfte Produkt.

b) Zielfunktion

Minimiere

$20 \cdot \gamma_{1,1} + 20 \cdot \gamma_{1,2} + 20 \cdot \gamma_{1,3} + 20 \cdot \gamma_{1,4} + 20 \cdot \gamma_{1,5} +$
$50 \cdot \gamma_{2,1} + 50 \cdot \gamma_{2,2} + 50 \cdot \gamma_{2,3} + 50 \cdot \gamma_{2,4} + 50 \cdot \gamma_{2,5} +$
$40 \cdot \gamma_{3,1} + 40 \cdot \gamma_{3,2} + 40 \cdot \gamma_{3,3} + 40 \cdot \gamma_{3,4} + 40 \cdot \gamma_{3,5} +$
$30 \cdot \gamma_{4,1} + 30 \cdot \gamma_{4,2} + 30 \cdot \gamma_{4,3} + 30 \cdot \gamma_{4,4} + 30 \cdot \gamma_{4,5} +$
$50 \cdot \gamma_{5,1} + 50 \cdot \gamma_{5,2} + 50 \cdot \gamma_{5,3} + 50 \cdot \gamma_{5,4} + 50 \cdot \gamma_{5,5} +$
$3 \cdot Y_{1,1} + 3 \cdot Y_{1,2} + 3 \cdot Y_{1,3} + 3 \cdot Y_{1,4} + 3 \cdot Y_{1,5} + 3 \cdot Y_{1,6} +$
$5 \cdot Y_{2,1} + 5 \cdot Y_{2,2} + 5 \cdot Y_{2,3} + 5 \cdot Y_{2,4} + 5 \cdot Y_{2,5} + 5 \cdot Y_{2,6} +$
$6 \cdot Y_{3,1} + 6 \cdot Y_{3,2} + 6 \cdot Y_{3,3} + 6 \cdot Y_{3,4} + 6 \cdot Y_{3,5} + 6 \cdot Y_{3,6} +$
$4 \cdot Y_{4,1} + 4 \cdot Y_{4,2} + 4 \cdot Y_{4,3} + 4 \cdot Y_{4,4} + 4 \cdot Y_{4,5} + 4 \cdot Y_{4,6} +$
$3 \cdot Y_{5,1} + 3 \cdot Y_{5,2} + 3 \cdot Y_{5,3} + 3 \cdot Y_{5,4} + 3 \cdot Y_{5,5} + 3 \cdot Y_{5,6}$

Lösung/Lösungshinweis

Hier fehlen die Rüstkosten der sechsten Periode.

c) Zielfunktion

Minimiere

$20 \cdot \gamma_{1,1} + 20 \cdot \gamma_{2,1} + 20 \cdot \gamma_{3,1} + 20 \cdot \gamma_{4,1} + 20 \cdot \gamma_{5,1} + 20 \cdot \gamma_{6,1} +$
$50 \cdot \gamma_{1,2} + 50 \cdot \gamma_{2,2} + 50 \cdot \gamma_{2,3} + 50 \cdot \gamma_{2,4} + 50 \cdot \gamma_{2,5} + 50 \cdot \gamma_{2,6} +$
$40 \cdot \gamma_{1,3} + 40 \cdot \gamma_{3,2} + 40 \cdot \gamma_{3,3} + 40 \cdot \gamma_{3,4} + 40 \cdot \gamma_{3,5} + 40 \cdot \gamma_{3,6} +$
$30 \cdot \gamma_{1,4} + 30 \cdot \gamma_{4,2} + 30 \cdot \gamma_{4,3} + 30 \cdot \gamma_{4,4} + 30 \cdot \gamma_{4,5} + 30 \cdot \gamma_{4,6} +$
$50 \cdot \gamma_{1,5} + 50 \cdot \gamma_{5,2} + 50 \cdot \gamma_{5,3} + 50 \cdot \gamma_{5,4} + 50 \cdot \gamma_{5,5} + 50 \cdot \gamma_{5,6} +$
$3 \cdot Y_{1,1} + 3 \cdot Y_{1,2} + 3 \cdot Y_{1,3} + 3 \cdot Y_{1,4} + 3 \cdot Y_{1,5} + 3 \cdot Y_{1,6} +$
$5 \cdot Y_{2,1} + 5 \cdot Y_{2,2} + 5 \cdot Y_{2,3} + 5 \cdot Y_{2,4} + 5 \cdot Y_{2,5} + 5 \cdot Y_{2,6} +$
$6 \cdot Y_{3,1} + 6 \cdot Y_{3,2} + 6 \cdot Y_{3,3} + 6 \cdot Y_{3,4} + 6 \cdot Y_{3,5} + 6 \cdot Y_{3,6} +$
$4 \cdot Y_{4,1} + 4 \cdot Y_{4,2} + 4 \cdot Y_{4,3} + 4 \cdot Y_{4,4} + 4 \cdot Y_{4,5} + 4 \cdot Y_{4,6} +$
$3 \cdot Y_{5,1} + 3 \cdot Y_{5,2} + 3 \cdot Y_{5,3} + 3 \cdot Y_{5,4} + 3 \cdot Y_{5,5} + 3 \cdot Y_{5,6}$

9.4 Aufgaben und Übungen

> **Lösung/Lösungshinweis**
>
> Hier stimmen einige Indizierungen nicht.

d) Zielfunktion

Minimiere
$20 \cdot \gamma_{1,1} + 20 \cdot \gamma_{1,2} + 20 \cdot \gamma_{1,3} + 20 \cdot \gamma_{1,4} + 20 \cdot \gamma_{1,5} + 20 \cdot \gamma_{1,6} +$
$50 \cdot \gamma_{2,1} + 50 \cdot \gamma_{2,2} + 50 \cdot \gamma_{2,3} + 50 \cdot \gamma_{2,4} + 50 \cdot \gamma_{2,5} + 50 \cdot \gamma_{2,6} +$
$40 \cdot \gamma_{3,1} + 40 \cdot \gamma_{3,2} + 40 \cdot \gamma_{3,3} + 40 \cdot \gamma_{3,4} + 40 \cdot \gamma_{3,5} + 40 \cdot \gamma_{3,6} +$
$30 \cdot \gamma_{4,1} + 30 \cdot \gamma_{4,2} + 30 \cdot \gamma_{4,3} + 30 \cdot \gamma_{4,4} + 30 \cdot \gamma_{4,5} + 30 \cdot \gamma_{4,6} +$
$50 \cdot \gamma_{5,1} + 50 \cdot \gamma_{5,2} + 50 \cdot \gamma_{5,3} + 50 \cdot \gamma_{5,4} + 50 \cdot \gamma_{5,5} + 50 \cdot \gamma_{5,6} +$
$3 \cdot Y_{1,1} + 3 \cdot Y_{1,2} + 3 \cdot Y_{1,3} + 3 \cdot Y_{1,4} + 3 \cdot Y_{1,5} + 3 \cdot Y_{1,6} +$
$5 \cdot Y_{2,1} + 5 \cdot Y_{2,2} + 5 \cdot Y_{2,3} + 5 \cdot Y_{2,4} + 5 \cdot Y_{2,5} + 5 \cdot Y_{2,6} +$
$6 \cdot Y_{3,1} + 6 \cdot Y_{3,2} + 6 \cdot Y_{3,3} + 6 \cdot Y_{3,4} + 6 \cdot Y_{3,5} + 6 \cdot Y_{3,6} +$
$4 \cdot Y_{4,1} + 4 \cdot Y_{4,2} + 4 \cdot Y_{4,3} + 4 \cdot Y_{4,4} + 4 \cdot Y_{4,5} + 4 \cdot Y_{4,6} +$
$3 \cdot Y_{5,1} + 3 \cdot Y_{5,2} + 3 \cdot Y_{5,3} + 3 \cdot Y_{5,4} + 3 \cdot Y_{5,5} + 3 \cdot Y_{5,6}$

> **Lösung/Lösungshinweis**
>
> Hier stimmt soweit alles, oder etwa nicht?

e) Nebenbedingung

$$Y_{3,2} + Q_{3,3} - Y_{3,3} = 45$$

> **Lösung/Lösungshinweis**
>
> Hier stimmt die Nachfrage nicht, korrekt wäre 30.

f) Nebenbedingung

$$Y_{3,3} + Q_{3,3} - Y_{3,2} = 30$$

> **Lösung/Lösungshinweis**
>
> Hier stimmt die Indizierung der Lagerbestandsvariablen nicht.

g) Nebenbedingung

$$Y_{3,2} + Q_{3,3} - Y_{3,3} = 30$$

> **Lösung/Lösungshinweis**
>
> Hier stimmt soweit alles, oder etwa nicht?

h) Nebenbedingung

$$Y_{3,2} - Q_{3,3} + Y_{3,3} = 30$$

> **Lösung/Lösungshinweis**
>
> Hier stimmen die Vorzeichen nicht.

i) Nebenbedingung

$$Y_{3,2} + Q_{3,3} - Y_{3,3} = 0$$

> **Lösung/Lösungshinweis**
> Hier stimmt die Nachfrage nicht, korrekt wäre 30.

j) Nebenbedingung

$$30 \cdot \gamma_{1,3} + 50 \cdot \gamma_{2,3} + 100 \cdot \gamma_{3,3} + 50 \cdot \gamma_{4,3} + 40 \cdot \gamma_{5,3} +$$
$$1 \cdot Q_{1,3} + 2 \cdot Q_{2,3} + 1 \cdot Q_{3,3} + 4 \cdot Q_{4,3} + 2 \cdot Q_{5,3} \leq 400$$

> **Lösung/Lösungshinweis**
> Hier stimmen die Rüstzeiten beim zweiten, dritten und vierten Produkt nicht.

k) Nebenbedingung

$$30 \cdot \gamma_{1,3} + 100 \cdot \gamma_{2,3} + 50 \cdot \gamma_{3,3} + 40 \cdot \gamma_{4,3} + 40 \cdot \gamma_{5,3} +$$
$$1 \cdot Q_{1,3} + 2 \cdot Q_{2,3} + 1 \cdot Q_{3,3} + 4 \cdot Q_{4,3} + 2 \cdot Q_{5,3} \leq 400$$

> **Lösung/Lösungshinweis**
> Das sieht doch recht gut aus, oder?

l) Nebenbedingung

$$30 \cdot \gamma_{1,3} + 100 \cdot \gamma_{2,3} + 50 \cdot \gamma_{3,3} + 50 \cdot \gamma_{4,3} + 40 \cdot \gamma_{5,3} +$$
$$1 \cdot Q_{1,3} + 2 \cdot Q_{2,3} + 1 \cdot Q_{3,3} + 4 \cdot Q_{4,3} + 2 \cdot Q_{5,3} \leq 400$$

> **Lösung/Lösungshinweis**
> Die Rüstzeit der vierten Produktart ist falsch.

m) Nebenbedingung

$$30 \cdot \gamma_{1,3} + 100 \cdot \gamma_{2,3} + 50 \cdot \gamma_{3,3} + 40 \cdot \gamma_{4,3} + 40 \cdot \gamma_{5,3} +$$
$$1 \cdot Q_{1,3} + 2 \cdot Q_{2,3} + 1 \cdot Q_{3,3} + 3 \cdot Q_{4,3} + 2 \cdot Q_{5,3} \leq 400$$

> **Lösung/Lösungshinweis**
> Hier stimmt die Stückbearbeitungszeit beim vierten Produkt nicht.

n) Nebenbedingung

$$30 \cdot \gamma_{1,3} + 100 \cdot \gamma_{2,3} + 50 \cdot \gamma_{3,3} + 40 \cdot \gamma_{4,3} + 40 \cdot \gamma_{5,3} +$$
$$1 \cdot Q_{1,2} + 2 \cdot Q_{2,3} + 1 \cdot Q_{3,2} + 4 \cdot Q_{4,3} + 2 \cdot Q_{5,3} \leq 400$$

9.4 Aufgaben und Übungen

> **Lösung/Lösungshinweis**
>
> Hier sind einige Periodenindizes durcheinander gekommen.

10 Planung und Steuerung von Abläufen

10.1 Problemaspekte

Sowohl bei der Produktion von Dienstleistungen als auch bei der Herstellung von Sachgütern müssen vielfach Entscheidungen zur Gestaltung der einzelnen Prozesse im Zeitablauf getroffen werden. Betrachten wir dazu als Beispiel die in Tabelle 10.1 dargestellte Konstellation. Unter Einsatz dreier Ressourcen A, B und C sind vier verschiedene Jobs durchzuführen. Die Jobs 1, 2 und 3 erfordern jeweils zwei nacheinander durchzuführende Prozessschritte, der vierte nur einen Prozessschritt. Für jeden Schritt s eines Jobs j sind in der Tabelle die erforderliche Ressource und nach dem Schrägstrich die zeitliche Dauer des jeweiligen Prozessschritts angegeben. So findet beispielsweise bei Job 3 der zweite Prozessschritt auf Ressource A statt und dauert zwei Zeiteinheiten.

Tabelle 10.1: Ressourcen und Dauern einzelner Prozessschritte

Job j \ Schritt s	1	2
1	A / 3	B / 2
2	A / 1	C / 3
3	B / 3	A / 2
4	C / 4	-

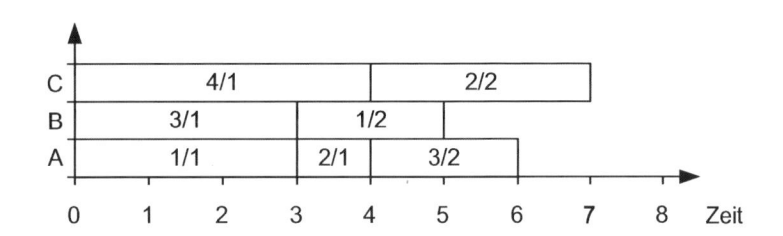

Abbildung 10.1: Möglicher Ablaufplan

Die zu treffende Entscheidung über den zeitlichen Ablauf könnte z. B. zu der in Abbildung 10.1 dargestellten Lösung führen. Der Darstellung können Sie z. B. entnehmen, dass zum Zeitpunkt 4 an Ressource A der zweite Prozessschritt von Job 3 beginnt. Innerhalb von sieben Zeiteinheiten können offenbar die vier verschiedenen Jobs abgearbeitet werden, wenn von den Ressourcen A, B und C jeweils durchgängig eine Einheit zur Verfügung steht.

Die Jobs, die wir hier betrachten, können z. B. für Patienten stehen, die an einzelnen Stationen eines Krankenhauses behandelt werden müssen, oder es könnten Produktionsaufträge in einer industriellen Sachgüterproduktion sein. Entscheidend ist, dass die Abläufe einerseits mit Blick auf die verschiedenen Jobs und andererseits hinsichtlich der verschiedenen Ressourcen koordiniert werden müssen. In der Folge wird es häufig nicht zu verhindern sein, dass Jobs auf Ressourcen oder Ressourcen auf Jobs warten. Wird ein Job bevorzugt, so müssen andere Jobs u. U. länger warten.

Möglicherweise wird es, wie in Tabelle 10.2 angenommen, für die einzelnen Jobs gewünschte Fertigstellungstermine geben, die wir der Konvention folgend als *Liefertermine* (engl. *due dates*) bezeichnen.

Tabelle 10.2: Liefertermine dd_j je Job j

Job j	dd_j
1	8
2	4
3	4
4	7

Bei der Entscheidung über die Gestaltung des Prozessablaufs kann man sich an verschiedenen Zielen orientieren:

Minimierung der Summe der Fertigstellungszeitpunkte: Häufig ist man bestrebt, die Abläufe so zu gestalten, dass die Summe der Fertigstellungszeitpunkte aller Aufträge möglichst gering ist. Wenn zum Zeitpunkt 0 bereits alle Aufträge vorliegen und somit einplanbar sind, so entspricht die Minimierung der Summe der Fertigstellungszeitpunkte aller Aufträge auch der Minimierung der Wartezeiten, der mittleren Durchlaufzeiten der Aufträge und der im Zeitablauf mittleren Anzahl von Aufträgen im System.[1]

Minimierung des Fertigstellungszeitpunkts des letzten Auftrags: Unter Umständen ist man vorrangig daran interessiert, mit der Arbeit insgesamt möglichst rasch fertig zu werden. Dazu muss der Fertigstellungszeitpunkt des *zuletzt* abgeschlossenen Auftrags minimiert werden. Diese Zielgröße wird auch als *Makespan* bezeichnet.

Minimierung der Verspätungen: In vielen Fällen sind, wie bereits erläutert, den einzelnen Jobs Liefertermine zugeordnet, die nach Möglichkeit nicht überschritten werden sollen, weil sonst z. B. Konventionalstrafen drohen. Schließt man jedoch einzelne Jobs vor deren Liefertermin ab, so kann dies u. U. ohne negative Konsequenzen sein.

Minimierung der Abweichungen vom Liefertermin: Möglicherweise ist es jedoch sowohl unerwünscht, zu früh als auch zu spät mit einem Job fertig zu werden. Dann wird man einen Ablauf anstreben, mit dem die vorgegebenen Liefertermine möglichst präzise getroffen werden.

Diese Aufzählung macht bereits deutlich, dass die Gestaltung von Abläufen ein außerordentlich großes Problemfeld darstellt, welches praktisch extrem wichtig und gleichzeitig wissenschaftlich sehr anspruchsvoll ist. Die folgenden Ausführungen sollen einerseits elementare Problemformen darstellen und andererseits grundlegende Instrumente zur Gestaltung der Abläufe erläutern.

Wir gehen in unseren weiteren Betrachtungen zunächst davon aus, dass alle Informationen über die durchzuführenden Jobs (insbesondere zu deren Dauer) und die zur Verfügung stehenden Ressourcen vorliegen. Dann ist ein Problem der Ablauf*planung* zu lösen und wir unterstellen, dass der dadurch erhaltene Plan in der Folge auch tatsächlich umgesetzt werden kann, ohne dass sich während der Ausführung des Plans etwas an der Datenlage ändert. Beispiele für solche Planungsprobleme präsentieren wir in Abschnitt 10.2. Ist diese Annahme einer stabilen Datenbasis unrealistisch, so ist anstelle eines *Planungs*problems ein *Steuerungs*problem zu lösen. Dann benötigen wir Entscheidungsregeln, durch die festgelegt wird, was bei einer zukünftigen (und gegenwärtig noch nicht vorhersehbaren) Änderung des Systemzustandes geschehen soll. Dazu können sogenannte Prioritätsregeln verwendet werden, die wir in Abschnitt 10.3 näher betrachten.[2]

---

[1] Hier begegnen wir gerade wieder dem Gesetz von Little, vgl. Abschnitt 2.3.

[2] Zum Überblick und für vertiefte Darstellungen siehe z. B. Domschke, Scholl und Voß (1997, Kapitel 5), Brucker und Knust (2012, Kapitel 4), Jaehn und Pesch (2014) sowie zur Verbindung von Ablaufplanung und Fließbandabstimmung Drexl (1990).

10.2 Zeitdiskrete Entscheidungsmodelle der Ablaufplanung

Zur präzisen Kennzeichnung alternativer Problemkonstellationen stellen wir im Folgenden elementare Entscheidungsmodelle der Ablaufplanung vor, welche mit der Notation in Tabelle 10.3 arbeiten und auf den folgenden Annahmen beruhen:

- Für jeden Job j sind nacheinander auf dazu bestimmten Ressourcen r verschiedene Prozessschritte s mit gegebener ganzzahliger Dauer d_{js} durchzuführen. Einmal begonnene Schritte können nicht unterbrochen werden.
- Die Durchführung von Prozessschritt s des Jobs j erfordert zu jedem Zeitpunkt a_{jsr} Kapazitätseinheiten der Ressource r.
- Zu jedem Zeitpunkt können von jeder Ressource r nur b_{rt} Kapazitätseinheiten verwendet werden.

Mit dieser Notation und den o. g. Annahmen lassen sich für vier verschiedene Fallkonstellationen Ablaufplanungsmodelle formulieren. Wir beginnen mit einem Modell, welches anstrebt, die **Summe der Fertigstellungszeitpunkte** aller Jobs zu minimieren. Sofern alle Jobs zum Zeitpunkt 0 bereits verfügbar sind, entspricht dies zugleich dem Ziel, die Summe und auch den Durchschnitt der Durchlaufzeiten der Jobs zu minimieren. Dies wird durch das folgende Modell abgebildet:

Modell 10.1: Minimierung der Summe der Fertigstellungszeitpunkte

$$\text{Minimiere} \sum_{j=1}^{J} \sum_{t=1}^{T} t \cdot X_{j,S_j,t} \tag{10.1}$$

u. B. d. R.

$$\sum_{t=1}^{T} X_{jst} = 1, \qquad j = 1, ..., J;\ s = 1, ..., S_j \tag{10.2}$$

$$TF_{j,s-1} + d_{js} \leq TF_{js}, \qquad j = 1, ..., J;\ s = 2, ..., S_j \tag{10.3}$$

$$\sum_{t=1}^{T} t \cdot X_{jst} = TF_{js}, \qquad j = 1, ..., J;\ s = 1, ..., S_j \tag{10.4}$$

$$\sum_{j=1}^{J} \sum_{s=1}^{S_j} \sum_{\tau=t}^{t+d_{js}-1} a_{jsr} X_{js\tau} \leq b_{rt}, \qquad r = 1, ..., R;\ t = 1, ..., T \tag{10.5}$$

In der Zielfunktion (10.1) wird gefordert, die Summe der Fertigstellungszeitpunkte der Jobs zu minimieren. Die Gleichungen (10.2) erzwingen, dass jeder Schritt eines jeden Jobs genau einmal beendet wird. Durch die Restriktionen (10.3) wird erreicht, dass die einzelnen Schritte jedes Jobs in der richtigen Reihenfolge und zeitlich überschneidungsfrei eingeplant werden. Die stetigen Entscheidungsvariablen TF_{js} der Fertigstellungszeitpunkte aller Schritte werden durch die Gleichungen (10.4) an die binären Entscheidungsvariablen X_{jst} gekoppelt. Durch die Restriktionen (10.5) wird sichergestellt, dass die Kapazitätsrestriktionen aller Ressourcen zu allen Zeitpunkten eingehalten werden.

Löst man das Modell mit den Daten für vier Aufträge aus Tabelle 10.4 auf S. 224 mittels der GAMS-Implementierung in Anhang A.6 ab S. 356, so erhält man den in Abbildung 10.2 auf S. 224 dargestellten optimalen Ablaufplan mit einer Summe der Fertigstellungszeitpunkte aller vier Aufträge in Höhe von 22 Zeiteinheiten. Bei dieser sehr kleinen Instanz ist es sehr schnell möglich, die optimale Lösung des Modells durch den Einsatz eines Standard-Solvers wie CPLEX zu ermitteln, bei größeren Probleminstanzen benötigt man spezialisierte Lösungsverfahren. Insofern liegt die Bedeutung des Modells darin, die betrachtete Problemstellung präzise zu

Tabelle 10.3: Notation der vier Modelle zur Ablaufplanung

Symbol	Bedeutung
Indizes und Indexmengen	
$j = 1, ..., J$	Jobs
$r = 1, ..., R$	Ressourcen
$s = 1, ..., S_j$	Schritte des Jobs j
$t, \tau = 1, ..., T$	Zeitpunkte
Parameter	
a_{jsr}	benötigte Kapazitätseinheiten der Ressource r für Schritt s des Jobs j
b_{rt}	Kapazität der Ressource r in Periode t
ce_j	Strafe je Zeiteinheit der vorzeitigen Fertigstellung des Jobs j
cl_j	Strafe je Zeiteinheit der verspäteten Fertigstellung des Jobs j
d_{js}	Dauer von Schritt s des Jobs j
dd_j	Liefertermin des Jobs j
Entscheidungsvariablen	
$E_j \geq 0$	Verfrühung des Jobs j
$L_j \geq 0$	Verspätung des Jobs j
$M \geq 0$	Fertigstellungszeitpunkt des letzten Jobs
$TF_{js} \geq 0$	Fertigstellungszeitpunkt von Schritt s des Jobs j
$X_{jst} \in \{0, 1\}$	binäre Variable mit Wert 1, wenn zum Zeitpunkt t der Schritt s des Jobs j beendet wird, 0 sonst

beschreiben. Dies können wir auch für die anderen in Abschnitt 10.1 eingeführten Ziele der Ablaufplanung machen.

Tabelle 10.4: Ressourcen und Dauern einzelner Prozessschritte

Job j \ Schritt s	1	2
1	A / 3	B / 2
2	A / 1	C / 3
3	B / 3	A / 2
4	C / 4	-

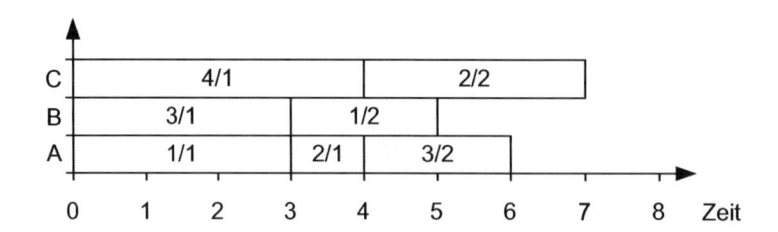

Abbildung 10.2: Ablaufplan mit minimaler Summe der Fertigstellungszeitpunkte

10.2 Zeitdiskrete Entscheidungsmodelle der Ablaufplanung

Soll etwa der **Gesamtfertigstellungszeitpunkt** (engl. *makespan*) minimiert werden, so können wir dies durch das folgende Modell abbilden:

Modell 10.2: Minimierung des Gesamtfertigstellungszeitpunkts (Makespan)

$$\text{Minimiere } M \qquad (10.6)$$

u. B. d. R. (10.2), (10.3), (10.4) und (10.5) sowie

$$\sum_{t=1}^{T} t \cdot X_{j,S_j,t} \leq M, \qquad j=1,...,J \qquad (10.7)$$

In der Zielfunktion (10.6) wird der Gesamtfertigstellungszeitpunkt M minimiert, der durch die Restriktionen (10.7) mit den Fertigstellungszeitpunkten der einzelnen Jobs als deren Maximum verknüpft ist. Für das eben betrachtete Beispiel gibt es bei dieser Zielfunktion mehrere optimale Lösungen, eine davon zeigt Abbildung 10.3. Man erkennt in der Abbildung, dass es für die auf den Ressourcen A und B durchgeführten Prozessschritte einen zeitlichen Spielraum gibt. Aus diesem Grund gibt es hier mehr als eine optimale Lösung.

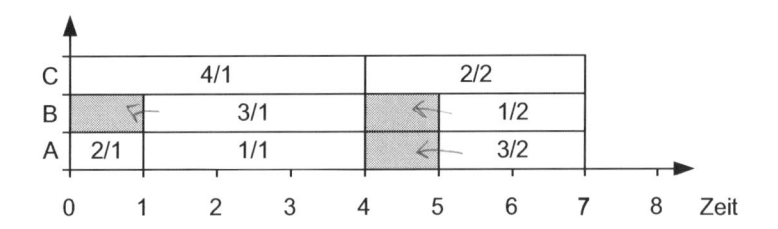

Abbildung 10.3: Ablaufplan mit minimalem Makespan

Nun wenden wir uns dem Fall zu, dass es für die einzelnen Jobs j Liefertermine dd_j gibt und in dem Modell die Verspätungen und Verfrühungen abgebildet werden sollen. Wir führen dazu zwei weitere reellwertige Entscheidungsvariablen L_j für die Verspätungen sowie E_j für die Verfrühungen der Fertigstellung von Job j ein. Diese Variablen werden mit dem jeweiligen Fertigstellungszeitpunkt TF_{j,S_j} des letzten Prozessschritts S_j von Job j und dem Liefertermin dd_j über die folgende Restriktion verknüpft:

$$TF_{j,S_j} + E_j = dd_j + L_j, \qquad j=1,...,J \qquad (10.8)$$

Damit können wir das Ziel der **Minimierung der (gewichteten) Verspätungen** durch das folgende Modell formal fassen:

Modell 10.3: Minimierung der gewichteten Verspätungen

$$\text{Minimiere } \sum_{j=1}^{J} cl_j \cdot L_j \qquad (10.9)$$

u. B. d. R. (10.2), (10.3), (10.4), (10.5) sowie (10.8)

In der Zielfunktion (10.9) werden lediglich die Verspätungen bestraft. Abbildung 10.4 zeigt für das eingeführte Beispiel eine Lösung mit minimaler Gesamtverspätung. Zu deren Ermittlung setzen wir die Strafe cl_j für eine Verspätung gleich 1 je Zeiteinheit. In der Lösung beträgt die Verspätung zwei Zeiteinheiten bei Job 3 und eine Zeiteinheit bei Job 4. Man erkennt, dass der zweite Prozessschritt des Jobs 1 zwei Zeiteinheiten früher als erforderlich beendet wird, was annahmegemäß unschädlich ist.

```
C |   | 2/2   | 4/1   |
B | 3/1 |→| 1/2  |
A | 2/1 | 1/1 | 3/2 |
  0  1  2  3  4  5  6  7  8  Zeit
```

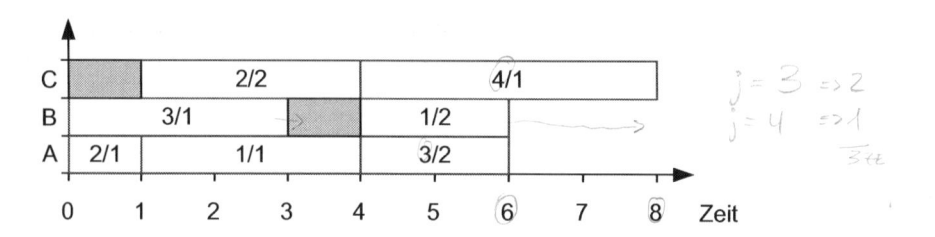

Abbildung 10.4: Ablaufplan mit minimaler gewichteter Verspätung

Zum Abschluss studieren wir die Konstellation, dass **Verfrühungen und Verspätungen** gleichermaßen unerwünscht sind, und formulieren dazu das folgende Modell:

> **Modell 10.4: Minimierung der gewichteten Terminabweichungen**
>
> $$\text{Minimiere} \quad \sum_{j=1}^{J}(ce_j \cdot E_j + cl_j \cdot L_j) \qquad (10.10)$$
>
> u. B. d. R. (10.2), (10.3), (10.4), (10.5) sowie (10.8)

Nun werden in der Zielfunktion (10.10) die Verfrühungen und die Verspätungen bestraft. Für unser Beispiel setzen wir nun die Strafen ce_j für Verfrühungen bzw. cl_j für Verspätungen gleich 1 je Zeiteinheit und minimieren damit die Gesamtabweichungen von den Lieferterminen.[3] Abbildung 10.5 zeigt für das Beispiel eine Lösung mit minimaler Gesamtabweichung von ebenfalls drei Zeiteinheiten.[4]

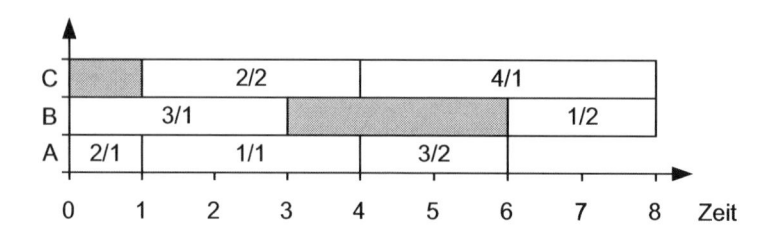

```
C |   | 2/2 | 4/1 |
B | 3/1 |      | 1/2 |
A | 2/1 | 1/1 | 3/2 |
  0  1  2  3  4  5  6  7  8  Zeit
```

Abbildung 10.5: Ablaufplan mit minimaler gewichteter Terminabweichung

Ablaufplanungsproblemen dieser Art ist ihr kombinatorischer Charakter gemein. Die bezüglich der jeweils verfolgten Zielfunktion *bewiesen optimale* Lösung kann sehr schwer zu finden sein. Gleichzeitig ist es oft nicht allzu schwierig, unter Verwendung einfacher Regeln eine zulässige und in vielen Fällen auch praktisch brauchbare Lösung zu finden. Derartige Regeln betrachten wir im folgenden Abschnitt.

10.3 Prioritätsregeln zur Planung und Steuerung von Abläufen

Da die exakte (d. h., bewiesen optimale) Lösung von Entscheidungsmodellen, wie sie in Abschnitt 10.2 behandelt wurden, bei realitätsnahen Problemstellungen mit einer größeren Anzahl von Jobs, Ressourcen und Perioden vielfach praktisch nicht gelingt, verwendet man zur Erstellung von Ablaufplänen oft sogenannte Prioritätsregeln. Man geht dabei typischerweise

---

[3] Je nach Anwendungskontext können Sie diese Parameter ce_j und cl_j als dimensionslose Gewichte oder als Strafkostensätze interpretieren und verwenden.

[4] Für Fortgeschrittene: Durch die Minimierungsvorschrift in den Zielfunktionen der Modelle 10.3 und 10.4 werden die Verspätungen und Verfrühungen eindeutig und korrekt berechnet.

10.3 Prioritätsregeln zur Planung und Steuerung von Abläufen

von der Vorstellung aus, dass zu einem Zeitpunkt, zu welchem eine Ressource die Bearbeitung eines Jobs beendet, mehrere andere Jobs um die nun freigewordene Ressource konkurrieren. Unter diesen Jobs ist daher eine Auswahl zu treffen. Dies soll möglichst unkompliziert sein und geschieht daher anhand einfacher Regeln.

Eine derartige Regel lautet im Volksmund seit Jahrhunderten „Wer zuerst kommt, der mahlt zuerst". Sie regelte früher die Bearbeitungsreihenfolge der wartenden oft bäuerlichen Kunden an Getreidemühlen und wird im Operations Management heute als „First come, first served" (FCFS)-Regel bezeichnet. Während diese Regel häufig unter **Gerechtigkeitsaspekten** positiv bewertet wird, kann sie dazu führen, dass viele Jobs mit jeweils kurzer Bearbeitungsdauer lange auf ihre Bearbeitung warten müssen, wenn vor ihnen ein Job mit einer langen Bearbeitungsdauer angekommen ist.

Verfolgt man daher das Ziel, insgesamt die Durchlaufzeit der Jobs zu minimieren, so bietet es sich tendenziell an, nach der **Kürzesten-Operationszeit (KOZ)-Regel** aus den gegenwärtig wartenden Aufträgen stets jenen auszuwählen, dessen Bearbeitungszeit für den anstehenden Prozessschritt am kleinsten ist. Möchte man dagegen nach Möglichkeit Verspätungen vermeiden, so kann man gemäß der **Liefertermin (LT)-Regel** aus den wartenden Jobs stets jenen mit dem zeitlich nächsten Liefertermin einplanen.

Im Folgenden betrachten wir beide Regeln anhand des bereits eingeführten Beispiels. Die Grundidee besteht darin, zum Zeitpunkt Null beginnend alle gegenwärtig nicht belegten Ressourcen zu betrachten und an jeder Ressource die Menge der dort gerade *einplanbaren* Jobs mit den jeweiligen Prozessschritten zu ermitteln. Aus dieser Menge wird jeweils gemäß der Prioritätsregel ein Job ausgewählt und dadurch die Ressource bis zu jenem Zeitpunkt belegt, zu dem der ausgewählte Prozessschritt fertig bearbeitet ist. Zu diesem Zeitpunkt können an der Ressource neue Jobs eingetroffen sein und es ist erneut eine Auswahl aus den einplanbaren Jobs zu treffen. Tabelle 10.5 zeigt die Vorgehensweise für den Fall der KOZ-Regel.

Tabelle 10.5: Beispiel zur Vorgehensweise der KOZ- sowie der LT-Regel

Zeit	A	B	C
0	{(1/1/3), (2/1/1)}; (2/1/1); 0+1 = 1	{(3/1/3)}; (3/1/3); 0+3 = 3	{(4/1/4)}; (4/1/4); 0+4 = 4
1	{(1/1/3)}; (1/1/3); 1+3 =4	- -	- -
3	-	-	-
4	{(3/2/2)}; (3/2/2); 4+2 = 6	{(1/2/2)}; (1/2/2); 4+2 = 6	{(2/2/3)}; (2/2/3); 4+3 = 7

In der Tabelle wird jeder Zeitpunkt angegeben, zu dem sich am Systemzustand etwas ändert. In geschweiften Klammern wird für jeden dieser Zeitpunkte und für jede der Ressourcen die Menge jener Jobs angegeben, die an der gerade betrachten Ressource einplanbar sind. Für jeden einplanbaren Job in einer dieser Mengen wird ein Tupel $(j/s/d_{js})$ aufgeführt. So bedeutet bei Ressource A zum Zeitpunkt 0 der Eintrag {(1/1/3), (2/1/1)}, dass vom Job 1 dessen erster Schritt mit einer Dauer von 3 Zeiteinheiten und ferner vom Job 2 ebenfalls dessen erster Schritt mit einer Dauer von einer Zeiteinheit einplanbar ist.

Aus diesen beiden Prozessschritten ist gemäß der KOZ-Regel zu wählen, so dass die Wahl auf den zweiten Prozessschritt fällt. In der zweiten Zeile des Eintrags für den Zeitpunkt $t = 0$ und Ressource A ist dies dokumentiert. Zudem erfolgt dort die Berechnung $0+1 = 1$ des Zeitpunktes, bis zu dem die Ressource durch den ausgewählten Job 2 belegt ist. An den Ressourcen B und C steht zum Zeitpunkt $t = 0$ nur jeweils ein Job zur Einplanung bereit und diese Ressourcen werden bis zu den Zeitpunkten 3 bzw. 4 belegt. Der Systemzustand ändert sich zum Zeitpunkt $t = 1$, weil dann auf Ressource A der Prozessschritt 1 von Job 2 beendet ist. Zu diesem Zeitpunkt

1 kann an Ressource A der Prozessschritt 1 von Job 1 gestartet werden. Zum Zeitpunkt 3 wird zwar an Ressource B der Prozessschritt 1 von Job 3 beendet, es kann aber zu diesem Zeitpunkt an keiner Ressource ein weiterer Prozessschritt gestartet werden. Im Ergebnis erhält man den Ablaufplan in Abbildung 10.6. Diesem Ablaufplan kann man entnehmen, dass die Summe der Fertigstellungszeitpunkte 6+7+6+4=23 ist. Damit ist der durch die Anwendung der KOZ-Regel gefundene Plan um eine Zeiteinheit *schlechter* als jener in Abbildung 10.2 auf S. 224, den wir durch die optimale Lösung des Entscheidungsmodells „Ablauf 1" erhalten haben.

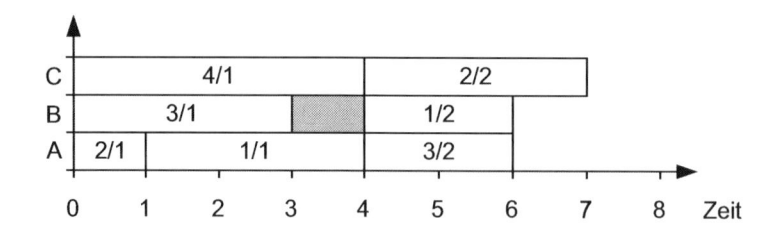

```
C |    4/1    |    2/2    |
B |   3/1   |▓▓▓|  1/2   |
A | 2/1 | 1/1 |    3/2    |
  0   1   2   3   4   5   6   7   8   Zeit
```

Abbildung 10.6: Ablaufplan zur KOZ- sowie zur LT-Regel

Warum ist dies so? Löst man das Entscheidungsmodell exakt, so findet man eine optimale Lösung, in der sämtliche Interdependenzen (also Wechselwirkungen) der einzelnen Teilentscheidungen berücksichtigt werden. Verwendet man dagegen eine Prioritätsregel, so baut man schrittweise eine Lösung auf. Dazu trifft man Teilentscheidungen, die zwar gewissermaßen „lokal" sinnvoll erscheinen, in späteren Phasen des Lösungsprozesses aber negative Konsequenzen haben können. An dem Beispiel kann man das sehr schön sehen. So scheint es sinnvoll zu sein, an Ressource A zunächst den Job 2 zu bearbeiten, auf dass dieser rasch an seiner nächsten Ressource zur Verfügung steht. Dort zeigt sich dann jedoch, dass er bis zum Zeitpunkt 4 warten muss, bis der Job 4 bearbeitet ist. Als Konsequenz dieser Entscheidung kann aber der erste Schritt von Job 1 erst zum Zeitpunkt 4 und somit dessen zweiter Schritt erst zum Zeitpunkt 6 fertiggestellt werden. In der optimalen Lösung werden alle diese Interdependenzen berücksichtigt und es kann eine bessere Lösung gefunden werden.

In diesem sehr kleinen Beispiel ist überhaupt nur zu einem Zeitpunkt durch die Prioritätsregel eine Entscheidung zu treffen. Betrachten wir nun den Fall, dass man nach Möglichkeit keine Verspätungen möchte und daher unter Berücksichtigung der Liefertermine in Tabelle 10.2 auf S. 222 die Auswahl nach der LT-Regel trifft. Es zeigt sich in Tabelle 10.5, dass zum Zeitpunkt 0 an Ressource A auch diese Regel zur Auswahl des Jobs 2 führt, weil dessen Liefertermin von 4 vor dem Liefertermin 8 des Jobs 1 liegt.

Der resultierende Ablaufplan in Abbildung 10.6 ist auch hinsichtlich des Ziels minimaler Verspätungen *nicht* optimal, wie der Vergleich mit dem Plan in Abbildung 10.4 auf S. 226 zeigt, den wir über die Lösung des Modells „Ablauf 3" erhalten. Die Liefertermineregel führt insgesamt auf eine Verspätung von fünf Zeiteinheiten, während in der optimalen Lösung die Verspätung nur insgesamt drei Zeiteinheiten beträgt. Diese optimale Lösung kann dadurch erreicht werden, dass zum Zeitpunkt 0 an Ressource C der einplanbare Job 4 *nicht* eingeplant wird. Er ist ja ohnehin nicht dringend. Stattdessen wird die Ressource für den zweiten Schritt des Jobs 2 freigehalten, der dadurch termingerecht fertiggestellt werden kann.

Wenngleich sich also zeigen lässt, dass plausibel erscheinende Prioritätsregeln zu suboptimalen Lösungen führen können, so haben sie gleichwohl eine große praktische Bedeutung, weil sie einfach anzuwenden sind. Man kann sie, wie eben an den Beispielen gezeigt, als Instrument der detaillierten Planung verwenden. Sie lassen sich jedoch darüber hinaus auch als **dezentrales Steuerungsinstrument** verwenden. Stellen Sie sich eine Situation vor, in der die Prozesszeiten nicht genau vorhersehbar sind, sondern einen eher zufälligen Charakter haben. Zusätzlich möge es so sein, dass immer wieder neue Aufträge eintreffen und darüber hinaus immer wieder einmal Störungen an den Ressourcen auftreten. Dann ist es u. U. weder möglich noch sinnvoll, durch aufwendige Planungsverfahren einen Plan zu ermitteln, der sich in kürzester Zeit als undurchführbar erweisen wird. In einer solchen Situation ist es oft sehr viel zweckmäßiger, entlang einfacher Regeln an den jeweiligen Ressourcen die jeweils gerade anstehenden Ablaufentscheidungen zu treffen, beispielsweise über die FCFS-, die KOZ- oder die LT-Regel. Dies geht häufig mit einfachsten Mitteln wie beispielsweise Laufzetteln an den einzelnen Jobs, die über Liefertermine, Prozesszeiten etc. informieren.

Literaturhinweise

- Brucker und Knust (2012)
- Domschke, Scholl und Voß (1997)
- Jaehn und Pesch (2014)

10.4 Aufgaben und Übungen

1. Entscheidungsmodelle der Ablaufplanung

    a) Stellen Sie sich vor, aus technologischen Gründen wäre es nicht möglich, die einzelnen Prozessschritte der Jobs unmittelbar nacheinander durchzuführen. Stattdessen wäre es erforderlich, zwischen dem Ende von Prozessschritt s und dem Beginn von Prozessschritt $s+1$ desselben Jobs eine zeitliche Pause von mindestens drei Zeiteinheiten einzuplanen. Wie müsste man das Modell ändern, um diese Anforderung an eine Lösung abzubilden? Welche praktischen Gründe könnten zu einer solchen Anforderung führen?

    > **Lösung/Lösungshinweis**
    >
    > Die Restriktion (10.3) müsste durch die folgende Restriktion ersetzt werden:
    >
    > $$TF_{j,s-1} + d_{js} + 3 \leq TF_{j,s}, \quad j = 1, \ldots, J; \ s = 2, \ldots, S_j \quad (10.11)$$
    >
    > Eine solche Restriktion könnte erforderlich sein, wenn die Jobs noch Phasen des Ausruhens, Abkühlens, Aushärtens o. ä. benötigen.

    b) Stellen Sie sich vor, aus technologischen Gründen wäre es zwingend erforderlich, die einzelnen Prozessschritte der Jobs unmittelbar nacheinander durchzuführen. Wartezeiten eines einmal begonnenen Jobs wären unzulässig. Wie müsste man das Modell ändern, um diese Anforderung an eine Lösung abzubilden? Welche praktischen Gründe könnten zu einer solchen Anforderung führen?

> **Lösung/Lösungshinweis**
>
> Die Restriktion (10.3) müsste durch die folgende Restriktion ersetzt werden:
>
> $$TF_{j,s-1} + d_{js} = TF_{js}, \quad j = 1, \ldots, J; \; s = 2, \ldots, S_j \quad (10.12)$$
>
> Eine solche Restriktion könnte erforderlich sein, wenn die Jobs beispielsweise für Werkstücke stehen, die etwa durch Abkühlen oder Aushärten ihre Bearbeitbarkeit verlieren. Alternativ könnte man so auch die verzögerungsfreie Bedienung von „Very important persons" (VIPs) erreichen, deren Lebenszeit zu kostbar ist, um sie mit Warten zu verbringen.

c) Falls Sie sehr sorgfältig die Modellannahmen zu den zeitdiskreten Modellen der Ablaufplanung in Abschnitt 10.2 gelesen haben sollten, so ist Ihnen dort vielleicht der dezente Hinweis im „Kleingedruckten" aufgefallen, dass die Bearbeitungsdauern d_{js} der Prozessschritte *ganzzahlig* sein müssen. Können Sie den *modell-technischen* Grund erklären, der zu dieser *Ganzzahligkeits*-Annahme geführt hat? Was würde passieren, wenn man diese Annahme fallen ließe? (Knifflig!)

> **Lösung/Lösungshinweis**
>
> Durch die Restriktionen (10.3) und (10.4) wird dafür gesorgt, dass die Zeitpunkte der Beendigung von Prozessschritten stets ganzzahlig sein müssen, unabhängig von der Frage, ob die Prozesszeiten selbst ganzzahlig sind. Wären diese nicht ganzzahlig, so würden sich geplante zeitliche „Lücken" in der Ressourcenbelegung einstellen. Dieser Effekt kann prinzipiell durch eine hinreichend kleine Wahl der Periodenlängen verhindert werden, allerdings um den Preis einer steigenden Anzahl von (binären) Entscheidungsvariablen X_{jst}.

2. Ablaufplanung mit Prioritätsregeln

   Gegeben sind die Daten zu drei Jobs in den Tabellen 10.6 und 10.7.

   Tabelle 10.6: Ressourcen und Dauern einzelner Prozessschritte

Job j \ Schritt s	1	2
1	A / 50	B / 10
2	B / 20	A / 20
3	B / 10	A / 30

   Tabelle 10.7: Liefertermine dd_j je Job j

Job j	dd_j
1	120
2	50
3	40

10.4 Aufgaben und Übungen

Führen Sie unter Verwendung der KOZ-Regel und der LT-Regel eine Ablaufplanung durch und zeichnen Sie in den folgenden Diagrammen die Ergebnisse ein.

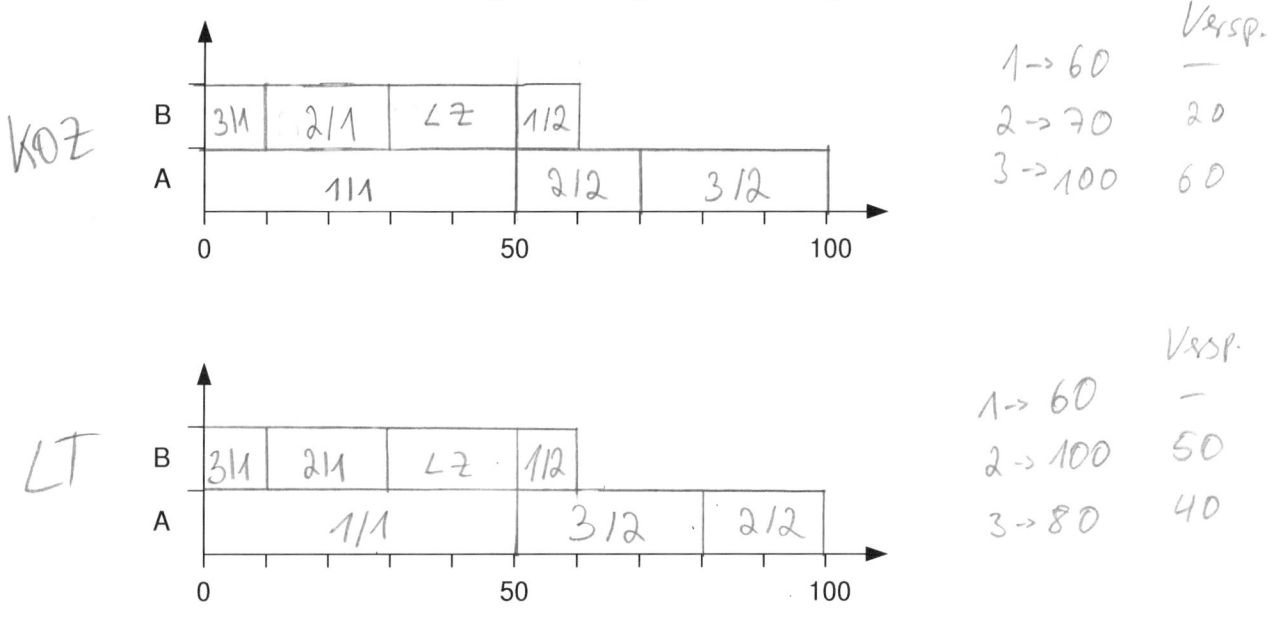

KOZ

| B | 3\1 | 2\1 | 2\7 | 1\2 |
| A | 1\1 | | 2\2 | 3\2 |

0 — 50 — 100

Versp.
1 → 60   —
2 → 70   20
3 → 100 60

LT

| B | 3\1 | 2\1 | 2\7 | 1\2 |
| A | 1\1 | | 3\2 | 2\2 |

0 — 50 — 100

Versp.
1 → 60   —
2 → 100 50
3 → 80   40

Geben Sie an, wann jeweils die Jobs fertiggestellt werden und ermitteln Sie jeweils die Verspätung. Fällt Ihnen etwas auf?

> **Lösung/Lösungshinweis**
>
> Bei Verwendung der KOZ-Regel werden die Jobs 1 bis 3 zu den Zeitpunkten 60, 70 und 100 fertiggestellt. Die Verspätungen sind 20 ZE bei Job 2 und 60 ZE bei Job 3. Bei Verwendung der LT-Regel werden die Jobs 1 bis 3 zu den Zeitpunkten 60, 100 und 80 fertiggestellt, mit Verspätungen von 50 ZE bei Job 2 und 40 ZE bei Job 3.

3. Führt die Verwendung der Liefertermin-Regel immer zu einer geringeren Verspätung als die Kürzeste-Operationszeit-Regel? Begründen Sie Ihre Antwort!

> **Lösung/Lösungshinweis**
>
> Wie das Beispiel gerade gezeigt hat, muss dies nicht immer so sein. Das liegt daran, dass beide Verfahren „nur" Heuristiken sind.

4. Erläutern Sie, worin der Unterschied zwischen einer Ablauf*planung* und einer Ablauf*steuerung* besteht! Inwiefern ist eine solche Ablaufsteuerung „dezentral"?

> **Lösung/Lösungshinweis**
>
> In der Ablaufplanung erzeugt man über einen bestimmten Zeitraum einen Plan und trifft damit Entscheidungen über zukünftige Handlungen und Abläufe. Im Rahmen einer Steuerung befasst man sich nur mit den gegenwärtig unmittelbar anstehenden Entscheidungen und verschiebt die restlichen Entscheidungen auf spätere Zeitpunkte. Derartige Vorgehensweisen sind häufig insofern „dezentral", als sie unmittelbar durch oder an den betroffenen Ressourcen getroffen werden können. Dies bietet sich an, weil in die Entscheidung ohnehin nur dezentral vorliegende Informationen eingehen und die Interdependenzen zu anderen Handlungen an anderen Ressourcen zu zukünftigen Zeitpunkten häufig bewusst nicht betrachtet werden.

11 Planung von Transporten und Touren

11.1 Problemaspekte

Entscheidungssituationen des Operations Managements betreffen häufig wichtige *räumliche* Aspekte, z. B. weil Güter oder Menschen von einem Ort zu einem anderen zu transportieren sind. Diese Transportprozesse können unter Kosten- und Zeitaspekten sehr wichtig sein. Typischerweise hängen die Transportkosten einerseits von der zu transportierenden Menge und andererseits von der zu überbrückenden Entfernung ab.

Stellen Sie sich vor, ein Unternehmen operiere an mehreren verschiedenen Standorten und habe mehrere Kunden an verschiedenen Kundenorten zu beliefern. Dies führt dann u. U. auf die Frage, welcher Kunde mit welcher Menge von welchem Standort aus bedient werden soll. Diese Frage wird in dem sogenannten „klassischen Transportproblem" aufgegriffen, dem wir uns im folgenden Abschnitt 11.2 zuwenden.

Häufig tritt auch die Frage auf, wie Auslieferungs- oder Einsammlungs-Touren gebildet werden sollen. In diesem Zusammenhang kommt möglicherweise der Suche nach kürzesten Rundreisen für Fahrzeuge mit begrenzter Ladungskapazität eine zentrale Rolle zu. Dieser Fragestellung widmen wir uns in Abschnitt 11.3.

11.2 Das klassische Transportproblem

Das im Folgenden behandelte sogenannte „klassische Transportproblem" tritt auf, wenn ein Gut einerseits an mehreren Standorten verfügbar ist und andererseits an mehreren Kundenorten nachgefragt wird. Wir verdeutlichen die Problemstellung zunächst an einem fiktiven Beispiel.

> **Beispiel zum klassischen Transportproblem**
>
> Die „Benno Buddler Kies und Sand AG" ist einer der führenden Anbieter qualitativ hochwertiger mineralischer Werkstoffe mit mehreren räumlich verteilten Kies- und Sandwerken. Schon früh hat der Firmengründer Benno Buddler erkannt, dass in diesem Geschäft einer effizienten Distributionslogistik aufgrund der relativ hohen Transportkosten eine herausragende Bedeutung zukommt.
>
> Nicht jeder Sand oder Kies ist zu jedem Zeitpunkt an jedem Werk i in beliebiger Menge verfügbar. Daher kann es erforderlich sein, Nachfragen an verschiedenen Kundenorten j von verschiedenen Standorten aus zu befriedigen. Für den nächsten Planungszeitraum sind von einer bestimmten Sorte Sand an den Werken 1, 2 und 3 Angebotsmengen a_i in Höhe von jeweils 40, 50 und 42 Mengeneinheiten verfügbar. Aufgrund der gegenwärtig hervorragenden Konjunktur im Bauwesen liegen dafür auch schon Bestellungen an vier Kundenorten mit Nachfragemengen n_j in Höhe von 30, 34, 44 und 24 Mengeneinheiten vor.
>
> Bärbel Buddler, die 22-jährige Enkelin des Firmengründers, hatte in der Schule nie viel Freude an der Mathematik. Daher studiert sie nun Betriebswirtschaftslehre und soll nach ihrem Studium möglichst rasch die Firmenleitung von ihrem Großvater übernehmen. Ihr Vater Bruno Buddler hat nur eine wahre Leidenschaft, das Züchten und Dressieren von Wüstenspringmäusen. Seine Affinität zu Managementfragen aller Art ist so gering, dass Firmengründer Benno noch immer das Unternehmen leitet.

Tabelle 11.1: Transportmengen X_{ij} in einer Lösung des Transportproblems

Werk i \ Kundenort j	1	2	3	4	a_i
1	30	10			40
2		24	26		50
3			18	24	42
n_j	30	34	44	24	

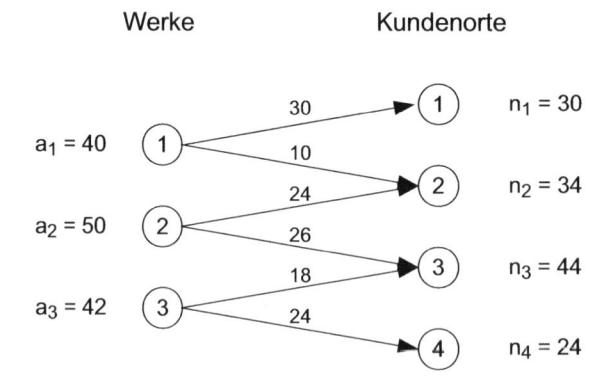

Abbildung 11.1: Lösung des Transportproblems nach der „Nord-West-Ecken-Regel"

Bärbel macht zur Vorbereitung auf künftige Herausforderungen als Firmenchefin ein Praktikum in der zentralen Transport-Disposition. Sie soll nun ermitteln, welcher Kundenort in welcher Menge von welchem Werk aus zu bedienen ist.

Bärbel denkt sich frohgemut, dass das ja wohl nicht so schwer sein kann. Sie fertigt die Tabelle 11.1 sowie die Abbildung 11.1 an und fragt sich dabei zunächst, wie viele Mengeneinheiten sie vom Werk 1 zum Kundenort 1 transportieren lassen soll. Sie erkennt, dass sie vom Werk 1 aus die komplette Nachfrage am Kundenort 1 in Höhe von 30 Mengeneinheiten befriedigen kann und dann noch 10 Mengeneinheiten für den Kundenort 2 übrig bleiben. Die restliche Nachfrage des Kundenorts 2 in Höhe von 24 Mengeneinheiten bedient sie durch Werk 2. In kürzester Zeit hat Bärbel auf diese Weise[a] einen Plan entwickelt und trifft voll Stolz eine einsame Entscheidung. Sie fertigt die Transportaufträge aus, lehnt sich zurück, fischt ihr Handy heraus und liest zur Entspannung erst einmal die neuesten Nachrichten in ihrem *Gesichtsbuch*-Account.

Beim Mittagessen im Familienkreis fragt sie der schon recht angegraute Firmengründer, wie denn ihr Praktikum so laufe. Bärbel berichtet von ihrer morgendlichen Lösung des Transportproblems. Schon bald wundert sie sich, warum Opas Kopf so rot wird, als dieser sie nach den Transportkosten fragt und sie einräumen muss, sich darüber nicht so viele (soll heißen, keine) Gedanken gemacht zu haben. Derweil blättert Vater Bruno teilnahmslos in seiner Lieblingszeitschrift „Die Maus". Frustriert schaut Benno von Bärbel zu Bruno und zurück und erkennt, dass er die Geschicke des Unternehmens wohl noch auf längere Zeit lenken muss.

Nachdem sich am Nachmittag Bennos Blutdruck wieder beruhigt hat, schaut er in der zentralen Transport-Disposition vorbei. Er gibt Bärbel den Auftrag, die Transportkostensätze für alle Transportrelationen von den Werken i zu den Kundenorten j zu ermitteln. Dann soll sie die Kosten der am Morgen getroffenen Entscheidung bestimmen und darüber nachdenken. Anschließend soll sie ihm berichten.

Bärbel spricht genervt mit Gundula Geizig, der Leiterin der zentralen Transportdisposition. Sie erfährt, dass auf den betroffenen Transportrelationen die Transportkosten je Mengeneinheit höchst unterschiedlich sind. Das Gesamtbild zeigt Tabelle 11.2. Mit diesen

11.2 Das klassische Transportproblem

Informationen kann Bärbel nun Opas Auftrag folgend die Kosten ihres Transportplans bestimmen. Sie multipliziert die am Morgen bestimmten Transportmengen X_{ij} mit diesen Kostensätzen c_{ij} und kommt zu dem Schluss, dass die gesamten Transportkosten ihrer schnell gefundenen Lösung 1.416 Geldeinheiten betragen. Sie wird von ersten Zweifeln befallen, ob es wirklich klug war, den Plan ohne einen Blick auf die Kostensätze zu bestimmen. Andererseits geht ihr der ganze Laden mit seinen Saugbaggern, Walzenbrechern und Muldenkippern ohnehin auf die Nerven. Soll sie wirklich in einem Kieswerk versauern? Das ist doch alles *so was* von *Old Economy* und damit *total uncool*! Bärbel denkt verstärkt über berufliche Alternativen im internationalen Event-Management nach. Irgendetwas mit Medien wäre auch nicht schlecht.

[a] Bärbel hat gerade die sogenannte *Nord-West-Ecken-Regel* für die Lösung des klassischen Transportproblems entdeckt und angewendet, vgl. zu dieser Regel z. B. Domschke, Drexl u. a. (2015, Abschnitt 4.1.2). In der Systematik der Verfahren zur Lösung von Optimierungsproblemen in Abbildung 1.4 auf S. 14 stellt sich diese Regel als Beispiel eines *uninformierten* Verfahrens dar, weil sie das Problem ohne Blick auf die Zielsetzung löst.

Tabelle 11.2: Transportkostensätze c_{ij}

Werk i \ Kundenort j	1	2	3	4
1	12	4	12	14
2	8	18	10	6
3	16	16	2	12

Tabelle 11.3: Notation des Modells zum klassischen Transportproblem

Symbol	Bedeutung
Indizes und Indexmengen	
$i = 1, ..., I$	Angebotsorte
$j = 1, ..., J$	Nachfrageorte
Parameter	
a_i	verfügbare Gütermenge am Angebotsort i
c_{ij}	Kosten des Transports einer Gütermengeneinheit vom Angebotsort i zum Nachfrageort j
n_j	nachgefragte Gütermenge am Nachfrageort j
Entscheidungsvariablen	
$X_{ij} \geq 0$	Transportmenge vom Angebotsort i zum Nachfrageort j

Das gerade betrachtete betriebswirtschaftliche Problem bilden wir zunächst formal durch ein Entscheidungsmodell ab. Dazu verwenden wir die Notation in Tabelle 11.3 sowie die folgenden Annahmen:

- An jedem Angebotsort $i = 1, ..., I$ liegen a_i Mengeneinheiten eines Gutes vor.
- An jedem Nachfrageort $j = 1, ..., J$ besteht ein Bedarf von n_j Mengeneinheiten des Gutes.
- Die Summe der Angebotsmengen entspricht der Summe der Nachfragemengen.
- Der Transportkostensatz für den Transport einer Mengeneinheit von Angebotsort i zu Nachfrageort j beträgt c_{ij} Geldeinheiten.
- Gesucht ist ein realisierbarer Transportplan mit Transportmengen X_{ij}, der zu minimalen Transportkosten führt.

Dies führt uns auf das folgende Entscheidungsmodell:

> **Modell 11.1: Klassisches Transportproblem**
>
> $$\text{Minimiere} \quad \sum_{i=1}^{I} \sum_{j=1}^{J} c_{ij} \cdot X_{ij} \tag{11.1}$$
>
> u. B. d. R.
>
> $$\sum_{j=1}^{J} X_{ij} = a_i, \qquad i = 1, \ldots, I \tag{11.2}$$
>
> $$\sum_{i=1}^{I} X_{ij} = n_j, \qquad j = 1, \ldots, J \tag{11.3}$$

Die Zielfunktion (11.1) bringt die Forderung zum Ausdruck, die Summe der Transportkosten zu minimieren. Dabei soll gemäß den Gleichungen (11.2) einerseits an jedem Angebotsort das gesamte Angebot ausgeschöpft und andererseits gemäß den Gleichungen (11.3) die gesamte Nachfrage an jedem Nachfrageort befriedigt werden.

Dieses klassische Transportproblem stellt gewissermaßen das Grundmodell der Transportplanung dar. Es ist eine wichtige Basiskomponente komplexerer Modelle beispielsweise der Umladeplanung oder der Standortplanung. Es lässt sich mit Methoden der linearen Programmierung sehr leicht lösen. Möglicherweise ist Ihnen aufgefallen, dass in der dargestellten Variante unterstellt wird, dass die Summe der Angebotsmengen der Summe der Nachfragemengen entspricht. Das wird in der Praxis natürlich selten der Fall sein. Dies lässt sich im Modell aber leicht abbilden, indem man einen weiteren (fiktiven) Angebots- oder Nachfrageort einfügt, welchem die fehlende Angebotsmenge oder die überschüssige Nachfragemenge zugewiesen wird.

> **Beispiel zum klassischen Transportproblem (Fortsetzung und Schluss)**
>
> Bärbel Buddler hat erkennen müssen, dass ihre morgendliche Lösung des Transportproblems vermutlich nicht optimal war. Am Kopierer trifft sie Paul „Pickel" Pelzig, den permanent pubertierenden Praktikanten aus der Produktionsplanung. Paul ist ein Nerd, wie er im Buche steht. In seiner Schüchternheit ist er Bärbel äußerst zugeneigt. Im Gegensatz zu Bärbel hat er es mit Zahlen sowie Computern und studiert daher Wirtschaftsinformatik.
>
> »Hi Paul, lässt du mich mal vor?«
>
> »Kein Problem. Was hast du denn da?«
>
> »So blöde Transportkostensätze für Opa.« Bärbel erzählt von ihrer Entscheidung und beklagt sich über Benno, den sie zunehmend für einen kleinlichen und angestaubten Tyrannen hält. *Old Economy* halt, was soll man da schon erwarten?
>
> »Du Bärbel, das Problem hatten wir an der Uni im zweiten Semester. Das kann man ganz leicht lösen. Geht sogar mit einem Tabellenkalkulationsprogramm.«
>
> »Echt? Kannst du das für mich machen?« Bärbel sieht die Chance, eine lästige Aufgabe elegant loszuwerden.
>
> »Glaub' schon. Gib' mir 'mal die Zahlen, ich setze mich gleich 'mal hin.« Paul erntet ein strahlendes Lächeln und Bärbel sieht ihren Abend gerettet.
>
> Eine Stunde später betritt Paul das Büro der zentralen Transportdisposition. Er grinst wie ein Honigkuchenpferd und kann vor Stolz kaum laufen.
>
> »Hier ist der beste Transportplan.« Paul zeigt Bärbel den Plan in Tabelle 11.4.
>
> »Und was kostet das?«
>
> »644,-«

> Bärbel verzieht das Gesicht.
> »Mist. Meine Lösung heute früh war mehr als doppelt so teuer. Das wird Opa nicht gefallen.«
> »Kannst du die Aufträge noch ändern?«
> »Ja klar, das müsste noch gehen. Und wenn ich Opa dann sage, dass wir in Zukunft immer mit deiner Methode arbeiten, dann regt er sich auch wieder ab. Magst du einen Kaffee?« Paul strahlt. Bärbel auch. Eigentlich ganz nett, dieser Paul. Und pfiffig.

Tabelle 11.4: Optimale Transportmengen X_{ij}

Werk i \ Kundenort j	1	2	3	4	A_i
1	4	34	2		40
2	26			24	50
3			42		42
N_j	30	34	44	24	

Zur Lösung des gerade betrachteten Transportproblems wurde die GAMS-Implementierung des Entscheidungsmodells in Abschnitt A.7 auf S. 360ff. benutzt. Man kann auch spezialisierte exakte oder heuristische Lösungsverfahren einsetzen, welche die spezielle Struktur des Problems ausnutzen.[1]

11.3 Das Tourenplanungsproblem und die Savings-Heuristik

Zur Erläuterung von Tourenplanungsproblemen betrachten wir ein wirklich völlig fiktives Beispiel.

> **Beispiel zur Tourenplanung**
>
> Berlin, zu einem hier nicht wichtigen Zeitpunkt.
>
> Der neue Hauptstadtflughafen (BER) wurde zur allgemeinen Überraschung der breiteren Öffentlichkeit vor kurzem dann doch noch eröffnet. Wie erhofft, hat er umgehend zur Ansiedlung neuer Unternehmen mit zahlreichen Arbeitsplätzen geführt.
> Die *Easy Tourist Transport (ETT) GmbH* bringt Ferienreisende in Kleinbussen zum Flughafen und zurück zum Wohnort in der Region. Das Unternehmen hat eine Flotte von 20 solchen Kleinbussen. Jeder Wagen bietet Platz für acht Passagiere und deren Gepäck.
> Online oder per Telefon buchen die Kunden die Fahrten. Sie geben dabei an, wann und wo wie viele Fahrgäste abzuholen oder vom Flughafen zurückzubringen sind. Der eher schweigsame Bruno Boring ist bei der ETT GmbH für die Tourenplanung zuständig.
> Neben ihn setzt sich Hannibal Hipster, natürlich mit Beanie auf dem Kopf. Hannibal studiert Mathematik. Er hat aber gehört, dass ihm ein Praktikum später bei der Jobsuche helfen könnte. Sein alter Kumpel Bruno hat ihm das Praktikum verschafft und soll ihm nun zeigen, wie richtiges Arbeiten geht.
> »Hey Bruno, alles frisch?«
> »Sicher. Ist dir kalt?«
> »Ne, wieso?«
> »Na wegen der Bommelmütze.«
> Hannibal verdreht die Augen. »Mann, das ist ein Beanie!«

---

[1] Vgl. dazu beispielsweise Domschke (2007) sowie Domschke, Drexl u. a. (2015, Kap. 4.1).

»Wie auch immer. Vielleicht hilft's ja. Willst du jetzt wissen, wie ich die Touren mache, oder nicht?«

»Klar, schieß' los!«

»Pass' auf. Das System sortiert die Aufträge nach Zeiträumen und Bezirken. Hier ist zum Beispiel eine Liste für Berlin-Mitte für morgen zwischen 6:00 und 7:00 Uhr.«

»Schreckliche Zeit, aber na ja. Und weiter?«

»Also, in einen Wagen passen acht Leute. In der Liste steht ja, wie viele Leute an einer Adresse abzuholen oder dahin zu bringen sind. Meistens sind es zwei bis vier an einer Adresse, Pärchen oder Familien. Da packe ich dann bis zu acht Leute in ein Auto, drucke die Liste aus und schicke den Fahrer los.«

»Bekommst du die Autos immer voll?«

»Nee, oftmals nicht. Wir können die Familien nicht auseinanderreißen. Hier z. B., in der Schillerstraße. Die Müllers sind zu fünft, die Maiers zu viert. Die würde ich am liebsten in einen Wagen packen, bis auf einen von den Müllers. Den könnte dann eine andere Fuhre mitnehmen. Praktisch geht das aber nicht, sonst gibt es Zoff mit den Kunden.«

»Wo kommen die Listen her?«

»Das hat 'mal der Junior vom Chef programmiert. Ist echt die optimale Lösung. Genial!«

Hannibal schweigt zunächst und denkt an seine Vorlesung in kombinatorischer Optimierung.

»Ich glaube nicht, dass das schon optimal ist.«

»Wieso, geht es noch optimaler?«

»Bruno, optimal ist wie schwanger. Optimaler ist wie schwangerer, gibt es beides nicht.«

»Klugscheißer. Und wieso ist das nicht optimal?«

»Na ja. Erstens ist das ein Rundreiseproblem für jede Fuhre. Das ist schon ein schwieriges Problem. Zweitens ist es auch ein Zuordnungsproblem für die Kunden auf die Fuhren. Außerdem grenzen ja die verschiedenen Zeiten und die Bezirke aneinander.«

»Ja, und?«

»Na ja, du arbeitest eine Liste nach der anderen ab. Da kann es Aufträge geben, die an den zeitlichen oder räumlichen Rändern liegen. Die könnte man auch über die Listen hin kombinieren.«

»Theoretisch schon. Aber ich kann doch nicht mit einer Riesenliste arbeiten. Da sehe ich doch nichts mehr. Bringen die euch so'ne Ideen an der Uni bei?«

An dieser Stelle verlassen wir für den Moment Bruno und Hannibal und beschreiben das Tourenplanungsproblem formal. Der Ausgangspunkt ist eine räumlich verteilte Nachfrage nach einer Transportdienstleistung zu oder von einem besonderem Ort, dem sogenannten Depot. Abbildung 11.2 zeigt mit Knoten 1 das Depot und damit jenen Ort i, an dem die Touren starten und enden, im Fall unseres Beispiels den Hauptstadtflughafen BER. Die anderen Knoten $i = 2$ bis $i = 11$ in Abbildung 11.2 zeigen Orte mit Kundennachfragen. Die Zahl neben dem jeweiligen Kundenort ist die Anzahl der dort benötigten Kapazitätseinheiten der Transportressource, im Beispiel damit also die Zahl der Passagiere, für die ein Sitzplatz im Kleinbus erforderlich ist. Die Distanzen c_{ij} zwischen zwei Orten i und j sind in Tabelle 11.5 angegeben.

Abbildung 11.3 zeigt eine *zulässige* Lösung des Tourenplanungsproblems für diese Instanz bei einer Fahrzeugkapazität von acht Kapazitätseinheiten, im Fall unseres Beispiels also Sitzplätzen für Passagiere. Sie ist insofern zulässig, als jeder Ort angesteuert wird, alle Touren im Depot starten und enden und in jeder Tour die Fahrzeugkapazität eingehalten wird. Die Abbildung zeigt zudem den im Beispiel eingeführten Gedanken, die Touren getrennt nach Gebieten zu konstruieren, hier also den Quadranten von Nord-West (NW) bis Süd-Ost (SO).

11.3 Das Tourenplanungsproblem und die Savings-Heuristik

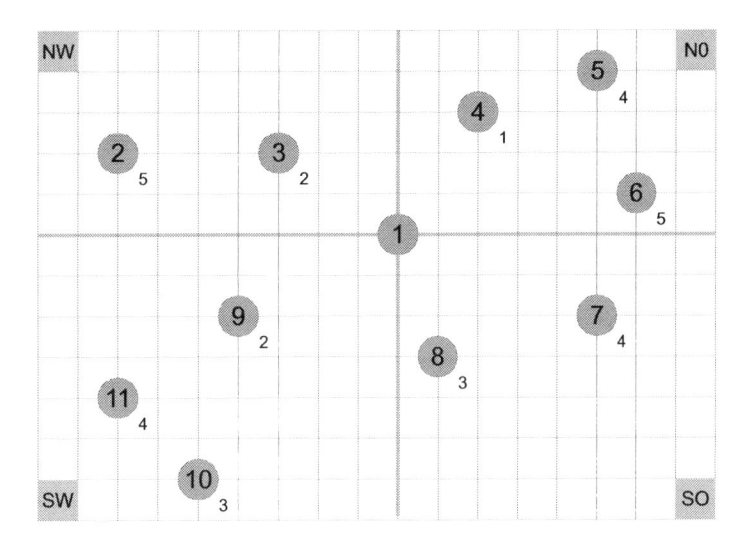

Abbildung 11.2: Kundenorte und Kapazitätsnachfragen

Tabelle 11.5: Distanzen zum Beispiel zur Tourenplanung

$i \backslash j$	1	2	3	4	5	6	7	8	9	10	11
1		9	5	5	9	7	7	4	6	11	11
2	9		4	10	14	14	16	13	7	10	6
3	5	4		6	10	10	12	9	5	10	10
4	5	10	6		4	6	8	7	11	16	16
5	9	14	10	4		4	6	11	15	20	20
6	7	14	10	6	4		4	9	13	18	18
7	7	16	12	8	6	4		5	9	14	14
8	4	13	9	7	11	9	5		6	9	9
9	6	7	5	11	15	13	9	6		5	5
10	11	10	10	16	20	18	14	9	5		4
11	11	6	10	16	20	18	14	9	5	4	

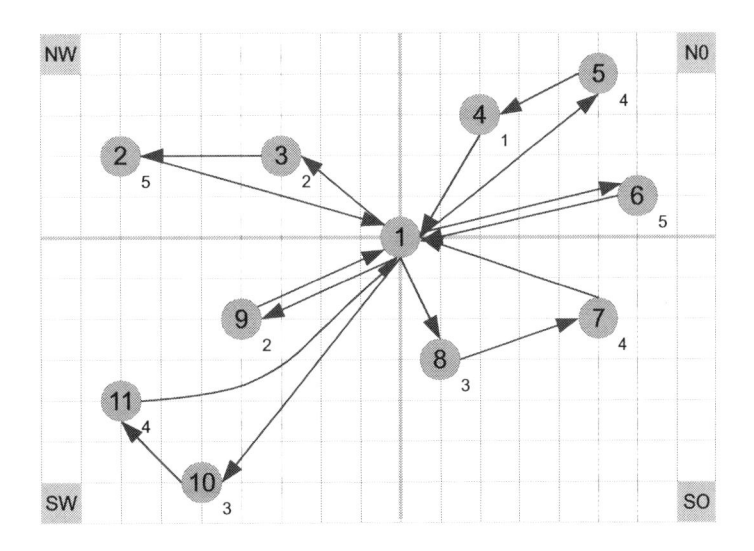

Abbildung 11.3: Isolierte Touren je Quadrant

Tabelle 11.6: Notation des Modells zur Tourenplanung

Symbol	Bedeutung
Indizes und Indexmengen	
$i, j = 1, ..., I$	Orte, mit Ort 1 als Depot
$m = 1, ..., M$	Touren
Parameter	
c_{ij}	Distanz zwischen den Orten i und j
w_i	Transporteinheiten am/für Ort i
b	Fahrzeugkapazität
Entscheidungsvariablen	
$X_{ijm} \in \{0, 1\}$	gleich 1, falls in Tour m vom Ort i zum Ort j gefahren wird, sonst 0
$Y_{im} \in \{0, 1\}$	gleich 1, falls Ort i in Tour m enthalten ist, sonst 0
Z_i	reellwertige Hilfsvariable zur Vermeidung von Kurzzyklen

Nun sind wir in der Lage, das Grundmodell der Tourenplanung zu formulieren, welches die im Beispiel eingeführte Problemstellung formal abbildet. Dazu verwenden wir die Notation in Tabelle 11.6 sowie die folgenden Annahmen:

- Ort 1 ist das Depot, an dem die Touren starten und enden.
- An jedem Ort $i = 2, ..., I$ sind w_i Transporteinheiten (z. B. Passagiere) abzuholen.
- Ein Fahrzeug kann in einer Tour maximal b Transporteinheiten aufnehmen.
- Die Entfernung von Ort i zu Ort j ist c_{ij}.
- Gesucht ist ein Tourenplan mit insgesamt minimaler Fahrtstrecke.

Dies führt uns auf das folgende Entscheidungsmodell:

Modell 11.2: Tourenplanung

$$\text{Minimiere } ZFW = \sum_{i=1}^{I} \sum_{j=1}^{I} \sum_{m=1}^{M} c_{ij} \cdot X_{ijm} \tag{11.4}$$

u. B. d. R.

$$\sum_{i=1}^{I} w_i \cdot Y_{im} \leq b, \qquad m = 1, ..., M \tag{11.5}$$

$$\sum_{j=1}^{I} X_{ijm} = Y_{im}, \qquad i = 1, ..., I; \, m = 1, ..., M \tag{11.6}$$

$$\sum_{i=1}^{I} X_{ijm} = Y_{jm}, \qquad j = 1, ..., I; \, m = 1, ..., M \tag{11.7}$$

$$\sum_{m=1}^{M} Y_{im} = 1, \qquad i = 2, ..., I \tag{11.8}$$

$$Z_i - Z_j + I \cdot \sum_{m=1}^{M} X_{ijm} \leq I - 1, \qquad i, j = 2, ..., I; \, i \neq j \tag{11.9}$$

$$X_{iim} = 0, \qquad i = 1, ..., I; \, m = 1, ..., M \tag{11.10}$$

11.3 Das Tourenplanungsproblem und die Savings-Heuristik

In der Zielfunktion (11.4) wird über alle Touren die Summe aller zurückgelegten Teilstrecken zwischen den Orten minimiert. Durch die Restriktionen (11.5) wird sichergestellt, dass in jeder gebildeten Tour die Kapazitätsrestriktionen der Fahrzeuge eingehalten werden. Falls der Ort i der Tour m zugeordnet wird, muss dieser Ort in der Tour m auch genau einmal verlassen werden. Dies wird durch die Gleichungen (11.6) abgebildet. Analog erreicht man durch die Gleichungen (11.7), dass in diesem Fall der Ort auch genau einmal angesteuert wird. Die Gleichungen (11.8) erzwingen, dass jeder Ort genau einer Tour zugeordnet wird. Durch die Restriktionen (11.9) werden solche Rundreisen verhindert, die den Ort 1, also das Depot, *nicht* enthalten.

Um zu erkennen, wie diese Restriktionen arbeiten, unterstellen wir für den Moment, in einer Lösung des Modells gelte $X_{2,4,7} = X_{4,2,7} = 1$. Dies bedeutet, dass in dieser Lösung die Tour 7 aus einem Kurzzyklus mit Start im Ort 2 bestünde. Von Ort 2 ginge es zum Ort 4, anschließend wieder zurück zum Ort 2. Das wäre ein Zyklus ohne den Ort 1 (das Depot). Ein solcher (Kurz-)Zyklus ist unzulässig und muss unterbunden werden. Wir zeigen nun, dass in diesem Fall die Restriktionen (11.9) für $i = 2$ und $j = 4$ sowie für $i = 4$ und $j = 2$ auf zwei Restriktionen mit einen unzulässigen *inneren Widerspruch* führen, der dies wie gewünscht verhindert:

$$Z_2 - Z_4 + I \leq I - 1$$
$$Z_4 - Z_2 + I \leq I - 1$$

Diese beiden Restriktionen sind den folgenden äquivalent:

$$Z_2 - Z_4 \leq -1$$
$$Z_4 - Z_2 \leq -1$$

Es gibt offensichtlich keine Werte der reellwertigen Hilfsvariablen Z_2 und Z_4, welche diese beiden Bedingungen *gleichzeitig* erfüllen können. Für längere Zyklen ohne das Depot lassen sich analoge Überlegungen anstellen. Die Restriktionen (11.9) unterbinden damit *alle* Touren, welche das Depot im Ort 1 *nicht* beinhalten. Schließlich fordert die Restriktion (11.10), dass kein Ort von sich selbst aus angesteuert wird. Im Anhang A.8 auf S. 361 finden Sie eine GAMS-Implementierung dieses Modells für die hier betrachtete Beispielinstanz, mit der die vorgestellten Lösungen errechnet wurden.

> ### Beispiel zur Tourenplanung (Fortsetzung)
>
> Am nächsten Morgen kommt Hannibal Hipster verspätet ins Büro. Er sieht schrecklich aus und hat sogar seine Vintage-Nerd-Brille vergessen.
> »Mensch Hannibal, wie siehst du denn aus? Biste gestern abgestürzt?«
> »Hab' die ganze Nacht am Rechner gesessen.«
> »Haste wieder gezockt, was? Und, neuer Level? Und was ist mit deiner Brille?«
> »Jetzt lass' doch 'mal die blöden Sprüche. Die Brillengläser sind Fensterglas, sind nur für die Optik.«
> »Wie, du hast keinen Sehfehler und trägst trotzdem eine Brille? Verstehe ich nicht.«
> »Glaube ich Dir. Ist ja jetzt auch egal. Wichtig ist 'was anderes. Ich habe ein Modell zur Tourenplanung mit der Software implementiert, die wir bei uns an der Uni benutzen.«
> »Hm. Und?«
> »Pass' auf! Gestern zwischen 15:00 und 15:30 Uhr hatten wir 10 Kunden in verschiedenen Gegenden um uns herum, die ich 'mal auf einer Art Karte eingezeichnet habe. Schau 'mal.« Hannibal zeigt Bruno die Darstellung in Abbildung 11.2.
> »Was sind das für kleine Zahlen neben den Orten?«
> »Das ist die Anzahl der Fahrgäste an jedem Ort.«
> »Hm, ok, und wir sind hier in der Mitte der Ort 1?«
> »Richtig. Nun mache ich 'mal das, was ihr normalerweise machen würdet. Ich teile die Karte in vier Quadranten auf, von Quadrant Nord-West (NW) bis Süd-Ost (SO). Das

entspricht eurer Vorgehensweise, dass ihr die Kundenaufträge räumlich aufteilt, auf die ausgedruckten Blätter, die du mir gestern gezeigt hast.«

»Ja, stimmt soweit.«

»Dann löst ihr also für jeden dieser vier Quadranten das Problem einzeln und bildet so die Touren, oder?«

»Ja, machen wir ja immer so. Und?«

»Dann könnte doch die Lösung, wenn man sie insgesamt anschaut, z. B. so aussehen, oder?« Hannibal deutet auf Abbildung 11.4.

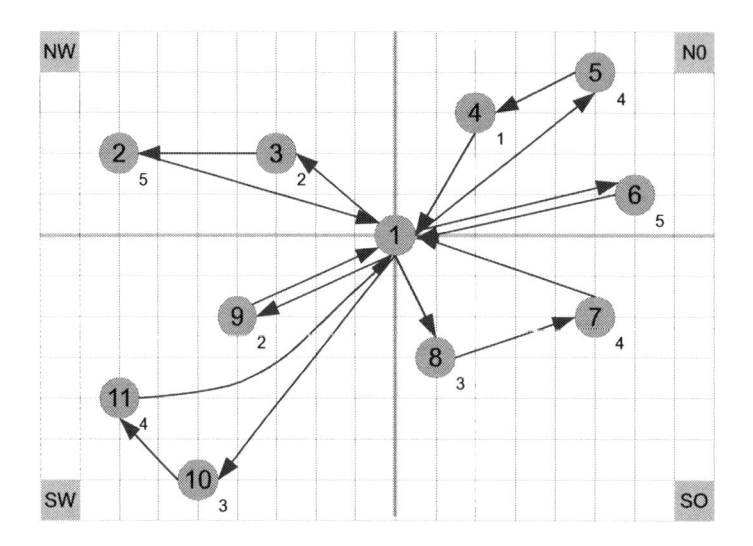

Abbildung 11.4: Isolierte Touren je Quadrant

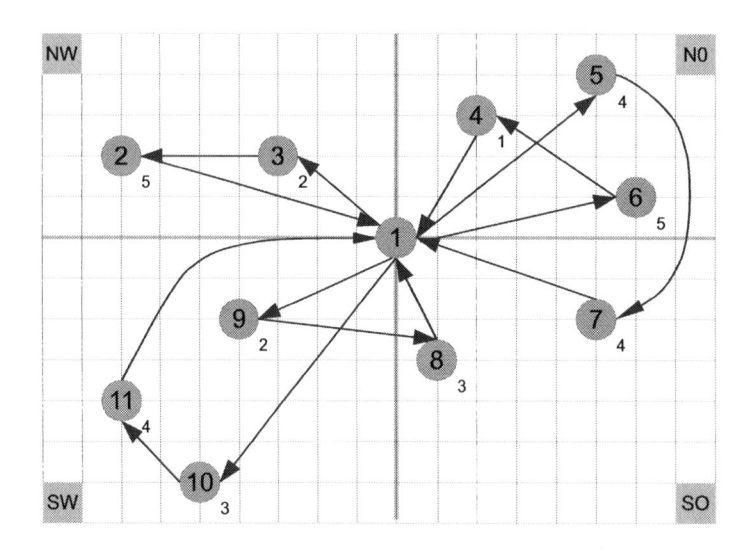

Abbildung 11.5: Lösung des Tourenplanungsproblems

»Sieht plausibel aus.«

»Ich habe mir 'mal die Aufträge für die Fahrer gestern angeschaut. Das sind tatsächlich die Touren, die gestern gefahren wurden.«

»Mag' ja sein. Wird es jetzt noch 'mal spannend, oder erklärst du mir nur meine eigene Arbeit?«

»Ich bin gleich fertig. Ich will Dir zeigen, was 'rauskommt, wenn man das Problem nicht so räumlich zerhackt, wir ihr das macht.«

11.3 Das Tourenplanungsproblem und die Savings-Heuristik

> »Ich sterbe vor Spannung. Was ist denn das für eine Tabelle?« Bruno deutet auf Tabelle 11.5.
> »Das sind die Entfernungen zwischen allen 11 Orten auf der Karte.«
> »Woher hast du die?«
> »Die gibt Dir jede ordentliche Routenplanungssoftware.«
> »Ok. Und weiter?«
> »Also, ich hab' die Daten in ein Modell gesteckt und dann gerechnet. Na ja, eigentlich hat der Computer gerechnet. Weißt Du, das sind sehr schwere...«
> »Lass' stecken und komm' endlich zum Punkt, Mann!«
> »Ähm, ja, also jedenfalls ist es tatsächlich so, dass die optimale Lösung über die Grenzen der einzelnen Regionen hinausgehen kann. Das dachte ich mir ja gestern schon.« Hannibal zeigt Bruno die Lösung in Abbildung 11.5.
> »Siehst du hier die eine Tour, bei der man erst zum Ort 5 und von dort zum Ort 7 fährt? Und mit einem vollen Wagen am Flughafen eintrifft?«
> »Ja, das ist chic.«
> »Das ist nicht nur chic, sondern auch eine Lösung, die man überhaupt nur bekommen kann, wenn man nicht vorher schon alles nach Regionen aufteilt. Ähnlich ist es bei der Tour zu den Orten 9 und 8. Auch die geht über die Grenzen deiner Zettel hinweg.«
> »Ok, sehe ich ein. Und wie lange hat der Rechner dafür gebraucht?«
> »Ein paar Sekunden.«
> »Nicht schlecht. Mal sehen, ob ich die Lösung noch verbessern kann.«
> »Vergiss es. Der Rechner hat auch bewiesen, dass es keine Lösung mit einer kürzeren Fahrstrecke geben kann.«
> »Echt? Wahnsinn. Wenn ich mir überlege, was das immer ein Gefummel mit den Listen ist... Das sollten wir 'mal dem Chef zeigen.«

Die Lösungen des Beispiels in den Abbildungen 11.4 und 11.5 zeigen, dass in dem Tourenplanungsproblem zwei miteinander verbundene Teilprobleme stecken. Einerseits ist jeder Ort bzw. jeder Kundenauftrag einer Tour zuzuordnen, das ist das **Zuordnungsproblem**. Andererseits ist für jede Tour die Reihenfolge festzulegen, in der die Orte angefahren werden, um möglichst kurze Wege zu erhalten. Dies stellt ein **Rundreiseproblem** dar, und zwar für jede der Touren. Die Probleme sind offenbar miteinander verknüpft.

Tabelle 11.7: Auswirkung der Fahrzeugkapazität

Fahrzeugkapazität b	Anzahl der Touren	Gesamtstrecke
5	8	126
6	7	120
7	5	102
8	5	100
9	4	86
10	4	80
15	3	70
20	2	56
50	1	52

Wie die Lösungen aussehen, hängt auch ganz maßgeblich von der Kapazität der Fahrzeuge ab, s. Tabelle 11.7. Um dies zu verdeutlichen, verlassen wir nun den Kontext unseres Beispiels mit ungeduldigen Passagieren, die keinen gesteigerten Wert darauf legen, auf ihrem Weg zum oder vom Flughafen noch zahlreiche andere Urlaubsreisende und deren Wohnorte kennenzulernen. Wir stellen uns stattdessen vor, dass an den Orten Ladungsträger einer genormten Größe abzuholen sind. Wenn wir weiter unterstellen, dass die Ladungen nicht auf mehrere Fahrzeuge aufgeteilt werden sollen, so beträgt in dem Beispiel offenbar die minimal zulässige Fahrzeugkapazität fünf

Ladungseinheiten. Dies entspricht der maximalen Nachfrage nach Ladungskapazität, die in dem Beispiel an den Orten 2 und 6 auftritt. Je kleiner die Fahrzeuge sind, desto häufiger muss das Depot angesteuert werden und desto größer wird i. d. R. die insgesamt zurückzulegende Strecke. Dieser Zusammenhang wird in Tabelle 11.7 für das vorliegende Beispiel gezeigt. Setzt man relativ kleine Fahrzeuge mit einer Kapazität $b = 5$ ein, so sind acht Touren mit einer Gesamtlänge von 126 Entfernungseinheiten zu bilden. Mit größeren Fahrzeugen wird nicht nur die Zahl der Touren, sondern auch die zu fahrende Gesamtstrecke kleiner, weil man nicht so häufig das Depot ansteuern muss. Allerdings werden die einzelnen Touren tendenziell länger, wie das Beispiel der optimalen Tourenplanung in Abbildung 11.6 für den Fall einer Fahrzeugkapazität von $b = 20$ Ladungseinheiten zeigt.

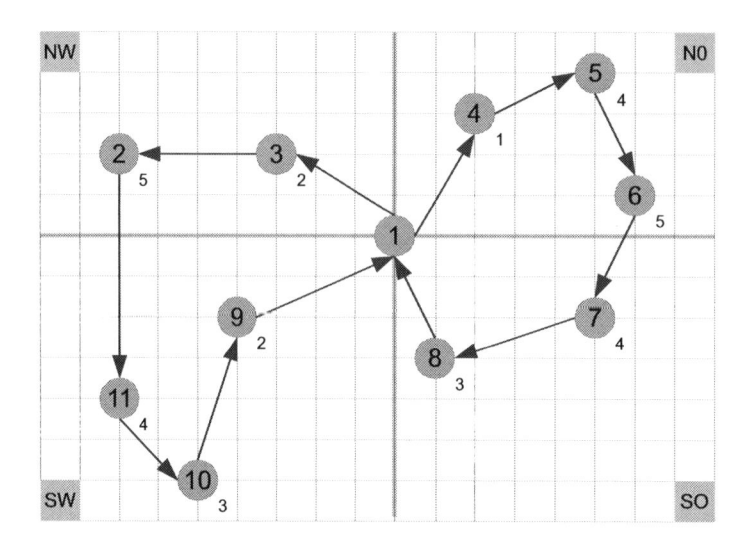

Abbildung 11.6: Optimale Lösung des Tourenplanungsproblems mit einer Fahrzeugkapazität von 20 Ladungseinheiten

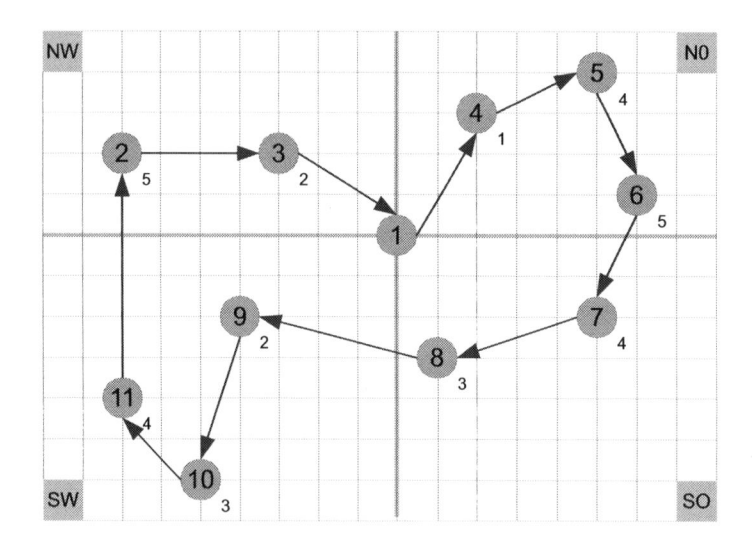

Abbildung 11.7: Optimale Lösung des Tourenplanungsproblems mit einer Fahrzeugkapazität von 50 Ladungseinheiten

Betrachtet man Abbildung 11.6 genauer, so erkennt man, dass in keiner der beiden gebildeten Touren die Kapazität des Fahrzeuges voll ausgelastet wird. Daraus kann man jedoch nicht den Schluss ziehen, dass die Fahrzeugkapazität bei dieser Tourenbildung keine Rolle gespielt hat. Dies zeigt der Vergleich mit der Lösung in Abbildung 11.7 für eine Fahrzeugkapazität von $b = 50$ Ladungseinheiten. Hier wird nun eine einzige Rundreise gebildet, bei der die Kapazitätsgrenze des Fahrzeuges auch nicht erreicht wird.

11.3 Das Tourenplanungsproblem und die Savings-Heuristik

Vergleichen wir noch einmal die Lösungen in den Abbildungen 11.6 und 11.7, so erkennen wir, dass die Gesamtfahrstrecke verkürzt werden konnte, weil zwei Touren an ihrem jeweiligen Anfang bzw. Ende miteinander verbunden werden konnten. (Zudem wurde bei einer der Touren die Fahrtrichtung geändert, was aber aufgrund der Symmetrie der Distanzmatrix in Tabelle 11.5 entlang der Hauptdiagonalen keine Auswirkungen auf die Gesamtstrecke hat.)

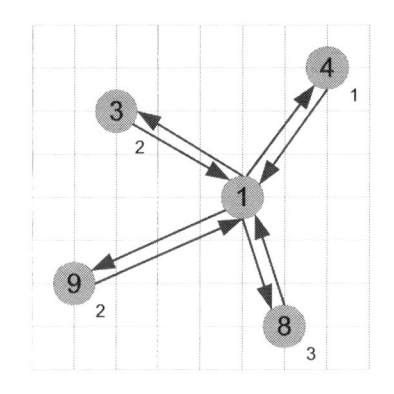

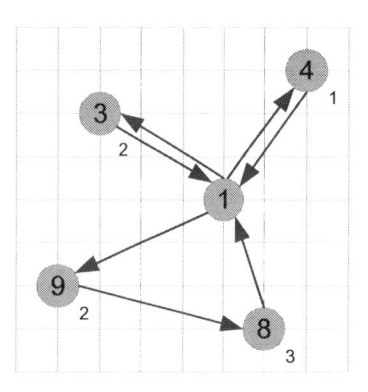

(a) Pendeltouren als Ausgangslösung (b) Gemeinsame Tour für die Orte 8 und 9

Abbildung 11.8: Elemente der Savings-Heuristik

Damit ist bereits der Grundgedanke eines verbreiteten heuristischen Verfahrens der Tourenplanung dargelegt: In der sogenannten **Savings-Heuristik** der Tourenplanung erstellt man zunächst eine *Startlösung*, die alle aufzusuchenden Orte mit dem Depot über *Pendeltouren* verbindet. Betrachten wir der Übersichtlichkeit halber neben dem Depot nur die Orte 3, 4, 8 und 9, so würden sich die Pendeltouren wie in Abbildung 11.8(a) darstellen.

Nun könnte man z. B. die Pendeltouren der Orte 8 und 9 zu einer gemeinsamen Tour zusammenfassen, sofern dies hinsichtlich der Kapazität der Fahrzeuge möglich wäre. Das Ergebnis sähe dann so aus wie in Abbildung 11.8(b). Zu den bisher geplanten Teilstrecken käme eine vom Ort 9 zum Ort 8 hinzu. Sie hätte laut Tabelle 11.5 eine Länge von sechs Entfernungseinheiten. Andererseits würde man eine Fahrt vom Ort 9 zum Depot (mit einer Länge von ebenfalls sechs Entfernungseinheiten) einsparen. Außerdem würde man noch die Fahrt vom Depot zum Ort 8 (mit einer Länge von vier Entfernungseinheiten) einsparen, so dass sich netto eine Ersparnis von $4 + 6 - 6 = 4$ Entfernungseinheiten ergäbe.

Allgemein kann man die Ersparnis s_{ij} beim Verknüpfen zwei Touren an den Orten i und j gemäß folgender Formel berechnen:

$$s_{ij} = c_{i,1} + c_{1,j} - c_{ij} \qquad (11.11)$$

Die Vorgehensweise des Savings-Verfahrens besteht dann darin, ausgehend von den Pendeltouren zunächst jene zu ermitteln, die gegenwärtig noch an ihren Enden verknüpft werden können (ohne dabei die Kapazitätsgrenze der Fahrzeuge zu überschreiten). Bei jener Kombination von Touren, bei der sich durch das Zusammenfassen die größte Ersparnis s_{ij} einstellt, werden die Touren zu einer einzigen Tour verknüpft. Damit fährt man solange fort, bis sich keine derartigen Einsparungen mehr realisieren lassen. Es handelt sich dabei um ein heuristisches Verfahren, welches nicht zwingend die optimale Lösung findet.

Literaturhinweise

- Domschke (2007)
- Domschke, Drexl u. a. (2015)
- Domschke und Scholl (2010)

11.4 Aufgaben und Übungen

1. Transportproblem

    Stellen Sie sich vor, Sie hätten ein Transportproblem zu lösen. Allerdings sei die Summe der Angebotsmengen größer als die Summe der Nachfragemengen. Erläutern Sie, wie Sie zu dem realen Problem gleichwohl ein klassisches Transportproblem formulieren können und gehen Sie dabei insbesondere auf die zu unterstellenden Transportkostensätze ein.

    > **Lösung/Lösungshinweis**
    >
    > Sie führen einen weiteren (fiktiven) Nachfrageort ein. Diesem weisen Sie eine Nachfrage zu in Höhe der Differenz der realen Angebotsmengen und der realen Nachfragemengen. In diesem erweiterten Modell entspricht dann die Summe aller Angebotsmengen der Summe aller Nachfragemengen. Die Transportkostensätze von allen Angebotsorten zu dem einen fiktiven Nachfrageort werden alle auf Null gesetzt. In der Lösung des Modells werden dann zwar fiktive Transporte zu einem fiktiven Nachfrageort eingeplant, diese leisten aber keinen Beitrag zu den Kosten der Lösung.

2. Tourenplanung

    a) Betrachten Sie Tabelle 11.5. Offensichtlich ist die in der Tabelle dargestellte Entfernungsmatrix symmetrisch entlang der Hauptdiagonalen. Was bedeutet das? Können Sie sich Umstände vorstellen, unter denen diese Matrix nicht symmetrisch wäre? Welche wären das?

    > **Lösung/Lösungshinweis**
    >
    > Die Symmetrie entlang der Hauptdiagonalen bedeutet, dass alle Distanzen zwischen zwei Orten in jeweils beiden Richtungen gleich groß sind. Wenn jedoch manche Straßen als Einbahnstraßen verwendet werden, so ist diese Symmetrie nicht mehr gegeben.

    b) Können Sie sich Umstände vorstellen, unter denen diese Matrix zeitabhängig wäre?

    > **Lösung/Lösungshinweis**
    >
    > U. U. sind die Koeffizienten c_{ij} in der Zielfunktion des Tourenplanungsproblems auch nicht als Distanzen, sondern als Fahrzeiten zu interpretieren. Solche Fahrzeiten sind oft extrem zeitabhängig, wenn die Strecken in hohem Maße beispielsweise durch Berufspendler mit Personenkraftwagen genutzt (und verstopft) werden. So sind im Einzugsbereich von Großstädten morgens die Fahrzeiten stadteinwärts größer als stadtauswärts, während es abends umgekehrt ist.

    c) Betrachten Sie Abbildung 11.2 und Tabelle 11.5. Können Sie erkennen, auf welche Art die Entfernung zwischen zwei Orten hier gemessen wurde? Unter welchen Bedingungen ist diese Art der Entfernungsmessung praktisch sinnvoll?

11.4 Aufgaben und Übungen

Lösung/Lösungshinweis

Es wurde eine rechtwinklige Entfernungsmessung vorgenommen. Diese ist sinnvoll, wenn das Straßennetz eine Gitterstruktur aufweist. Dies ist z. B. in New York im Stadtteil Manhattan der Fall. Hier wurde diese Art der Entfernungsmessung verwendet, um die Entfernungen einfach aus den Abbildungen ablesen zu können.

12 Projektplanung

12.1 Problemaspekte

Projekte sind komplexe Vorhaben mit einem Anfang und einem Ende, die in der Gesamtheit ihrer Bedingungen einmalig sind und daher individuell gestaltet werden müssen. Beispiele für Projekte sind die folgenden Vorhaben:

- Einführung eines neuen IT-Systems in einem Unternehmen
- Bau eines Gebäudes
- Durchführung einer Marktstudie
- Veranstaltung einer Konferenz

Weil jedes Projekt einmalig ist, sind viele Entscheidungen projektindividuell zu treffen, so dass für jedes Projekt ein vergleichsweise hoher Planungs- und Steuerungsaufwand betrieben werden muss.

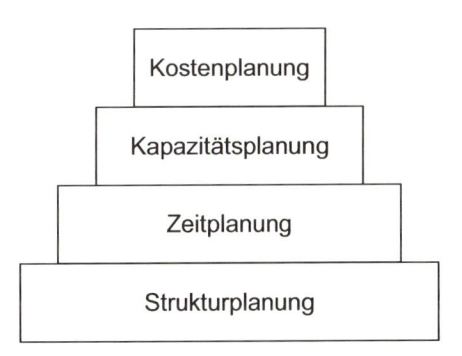

Abbildung 12.1: Bereiche der Projektplanung

Die einzelnen Bereiche der Projektplanung bauen wie in Abbildung 12.1 dargestellt aufeinander auf. Die Basis bildet die Planung der Projektstruktur. Sie liefert die Grundlage für die sogenannte Zeitplanung. Auf dieser bauen dann die Kapazitäts- und letztlich die Kostenplanung auf. In dieser Reihenfolge betrachten wir im Folgenden diese Planungsbereiche und erarbeiten uns so die konzeptionellen Grundlagen der verschiedenen Softwaresysteme, die in der Praxis innerhalb des Projektmanagements für Planungszwecke verwendet werden.

12.2 Struktur- und Zeitplanung

Die verschiedenen Problemaspekte der Struktur- und der Zeitplanung sind miteinander so eng verbunden, dass wir sie uns anhand des folgenden Beispiels der Einfachheit halber gleich im Zusammenhang ansehen.

> **Beispiel zur Projektplanung**
>
> Seit drei Jahren arbeitete Jochen Hausmann mittlerweile für die *Agentur*. Die Arbeit machte ihm viel Spaß, denn sie war abwechslungsreich und gut bezahlt. Allerdings wies sein Arbeitsvertrag einige Besonderheiten auf. So durfte er auch im Familien- und Freun-

deskreis nicht über die Inhalte seiner Tätigkeit reden. Anders als seine Kommilitonen, die sich im Bewerbungsmarathon durch eine Serie von immer ähnlichen Assessment-Center hatten quälen müssen, hatte er im Auswahlverfahren eine Serie von langen Gesprächen mit sehr ernsten Damen und Herren vom Bundesnachrichtendienst zu bestehen. In den Interviews hatte er Fragen beantworten müssen, die äußerst privater Natur waren und weit über das hinausgingen, was im Zuge von Bewerbungsverfahren üblich war. Bei der *Agentur* wollte man genau wissen, wen man einstellte.

Die *Agentur*, wie sie von Insidern genannt wurde, war offiziell eine IT-Firma, die individuelle IT-Systeme für öffentliche Verwaltungen in aller Welt entwickelte. Das klang langweilig und unprofitabel, und das sollte es auch. In einem gewissen Sinne stimmte es sogar. Die IT-Systeme hatten allerdings nichts mit dem zu tun, was sich die Öffentlichkeit gemeinhin unter öffentlicher Verwaltung vorstellte. Stattdessen ging es um IT-basierte Informationsgewinnung, außerdem um die Verhinderung eben solcher Informationsgewinnung durch gegnerische wie auch verbündete Dienste und Einrichtungen ähnlicher Art. Begriffe wie „Überwachung", „Spionage" und „Spionageabwehr" verwendete man in der Agentur nicht. Die *Agentur* war von einer Gruppe europäischer Regierungen ganz leise gegründet worden und arbeitete für diese. Die Öffentlichkeit hatte davon kaum etwas mitbekommen, und auch das war genau so gewollt.

Anlass für die Gründung der Agentur vor 10 Jahren war im Jahr 2013 die Erkenntnis, dass Nachrichtendienste von Ländern, von denen man dies allgemein nicht erwartet hatte, u. a. das Mobiltelefon der damaligen deutschen Bundeskanzlerin abgehört hatten. Auch sonst wurden durch ausländische Nachrichtendienste systematisch Kommunikationsdaten verbündeter europäischer Regierungen und Bürger gesammelt und ausgewertet. Den betroffenen europäischen Regierungen wurde schnell klar, dass sie dies kurzfristig weder politisch noch technisch unterbinden konnten. Dazu waren sie zu stark von der Hard- und Software aus eben jenen Ländern abhängig, die auch die globale Überwachung der Informationsströme betrieben. Aus diesem Grund hatten die europäischen Regierungen beschlossen, ihre eigenen Informations- und Schutzinteressen zukünftig etwas ernster zu nehmen und zu diesem Zweck die *Agentur* gegründet. Man hatte eine ganze Reihe von IT-Experten mit Gehältern für die Agentur gewinnen können, die sogar Investmentbankern das Lächeln aus dem Gesicht getrieben hätten, wenn sie nur davon gewusst hätten.

Jochen Hausmann arbeitete im zentralen Projekt-Controlling. Als er aus der Besprechung zum Projekt „Clear" zurückkam, wartete seine neue Assistentin schon auf ihn. In der Vergangenheit hatte er immer selbst die Projektpläne erstellt, nun wollte er diese Aufgabe an Julia Schur übergeben.

»Hallo Jochen, wie war's?«

»Zäh, wie immer. Meier hat wieder endlose Monologe gehalten. Jedenfalls steht jetzt die Liste der Vorgänge. Die Datei schiebe ich gleich in deinen Ordner. Ich habe denen erklärt, dass du diesmal den Projektplan machst. Die Kümmerer warten schon auf dich.«

Als „Kümmerer" wurden im internen Jargon der Agentur die Verantwortlichen für einzelne Vorgänge bezeichnet. Jeder Vorgang war selbst wieder eine Art von Mini-Projekt und sollte durch ein Team von Programmierern und anderen Experten erledigt werden.

Die Agentur beschäftigte mittlerweile hunderte von Programmierern und anderen Softwareexperten, die in solchen Teams zusammenarbeiteten.

»Ok, und was soll ich nun machen?«

»Zunächst gehst du zu den Kümmerern und fragst jeden, wie lange der Vorgang dauert, und welche Vorgänge erst erledigt werden müssen, bevor sein Vorgang bearbeitet werden kann. Dann machst du zunächst 'mal den Strukturplan. Wenn du den hast, kannst du den Zeitplan machen. Im Handbuch siehst du, wie das geht. Ist eigentlich ziemlich simpel. Wenn du das gemacht hast, kommst du mit dem Ergebnis zu mir, ok?«

»Alles klar, passt es übermorgen nach der Mittagspause?«

»Ja, das geht. Viel Spaß!«

12.2 Struktur- und Zeitplanung

In der Strukturplanung wird das Projekt zunächst in einzelne **Vorgänge** i zerlegt. Zwischen den einzelnen Vorgängen bestehen typischerweise **Abhängigkeiten**. So kann beispielsweise beim Bau eines Hauses der Vorgang „Fundament legen" erst erfolgen, wenn die Baugrube ausgehoben und Zu- und Ableitungen für Wasser, Gas, Elektrizität etc. vorbereitet worden sind. Zu jedem Vorgang i muss man also die **Menge seiner unmittelbaren (direkten) Vorgänger** $\mathcal{V}_i$ sowie seiner unmittelbaren **Nachfolger** $\mathcal{N}_i$ bestimmen. Dann kann man die Struktur des Projektes in Form eines Graphen darstellen. Häufig werden dabei die Vorgänge als Knoten des Graphen dargestellt und die Vorgänger-Nachfolger-Relationen als Pfeile. In diesem Fall spricht man von einem **Vorgangsknoten-Netzplan**. Das sehen wir uns zunächst genauer am Beispiel an.

Nr.	Vorgangsname	Dauer	Anfang	Ende	Vorgänger	Ressourcennamen
1	V1	3 Wochen	Mo 05.02.24	Fr 23.02.24		A
2	V2	2 Wochen	Mo 26.02.24	Fr 08.03.24	1	A
3	V3	4 Wochen	Mo 11.03.24	Fr 05.04.24	2	B
4	V4	2 Wochen	Mo 08.04.24	Fr 19.04.24	3	A
5	V5	3 Wochen	Mo 26.02.24	Fr 15.03.24	1	B
6	V6	4 Wochen	Mo 18.03.24	Fr 12.04.24	2;5	A
7	V7	2 Wochen	Mo 22.04.24	Fr 03.05.24	4;6	B
8	V8	3 Wochen	Mo 26.02.24	Fr 15.03.24	1	A
9	V9	5 Wochen	Mo 18.03.24	Fr 19.04.24	8	A
10	V10	3 Wochen	Mo 26.02.24	Fr 15.03.24	1	A
11	V11	2 Wochen	Mo 18.03.24	Fr 29.03.24	10	B
12	V12	2 Wochen	Mo 06.05.24	Fr 17.05.24	4;7;9;11	A

Abbildung 12.2: Datenerfassung in der Projektplanungssoftware

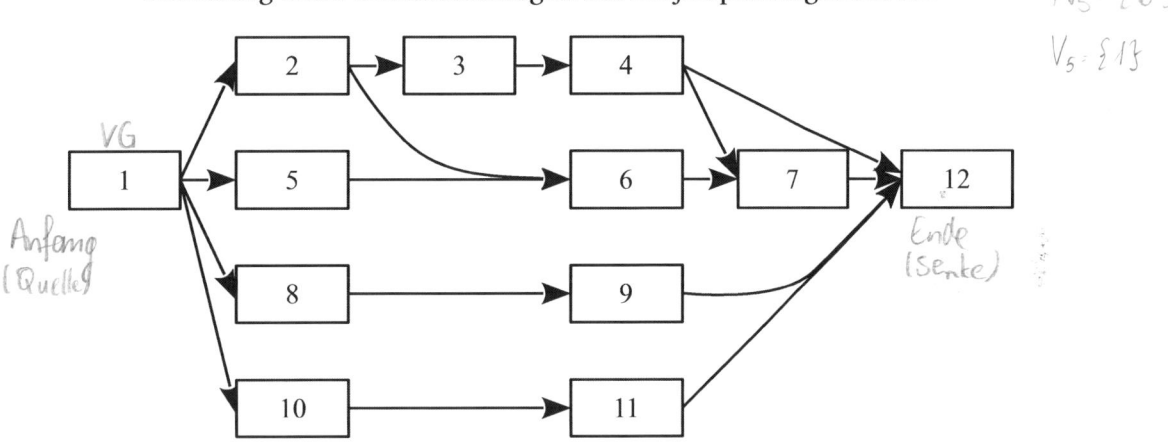

Abbildung 12.3: Strukturplan des Projektes

Beispiel zur Projektplanung (Fortsetzung)

Einige Stunden später kam Jochen Hausmann am Schreibtisch von Julia Schur vorbei.
»Na Julia, wie kommst du voran?«
»Eigentlich ganz gut. Die Software ist ja ganz einfach zu bedienen. Ich habe auch schon mit den Kümmerern gesprochen und die Daten erfasst.«
Sie zeigte Jochen die Daten in Abbildung 12.2.
»Die Projektstruktur ist eigentlich recht unspektakulär, es sind ja nur 12 Vorgänge, schau' hier.« Beide betrachteten den Strukturplan in Abbildung 12.3.
»Prima. Sieht ja recht ordentlich aus. Und was ist mit den Zeiten? Vorhin hat Schmidt angerufen. Er will, dass das Projekt in Kalenderwoche 17 abgeschlossen wird.«
Julia lachte. »Das wird nicht passieren. Den Zahn kannst du ihm gleich ziehen.«
»Wieso?«, fragte Hausmann.

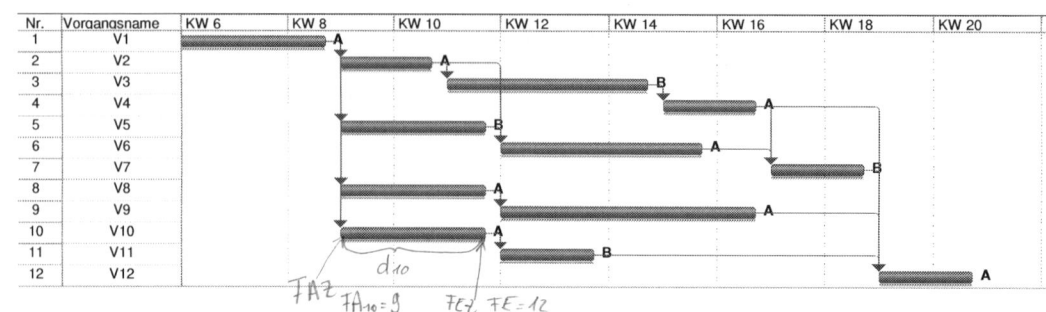

Abbildung 12.4: Gantt-Diagramm bei frühestmöglicher Einplanung und unbeschränkten Kapazitäten

> »Ich kann dir noch nicht sagen, wann das Projekt fertig ist, aber garantiert nicht in KW 17. Hier ist der erste Zeitplan. Den macht die Software automatisch.«
>
> Julia deutete auf Abbildung 12.4 und die Spalten „Anfang" und „Ende" in Abbildung 12.2.
>
> »Der Plan ist aber so gerechnet, als ob keiner sonst 'was zu tun hätte. Wenn wir in KW 6 anfangen, können wir frühestens in KW 20 fertig werden. Wann wir tatsächlich fertig werden, hängt davon ab, wann wir wie viele Teams für die Arbeit einsetzen können.«
>
> Hausmann verzog das Gesicht. »Oh je, das gibt Ärger.«
>
> »Jedenfalls habe ich schon 'mal den kritischen Pfad ermittelt.« Julia zeigte ihm Abbildung 12.5.
>
> »Wieso fängt dort das Projekt zum Zeitpunkt 0 an? Wir wollen doch am Montag von Kalenderwoche 6 starten?«
>
> »Ja, sicher. Ich wollte zunächst einmal wissen, wie lange das Projekt mindestens dauert. Deshalb habe ich in der Rechnung den Anfangszeitpunkt auf 0 gesetzt. So können wir die Projektdauer direkt ablesen als Endzeitpunkt von Vorgang 12. Jedenfalls sind wir frühestens nach 15 Wochen fertig. Wenn wir in Woche 6 anfangen, dann also am Ende von Woche 20.«
>
> »Wieso frühestens?«
>
> »Na ja, wir bräuchten zeitweilig vier Teams gleichzeitig, die auch noch überall einsetzbar sein müssten. Wenn wir aber nur so wenige Teams haben, dann müssen die Teams die Vorgänge nacheinander abarbeiten, und das dauert dann halt länger.«
>
> »Ok. Na schön, dann überleg' dir 'mal 'was, wie wir das Projekt trotzdem zügig fertig kriegen können.«
>
> »Mache ich.« Julia zögerte.
>
> »Ist noch was, Julia?«
>
> »Was bedeuten diese Vorgangskürzel eigentlich? Was passiert denn bei V2 oder so?«
>
> »Keine Ahnung, ist alles geheim. Wir haben beide dafür nicht die Freigabe. Die brauchen wir aber auch nicht. Hier erfährt jeder nur das, was er für seine Arbeit wissen muss. Und manchmal noch nicht einmal das...«

Wenn die einzelnen Vorgänge erfasst worden sind und man alle Abhängigkeiten zwischen diesen geklärt hat, dann kann man die Projektstruktur wie in Abbildung 12.3 in einem Vorgangsknotennetzplan darstellen. Im Folgenden unterstellen wir dazu, dass der Netzplan keine Zyklen enthält. Dann kann man die Vorgänge zudem **topologisch sortieren**. Das bedeutet, dass die Nummer eines jeden Vorgangs stets kleiner ist als die Nummer aller seiner direkten oder indirekten Nachfolger. Von einer derartigen topologischen Sortierung gehen wir im Folgenden in der sogenannten **Zeitrechnung der Projektplanung** aus. Gegenstand dieser Zeitrechnung ist im einfachsten Fall die Ermittlung frühester und spätester Anfangs- und Endzeitpunkte für alle Vorgänge.

12.2 Struktur- und Zeitplanung

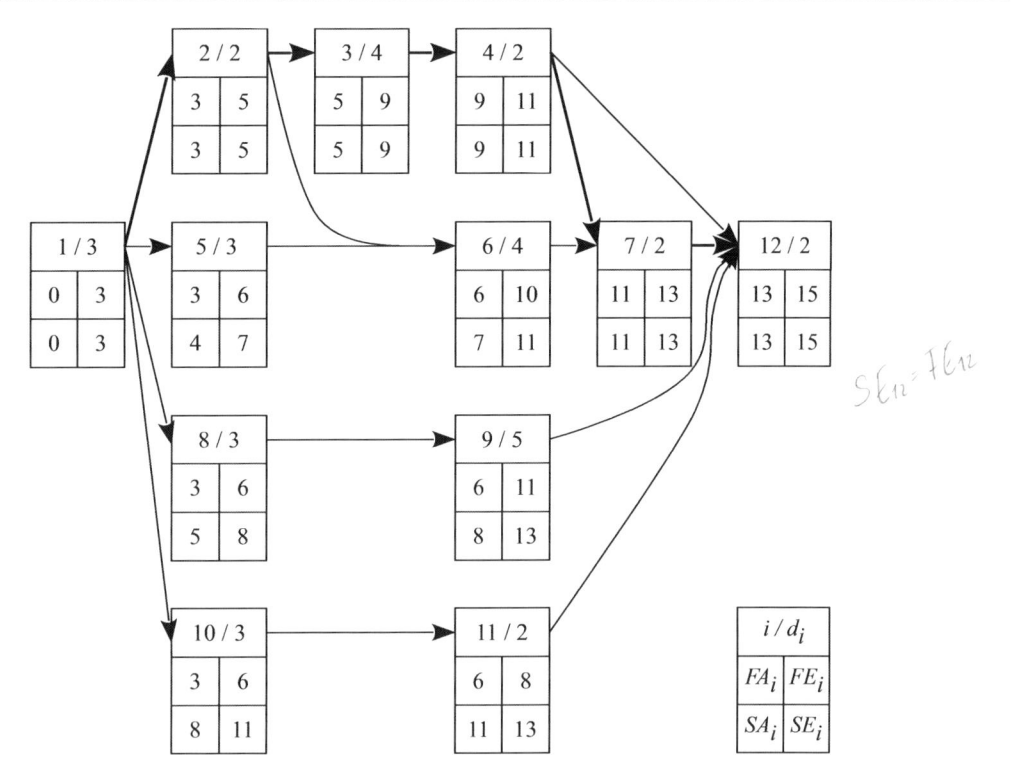

Abbildung 12.5: Zeitplanung und Bestimmung des kritischen Pfades

Zunächst bestimmen wir in einer **Vorwärtsrechnung** die **frühesten Anfangs- und Endzeitpunkte** FA_i und FE_i für jeden Vorgang i mit Vorgangsdauer d_i.[1] Setzen wir den Anfang des Startvorgangs $j=1$ auf den Zeitpunkt 0, also $FA_1 = 0$ und damit $FE_1 = d_1$, so können die weiteren frühesten Zeiten rekursiv bestimmt werden:[2]

$$FA_i = \max \left(FE_h | h \in \mathcal{V}_i\right), \qquad i = 2, ..., I \qquad (12.1)$$
$$FE_i = FA_i + d_i, \qquad i = 2, ..., I \qquad (12.2)$$

Der früheste Anfangszeitpunkt FA_i von Vorgang i entspricht also dem Maximum der frühesten Endzeitpunkte aller seiner direkten Vorgänger $h \in \mathcal{V}_i$. Auf diese Weise kann man die frühesten Endzeitpunkte aller Vorgänge bestimmen, indem man zu den so ermittelten frühesten Anfangszeitpunkten die jeweiligen Vorgangsdauern addiert.

Nun ermitteln wir in einer **Rückwärtsrechnung** die **spätesten End- und Anfangszeitpunkte** SE_i und SA_i für jeden Vorgang i. Dazu benötigt man einen spätest-zulässigen Endzeitpunkt SE_I des letzten Vorgangs I. Will man das Projekt so rasch abschließen, wie es aufgrund der Struktur des Projektes überhaupt möglich ist, so setzt man den spätesten Endzeitpunkt SE_I des letzten Vorgangs I gleich seinem frühesten Endzeitpunkt, also $SE_I = FE_I$ und damit den spätesten Anfangszeitpunkt des letzten Vorgangs I gleich $SA_I = SE_I - d_I$. Auf dieser Basis können die weiteren spätesten Zeiten „von hinten nach vorne" rekursiv bestimmt werden:

$$SE_i = \min \left(SA_h | h \in \mathcal{N}_i\right), \qquad i = I-1, ..., 1 \qquad (12.3)$$
$$SA_i = SE_i - d_i, \qquad i = I-1, ..., 1 \qquad (12.4)$$

Für das betrachtete Beispiel finden wir in Abbildung 12.5 alle diese Zeiten. Die minimale Projektdauer beträgt hier 15 Zeiteinheiten.

---

[1] Vgl. hierzu und im Folgenden Domschke, Drexl u. a. (2015, Abschnitt 5.2).
[2] Durch die topologische Nummerierung ist dabei sichergestellt, dass immer nur auf bereits ermittelte Zeitpunkte zurückgegriffen wird.

Einige der Pfeile in Abbildung 12.5 sind deutlich hervorgehoben. Sie verknüpfen jene Vorgänge, die auf dem sogenannten **kritischen Pfad** liegen. Das sind alle jene Vorgänge, bei denen die frühesten und die spätesten Endzeiten identisch sind. Wenn sich die Dauer eines solchen Vorgangs auf dem kritischen Pfad verlängert, so verlängert sich die gesamte Projektdauer in gleichem Maße.

Für jeden Vorgang lässt sich eine **gesamte Pufferzeit** GP_i als Differenz der spätesten und frühsten Zeitpunkte bestimmen:

$$GP_i = SE_i - FE_i = SA_i - FA_i, \qquad i = 1, ..., I \qquad (12.5)$$

Die Gesamtpufferzeit GP_i eines Vorgangs i gibt an, um wie viele Zeiteinheiten die Dauer von Vorgang i maximal verlängert werden kann, bis Vorgang i zum Teil des kritischen Pfades wird und dann jede *weitere* Verlängerung die Gesamtbearbeitungsdauer des Projektes erhöht. Für Vorgänge auf dem kritischen Pfad gilt $GP_i = 0$.

Beachten Sie bitte, dass im Rahmen der Zeitplanung nicht zwingend der früheste Endzeitpunkt FE_I und der späteste Endzeitpunkt SE_I des letzten Vorgangs I gleich gesetzt werden müssen. In vielen praktischen Fällen wird der späteste Endzeitpunkt von außen vorgegeben sein und zeitlich nach dem frühesten Endzeitpunkt liegen. Dann gibt es keinen kritischen Pfad und alle Vorgänge weisen einen positiven Gesamtpuffer $GP_i > 0$ auf.

12.3 Kapazitätsplanung

In der Struktur- und Zeitplanung haben wir bereits jene Abhängigkeiten betrachtet, die *unmittelbar* zwischen den einzelnen Vorgängen bestehen. Neben diesen unmittelbaren Abhängigkeiten gibt es auch noch *mittelbare* Abhängigkeiten zwischen den Vorgängen, die daraus resultieren, dass die Vorgänge i gemeinsam um knappe Ressourcen r konkurrieren.

Wir betrachten hier im Rahmen der Kapazitätsplanung den Fall sogenannter „erneuerbarer" Ressourcen, die für die Vorgänge nur *gebraucht*, nicht aber *verbraucht* werden. Typische Beispiele sind Arbeitskräfte oder Maschinen. Wir gehen davon aus, dass von einer Ressource r zu jedem Zeitpunkt maximal kp_r Kapazitätseinheiten vorhanden sind und genutzt werden können.

Dann müssen wir für eine Kapazitätsplanung in Erfahrung bringen, wie viele Einheiten k_{ir} der Kapazität von Ressource r benötigt werden, während ein Vorgang i durchgeführt wird, um zu einem hinsichtlich der Ressourcenkapazität zulässigen Plan zu gelangen. Stellen wir uns beispielsweise vor, dass in unserem Beispielprojekt die Vorgänge 2 und 8 jeweils zwei Kapazitätseinheiten einer Ressource A benötigen. Wenn es von dieser Ressource nur zwei Einheiten geben sollte, dann können diese offenbar nur nacheinander durchgeführt werden. Hätte man dagegen vier Einheiten der Ressource A, so könnte man die Vorgänge 2 und 8 auch gleichzeitig durchführen.

In der Kapazitätsplanung suchen wir einen Plan mit *minimaler Gesamtdauer* in welchem gewährleistet ist, dass

- jeder Vorgang durchgeführt wird, dass dabei
- alle Vorrangbeziehungen zwischen den Vorgängen respektiert werden, also der Ablaufplan zu Projektstruktur passt, und
- zu jedem Zeitpunkt an allen Ressourcen die Ressourcenbelastung nicht größer ist als die verfügbare Kapazität.

Mit der Notation in Tabelle 12.1 formulieren wir dazu das folgende Entscheidungsmodell zur zeitdiskreten Kapazitätsplanung:[3]

---
[3] Vgl. ähnlich Domschke, Drexl u. a. (2015, Abschnitt 5.5).

12.3 Kapazitätsplanung

Tabelle 12.1: Notation der Modelle zur Projektplanung

Symbol	Bedeutung
Indizes und Indexmengen	
$i, h = 1, ..., I$	Vorgänge
$\mathcal{N}_i$	Menge der direkten Nachfolger von Vorgang i
$\mathcal{V}_i$	Menge der direkten Vorgänger von Vorgang i
$r = 1, ..., R$	Ressourcen
$t, \tau = 1, ..., T$	Perioden
Parameter	
d_i	Dauer von Vorgang i
FE_i	frühestes Ende von Vorgang i
SE_i	spätestes Ende von Vorgang i
k_{ir}	Kapazitätsbedarf von Vorgang i auf Ressource r
kp_r	verfügbare Kapazität von Ressource r je Periode
oc_r	Kosten einer Einheit Zusatzkapazität von Ressource r
Entscheidungsvariablen	
$X_{it} \in \{0, 1\}$	gleich 1, falls Vorgang i in Periode t endet, sonst 0
$O_{rt} \geq 0$	Zusatzkapazität von Ressource r in Periode t

Modell 12.1: Minimierung der Projektdauer

$$\text{Minimiere } Z = \sum_{t=FE_I}^{SE_I} t \cdot X_{I,t} \tag{12.6}$$

u. B. d. R.

$$\sum_{t=FE_i}^{SE_i} X_{it} = 1, \qquad i = 1, ..., I \tag{12.7}$$

$$\sum_{t=FE_h}^{SE_h} t \cdot X_{ht} \leq \sum_{t=FE_i}^{SE_i} (t - d_i) \cdot X_{it}, \qquad i = 1, ..., I; \, h \in \mathcal{V}_i \tag{12.8}$$

$$\sum_{i=1}^{I} \sum_{\tau=\max(t,FE_i)}^{\tau=\min(t+d_i-1,SE_i)} k_{ir} \cdot X_{i\tau} \leq kp_r, \qquad r = 1, ..., R; \, t = 1, ..., T \tag{12.9}$$

In der Zielfunktion (12.6) wird der Zeitpunkt minimiert, zu dem der *letzte* Vorgang I beendet wird. Die Gleichungen (12.7) fordern, dass jeder Vorgang genau einmal beendet wird. Durch die Restriktionen (12.8) wird die Projektstruktur abgebildet. Sie stellt sicher, dass ein Vorgang i nur dann begonnen werden kann, wenn alle seine direkten Vorgänger h beendet sind. Letztlich sorgen die Bedingungen (12.9) dafür, dass die Kapazitätsrestriktionen der Ressourcen in keiner der Perioden überschritten werden. Nun gehen wir der Frage nach, wie die Lösung des Modells in unserem Beispiel aussieht.

Beispiel zur Projektplanung (zweite Fortsetzung)

Zwei Tage später packte Julia Schur ihre Unterlagen zusammen und ging zu Jochen Hausmann.

»Na Julia, was macht der Plan?«

Tabelle 12.2: Ressourcenbedarf der Vorgänge

i	1	2	3	4	5	6	7	8	9	10	11	12
d_i	3	2	4	2	3	4	2	3	5	3	2	2
$k_{i,A}$	1	2		1		2		2	1	1		1
$k_{i,B}$			1		1		1				1	

k_i = Kapazitätsbedarf

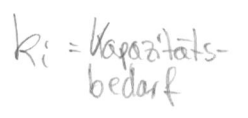

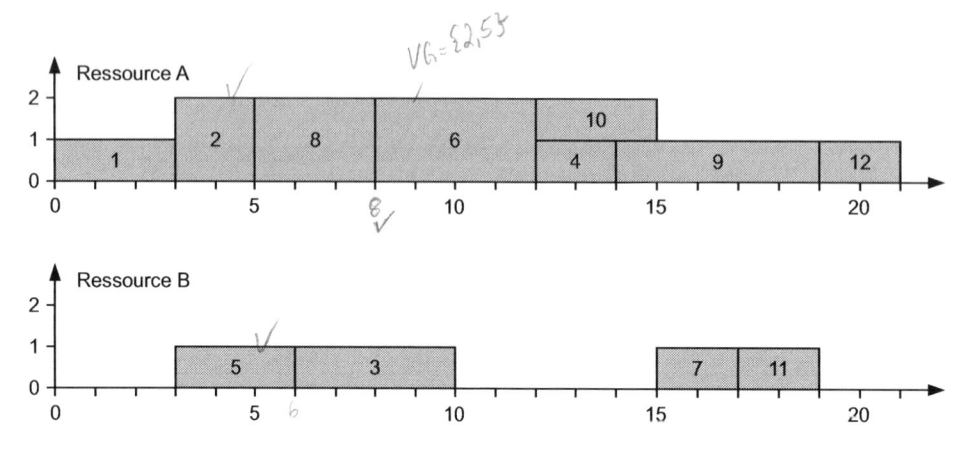

Abbildung 12.6: Belastung der Ressourcen im Zeitablauf

Julia ächzte.

»Super Aufgabe, vielen Dank auch. Das ist ja schlimmer als ein Sudoku.«

»Ja, so ist das Leben«, erwiderte Jochen Hausmann lachend. »Wie ist denn jetzt der Stand?«

»Also, vom Bereich A bekommen wir zwei Teams, vom Bereich B nur eines. Die darf ich einplanen, wie ich will. Die zwei Teams aus Bereich A bekomme ich auch nur, weil mehrere Vorgänge gleichzeitig zwei A-Teams brauchen, z. B. die Vorgänge 2 und 6.«

Julia zeigte auf Tabelle 12.2. Dort war für jeden Vorgang i angegeben, wie viele Teams aus den Bereichen A bzw. B jeweils benötigt wurden und wie lange diese Vorgänge planmäßig dauern sollten.

»Und?«

»Ich habe gefühlte 100 Jahre herumprobiert, aber einen besseren Plan als den hier finde ich nicht.«

Sie deutete auf den Plan in Abbildung 12.6.

»Ich hatte Dir ja schon gesagt, dass das Projekt mindestens 15 Wochen dauert, aber mit nur zwei Teams aus A und nur einem Team aus B benötigen wir mindestens 21 Wochen. Dann werden wir am Ende von KW 26 fertig, wenn wir zu Beginn von KW 6 starten. Die Idee mit der KW 17 können wir jedenfalls getrost vergessen.«

Jochen überlegte kurz und schüttelte dann den Kopf.

»Nee, das geht nicht. Das Projekt muss schneller über die Bühne gehen.«

»Und wie, wenn ich fragen darf?«, erwiderte Julia spitz.

»Ist doch klar. Wir brauchen mehr Teams von A, vielleicht auch von B.«

»Und wo sollen die herkommen?«

»Die müssen halt von anderen Projekten abgezogen werden, Überstunden machen, was weiß ich.«

»Das kostet aber extra, oder?«

»Ganz sicher, die Frage ist nur, wie viel. Das müssen wir klären. Frag' den Leiter von A, was es kostet, wenn wir mehr als zwei Teams gleichzeitig haben wollen. Versuche dann 'mal herauszufinden, was es kostet, schneller fertig zu werden.«

12.4 Kostenplanung

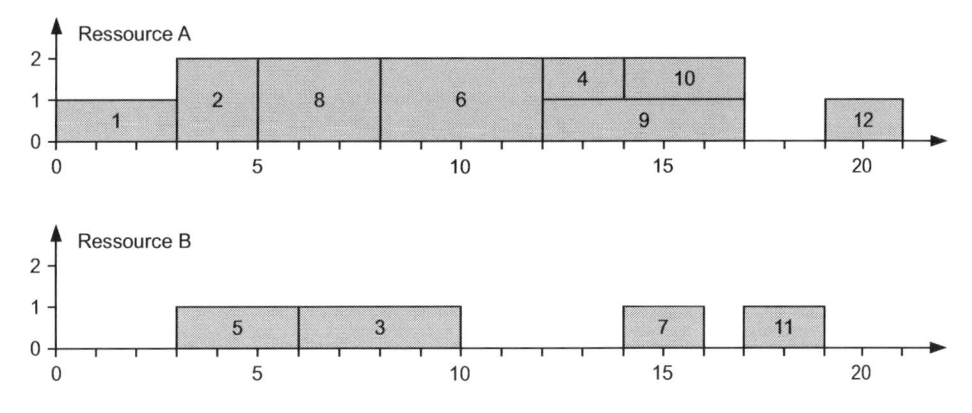

Abbildung 12.7: Belastung der Ressourcen bei alternativem Plan

In dem betrachteten Beispiel ist der Ablaufplan in Abbildung 12.6 optimal. Er wurde ermittelt, indem das GAMS-Modell in Abschnitt A.9 auf Seite 363ff. exakt gelöst wurde. Da der Plan optimal ist, gibt es keinen anderen zulässigen Plan mit einer kürzeren Dauer. Allerdings ist es nicht der einzige optimale Plan. So zeigt Abbildung 12.7 einen anderen Plan, der ebenfalls zulässig ist, also alle Restriktionen einhält, und ebenfalls auf eine Dauer von 21 Zeiteinheiten führt und damit ebenfalls optimal ist. Unter Umständen kann es viele gleich gute Pläne geben.

Zur praktischen Lösung von Projektplanungsproblemen bei begrenzten Kapazitäten kann man verschiedene Software-Systeme einsetzen. Einen Ansatzpunkt zur Konstruktion von zulässigen Ablaufplänen stellen Prioritätsregeln dar, ganz ähnlich jenen, die wir im Abschnitt 10.3 zur Ablaufplanung kennengelernt haben.[4]

12.4 Kostenplanung

Im Rahmen der Kostenplanung steht die Frage im Vordergrund, wie die Entscheidungen über die Art der Durchführung des Projektes dessen Kosten beeinflussen. Im Kern geht es oft um die Frage, ob man ein Projekt schneller abwickeln kann, wenn man bereit ist, dafür höhere Kosten in Kauf zu nehmen. Besonders naheliegend scheinen dazu zwei Ansatzpunkte zu sein:

Zusatzkapazitäten: Häufig ist es möglich, die Kapazität einzelner Ressourcenarten in einzelnen Perioden zu vergrößern. Dazu kann man z. B. Leiharbeiter einstellen, zusätzliche Fahrzeuge oder (mobile) Maschinen (wie z. B. Baumaschinen) anmieten oder derlei mehr. Das führt dann einerseits zu zusätzlichen Kosten, andererseits ermöglicht es aber u. U., vermehrt Vorgänge zeitlich parallel durchzuführen und dadurch die Projektdauer zu verkürzen.

Alternative Modi: Unter Umständen ist es auch möglich, einzelne Vorgänge auf unterschiedliche Weise, also in verschiedenen Modi, durchzuführen. So könnte es möglich sein, einen Vorgang entweder schnell und teuer oder langsam und weniger teuer durchzuführen.

In beiden Fällen sind die Wirkungszusammenhänge so komplex, dass man die Konsequenzen der einzelnen Entscheidungen u. U. nicht leicht überblickt. Aus diesem Grund bietet es sich an, auch dieses Problem zunächst allgemein in Form eines Entscheidungsmodells abzubilden. Wir betrachten dazu nur den ersten genannten Fall, also den Einsatz von Zusatzkapazitäten.[5] Im hier betrachteten Entscheidungsmodell zur Kostenplanung stützen wir uns auf das Modell zur Kapazitätsplanung in Abschnitt 12.3. Wir unterstellen nun jedoch, dass das Projekt zu

---
[4] Vgl. Kolisch (1996).
[5] Zum zweiten Modellierungsansatz, der Verwendung alternativer Modi, vergl. z. B. Küpper und Helber, 2004, S. 248ff.

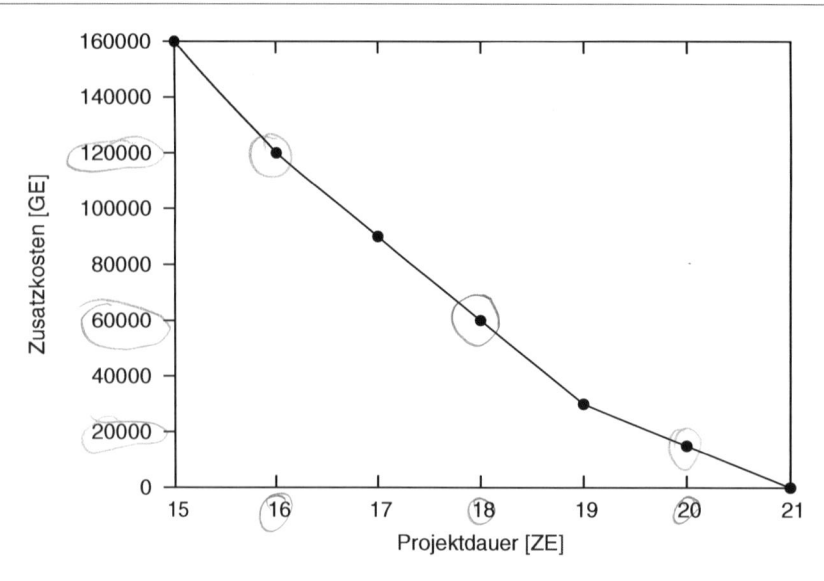

Abbildung 12.8: Zusammenhang zwischen Projektdauer und Zusatzkosten

minimalen Kosten der Zusatzkapazitäten innerhalb einer vorgegebenen Zeit durchzuführen ist. Es geht uns also nun nicht mehr darum, möglichst schnell mit dem Projekt fertig zu werden.

Mit der Notation in Tabelle 12.1 auf der Seite 255 formulieren wir dazu das folgende Entscheidungsmodell:

Modell 12.2: Minimierung der Kosten für Zusatzkapazität

$$\text{Minimiere } Z = \sum_{t=1}^{T} \sum_{r=1}^{R} oc_r \cdot O_{rt} \tag{12.10}$$

u. B. d. R. (12.7), (12.8) sowie

$$\sum_{i=1}^{I} \sum_{\tau=\max(t,FE_i)}^{\tau=\min(t+d_i-1,SE_i)} k_{ir} \cdot X_{i\tau} \leq kp_r + O_{rt}, \qquad r=1, ..., R; \ t=1, ..., T \tag{12.11}$$

In der Zielfunktion (12.10) werden die Kosten der Zusatzkapazitäten minimiert. Deren Ausmaß wird über die Restriktionen (12.11) mit den Entscheidungen über den Projektablauf verknüpft. In dieser Modellierung stellt der Parameter SE_I für das spätest-zulässige Ende des letzten Vorgangs I die keinesfalls zu überschreitende Dauer für das Gesamtprojekt dar. Löst man dieses Modell nun für unterschiedliche zulässige Gesamtdauern SE_I des Projektes, so erhält man jeweils einen Ablaufplan für das Projekt und die Information, wie viel Zusatzkapazität welcher Ressourcenart r in welcher Periode benötigt wird.

Beispiel zur Projektplanung (dritte Fortsetzung und Schluss)

Zwei Tage später kam Julia Schur erneut zu Hausmann.
»Morgen, Jochen. Hast du einen Moment für mich?«
»Klar, was gibt's?«
»Also, die gute Nachricht ist, wir können das Projekt beschleunigen.«
»Supi. Und die schlechte?«
»Na ja, äh, die schlechte Nachricht ist, dass das richtig teuer wird. Ich habe mit den Leitern der Bereiche A und B gesprochen. Wir können weitere Teams bekommen,

12.4 Kostenplanung

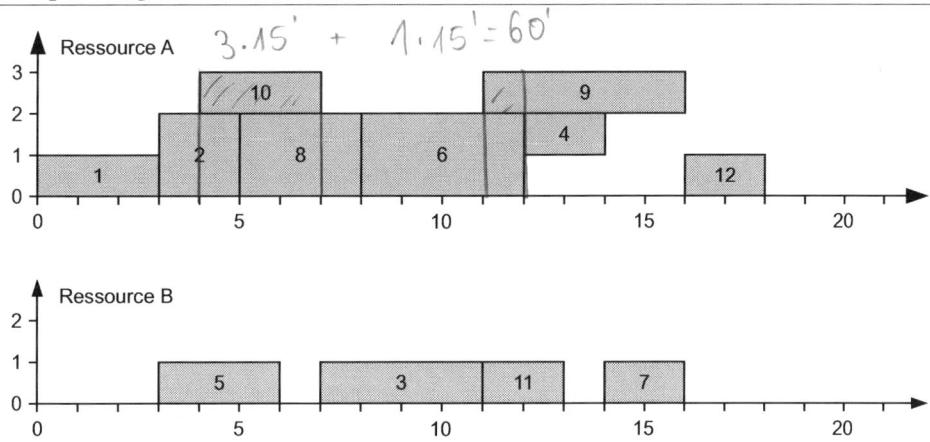

Abbildung 12.9: Belastung der Ressourcen bei Projektdauer von 18 Wochen

> allerdings kostet jedes zusätzliche Team bei B pro Woche 10.000 Euro. Bei A sind es sogar 15.000 Euro.«
>
> Hausmann schnaubte.
>
> »Das sind ja echte Schnäppchen.«
>
> »Geduld, die Zahlen werden gleich noch größer. Ich habe ein Planungstool gefunden, mit dem ich für jede zulässige Dauer den billigsten Plan ausgerechnet habe. Schau' 'mal hier.« Sie zeigte Hausmann Abbildung 12.8.
>
> »Heißt das, dass es 160.000 Euro *extra* kostet, das Projekt in 15 Wochen abzuschließen statt in 21?«
>
> »Genau das heißt es.«
>
> »Na schön. Das muss ich dem Chef zeigen. Ich werde ihm vorschlagen, auf 18 Wochen 'raufzugehen. Die 60.000 extra finde ich noch im Budget, aber viel mehr auch nicht. Kannst du mir 'ne Unterlage geben, mit der ich ihm die 60.000 erklären kann?«
>
> Julia strahlte.
>
> »Alles schon fertig.«
>
> Sie gab ihm Abbildung 12.9 und zeigte ihm, dass in den Wochen 5 bis 7 und in der Woche 12 ein drittes Team aus dem Bereich A benötigt würde, um das Projekt innerhalb von 18 Wochen abzuschließen.
>
> »Ah ja, und die vier Wochen zu 15.000 Euro ergeben dann die 60.000?«
>
> »Exakt!«
>
> »Sehr schön. Die Zahlen werden dem Chef zwar nicht gefallen, aber die saubere Arbeit schon. Solche Aufgaben kannst du mir dann ja künftig abnehmen.«
>
> »Och nee«, stöhnte Julia.
>
> »Och doch! Du weißt doch, Julia, keine gute Tat bleibt ungestraft!«

Literaturhinweise

- Brucker und Knust (2012, Kapitel 3)
- Hartmann und Kolisch (2000) sowie Kolisch und Hartmann (2006)
- Kolisch und Padman (2001)
- Zimmermann, Stark und Rieck (2010)

12.5 Aufgaben und Übungen

1. Struktur- und Zeitplanung

   Betrachten Sie die Angaben in der folgenden Tabelle zur Dauer d_i und zur Menge $\mathscr{V}_i$ der direkten Vorgänger der Vorgänge i.

i	1	2	3	4	5	6	7	8	9	10	11	12
d_i	3	2	4	2	3	4	2	3	5	3	2	2
$\mathscr{V}_i$	-	{1}	{2}	{3}	{1}	{3, 5}	{6}	{1}	{6, 8}	{1}	{9, 10}	{4, 7, 11}

   Zeichnen Sie in der folgenden Abbildung die Projektstruktur ein und ermitteln Sie für jeden Vorgang seine frühesten und spätesten Anfangs- und Endzeitpunkte.

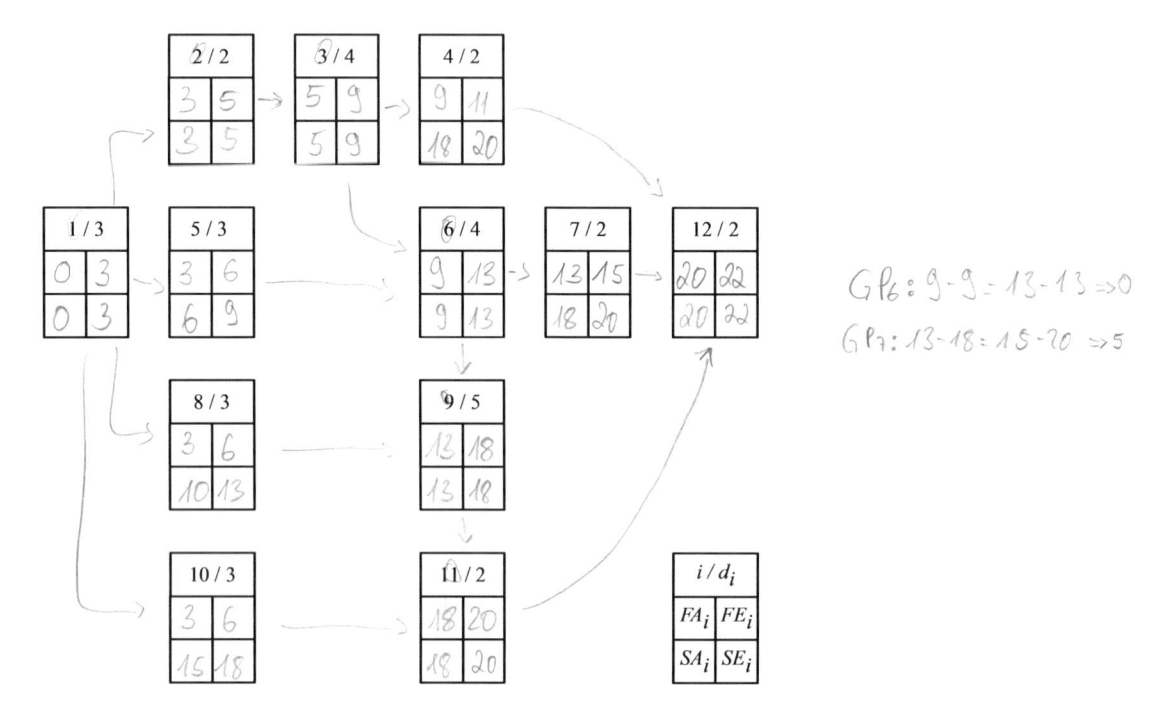

   [Handschriftlich ausgefülltes Netzplandiagramm mit Knoten 1–12, Schema i/d_i, FA_i/FE_i, SA_i/SE_i. Werte u.a.: 1: 0/3, 0/3; 2: 3/5, 3/5; 3: 5/9, 5/9; 4: 9/11, 18/20; 5: 3/6, 6/9; 6: 9/13, 9/13; 7: 13/15, 18/20; 8: 3/6, 10/13; 9: 13/18, 13/18; 10: 3/6, 15/18; 11: 18/20, 18/20; 12: 20/22, 20/22.

   $GP_6: 9-9 = 13-13 = 0$
   $GP_7: 13-18 = 15-20 = 5$]

   Geben Sie die minimale Projektdauer und die Vorgänge auf dem kritischen Pfad an. Ermitteln Sie ferner die Gesamtpufferzeit GP_i für die Vorgänge 6 und 7.

   > **Lösung/Lösungshinweis**
   >
   > Die minimale Projektdauer beträgt 22 Zeiteinheiten, auf dem kritischen Pfad liegen die Vorgänge 1, 2, 3, 6, 9, 11 und 12. Daher ist der Gesamtpuffer bei Vorgang 6 gleich null Zeiteinheiten. Bei Vorgang 7 beträgt er fünf Zeiteinheiten.

2. Kapazitäts- und Kostenplanung

   Betrachten Sie den Ablaufplan in Abbildung 12.4. Ermitteln Sie die dazu korrespondierende Belegung der Ressourcen A und B. Gehen Sie wie im Beispiel des Abschnitts 12.4 davon aus, dass von der Ressource A in jeder Periode zwei Einheiten und von der Ressource B eine Einheit kostenlos zur Verfügung stehen, gewissermaßen als „Grundausstattung", und dass jede weitere benötigte Einheit von A je Periode 15.000 Geldeinheiten kostet, während bei Ressource B jede weitere Einheit je Periode mit 10.000 Geldeinheiten zu Buche schlägt. Ermitteln Sie zunächst den zu Abbildung 12.4 korrespondierenden Belegungsplan der Ressourcen und auf dieser Basis die Kosten für die Zusatzkapazitäten.

12.5 Aufgaben und Übungen

> **Lösung/Lösungshinweis**
>
> Sie sollen nicht schummeln!!!
>
> [Gantt-Diagramme für Ressource A und Ressource B]
>
> Die Zusatzkosten dieser Lösung betragen 210.000 Geldeinheiten. Vergleichen Sie diesen Wert mit dem Ergebnis in Abbildung 12.8, so fällt Ihnen hoffentlich auf, dass dort für die Projektdauer von 15 Zeiteinheiten ein Kostenanstieg von 160.000 Geldeinheiten angegeben ist. Daraus dürfen Sie den Schluss ziehen, dass es noch andere Lösungen mit der Projektdauer von 15 Zeiteinheiten und geringeren Kosten für Zusatzkapazitäten gibt. Somit hat also die Heuristik „Mache alles so früh wie möglich!" zu einem besonders teuren Plan geführt.

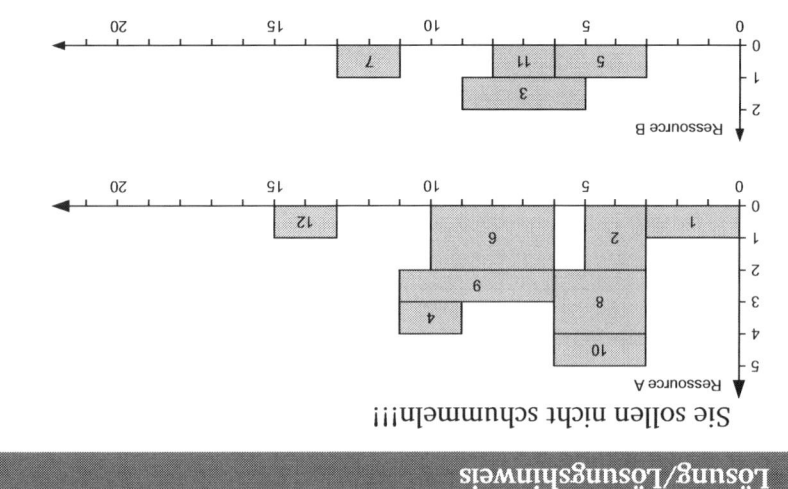

3. **Entscheidungsmodell zur Kapazitätsplanung**

   Betrachten Sie das Entscheidungsmodell und das Beispiel zur Kapazitätsplanung in Abschnitt 12.3. Prüfen Sie, ob die folgenden Werte der Entscheidungsvariablen x_{it} eine zulässige bzw. ggf. optimale Lösung des Modells darstellen. (Alle nicht explizit angegeben Entscheidungsvariablen x_{it} haben den Wert 0.)

   a)

   $X_{1,3} = 3$ $X_{2,5} = 5$ $X_{3,10} = 10$ $X_{4,14} = 14$

   $X_{5,6} = 6$ $X_{6,12} = 12$ $X_{7,17} = 17$ $X_{8,8} = 8$

   $X_{9,19} = 19$ $X_{10,15} = 15$ $X_{11,19} = 19$ $X_{12,21} = 21$

   > **Lösung/Lösungshinweis**
   >
   > Hoffentlich ist Ihnen aufgefallen, dass es keine Lösung sein kann, weil Binärvariablen nur die Werte 0 oder 1 annehmen können.

   b)

   $X_{1,3} = 1$ $X_{2,5} = 1$ $X_{3,10} = 1$ $X_{4,14} = 1$

   $X_{5,6} = 1$ $X_{6,12} = 1$ $X_{7,17} = 1$ $X_{9,19} = 1$

   $X_{9,19} = 1$ $X_{10,15} = 1$ $X_{11,19} = 1$ $X_{12,21} = 1$

   > **Lösung/Lösungshinweis**
   >
   > Hoffentlich ist Ihnen aufgefallen, dass es keine Lösung sein kann, weil der Vorgang 8 nicht durchgeführt wird.

c)

$X_{1,3}=1$	$X_{2,5}=1$	$X_{3,10}=1$	$X_{4,14}=1$
$X_{5,6}=1$	$X_{6,12}=1$	$X_{7,17}=1$	$X_{8,8}=1$
$X_{9,19}=1$	$X_{10,15}=1$	$X_{11,19}=1$	$X_{12,21}=1$

Lösung/Lösungshinweis

Dies ist eine zulässige Lösung, und zwar jene, die in Abbildung 12.6 dargestellt wird. Ausweislich der Angaben zu diesem Beispiel im Abschnitt zur Kapazitätsplanung ist sie zudem optimal.

d)

$X_{1,3}=1$	$X_{2,5}=1$	$X_{3,10}=1$	$X_{4,14}=1$
$X_{5,6}=1$	$X_{6,12}=1$	$X_{7,17}=1$	$X_{8,8}=1$
$X_{9,19}=1$	$X_{10,15}=1$	$X_{11,21}=1$	$X_{12,19}=1$

Lösung/Lösungshinweis

Dies ist keine zulässige Lösung, weil der Vorgang 12 vor dem Beginn von Vorgang 11 beendet wird. Dies steht jedoch im Widerspruch zur Struktur des Projektes.

e)

$X_{1,4}=1$	$X_{2,6}=1$	$X_{3,11}=1$	$X_{4,15}=1$
$X_{5,7}=1$	$X_{6,13}=1$	$X_{7,18}=1$	$X_{8,9}=1$
$X_{9,20}=1$	$X_{10,16}=1$	$X_{11,20}=1$	$X_{12,22}=1$

Lösung/Lösungshinweis

Dies ist eine zulässige Lösung, sie ist jedoch nicht optimal, weil das Projekt erst nach 22 Perioden abgeschlossen wird, es jedoch eine andere zulässige Lösung mit kürzerer Dauer gibt.

13 Personaleinsatzplanung

13.1 Problemaspekte

Wenn in Wertschöpfungsprozessen Sachgüter oder Dienstleistungen erzeugt werden sollen, so erfordert das sehr häufig den Einsatz menschlicher Arbeitskräfte. In diesem Kapitel betrachten wir die kurzfristigen Planungsprobleme, die mit diesem Personaleinsatz verbunden sind.

Wir zerlegen das Problem dazu, wie in der Praxis üblich, in zwei Unterprobleme: Einerseits muss man eine Vorstellung entwickeln, wie groß der Personalbedarf zu einem bestimmten Zeitpunkt oder -raum sein wird. Andererseits muss man einen Weg finden, diesen Personalbedarf zu decken. Jedem der Teilprobleme widmen wir ein Unterkapitel.

Im Fall einer industriellen **Sachgüterproduktion** leitet sich der Personalbedarf typischerweise aus den Entscheidungen zur Durchführung der Produktion ab. Stellen Sie sich vor, wie in einem Automobilwerk zum morgendlichen Schichtwechsel eine große Zahl von Arbeitskräften gleichzeitig an den Arbeitsplätzen, z. B. einer Montagelinie für Automobile, eintrifft und die Kollegen der vorherigen Nacht-Schicht ablöst. In diesem Fall ergibt sich offensichtlich der Personalbedarf aus den Entscheidungen des Managements über die Produktionsmengen für einzelne Schichten, Tage oder Wochen. Die Anzahl der eingesetzten Arbeitskräfte innerhalb einer Schicht ist u. U. schon aus produktionstechnischen Gründen häufig näherungsweise konstant.

Betrachten wir nun zum Vergleich ein System der **Dienstleistungsproduktion**. In solchen Systemen kann die Produktion häufig nur dann erfolgen, wenn der Kunde zeitgleich an der Produktion mitwirkt. Dazu muss er u. U. körperlich anwesend sein, beispielsweise beim Friseur, um sich die Haare schneiden zu lassen. Auch die Arbeitskräfte in der Notaufnahme eines Krankenhauses können Notfall-Patienten nur dann behandeln, wenn diese vorhanden sind. In informationsintensiven Prozessen, z. B. der telefonischen Kundenbetreuung durch Call Center, muss der Kunde u. U. zunächst anrufen, um den Dienstleistungsprozess überhaupt in Gang zu setzen. Gleichgültig, ob wir eine Notaufnahme, einen Friseursalon oder ein Call Center betrachten, in allen Fällen wird es häufig so sein, dass der Kunde durch sein Nachfrageverhalten bestimmt, wann Leistungen erbracht werden müssen. Häufig weiß dies der Kunde selbst kurz vorher noch nicht, etwa im Fall von Menschen, die im Winter auf glatten Straßen stürzen, sich die Knochen brechen und dann die Leistungen der Notaufnahme im nächsten Krankenhaus in Anspruch nehmen.

Sie ahnen vermutlich schon, dass in solchen Fällen die Planung des Personaleinsatzes gleichzeitig besonders schwierig und besonders wichtig ist. Da außerdem in entwickelten Volkswirtschaften ein erheblicher Anteil der Arbeitskräfte in der Dienstleistungsproduktion tätig ist, widmen wir uns in diesem Kapitel der Personaleinsatzplanung im Bereich der Dienstleistungsproduktion.[1]

---

[1] Zum Überblick vgl. Van de Bergh, Jorne u. a. (2013).

13.2 Ermittlung des Personalbedarfs am Beispiel eines Call Centers

Als Beispiel für die Ermittlung des Personalbedarfs betrachten wir Call Center, die im sogenannten *Inbound-Betrieb* auf von außen eingehende Anrufe reagieren. Man könnte die Frage stellen, wie man dort überhaupt Prozesse planen kann zu einem Zeitpunkt, zu dem die Kunden selbst noch nicht wissen, dass sie diese in Anspruch nehmen werden. Interessanterweise geht dies sogar recht gut. Das liegt daran, dass sich Menschen in ihrem Verhalten häufig sehr ähneln und zudem ihr *kollektives* Verhalten stabile zeitliche Muster aufweist, vgl. Abschnitt 4.1.2 ab S. 88. Die regelmäßig auftretenden Staus auf unseren Straßen sind ein sehr schönes Beispiel für diese Stabilität in unseren kollektiven Verhaltensmustern.[2]

> **Beispiel zur Prognose des Anrufaufkommens im Call Center**
>
> Die Ergebnisse übertrafen ihre schlimmsten Befürchtungen. Auf sieben Folien hatte die Beratungsgesellschaft ihrer Abteilung ein vernichtendes Zeugnis ausgestellt. Auf der letzten Seite wurde sogar empfohlen, die telefonische Kundenbetreuung zu schließen und deren Aufgaben auf einen externen Dienstleister zu verlagern. Entnervt warf Jennifer Klamens den Abschlussbericht auf den Tisch. Ihre Probephase als Leiterin der Kundenbetreuung der *Möllix GmbH* hatte sie sich wirklich anders vorgestellt. Ihre Hände wurden feucht und sie spürte, wie sich ihr Magen zusammenzog. Ohne ihren neuen Job würden sie die Raten für das gerade gekaufte Haus mit Sicherheit nicht zahlen können, das war ihr klar.
>
> Das nächste Gefühl war Wut. Dieses arrogante Jüngelchen von einem Berater hatte über ihre Mitarbeiter und sie selbst gesprochen, als seien sie ein paar alte Maschinen, die man am besten verschrotten solle. Was das für die Menschen und deren Familien bedeutete, konnte ihm offenbar nicht gleichgültiger sein. Dummerweise hatte er einige hässliche Fakten auf seiner Seite.
>
> Als sie wieder einigermaßen klar denken konnte, nahm sie den Bericht erneut in die Hand und ging ihn methodisch von vorne bis hinten durch. Es stimmte schon, die telefonische Kundenbetreuung stand immer wieder in der Kritik, und das zu Recht. Die Kunden beschwerten sich über die Wartezeiten, der Controller über die Kosten und die Mitarbeiter über den Stress. Von Jennifer Klamens wurde erwartet, das alles in Ordnung zu bringen, und zwar schnell. Auf der nächsten Sitzung des Führungskreises sollte sie zu dem Bericht Stellung nehmen. Franz Meier war sehr deutlich geworden. Der Geschäftsführer hatte ihr klar gesagt, dass es in der Tat um die Zukunft der ganzen Abteilung gehe. Er hatte das Thema mittlerweile wirklich gründlich satt und wirkte erschreckend interessiert, als dieses gelackte Berater-Bürschlein damit anfing, von „Effizienzgewinnen", „Outsourcing" und „Service Providern" herumzufaseln.
>
> Plötzlich kam ihr eine Idee und sie griff zum Telefon. Schon im Studium war ihre Freundin Leonie Lauber eine erste Adresse gewesen, wenn guter Rat teuer war. Vor ihrem gegenwärtigen Job hatte sie ein Call Center bei so einem Service Provider geleitet. Wenn ihr jemand helfen konnte, dann Leonie.
>
> »Vorzimmer Dr. Lauber, Sie sprechen mit Jasmin Jodler, was kann ich für Sie tun?«
>
> »Guten Tag, Frau Jodler, mein Name ist Jennifer Klamens. Frau Dr. Lauber und ich sind alte Freundinnen. Ist sie für mich zu sprechen?« Jennifer war beeindruckt. Jasmin hatte mittlerweile ihren eigenen Zerberus, an dem man erst einmal vorbeikommen musste. Jasmins Karriere lief offenbar prächtig, was niemand überraschte, der sie an der Uni kennengelernt hatte. Plötzlich knackte es in der Leitung.
>
> »Hallo Jennifer, was für eine schöne Überraschung! Wie lange haben wir nicht mehr mit einander gesprochen?«

---

[2] Zu den grundlegenden Problemen der Planung und Steuerung dieser Systeme vgl. Helber und Stolletz (2004), Koole (2013) sowie Aksin, Armony und Mehrotra (2007) und die dort jeweils angegebene Literatur.

»Hallo Leonie, ja, das ist schon wieder ein oder zwei Jahre her. Was für ein Glück, dass ich dich erreiche!«

»Hey, was ist los, du klingst ja ganz aufgeregt?«

»Hört man das schon so? Ist ja schrecklich. Ich habe tatsächlich ein Riesenproblem und brauche Rat. Hast du etwas Zeit für mich?« Leonie Lauber freute sich über den Anruf ihrer alten Freundin und hörte sich deren Geschichte aufmerksam an. Jennifer war dankbar, alles erzählen zu können. Sie spürte, wie Leonies konzentrierte Fragen ihr halfen, die eigene Situation besser zu verstehen und ihre Panik langsam unter Kontrolle zu bekommen.

»Nächste Woche trifft sich der Führungskreis, und bis dahin brauche ich ein paar verdammt gute Ideen, sonst wird die Abteilung aufgelöst und ich weiß dann nicht mehr, wie wir die Raten für unser neues Haus zahlen sollen.«

»Ok, Jennifer, ganz ruhig. Das mit dem Schließen der Abteilung sehe ich noch nicht, und die Probleme, die ihr habt, sind nicht an sich neu, sondern vielleicht nur für euch.«

»Wieso, wie meinst du das?«

»Ist doch ganz einfach, Jennifer!«, begann Leonie. Jennifer stöhnte innerlich auf. So hatte Leonie auch immer angefangen, wenn sie ihr an der Uni die Mathe-Aufgaben erklärt hatte. »Wie lange dauert es, eure Kundenbetreuer auszubilden?«

»Na ja, die meisten von denen haben eine technische Ausbildung, haben einige Jahre im Außendienst gearbeitet und betreuen nun die Kunden bei technischen Problemen am Telefon oder online über die Rechner.«

»Genau das dachte ich mir schon. Diese Service Provider mit Call Centern wie jener, für den ich gearbeitet habe, übernehmen nur standardisierte Prozesse, bei denen die Agenten im Extremfall ein vorgegebenes Skript abarbeiten, wenn ein Kunde anruft. Annahme von Bestellungen, einfache Auskünfte, solche Sachen halt. Was ihr dagegen macht, ist so individuell, das kann und will kein normaler Service Provider leisten.«

»Mensch Leonie, du hast ja völlig recht. Das hätte mir ja auch selbst auffallen können. Vor lauter Panik konnte ich wohl nicht mehr klar denken. Dann ist ja alles nicht so schlimm.«

»Hm, für deine Abteilung ist es vielleicht nicht so schlimm, aber deinen Job sehe ich trotzdem in Gefahr.«

»Wieso?«, fragte Jennifer mit wieder aufflackerndem Entsetzen. Sie spürte erneut das flaue Gefühl in ihrem Magen.

»Überleg' doch 'mal selbst. Wenn du es nicht lernst, deine Abteilung effizient zu führen, dann sucht sich dein Chef dafür jemand anderen, der es kann. Glücklicherweise ist das alles kein Hexenwerk. Darf ich 'mal ein paar Fragen zu euren Strukturen und Abläufen stellen?«

»Na sicher, was willst du wissen?«

»Wie macht ihr das mit dem Personaleinsatz? Wann ist wer da?«

»Ach Gott, zwischen 7:00 und 9:00 Uhr kommen alle und zwischen 16:00 und 18:00 Uhr gehen alle wieder, genau wie in den anderen Abteilungen. Wir haben Gleitzeit. Das ist super.«

»Aha, und wie sieht ein typischer Tag so aus?« Leonie klang weniger begeistert.

»Na ja, morgens und abends ist es recht ruhig, dafür ist kurz vor Mittag die Hölle los.«

»Ok, das dachte ich mir schon. Jennifer, deine Abteilung ist nicht wie andere Abteilungen. Du darfst nicht alle deine Leute nach Lust und Laune kommen und gehen lassen. Du musst dafür sorgen, dass sie dann da sind, wenn sie gebraucht werden.«

»Und wie soll ich das machen?«, fragte Jennifer irritiert.

»Zunächst musst du herausfinden, wann du sie brauchst. Das ist gewissermaßen dein Kompass, ohne den bist du verloren. Als ersten Schritt schaust du dir die Anrufzahlen aus der Vergangenheit an und suchst die Muster da drin. Nimm z. B. die Montage der letzten vier Wochen und finde heraus, wie viele Anrufe es je Stunde gab. Dann berechnest du die

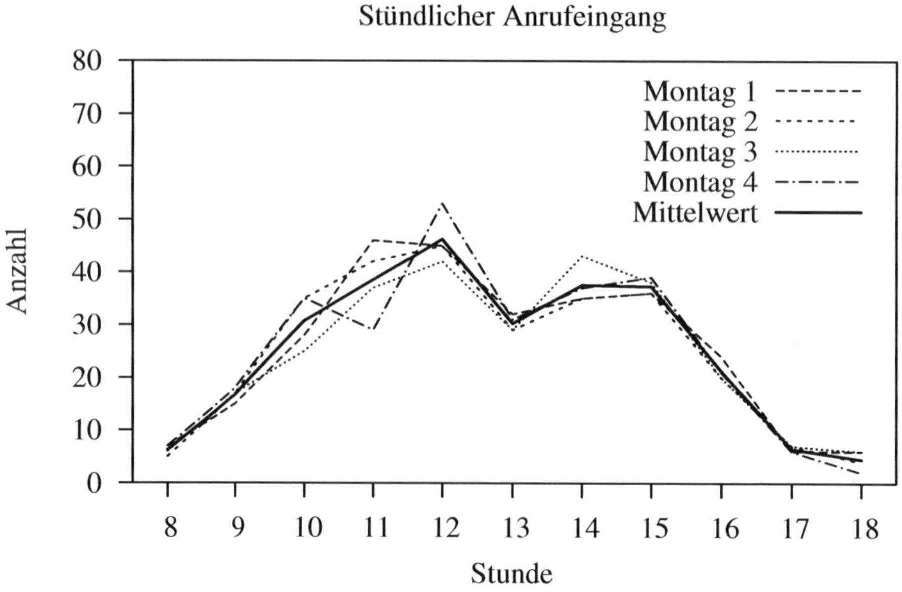

Stündlicher Anrufeingang

Abbildung 13.1: Stündlicher Anrufeingang an vier Montagen

> Mittelwerte für die Stundenintervalle und hast damit eine erste Anrufprognose. Wenn du das gemacht hast, dann meldest du dich wieder bei mir, ok?«
>
> »Leonie, du bist ein Schatz. Ich mache mich gleich an die Arbeit.«
>
> Zwei Stunden später hatte Jennifer Klamens die Daten der Telefonanlage mit ihrem Tabellenkalkulationsprogramm analysiert und die Grafik in Abbildung 13.1 angefertigt. Mit drei Klicks schickte sie die Abbildung per E-Mail zu Leonie und griff erneut zum Telefon. Diesmal kannte sie auch die Durchwahl. »Hallo Leonie, ich habe dir gerade diese Abbildung für die Anrufe per E-Mail geschickt.«
>
> »Das ging ja fix. Moment, ich schau' 'mal. Ja, da ist sie ja schon.«
>
> »Und was denkst du?«
>
> »Sieht aus wie aus dem Lehrbuch. Natürlich ist kein Montag wie ein anderer, aber es gibt doch offensichtliche Ähnlichkeiten. Am Vormittag ist am meisten los, mittags machen eure Kunden offenbar auch Pause, und zum Abend hin wird es dann ruhig. Ich vermute, dass eure Kundenbetreuung zwischen 10:00 und 15:00 Uhr überlastet ist. Die Lösung ist damit auch klar, du musst dafür sorgen, dass dann mehr Leute am Telefon sitzen als morgens früh und abends spät.«
>
> »Und wie viele sollen das sein? Und wann genau? Und wie soll ich das hinkriegen?«
>
> »Eins nach dem anderen. Den ersten Schritt haben wir nun schon. Als nächstes findest du heraus, wie lange die Gespräche im Mittel dauern. Wenn du das Anrufaufkommen mit der mittleren Gesprächsdauer multiplizierst, dann bekommst du die Arbeitslast. Das Bild wird so ähnlich aussehen wie das in der E-Mail.«
>
> »Alles klar, ich melde mich wieder.«

An dieser Stelle verlassen wir Jennifer und Leonie für den Moment und betrachten noch einmal Abbildung 13.1. In der 11. Stunde jener vier Montage, also zwischen 11:00 und 12:00 Uhr, gingen 46, 42, 37 und 29 Anrufe bei der Kundenbetreuung ein. Der Mittelwert beträgt 38,50 Anrufe.

In der Praxis wird vielfach auf diese Weise ein Mittelwert je Zeitintervall berechnet und als Prognosewert verwendet. Vergleicht man jedoch diesen Prognosewert mit den historischen Daten, so wird deutlich, dass das tatsächliche Anrufaufkommen von diesen Prognosewerten erheblich abweichen kann. Wir gehen im Folgenden davon aus, dass für den Betrachtungszeitraum eines Ta-

13.2 Personalbedarfsermittlung im Call Center

ges oder einer Woche auf Basis von Perioden wie z. B. (Halb-)Stunden-Intervallen $t = 1, ..., T$ Prognosewerte λ_t für das Anrufaufkommen je Periode vorliegen.[3]

Neben der Frage, wie viele Anrufe je Periode t eingehen werden, ist natürlich auch die Frage wichtig, wie lange die Gespräche dauern. In der Realität schwanken die Gesprächsdauern u. U. beträchtlich, folgen aber häufig einer recht stabilen Verteilung. Wertet man die Daten der Gesprächsdauern statistisch aus, so kann man diese durch eine geeignet gewählte Zufallsvariable T^S modellieren. Multipliziert man die Anzahl der eingehenden Anrufe λ_t mit dem Erwartungswert der Service-Zeit $E[T^S]$ je Anrufer, so erhält man die (mittlere) Arbeitslast a_t in der Periode t:

$$a_t = \lambda_t \cdot E[T^S] \tag{13.1}$$

Beträgt beispielsweise in der 15. Stunde des Tages, also zwischen 14:00 und 15:00 Uhr, die geschätzte Ankunftsrate

$$\lambda_{15} = 37{,}25 \text{ h}^{-1}, \tag{13.2}$$

gehen also im Mittel 37,25 Anrufe in dieser Zeit ein, und ist der Erwartungswert der Bedienzeit $E[T^S] = 600$ Sekunden, so beträgt die Arbeitslast

$$a_{15} = \lambda_{15} \cdot E[T^S] = 37{,}25 \text{ h}^{-1} \cdot 600 \text{ sec} = 6{,}208. \tag{13.3}$$

Diese Arbeitslast a ist eine dimensionslose Größe. Wenn man diese Größe aufrundet, so erhält man eine untere Schranke der erforderlichen Anzahl von Agenten im Call Center:

$$\lceil a_{15} \rceil = \lceil 6{,}208 \rceil = 7 \tag{13.4}$$

Diese Anzahl von sieben Agenten ist folgendermaßen zu interpretieren: Wenn *auf sehr, sehr lange Sicht* im Mittel je Stunde 37,25 Anrufe eingingen und diese im Mittel eine Gesprächszeit von 600 Sekunden dauerten, so wären die sieben Agenten in der Lage, diesen Arbeitsanfall zu bewältigen. Setzt man die Arbeitslast a_t ins Verhältnis zur Agentenzahl N_t in Periode t, so erhält man die Auslastung ρ_t in der Periode:

$$\rho_t = \frac{a_t}{N_t} = \frac{6{,}208}{7} = 88{,}7\% \tag{13.5}$$

Mit nur einem Agenten weniger wäre die Auslastung $\frac{6{,}208}{6} \geq 100\%$ und damit nicht zu bewältigen. Die Kundenbetreuung wäre also überlastet. In der Praxis würden dann die Anrufer irgendwann auflegen. Abbildung 13.2 zeigt die Berechnung des minimalen Personalbedarfs im Tagesverlauf nach dieser Logik.

Beispiel zur Ermittlung des Personalbedarfs im Call Center

Beim Essen in der Kantine kam Jennifer Klamens mit dem Assistenten des Geschäftsführers ins Gespräch. Er hatte ihr berichtet, dass er bereits mehrmals die Situation in der telefonischen Kundenbetreuung untersucht habe. Nach dem Essen schickte er eine E-Mail mit seinen Auswertungen. So erfuhr Jennifer ohne große Mühe, dass die Gespräche im Mittel 10 Minuten dauerten, bei einer Standardabweichung von fünf Minuten. Sie setzte sich wieder an ihren Rechner und fing damit an, den Personalbedarf detailliert zu untersuchen. Das Ergebnis schickte sie wieder per E-Mail an ihre Freundin Leonie und griff zum Telefon.

»Hallo Leonie, ich bin's schon wieder. Ich habe dir gerade die Rechnung 'rübergeschickt, wie ich sie machen sollte, mit den Mittelwerten und so. Hast du gerade Zeit?«

»Ein paar Minuten, gleich muss ich zu einem Meeting. Ich schau's mir 'mal an.« Leonie Lauber öffnete die Dateien und betrachtete die Berechnung in Abbildung 13.2 sowie den Graphen in Abbildung 13.3.

---

[3] Vgl. zur Prognose die Darstellung in Abschnitt 4 ab S.87.

	A	B	C	D	E
1	ETS [sec]	600			
2	c_S	0,5			
3					
4					
5	Stunde	Lambda [h^-1]	Lambda [sec^-1]	a	N_min
6	8	6,25	1,74E-03	1,042	2
7	9	16,75	4,65E-03	2,792	3
8	10	30,75	8,54E-03	5,125	6
9	11	38,50	1,07E-02	6,417	7
10	12	46,25	1,28E-02	7,708	8
11	13	30,25	8,40E-03	5,042	6
12	14	37,50	1,04E-02	6,250	7
13	15	37,25	1,03E-02	6,208	7
14	16	21,25	5,90E-03	3,542	4
15	17	6,50	1,81E-03	1,083	2
16	18	4,50	1,25E-03	0,750	1

Abbildung 13.2: Berechnung des minimalen Personalbedarfs

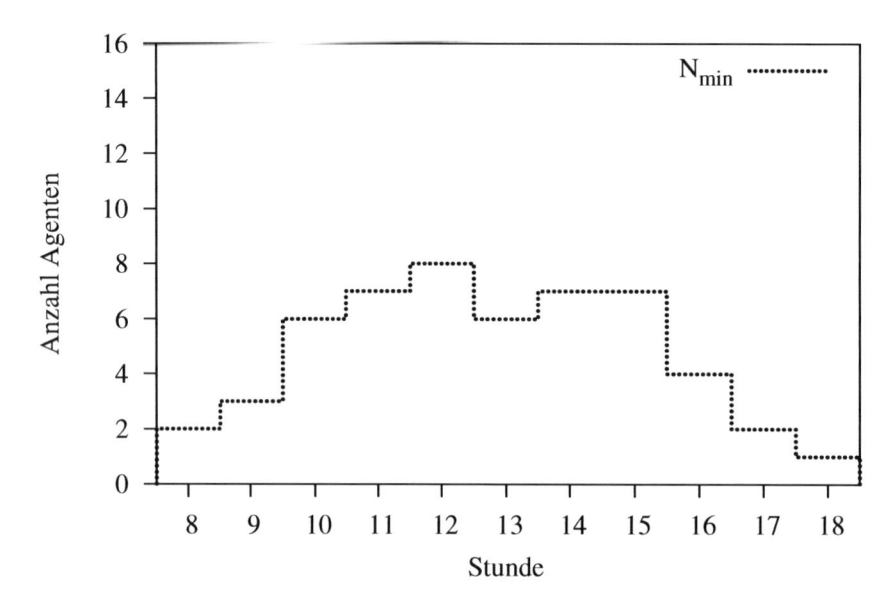

Abbildung 13.3: Minimaler Personalbedarf im Tagesverlauf

»Na, das sieht doch schon ganz gut aus!«, lobte sie ihre Freundin. Diese konnte Lob gerade gut gebrauchen.

»Echt? Ach, das ist ja schön. Dann weiß ich ja jetzt, wie ich meinen Personalbedarf ermitteln kann.«

»Langsam, Jennifer, ganz so einfach ist es nicht!«, versuchte Leonie, ihre Freundin wieder einzufangen.

»Wieso, was ist denn jetzt noch?«, fragte Jennifer Klamens enttäuscht.

»Wenn du deine Leute so einplanst, dass immer genau so viele da sind, wie du als Minimal-Bedarf eben ausgerechnet hast, dann wird euer Service immer noch schlecht sein. Vielleicht nicht ganz so schlecht wie im Moment, aber mit Sicherheit nicht gut.«

»Wieso, ich habe doch alles so gemacht, wie du es gesagt hast.«

»Jennifer, deine Rechnung würde dann funktionieren, wenn drei Bedingungen erfüllt wären. Erstens dürften nie mehr Leute je Stunde anrufen, als du prognostiziert hast. Mit den Mittelwerten hättest du aber in vielen Fällen zu niedrig prognostiziert. Zweitens

13.2 Personalbedarfsermittlung im Call Center

> müssten die Leute immer in gleichmäßigen Abständen anrufen. Da die sich überhaupt nicht kennen und sich jedenfalls nicht abstimmen, kann das nicht sein. Drittens ist die Gesprächsdauer ja auch eine schwankende Größe.«
>
> »Und was bedeutet das alles?«, stöhnte Jennifer Klamens entnervt.
>
> »Das bedeutet, dass du mehr Leute brauchen wirst als in der Berechnung, die du mir geschickt hast.«
>
> »Und wie kriege ich 'raus, wie viele es denn bitte sein sollen?«
>
> »Das ist ziemlich simpel. Es gibt eine einfache Formel, mit der du abschätzen kannst, wie lange im Mittel die Wartezeit der Anrufer sein wird, wenn du eine gegebene Zahl von Agenten einsetzt.«
>
> »Aber ich will doch keine Wartezeiten ausrechnen, sondern Agentenzahlen.«
>
> »Das kannst du auch machen. Dazu musst du die Formel gewissermaßen „rückwärts" benutzen. Wie viele Leute du mindestens brauchst, das hast du ja eben schon ausgerechnet. Nun rechnest du aus, wie lange die mittleren Wartezeiten sein werden, wenn du diese Zahl nimmst. Wenn du nun hergehst und mehr Agenten einsetzt als minimal erforderlich, dann sinkt deren Auslastung und es sinken auch die Wartezeiten.«
>
> »Ja, das ist klar.«
>
> »Also, typischerweise geht man so vor, dass man ein Serviceziel vorgibt und dann schaut, wie viele Agenten man mindestens braucht, um dieses Serviceziel zu erreichen. Wenn du diese Formel verwenden willst, dann würdest du als Serviceziel die mittlere Wartezeit der Anrufer nehmen. Du würdest zum Beispiel sagen, dass die mittlere Wartezeit der Anrufer nicht größer sein soll als 60 Sekunden und dann schauen, ab wie viel Agenten du das hinkriegst. Dann weißt du, wie viele du brauchst.«
>
> »Klingt ja ganz simpel«, meinte Jennifer beruhigt. »Und wo finde ich diese Wunderformel?«
>
> Leonie lachte.
>
> »Die findest du in jedem modernen Lehrbuch zum Operations Management.[a] Ich schick' dir 'mal was rüber, da kannst du sehen, wie die weitere Rechnung geht. Die Formel kam auch 'mal in einer Vorlesung dran, aber du hast dich damals mehr für den blonden Holger aus Frankfurt interessiert.«
>
> »Ja, der war schon süß!«, kicherte Jennifer. »Was der an dieser blöden Tussi vom Bankenlehrstuhl fand, hab' ich bis heute nicht verstanden...«
>
> »Du, Jennifer, ich muss jetzt los!«, unterbrach Leonie ihre Freundin, bevor die mit dem Erinnern so richtig in Schwung kommen konnte.
>
> »Alles klar, du hast mir sehr geholfen. Bist ein Schatz!« Jennifer legte auf, öffnete ihre E-Mails und sah, dass die versprochenen Dateien von Leonie schon da waren.
>
> ---
> [a] Siehe Formel 3.1 auf Seite 59.

Mit der Formel (3.1) von Kingman zur Approximation der Wartezeit

$$E[W_q] \approx \frac{c_a^2 + c_s^2}{2} \cdot \frac{\rho^{\sqrt{2(N+1)}-1}}{N(1-\rho)} \cdot \frac{1}{\mu} \tag{13.6}$$

haben wir uns bereits in Kapitel 3 beschäftigt. Betrachten wir beispielhaft den Rechengang für die 15. Stunde des Tages. Die Arbeitslast haben wir bereits mit $a_{15} = 6{,}208$ bestimmt und erkannt, dass *mindestens sieben Agenten* erforderlich sind, wenn zumindest nach beliebig langen Wartezeiten irgendwann alle Anrufer bedient werden sollen.

Nun gehen wir der Frage nach, welche mittleren Wartezeiten sich einstellen werden, wenn wir $N = 9$ Agenten einsetzen also zwei Agenten *zusätzlich* zu jenen sieben, die minimal erforderlich sind. Zur Abbildung von unkoordinierten Ankünften, wie hier im Fall der telefonischen Anrufe, setzt man den Variationskoeffizienten der Zwischenankunftszeiten $c_a = 1$.[4] Der Rechengang sieht für die im Beispiel genannten Zahlen folgendermaßen aus:

1. Zwischenanrufzeiten:

$$\lambda = 37{,}25 \text{ h}^{-1}$$
$$c_a = 1$$

2. Bearbeitungszeiten:

$$\mathrm{E}[T_s] = 10 \text{ min}$$
$$\sigma_{T_s} = 5 \text{ min}$$
$$c_s = \frac{\sigma_{T_s}}{\mathrm{E}[T_s]} = 0{,}5$$
$$\mu = \frac{1}{10} \text{ min}^{-1}$$

3. Auslastung bei $N = 9$ Servern:

$$\rho = \frac{\lambda}{N \cdot \mu} = \frac{37{,}25 \cdot 10}{60 \cdot 9} = 68{,}98\%$$

4. Wartezeit:

$$\mathrm{E}[W_q] \approx \frac{c_a^2 + c_s^2}{2} \cdot \frac{\rho^{\sqrt{2(N+1)}-1}}{N(1-\rho)} \cdot \frac{1}{\mu}$$
$$= \frac{1 + 0{,}5^2}{2} \cdot \frac{(0{,}6898)^{\sqrt{2(9+1)}-1}}{9 \cdot (1 - 0{,}6898)} \cdot 600 \text{ sec}$$
$$\approx 37 \text{ sec}$$

	A	D	E	F	G	H	I
1	ETS [sec]						
2	c_S						
3				Erwartete Wartezeit in Abhängigkeit der Agentenzahl [sec]			
4							
5	Stunde	a	N_min	EW(N_min)	EW(N_min+1)	EW(N_min+2)	EW(N_min+3)
6	8	1,042	2	152	28	7	2
7	9	2,792	3	1578	143	40	14
8	10	5,125	6	278	78	31	14
9	11	6,417	7	495	116	45	20
10	12	7,708	8	1140	170	63	28
11	13	5,042	6	243	72	28	13
12	14	6,250	7	356	96	38	18
13	15	6,208	7	330	92	37	17
14	16	3,542	4	629	110	36	14
15	17	1,083	2	168	30	8	2
16	18	0,750	1	1125	72	13	3

Abbildung 13.4: Berechnung des Personalbedarfs bei einem zulässigen Maximalwert der erwarteten Wartezeit von 60 Sekunden

Die erwartete Wartezeit wird also bei $N = 9$ Agenten in der Größenordnung einer halben Minute liegen. Abbildung 13.4 zeigt den Ausschnitt eines Tabellenblattes zur Berechnung

---

[4] Damit unterstellen wir, dass die Zeit zwischen zwei aufeinanderfolgenden Anrufen der sogenannten *Exponentialverteilung* folgt. Dieser Verteilungstyp ist für die Modellierung zufälliger Zwischenanrufzeiten isoliert (also unkoordiniert) anrufender Kunden in Call Centern besonders gut geeignet, vgl. Helber und Stolletz (2004, S. 17).

der Wartezeiten in den einzelnen Stundenintervallen des Tages. Ausgehend von der minimal erforderlichen Zahl von Agenten je Periode wird diese um jeweils einen Agenten vergrößert und die resultierende Wartezeit ermittelt. So ist in der 15. Stunde die minimal erforderliche Agentenzahl N_{min} gemäß Zelle E13 gleich 7. Für $N = N_{min} + 2 = 9$, also zwei Agenten über dem Minimum, findet sich in Zelle H37 das eben ermittelte Ergebnis von 37 Sekunden. Man erkennt, dass mit nur acht Agenten die mittlere Wartezeit bereits 92 Sekunden und mit der minimal erforderlichen Anzahl von sieben Agenten die Wartezeit sogar 330 Sekunden betragen hätte.

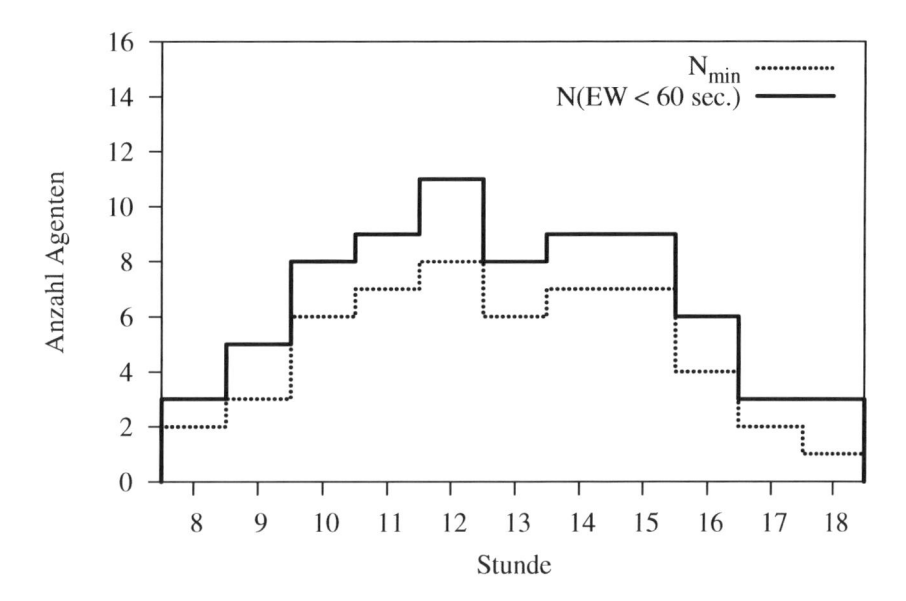

Abbildung 13.5: Minimaler Personalbedarf im Tagesverlauf mit Wartezeitrestriktion

Abbildung 13.5 zeigt den zeitlichen Verlauf des minimal erforderlichen Personaleinsatzes für ein stabiles System mit einer Auslastung $\rho_t < 100\%$ sowie jenen mit einem Erwartungswert der Wartezeit von maximal 60 Sekunden. Die kleinstmöglichen Agentenzahlen für dieses Wartezeitlimit lassen sich in Abbildung 13.4 aus den grau unterlegten Zellen des Rechenblattes schließen.

13.3 Deckung des Personalbedarfs im Rahmen der Schichtplanung

Wenn der Bedarf an Personal einer bestimmten Qualifikation z. B. im Laufe eines Arbeitstages stark schwankt, so geht man häufig so vor, dass man zunächst einen Schichtplan ermittelt, durch den der Personalbedarf gedeckt werden kann. Anschließend ordnet man konkrete Arbeitskräfte den so bestimmten Schichten zu. Auf diese Weise kann man erreichen, dass der Personaleinsatz dem Bedarf zeitlich eng folgt und somit wirtschaftlich ist.

Beispiel zur Deckung des Personalbedarfs im Call Center

Es war noch ein langer Abend geworden, aber Jennifer hatte es dann doch hinbekommen. Die Unterlagen von Leonie waren sehr hilfreich gewesen und mit ihrem Tabellenkalkulationsprogramm machte Jennifer ohnehin niemand etwas vor. Am nächsten Morgen schickte sie ihrer Freundin per E-Mail die Berechnung in Abbildung 13.4 und den Bedarfsverlauf in Abbildung 13.5. Wenig später griff sie wieder zum Telefon.

»Hallo, Leonie, ich bin's schon wieder. Du hast mir sehr geholfen. Ich habe das Tabellenblatt von dir etwas umgebaut und konnte damit alles ausrechnen. Wahrscheinlich hast du mir den Job gerettet.«

»Freut mich. Ist aber alles keine Hexerei, man muss nur wissen, wie es geht. Ich habe gerade deine Mail bekommen. Jetzt sieht die Berechnung richtig professionell aus.«

»Oh, danke, das tut gut. Einige Fragen habe ich aber noch.«

»Da bin ich ja 'mal gespannt!«, lachte Leonie.

»Also, da ist doch diese starke Schwankung des Personalbedarfs. Wie soll ich das hinkriegen? Ich kann die Leute doch nicht für eine Stunde antanzen lassen und sie dann wieder nach Hause schicken. Und wenn ich zum Geschäftsführer gehe und dem sage, dass ich statt sechs nun 12 Stellen brauche, dann denkt der vermutlich, ich habe sie nicht alle.«

»Ja, das wird nicht einfach, aber andere haben das Problem auch. Die einzige Möglichkeit besteht darin, dass ihr flexibel werdet.«

»Und wie soll das gehen?«, fragte Jennifer.

»Du musst ein System mit Schichten unterschiedlicher Länge und Lage aufbauen. Daraus kannst du dann Schichtpläne aufbauen, mit denen du zu jedem Zeitpunkt eine aktuelle Agentenzahl dicht am Bedarf erreichst. Dann musst du mit deinen Leuten reden, wer wann welche Schichten übernimmt.«

»Das gibt ein Hauen und Stechen!«

»Du musst die Vorteile aufzeigen. Gut wäre es, wenn ihr Arbeitszeitkonten einführen würdet. Du wirst auch einige Leute brauchen, die in Teilzeit arbeiten, oder solche, die außer der Arbeit am Telefon auch noch andere Sachen in den Zeiten machen können, in denen am Telefon nichts los ist. Beantwortung von E-Mails ist so eine Möglichkeit. Du musst versuchen, die Lösungen zusammen *mit* deinen Leuten zu finden.«

»Na ja«, meinte Jennifer skeptisch.

»Das wird schon klappen. Deine Leute werden merken, dass die Arbeit besser läuft und ihre Jobs nicht mehr in der Diskussion stehen. Außerdem haben die auch sicher kein Interesse daran, dass du 'rausgeworfen wirst. Wer weiß schon, was für ein Höllenhund nach dir käme?«

»So habe ich es noch nie gesehen«, gab Jennifer zu. »Jedenfalls vielen Dank, Leonie. Das hat mir echt geholfen!«

»Gern' geschehen. Ich drücke dir die Daumen. Du kriegst das schon hin, und meine Nummer hast du ja.«

Tabelle 13.1: Einsatzparameter a_{ti} bei verschiedenen Schichttypen

$t \backslash i$	Zeit	1	2	3	4	5	6	7	8	9	10	11	12	13	14
8	7:00-8:00	1						1							
9	8:00-9:00	1	1		1			1	1						
10	9:00-10:00	1	1	1	1	1		1	1	1					
11	10:00-11:00	1	1	1	1	1	1	1	1	1	1				
12	11:00-12:00		1	1		1	1		1	1	1	1			
13	12:00-13:00	1		1	1		1		1	1	1	1			
14	13:00-14:00	1	1		1	1						1	1	1	1
15	14:00-15:00	1	1	1	1	1							1	1	1
16	15:00-16:00	1	1	1		1	1						1	1	1
17	16:00-17:00		1	1		1								1	1
18	17:00-18:00			1											1

Aus der Anzahl der Anrufe je Zeiteinheit, der Länge und Variabilität der Gesprächsdauern und dem z. B. auf die erwartete Wartezeit bezogenen Serviceziel lässt sich ableiten, wann wie viele Agenten b_t je Periode t, z. B. je Stunde, benötigt werden. Nun ist festzulegen, wie viele Agenten X_i nach den verschiedenen Schichttypen $i = 1, ..., I$ arbeiten, um den Bedarf zu decken. Tabelle 13.1 zeigt derartige Schichttypen i. So beginnt die Arbeitszeit im Schichttyp $i = 1$ um

13.3 Deckung des Personalbedarfs im Rahmen der Schichtplanung

7:00 Uhr. Von 11:00 Uhr bis 12:00 Uhr erfolgt eine einstündige Mittagspause, an die sich eine weitere Arbeitsphase von vier Stunden anschließt, die dann bis 16:00 Uhr dauert. Die längeren Schichttypen 1 bis 6 werden durch eine Pause unterbrochen, während dies bei den kürzeren Schichttypen 7 - 14 nicht der Fall ist.

Die Kosten der einzelnen Schichttypen können zum Beispiel proportional zur Anzahl der Arbeitsstunden sein. Wenn wie in Tabelle 13.1 der Parameter $a_{ti} = 1$ bedeutet, dass im Schichttyp i in der Periode t gearbeitet wird, so gibt $\sum_{t=1}^{T} a_{ti}$ die Anzahl der Arbeitsperioden in dem Schichttyp an. Multipliziert man diese mit dem Personalkostensatz c je Periode, so erhält man den Personalkostensatz für den Schichttyp i.

Tabelle 13.2: Notation zur Schichtplanung

Symbol	Bedeutung
Indizes und Indexmengen	
$i = 1, ..., I$	Schichttypen
$t = 1, ..., T$	Perioden
Parameter	
a_{ti}	gleich 1, wenn im Schichttyp i in Periode t gearbeitet wird, sonst 0
b_t	Personalbedarf in Periode t
c	Personalkostensatz je Periode
Entscheidungsvariablen	
$X_i \in \{0, 1, 2, 3, ...\}$	Anzahl eingeplanter Schichten vom Typ i

Je mehr unterschiedliche Schichttypen zur Verfügung stehen und auch personell besetzt werden können, desto mehr Freiheitsgrade weist die Personaleinsatzplanung auf und desto effizienter kann sie erfolgen. Im Folgenden gehen wir von der Annahme aus, dass eine kostenminimale Schichtplanung gesucht ist, die gewährleistet, dass in jeder Periode der Personalbedarf insgesamt gedeckt wird. Mit der Notation in Tabelle 13.2 formulieren wir dazu das folgende Entscheidungsmodell:

Modell 13.1: Schichtplanung

$$\text{Minimiere } Z = c \sum_{i=1}^{I} \sum_{t=1}^{T} a_{ti} \cdot X_i \qquad (13.7)$$

u. B. d. R.

$$\sum_{i=1}^{I} a_{ti} \cdot X_i \geq b_t, \qquad t = 1, ..., T \qquad (13.8)$$

In der Zielfunktion (13.7) werden die zu minimierenden Gesamtkosten des Personaleinsatzes abgebildet. Durch die Restriktion (13.8) wird erreicht, dass der Personaleinsatz in jeder Periode den Personalbedarf nicht unterschreitet.

Das dargestellte Modell zeigt das Problem der Ermittlung kostenminimaler Schichtpläne in seiner einfachsten Grundform.[5] In der Realität sind häufig viele zusätzliche Nebenbedingungen zu berücksichtigen. So sind z. B. die Schichten häufig über mehrere Tage oder gar Wochen im Zusammenhang zu planen. Häufig müssen Schichten für verschiedene Qualifikationsgruppen des Personals miteinander abgestimmt werden oder es müssen Kostenbudgets für den

---
[5] Vgl. Helber und Stolletz (2004, S. 186f.).

Personaleinsatz beachtet werden. Für die Lösung dieser Probleme existiert eine Vielzahl von Softwarepaketen, die auf die spezifischen Bedingungen des jeweiligen Betriebstyps abgestimmt sind.

Tabelle 13.3: Lösungen bei unterschiedlichen verfügbaren Schichttypen

	Fall 1	Fall 2	Fall 3	Fall 4
Verfügbare Schichttypen i	1 - 3	1 - 6	7 - 14	1 - 14
Lösung:				
X_1	3	3		
X_2	6	2		
X_3	5	3		
X_4				
X_5		4		2
X_6		2		
X_7			3	3
X_8			3	2
X_9			2	1
X_{10}			3	1
X_{11}			3	5
X_{12}				1
X_{13}			3	
X_{14}			3	3
Kosten	1120	1000	800	760

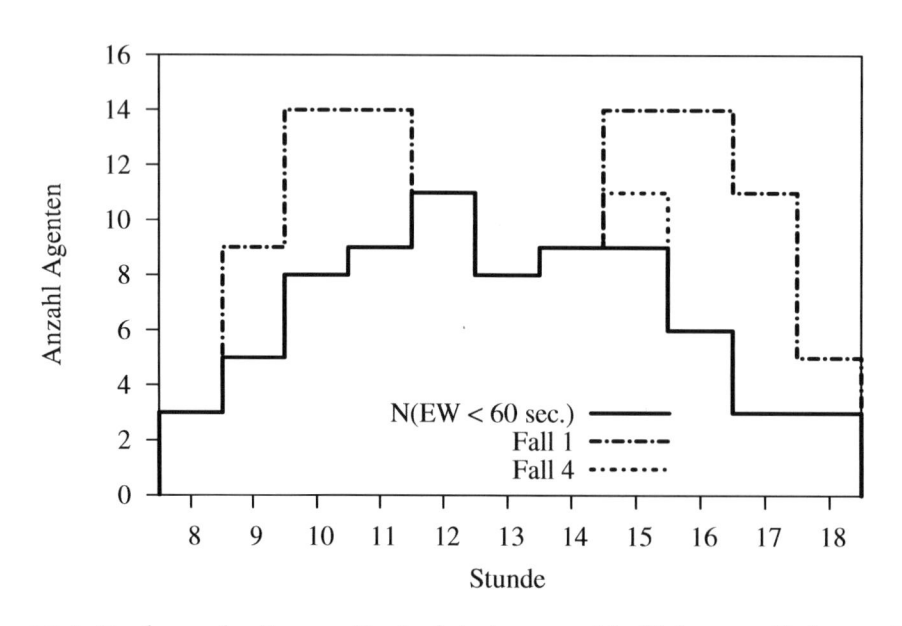

Abbildung 13.6: Deckung des Personalbedarfs bei unterschiedlichen verfügbaren Schichttypen

Beispiel zur Deckung des Personalbedarfs im Call Center (Fortsetzung)

Nach dem letzten Gespräch mit Leonie Lauber hatte Jennifer erneut eine Nachtschicht eingelegt und sich zunächst die Schichtmuster in Tabelle 13.1 überlegt. Vom Assistenten des Geschäftsführers hatte sie ein einfaches Optimierungsmodell für die Schichtplanung erhalten und mit ihren Daten gefüttert. Das Problem mit den langen Wartezeiten wollte sie nun ein für alle Mal loswerden. Daher entschied sie sich, den Personalbedarf so anzusetzen, dass die mittleren Wartezeiten 60 Sekunden nicht überschreiten sollten. Den Personalkostensatz je Periode veranschlagte sie mit 10 Geldeinheiten. Sie fertigte die Ergebnisse in Tabelle 13.3 sowie Abbildung 13.6 an und schickte beides per E-Mail an ihre Freundin. Kurz danach griff sie wieder zum Telefon.

»Hallo Leonie, ich glaube, ich hab's jetzt!«

»Freut mich. Wie sieht's aus?«

»Schau' 'mal in deine E-Mail, ich hab's dir 'rübergeschickt.«

Leonie Lauber öffnete die E-Mails und betrachtete die Ergebnisse. »Ja, das sieht doch sehr appetitlich aus«, lobte sie Jennifer.

»Oh, vielen Dank! Was mich echt umgehauen hat, war der Vergleich zwischen Fall 1 und Fall 4. Wenn alle nach diesen langen Schichtmustern von Fall 1 arbeiten, dann ist es entweder teuer oder der Service ist schlecht...«

»Oder beides!«, unterbrach Leonie ihre Freundin lachend.

»Ja, ganz toll«, meinte Jennifer.

»Im Ernst, Jennifer, jetzt hast du die Lösung doch gefunden. Du wirst mehr Leute brauchen, die du für kürzere Schichten einsetzen kannst als bisher. Das gibt dir die Möglichkeit, einen guten Service zu bieten, ohne dass die Kosten durch die Decke gehen. Der Kostenunterschied zwischen 1120 im Fall 1 und 760 im Fall 4 ist schon erheblich.«

»Ja, echt. Schön wäre es ja, wenn man lauter Schichten von nur einer Periode haben könnte. Dann könnte man sich immer genau so viele Leute hinsetzen, wie man braucht. Das wäre dann das Optimum«, meinte Jennifer nachdenklich.

»Und wer würde den Job dann noch machen wollen?«

»Keiner, du hast schon recht. Egal, Hauptsache, ich weiß jetzt, was ich in der nächsten Sitzung des Führungskreises vorstellen kann. Bin 'mal gespannt, was das Berater-Bürschlein dazu sagt!«

»Viel Erfolg, und halt' mich auf dem Laufenden!«

»Aber klar, und danke nochmal!«

Literaturhinweise

- Aksin, Armony und Mehrotra (2007)

- Helber und Stolletz (2004)

- Koole (2013)

13.4 Aufgaben und Übungen

1. Was passiert in einem Inbound Call Center, bei dem die Anzahl eingesetzter Agenten N_t der rechnerischen Arbeitslast a_t exakt entspricht (wenn wir einmal davon ausgehen, dass a_t ganzzahlig ist)?

   Lösung/Lösungshinweis

   Das Bediensystem wäre zu 100% ausgelastet und die Wartezeiten würden (in der Modellvorstellung) über alle Grenzen anwachsen. In der Realität wären zum einen irgendwann die Telefonleitungen alle belegt, so dass weitere Anrufer das Besetzzeichen erhielten. Darüber hinaus würden u. U. auch Anrufer die Geduld verlieren und auflegen.

2. Unterstellen Sie, dass alle Zahlenwerte des betrachteten Beispiels weiterhin gültig sind. Wie viele Agenten müsste man mindestens einsetzen, um bei einer Anrufrate von 6,5 Anrufen pro Stunde eine erwartete Wartezeit von maximal 10 Sekunden zu erreichen?

> **Lösung/Lösungshinweis**
>
> Aus den Abbildungen 13.3 und 13.4 können Sie ablesen, dass bei dieser Ankunftsrate von Anrufen zwei Agenten erforderlich sind, um überhaupt ein stabiles System zu erreichen. Dann beträgt allerdings der Erwartungswert der Wartezeit 168 Sekunden. Bei drei Agenten beträgt die mittlere Wartezeit ca. 30 Sekunden und bei vier Agenten sind es ca. acht Sekunden. Also werden vier Agenten benötigt.

3. Erklären Sie, warum in dem Beispiel in Tabelle 13.3 in Fall 4 die Kosten niedriger sind als in Fall 1!

4. Unterstellen Sie, es gäbe ein Inbound Call Center, in welchem das Management stets mit einer gleichbleibenden rechnerischen Auslastung der Agenten von, sagen wir einmal, 95% arbeitete. Unterstellen wir ferner, dass Sie selbst nicht gerne warteten. Wann würden *Sie* in diesem Call Center anrufen, zu Zeiten, zu denen dies nach Ihrer Kenntnis sehr viele andere Menschen auch tun, oder zu jenen Zeiten, zu denen wenige Menschen im Call Center anrufen? Warum?

Teil III

Strukturplanung

14 Standortplanung

14.1 Problemaspekte

Eine der wichtigsten Entscheidungen über die Strukturen von Wertschöpfungssystemen ist jene über die Standorte. Durch diese Entscheidung bindet sich ein Unternehmen häufig über eine lange Zeit, weil mit dieser Entscheidung oft eine irreversible Festlegung zum Kapitaleinsatz einhergeht. Wenn sich z. B. der Aufbau eines Automobilwerkes an einem Ort als Fehler erweist, so hat man dort u. U. Milliarden von Euro z. B. in Gebäuden und Anlagen investiert, die man praktisch nicht mehr zurückbekommen kann.

Auch für kleine Unternehmen im Dienstleistungssektor ist die Standortfrage von zentraler Bedeutung. Stellen Sie sich z. B. vor, Sie wollten eine Werbeagentur gründen und würden sich überlegen, wo dies geschehen soll. Einige der Fragen, die Sie sich sinnvollerweise stellen würden, wären vermutlich ganz ähnlich wie im Fall der Entscheidung über den Standort des Automobilwerkes, nur mit etwas kleineren Zahlen. Vermutlich würden Sie u. a. über die folgenden Themen nachdenken, die wir als *Standortfaktoren* bezeichnen:[1]

Nähe zum Kunden oder Absatzmarkt: Für den Erfolg eines Unternehmens kann es aus den verschiedensten Gründen sehr hilfreich sein, in räumlicher Nähe zum Kunden zu arbeiten. Unmittelbar einleuchtend ist dies bei personenbezogenen Dienstleistungen aller Art. So finden Sie beispielsweise Krankenhäuser oder Friseursalons eher in städtischen Zentren als in kleinen Dörfern, weil es dort einfach nicht genug Patienten oder Kunden gibt oder solche Standorte in kleinen Dörfern nicht gut genug für die Kunden erreichbar sind. Betrachten wir im Gegenzug die Produktion von Automobilen. Zwar sind Automobile als materielle Güter handelbar und können durchaus z. B. in Deutschland hergestellt und in den USA oder in Südamerika verkauft werden. Damit gehen jedoch Transportkosten einher, ferner Zölle und Kosten der Absicherung von Währungsrisiken. Außerdem versteht man die Bedürfnisse der Kunden oft um so besser, je näher man ihnen ist. Alle diese und viele weiteren Gründe spielen eine Rolle, wenn sich global agierende Unternehmen entscheiden, auf verschiedenen Erdteilen zu produzieren und dabei jeweils die regionale Nachfrage in den Blick zu nehmen.

Verfügbarkeit der Produktionsfaktoren: Für die Produktion sind stets Produktionsfaktoren[2] wie menschliche Arbeitskräfte, Gebäude, Energie- und Telekommunikationsnetze etc. erforderlich, die an den verschiedenen potentiellen Standorten in unterschiedlichem Maße verfügbar sein können.

Natürliche Umweltbedingungen: Viele Wertschöpfungssysteme benötigen ganz spezifische Umweltbedingungen, die bei der Standortwahl zu berücksichtigen sind. Denken Sie etwa an den Weinanbau, Wintersportgebiete oder die Erzeugung von elektrischer Energie durch Windkraftanlagen. Je nach dem betrachteten Wertschöpfungssystem kommen als Standort nur solche Orte in Betracht, die aufgrund spezifischer Merkmale die Wertschöpfung überhaupt erst ermöglichen.

Rechtliche, ökonomische und politische Rahmenbedingungen: Für international tätige Unternehmen gibt es eine Vielzahl weiterer von Menschen gestalteten und sich auch im Zeitablauf verändernden Rahmenbedingungen für Standortentscheidungen. So ist etwa

---
[1] Vgl. Chopra und Meindl (2014, Abschnitt 5.2).
[2] Vgl. Abbildung 1.1 auf S. 3.

eine effizient und transparent arbeitende öffentliche Verwaltung ein positiver Standortfaktor, während Korruption und Willkür im Verwaltungs- und Justizwesen oder politische Instabilität auf Investoren eher abschreckend wirken. Auch die Steuer- und Sozialabgabensysteme, Subventionen sowie die gesetzlichen Regelungen etwa im Arbeitsrecht oder zum Schutz geistigen Eigentums können wichtige Gesichtspunkte bei Standortentscheidungen sein.

Soziale und kulturelle Rahmenbedingungen: Gesellschaftliche Strukturen und kulturelle Eigenheiten können Standortentscheidungen ebenfalls maßgeblich beeinflussen. So unterscheiden sich verschiedene Länder z. T. ganz erheblich im Verhältnis der Geschlechter zueinander. Beispielsweise gibt es in Deutschland, den USA und anderen Ländern Fahrschulen, in denen ausschließlich Frauen das Autofahren lernen. Saudi-Arabien dagegen stellte für derartige Fahrschulen zumindest bis zum Jahr 2013 keinen relevanten Markt und somit auch keinen potentiellen Standort dar, weil Frauen dort keinen Führerschein erwerben durften.

Die Darstellung zeigt, dass Standortentscheidungen stets facettenreich und in hohem Maße individuell sind. Daher kann es nicht eine einzelne Methode oder ein einzelnes Modell geben, das für Standortentscheidungen aller Art angewendet werden kann. Recht allgemein ist das Verfahren der **Nutzwertanalyse**, in welchem man für die o. g. Kriterien Gewichte und Punkteskalen definiert, dann die Alternativen zunächst nach Kriterien differenziert bewertet und schließlich über die Gewichtung der Kriterien für jede Alternative einen Gesamtwert berechnet.[3] Daher kann man das Verfahren der Nutzwertanalyse verwenden, um dem Entscheidungsprozess der betrieblichen Standortwahl ein Mindestmaß an systematischer Struktur zu geben. Wir hätten es hier gerne etwas genauer. Daher betrachten wir im Folgenden zwei verschiedene Problemstellungen anhand fiktiver Beispiele und stellen dazu spezifische Entscheidungsmodelle der betrieblichen Standortplanung vor.

14.2 Standortwahl und Transportkosten

14.2.1 Entscheidung bei sicherer Nachfrage

In vielen Fällen haben die Transportkosten einen erheblichen Einfluss auf Standortentscheidungen. Diesen Fall betrachten wir anhand der Standortwahl für die zentralen Auslieferungslager eines fiktiven Lebensmittelproduzenten. Wir unterstellen dabei zunächst, dass wir die Nachfrage (wie auch alle anderen Parameter) mit Sicherheit kennen.

Beispiel zur Standortwahl von zentralen Auslieferungslagern

Dr. Rudolf Rastlos war zufrieden. Der Gründer und Geschäftsführer der *Intelligent Logistics Consulting GmbH* hatte auf der internationalen Logistik-Tagung in Berlin einen hervorragend besuchten Vortrag über Methoden der Standortwahl gehalten. Im Publikum saßen zahlreiche Manager führender Unternehmen. Mehrere hatten ihm zu seinem Vortrag gratuliert und mit ihm in der Kaffeepause Visitenkarten ausgetauscht.

Als er am übernächsten Tag wieder ins Büro kam, fand er die Notiz seiner Sekretärin, ein Herr Siegfried Schneider habe schon zweimal angerufen. Er bitte ihn dringend um einen Rückruf, es ginge um seinen Vortrag bei der Tagung.

Rudolf Rastlos griff zum Telefon und wählte die angegebene Nummer. Es stellte sich heraus, dass es die Nummer des Firmenchefs der Schneider Zuckerbäcker AG im Westerwald war, zu dem er auch sofort durchgestellt wurde.

»Schneider, guten Morgen, Herr Dr. Rastlos, vielen Dank, dass Sie gleich zurückgerufen haben.«

---

[3] Vgl. Domschke und Scholl (2008, Abschnitt 2.3.4.2).

14.2 Standortwahl und Transportkosten

»Gerne geschehen, Herr Schneider, was kann ich für Sie tun?«

»Ich habe vorgestern ihren Vortrag in Berlin gehört und fand das sehr spannend. Leider musste ich gleich danach zum Flieger, deswegen konnte ich Sie nicht unmittelbar danach ansprechen. Wir haben auch ein Standortproblem, bei dem Sie uns vielleicht helfen können.«

»Freut mich, dass Ihnen der Vortrag gefallen hat. Erzählen Sie doch 'mal von dem Problem.«

In groben Zügen berichtete Siegfried Schneider, dass sein schnell wachsendes Unternehmen mit hochwertigen Bio-Backwaren in ganz Deutschland sehr viel Erfolg habe, die Distributionslogistik aber dringend neu gestaltet werden müsse.

»... und so kaufen wir laufend neue Fahrzeuge und mieten hier und da neue Lagerhallen an, aber das ist total unsystematisch und ich möchte, dass sich 'mal jemand die Gesamtstruktur ansieht. Wäre das 'was für Sie?«, schloss der Firmenchef seine Darstellung.

Und ob das was wäre, dachte sich Rudolf Rastlos lächelnd und man verabredete einen Besuch bei Schneider in der nächsten Woche. Aus dem Besuch folgte sehr schnell ein Beratungsauftrag für die Intelligent Logistics Consulting GmbH, dessen Projektleitung er Dr. Gabi Gründlich übertrug.

Gabis Eltern besaßen eine Spedition, in der Gabi zunächst eine kaufmännische Ausbildung absolviert hatte. Nach dem anschließenden Studium der Wirtschaftsmathematik hatte sie in Mathematik promoviert und konnte mit dem Computer regelrecht hexen. Sie war für ihn die erste Wahl, wenn es in einem neuen Projekt am Anfang nichts als widersprüchliche Aussagen und unklare Ziele gab. Nach vier Tagen bei der Schneider AG hatte sie dann am Freitag ihren Office Day und berichtete Rudolf Rastlos.

»Rudi, deren Produkte sind großartig. Kein Wunder, dass denen die Kunden alles aus der Hand reißen. Ich hab' Dir ein paar Proben mitgebracht, echt lecker. Die Logistik ist dafür aber zum Schreien. Der Leiter der Logistik ist so ein netter älterer Typ, der früher noch selbst mit dem Laster gefahren ist. Dann hatte er was an den Bandscheiben und hat die Leitung des Fuhrparks übernommen. Jetzt macht er auch noch das Lager!«, ätzte Gabi Gründlich.

»Ok. Und wo siehst du das Problem?«, fragte Rastlos.

»Es ist die Denkweise, Rudi. Vor zehn Jahren haben die mit vier Kleintransportern angefangen und Kunden in ihrem Landkreis beliefert. Pro Jahr sind die so etwa 40% gewachsen. Jetzt haben sie 80 Kleintransporter, die z. T. in ganz Deutschland herumgurken. Hier und da wird 'mal 'ne Lagerhalle angemietet, aber ohne Sinn und Verstand. Die haben einfach noch nicht erkannt, dass eine Struktur, die für ihren eigenen Landkreis gut ist, nicht so ohne weiteres für ganz Deutschland funktioniert.«

»Was schlägst du vor?«

»Wie gesagt, das Produkt ist super und die Produktionstechnik z. T. durch Patente geschützt. Ich denke, die werden weiter wachsen. Das Produktionswerk im Westerwald ist modern, es hat eine gute Struktur und kann auch erweitert werden. Das Problem ist meiner Meinung nach die Distribution. Die fahren im Moment viel zu viel mit lauter kleinen Transportern durch die Gegend.«

»Wie wäre es mit einem mehrstufigen System?«, warf Rudi ein.

»Ja, in die Richtung überlege ich auch. Ich denke, man sollte einige zentrale Auslieferungslager einrichten und für jede Abnehmerregion ein kleines regionales Umschlagdepot. Viel mehr als ein paar mittelgroße Hallen in der Nähe von Autobahnkreuzen braucht man für die zentralen Auslieferungslager nicht, außer vielleicht noch Regale und Gabelstapler. Dann braucht man einige große Lastzüge, die vom Produktionswerk im Westerwald im Hauptlauf die zentralen Auslieferungslager beliefern. Zusätzlich benötigt man einige kleinere Laster, um von dort die regionalen Umschlagdepots zu bedienen. Für die Transporte in den jeweiligen Absatzregionen kommt man dann vermutlich mit der Hälfte der

> gegenwärtigen Kleintransporter aus. Wo die regionalen Umschlagdepots hin müssten, ist ziemlich klar. Die kann man größeren Städten zuordnen. Was bleibt ist eigentlich nur die Frage, wo die zentralen Auslieferungslager hingehören.«
>
> »Klingt einleuchtend. Was sagt Schneider?«
>
> »Der hatte schon mit so einem Vorschlag gerechnet. Er hat mich gebeten, das 'mal gründlich durchzurechnen. Man wird deutlich weniger Fahrer brauchen, und noch dazu viele davon an anderen Orten als im Moment. So 'ne Änderung wird viel Unruhe in den Betrieb hinein tragen, und darauf freut er sich nicht. Deswegen soll das Ganze zunächst vertraulich sein, bis wir ein Konzept haben, das fachlich wasserdicht ist.«
>
> »Na gut, dann rechne erst einmal und zeige mir die Ergebnisse, bevor du damit zu Schneider gehst.«

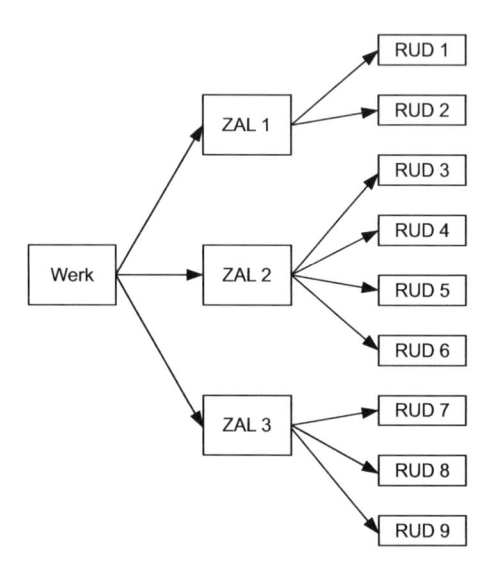

Abbildung 14.1: Distributionsstruktur mit zentralen Auslieferungslagern (ZAL) und regionalen Umschlagdepots (RUD)

An dem Beispiel können wir eine Problemstruktur erkennen, die so oder so ähnlich häufig in der Praxis auftritt, siehe Abbildung 14.1. Die Standorte für Teile eines Wertschöpfungsnetzwerkes, insbesondere für Produktionswerke oder Lager, müssen u. a. mit Blick auf die Transportkosten festgelegt werden.[4] In diesem Fall sind es die zentralen Auslieferungslager (ZAL), für die Standorte gefunden werden müssen. An den Standorten sind typischerweise Kapazitätsgrenzen einzuhalten. Es gilt also, eine Distributionsstruktur zu gestalten. Die Nachfrage an den Kundenorten betrachten wir in einer aggregierten Weise über Nachfragezentren, in denen die Nachfrage einzelner Absatzregionen gebündelt wird. Diese Nachfragezentren können z. B. größere Städte mit ihrem jeweiligen weiteren Einzugsbereich repräsentieren. Wir gehen davon aus, dass an jedem dieser Nachfragezentren ein regionales Umschlagdepot (RUD) eingerichtet wird, von dem aus die jeweilige Stadt und deren weiterer Einzugsbereich versorgt wird. Insofern können wir also die Nachfragezentren mit ihren regionalen Umschlagdepots als die „Kundenorte" unserer Problemstellung betrachten.

Mit der Einrichtung der Standorte der zentralen Auslieferungslager fallen dort Kosten an, deren Höhe im Wesentlichen fix ist, also nicht von den dort abgehenden oder dort umgeschlagenen Transportmengen abhängt, beispielsweise für Gebäudemieten, Energie etc. Durch die Einrichtung der Standorte werden jedoch auch die Transportrelationen bestimmt und dadurch auch die Transportkosten. Diese fallen somit zum einen für die Transporte vom Produktionswerk zu den zentralen Auslieferungslagern an. Zum anderen entstehen Transportkosten für die Transporte

---

[4] Vgl. ähnlich Günther und Tempelmeier (2020, Abschnitt 6.3), Goetschalcks und Fleischmann (2014) sowie Chopra und Meindl (2014, Abschnitt 5.4.1) und Thonemann und Albers (2011, Abschnitt 3.2).

14.2 Standortwahl und Transportkosten

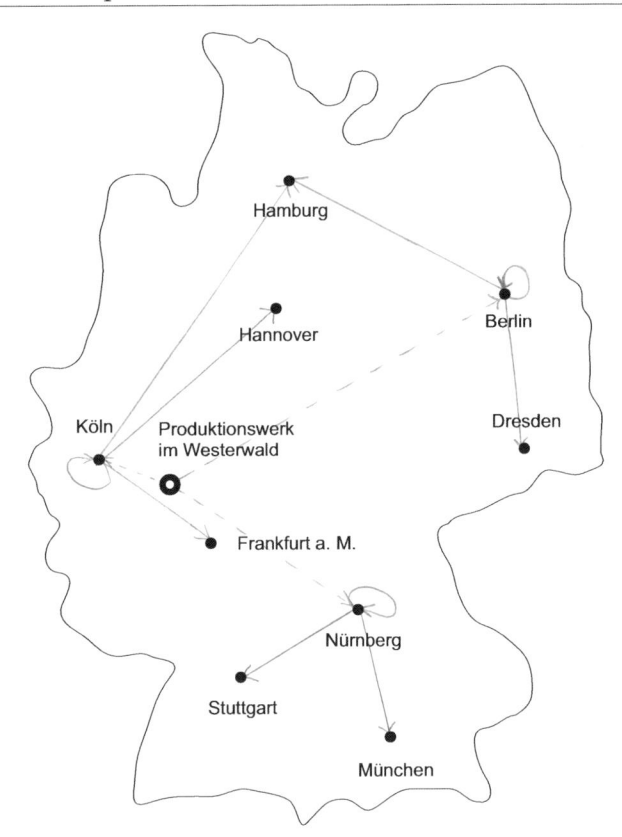

Abbildung 14.2: Nachfragezentren mit regionalen Umschlagdepots, gleichzeitig potentielle Standorte für zentrale Auslieferungslager

von den eingerichteten zentralen Auslieferungslagern zu den regionalen Umschlagdepots an den jeweiligen Nachfragezentren.

In der schematischen Darstellung Deutschlands in Abbildung 14.2 sind von Hamburg im Norden bis nach München im Süden neun über das Land verteilte Nachfragezentren eingezeichnet, an denen im Beispiel kleine regionale Umschlagdepots eingerichtet werden. Diese Orte kommen in dem Beispiel *zugleich* als potentielle Standorte für zentrale Auslieferungslager in Frage, von denen aus die regionalen Umschlagdepots bedient werden sollen.

Tabelle 14.1: Nachfrage b_j an den Nachfragezentren j

j	B	DD	Ffm	HH	H	K	M	N	S
b_j	100	200	120	210	80	190	150	100	80

Tabelle 14.2: Transportkostensätze für den ersten Transport vom Produktionswerk zu den potentiellen zentralen Auslieferungslagern i

i	B	DD	Ffm	HH	H	K	M	N	S
ca_i	140	119	25	119,25	86	28,5	121	79	69

Tabelle 14.1 zeigt die gebündelten Bedarfsmengen b_j an den Nachfragezentren j mit den regionalen Umschlagdepots. Im vorliegenden Beispiel sind, wie erwähnt, alle Nachfragezentren j gleichzeitig auch potentielle Standorte für zentrale Auslieferungslager i. Für den Transport einer Nachfrageeinheit vom Produktionswerk zu den potentiellen Standorten der zentralen Auslieferungslager fallen Kosten je Mengeneinheit gemäß Tabelle 14.2 an. Analog gibt Tabelle 14.3

Tabelle 14.3: Transportkostensätze für den zweiten Transport von den potentiellen Zentrallagern i zu den Nachfragezentren j

$i\backslash j$	B	DD	Ffm	HH	H	K	M	N	S
B	0	193	546	289	286	573	585	473	632
DD	193	0	466	476	367	574	462	317	510
Ffm	546	466	0	492	349	190	392	224	204
HH	289	476	492	0	151	425	775	608	656
H	286	367	349	151	0	292	632	465	513
K	573	574	190	425	292	0	574	406	367
M	585	462	392	775	632	574	0	170	221
N	473	317	224	608	465	406	170	0	211
S	632	510	204	656	513	367	221	211	0

Tabelle 14.4: Zusammengefasste Transportkostensätze c_{ij} vom Produktionswerk über die potentiellen Zentrallager i zu den Nachfragezentren j

$i\backslash j$	B	DD	Ffm	HH	H	K	M	N	S
B	140,00	333,00	686,00	429,00	426,00	713,00	725,00	613,00	772,00
DD	312,00	119,00	585,00	595,00	486,00	693,00	581,00	436,00	629,00
F	571,00	491,00	25,00	517,00	374,00	215,00	417,00	249,00	229,00
HH	408,25	595,25	611,25	119,25	270,25	544,25	894,25	727,25	775,25
H	372,00	453,00	435,00	237,00	86,00	378,00	718,00	551,00	599,00
K	601,50	602,50	218,50	453,50	320,50	28,50	602,50	434,50	395,50
M	706,00	583,00	513,00	896,00	753,00	695,00	121,00	291,00	342,00
N	552,00	396,00	303,00	687,00	544,00	485,00	249,00	79,00	290,00
S	701,00	579,00	273,00	725,00	582,00	436,00	290,00	280,00	69,00

die Kosten je Mengeneinheit an, die für den Weitertransport von den Orten der potentiellen Zentrallagern i zu den Nachfragezentren j entstehen.

Da es nur ein einziges Produktionswerk gibt, ist es möglich, beide Kostengrößen in einem Kostensatz c_{ij} zusammenzufassen, s. Tabelle 14.4. So erkennen wir in Tabelle 14.4, dass dieser Kostensatz 333 GE/ME beträgt, wenn Nachfrage in Dresden von einem Zentrallager in Berlin befriedigt wird. Diese 333 GE/ME bestehen zum einen aus jenen 140 GE/ME, die es gemäß Tabelle 14.2 kostet, den Transport vom Produktionswerk im Westerwald nach Berlin durchzuführen. Hinzu kommen zum anderen die 193 GE/ME, die gemäß Tabelle 14.3 der Transport von Berlin nach Dresden kostet. Wir gehen ferner davon aus, dass jedes eingerichtete zentrale Auslieferungslager pro Periode fixe Kosten in Höhe von 150.000 Geldeinheiten verursacht und eine Umschlagkapazität von 500 Mengeneinheiten hat.

Gesucht sind nun solche Standorte der zentralen Auslieferungslager, bei denen die Summe der Kosten für den Betrieb dieser Lager sowie für die Transporte vom Produktionswerk zu den zentralen Auslieferungslagern und weiter von dort zu den regionalen Umschlagdepots an den Nachfragezentren minimiert werden. Wir entscheiden also darüber, wie viele zentrale Auslieferungslager eingerichtet werden, wo dies geschieht und welches regionale Umschlagdepot in welcher Menge von welchem der eingerichteten zentralen Auslieferungslager bedient wird.

Mit der Notation in Tabelle 14.5 formulieren wir dazu das folgende Entscheidungsmodell einer kostenorientierten Standortplanung:[5]

---

[5] Vgl. Günther und Tempelmeier (2020, Abschnitt 6.3).

14.2 Standortwahl und Transportkosten

Tabelle 14.5: Notation zur kostenorientierten Standortplanung

Symbol	Bedeutung
Indizes und Indexmengen	
$i = 1, ..., I$	potentielle Standorte
$j = 1, ..., J$	Nachfragezentren
Parameter	
a_i	Kapazität des potentiellen Standorts i
b_j	Bedarf am Nachfragezentrum j
c_{ij}	Kostensatz je Mengeneinheit für Transporte vom potentiellen Standort i zum Nachfragezentrum j
f_i	fixe Kosten des potentiellen Standorts i
Entscheidungsvariablen	
$X_{ij} \geq 0$	Transportmenge von i nach j
$Y_i \in \{0, 1\}$	gleich 1, wenn Standort i eingerichtet wird, sonst 0

Modell 14.1: Kostenorientierte Standortplanung

$$\text{Minimiere } Z = \sum_{i=1}^{I} f_i \cdot Y_i + \sum_{i=1}^{I} \sum_{j=1}^{J} c_{ij} \cdot X_{ij} \tag{14.1}$$

u. B. d. R.

$$\sum_{j=1}^{J} X_{ij} \leq a_i \cdot Y_i, \qquad i = 1, ..., I \tag{14.2}$$

$$\sum_{i=1}^{I} X_{ij} = b_j, \qquad j = 1, ..., J \tag{14.3}$$

Über die Zielfunktion (14.1) werden die Kosten für den Betrieb der einzurichtenden zentralen Auslieferungslager sowie der Transporte zu diesen und weiter zu den regionalen Umschlagdepots der Nachfragezentren minimiert. Durch die Kapazitätsrestriktionen (14.2) werden die Transportmengen mit den Kapazitätsgrenzen der eingerichteten Standorte i abgestimmt. Durch die Multiplikation der Standortkapazität a_i mit der Binärvariablen Y_i auf der rechten Seite wird erreicht, dass die Kapazität der *nicht* eröffneten Standorte (mit $Y_i = 0$) gleich Null ist und somit von diesen zu den Nachfragezentren auch keine Transporte eingeplant werden können. Die Gleichungen (14.3) stellen sicher, dass der Bedarf an den Nachfragezentren durch Transporte von den tatsächlich geöffneten Zentrallagern befriedigt wird.

Das in Modell 14.1 abgebildete Problem wird fachsprachlich auch als *Facility Location Problem* bezeichnet. Es bildet einen fundamentalen Trade-off zwischen Fixkosten für eingerichtete Standorte und variablen Kosten für davon abhängige Transportkosten ab. Man kann auch dazu verwenden, Standortentscheidungen für Produktionswerke zu unterstützen, indem man die mit dem Index i deren potentielle Standorte bezeichnet.

Löst man das Modell mit den angegebenen Daten, so erhält man die in Tabelle 14.6 sowie Abbildung 14.3(a) dargestellte Lösung mit einem Zielfunktionswert von 719.937,5 Geldeinheiten. In dieser Lösung werden in Hamburg, Köln und Nürnberg zentrale Auslieferungslager eingerichtet. Das Nachfragezentrum in Stuttgart wird dabei sowohl aus Köln als auch aus Nürnberg beliefert.

(a) Fall 1   (b) Fall 2

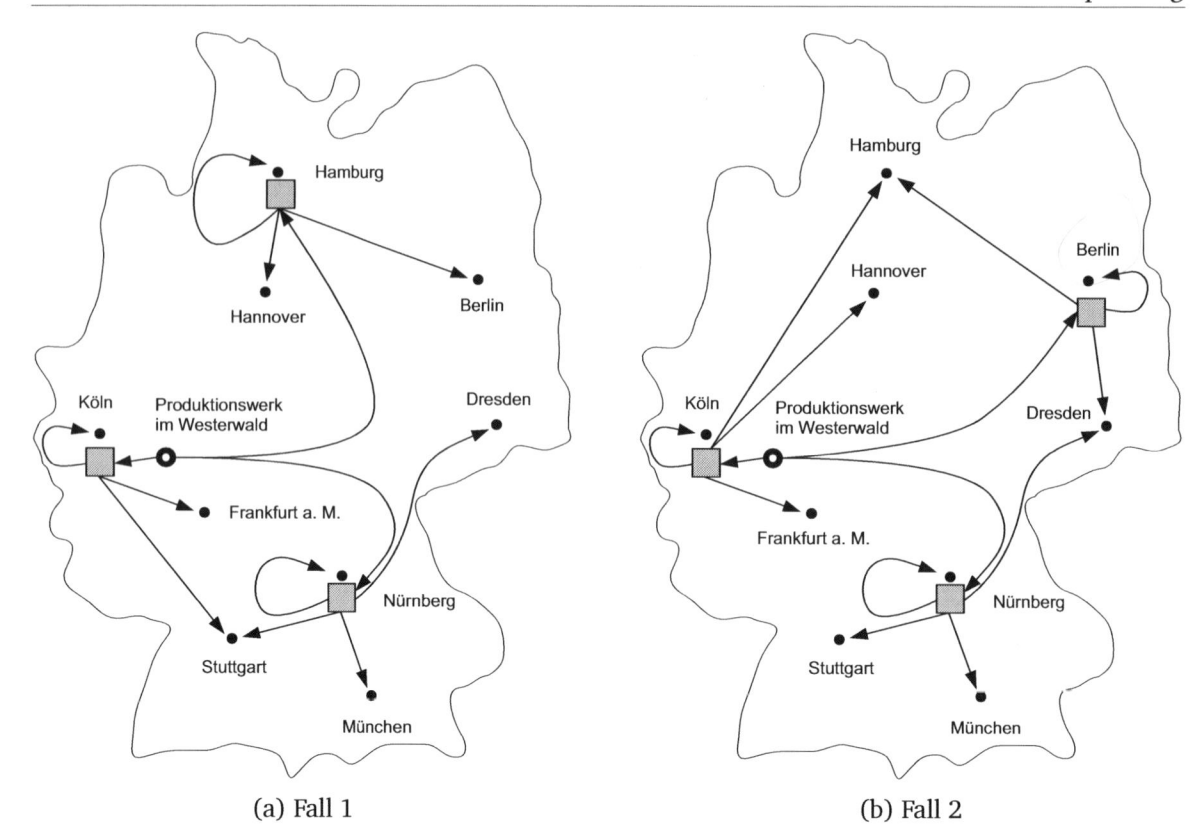

Abbildung 14.3: Standorte der Zentrallager und Zuordnung von Nachfragezentren

Tabelle 14.6: Transportmengen im Fall 1

$i\backslash j$	B	DD	Ffm	HH	H	K	M	N	S
HH	100			210	80				
K			120			190			30
N		200					150	100	50

Tabelle 14.7: Transportmengen im Fall 2

$i\backslash j$	B	DD	Ffm	HH	H	K	M	N	S
B	100	200		200					
K			120	10	80	190			
N							150	100	80

Tabelle 14.8: Transportmengen im Fall 3

$i\backslash j$	B	DD	Ffm	HH	H	K	M	N	S
B	100	100		210					
K			120		80	190			
N		100					150	100	80

Beispiel zur Standortwahl von zentralen Auslieferungslagern (Fortsetzung)

Einige Tage später präsentierten Dr. Rastlos und Dr. Gründlich dem Firmenchef der Schneider AG den Standortvorschlag für die zentralen Auslieferungslager in Abbildung 14.3(a) und Tabelle 14.6. Siegfried Schneider war beeindruckt.

14.2 Standortwahl und Transportkosten

»Donnerwetter, das ging ja fix bei Ihnen! Aber warum wird Stuttgart aus Nürnberg und aus Köln beliefert?«, fragte er nach.

»Das liegt an der Kapazitätsgrenze des Lagers in Nürnberg. In der Planung ist dieser eine Standort voll ausgelastet, Köln und Hamburg haben aber noch Luft. Köln ist halt näher an Stuttgart als Hamburg, daher kommt das«, meinte Gabi Gründlich.

»Ach so, dann verstehe ich das auch. Allerdings habe ich mit dem Vorschlag noch ein anderes Problem. Die Lösung gefällt mir nicht so richtig.«

»Wieso?«, fragte Rudolf Rastlos den Firmenchef.

»Ich möchte demnächst auch auf den polnischen Markt gehen. Die Marktstudien deuten darauf hin, dass unsere Produkte dort auch gut ankommen müssten. Dann wäre Berlin ein sehr guter Standort für ein zentrales Auslieferungslager. Ich möchte aber eigentlich keine weiteren 150.000 Euro im Jahr für einen zusätzlichen Standort ausgeben«, erklärte Schneider etwas ratlos.

»Das müssen Sie vermutlich auch nicht, Herr Schneider«, erklärte Gabi Gründlich mit einem Lächeln.

»Wieso? Sie haben mir doch vorhin erklärt, dass ein Lager 150.000 Euro p. a. kostet.«

Gabi Gründlich fing an, auf ihrem Notebook herumzuhacken.

»Einen Moment, das haben wir gleich.«

Sie nahm einen Schluck Kaffee und wartete, bis die Rechnung durchgelaufen war.

»Also, Herr Schneider, ich habe gerade das Modell so verändert, dass Berlin als Standort gesetzt wird. Dann wird gewissermaßen der Rest der Lösung um diese Vorgabe herum konstruiert. Wenn wir das machen, dann fällt halt der Standort in Hamburg weg.«

Gabi ging zum Flipchart und zeichnete die Lösung in Abbildung 14.3(b) mit den Transportmengen in Tabelle 14.7 auf.

»Ok, und wie sieht das dann mit den Kosten aus?«

»Na ja, umsonst kriegen Sie Berlin nicht in die Lösung hinein. Jetzt sind die Kosten bei 746.660 Euro, das sind so etwa 27.000 Euro mehr als in der ersten Lösung.«

»Hm, aber in der neuen Lösung ist ja jetzt das Lager in Berlin komplett ausgelastet. Da bleibt ja keine Kapazität mehr für den polnischen Markt«, wandte Schneider ein.

»Das stimmt. Aber in dieser Lösung hat das Lager in Nürnberg noch freie Kapazität. Wenn Sie einen Teil der Nachfrage in Dresden von Nürnberg bedienen, was auch nicht viel teurer wird, dann haben Sie ihre freie Kapazität in Berlin für den polnischen Markt.«

»Das glaube ich nicht«, erwiderte Schneider.

»Müssen Sie auch nicht, Herr Schneider. Passen Sie auf. Ich erzwinge jetzt, dass 100 Mengeneinheiten von Nürnberg nach Dresden geliefert werden. Dafür reicht die freie Kapazität in Nürnberg ja dicke aus.«

Erneut klapperte Gabi auf ihrem Rechner herum und zeichnete kurz danach das Ergebnis in Tabelle 14.8 auf dem Flipchart auf.

»Also, die Kosten steigen jetzt von 746.660 auf 752.715 Euro. Sehen Sie, Herr Schneider, jetzt haben Sie freie Kapazität in Berlin, und zwar 90 Kapazitätseinheiten.«

»Wieso denn jetzt nur 90 und nicht 100? Sie haben doch gerade gesagt, dass 100 Einheiten von Nürnberg nach Dresden eingeplant werden. Denn müssten doch in Berlin jetzt 100 Einheiten frei sein, oder nicht?«

»Moment, sehen wir 'mal. Ah ja, die freie Kapazität in Berlin wird jetzt zum Teil benutzt, um die Nachfrage in Hamburg zu bedienen. Das ist billiger als von Köln aus. Es hängt halt alles mit allem zusammen.«

»Meine Güte, das ist ja alles entsetzlich kompliziert!«, stöhnte Schneider. »Jedenfalls vielen Dank. Ich freue mich auf die Abschlusspräsentation!«

14.2.2 Entscheidung bei unsicherer Nachfrage: Robuste Optimierung mit einem Szenarioansatz

Im vorherigen Abschnitt haben wir uns das Problem der kostenorientierten Planung von Standorten für den Fall der Sicherheit aller Parameter angesehen. Nun betrachten wir den Fall einer unsicheren Nachfrage, während alle anderen Parameter weiterhin als mit Sicherheit bekannt angesehen werden. Wir untersuchen, wie sich die Unsicherheit der Nachfrage auf unsere Standortentscheidungen der zentralen Auslieferungslager auswirkt. Die Grundidee besteht darin, deren Standorte insofern *robust* zu wählen, dass wir einen hinreichend großen Anteil der unsicheren Nachfrage zu möglichst niedrigen Kosten bedienen können.

Wie im Fall der Produktionsprogrammplanung mit Kapazitätsreservierung in Abschnitt 5.3 sowie im Fall des Bestandsmanagements in Abschnitt 7.5 stehen wir dabei vor einer zweistufigen Entscheidungssituation:

- In der **ersten Stufe** entscheiden wir über die **Standorte** der zentralen Auslieferungslager. Dabei antizipieren wir die Auswirkungen dieser Standortentscheidungen auf die später zu treffenden Entscheidungen über die Transportmengen, die von den dann tatsächlich eintreffenden Nachfragen abhängen werden. In dieser ersten Stufe des Problems besteht Unsicherheit über die künftige Nachfrage. Wir verwenden daher ein Bündel von Zukunftsszenarien, um diese Unsicherheit abzubilden.

- In der **zweiten Stufe** sind einerseits die Standorte gegeben. Andererseits sind dann auch die tatsächlichen Nachfragen bekannt, so dass nun nur noch über die **Transportmengen** entschieden werden muss. Das verbleibende Problem ist somit eine Variante des klassischen Transportproblems, vgl. Abschnitt 11.2.

Uns interessiert hier die Entscheidung der Stufe 1 über die Standorte. Ähnlich wie im Fall des Bestandsmanagements akzeptieren wir dabei die prinzipielle Möglichkeit, dass wir einen Teil der Nachfrage u. U. *nicht* bedienen können oder wollen, wenn diese in einem Zukunftsszenario besonders hoch ausfallen sollte. Ebenfalls wie im Kontext des Bestandsmanagements können wir dazu den Grad unserer erwarteten Lieferfähigkeit über eine Servicegradrestriktion vorgeben, hier über den β-Servicegrad als dem erwarteten Anteil der bedienten Nachfrage an der gesamten Nachfrage, vgl. Abschnitt 7.4 ab S. 171.

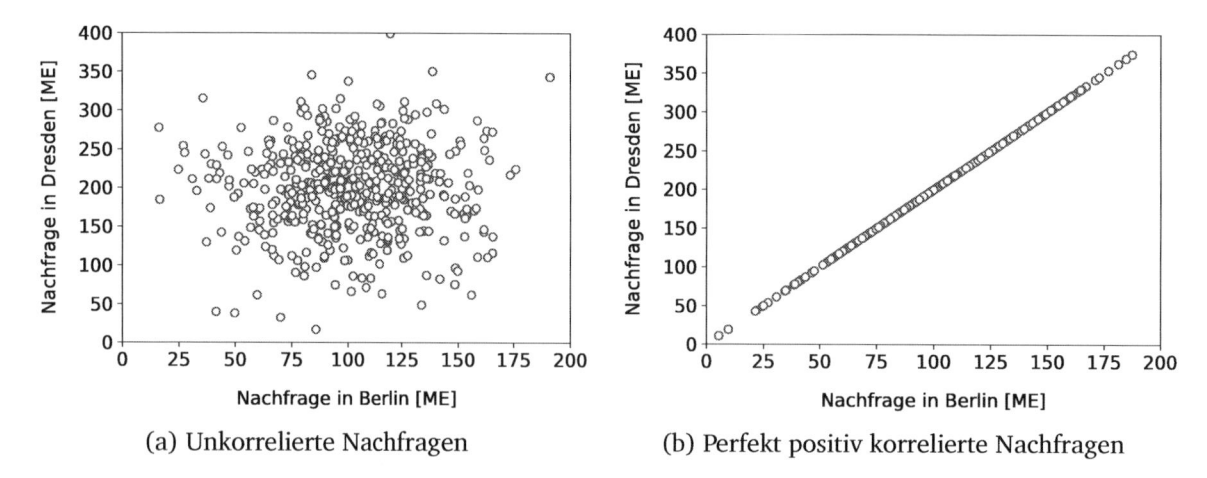

(a) Unkorrelierte Nachfragen (b) Perfekt positiv korrelierte Nachfragen

Abbildung 14.4: Nachfragekombinationen in Berlin und Dresden

Es stellt sich heraus, dass für unser Problem der Standortplanung nun die Frage relevant ist, ob es zwischen den Nachfragen an den verschiedenen Nachfragezentren einen Zusammenhang gibt oder nicht, s. Abbildung 14.4.

14.2 Standortwahl und Transportkosten

- Wenn die **Nachfragen** an den verschiedenen Standorten in keinem Zusammenhang stehen, dann sind sie auch auf jeden Fall **unkorreliert**. Betrachten Sie beispielhaft Abbildung 14.4(a). Jeder der Punkte dort stellt eine Realisation der Nachfrage in Berlin und in Dresden dar. Offensichtlich gibt es keinen Zusammenhang zwischen der Nachfrage in Berlin und Dresden, die Nachfragen sind also unkorreliert. Das bedeutet, dass insbesondere der Fall auftreten kann, dass eine hohe Nachfrage etwa in Berlin mit einer niedrigen im Dresden einhergeht und umgekehrt. In diesem Fall können sich also in der Gesamtsicht die Abweichungen von den Mittelwerten zumindest zum Teil gegenseitig aufheben und der Variationskoeffizient der Summe der Nachfragen ist geringer als jener der einzelnen Nachfragen.[6]

- Gibt es dagegen eine Einflussgröße, die gleichzeitig auf die Nachfragen an verschiedenen Nachfragezentren wirkt, so sind diese nicht mehr unkorreliert. Beispielsweise könnte die Nachfrage an den verschiedenen Nachfragezentren in Folge konjunktureller Schwankungen miteinander korreliert sein, weil in Boom-Phasen die Nachfragen an allen Nachfragezentren überdurchschnittlich groß sind. Entsprechend sind sie in Rezessionsphasen an allen Nachfragezentren unterdurchschnittlich groß. In Abbildung 14.4(b) erkennen Sie den Extremfall einer perfekten (positiven) Korrelation der Nachfragen in Berlin und Dresden.

Wenn wir uns nun unsere Lösung des Standortplanungsproblems in Abbildung 14.3(a) auf S. 286 ansehen und uns die Daten des Beispiels in Erinnerung rufen, so erkennen wir, dass mit den in dieser Lösung drei eingerichteten Standorten der zentralen Auslieferungslager eine Kapazität von insgesamt 1.500 ME je Periode einhergeht.

Wir unterstellen nun für einen Moment, dass

- die Nachfragen an den Nachfragezentren normalverteilt seien, dass
- die Einträge in Tabelle 14.1 die Erwartungswerte dieser Nachfragen darstellen, dass
- die Variationskoeffizienten der Nachfragen jeweils 0,3 betragen und dass
- die Nachfragen an den verschiedenen Nachfragezentren miteinander *unkorreliert* seien.

Zu diesen Annahmen passt die Situation in Abbildung 14.4(a). Der Erwartungswert der Gesamtnachfrage über alle Nachfragezentren beträgt dann in der Summe 1.230 ME je Periode und liegt damit deutlich unter der Gesamtkapazität der drei eingerichteten zentralen Auslieferungslager von 1.500 ME je Periode. Da von jedem zentralen Auslieferungslager aus jedes Nachfragezentrum bedient werden kann, stellt sich die Standortstruktur in Abbildung 14.3(a) im Fall unkorrelierter Nachfrageschwankungen als recht robust dar. Es ist hier einfach extrem unwahrscheinlich, dass an allen Nachfragezentren gleichzeitig so überdurchschnittlich große Nachfragen auftreten, dass die Gesamtkapazität der zentralen Auslieferungslager von 1.500 ME pro Periode überschritten wird.

Interessanter ist also hier der Fall von *korrelierten* Nachfrageschwankungen. Ähnlich wie im Fall der Produktionsprogrammplanung mit Kapazitätsreservierung in Abschnitt 5.3 können wir diesen leicht an einem Beispiel mit drei Zukunftsszenarien s mit Eintrittswahrscheinlichkeiten p_s in Tabelle 14.9 darstellen. Das Szenario 2 stellt gewissermaßen einen mittleren Fall dar und entspricht jenem, den wir im Fall der Tabelle 14.1 als deterministisch angenommen haben. Davon ausgehend stellt das Szenario 1 die 0,25-fache Nachfrage des mittleren Falls dar und das Szenario 3 die 1,75-fache Nachfrage. Damit sind die Nachfragen in den Szenarien perfekt korreliert, ähnlich wie im Fall der Abbildung 14.4(b). Alle Szenarien werden zudem als gleichermaßen wahrscheinlich angenommen. Der Erwartungswerte der Nachfragen entsprechen damit jenen Werten, die in Tabelle 14.1 auf S. 283 als deterministische Größen angenommen sind.

---

[6] Diesem Effekt sind wir bereits im Kontext der Prozessanalyse in Abschnitt 3.5 ab S. 70 begegnet.

Tabelle 14.9: Nachfrageszenarien für die Standortplanung

Szenario		Nachfrage b_{js} in							
s	p_s	B	DD	Ffm	HH	H	K	M	N	S
1	1/3	25,0	50,0	30,0	52,5	20,0	47,5	37,5	25,0	20,0
2	1/3	100,0	200,0	120,0	210,0	80,0	190,0	150,0	100,0	80,0
3	1/3	175,0	350,0	210,0	367,5	140,0	332,5	262,5	175,0	140,0

Das betrachtete Problem der Standortplanung stellt sich also im Grundsatz ähnlich dar wie in Abschnitt 14.2. Die Unterschiede bestehen darin, dass wir nun

- den Erwartungswert der Kosten über die Szenarien minimieren möchten,
- an jedem Nachfragezentrum j in jedem Szenario s eine Fehlmenge FM_{js} zulassen und
- diese Fehlmengen FM_{js} für jedes Nachfragezentrum j durch eine Restriktion hinsichtlich des β-Servicegrades begrenzen.

Mit der Notation in Tabelle 14.10 formulieren wir dazu das folgende Entscheidungsmodell.

Modell 14.2: Kostenorientierte Standortplanung unter Unsicherheit

$$\text{Minimiere } Z = \sum_{i=1}^{I} f_i \cdot Y_i + \sum_{i=1}^{I} \sum_{j=1}^{J} \sum_{s=1}^{S} c_{ij} \cdot p_s \cdot X_{ijs} \tag{14.4}$$

u. B. d. R.

$$\sum_{j=1}^{J} X_{ijs} \leq a_i \cdot Y_i, \qquad i = 1, ..., I, s = 1, ..., S \tag{14.5}$$

$$\sum_{i=1}^{I} X_{ijs} = b_j - FM_{js}, \qquad j = 1, ..., J, s = 1, ..., S \tag{14.6}$$

$$\sum_{s=1}^{S} p_s \cdot FM_{js} \leq (1-\beta) \sum_{s=1}^{S} p_s \cdot d_{js}, \qquad j = 1, ..., J \tag{14.7}$$

In der Zielfunktion (14.4) stellt der zweite Summand den Erwartungswert der Transportkosten dar. Durch die Restriktion (14.5) werden die szenariospezifischen Transportmengen an die szenarioübergreifende Entscheidung zur Einrichtung der Zentrallagern an den potentiellen Standorten gekoppelt. In der Restriktion (14.6) wird die Fehlmenge je Nachfragezentrum und Szenario ermittelt. Durch die Bedingung (14.7) wird sichergestellt, dass die erwarteten Fehlmengen nicht größer werden als der durch den vorgegebenen β-Servicegrad erlaubte Anteil der erwarteten Nachfrage am betrachteten Nachfragezentrum.

Beachten Sie bitte, dass dieses Modell eine Verallgemeinerung jenes Modells zur kostenorientierten Standortplanung unter Sicherheit auf S. 284 ist. Das können Sie leicht erkennen, indem Sie nur ein einziges Szenario zulassen, welches daher mit Wahrscheinlichkeit 1 eintritt, und zudem den geforderten β-Servicegrad auf 1 setzen. Dies können wir also als den deterministischen Vergleichsfall betrachten, wenn wir aus Tabelle 14.9 auf S. 290 das Szenario 2 als das einzige und mit Sicherheit eintreffende Szenario wählen.

14.2 Standortwahl und Transportkosten

Tabelle 14.10: Notation zur kostenorientierten Standortplanung bei unsicherer Nachfrage

Symbol	Bedeutung
Indizes und Indexmengen	
$i = 1, ..., I$	potentielle Standorte
$j = 1, ..., J$	Nachfragezentren
$s = 1, ..., S$	Nachfrageszenarien
Parameter	
a_i	Kapazität des potentiellen Standorts i
b_{js}	Bedarf am Nachfragezentrum j im Szenario s
c_{ij}	Kostensatz je Mengeneinheit für Transporte vom potentiellen Standort i zum Nachfragezentrum j
f_i	fixe Kosten des potentiellen Standorts i
p_s	Eintrittswahrscheinlichkeit für Szenario s
Entscheidungsvariablen	
$FM_{js} \geq 0$	Fehlmenge am Nachfragezentrum j im Szenario s
$X_{ijs} \geq 0$	Transportmenge von Standort i zum Nachfragezentrum j im Szenario s
$Y_i \in \{0, 1\}$	gleich 1, wenn Standort i eingerichtet wird, sonst 0

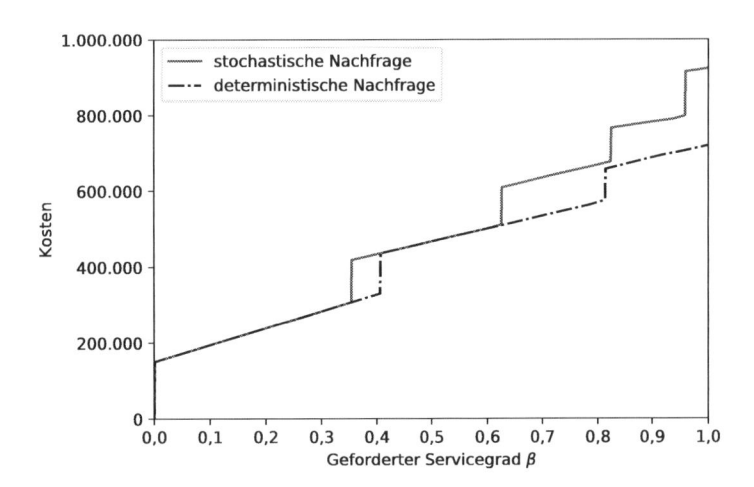

Abbildung 14.5: Kostenverlauf bei stochastischer Nachfrage in Abhängigkeit des geforderten β-Servicegrades

In Abbildung 14.5 können Sie erkennen, dass die Kosten mit dem geforderten β-Servicegrad steigen, und zwar sowohl im Fall der deterministischen Nachfrage als auch im Fall der stochastischen Nachfrage gemäß den Szenarien in Tabelle 14.9. Dabei weisen die Kostenverläufe Sprungstellen auf, die darauf zurückzuführen sind, dass mit steigendem geforderten Servicegrad weitere Standorte der zentralen Auslieferunglager geöffnet werden müssen und somit weitere Fixkosten hinzukommen.

Abbildung 14.5 zeigt Ihnen auch, dass die Kosten im Fall der unsicheren Nachfrage für einen hohen Servicegrad deutlich höher sind als im Fall der sicheren Nachfrage und dass für einen geforderten β-Servicegrad von 100% im deterministischen Fall drei sowie im stochastischen Fall fünf Zentrallager eingerichtet werden. Abbildung 14.6 können Sie entnehmen, welche Lager das für welchen geforderten β-Servicegrad jeweils sind. So werden etwa für einen geforderten β-Servicegrad von 100% die zentralen Auslieferungslager an den Standorten in Dresden, Frankfurt am Main, Hamburg, Köln und München eingerichtet. Diese haben dann

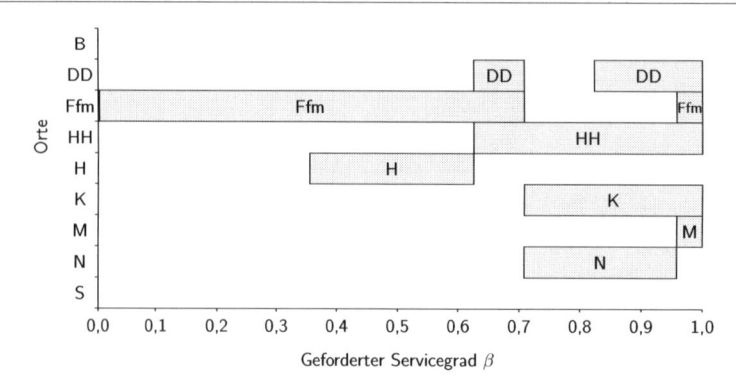

Abbildung 14.6: Eingerichtete Zentrallager bei stochastischer Nachfrage in Abhängigkeit des geforderten β-Servicegrades

zusammen eine Kapazität von 2.500 ME je Periode und können gemeinsam auch die Nachfrage im Szenario 3 der Tabelle 14.9 zu 100% befriedigen. Sie erkennen auch, dass in Berlin und in Stuttgart für *keinen* denkbaren β-Servicegrad ein zentrales Auslieferungslager eingerichtet wird. Diese Ergebnisse wurden über die GAMS-Implementierung in Anhang A.11.1.2 auf S. 369 ermittelt.

14.3 Standortwahl und Reaktionszeiten

Im vorangegangenen Abschnitt haben wir ein fiktives Unternehmen der Sachgüterproduktion betrachtet, welches Standortentscheidungen im Zuge der Konfiguration seines Distributionssystems zu treffen hatte. Nun wenden wir uns einem fiktiven öffentlichen Dienstleistungsunternehmen zu, bei dessen Standortentscheidungen Servicerestriktionen im Vordergrund stehen.

Beispiel zur Standortwahl von Rettungswagen

Dr. Rudolf Rastlos und seine engste Mitarbeiterin Dr. Gabi Gründlich waren neugierig auf den Besuch. Es hatte sich der Geschäftsführer der *Rettungsdienste Niedersachsen GmbH* angekündigt. Überpünktlich betrat Gunnar Kunze das Büro von Rudolf Rastlos. Nach einer kurzen Begrüßung fragte ihn Rudolf, wie man zu der Ehre seines Besuches käme.

»Mein Schwager, Siegfried Schneider, hat Sie mir empfohlen. Er meint, mit Standortentscheidungen würden Sie sich auskennen. Insbesondere von Ihnen, Frau Dr. Gründlich, war er offenbar sehr beeindruckt!«

»Das freut uns sehr, grüßen Sie ihn bitte von uns, wenn Sie die Gelegenheit haben. Ich hoffe, wir können ihren Erwartungen entsprechen«, erwiderte Rudolf.

»Ja, das wäre schön, wenngleich mein Problem völlig anders gelagert ist. Ich habe da auch schon etwas mitgebracht«, sagte Kunze, klappte seinen Rechner auf und öffnete die Dateien mit Abbildung 14.7 und Tabelle 14.11.

»Na, dann erzählen Sie doch 'mal«, ermunterte ihn Rudolf Rastlos und betrachtete die Abbildung und die Tabelle.

»Mein Unternehmen betreibt Rettungsdienste in diversen Teilen Niedersachsens, so z. B. in Seestadt bei Hannover. Wir versorgen dort 11 verschiedene Ortsteile oder kleinere Ortschaften. Die Abbildung hier zeigt Ihnen die relative Lage dieser Orte zueinander und die Tabelle die Entfernungen.«

Rudolf Rastlos und Gabi Gründlich hörten aufmerksam zu.

14.3 Standortwahl und Reaktionszeiten

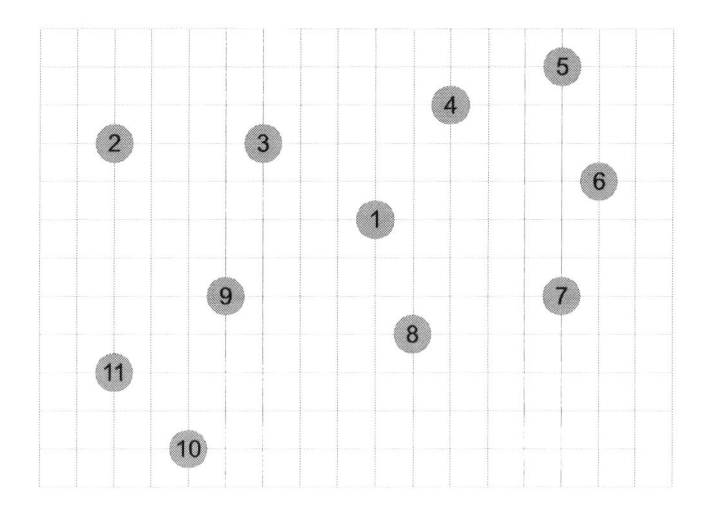

Abbildung 14.7: Lage der 11 Orte zueinander

Tabelle 14.11: Distanzen zwischen den Orten

$i \backslash j$	1	2	3	4	5	6	7	8	9	10	11
1		9	5	5	9	7	7	4	6	11	11
2	9		4	10	14	14	16	13	7	10	6
3	5	4		6	10	10	12	9	5	10	10
4	5	10	6		4	6	8	7	11	16	16
5	9	14	10	4		4	6	11	15	20	20
6	7	14	10	6	4		4	9	13	18	18
7	7	16	12	8	6	4		5	9	14	14
8	4	13	9	7	11	9	5		6	9	9
9	6	7	5	11	15	13	9	6		5	5
10	11	10	10	16	20	18	14	9	5		4
11	11	6	10	16	20	18	14	9	5	4	

»Früher hat man Rettungswagen meistens in Rettungswachen auf den nächsten Einsatz warten lassen. Heute stellt man diese auch oft an günstig gelegene Plätze, z. B. an Kreuzungen von Schnellstraßen, auf Parkplätze von Supermärkten etc. Dadurch ist man im Notfall schneller vor Ort. Das führt allerdings auf die Frage, wo man die Fahrzeuge hinstellen soll und welche Einsatzorte einem Standort jeweils zugeordnet werden sollen. Wir haben ja nicht endlos viel Geld für die Fahrzeuge. Ständig werden unsere Budgets gekürzt, aber andererseits sollen wir immer schneller am Notfallort sein. Das passt doch alles nicht zusammen!«

An der Stelle mischte sich Gabi in das Gespräch. »Verstehe ich Sie richtig, dass jeder der Orte auf der Karte einem der Standorte zugeordnet werden muss, dabei eine maximale Distanz nicht überschritten werden darf und Sie gerne so wenig Standorte wie möglich hätten?«

»Ja, genau!«, strahlte Kunze zum ersten Mal in dem Gespräch.

»Und wie groß ist diese maximale Distanz?«, fragte Gabi.

»Na ja, sagen wir einmal fünf oder sechs Kilometer. Im Normalfall ist man dann rechtzeitig vor Ort«, meinte Kunze nach kurzem Nachdenken.

»Du, Rudi, das sieht doch aus wie ein Covering-Problem aus dem Lehrbuch, oder?«, fragte Gabi.

»Ja, denke ich auch, zumindest wäre das ein Anfang«, bestätigte ihr Rudolf Rastlos.

Gabi holte einen USB-Stick hervor. »Können Sie mir die Tabelle 'mal auf den Stick ziehen?«

»Ja, sicher«, sagte Kunze überrascht und kopierte die Datei.

»Vielen Dank, ich bin in 10 Minuten wieder da«, erwiderte Gabi und verschwand.

»Und was wird das jetzt?«, fragte Kunze den lächelnden Rudolf Rastlos.

»Lassen Sie sich überraschen, Herr Kunze. Möchten Sie noch einen Kaffee?« Rudolf berichtete ein wenig von den Arbeitsgebieten der kleinen Beratungsgesellschaft und hob insbesondere die Fähigkeiten von Gabi Gründlich hervor, als diese auch schon wieder zurückkehrte.

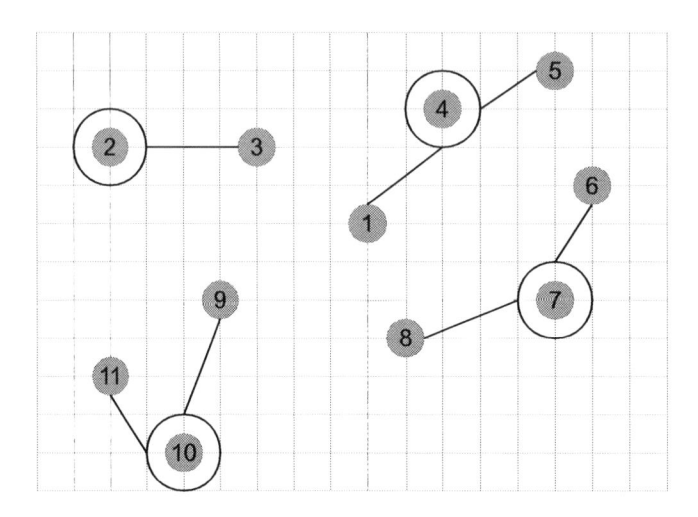

Abbildung 14.8: Lösung mit vier Standorten

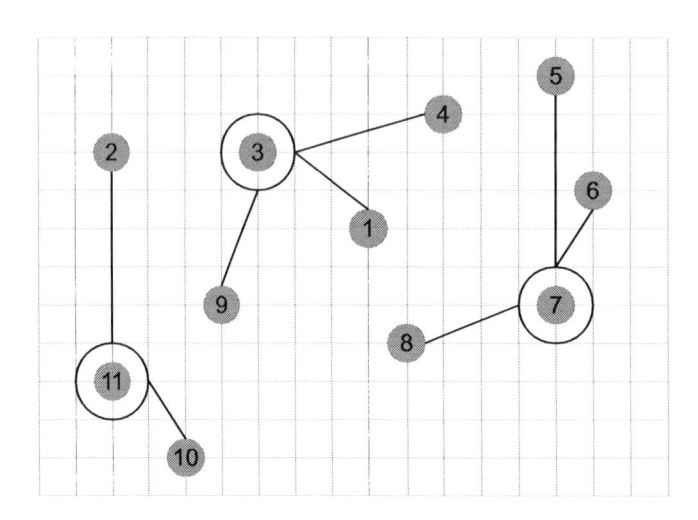

Abbildung 14.9: Lösung mit drei Standorten

»Ah, wenn man vom Teufel spricht...«, begrüßte Rudolf sie.

»Ich geb' Dir gleich Teufel«, lachte Gabi.

»Hier, Herr Kunze, schauen Sie sich das einmal an.« Sie zeigte ihm Abbildung 14.8 auf ihrem Rechner. »Das Problem, so wie sie es beschrieben haben, ist in der Literatur als „Covering-Problem" bekannt. Ich habe eben den Rechner mit den Daten aus ihrer Tabelle gefüttert. Wenn die maximale Distanz fünf Kilometer beträgt, dann brauchen Sie vier Standorte, und zwar an den Orten 2, 4, 7 und 10.«

»So schnell haben Sie das ausgerechnet?«, staunte Kunze.

14.3 Standortwahl und Reaktionszeiten

> »Ja, ich habe Ihnen auch noch ausgerechnet, was für eine Struktur sich ergibt, wenn Sie eine maximale Distanz von sechs Kilometern zulassen. Dann kommen Sie mit drei Standorten aus.« Gabi deutete auf Abbildung 14.9.
>
> Kunze war begeistert. Er erkannte sofort, dass man mit diesen Methoden nicht nur in Seestadt, sondern auch in anderen Kommunen würde arbeiten können.
>
> »Frau Gründlich, Herr Rastlos, ich glaube, das ist der Beginn einer wunderbaren Freundschaft.«[a]
>
> [a] Wer sagte dies bei welchem Wetter, wann, wo, warum und zu wem?

Offensichtlich müssen bei diesem Problem zwei miteinander verknüpfte Entscheidungen getroffen werden. Einerseits muss entschieden werden, ob an einem dem potentiellen Standorte eine Einrichtung, im konkreten Fall ein Rettungswagen, platziert wird. Andererseits müssen die „Kundenorte", im konkreten Fall also die potentiellen Einsatzorte der Rettungswagen, den ausgewählten Standorten zugewiesen werden.

Tabelle 14.12: Notation zur serviceorientierten Standortplanung

Symbol	Bedeutung
Indizes und Indexmengen	
$i, j = 1, ..., I$	Einsatzorte und potentielle Standorte
Parameter	
d_{ij}	Distanz zwischen Standort i und Einsatzort j
s	maximal zulässige Distanz zwischen Standorten und zugeordneten Einsatzorten
Entscheidungsvariablen	
$X_{ij} \in \{0, 1\}$	gleich 1, wenn Standort i Einsatzort j versorgt, sonst 0
$Y_i \in \{0, 1\}$	gleich 1, wenn Standort i eingerichtet wird, sonst 0

Mit der Notation in Tabelle 14.12 formulieren wir für diese Problemstellung das folgende auch als *covering problem* bezeichnete Entscheidungsmodell:[7]

Modell 14.3: Serviceorientierte Standortplanung

$$\text{Minimiere } Z = \sum_{i=1}^{I} Y_i \tag{14.8}$$

u. B. d. R.

$$d_{ij} \cdot X_{ij} \leq s, \qquad i,j = 1, ..., I \tag{14.9}$$

$$\sum_{i=1}^{I} X_{ij} = 1, \qquad j = 1, ..., I \tag{14.10}$$

$$Y_i \geq X_{ij}, \qquad i,j = 1, ..., I \tag{14.11}$$

Über die Zielfunktion (14.8) wird die Anzahl der eingerichteten Standorte minimiert. Die Restriktionen (14.9) stellen sicher, dass die Distanz zwischen jedem Standort und allen ihm zugeordneten Einsatzorten die vorgegebene Schranke s nicht überschreitet. Durch die Gleichungen (14.10) wird erreicht, dass jeder Einsatzort einem Standort zugeordnet wird. Letztlich bewirken die Restriktionen (14.11), dass jeder Einsatzort nur geöffneten Standorten zugeordnet

---
[7] Vgl. Mattfeld und Vahrenkamp (2014, Abschnitt 5.2).

werden kann. In Abschnitt A.11.2 auf S.371 finden Sie die GAMS-Implementierung des Modells, mit der Lösung im dargestellten Beispiel ermittelt wurde.

Eng verwandt mit dem Covering-Problem ist das sogenannte *Center-Problem*. In dem gerade betrachteten Covering-Problem gingen wir ja von der Annahme aus, dass die maximal zulässige Distanz zwischen den Standorten und den Einsatzorten gegeben ist und nach der kleinstmöglichen Anzahl von Standorten gefragt ist, mit der man diese maximalen Distanzen einhalten kann. Die dazu gewissermaßen duale Fragestellung lautet, wie bei einer gegebenen Anzahl einzurichtender Standorte diese so räumlich verteilt werden können, dass die maximale Distanz zwischen den Standorten und den Einsatz- oder Kundenorten möglichst gering wird.[8]

Literaturhinweise

- Domschke und Drexl (1996)
- Mattfeld und Vahrenkamp (2014)

14.4 Aufgaben und Übungen

1. Standortwahl und Transportkosten

   a) Betrachten Sie Modell 14.2 auf S. 290 zur robusten Standortwahl mit dem Szenarioansatz. Was würde sich an dem Modell ändern, wenn die Nachfragen an den Nachfragezentren in den verschiedenen Szenarien unkorreliert wären?

   > **Lösung/Lösungshinweis**
   >
   > An dem Modell selbst würde sich nichts ändern. Allerdings müsste bei der Erzeugung der Nachfragerealisationen $d_{j,s}$ für die verschiedenen Nachfragezentren j sichergestellt werden, dass diese voneinander unabhängig gezogen werden, um eine Situation wie in Abbildung 14.4(a) zu erreichen und eine perfekte Korrelation wie in Tabelle 14.9 zu vermeiden.

   b) Betrachten Sie das in Abschnitt 14.2 im Beispiel dargestellte Problem der Standortplanung. Verwenden Sie das GAMS-Modell in Anhang A.11.1.1 auf S. 368 um im Fall 1 die optimale Standortstruktur zu finden, wenn die Fixkosten des Betriebs der zentralen Auslieferungslager um 90% sinken bzw. um 90% ansteigen. Geben Sie auch den jeweiligen Zielfunktionswert an.

   > **Lösung/Lösungshinweis**
   >
   > Wenn die Fixkosten von 150.000 auf 15.000 Geldeinheiten sinken, dann sinkt der Zielfunktionswert der optimalen Lösung im Fall 1 auf 242.247,5 Geldeinheiten und es werden die Standorte in Berlin, Dresden, Frankfurt am Main, Hamburg, Köln, München und Nürnberg eröffnet. Damit verlieren die Lager weitgehend ihren Charakter als *zentrale* Auslieferungslager.
   > Wenn die Fixkosten von 150.000 auf 285.000 Geldeinheiten sinken, dann steigt der Zielfunktionswert der optimalen Lösung im Fall 1 auf 1.124.937,5 Geldeinheiten und es werden die Standorte in Hamburg, Köln und Nürnberg eröffnet.

---

[8] Vgl. dazu Mattfeld und Vahrenkamp (2014, Abschnitt 6.1).

14.4 Aufgaben und Übungen

c) Stellen Sie sich vor, es gäbe für die Transporte vom Standort i zum Nachfragezentrum j jeweils eine Kapazitätsgrenze k_{ij}. Formulieren Sie eine ergänzende Restriktion zum Entscheidungsmodell zur kostenorientierten Standortplanung auf S. 285, die dafür sorgt, dass die eingeplanten Transportmengen diese Kapazitätsgrenze nicht überschreiten.

d) Wie verändert sich *ceteris paribus* die Struktur der Lösung des Standortplanungsproblems, wenn die Kapazitäten a_i an den Standorten steigen? Welchen Einfluss hat dies tendenziell auf die Transportkosten?

e) Wie verändert sich *ceteris paribus* die Struktur der Lösung des Standortplanungsproblems, wenn die Nachfragen b_j an den Nachfragezentren steigen? Welchen Einfluss hat dies tendenziell auf die Transportkosten?

2. Standortwahl und Servicerestriktionen

   Betrachten Sie das in Abschnitt 14.3 dargestellte Problem der Standortplanung. Wie müsste man die Modellformulierung ergänzen um sicherzustellen, dass kein eingerichteter Standort mehr als drei potentiellen Einsatzorten zugeordnet wird?

3. Wie verändert sich *ceteris paribus* die Struktur der Lösung des Standortplanungsproblems, wenn maximal zulässige Distanz S vergrößert wird? Welchen Einfluss hat dies tendenziell auf den Zielfunktionswert?

15 Layoutplanung

15.1 Problemaspekte

Sehr häufig bestehen Betriebe aus unterschiedlichen, räumlich getrennten Teilbereichen wie Abteilungen oder Werkstätten, die durch Transportprozesse verbunden sind. Betrachten Sie als Beispiel in Abbildung 15.1 den Lageplan der Medizinischen Hochschule Hannover (MHH).

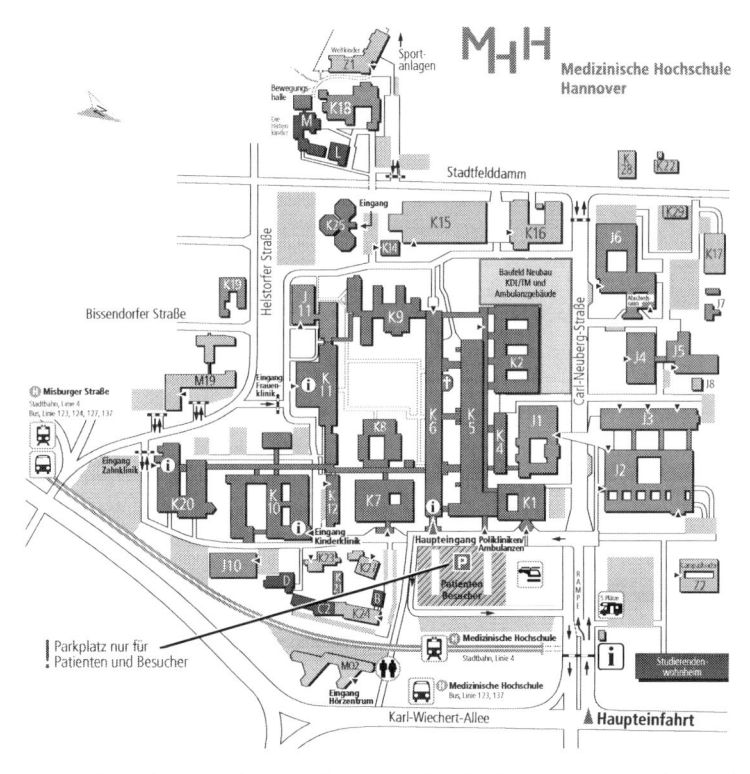

15.1

Abbildung 15.1: Lageplan der Medizinischen Hochschule Hannover (MHH) (Quelle: MHH)

In der MHH müssen sich wie in anderen (Universitäts-)Klinika[1] die Patienten, Ärzte und Pflegekräfte zwischen den verschiedenen medizinischen Abteilungen und den Bettenstationen hin- und herbewegen. Zudem müssen zahlreiche Güter transportiert werden. Dafür wird häufig u. a. ein sogenannter „Hol- und Bring"-Dienst eingesetzt, der in einem Universitätsklinikum durchaus eine zwei- bis dreistellige Zahl von Beschäftigten aufweisen und einen erheblichen Kostenblock darstellen kann. So werden in der MHH pro Jahr mehrere Hunderttausend Transportvorgänge durchgeführt. Die dabei zurückgelegten Strecken und damit auch die Kosten dieser Transportvorgänge hängen u. a. vom **Layout** des Klinikums ab.[2]

Allgemein bestimmt das Layout einer Betriebsstätte, wie deren einzelne Komponenten räumlich angeordnet sind und welche Transportmöglichkeiten zwischen diesen bestehen. Damit hat das Layout eine überragende Bedeutung für die innerbetrieblichen Transportprozesse und deren Kosten. Sind die Layout-Entscheidungen einmal getroffen, so haben sie zudem häufig

---
[1] Eine einzelne medizinische Fachabteilung bezeichnet man vielfach als „Klinik", Plural „Kliniken". Das Krankenhaus insgesamt ist das „Klinikum", Plural „Klinika".
[2] Zur Layoutplanung für derartige Krankenhäuser vgl. Elshafei (1977), Hahn und Krarup (2001) sowie Helber, Böhme u. a. (2016).

über eine lange Zeit Bestand. Soll das Layout verändert werden, so müssen die betrieblichen (Produktions-)Prozesse unterbrochen werden und erneut Investitionen in bauliche Maßnahmen vorgenommen werden. Damit deutet sich bereits an, dass Entscheidungen im Rahmen der Layoutplanung ähnlich wie jene zur Standortplanung vielfach einen strategischen Charakter aufweisen.

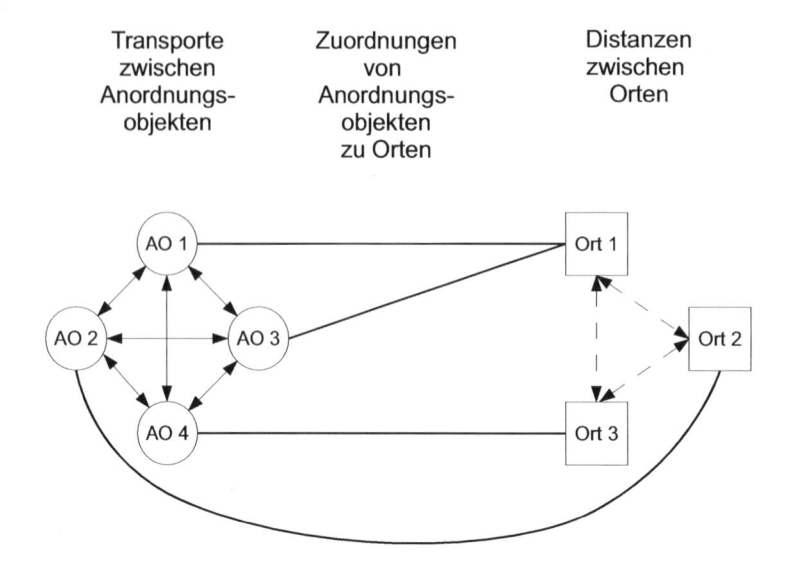

Abbildung 15.2: Abstraktes Layoutproblem

In der Layoutplanung betrachten wir wie in Abbildung 15.2 angedeutet einerseits die *Anordnungsobjekte* (AO) und andererseits die *Orte*. Die AO sind miteinander durch Transportbeziehungen verbunden. Im Fall eines Krankenhauses sind dies z. B. die Fachabteilungen, zwischen denen u. a. Patienten transportiert werden müssen. Die verschiedenen Orte können z. B. Gebäude(teile) oder die Etagen eines Gebäudes sein. Aus der baulichen Struktur ergeben sich die Distanzen zwischen diesen Orten. Im Rahmen der Layoutplanung sollen nun die AO den Orten zugewiesen werden, in Abbildung 15.2 z. B. die AO 1 und 3 dem Ort 1. Die Abbildung deutet bereits an, dass eine sinnvolle Zuordnung einerseits von den Transportbeziehungen zwischen den AOn und andererseits von den Distanzen zwischen den Orten abhängt.

Bevor wir die Entscheidungssituation der Layoutplanung in einer sehr einfachen Grundform formal modellieren, betrachten wir zunächst einige Problemaspekte, die in der Praxis eine große Rolle spielen können:

Platzbedarfe und Kapazitätsrestriktionen: Die einzelnen Anordnungsobjekte haben typischerweise einen bestimmten Platz- oder Raumbedarf, während an den Orten das Platz- oder Raumangebot begrenzt ist. Die Zuordnung muss so erfolgen, dass sie die relevanten räumlichen Kapazitätsrestriktionen der Orte einhält.

Absolute Anordnungsgebote: Es kann der Fall auftreten, dass bestimmte Anordnungsobjekte zwingend ganz bestimmten Orten zugeordnet werden müssen, weil nur diese die Voraussetzungen für die Aufnahme des Anordnungsobjektes erfüllen können. Denken Sie etwa an technische Voraussetzungen wie Fundamente, Anschlüsse für Netze, den Zugang für Verkehrsmittel etc.

Absolute Anordnungsverbote: Durch absolute Anordnungsverbote kann verhindert werden, dass Anordnungsobjekte solchen Orten zugeordnet werden, die für deren Aufnahme nicht die erforderlichen Voraussetzungen aufweisen.

Relative Anordnungsgebote: Es kann der Fall auftreten, dass bestimmte Paare von Anordnungsobjekten demselben Ort oder Orten in enger Nachbarschaft zueinander angeordnet werden müssen, weil z. B. die Transportprozesse zwischen diesen Anordnungsobjekten zeitkritisch sind.

Relative Anordnungsverbote: In anderen Fällen wird man bestrebt sein, bestimmte (unverträgliche) Paare von Anordnungsobjekten möglichst weit voneinander entfernt zu platzieren, weil sonst die Prozesse des einen Anordnungsobjektes durch das andere Anordnungsobjekt gestört würden, z. B. durch Emissionen aller Art.

Alle diese Problemaspekte kann man im Rahmen der Layoutplanung berücksichtigen. Zuvor ist es allerdings wichtig, das Grundproblem der Entscheidung über Layouts zu verstehen und es lösen zu können. Darum kümmern wir uns in den folgenden Kapiteln.

15.2 Problemstellung und Entscheidungsmodell zur Layoutplanung

Zur Erläuterung der zentralen Elemente der Problemstellung betrachten wir ein kleines Beispiel.

15.2

> **Beispiel zur Layoutplanung**
>
> Dr. Rudolf Rastlos und Dr. Gabi Gründlich diskutierten gerade den neuen Web-Auftritt der *Intelligent Logistics Consulting GmbH*,[a] als sie von seiner persönlichen Assistentin unterbrochen wurden. Am Telefon sei das Büro einer Frau Schultmann von einem Unternehmen in Nürnberg, die ihn gerne sprechen wolle. Der Geschäftsführer bat Gabi, gleich dazubleiben und ließ sich verbinden.
> Susanne Schultmann stellte sich als Junior-Chefin und Bereichsleiterin Produktion der Schultmann Medizintechnik AG in Nürnberg vor.
> »Ich habe neulich Ihren Vortrag in Berlin über Standortentscheidungen gehört, das war ja sehr spannend. Wir haben bei uns in Nürnberg zwar kein Standortproblem, aber so etwas Ähnliches. Dabei musste ich an Sie denken. Machen Sie nur Standortplanung oder auch andere Sachen?«
> »Standortplanung ist für uns ein wichtiges Thema, aber nicht das einzige. Wir konzentrieren uns auf Transportlogistik und Bestandsmanagement, da gehören Standortfragen einfach mit dazu. Worum geht es denn bei Ihnen, Frau Schultmann? Und ist es Ihnen recht, wenn meine Senior-Beraterin, Frau Dr. Gabi Gründlich, mithört?«
> Susanne Schultmann war einverstanden und berichtete von den Plänen, das über Jahrzehnte gewachsene Produktionswerk am Stammsitz des Unternehmens zu modernisieren. Besondere Sorgen machte ihr dabei die Logistik innerhalb der Werkshalle.
> »Na ja, und so haben wir über die Jahre die Halle erweitert und einen Produktionsbereich nach dem anderen dort aufgebaut. Mittlerweile steigen die Kosten für die Transporte im Betrieb immer weiter an, und zwar nicht nur absolut, sondern vor allem auch relativ. Die Struktur ist eine Katastrophe. Hier im Unternehmen finde ich jede Menge Leute, die genau wissen, warum es in ihrem Bereich so ist, wie es ist, und was dort alles *nicht* geht. Um hier Ordnung reinzubringen, brauche ich aber jemand mit einem nüchternen und distanzierten Blick auf das Gesamtbild. Hier muss einmal gründlich aufgeräumt werden.«
> Einige Minuten diskutierten Schultmann, Rastlos und Gründlich über die Situation. Die drei merkten rasch, dass sie eine gemeinsame Sprachebene fanden.
> »Gut, Frau Schultmann, das gibt uns einen ersten Eindruck. Ich denke schon, dass wir Ihnen helfen können. Genaueres kann ich jetzt natürlich noch nicht sagen. Mein Vorschlag ist, dass wir für Sie zunächst eine kleine Vorstudie machen. Darin beschreiben wir die Ist-Situation in groben Zügen und machen Ihnen ein Angebot zur Vorgehensweise, den Zielen und Ergebnissen unserer Arbeit.«
> »Ok, und was würde das kosten?«

> »Ich denke, dass hier fünf Beratertage für die Vorstudie reichen sollten. Frau Dr. Gründlich würde für drei Tage zu Ihnen kommen, dann erarbeiten wir ein Konzept und fliegen noch einmal zur Präsentation zu Ihnen nach Nürnberg.«
> »Was kostet der Spaß?«
> »Der Tagessatz von Frau Gründlich beträgt 1.500 Euro, Spesen gehen natürlich extra. Ist das für Sie in Ordnung?«
> »Ja, ist es. Schicken Sie mir bitte ein schriftliches Angebot, dann erhalten Sie den Auftrag noch heute. Ich bin gespannt, was Sie vorschlagen werden.« Dr. Rudolf Rastlos bedankte sich für das Gespräch und legte auf.
> »Das war eine gute Sache mit Deinem Vortrag in Berlin«, meinte Gabi Gründlich.
> »Ja, sieht so aus. Wenn du aus Nürnberg zurückkommst, dann bring' mir bitte Lebkuchen mit, ok?«
>
> ---
> [a] Zum Hintergrund von Gabi und Rudi siehe S. 280.

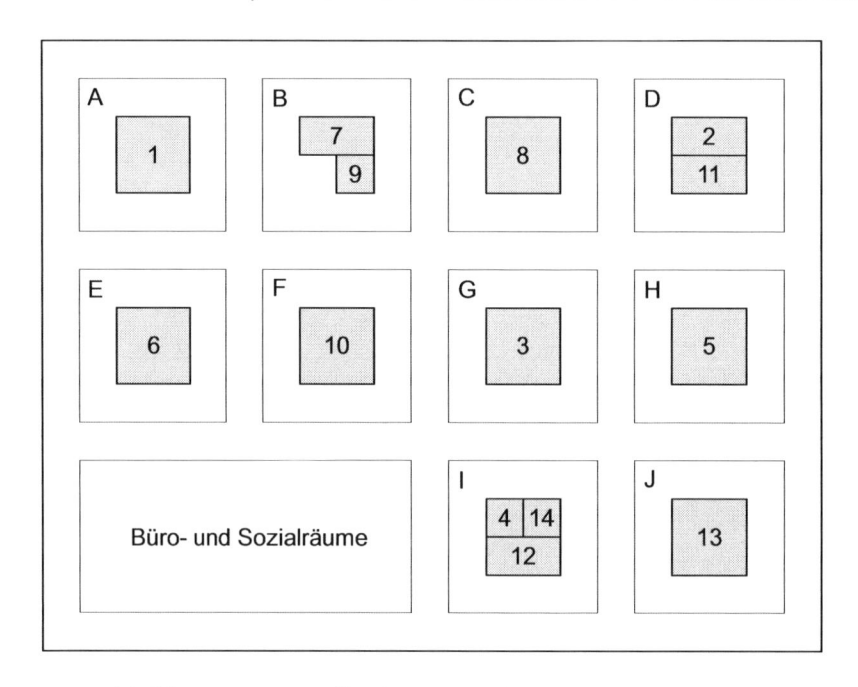

Abbildung 15.3: Hallenlayout in der Ausgangssituation

Tabelle 15.1: Flächenbedarfe der Anordnungsobjekte (in 100 qm)

i	1	2	3	4	5	6	7	8	9	10	11	12	13	14
a_i	4	2	4	1	4	4	2	4	1	4	2	2	4	1

> Nach ihrer Rückkehr aus Nürnberg setzte sich Gabi wieder mit Rudolf zusammen, um über die Situation der Schultmann Medizintechnik AG zu sprechen.
> »Na, wie war's in Nürnberg?«, eröffnete Rastlos das Gespräch.
> »Eigentlich prima. Eine super Firma, die müssen sich mit ihren Produkten dumm und dusselig verdienen. Und so schlecht, wie die Junior-Chefin die Produktion dargestellt hat, ist sie nun wieder auch nicht. Die Dame jammert auf hohem Niveau.«
> »Wie meinst du das?«, hakte ihr Chef nach.
> »Na ja, technisch gesehen ist die Produktion erste Sahne. Lauter hochmoderne Anlagen, und das gilt auch für das Transportsystem und die IT-Systeme. Die setzen dort massiv FTS ein, aber die kommen sich mittlerweile immer öfter in die Quere.«

15.2 Problemstellung und Entscheidungsmodell zur Layoutplanung

> Die fahrerlosen Transportsysteme, kurz FTS, hatten mittlerweile so manchen Gabelstaplerfahrer seinen Job gekostet, dachte sich Rudolf. Er bedauerte das nicht einmal im Ansatz, denn sein Job war dadurch leichter geworden.
>
> »Dann müsste es doch Daten geben, oder?«, freute er sich.
>
> »Exakt. Und zwar ganz hervorragende. Jeder einzelne Transportvorgang der letzten drei Jahre ist protokolliert. Und ich hab' noch mehr. Sieh' dir das 'mal an.« Gabi deutete auf die Zeichnung in Abbildung 15.3.
>
> »Das Werksgebäude ist im Wesentlichen eine große Halle. Es gibt 10 gleichgroße Hallensektoren A bis J von je 400 qm, dazwischen die Wege, und außerdem einen Bereich mit Meister-Büros und Sozialräumen. Die Produktion selbst ist in 14 Segmente gegliedert.«
>
> »Das heißt, wir haben 10 Orte und 14 AOs?« Als AO wurden im internen Jargon der Beratungsgesellschaft die Anordnungsobjekte bezeichnet, in dem Fall also die Produktionssegmente.
>
> »Genau. Einige sind ziemlich groß und belegen einen kompletten Sektor, andere sind kleiner, brauchen nur 100 oder 200 qm und teilen sich einen Sektor. Hier ist die Tabelle mit den Flächenbedarfen der AOs.« Gabi zeigte auf Tabelle 15.1.
>
> »Wie gesagt, die Transporte erfolgen durch solche kleinen FTS, die langsam durch die Gegend zockeln und sich immer 'mal wieder in die Quere kommen. Das sind so viele, manchmal gibt es richtige Staus an den Kreuzungen, und das dauert dann, so dass öfter mal in den Segmenten auf Material gewartet werden muss. Und nun rate mal, was der Leiter der Produktion machen will?«
>
> »Mehr FTS kaufen?«, schlug Rastlos grinsend vor.
>
> »Exakt. Ich habe ihm gesagt, dass das die Staus noch schlimmer machen wird. Jetzt hält er mich für eine arrogante Berater-Ziege, die von der Praxis keine Ahnung hat.«
>
> »Schade, dass ich nicht dabei war, das hätte ich so gerne miterlebt!«, lachte ihr Chef.
>
> »Na ja, wie auch immer. Jedenfalls haben die dort dieses zentrale System zur Steuerung der FTS. Dort habe ich die Daten ausgelesen und auf Segment-Ebene aggregiert.« Gabi deutete auf Tabelle 15.2. Dort konnte man ablesen, wie häufig ein FTS je Zeiteinheit von einem zu einem anderen Ort gefahren war.

Tabelle 15.2: Anzahl Transporte je Zeiteinheit m_{ij} zwischen den AOn i und j

$i\backslash j$	1	2	3	4	5	6	7	8	9	10	11	12	13	14
1	0	10		13		6	23		8			41		10
2		0		4	34		23		55			3	54	2
3	3	4	0		10			17		22		3		
4				0										
5	67		11		0			12		32		5		36
6		2				0								
7		13	85		5		0	2		23	5	20		7
8					7			0						
9	5		48	23			4		0	3	14		87	3
10		2		45	12	3		45		0	2	15		
11	3		21	43		73	32			3	0	67	5	78
12	2	12		43		62	8		34	43		0		3
13				4			12		3		2		0	12
14		2		31			5			11	55		7	0

> »Prima, das ist doch eine Basis. Was hast du nun vor?«
> »Ich denke, dass das doch nach einem ziemlich überschaubaren quadratischen Zuordnungsproblem aussieht. Ich will 'mal die Ist-Situation durchrechnen und schauen, ob ich eine bessere Lösung finde.«
> »Hm. Wie sieht es denn mit den Distanzen aus?«
> »Die Fahrwege in der Halle sind alle rechtwinklig angelegt und liegen zwischen den Sektoren. Ich habe die Distanzen einfach 'mal in „Blöcken" erfasst.«
> »Was meinst du mit „in Blöcken"?«, fragte Rudolf nach.
> Gabi wies auf Abbildung 15.3 und Tabelle 15.3.
> »Na ja, schau' z. B. 'mal hier den Weg vom Sektor A zum Sektor G. Das sind zwei Blöcke nach rechts und einer nach unten, macht drei Blöcke. Die Sektoren haben ja alle eine gleich große quadratische Fläche, da kann ich die Distanzen so ganz einfach ermitteln.«
> Dr. Rastlos nickte. »Na dann 'mal viel Spaß beim Rechnen!«

Tabelle 15.3: Rechtwinklig gemessene Distanzen d_{kl} zwischen den Orten k und l

$k \backslash l$	A	B	C	D	E	F	G	H	I	J
A	0	1	2	3	1	2	3	4	4	5
B	1	0	1	2	2	1	2	3	3	4
C	2	1	0	1	3	2	1	2	2	3
D	3	2	1	0	4	3	2	1	3	2
E	1	2	3	4	0	1	2	3	3	4
F	2	1	2	3	1	0	1	2	2	3
G	3	2	1	2	2	1	0	1	1	2
H	4	3	2	1	3	2	1	0	2	1
I	4	3	2	3	3	2	1	2	0	1
J	5	4	3	2	4	3	2	1	1	0

Tabelle 15.4: Notation zur Layoutplanung

Symbol	Bedeutung
Indizes und Indexmengen	
$i, j \in \mathcal{I}$	Anordnungsobjekte (AOe)
$k, l \in \mathcal{K}$	Orte (Lokationen)
Parameter	
a_i	Platzbedarf von AO i
c_k	Platzangebot an Ort k
d_{kl}	Distanz zwischen Orten k und l
m_{ij}	Anzahl Transporte je Zeiteinheit zwischen AO i und j
Entscheidungsvariablen	
$X_{ik} \in \{0, 1\}$	gleich 1, wenn das AO i dem Ort k zugeordnet wird, sonst 0

15.2 Problemstellung und Entscheidungsmodell zur Layoutplanung

Nun ist es an der Zeit, Gabi und Rudi für den Augenblick zu verlassen und das zu lösende Problem der Layoutplanung[3] präzise zu beschreiben. Im Kern geht es offensichtlich darum, die einzelnen Anordnungsobjekte, hier also die Produktionssegmente, einzelnen (Stand-)Orten, hier den Hallensektoren, zuzuordnen. Für jedes Anordnungsobjekt muss ein Ort gefunden werden, jeder der Orte muss die zugeordneten Anordnungsobjekte auch gemeinsam aufnehmen können, und der Aufwand für die resultierenden Transporte soll möglichst klein sein.

Mit der Notation in Tabelle 15.4 formulieren wir dazu das folgende Entscheidungsmodell:

Modell 15.1: Grundmodell zur Layoutplanung

$$\text{Minimiere } Z = \sum_{i \in \mathscr{I}} \sum_{k \in \mathscr{K}} \sum_{j \in \mathscr{I}} \sum_{l \in \mathscr{K}} m_{ij} \cdot d_{kl} \cdot X_{ik} \cdot X_{jl} \tag{15.1}$$

u. B. d. R.

$$\sum_{k \in \mathscr{K}} X_{ik} = 1, \qquad i \in \mathscr{I} \tag{15.2}$$

$$\sum_{i \in \mathscr{I}} a_i \cdot X_{ik} \leq c_k, \qquad k \in \mathscr{K} \tag{15.3}$$

In der Zielfunktion (15.1) des Modells werden die binären Entscheidungsvariablen X_{ik} sowie X_{jl} miteinander multipliziert. Das Produkt $X_{ik} \cdot X_{jl}$ kann nur die Werte Null oder Eins annehmen. Es nimmt den Wert Eins an, wenn das AO i dem Ort k und außerdem das AO j dem Ort l zugeordnet wird. Dann erfolgen also m_{ij} Transporte über die Distanz d_{kl}. Insgesamt wird als Zielfunktionswert der gesamte Transportaufwand über alle Transportrelationen (i,j) ermittelt und minimiert.[4] Durch die Gleichungen (15.2) wird sichergestellt, dass jedes AO einem Ort zugewiesen wird. Die Restriktionen (15.3) sorgen dafür, dass an keinem der Orte k das Platzangebot überschritten wird.

Beispiel zur Layoutplanung (Fortsetzung)

Eine weitere Woche später standen Dr. Rastlos und Dr. Gründlich im Konferenzraum der Schultmann Medizintechnik AG in Nürnberg vor dem Führungskreis des Unternehmens, um das Ergebnis der Vorstudie zu präsentieren. Susanne Schultmann, die Junior-Chefin, stellte die beiden vor und erläuterte den Auftrag, den sie ihnen gegeben hatte.

»Herzlich willkommen, wir sind gespannt, was Sie uns mitgebracht haben!«, schloss sie ihre Einführung und setzte sich.

Gabi erhob sich mit einem strahlenden Lächeln. Sie hatte ihre Hausaufgaben gemacht und war in der Stimmung, einen kurzen Prozess zu machen.

»Vielen Dank, Frau Schultmann. Meine Dame, meine Herren, zunächst danke ich Ihnen, dass Sie mir in den letzten Tagen so bereitwillig Auskunft gegeben und mich mit Daten versorgt haben. Besonders hilfreich waren die Daten aus der Logistik-IT zu den Transportaufträgen, die Ihre FTS in den letzten drei Jahren durchgeführt haben. Die geben uns ein sehr gutes Bild der Transportverflechtungen zwischen Ihren Produktionssegmenten.«

Gabi ließ an der Wand die Tabelle 15.2 erscheinen, siehe S. 303.

---

[3] Gelegentlich findet sich an Stelle des Begriffs der „Layoutplanung" auch jener der „innerbetrieblichen Standortplanung".

[4] Beachten Sie bitte, dass hier der Begriff des „Aufwands" in einem umgangssprachlichen Sinne verwendet wird und keine monetäre Größe im Sinn der Unternehmensrechnung gemeint ist. Zur Terminologie der Unternehmensrechnung vgl. die ausführlichen Darstellungen in Küpper, Friedl u. a. (2013), Friedl, Hofmann und Pedell (2014) und Ewert und Wagenhofer (2014).

»Hier sehen Sie, wie häufig je Zeiteinheit Transporte zwischen den Segmenten erfolgt sind. Nun betrachten Sie bitte das nächste Bild.«

An der Wand erschien mit Abbildung 15.3 (s. Seite 302) das gegenwärtige Hallenlayout der Schultmann Medizintechnik AG.

»Dieses Bild kennen Sie alle.« Allgemeines Nicken war die Antwort.

»Jedes Ihrer 14 Produktionssegmente sitzt in einem Sektor, zwischen denen man die Distanzen leicht ermitteln kann. Alle Transporte zwischen den Segmenten sind protokolliert. Auf dieser Basis habe ich die von den FTS zurückgelegten produktiven Strecken ermittelt.«

»Was meinen Sie mit "produktiven Strecken"?«, fragte Susanne Schultmann.

»Das sind die gefahrenen Strecken der FTS, bei denen tatsächlich etwas transportiert wurde. Daneben gibt es noch die Leerfahrten zum Startpunkt des nächsten Transportjobs, die sind in der Tabelle nicht enthalten.« Zustimmendes Nicken quittierte ihre Erklärung.

»In der gegenwärtigen Situation haben Sie 25 FTS im Einsatz, die sich in den zentralen Kreuzungsbereichen regelmäßig im Weg sind, was die Fahrzeiten verlängert. Im Ergebnis wird vielfach Ihr Produktionssystem durch das Transportsystem ausgebremst. Wenn Sie nun hergehen und weitere FTS kaufen, dann werden die Staus noch schlimmer.«

»Und was schlagen Sie vor?«, schallte es ihr entgegen.

»Ich würde den größten Teil der Segmente neu anordnen.«

»Das geht doch überhaupt nicht!«, meldete sich Kuno Hofmann, der Leiter der Produktionsplanung zu Wort.

»Und außerdem bringt das doch sicher nicht viel!«, stimmte Gundolf Gruslig aus dem Controlling zu. Er hatte zwar keine Ahnung von Logistik, aber das starke Bedürfnis, die Runde an seine Anwesenheit zu erinnern.

»Geben Sie mir noch einige Minuten«, bat Gabi Gründlich leise lächelnd. Susanne Schultmann und Rudolf Rastlos lächelten auch, denn sie wussten schon, was gleich passieren würde.

»Herr Hofmann«, wandte sich Gabi an den Leiter der Produktionsplanung, »Sie hatten mir gesagt, dass man die Segmente 1, 6 und 13 aus technischen Gründen in den Sektoren A, E und J belassen müsse, der Rest könne im Prinzip während der dreiwöchigen Produktionsunterbrechung der Werksferien umgebaut werden. Habe ich Sie da richtig verstanden?«

Hofmann nickte widerwillig. Er witterte gerade Gefahr für seine nächste Urlaubsreise, aber das konnte er so natürlich nicht sagen.

»Gut, dann betrachten Sie bitte nun einmal das folgende Layout.« An der Projektionsfläche erschien das veränderte Hallenlayout der Abbildung 15.4.

»Dieses Layout ist so ermittelt worden, dass die FTS möglichst kurze Strecken zu fahren haben.«

»Und was soll das bringen?«, fragte Gundolf Gruslig in jenem leicht mosernden Tonfall, der nach seiner Auffassung einer leitenden Funktion im Controlling angemessen war und ihm den heimlichen Spitznamen „Die Spaßbremse" eingebracht hatte.

»Eine ganze Menge. In dem bisherigen Layout waren die Segmente aus Sicht der internen Transportlogistik ziemlich ungünstig angeordnet. Insgesamt mussten die FTS für die Transporte in der Tabelle rechnerisch 4245 produktive Entfernungseinheiten zurücklegen. Mit dem veränderten Layout wären es 2260 Entfernungseinheiten.«

Für einen Moment herrschte ungläubiges Schweigen im Konferenzsaal.

»Donnerwetter, das wäre ja ein Rückgang um fast 50%!«, rief der Leiter des Controlling, der eine tiefe Leidenschaft für Prozentzahlen empfand und dem zugleich die teuren FTS seit Langem ein Dorn im Auge waren.

»Dann könnten wir ja sogar auf ein paar von den FTS verzichten«, überlegte Kuno Hofmann laut. Einige dieser Fahrzeuge verursachten in letzter Zeit erhebliche Reparaturkosten und würden wohl ohnehin bald den Geist aufgeben.

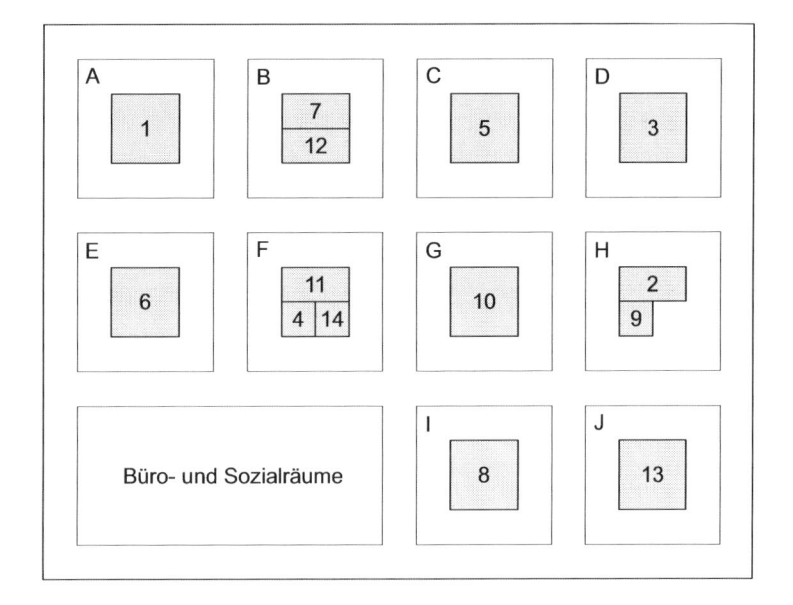

15.2 Problemstellung und Entscheidungsmodell zur Layoutplanung

[Layout-Diagramm: Sektoren A-J in einem Raster. A:1, B:7/12, C:5, D:3, E:6, F:11/4/14, G:10, H:2/9, I:8, J:13. Großer Bereich unten links: „Büro- und Sozialräume".]

Abbildung 15.4: Hallenlayout in der optimalen Lösung bei erzwungener Zuordnung der AO 1, 6 und 13 zu den Sektoren A, E und J

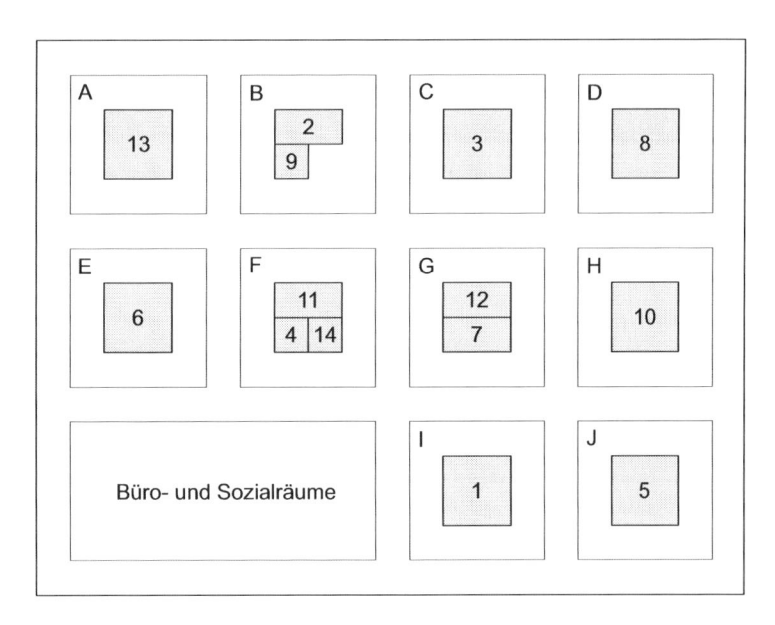

[Layout-Diagramm: Sektoren A-J. A:13, B:2/9, C:3, D:8, E:6, F:11/4/14, G:12/7, H:10, I:1, J:5. Großer Bereich unten links: „Büro- und Sozialräume".]

Abbildung 15.5: Hallenlayout in der optimalen Lösung ohne erzwungene Zuordnung von AOn zu spezifischen Sektoren

---

»Ja, das denke ich auch. Und dann hören auch die Staus an den Kreuzungen auf«, bestätigte ihm Gabi.

Nun meldete sich erneut Gundolf Gruslig zu Wort.

»Sagen Sie 'mal, Frau Dr. Gründlich, Sie haben das doch jetzt so gerechnet, dass die Segmente 1, 6 und 13 in den Sektoren bleiben, wo sie jetzt auch schon sind, nicht wahr?«

Gabi nickte und fragte sich, worauf er wohl hinauswolle.

»Wenn ich es richtig verstehe, können wir den Transportaufwand reduzieren, wenn wir die Segmente neu anordnen, so dass diejenigen Segmente dichter aneinander heranrücken, zwischen denen viel Verkehr herrscht, stimmt's?«

Gabi nickte erneut und der Controlling-Leiter fuhr fort.

»Dann müsste die Lösung doch noch besser werden, wenn wir auch die Segmente 1, 6 und 13 ebenfalls neu anordnen, oder?«

Im Konferenzraum herrschte überraschtes Schweigen. Für die Verhältnisse von Gundolf Gruslig war das eine außerordentlich intelligente Frage, doch Gabi hatte ihre Hausaufgaben gemacht und ließ sich nicht aus der Ruhe bringen.

»Ja und nein. Ich habe spaßeshalber auch einmal gerechnet, was in der optimalen Lösung herauskäme, wenn wir auch die Segmente 1, 6 und 13 neu anordnen könnten. Das Ergebnis sieht folgendermaßen aus.« Sie projizierte das Hallenlayout in Abbildung 15.5 an die Wand.

»Das ist eine optimale Lösung ohne die erzwungene Zuordnung der Segmente 1, 6 und 13 zu den Sektoren A, E und J. Wie Sie sehen, ist in dieser Lösung noch immer das Segment 6 im Sektor E.«

»Wie hoch ist denn hier der Transportaufwand?«, fragte Susanne Schultmann.

»Einen Moment, das habe ich gleich.«

Gabi blätterte in ihren Unterlagen.

»Hier ist es. Also, das sind 2145 Entfernungseinheiten, im Vergleich zu den 2260 in der anderen Lösung, in der die drei Segmente bleiben, wo sie sind.«

»Eigentlich seltsam«, meinte Gundolf Gruslig, der zur Überraschung seiner Kollegen offenbar tatsächlich einen seiner lichten Tage hatte, »die beiden Lösungen scheinen ähnlich gut zu sein, sehen aber ganz unterschiedlich aus, oder?«

»Das stimmt. Bei dieser Art von Problemen kann es sogar so sein, dass es mehrere gleich gute Lösungen gibt, die sich aus völlig unterschiedlichen Einzelentscheidungen zusammensetzen und ganz anders aussehen.«

Allgemeines Nicken im Konferenzraum zeigte Gabi, dass sie auf ganzer Linie gewonnen hatte. Plötzlich meldete sich erneut der Leiter der Produktionsplanung, der in der Zwischenzeit in seinem Handout über Abbildung 15.4 gebrütet hatte. Er versuchte noch immer, unauffällig seine Urlaubsreise zu retten.

»Ihr Vorschlag funktioniert nicht!«, triumphierte er.

»Wieso nicht?«, schaltete sich nun wieder Susanne Schultmann ein.

»Weil im Sektor F die Segmente 4 und 14 unmittelbar nebeneinander angeordnet sind. Von den Maschinen im Segment 4 gehen aber Vibrationen aus, die die Anlagen im Segment 14 stören würden. Da würden wir jede Menge Ausschuss produzieren. Das wäre unser Ende als Qualitätshersteller!«

Susanne Schultmann blickte fragend zu Rudolf Rastlos und Gabi Gründlich. Nun ergriff Rudolf zum ersten Mal das Wort.

»Frau Schultmann, meine Herren, was Sie bis jetzt gesehen haben, war das Ergebnis einer kleinen, schnellen Vorstudie. Um zu einer umsetzbaren Lösung zu kommen, müssen wir miteinander mehrere Planungsrunden drehen. Sie nennen uns die Anforderungen und wir bauen die in unserem Modell ein. Wir können ohne Probleme das Modell so erweitern, dass die Segmente 4 und 14 in unterschiedlichen Sektoren landen. Das führt dann zu einer neuen Lösung. Es kann aber sein, dass in der neuen Lösung eine weitere Anforderung verletzt wird, die Sie uns bislang nicht genannt haben. Wir müssen also solange Ihre Anforderungen in das Modell aufnehmen, bis Sie uns sagen, dass Sie die Lösung umsetzen können und wollen. Das ist ein Prozess, der eine gewisse Zeit dauert. Ihre Problemkenntnis muss dazu mit unserem Methodenwissen zusammengeführt werden. Die Frage ist also, ob Sie sich gemeinsam mit uns auf diesen Weg machen wollen.«

Susanne Schultmann blickte Kuno Hofmann an. Als der Leiter der Produktionsplanung schließlich zustimmte, nickten auch die anderen in der Runde.

»Prima, dann wäre das ja geklärt. Vielen Dank, Frau Gründlich und Herr Rastlos. Das war doch ein sehr erfreulicher Auftakt.«

15.3 Linearisierung der Zielfunktion

Das in Abschnitt 15.2 dargestellte Grundmodell der Layoutplanung zeichnet sich durch eine charakteristische Eigenschaft aus, die wir uns nun näher ansehen müssen. Betrachten Sie dazu bitte noch einmal die Zielfunktion des Modells:

$$\text{Minimiere } Z = \sum_{i \in \mathscr{I}} \sum_{k \in \mathscr{K}} \sum_{j \in \mathscr{I}} \sum_{l \in \mathscr{K}} m_{ij} \cdot d_{kl} \cdot X_{ik} \cdot X_{jl} \tag{15.4}$$

In dieser Zielfunktion werden, wie bereits erwähnt, die binären Entscheidungsvariablen X_{ik} und X_{jl} miteinander multipliziert. Damit ist das Modell in seiner Zielfunktion nicht-linear von den Entscheidungsvariablen abhängig. Viele leistungsfähige Algorithmen und Computerprogramme zur Lösung von Optimierungsmodellen setzen jedoch voraus, dass diese Modelle in der Zielfunktion und den Nebenbedingungen linear von den Entscheidungsvariablen abhängen.

Ein Ansatz, dieses Problem zu umgehen, besteht nun darin, durch eine geeignete Linearisierungsmethode zu dem nicht-linearen Problem ein äquivalentes lineares Problem zu formulieren. Bei unserem Grundmodell der Layoutplanung handelt es sich um einen Spezialfall des sogenannten „quadratischen Zuordnungsproblems."[5] Sein Name leitet sich aus der Multiplikation der Entscheidungsvariablen ab.

Eine sehr einfache Linearisierungsmöglichkeit für das quadratische Zuordnungsproblem besteht nun darin, eine vierfach indizierte Entscheidungsvariable $\tilde{X}_{ijkl}$ einzuführen, die dem Produkt aus X_{ik} und X_{lj} entspricht.[6] Somit erhält die neue binäre Variable $\tilde{X}_{ijkl} \in \{0, 1\}$ nur dann den Wert 1, wenn das Anordnungsobjekt i dem Ort k und zugleich das Anordnungsobjekt j dem Ort l zugeordnet wird. Diese neue Entscheidungsvariable $\tilde{X}_{ijkl}$ ersetzt das nicht-lineare Produkt $X_{ik} \cdot X_{lj}$ in der Zielfunktion. Allerdings sind weitere Nebenbedingungen erforderlich, welche die neue Entscheidungsvariable $\tilde{X}_{ijkl}$ mit den bisherigen Entscheidungsvariablen X_{ik} verknüpfen. Mit diesen zusätzlichen Restriktionen sieht das linearisierte Modell folgendermaßen aus:

Modell 15.2: Linearisiertes Grundmodell zur Layoutplanung

$$\text{Minimiere } Z = \sum_{i \in \mathscr{I}} \sum_{k \in \mathscr{K}} \sum_{j \in \mathscr{I}} \sum_{l \in \mathscr{K}} m_{ij} \cdot d_{kl} \cdot \tilde{X}_{ijkl} \tag{15.5}$$

u. B. d. R.

$$\sum_{k \in \mathscr{K}} X_{ik} = 1, \qquad\qquad i \in \mathscr{I} \tag{15.6}$$

$$\sum_{i \in \mathscr{I}} a_i X_{ik} \leq c_k, \qquad\qquad k \in \mathscr{K} \tag{15.7}$$

$$X_{ik} + X_{jl} \leq 1 + \tilde{X}_{ijkl}, \qquad\qquad i, j \in \mathscr{I}; k, l \in \mathscr{K} \tag{15.8}$$

Durch die Optimierungsrichtung der Zielfunktion (15.5) und die neue Nebenbedingung (15.8) wird wie gewünscht erreicht, dass die Variable $\tilde{X}_{ijkl}$ nur dann den Wert 1 annimmt, wenn das auch für die Variablen X_{ik} und X_{jl} gilt.

In dieser Form ist das Entscheidungsmodell nun linear. Das ist zunächst einmal erfreulich, denn damit stehen uns leistungsfähige Standardmethoden der (gemischt-)ganzzahligen linearen Optimierung zur Verfügung. Allerdings haben wir für diese Linearisierung insofern einen Preis gezahlt, als unser Modell nun zahlreiche zusätzliche Variablen und Nebenbedingungen aufweist.

---

[5] Vgl. Koopmans und Beckmann (1957) sowie Burkard (1984).
[6] Vgl. Lawler (1963).

Das bereits erwähnte quadratische Zuordnungsproblem erhalten wir aus dem Modell zur Layoutplanung, indem wir für die Koeffizienten $a_i = 1$, $\forall i$ und $c_k = 1$, $\forall k$ setzen. Bei diesem Spezialfall unseres Layoutproblems handelt es sich um ein sehr schwieriges mathematisches Optimierungsproblem, bei dem schon sehr kleine Probleminstanzen zu sehr langen Laufzeiten der Algorithmen führen können.

Das im vorherigen Abschnitt behandelte Beispiel der Schultmann Medizintechnik AG konnte noch mit einer Rechenzeit von wenigen Sekunden auf einem Büro-Rechner gelöst werden. Dabei waren ja die drei Anordnungsobjekte 1, 6 und 13 a priori den Sektoren A, E und J zugeordnet. Das schränkte den Lösungsraum und die Rechenzeit erheblich ein und führte auf einen Zielfunktionswert von 2260 und die Lösung, die in Abbildung 15.4 auf Seite 307 dargestellt wird. Ohne diese Einschränkung beträgt der optimale Zielfunktionswert 2145 bei einer Rechenzeit von ca. 45 Minuten auf demselben Rechner. Abbildung 15.5 auf Seite 307 stellt die korrespondierende Lösung dar.

15.4 Dekomposition des Optimierungsproblems in einem iterativen Lösungsansatz

Die eben gemachte Beobachtung, dass die Rechenzeit für die Lösung des Layoutplanungsproblems geradezu explodieren kann, wenn die betrachtete Probleminstanz nur *etwas* größer wird, weil z. B. die Zahl der zu betrachtenden Anordnungsobjekte von 11 auf 14 steigt, legt es nahe, eine für derartige Probleme vielfach erfolgreiche heuristische Lösungsstrategie zu verwenden. Die Idee besteht darin, an Stelle eines einzigen „großen" Problems mehrere „kleine" Probleme zu lösen. Da es sich um eine Heuristik handelt, nimmt man dabei in Kauf, die optimale Lösung vermutlich nicht zu finden, hat aber die Hoffnung, eine für praktische Zwecke brauchbare Lösung zu erhalten.

Zunächst gilt es, eine *zulässige Ausgangslösung* zu finden. Diese wird dann in einem iterativen Verfahren *schrittweise verbessert*. Wichtig ist dabei, dass die schrittweise durchgeführten Modifikationen nicht dazu führen, dass eine unzulässige Lösung entsteht.[7] Wir haben ja bereits beobachtet, dass die Rechenzeit für die Lösung des (linearisierten) Modells der Layoutplanung sinkt, wenn man von vornherein einige AO fest zu Sektoren zuordnet und damit den Lösungsraum des Optimierungsproblems einschränkt. In dem Beispiel ist es doch so, dass die AO 1, 6 und 13 in den Sektoren A, E und J platziert werden müssen.

Das lässt sich leicht dadurch erreichen, dass man dem Modell die zusätzlichen Restriktionen

$$X_{1,A} = 1 \tag{15.9}$$
$$X_{6,E} = 1 \tag{15.10}$$
$$X_{13,J} = 1 \tag{15.11}$$

hinzufügt. Dadurch wird der Lösungsraum eingeschränkt und das verbleibende, gewissermaßen „kleinere", Problem erweist sich als schneller optimal lösbar. Natürlich bezieht sich die Optimalität der Lösung nur auf jenes spezielle Unterproblem, welches die zusätzlichen Nebenbedingungen enthält, nicht jedoch auf das Ausgangsproblem. Allerdings ist die Lösung des speziellen Unterproblems mit den zusätzlichen Nebenbedingungen ja auch eine Lösung des Ausgangsproblems - und mit etwas Glück sogar eine recht gute.

---

[7] Man kann zwar der Auffassung sein, dass der Begriff einer „unzulässigen Lösung" einen Widerspruch in sich darstellt. Der gängigen Praxis im Operations Research folgend verwenden wir den Begriff gleichwohl.

15.4 Dekomposition des Optimierungsproblems

Diese Idee wenden wir nun systematisch an. Dazu definieren wir zur Indexmenge $\mathscr{I}$ der Anordnungsobjekte i zwei Teilmengen $\mathscr{I}^{\text{fix}} \subseteq \mathscr{I}$ und $\mathscr{I}^{\text{opt}} \subseteq \mathscr{I}$, die der folgenden Bedingung genügen:[8]

$$\mathscr{I}^{\text{fix}} = \mathscr{I} \setminus \mathscr{I}^{\text{opt}} \tag{15.12}$$

Jedes Anordnungselement i ist also entweder Element der Menge $\mathscr{I}^{\text{fix}}$ der fixierten Anordnungselemente oder Element der Menge $\mathscr{I}^{\text{opt}}$ jener Anordnungselemente, über die in dem gerade betrachteten Unterproblem optimiert werden soll.

Analog gehen wir hinsichtlich der Orte vor, welchen die Anordnungselemente zugeordnet werden sollen, und definieren die zwei Teilmengen $\mathscr{K}^{\text{fix}} \subseteq \mathscr{K}$ und $\mathscr{K}^{\text{opt}} \subseteq \mathscr{K}$, die der folgenden Bedingung genügen:

$$\mathscr{K}^{\text{fix}} = \mathscr{K} \setminus \mathscr{K}^{\text{opt}} \tag{15.13}$$

Damit ist auch jeder Ort k entweder fixiert oder Gegenstand der Optimierung im gegenwärtigen Unterproblem.

Wie bereits erwähnt, benötigen wir zunächst eine zulässige (Start-)Lösung. Diese können wir z. B. dadurch erhalten, dass wir die Zielfunktion

$$\text{Minimiere } Z = \sum_{i \in \mathscr{I}} \sum_{k \in \mathscr{K}} X_{ik} \tag{15.14}$$

unter den Nebenbedingungen (15.6) und (15.7) minimieren.[9] Dadurch erhalten wir eine erste zulässige Lösung. Aus dieser *merken* wir uns in einer Hilfsvariablen XS_{ik} die gegenwärtigen Werte der Entscheidungsvariablen X_{ik}, setzen also

$$XS_{ik} := X_{ik}, \qquad \forall i, k. \tag{15.15}$$

Nun bestimmen wir in einem iterativen Verfahren zufällig einige Anordnungsobjekte i, die Gegenstand der Optimierung im gerade betrachteten Unterproblem sind. Diese bilden die Menge $\mathscr{I}^{\text{opt}}$, über die wir dann die Menge $\mathscr{I}^{\text{fix}} = \mathscr{I} \setminus \mathscr{I}^{\text{opt}}$ berechnen können. Für jene Menge fügen wir nun dem Problem (15.5), (15.6), (15.7) und (15.8) die Restriktionen

$$X_{ik} = XS_{ik}, \qquad i \in \mathscr{I}^{\text{fix}}, k \in \mathscr{K} \tag{15.16}$$

hinzu und fixieren damit die AO $i \in \mathscr{I}^{\text{fix}}$, die gegenwärtig nicht optimiert werden sollen, auf die Werte XS_{ik} der gegenwärtigen (Zwischen-)Lösung.

Analog können wir in einem weiteren Schritt hinsichtlich der Orte vorgehen, über die optimiert wird. Diese bilden die Menge $\mathscr{K}^{\text{opt}}$, über die wir dann die Menge $\mathscr{K}^{\text{fix}} = \mathscr{K} \setminus \mathscr{K}^{\text{opt}}$ berechnen können. Für jene Menge fügen wir nun dem Problem (15.5), (15.6), (15.7) und (15.8) die Restriktionen

$$X_{ik} = XS_{ik}, \qquad k \in \mathscr{K}^{\text{fix}}, i \in \mathscr{I} \tag{15.17}$$

hinzu. Die Anordnungselemente in den Mengen $\mathscr{I}^{\text{opt}}$ bzw. $\mathscr{I}^{\text{fix}}$ und die Orte in den Mengen $\mathscr{K}^{\text{opt}}$ bzw. $\mathscr{K}^{\text{fix}}$ wählen wir in jeder Iteration zufällig neu aus, um unterschiedliche Bereiche des Lösungsraums absuchen zu können.

Das resultierende Verfahren wird in Algorithmus 2 zusammengefasst. Eine Implementierung in GAMS findet sich im Anhang in Abschnitt A.12 ab Seite 373. Die Lösungsidee eines derartigen *Fix-and-Optimize*-Algorithmus lässt sich auch für andere kombinatorische Problemstellungen verwenden.[10]

---

[8] Das Symbol „\" stellt die auf Mengen bezogene Subtraktion dar. Ist beispielsweise $\mathscr{A} = \{2, 4, 10, 17\}$ und $\mathscr{B} = \{4, 17\}$, so ist $\mathscr{A} \setminus \mathscr{B} = \{2, 10\}$.

[9] Für Fortgeschrittene: Erklären Sie, warum wir alternativ auch $Z = \sum_{i \in \mathscr{I}} \sum_{k \in \mathscr{K}} X_{ik}$ maximieren könnten!

[10] Vgl. z. B. die ausführlichen Darstellungen der Fix-and-Optimize-Heuristik für die mehrstufige Losgrößenplanung in Sahling (2010) und Helber und Sahling (2010).

/* Teil I: Bestimme eine zulässige Startlösung */
Minimiere (15.14) u. B. d. R. (15.6) und (15.7)
Setze $XS_{ik} := X_{ik}$ zum Speichern der gegenwärtigen Lösung
Ermittle den anfänglichen Zielfunktionswert Z^{best} über (15.5) und (15.8) für die gegenwärtige Lösung
/* Teil II: Verbessere die zulässige Lösung durch partielle Optimierung */
Setze $RundenOhneVerbesserung := 0$
while $RundenOhneVerbesserung < LimitRundenOhneVerbesserung$ **do**
    $RundenOhneVerbesserung := RundenOhneVerbesserung + 1$
    /* Optimiere über zufällig ausgewählte AO und alle Orte*/
    Ermittle eine zufällige Menge $\mathscr{I}^{opt} \subseteq \mathscr{I}$ mit $\#AO^{opt}$ Elementen
    Setze $\mathscr{I}^{fix} := \mathscr{I} \setminus \mathscr{I}^{opt}$
    $\mathscr{K}^{fix} := \{\}$
    Löse das erweiterte Modell (15.5), (15.6), (15.7), (15.8) und (15.16)
    if $Z < Z^{best}$ **then**
        Setze $XS^{I}_{ik} := X^{I}_{ik}$ zum Speichern der verbesserten Lösung
        Setze $RundenOhneVerbesserung := 0$
        Setze $Z^{best} := Z$
    end
    /* Optimiere über zufällig ausgewählte Orte und alle AO */
    Ermittle eine zufällige Menge $\mathscr{K}^{opt} \subseteq \mathscr{K}$ mit $\#Loc^{opt}$ Elementen
    Setze $\mathscr{K}^{fix} := \mathscr{K} \setminus \mathscr{K}^{opt}$
    $\mathscr{I}^{fix} := \{\}$
    Löse das erweiterte Modell (15.5), (15.6), (15.7), (15.8) und (15.17)
    if $Z < Z^{best}$ **then**
        Setze $XS^{I}_{ik} := X^{I}_{ik}$ zum Speichern der verbesserten Lösung
        Setze $RundenOhneVerbesserung := 0$
        Setze $Z^{best} := Z$
    end
end

Algorithmus 2 : *Fix-and-Optimize*-Algorithmus für das Layoutmodell

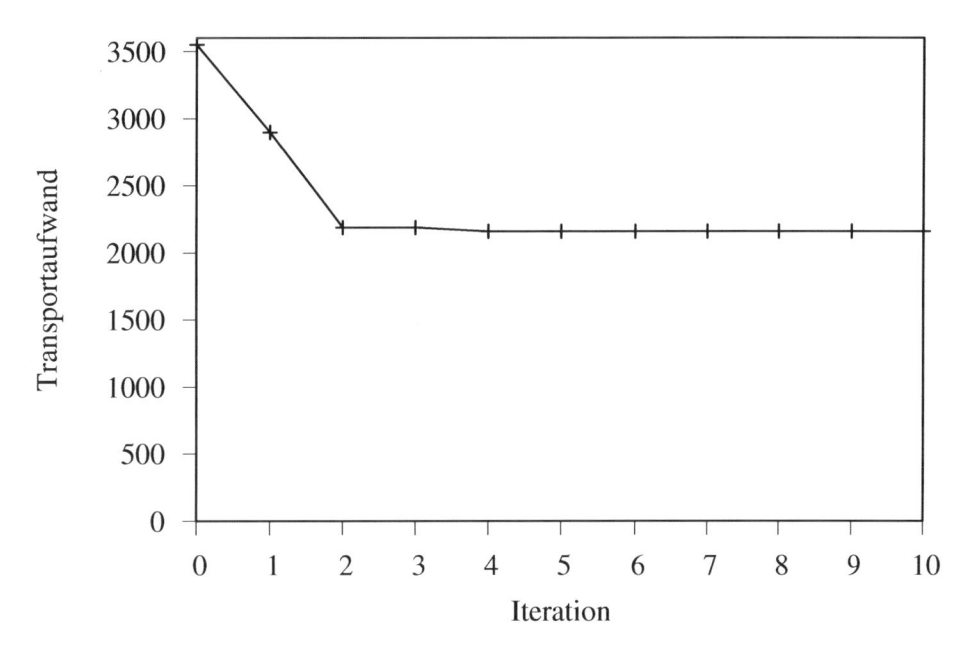

Abbildung 15.6: Verlauf des Zielfunktionswertes über mehrere Iterationen

Abbildung 15.6 zeigt für das Ausgangsproblem (15.5) - (15.8) (ohne die erzwungene Zuordnung der Segmente 1, 6 und 13 zu den Sektoren A, E und J) den Verlauf des Zielfunktionswertes über die ersten 10 Iterationen des Verfahrens. Diese 10 Iterationen benötigten nur wenige Sekunden Rechenzeit und führten auf eine Lösung mit einem Zielfunktionswert von 2160. Zur Erinnerung: Die optimale Lösung jenes Ausgangsproblems in Abbildung 15.5 hatte einen Zielfunktionswert von 2145 bei einer Rechenzeit von gut 45 Minuten. Das ist ein schönes Beispiel dafür, dass es möglich sein kann, mit einem heuristischen Lösungsverfahren in relativ kurzer Zeit zu qualitativ guten Lösungen zu gelangen.

Literaturhinweise

- Günther und Tempelmeier (2020)
- Scholz (2010)

15.5 Aufgaben und Übungen

1. Stellen Sie sich vor, N gleich große Anordnungsobjekte seien einzeln auf genau N verschiedene Orte zu verteilen. Wie viele Möglichkeiten gibt es?

2. Durch welche Restriktion(en) können Sie erreichen, dass in einer Lösung des Layoutplanungsproblems ...

    a) ... die Anordnungsobjekte 3 und 5 an einem gemeinsamen Ort angeordnet werden.

    b) ... die Anordnungsobjekte 3 und 5 nicht an einem gemeinsamen Ort angeordnet werden.

    c) ... maximal eines der Anordnungsobjekte 3 und 5 am Ort B angeordnet wird.

    d) ... mindestens eines der Anordnungsobjekte 3 und 5 am Ort B angeordnet werden.

3. Erläutern Sie, inwiefern das Modell der Layoutplanung ein quadratisches Zuordnungsmodell beinhaltet! Was bedeutet das für die Lösbarkeit dieses Problems?

16 Arbeitsverteilung und Fließbandabstimmung

16.1 Problemaspekte

In diesem Abschnitt betrachten wir verschiedene Varianten des Problems, bei einer arbeitsteiligen Organisation einzelne Arbeitsaufgaben über eine längere Zeit einzelnen Arbeitsträgern zuzuordnen. Derartige Probleme stellen sich sowohl bei der Ablauforganisation von Verwaltungsprozessen als auch bei der Gestaltung der Prozesse der Sachgüter- und Dienstleistungsproduktion. Arbeitsträger können einzelne Stellen beziehungsweise die diesen Stellen zugeordneten Personen im Unternehmen sein - möglicherweise auch größere Einheiten wie Gruppen oder Abteilungen. Wenn über die Arbeitsverteilung entschieden wird, so sind u. a. regelmäßig die folgenden Problemaspekte zu berücksichtigen:

Qualifikation: Typischerweise erfordern bestimmte Arbeitsaufgaben spezifische Qualifikationen, die u. U. erst durch lange Ausbildungen oder umfangreiche praktische Erfahrungen erworben werden können. So kann bzw. darf nicht jeder Pilot von Verkehrsflugzeugen jeden Flugzeugtyp fliegen oder jeder Arzt in einem Krankenhaus jede Behandlung durchführen. Andererseits kann die Qualifikation der Arbeitsträger nur verändert werden, indem man ihnen bestimmte Aufgaben zu Trainings- und Ausbildungszwecken zuweist.

Effizienz und Kosten: Selbst dann, wenn mehrere Arbeitsträger prinzipiell in der Lage sind, eine bestimmte Arbeitsaufgabe zu übernehmen, so können sie sich u. U. in der Geschwindigkeit, mit der sie arbeiten, oder den Kosten, den ihr Einsatz verursacht, unterscheiden. So können beispielsweise sowohl Arzthelferinnen als auch Ärztinnen beispielsweise den Blutdruck von Patienten bestimmen. Da Ärztinnen aber teurer sind als Arzthelferinnen, werden vielfach letztere diese Aufgabe übernehmen, wenn große Arztpraxen stark arbeitsteilig organisiert sind.

Kapazität: Durch die Zuordnung von Arbeitsaufgaben auf Arbeitsträger werden diese belastet. Ist diese Belastung zu groß, so kann dies vielfältige negative Konsequenzen haben. Möglicherweise erkranken Arbeitskräfte in Folge von Überlastung (*„burn out"*), Arbeitsergebnisse entsprechen durch Hektik und Pfusch nicht den Vorgaben oder es entstehen lange Reaktions- und Durchlaufzeiten. Werden Arbeitsträger jedoch unterfordert, so empfinden sie ihre Tätigkeit u. U. als langweilig, was ebenfalls zu negativen Konsequenzen führen kann (*„bore out"*).

Wahrgenommene Gerechtigkeit und sozialer Frieden: Die verschiedenen Arbeitsaufgaben werden von den als Arbeitsträgern eingesetzten Menschen häufig als unterschiedlich (un-)attraktiv empfunden. Werden einem Arbeitsträger vorrangig die unangenehmen Aufgaben zugewiesen, während ein vergleichbarer anderer Arbeitsträger vorrangig die angenehmen Aufgaben erhält, so führt dies leicht zu Streit. Insofern kann es zweckmäßig sein, auch die individuellen Präferenzen der Arbeitsträger bei der Arbeitsverteilung zu berücksichtigen.

Verknüpfung der Arbeitsprozesse: Die verschiedenen Arbeitsaufgaben sind u. U. miteinander verknüpft, weil sie sich auf ein gemeinsames Objekt wie ein Dokument, einen Patienten oder ein Werkstück beziehen. So ist zum Beispiel im Fall der sogenannten Kreditorenbuchhaltung bei eingehenden Rechnungen von Lieferanten zunächst zu prüfen, ob es überhaupt eine Bestellung gab und ob zu dieser auch eine ordnungsgemäße Lieferung erfolgt ist, bevor die Rechnung verbucht und die Zahlung veranlasst werden kann. Ähnlich sieht es beispielsweise bei arbeitsteiligen Montageprozessen in der industriellen Sachgüterproduktion aus, für die man häufig getaktete Fließproduktionssysteme verwendet. Hier werden die Arbeitsprozesse der verschiedenen Arbeitsträger durch ein Fördersystem für die Werkstücke miteinander in zeitlicher Hinsicht verknüpft.

Im Folgenden betrachten wir einfachste Grundformen dieser Arbeitsverteilungsprobleme.

16.2 Arbeitsverteilung ohne Reihenfolgebeziehungen

Zunächst untersuchen wir eine Problemstellung, bei der die einzelnen Arbeitsprozesse nicht miteinander verknüpft sind, bevor wir uns mit dem sogenannten „Fließbandabstimmungsproblem" einer Problemstellung zuwenden, bei der diese Verknüpfung der Arbeitsprozesse im Vordergrund steht.

> **Beispiel zur Arbeitsverteilung**
>
> Offenbar war es wieder einmal so weit, seufzte Stefan Hilbwerg innerlich. Seit 17 Jahren leitete der Professor nun an der Universität in H. das Institut für Operations Management. Die Zahl seiner Mitarbeiter war stetig gestiegen und unter einigen seiner Studenten erfreute sich das Institut großer Beliebtheit.
>
> Gerade hatte wieder eine Mitarbeiterin nach Abschluss ihrer Promotion das Institut verlassen und eine Stelle bei einem Flugzeughersteller angetreten. Andererseits hatte er vor kurzem zwei neue Mitarbeiter eingestellt. Außerdem hatte das Institut einige neue Aufgaben der Studienberatung übernommen. Dr. Swantje Schnell, eine seiner Gruppenleiterinnen, hatte in der Dienstbesprechung das Thema aufgebracht.
>
> »Und deshalb finde ich, dass wir die allgemeinen Aufgaben neu verteilen müssen!«, schloss sie ihren Beitrag. Einige in der Runde nickten eifrig, während andere eher besorgt blickten. Jedem der Mitarbeiter waren bestimmte Projektaufgaben und Lehrveranstaltungen dauerhaft zugeordnet. Daneben gab es einige Aufgaben, die das Institut als Ganzes betrafen und von jeweils einem Mitarbeiter übernommen wurden. Diese Verteilung musste immer 'mal wieder neu justiert werden.
>
> »Na schön, was haben wir denn aktuell als kollektive Aufgaben definiert?«, fragte Hilbwerg zurück.
>
> »Also«, setzte Swantje Schnell ein, »da ist die Betreuung der Hiwis, die Betreuung der IT, die Institutsbibliothek, die dezentrale Studienberatung und die Koordination der Betreuung von Abschlussarbeiten. Was noch?«, fragte sie in die Runde. Sie musste nicht lange warten.
>
> »Ich kümmere mich um den Internetauftritt!«
>
> »Ich bin in der Studienkommission.«
>
> »Und ich organisiere die Tagung im nächsten Jahr!«, meldete sich ein weiterer Mitarbeiter. Die beiden neuen Mitarbeiter fragten sich offensichtlich, was wohl an Arbeit bei Ihnen landen würde.
>
> Hilbwerg hatte mittlerweile gelernt, dass er nicht alles selbst regeln musste. Die Stimmung in der Gruppe war gut, und so machte er es wie immer.
>
> »Möchten Sie untereinander einen Vorschlag entwickeln, oder soll ich einen machen?«, fragte er in die Runde. Die Antwort glaubte er zu kennen, und so war es dann auch.
>
> »Ich glaube, wir reden erst einmal untereinander«, schlug Dr. Karola Oberberg vor. Sie war die andere Gruppenleiterin.
>
> »Ich hole gleich die Liste vom letzten Mal, dann können wir prüfen, wie viel Zeit man pro Woche für welche Arbeit braucht, und schauen, wer was wie gerne machen möchte.«
>
> Die anderen in der Runde nickten.

16.2 Arbeitsverteilung ohne Reihenfolgebeziehungen

> »Gut, dann bringen Sie doch nächste Woche einen neuen Vorschlag mit!«, schloss Hilbwerg die Besprechung und ging zu seiner nächsten Sitzung. Er war sich sicher, in der nächsten Woche einen brauchbaren Vorschlag vorgelegt zu bekommen.

Tabelle 16.1: Notation zur Arbeitsverteilung

Symbol	Bedeutung
Indizes und Indexmengen	
$i = 1, ..., I$	Aufgaben
$m = 1, ..., M$	Arbeitsträger
Parameter	
c_m	Kapazität des Arbeitsträgers m
k_{im}	Kosten (Leid) bei Zuordnung von Aufgabe i zum Arbeitsträger m
t_i	Kapazitätsbedarf für Aufgabe i
Entscheidungsvariablen	
$X_{im} \in \{0, 1\}$	gleich 1, wenn Aufgabe i dem Arbeitsträger m zugeordnet wird, 0 sonst

Das anhand des Beispiels angedeutete Problem der Arbeitsverteilung kann man in verschiedenen Varianten formulieren. Eine einfache Grundform geht von den folgenden Annahmen aus:

- Es ist zu entscheiden, ob die Aufgabe i dem Arbeitsträger m zugeordnet werden soll. Jede Aufgabe ist genau einem Arbeitsträger zuzuordnen und belegt t_i Einheiten von dessen Kapazität c_m.

- Die Zuordnung soll so erfolgen, dass die Kosten oder das mit der Zuordnung verbundene Leid minimiert werden.

Mit der Notation in Tabelle 16.1 formulieren wir dazu das folgende Entscheidungsmodell:[1]

Modell 16.1: Zuordnungsmodell zur Arbeitsverteilung

$$\text{Minimiere } Z = \sum_{i=1}^{I} \sum_{m=1}^{M} k_{im} X_{im} \tag{16.1}$$

u. B. d. R.

$$\sum_{m=1}^{M} X_{im} = 1, \qquad i = 1, ..., I \tag{16.2}$$

$$\sum_{i=1}^{I} t_i X_{im} \leq c_m, \qquad m = 1, ..., M \tag{16.3}$$

In der Zielfunktion (16.1) wird gefordert, die gesamten Kosten bzw. das Leid der Zuordnung zu minimieren. Die Restriktionen (16.2) bilden ab, dass jede Aufgabe einem Arbeitsträger zuzuordnen ist und die Bedingungen (16.3) sorgen dafür, dass keiner der Arbeitsträger überlastet wird.

---
[1] Vgl. ähnlich Küpper und Helber (2004, S. 146f.).

Beachten Sie, dass in dieser Formulierung des Problems die Gesamtkosten der Zuordnung minimiert werden. Es kann sehr wohl mehrere Zuordnungen geben, bei denen diese Gesamtkosten gleich groß sind. Wenn die einzelnen Arbeitsträger Personen sind und die Koeffizienten k_{im} im Sinne eines „individuellen Arbeitsleids" zu interpretieren sind, so werden diese insgesamt gleich guten Lösungen individuell unter Umständen höchst unterschiedlich bewertet. Das sehen Sie gleich an dem bereits eingeführten Beispiel.

Beispiel zur Arbeitsverteilung (Fortsetzung)

Nachdem Professor Hilbwerg die Runde verlassen hatte, holte Dr. Karola Oberberg ihr Notebook und die Daten der letzten Planungsrunde zur internen Arbeitsverteilung. Sie erklärte Kurt Fleißig und Alf Lustig, den beiden Neulingen, dass die Arbeitsverteilung über ein mathematisches Modell vorgenommen werde.

Das Institut stand nicht zu Unrecht in dem Ruf, zu jedem Problem erst einmal ein Entscheidungsmodell zu formulieren. Bei den Studenten rief diese Neigung nicht nur Begeisterung hervor. Einige von ihnen hielten diese Modelle immer wieder für abstruses Material zum Auswendiglernen. Diese Fehleinschätzung war offenbar nicht auszurotten, auch wenn man sich im Hörsaal den Mund fusselig redete.

»Ok, die Liste der Aufgaben können wir doch so lassen wie beim letzten Mal, oder?« Sie projizierte Tabelle 16.2 an die Wand des Besprechungsraums. Alle in der Runde nickten.

»Gut. Wir haben alle volle Stellen, bis auf Gabi, die hat eine halbe Stelle. Mehr als acht Stunden pro Woche sollte keiner von uns mit diesen allgemeinen Aufgaben zu tun haben, Gabi mit ihrer halben Stelle entsprechend nur vier.« An der Wand erschien Tabelle 16.3.

»So, nun sagt mir bitte, wie gerne ihr auf eine Skala von 1 bis 5 welche Aufgaben übernehmen möchtet. Denkt einfach an Schulnoten, eine „1" steht also für etwas, das ihr gerne machen möchtet.« Nach kurzer Zeit hatte sie die Daten in Tabelle 16.4 beisammen.

»Und was machst du nun damit?«, fragte Kurt Fleißig.

»Das wirst du gleich sehen«, erwiderte Karola und ließ ihren Rechner das Modell (16.1)-(16.3) lösen. An der Wand erschien die Zuordnung in Tabelle 16.5.

»Ich habe für die Arbeitsverteilung gerade ein Zuordnungsmodell gelöst, so dass das kollektive Leid möglichst gering ist. Die Lösung ist pareto-optimal.«

Es gab also keine Möglichkeit, durch einen Aufgabentausch die Gruppe insgesamt besser zu stellen.

»Das ist ja sehr schön, dass hier die Arbeit so optimal verteilt wird«, freute sich Alf Lustig, während Kurt noch mit Entsetzen an die Wand starrte und sich fragte, wie er aus er Nummer wohl wieder herauskäme.

»So siehst du aus«, lachte Karola. »Das hier war jetzt der erste Rechenlauf mit einem Zielfunktionswert von 9. Aber es kann ja wohl nicht sein, dass Kurt acht Stunden an Arbeit aufgedrückt bekommt und du nichts, oder?«

Alf stimmte mit etwas betretenem Gesichtsausdruck zu und Kurt atmete wieder auf. Karola klapperte erneut auf ihrer Tastatur herum und startete eine weitere Berechnung.

»So Leute, jetzt habe ich bei jedem von uns die Kapazität auf vier Stunden heruntergesetzt, bis auf Gabi, die hat nun nur noch zwei Stunden. Dann ergibt sich eine andere Verteilung.« Sie warf die Ergebnisse in Tabelle 16.6 an die Wand.

»Wie sieht denn nun der Zielfunktionswert aus?«, fragte Dr. Swantje Schnell, die andere Gruppenleiterin.

»Der ist immer noch bei 9«, erwiderte Karola. »Bei diesem Ergebnis kommen du und ich relativ gut weg, aber so ganz genau gleich geht es halt nie auf. Wie sieht das für euch aus?«, fragte sie in Richtung von Gabi, Horst und den beiden Neulingen Kurt und Alf. »Ist die Aufteilung für euch so in Ordnung?«

Allgemeines Nicken war die Antwort.

»Gut, dann haben wir ja eine Lösung, die wir nächste Woche dem Chef zeigen können.«

16.2 Arbeitsverteilung ohne Reihenfolgebeziehungen

Tabelle 16.2: Kapazitätsbedarf der Aufgaben

Aufgabe	Kapazitätsbedarf [h]
IT	2
Hiwis	2
Bibliothek	2
(Studien-)Beratung	2
(Koordination von Abschluss-)Arbeiten	4
Internet	2
Studienkommission	1
(Organisation der) Tagung	4

Tabelle 16.3: Kapazität der Arbeitsträger [h]

	Swantje	Karola	Kurt	Alf	Gabi	Horst
Fall 1	8	8	8	8	4	8
Fall 2	4	4	4	4	2	4

Tabelle 16.4: Aufgaben und Präferenzen der Arbeitsträger

Aufgabe	Swantje	Karola	Kurt	Alf	Gabi	Horst
IT	4	2	1	2	1	4
Hiwis	1	1	5	2	1	3
Bibliothek	1	3	2	3	2	2
Beratung	3	5	2	5	3	5
Arbeiten	2	1	1	1	1	5
Internet	4	2	1	2	2	3
Studienkommission	1	3	5	3	1	1
Tagung	4	4	5	2	1	1

Tabelle 16.5: Zuordnung von Aufgaben zu Arbeitsträgern im Fall 1

	Swantje	Karola	Kurt	Alf	Gabi	Horst
Kapazität [h]	8	8	8	8	4	8
Aufgabe(n)	Bibliothek	Hiwis	Beratung Arbeiten Internet	-	IT Studienkommission	Tagung
Rest [h]	6	6	0	8	1	4

Tabelle 16.6: Zuordnung von Aufgaben zu Arbeitsträgern im Fall 2

	Swantje	Karola	Kurt	Alf	Gabi	Horst
Kapazität [h]	4	4	4	4	2	4
Aufgabe(n)	Bibliothek Studienkommission	Hiwis	Beratung Internet	Arbeiten	IT	Tagung
Rest [h]	1	2	0	0	0	0

> »Meinst Du, ihm ist die Lösung recht?«, fragte Kurt unsicher. Die Antwort bekam er von Gabi.
> »Dem ist jede Lösung recht. Hauptsache, die Arbeit wird ordentlich gemacht, wir zanken uns nicht und er hat seine Ruhe.«

Das für diese Rechnung verwendete GAMS-Programm finden Sie als Anhang A.13 ab S. 378. Mit einem ganz ähnlichen Modell werden am Institut für Produktionswirtschaft der Leibniz Universität Hannover den Studenten die Themen ihrer Seminararbeiten so zugeteilt, dass nach Möglichkeit alle ein Thema bekommen, welches ihnen attraktiv erscheint. Darüber hinaus werden an der Wirtschaftswissenschaftlichen Fakultät mit einem ebenfalls ganz ähnlichen Modell die Studenten für ihre Bachelorarbeiten auf die verschiedenen Institute der Fakultät verteilt. Dabei werden die studentischen Präferenzen ebenso berücksichtigt wie die personellen Kapazitäten an den Instituten.

16.3 Arbeitsverteilung mit Reihenfolgebeziehungen: Das Fließbandabstimmungsproblem

In Abschnitt 16.2 haben Sie das Problem kennengelernt, solche Aufgaben oder Arbeiten auf Arbeitsträger zu verteilen, die weitgehend unabhängig voneinander bearbeitet werden können. Häufig tritt jedoch der Fall ein, dass sich die verschiedenen Aufgaben auf ein gemeinsames Objekt der Bearbeitung beziehen, das zur Bearbeitung verfügbar sein muss. Diese Objekte können zum Beispiel Werkstücke oder auch Akten bzw. Dateien sein. Dann sind diese Arbeitsprozesse nicht mehr voneinander unabhängig, sie müssen vielmehr sorgfältig aufeinander abgestimmt werden. Wir gehen im Folgenden davon aus, dass es sich bei den Objekten der Bearbeitung um physisch greifbare Werkstücke handelt.

Wenn diese Werkstücke in großen Stückzahlen bearbeitet werden sollen, so baut man häufig sogenannte **Fließproduktionssysteme** auf.[2] In diesen Systemen „fließen" diese Objekte gewissermaßen zu den Arbeitsträgern. Dieser Materialfluss kann synchron erfolgen, wenn ein gemeinsames Materialfördersystem verwendet wird. Dieses wird umgangssprachlich als „Fließband" bezeichnet.[3]

Abbildung 16.1: Schematische Darstellung eines getakteten Fließproduktionssystems

Abbildung 16.1 zeigt eine schematische Darstellung eines derartigen Systems. Die fünf Werker führen an fünf nacheinander angeordneten Stationen wiederkehrende und genau definierte Prozessschritte an den Werkstücken durch, welche durch die Fördereinrichtung zu den Werkern transportiert werden. Derartige Systeme werden vielfach für Montageprozesse eingesetzt. Durch

---
[2] Siehe dazu auch die Abschnitte 17.1 ab S. 329 sowie 3.4 ab S. 65.
[3] Zu derartigen Systemen und den damit verbundenen Planungsproblemen und -verfahren vgl. Domschke, Scholl und Voß (1997, Kapitel 4), Becker und Scholl (2006), Boysen, Fliedner und Scholl (2007) sowie Boysen, Fliedner und Scholl (2008).

16.3 Arbeitsverteilung mit Reihenfolgebeziehungen

die gemeinsame Fördereinrichtung wird dafür gesorgt, dass an jeder der fünf Stationen für die dort durchzuführenden Arbeiten gleich viel Zeit zur Verfügung steht. Diese Zeitdauer bezeichnet man auch als **Taktzeit**.

Solche Systeme können u. a. nur dann effizient arbeiten, wenn die Dauern der einzelnen Prozessschritte nicht oder nur geringfügig schwanken. Ansonsten müsste ein Werker, der mit der Bearbeitung eines Werkstücks in der zur Verfügung stehenden Taktzeit nicht fertig geworden ist, das Band zeitweilig anhalten. Während dieser Zeit könnte die Kapazität der anderen Werker nicht genutzt werden.

Will man ein derartiges Fließproduktionssystem einsetzen, so muss entschieden werden, wie viele Stationen eingerichtet und welche Aufgaben oder Arbeitselemente den einzelnen Stationen zugeordnet werden. Diese Entscheidung hat einen erheblichen Einfluss auf die Produktionsrate, mit der das System arbeiten kann, und auf die damit verbundenen Kosten. Wir gehen im Folgenden davon aus, dass Schwankungen der Prozesszeiten keine Rolle spielen, Puffer zwischen den Stationen daher nicht benötigt werden und ein synchroner Materialfluss erreicht werden kann. Dann haben wir ein Problem der **Fließbandabstimmung** zu lösen.

Im ersten Schritt müssen wir ermitteln, welche Prozessschritte oder Arbeitselemente für die Bearbeitung eines Werkstückes erforderlich sind, wie lange diese dauern und wie sie zueinander in sachlichen Vorrangbeziehungen stehen. Das Ergebnis ist ein Vorranggraph wie jener in Abbildung 16.2. Im nächsten Schritt müssen wir aus der Nachfragerate und der täglichen Arbeitszeit die Taktzeit ermitteln. Beträgt beispielsweise die tägliche Arbeitszeit 480 Minuten und die tägliche Nachfrage 48 Mengeneinheiten, so darf die Taktzeit des Systems offenbar $c = 10$ Minuten nicht überschreiten. Abschließend gilt es, möglichst effizient die Prozessschritte auf die einzelnen Stationen des Fließproduktionssystems zu verteilen.

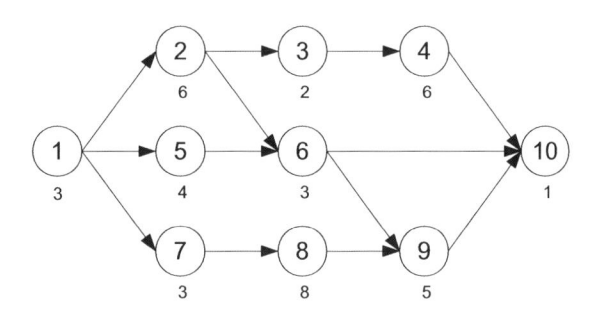

Abbildung 16.2: Vorranggraph mit 10 Prozessschritten bzw. Arbeitselementen

Beispiel zur Fließbandabstimmung

»Und wie stellen Sie sich die Montage der X-800 vor?«, fragte Franz Maier seinen Assistenten Thorben Schneider. Der Geschäftsführer der *Möllix GmbH* wollte es offenbar wieder einmal genau wissen. Schneider blieb gelassen. Er hatte seine Hausaufgaben gemacht.

»Es sind 10 verschiedene Prozessschritte erforderlich. Ich habe Ihnen 'mal eine Abbildung mitgebracht.« Schneider rief die nächste Seite seiner Präsentation auf. An der Wand des Konferenzraums erschien Abbildung 16.2. »Für jeden der 10 Schritte können Sie die jeweils erforderlichen Vorgänger sehen. Darunter stehen die Bearbeitungszeiten in Minuten.«

»Schneider, ich will keine abstrusen Bilder sehen. Ich will wissen, wie Sie sich die Montage vorstellen.«

»Ist schon klar, Chef. Ich hab' mir das so vorgestellt, dass wir in einer Montagelinie mehrere Stationen nacheinander anordnen und an jeder ein Werker eingesetzt wird. Jede Station bekommt bestimmte Arbeitselemente zugewiesen. Welche das sind, hängt von der Taktzeit ab, die wir festlegen. Wir können aus technischer Sicht mit Taktzeiten zwischen acht und 41 Minuten arbeiten.«

»Wieso zwischen acht und 41 Minuten?«, fragte Maier seinen Assistenten. Schneider stöhnte innerlich und fragte sich nicht zum ersten Mal, wie sein Chef mit so wenig Ahnung so weit hatte kommen können.

»Chef, eine Taktzeit von weniger als acht Minuten geht nicht, weil der Prozessschritt 8 alleine schon acht Minuten braucht.«

»Natürlich, das ist doch klar«, brummelte Maier, »und wieso nicht mehr als 41 Minuten?«

»Nun, die 41 Minuten würden reichen, um alle Prozessschritte an einer Station durchzuführen.«

»Aha. Und was kommt raus? Jetzt machen Sie es nicht so spannend!«

»Wie gesagt, es kommt darauf an, welche Taktzeit Sie wollen. Ich habe Ihnen jetzt 'mal verschiedene mögliche Aufteilungen der Prozessschritte auf die Stationen mitgebracht und ausgerechnet, wie die Auslastung der Werker jeweils aussehen würde.«

An der Wand erschienen die Tabellen 16.7 bis 16.12.

»Aus Sicht der Absatzprognosen sollten wir von einer maximal zulässigen Taktzeit von 15 Minuten ausgehen. Dann sieht die Variante mit den drei Stationen und einer Taktzeit von 14 Minuten eigentlich ganz gut aus.« Schneider deutete auf Tabelle 16.10 und Abbildung 16.3.

»Wieso?«

»Na ja, einerseits ist die Taktzeit niedrig genug, um die Nachfrage decken zu können. Andererseits ist die Auslastung recht hoch, so dass die Stückkosten niedrig sind. Außerdem haben wir bei einer Taktzeit von 14 Minuten noch etwas Luft, falls es einmal eine Störung gibt.«

»Ach so. Ja, prima, so machen wir es! Saubere Arbeit!«

Tabelle 16.7: Zuordnung von Prozessschritten zu Stationen bei einer Taktzeit von 8 Minuten und einer Auslastung von 85,4%

Station	Prozessschritte	Belastung [min]
1	1, 5	7
2	2, 3	8
3	6, 7	6
4	8	8
5	4	6
6	9, 10	6

Tabelle 16.8: Zuordnung von Prozessschritten zu Stationen bei einer Taktzeit von 9 Minuten und einer Auslastung von 91,1%

Station	Prozessschritte	Belastung [min]
1	1, 2	9
2	3, 5, 7	9
3	8	8
4	4, 6	9
5	9, 10	6

16.3 Arbeitsverteilung mit Reihenfolgebeziehungen   323

Tabelle 16.9: Zuordnung von Prozessschritten zu Stationen bei einer Taktzeit von 11 Minuten und einer Auslastung von 93,2%

Station	Prozessschritte	Belastung [min]
1	1, 2, 3	11
2	7, 8	11
3	4, 5	10
4	6, 9, 10	9

Tabelle 16.10: Zuordnung von Prozessschritten zu Stationen bei einer Taktzeit von 14 Minuten und einer Auslastung von 97,6%

Station	Prozessschritte	Belastung [min]
1	1, 2, 5	13
2	6, 7, 8	14
3	3, 4, 9, 10	14

Tabelle 16.11: Zuordnung von Prozessschritten zu Stationen bei einer Taktzeit von 21 Minuten und einer Auslastung von 97,6%

Station	Prozessschritte	Belastung [min]
1	1, 2, 3, 4, 7	20
2	5, 6, 8, 9, 10	21

Tabelle 16.12: Zuordnung von Prozessschritten zu Stationen bei einer Taktzeit von 41 Minuten und einer Auslastung von 100%

Station	Prozessschritte	Belastung [min]
1	1, 2, 3, 4, 5, 6, 7, 8, 9, 10	41

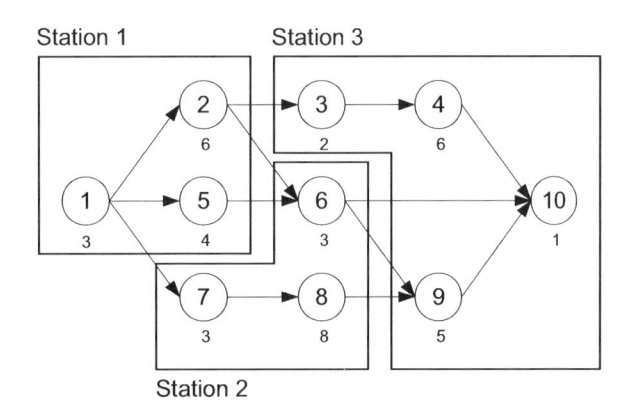

Abbildung 16.3: Fließproduktionssystem mit drei Stationen und einer Taktzeit von 14 Minuten

Tabelle 16.13: Notation zur Fließbandabstimmung

Symbol	Bedeutung
Indizes und Indexmengen	
$i, j = 1, \ldots, I$	Prozessschritte bzw. Arbeitselemente
$\mathcal{V}_j$	Menge jener Prozessschritte, die unmittelbare Vorgänger von Prozessschritt j sind
$m = 1, \ldots, M$	Stationen
Parameter	
c	Taktzeit
t_i	Zeitbedarf für Prozessschritt i
Entscheidungsvariablen	
$X_{im} \in \{0, 1\}$	gleich 1, wenn Prozessschritt i der Station m zugeordnet wird, 0 sonst

Das gerade am Beispiel betrachtete Problem der Zuordnung von einzelnen Prozessschritten oder Arbeitselementen zu den Stationen eines synchronen (oder auch asynchronen) Fließproduktionssystems wird in der Literatur gemeinhin als „einfaches[4] Fließbandabstimmungsproblem" bezeichnet. Es geht von den folgenden Annahmen aus:

- Es ist zu entscheiden, welcher Station m ein Prozessschritt bzw. ein Arbeitselement i zugeordnet werden soll. Jeder Prozessschritt bzw. jedes Arbeitselement ist genau einer Station zuzuordnen und belegt dort t_i Einheiten der vorgegebenen Taktzeit c, die an allen Stationen identisch ist.

- Die Zuordnung soll so erfolgen, dass die benötigte Anzahl der Stationen minimal ist.

Mit der Notation in Tabelle 16.13 formulieren wir dazu das folgende Entscheidungsmodell:[5]

Modell 16.2: Fließbandabstimmung

$$\text{Minimiere } Z = \sum_{m=1}^{M} m \cdot X_{I,m} \tag{16.4}$$

u. B. d. R.

$$\sum_{m=1}^{M} X_{im} = 1, \qquad i = 1, \ldots, I \tag{16.5}$$

$$\sum_{i=1}^{I} t_i \cdot X_{im} \leq c, \qquad m = 1, \ldots, M \tag{16.6}$$

$$\sum_{m=1}^{M} m \cdot X_{im} \leq \sum_{m=1}^{M} m \cdot X_{jm}, \qquad j = 1, \ldots, I; \, i \in \mathcal{V}_j \tag{16.7}$$

In der Zielfunktion (16.4) wird die Nummer jener Station minimiert, welcher der letzte Prozessschritt I zugewiesen wird. Dadurch wird die Zahl der benötigten Stationen minimiert. Durch die Restriktionen (16.5) wird erreicht, dass jeder Prozessschritt genau einer Station zugeordnet wird. Dabei stellen die Restriktionen (16.6) sicher, dass an jeder Station die Taktzeit

---
[4] Man kann diese Namensgebung durchaus als Euphemismus werten.
[5] Vgl. Drexl (1990, S. 63f.) und Domschke, Scholl und Voß (1997, S. 195f.).

16.3 Arbeitsverteilung mit Reihenfolgebeziehungen

eingehalten werden kann. Letztlich bewirken die Restriktionen (16.7), dass die technologischen Reihenfolgebeziehungen zwischen den verschiedenen Prozessschritten eingehalten werden, die in der Abbildung 16.2 durch die Pfeile zwischen den Prozessschritten angedeutet wurden.

Charakteristisch für das hier betrachtete Problem ist die Schwierigkeit, die einzelnen Stationen gleichmäßig auszulasten. Diese Schwierigkeit ergibt sich aus der Forderung, jeden Prozessschritt nur genau einer Station zuzuordnen. Für die dargestellte Beispielinstanz wurden die Lösungen in den Tabellen 16.7 bis 16.12 durch die jeweils optimale Lösung des Entscheidungsmodells zur Fließbandabstimmung mittels des GAMS-Programms in Abschnitt A.14 ab S. 379 ermittelt.

Eine **einfache heuristische Lösungsmöglichkeit** besteht darin, bei einer gegebenen Taktzeit das Fließproduktionssystem stationsweise aufzubauen. Es handelt sich um ein iteratives Verfahren, bei dem man in jeder Iteration zunächst die Menge jener Prozessschritte ermittelt, die an der gegenwärtig betrachteten Station (noch) **einplanbar** sind. Das sind alle jene Prozessschritte, deren unmittelbare Vorgänger bereits eingeplant sind und die zudem in die noch verfügbare Taktzeit der aktuellen Station „hineinpassen". Wenn mehrere Prozessschritte einplanbar sind, so wählt man jenen aus, dessen Prioritätswert

$$P_i = t_i + \sum_{j \in \mathcal{N}_i} P_j \qquad (16.8)$$

am höchsten ist. Der Prioritätswert P_i ist die Summe aus der Bearbeitungszeit t_i des Prozessschrittes i und der Prioritätswerte aller seiner *unmittelbaren* Nachfolger $\mathcal{N}_i$. Der Gedanke hinter dieser Berechnung von Prioritätswerten ist, dass solche Prozessschritte vorrangig eingeplant werden sollten, auf die noch ein großes Arbeitsvolumen folgt. Für das betrachtete Beispiel zeigt Tabelle 16.14 die rekursive Berechnung der Prioritätswerte.

Tabelle 16.14: Rekursive Berechnung der Prioritätswerte

i	t_i [min]	$\mathcal{N}_i$	$\sum_{j \in \mathcal{N}_i} P_j$ [min]	$P_i = t_i + \sum_{j \in \mathcal{N}_i} P_j$ [min]
10	1	{-}	0	1
9	5	{10}	1	6
4	6	{10}	1	7
3	2	{4}	7	9
8	8	{9}	6	14
7	3	{8}	14	17
6	3	{9, 10}	6+1=7	10
5	4	{6}	10	14
2	6	{3, 6}	9+10=19	25
1	3	{2, 5, 7}	25+14+17=56	59

Sofern noch nicht alle Prozessschritte eingeplant sind, es aber keinen mehr gibt, der einplanbar ist, muss offenbar eine neue Station geöffnet werden. Den Rechengang für das schrittweise Öffnen und Befüllen von Stationen zeigt Tabelle 16.15.

Bei dem dargestellten Verfahren kann der Fall auftreten, dass zwei einplanbare Prozessschritte identische Prioritätswerte haben. In dem betrachteten Beispiel gilt dies für die Prozessschritte 5 und 8, die nach Eröffnung der Station 2 beide gleichermaßen einplanbar sind. Hier ist also eine weitere Regel erforderlich, um eine Auswahl vornehmen zu können. Wir wählen den Prozessschritt mit der kleineren Nummer, also Schritt 5.

An dem Beispiel kann man auch sehr schön den Unterschied zwischen einem exakten und einem heuristischen Lösungsverfahren erkennen. Während die exakte Lösung des Entscheidungsmodells mit dem Ergebnis in Tabelle 16.10 mit drei Stationen und einer Auslastung von 97,6%

Tabelle 16.15: Einplanung bei einer Taktzeit von 14 Minuten

Aktuelle Station	Einplanbare Prozessschritte	Eingeplanter Prozessschritt i	Dauer t_i [min]	Restzeit [min]
1	{<u>1</u>}	1	3	11
	{<u>2</u>, 5, 7}	2	6	5
	{3, 5, <u>7</u>}	7	3	2
	{<u>3</u>}	3	2	0
2	{4, <u>5</u>, 8}	5	4	10
	{4, 6, <u>8</u>}	8	8	2
	{}	-	-	2
3	{4, <u>6</u>}	6	3	11
	{<u>4</u>, 9}	4	6	5
	{<u>9</u>}	9	5	0
4	{<u>10</u>}	10	1	13
	{}	-	-	13

auskommt, führt die Heuristik gemäß Tabelle 16.15 auf eine Lösung mit vier Stationen und einer Auslastung von 73,2%. Der letzten Station wird bei einer Taktzeit von 14 Minuten nur ein Arbeitsvolumen von einer Minute für den Prozessschritt 10 zugewiesen.

Literaturhinweise

- Cachon und Terwiesch (2009, Abschnitte 4.4 und 4.5)
- Domschke, Scholl und Voß (1997, Kapitel 4)
- Kolisch und Padman (2001)

16.4 Aufgaben und Übungen

1. Modell zur Arbeitsverteilung

   Betrachten Sie das Modell zur Arbeitsverteilung in Abschnitt 16.2. Diese sehr einfache Formulierung geht davon aus, dass jeder Arbeitsträger jede Aufgabe übernehmen kann. Wenn dies nicht möglich ist, so kann man das Modell sehr leicht so modifizieren, dass jeder Aufgabe i nur ein Arbeitsträger $m \in \mathscr{M}_i \subseteq \mathscr{M} = \{1, 2, ..., M\}$ aus der Teilmenge $\mathscr{M}_i$ der für diese Aufgabe i zulässigen Arbeitsträger zugeordnet werden darf. Analog kann man für jeden Arbeitsträger m die Menge jener Aufgaben $\mathscr{I}_m$ definieren, die ihm zugeordnet werden dürfen. Auf diese Weise wird sichergestellt, dass nur zulässige Zuordnungen erfolgen. Modifizieren Sie unter Verwendung dieser Mengen $\mathscr{M}_i$ und $\mathscr{I}_m$ das Modell zur Arbeitsverteilung!

16.4 Aufgaben und Übungen

Lösung/Lösungshinweis

$$\text{Minimiere } Z = \sum_{i=1}^{I} \sum_{m \in \mathcal{M}_i} k_{im} \cdot x_{im}$$

u. B. d. R.

$$\sum_{m \in \mathcal{M}_i} x_{im} = 1, \qquad i = 1, \ldots, I$$

$$\sum_{i \in \mathcal{I}_m} t_i \cdot x_{im} \leq c_m, \qquad m = 1, \ldots, M$$

2. Fließbandabstimmung über das Entscheidungsmodell

Betrachten Sie das in Abschnitt 16.3 dargestellte Entscheidungsmodell zur Fließbandabstimmung sowie dessen GAMS-Implementierung in Abschnitt A.14. Laden Sie sich dieses GAMS-Modell von der Homepage des Tutorials herunter und öffnen Sie es in der GAMS-Entwicklungsumgebung.

Gehen Sie nun von der Annahme aus, dass ergänzend zu den Informationen im Vorranggraphen in Abbildung 16.2 auch noch eine Vorrangbeziehung zwischen den Prozessschritten 7 und 5 besteht, also der Prozessschritt 7 durchgeführt sein muss, bevor der Schritt 5 durchgeführt werden kann.

Überlegen Sie sich, was Sie in der GAMS-Datei ändern müssen, um diesen Fall abzubilden. Bestimmen Sie dann eine optimale Aufteilung der Prozessschritte bei einer Taktzeit von 14 Minuten. Beachten Sie dabei, dass in der Demo-Version von GAMS die Anzahl der Binärvariablen auf 50 beschränkt ist. Sie müssen daher die Zahl der Stationen auf maximal fünf beschränken (in der Set-Definition). Ermitteln eine optimale Lösung!

Lösung/Lösungshinweis

Station	Prozessschritte	Belastung [min]
1	1, 2, 3, 7	14
2	4, 8	14
3	5, 6, 9, 10	13

3. Fließbandabstimmung über das heuristische Verfahren

   Betrachten Sie das in Abschnitt 16.3 am Beispiel dargestellte heuristische Verfahren zur Fließbandabstimmung unter Verwendung von Prioritätswerten. Führen Sie mit diesem Verfahren eine Fließbandabstimmung für eine Taktzeit von $c = 11$ Minuten durch und berechnen Sie die Auslastung des Systems. Bei gleichen Prioritätswerten einplanbarer Prozessschritte wählen Sie den mit der kleineren Nummer.

   Lösung/Lösungshinweis

Aktuelle Station	Einplanbare Prozessschritte	Eingeplanter Prozessschritt i	Dauer t_i [min]	Restzeit [min]
1	$\{\overline{1}\}$	1	3	8
	$\{2, 5, \overline{7}\}$	2	6	2
	$\{\overline{3}\}$	3	2	0
2	$\{4, 5, \overline{7}\}$	7	3	8
	$\{4, 5, \overline{8}\}$	5	4	4
	$\{\overline{6}\}$	6	3	1
	$\{\}$	-	-	1
3	$\{4, \overline{8}\}$	8	8	3
	$\{\}$	-	-	3
4	$\{4, \overline{9}\}$	4	6	5
	$\{\overline{9}\}$	9	5	0
5	$\{\overline{10}\}$	10	1	10

   Die Auslastung beträgt $41/55 \approx 74{,}5\%$.

17 Organisation, Planung und Steuerung der Produktion

17.1 Organisationstypen der Produktion

Industriell operierende Produktionssysteme für die Erstellung von Sachgütern oder Dienstleistungen bestehen regelmäßig aus einer Vielzahl einzelner Arbeitssysteme, also aus Betriebsmitteln wie z. B. Maschinen und den sie bedienenden Arbeitskräften. Dies führt auf die Frage, nach welchen Kriterien diese Arbeitssysteme räumlich und organisatorisch gegliedert werden sollen. Zwei gegensätzliche Antworten auf diese Frage sind praktisch extrem wichtig:[1]

Gliederung nach der Funktion: Häufig geht man so vor, dass jene Arbeitssysteme, die identische oder sehr ähnliche Funktionen haben, zu größeren Organisationseinheiten wie Abteilungen, Werkstätten oder derlei mehr zusammengefasst werden. Dieses Prinzip wird in Abbildung 17.1 schematisch dargestellt. Die einzelnen Arbeitssysteme innerhalb einer Abteilung werden durch einheitliche graphische Symbole (Kreise, Dreiecke etc.) dargestellt. Die Arbeitssysteme innerhalb einer Abteilung sind funktional gleichartig und damit untereinander prinzipiell austauschbar.

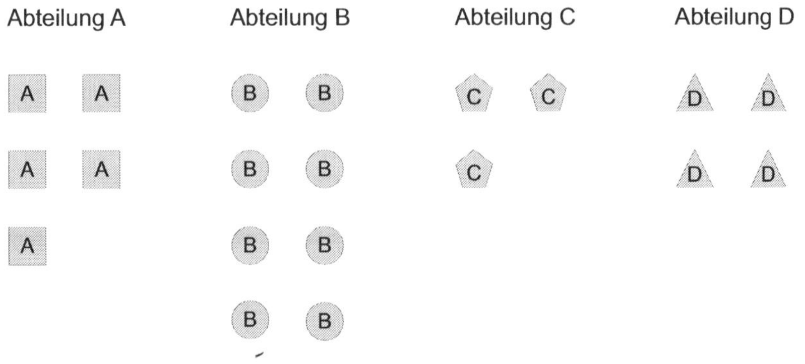

Abbildung 17.1: Zentralisation von Arbeitssystemen mit gemeinsamer Funktion

Wenn Sachgüter hergestellt werden, so bezeichnen wir diese Struktur oft als sogenannte **Werkstattproduktion**. Dann werden beispielsweise alle Drehmaschinen in einer Werkstatt „Drehen" und analog alle Fräsmaschinen in einer Werkstatt „Fräsen" zusammengefasst.

Bei der Herstellung von Dienstleistungen finden wir dieses Organisationsprinzip ebenfalls, wenn beispielsweise für den telefonischen Kundendienst alle Kundenbetreuer in einem Call Center zusammengezogen werden. Ein weiteres Beispiel sind die studentenbezogenen Verwaltungsstellen in Universitäten, die häufig nach Aufgaben gegliedert sind und dann Bezeichnungen wie „Immatrikulationsamt", „Prüfungsamt", „Auslandsamt" oder „Studienberatung" tragen.

Ein Vorteil dieser Organisationsform besteht darin, dass funktionsspezifisches Wissen gut gebündelt und weitergegeben werden kann. Zudem kann Arbeit zwischen den Arbeitssystemen innerhalb einer Abteilung verschoben werden, um einen **Kapazitätsausgleich** zu erreichen. Dadurch zeichnen sich derartig organisierte Systeme durch ein hohes Maß an **Flexibilität** hinsichtlich der prinzipiell durchführbaren Prozesse aus.

---

[1] Vgl. Günther und Tempelmeier (2020, Abschnitt 1.3.2) sowie Küpper und Helber (2004, S. 58f.).

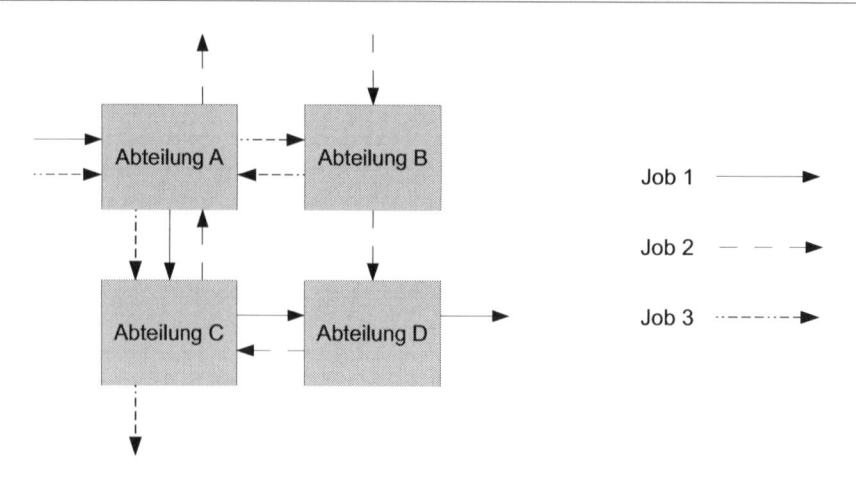

Abbildung 17.2: Unterschiedlicher Objektfluss bei Funktionszentralisation

Die **Koordination** eines Verbundes aus verschiedenen derartigen Abteilungen kann allerdings schwierig sein. Das liegt unter anderem an den vielfältigen und u. U. sehr individuellen Objektflüssen durch das System. Abbildung 17.2 verdeutlicht diesen Nachteil einer funktionsorientierten Zentralisation von Arbeitssystemen für drei verschiedene Jobs, die unterschiedliche Abteilungen in unterschiedlichen Reihenfolgen aufsuchen müssen.

Bei dieser Organisationsform kann es zudem sehr schwer sein, den Überblick über das Gesamtsystem zu behalten. Da die einzelnen Abteilungen voneinander organisatorisch und vielfach auch räumlich getrennt sind, ist es oft sehr schwer, die Auswirkungen lokaler Entscheidungen auf die Situation in anderen Abteilungen zu erkennen. In der Konsequenz ergeben sich u. U. lange Durchlaufzeiten und hohe Bestände an Aufträgen bzw. Arbeit in den einzelnen Abteilungen. Wenn Sie jemals den Eindruck hatten, als Bürger in einer einzelnen Angelegenheit in einer Behörde für einen arbeitsteiligen Verwaltungsprozess „von Pontius zu Pilatus" geschickt zu werden, dann standen Sie vor jenem Problem.

Gliederung nach dem Objekt: Die Organisation nach dem Objekt folgt dem Gedanken, alle jene Arbeitssysteme zusammenzufassen, die für die Bearbeitung eines gemeinsamen Objektes oder eines eng verwandten Objektspektrums erforderlich sind. Auf diese Weise entstehen an Stelle mehrerer funktional orientierter Abteilungen mehrere objektorientierte Sub-Systeme, die voneinander in einem hohen Maß unabhängig arbeiten können. Abbildung 17.3 zeigt die Anwendung dieses Prinzips in schematischer Form.

Abbildung 17.3: Zentralisation von Arbeitssystemen nach gemeinsamen Objekt

Wenn Sachgüter in großen Stückzahlen hergestellt werden, so setzt man dazu häufig **Fließproduktionssysteme** ein, die diesem Organisationsprinzip folgen und sich zudem durch einen gleichgerichteten Objektfluss auszeichnen. Abbildung 17.4 verdeutlicht, dass auf diese Weise sehr übersichtliche Systeme entstehen können, durch welche die Objekte der unterschiedlichen Typen in vergleichsweise kurzer Zeit hindurchlaufen können. Dies gilt insbesondere dann, wenn es gelingt, die Kapazität der Arbeitssysteme für die verschiedenen Prozessschritte aneinander anzugleichen.

17.1 Organisationstypen der Produktion

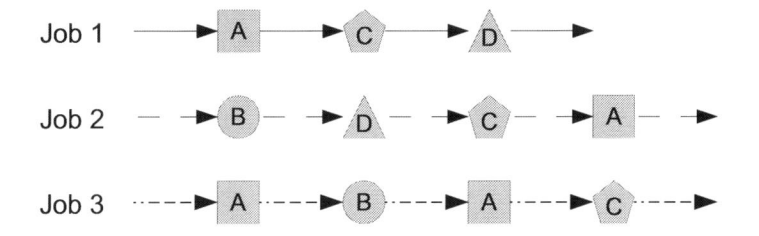

```
Job 1  ───▶[A]───▶(C)───▶△───▶

Job 2  ──▶(B)──▶△──▶(C)──▶[A]──▶

Job 3  ···▶[A]···▶(B)···▶[A]···▶(C)···▶
```

Abbildung 17.4: Einheitlicher Objektfluss bei Objektzentralisation

Darüber hinaus entfallen bei derartigen Fließproduktionssystemen im Vergleich zu Werkstattproduktionssystemen vielfach die unproduktiven Umrüstvorgänge, weil in jedem der Systeme ja nur eine Produktart oder eine eng verwandte Produktfamilie bearbeitet wird. Der Verzicht auf diese Umrüstvorgänge kann zu erheblichen Produktivitätsgewinnen führen.

Den Vorteilen einer hohen Produktivität sowie einer vergleichsweise großen **Übersichtlichkeit** und tendenziell **leichteren Planung und Steuerung** der Prozesse in einem derart objektorientiert aufgebauten System stehen jedoch auch erhebliche Nachteile entgegen. Während beispielsweise im System in Abbildung 17.2 in Werkstatt A im Prinzip jedes Arbeitssystem vom Typ A für die Jobs der Typen 1, 2 und 3 eingesetzt werden kann, ist dies, wie in Abbildung 17.4 gezeigt, bei einer objektorientierten Organisation offenbar nicht mehr möglich. In der Folge kann dort die Situation eintreten, dass ein Arbeitssystem vom Typ A für Jobs vom Typ 1 unbeschäftigt ist, während sich im Nachbarsystem für Jobs vom Typ 2 vor dem Arbeitssystem vom Typ A lange Warteschlangen bilden. Zudem treten hier jene schwierigen Probleme der Leistungsabstimmung auf, die wir in Abschnitt 16.3 im Kontext der sogenannten „Fließbandabstimmung" behandelt haben. Die tendenziell höhere Produktivität derartiger Systeme geht also mit einer geringeren Flexibilität einher. Aus diesem Grund setzt man derartige Systeme vor allem dann ein, wenn gleichartige Aufgaben über einen längeren Zeitraum in großer Zahl erfüllt werden müssen.

Funktionsorientierte Werkstätten | Objektorientierte Montagelinien

[Werkstatt A] [Werkstatt B]

[Werkstatt C] [Werkstatt D]

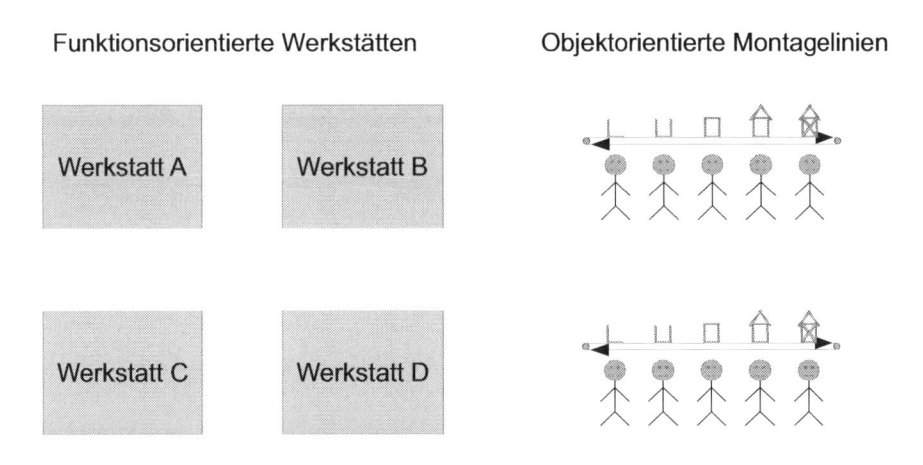

Abbildung 17.5: Kombination von Funktions- und Objektprinzip

In der Praxis finden sich häufig Produktionssysteme, die in Teilbereichen nach dem Funktionsprinzip aufgebaut sind, während in anderen Teilen objektorientierte Fließproduktionssysteme eingesetzt werden. So werden vielfach in Unternehmen des Maschinenbaus in funktional organisierten Werkstätten in der sogenannten „Teilefertigung" durch maschinelle Prozesse der Metallbearbeitung zunächst Komponenten hergestellt, die anschließend in unterschiedlichen Endprodukten Eingang finden. Jene Endprodukte werden häufig in (objektorientierten) Fließproduktionssystemen schrittweise montiert. Abbildung 17.5 zeigt eine derartige Konfiguration in einer schematischen Darstellung.

17.2 Zentrale Produktionsplanung nach dem Push-Prinzip

17.2 Der größte Teil dieses Buches verfolgt das Ziel, Ihnen einen Überblick über zentrale Entscheidungstatbestände des Operations Managements zu geben und Ihnen zu helfen, die „ökonomische Mechanik" der zugrundeliegenden Entscheidungssituationen zu verstehen. Wenn diese Entscheidungen in der Praxis getroffen werden, so handelt es sich insbesondere bei den Prozess-Entscheidungen beispielsweise zu Losgrößen und Reihenfolgen offensichtlich um strukturell stets wiederkehrende Probleme.

Aus diesem Grund setzt man zu ihrer Lösung regelmäßig IT-gestützte Systeme der Produktionsplanung und -steuerung ein, deren Struktur, Funktionsweise und Terminologie durch die jeweiligen Anbieter der IT-Systeme geprägt wurden und werden. Als Sammelbegriff für solche Systeme hat sich die Bezeichnung „Enterprise Resource Planning (ERP)" eingebürgert. Sie sollen als integrierte Systeme idealerweise alle kaufmännischen Geschäftsprozesse abbilden und unterstützen, also beispielsweise auch solche der Buchhaltung, der Kostenrechnung etc. Aus diesem Grund liegt eine wichtige Funktion derartiger Systeme in der **Datenverwaltung**. Daneben propagieren die Hersteller der Systeme auch eine Funktion der **Entscheidungsunterstützung**. Diese Funktion soll für die verschiedenen Produktionsbereiche in einer integrierten, abgestimmten Art und Weise erfüllt werden, indem eine zentrale Planung erfolgt, die den dezentralen Produktionsbereichen nur noch eingeschränkte Handlungsspielräume überlässt.

```
┌─────────────────────┐
│ Hauptproduktions-   │
│ programmplanung     │
└──────────┬──────────┘
           ▼
┌─────────────────────┐
│ Mengenplanung       │
└──────────┬──────────┘
           ▼
┌─────────────────────┐
│ Termin- und         │
│ Kapazitätsplanung   │
└──────────┬──────────┘
           ▼
┌─────────────────────┐
│ Produktionssteuerung│
└─────────────────────┘
```

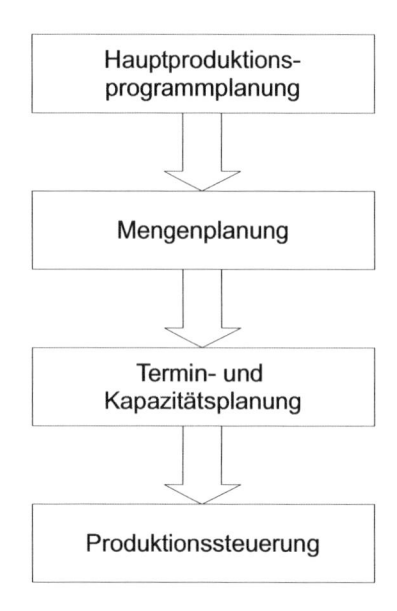

Abbildung 17.6: Struktur konventioneller PPS-Systeme

Wir betrachten im Folgenden solche Systeme, die der Entscheidungsunterstützung für die Planung und Steuerung der Sachgüterproduktion dienen sollen. Diese Systeme folgen vielfach einem recht einheitlichen funktionalen Aufbau, der in Abbildung 17.6 dargestellt ist.[2] Die einzelnen Planungsbereiche betrachten wir im Folgenden etwas genauer.

1. In der **Hauptproduktionsprogrammplanung** soll der Output des Produktionssystems über einige Perioden hinweg geplant werden. Dazu können zum einen Absatzprognosen und zum anderen konkrete Kundenaufträge als nach Art, Zeit und Menge geplanter Output des Systems abgebildet werden. Es ist durchaus möglich, auf diese Weise einen Plan zu erstellen, der mit den Kapazitäten des Produktionssystems nicht umgesetzt werden

---
[2] Vgl. zum Aufbau und der Kritik derartiger Systeme Günther und Tempelmeier (2020, Abschnitt 16.1) sowie Drexl u. a. (1994).

kann. Eine an ökonomischen Effizienzkriterien sowie betrieblichen Kapazitäten orientierte Planung wie jene über das Modell zur aggregierten Planung in Abschnitt 5.4 erfolgt also nicht.

2. In der anschließenden **Mengenplanung** wird für die gegebenenfalls mehrstufigen Erzeugnisstrukturen stufenweise jeweils eine Materialbedarfsrechnung und eine Losgrößenplanung vorgenommen. Die periodenbezogenen Losgrößenentscheidungen nach Art und Menge führen dabei auf den (abhängigen) Materialbedarf der jeweils vorherigen Produktionsstufe. Auf diese Weise soll ein grobes zeitliches Abbild des künftigen Produktionsgeschehens aufgebaut werden. Allerdings wird dabei regelmäßig von den begrenzten Produktionskapazitäten abgesehen, so dass wiederum Pläne erstellt werden können, die sich nicht umsetzen lassen. An dieser Stelle müsste eine mehrstufige Variante eines dynamischen kapazitätsorientierten Losgrößenproblems wie desjenigen in Abschnitt 9.3 gelöst werden, wenn man einen tatsächlich umsetzbaren Plan erhalten wollte.

3. Die **Termin- und Kapazitätsplanung** verfolgt das Ziel, das auf den beiden vorherigen Planungsebenen grob strukturierte zukünftige Produktionsgeschehen in einen zeitlich detaillierten Ablaufplan umzusetzen. Wenn die Ressourcen stark ausgelastet sind, so ist dies eine schwierige Aufgabe, die häufig Modifikationen der zuvor in der Hauptproduktionsprogrammplanung und der Mengenplanung getroffenen Entscheidungen nahezulegen scheint. Wenn in den ersten beiden Planungsebenen die Kapazitätsrestriktionen des Produktionssystems verletzt wurden, weil sie überhaupt nicht beachtet wurden, so wird dieses Problem in der Termin- und Kapazitätsplanung zwar u. U. deutlich, kann dort aber oft nicht mehr behoben werden.

4. Letztlich werden über die **Produktionssteuerung** die Produktionsaufträge freigegeben und Reihenfolgeentscheidungen an den einzelnen Arbeitssystemen getroffen, u. a. unter Verwendung von Prioritätsregeln, wie Sie sie in Abschnitt 10.3 kennengelernt haben.

In einem derartigen System der Produktionsplanung und -steuerung werden also Produktionsaufträge für künftige Bedarfe geplant. Die Produktionsaufträge werden dabei gewissermaßen in das Produktionssystem „hineingedrückt", so dass man derartige Planungs- und Steuerungssysteme vielfach in der Fachliteratur als „Push-Systeme" bezeichnet.

Sie ahnen vermutlich schon, dass in der Praxis vielfach eine gewisse Diskrepanz zwischen den vollmundigen Versprechen der Software-Hersteller und der Wirklichkeitswahrnehmung ihrer Kunden vor Ort herrscht. Letztere nutzen dann vielfach ergänzend „selbstgebastelte Planungsmethoden" in Tabellenkalkulationsprogrammen. Die IT-Systeme zur Produktionsplanung und -steuerung erleben und verwenden diese Planer eher als Systeme der Datenverwaltung denn als solche der Entscheidungsunterstützung.

Unter der Bezeichnung „Advanced Planning", gerne noch versehen mit wohlklingenden Zusätzen wie „System", „Supply Chain", „Management" und natürlich „optimal" werden seit einigen Jahren IT-Systeme beworben, die eine fortgeschrittene, gewissermaßen „verbesserte" Planung versprechen. Dabei wird zum Teil erneut großzügig mit dem Begriff der Planung umgegangen, wenn beispielsweise Verfahren der Nachfrageprognose kurzerhand zum „Demand Planning" erkoren werden. In letzter Zeit greifen derartige Systeme in einzelnen Bereichen jedoch tatsächlich auf mathematische Optimierungsmethoden für Entscheidungsmodelle der Prozessgestaltung zurück, wie Sie sie in diesem Buch kennengelernt haben.[3] Für die Gestaltung solcher Systeme benötigt man jene Fähigkeit zum Denken in abstrakten (Entscheidungs-)Modellen, an die Sie dieses Buch heranführen soll.

---

[3] Vgl. dazu vertiefend Stadtler, Kilger und Meyr (2014), dort insbesondere Fleischmann, Meyr und Wagner (2014) und Meyr, Wagner und Rohde (2014), ferner zu einer umfangreichen Fallstudie Stadtler, Fleischmann u. a. (2012) sowie zu formalen Modellen Kallrath und Maindl (2006).

17.3 Dezentrale Produktionssteuerung nach dem Pull-Prinzip

Im Rahmen der Prozessanalyse haben wir in den Abschnitten 2.2 und 2.3 gelernt, dass einerseits hohe Auslastungen mit hohen Beständen eingehen, andererseits aber hohe Bestände im Mittel zu langen Durchlaufzeiten führen. Dieser Zielkonflikt kann leicht zu einem **Teufelskreis** führen, der sich folgendermaßen beschreiben lässt.

Der Ausgangspunkt der Argumentation ist eine Situation, in der Arbeitssysteme auf den ersten Stufen eines mehrstufigen Produktionsprozesses gerade unbeschäftigt sind. Dies erscheint als Vergeudung der dort vorhandenen Kapazität. Um diese Kapazität nicht verfallen zu lassen, werden neue Produktionsaufträge freigegeben, auch wenn deren Fertigstellungszeitpunkte u. U. noch in der ferneren Zukunft liegen. Auf diese Weise werden größere Bestände von Fertigungsaufträgen und Material in das System „hineingestopft", als erforderlich sind, um die weiter flussabwärts gelegenen Produktionsstufen auszulasten bzw. die Nachfrage nach Endprodukten zu befriedigen. Hier führt also der nachvollziehbare Wunsch, die vorhandene und bezahlte Produktionskapazität zu nutzen, zu einem trägen, vollgestopften Produktionssystem mit hohen Beständen und langen Durchlaufzeiten. Da diese langen Durchlaufzeiten zudem häufig stark schwanken, entstehen weitere Probleme im Bereich der Termineinhaltung. Wenn man nun merkt, dass die Liefertermine nicht eingehalten werden können, so kann dies dazu führen, die Produktionsaufträge noch früher freizugeben, wodurch die Bestände und die mit ihnen einhergehenden Probleme noch größer werden.[4]

Offensichtlich ist es nicht sinnvoll, sich in diesen Teufelskreis hineinzubegeben. Der Durchsatz durch das Produktionssystem ergibt sich offenbar als das **Minimum** aus der **Produktionsrate des Engpasses** und der **Nachfragerate**. Die Zugangsrate an Produktionsaufträgen darf dieses Minimum nicht überschreiten, sonst bauen sich zwangsläufig Bestände im System auf.

Aus diesem Grund sind verschiedene Systeme der Produktionssteuerung entwickelt worden, welche die Bestände im Produktionssystem systematisch begrenzen sollen.[5] Der Kerngedanke besteht darin, dass jedes Arbeitssystem nur dann arbeiten darf, wenn ihm dies explizit *erlaubt* wird. Auf diese Weise werden die Prozesse über die verschiedenen Stufen hin aufeinander abgestimmt. Dazu dienen als Signalträger vielfach **Produktions-Autorisierungs-Karten (PAKn)**, welche die Werkstücke begleiten. Indem die Anzahl dieser PAKn begrenzt wird, werden auch die Bestände im System begrenzt. Nur dadurch, dass am Ende des Produktionssystems Nachfragen auftreten und „Löcher im Bestand" erzeugen, können neue Produktionsprozesse autorisiert werden, durch die jene Löcher wieder gefüllt werden. Die Werkstücke werden also gewissermaßen mit dem Auftreten von Nachfragen am Ausgang des Produktionssystems durch das System hindurchgezogen, um diese Lücken wieder zu füllen. Jeder Produktionsprozess ist damit eine Reaktion auf eine bereits realisierte Nachfrage auf der nachfolgenden Produktionsstufe.

Zur formalen Beschreibung derartiger Systeme ist es hilfreich, zunächst das Konzept einer Synchronisationsstation einzuführen.[6] Betrachten Sie dazu Abbildung 17.7. Das dort dargestellte System hat drei Eingangspuffer A, B und C für Warteschlangen von Eingangsobjekten vom Typ a, b und c. Sobald in jedem der drei Eingangspuffer mindestens je ein Objekt des jeweiligen Typs angekommen ist, gehen diese drei Objekte (gedanklich) unter und es entstehen gleichzeitig je ein Objekt der Typen d und e, welche die Stufe sofort verlassen.

Mit diesem konzeptionellen Hilfsmittel lassen sich nun drei wichtige Systeme der dezentralen Produktionssteuerung sehr präzise darstellen. Wir verwenden dazu das Beispiel eines

---

[4] Wenn Sie gerne in Analogien denken, so stellen Sie sich einfach vor, Sie würden jedes Mal etwas essen, wenn etwas Essbares verfügbar ist und Sie es irgendwie hinunter bekommen können. Ihr körperlicher Zustand und Ihre Agilität würde irgendwann jener des gerade betrachteten Produktionssystems ähneln.

[5] Denken Sie im Kontext des unmäßigen Essens an chirurgische Operationen zur Verkleinerung des Magenvolumens adipöser Patienten, dann haben Sie das Bild.

[6] Vgl. hierzu und im Folgenden Liberopoulos und Dallery (2000).

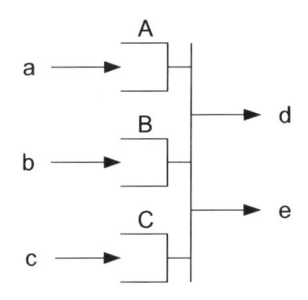

17.3 Dezentrale Produktionssteuerung nach dem Pull-Prinzip

Abbildung 17.7: Synchronisationsstation mit drei Inputs und zwei Outputs

zweistufigen Produktionsprozesses, in welchem zwei Arbeitssysteme AS_1 sowie AS_2 eingesetzt werden, an denen die beiden aufeinander folgenden Prozessschritte durchgeführt werden.

Kanban-Produktionssteuerung: Betrachten wir zunächst die Kanban-Produktionssteuerung in Abbildung 17.8.[7] In dieser Produktionssteuerung wird auf jeder der beiden Produktionsstufen an den Arbeitssystemen 1 und 2 eine Anzahl K_1 bzw. K_2 von PAKn eingesetzt. Im Ruhezustand des Systems befinden sich im Ausgangspuffer PA_2 hinter dem Arbeitssystem 2 genau K_2 fertig bearbeitete Werkstücke. An jedem dieser Werkstücke haftet eine der PAKn der Produktionsstufe 2. Entsprechend befinden sich im Ausgangspuffer PA_1 hinter dem Arbeitssystem 1 genau K_1 Werkstücke, an denen zwar der erste Prozessschritt bereits vollzogen wurde, der anschließende zweite Prozessschritt jedoch noch nicht. An jedem dieser Werkstücke haftet eine PAK von Stufe 1. Möglicherweise befindet sich auch Rohmaterial im Eingangspuffer P_0. Alle anderen Puffer des Systems sind im Ruhezustand leer.

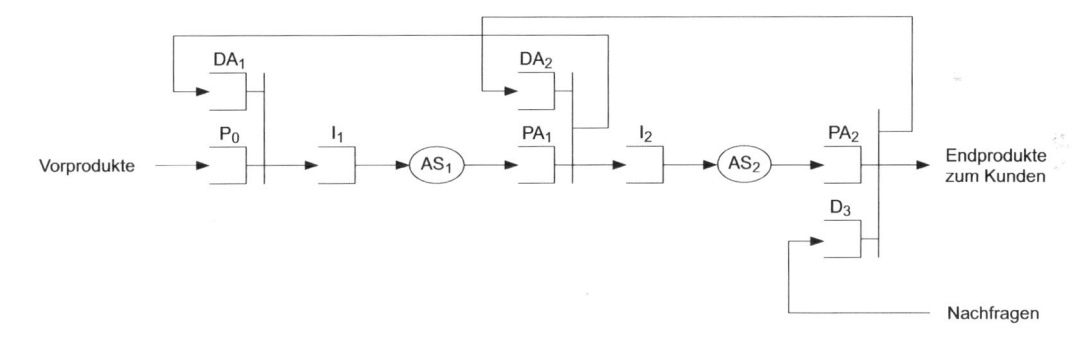

Abbildung 17.8: Zweistufiges Produktionssystem mit Kanban-Produktionssteuerung

Das Produktionsgeschehen wird nun dadurch ausgelöst, dass am Ausgang des Systems eine Nachfrageinformation nach einer Produkteinheit auftritt. Diese Nachfrage führt dazu, dass ein (immaterielles) „Nachfrageobjekt" von der Folgestufe 3 im Puffer D_3 ankommt. Nun „schaltet" die zugeordnete Synchronisationsstation und die folgende Kette von Ereignissen läuft ab: Zunächst wird von einem der fertig bearbeiteten Werkstücke in Puffer PA_2 die PAK entfernt. Das Werkstück (oder Produkt) verlässt das System, um die Kundennachfrage (der Stufe 3) zu befriedigen. Nun fehlt offenbar hinter dem Arbeitssystem AS_2 in dessen Ausgangspuffer PA_2 ein Werkstück. Diese Nachfrageinformation wird in Form der nun freien PAK von Stufe 2 in den Eingangspuffer DA_2 geschickt. Dort schaltet nun sofort die Synchronisationsstufe hinter dem Arbeitssystem AS_1 und ein analoger Prozess setzt ein. Von einem der auf Stufe 1 bearbeiteten Werkstücke im Puffer PA_1 wird die PAK von Stufe 1 entfernt und in den Eingangspuffer DA_1 überführt. An dem Werkstück wird die

---
[7] Das japanische Wort „Kanban" bedeutet „Karte". Bitte nehmen Sie davon Abstand, von „Kanban-Karten" zu sprechen.

Karte von Stufe 2 aus dem Eingangspuffer DA_2 befestigt und das Werkstück wird in den Eingangspuffer I_2 vor Produktionsstufe 2 transferiert. Nun ist das Arbeitssystem auf Stufe 2 autorisiert, jenes Werkstück zu bearbeiten. Nach Abschluss der Bearbeitung geht es in den Puffer PA_2, der nun wieder vollständig gefüllt ist, so dass die Produktion auf Stufe 2 wieder eingestellt wird. Sofern der Eingangspuffer P_0 für Rohmaterial nicht leer ist, findet ein analog ablaufender Prozess an der Stufe 1 statt und das System kommt zum Stillstand, sobald sich im Ausgangspuffer PA_i einer jeden Station i insgesamt K_i Werkstücke mit ihrer jeweiligen PAK befinden.

Hier wird also auf jeder Produktionsstufe der Bestand auf K_i Werkstücke begrenzt. Am Beispiel wurde die Funktionsweise für den Ein-Produkt-Fall dargestellt. Man kann derartige Systeme natürlich auch für mehrere Produktarten betreiben und muss sich dann je Produktart und Produktionsstufe überlegen, wie groß die Zahl dieser Werkstücke bzw. PAKn sein soll.[8]

Der Vorteil dieses Systems besteht darin, dass die Bestände auf den einzelnen Produktionsstufen begrenzt werden, während der Nachteil darin liegt, dass der Informationstransfer über die Nachfragen u. U. mit einer gewissen zeitlichen Verzögerung erfolgt.[9]

Conwip-Produktionssteuerung: Die CONWIP-Produktionssteuerung stellt gewissermaßen eine vereinfachte Kanban-Steuerung für ein mehrstufiges System dar. Der Begriff leitet sich aus der Idee eines „*Constant work in process*" ab. Durch ein derartiges System soll der Gesamtbestand in einem System aus aufeinander folgenden Produktionsstufen auf einem konstanten Niveau gehalten werden. Dieser Überlegung sind wir bereits in Abschnitt 2.4.4 ab S. 52 im Zuge der Beurteilung von Produktionssystemen sowie in Abschnitt 3.6 ab S. 73 zum quantitativen Vergleich von Push- und Pull-Produktionssteuerungen begegnet.

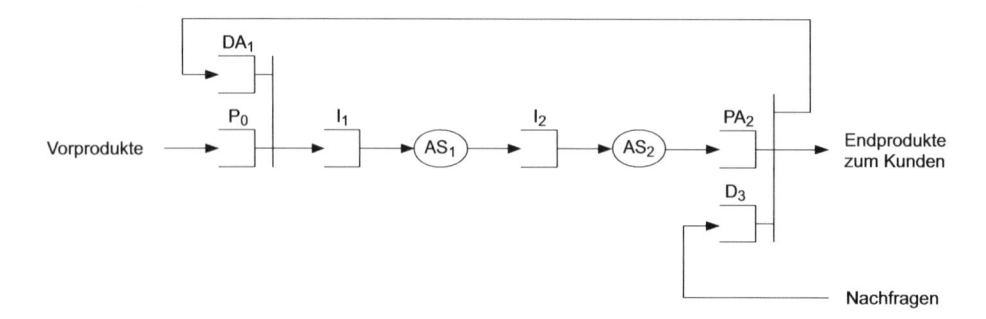

Abbildung 17.9: Zweistufiges Produktionssystem mit CONWIP-Produktionssteuerung

Entsprechend Abbildung 17.9 wird hier für ein mehrstufiges Produktionssystem nur ein einziger Kartenkreislauf installiert. Im Ruhezustand des Systems befinden sich alle K Produktionsautorisierungskarten mit den fertig bearbeiteten Werkstücken im Ausgangspuffer PA_2 hinter der letzten Bearbeitungsstation. Ein Vorteil dieses Systems kann darin bestehen, dass weniger Kartenkreisläufe installiert werden müssen und dass sich im Falle von Produktionsengpässen die Bestände vor der Engpassstufe bilden. Das ist auch sinnvoll, weil so tendenziell verhindert wird, dass eine Engpassstufe unbeschäftigt bleibt.

Base-Stock-Produktionssteuerung: Ähnlich wie die Kanban-Produktionssteuerung sieht man auch bei der Base-Stock-Produktionssteuerung im Ruhezustand des Systems hinter jeder Produktionsstufe i einen bestimmten Bestand an Werkstücken vor, der hier durch den Parameter S_i bezeichnet wird. Ein derartiges System wird in Abbildung 17.10 dargestellt. Allerdings gibt es hier keine PAKn. Sobald eine Nachfrage auftritt, werden alle Produktionsstufen gleichzeitig zur Produktion aufgerufen.

---

[8] Vgl. Kuhn und Gstettner (1996).
[9] Vgl. Liberopoulos und Dallery (2000, S. 335).

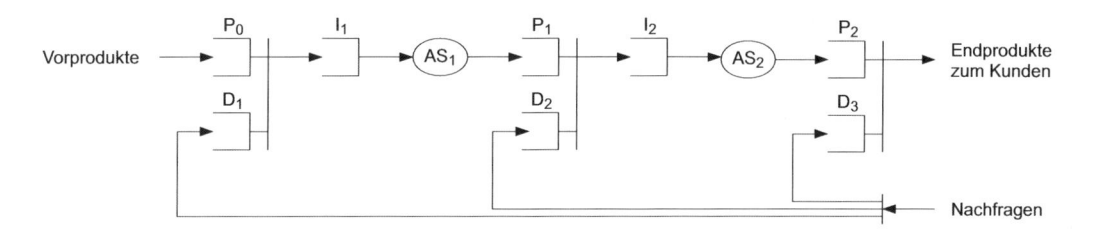

17.3 Dezentrale Produktionssteuerung nach dem Pull-Prinzip

Abbildung 17.10: Zweistufiges Produktionssystem mit Base-Stock-Produktionssteuerung

Der Vorteil dieses Mechanismus besteht darin, dass das Gesamtsystem sehr schnell auf Nachfrageinformationen reagiert. Allerdings wird im Gegensatz zum Kanban- und Conwip-System hier auf eine Begrenzung der Zwischenbestände verzichtet, die bei hinreichend großer Nachfrage und verfügbaren Rohmaterial sehr groß werden können.[10]

Derartige Systeme der Produktionssteuerung arbeiten tendenziell dann gut, wenn eine Reihe von Bedingungen erfüllt ist. So muss insbesondere die Nachfrage hinreichend hoch und einigermaßen gleichmäßig sein, um ein Fließproduktionssystem stabil beschäftigen zu können. Die Produktionsprozesse müssen aus qualitativer Sicht gut beherrscht werden, es darf also auf keiner Stufe Ausschuss produziert werden. Sofern mehrere Produktarten hergestellt werden, muss dies ohne nennenswerte Rüstprozesse möglich sein.

Aus diesem Grund legen Vertreter der „schlanken Produktion" (engl. *lean production*) und des sogenannten „Toyota-Produktions-Systems" sehr viel Wert auf Maßnahmen zur Reduzierung von Ausschuss und Rüstzeiten. Schließlich erlauben es gerade diese Maßnahmen, effiziente und reaktionsfähige Produktionssysteme mit geringen Beständen und einfachen Systemen der Produktionssteuerung zu betreiben.[11]

Literaturhinweise

- Cachon und Terwiesch (2009)
- Drexl u. a. (1994)
- Günther und Tempelmeier (2020)
- Hopp und Spearman (2011)
- Kallrath und Maindl (2006)
- Liberopoulos und Dallery (2000)
- Stadtler, Fleischmann u. a. (2012) und Stadtler, Kilger und Meyr (2014)
- Thonemann und Albers (2011)

---

[10] Vgl. Liberopoulos und Dallery (2000, S. 333).
[11] Vgl. dazu beispielsweise die Darstellung in Cachon und Terwiesch (2009, Abschnitt 10). Unterhaltsam und im historischen Kontext lesenswert ist auch Womack, Jones und Roos (2007).

17.4 Aufgaben und Übungen

1. Organisation der Produktion

   a) Erläutern Sie, was man unter der Zentralisation nach dem Funktionsprinzip bzw. dem Objektprinzip versteht!

   b) Worin bestehen die Vor- und Nachteile einer Zentralisation nach dem Funktionsprinzip, worin jener einer Zentralisation nach dem Objektprinzip?

   c) Nach welchem Prinzip müssen Sie zentralisieren, wenn Sie eine einheitliche Flussrichtung der bearbeiteten Objekte erreichen möchten?

   d) In der Realität kann man häufig beobachten, dass der Produktionsbereich von kleinen und jungen Unternehmen häufig funktional organisiert ist, während im Zuge des Unternehmenswachstums häufig zumindest in Teilbereichen auf eine objektorientierte Organisation umgeschwenkt wird. Wie können Sie das erklären?

2. Planung der Produktion nach dem Push-Prinzip

   a) Erläutern Sie die Planungsbereiche zentraler Systeme der Produktionsplanung und -steuerung nach dem Push-Prinzip! Wieso spricht man hier vom Push-Prinzip?

   b) Warum sind in derartigen Systemen im Rahmen der Mengenplanung die Materialbedarfsrechnung und die Losgrößenplanung miteinander oft untrennbar verbunden?

   c) Erläutern Sie einen wesentlichen Kritikpunkt an diesen Systemen der Produktionsplanung und -steuerung!

   d) Erklären Sie, worin der Unterschied zwischen einer Produktionsplanung und der Verwaltung von Produktionsdaten besteht!

3. Steuerung der Produktion nach dem Pull-Prinzip

   a) Warum kann es problematisch sein, bei der Freigabe von Produktionsaufträgen das Ziel einer hohen Auslastung aller Arbeitssysteme anzustreben? Erläutern Sie, inwiefern man hier in einen Teufelskreis gelangen kann!

   b) Erläutern Sie die Funktionsweisen von Kanban-, Conwip- und Base-Stock-Produktionssteuerungssystemen! Wieso spricht man hier vom Pull-Prinzip?

   c) Welche Ziele werden durch diese Systeme verfolgt?

   d) Welche Vor- und Nachteile weisen diese Systeme jeweils auf?

   e) Welche Entscheidungen müssen bei der Installation dieser Systeme der Produktionssteuerung getroffen werden?

   f) Überlegen Sie sich, was man unter der Agilität eines Produktionssystems verstehen könnte und erläutern Sie, in welchem Zusammenhang diese mit der Begrenzung von Beständen steht!

Teil IV

Anhang

A GAMS-Implementierungen

Download des ZIP-Archivs: www.operations-management-online.de

A.1 Auftragsannahme I (Rucksackproblem)

```
* Modell Auftragsannahme I
* Stand: 23.1.2020

* abstrakte Definition des Modells
sets
i   Auftrag
j   Ressource;

binary variables
x(i) Auswahl von Auftrag i;

free variables
z Zielfunktionswert;

parameter
a(i,j)   Ressourcenverbrauch
C(j)     Kapazität
u(i)     Deckungsbeitrag;

equations Zielfunktion, Kapazitaetsrestriktion;

Zielfunktion..     z =e= sum(i, u(i) * x(i) );

Kapazitaetsrestriktion(j)..
sum(i, a(i,j) * x(i)) =l=C(j);

* Daten der konkreten Instanz
sets
i /i1*i4/
j /j1*j2/;

table a(i,j)
        j1      j2
i1      60      40
i2      20      30
i3      60      10
i4      20      50;

parameters
C(j)    /j1 110, j2 90/
u(i)    /i1 9000, i2 4000, i3 2000, i4 10000/;


* Lösung des Modells
model Auftragsannahme_I /Zielfunktion,Kapazitaetsrestriktion/;

option mip=cplex;
solve Auftragsannahme_I maximizing z using MIP;

* Ausgabe der Loesung
display z.l, x.l;
```

A.2 Programmplanung und aggregierte Planung

A.2.1 Grundmodell der Programmplanung

```
* Modell zur aggregierten Planung
* Stand: 25.2.2020

sets
i    Produkt
j    Ressource
t    Periode;

positive variables
L(i,t)   Lagerbestand am Periodenende
O(j,t)   Zusatzkapazität
X(i,t)   Produktionsmenge;

free variables
z    Zielfunktionswert;

parameter
tb(i,j)  Ressourcenverbrauch
c(j)     Kapazität
d(i,t)   Nachfrage
kh(i)    Lagerkostensatz
ko(j)    Überstundenkostensatz
omax(j)  maximale Zusatzkapazität;


equations
Zielfunktion, Lagerbilanz(i,t),Kapazitaetsrestriktion(j,t), MaximaleUeberstunden(
    j,t);

Zielfunktion..
z =E= sum((i,t), kh(i) * L(i,t)) + sum((j,t), ko(j) * O(j,t));

Lagerbilanz(i,t)..
L(i,t-1) + X(i,t) - L(i,t) =E= d(i,t);

Kapazitaetsrestriktion(j,t)..
sum(i, tb(i,j) * X(i,t)) =L= c(j) + O(j,t);

MaximaleUeberstunden(j,t)..
O(j,t) =L= omax(j);

model Programmplanung /all/;

* Daten der Instanz

sets
i /Premium, DeLuxe/
j /Stufe1, Stufe2/
t /Wo1 * Wo6/;


table tb(i,j)
        Stufe1   Stufe2
Premium    12       6
DeLuxe      8      20;

table d(i,t)
         Wo1  Wo2  Wo3  Wo4  Wo5  Wo6
Premium      150  300  200   50  100  450
```

```
60  DeLuxe          50    150    50    100    250    50;


63  parameters
64  c(j)            /Stufe1   3500, Stufe2   3500/
65  kh(i)           /Premium  10,   DeLuxe 15/
66  ko(j)           /Stufe1   10,   Stufe2   10/
67  omax(j)         /Stufe1   300,  Stufe2   300/;


70  * Auswahl von CPlEX als Solver für das LP
71  option lp=cplex;

73  model AggregiertePlanung /all/;
74  solve AggregiertePlanung minimizing z using lp;
75  display z.l, X.l,L.l,O.l;
```

A.2.2 Programmplanung mit Kapazitätsreservierung

```
1   * Modell zur Produktionsprogrammplanung für eine Periode und ein Werk
2   * Planung mit Szenarien
3   * Stand 25.2.2020

5   sets
6   i   Produkt
7   j   Ressource
8   s   Szenario;

10  positive variables
11  X(i,s)  Produktionsmenge
12  DB(s)   Deckungsbeitrag im Szenario;

14  binary variable
15  Y(j)    gleich 1 wenn für Ressource j Zusatzkapazität reserviert wird 0 sonst

17  free variables
18  Z   Zielfunktionswert;

20  parameter
21  tb(i,j) Ressourcenverbrauch
22  c(j)    reguläre Kapazität
23  cz(j)   mögliche Zusatzkapazität
24  d(i,s)  Nachfrage und Absatzobergrenze
25  e(i)    Stückerlös
26  kv(i)   variable Herstellkosten
27  kz(j)   Kosten für die Zusatzkapazität
28  p(s)    Wahrscheinlichkeit des Szenarios;

30  equations
31  Zielfunktion, Deckungsbeitrag(s), Absatzobergrenze(i,s), Kapazitaetsrestriktion(j
        ,s);

33  Zielfunktion..   Z =E= sum(s, p(s)* DB(s));

35  Deckungsbeitrag(s)..
36  DB(s) =E= sum(i, (e(i) - kv(i)) * X(i,s)) - sum(j, kz(j)*Y(j));

38  Absatzobergrenze(i,s)..    X(i,s) =L= d(i,s);

40  Kapazitaetsrestriktion(j,s)..
41  sum(i, tb(i,j) * X(i,s))  =L= c(j) + cz(j)*Y(j);
```

A.2 Programmplanung und aggregierte Planung

```
* Daten der konkreten Instanz

sets
i /Premium, DeLuxe/
j /Stufe1, Stufe2/
s /s1, s2, s3/;

table tb(i,j)
       Stufe1   Stufe2
Premium   12       6
DeLuxe     8      20;

table d(i,s)
         s1      s2      s3
Premium  3000   3500    4500
DeLuxe   1200   1500    2500;

parameters
c(j)         /Stufe1  40000, Stufe2  40000/
cz(j)        /Stufe1  25000, Stufe2  25000/
kz(j)        /Stufe1 155000, Stufe2 155000/
e(i)         /Premium 300, DeLuxe 550/
kv(i)        /Premium 100, DeLuxe 150/
p(s)         /s1 0.1, s2 0.5, s3 0.4/
;

option optcr = 0.0;

* Auswahl von CPlEX als Solver für das MIP
option mip=cplex;

* mit Y.up(j)=0  kann man die Kapazitätsreservierung unterbinden
* Y.up(j)=0;

model Programmplanung /all/;
solve Programmplanung maximizing z using MIP;
display z.l, DB.l, X.l;
```

A.2.3 Aggregierte Planung

```
* Modell zur aggregierten Planung
* Stand: 25.2.2020

sets
i    Produkt
j    Ressource
t    Periode;

positive variables
L(i,t)   Lagerbestand am Periodenende
O(j,t)   Zusatzkapazität
X(i,t)   Produktionsmenge;

free variables
z        Zielfunktionswert;

parameter
tb(i,j)  Ressourcenverbrauch
c(j)     Kapazität
d(i,t)   Nachfrage
kh(i)    Lagerkostensatz
ko(j)    Überstundenkostensatz
```

```
23  omax(j) maximale Zusatzkapazität;


27  equations
28  Zielfunktion, Lagerbilanz(i,t),Kapazitaetsrestriktion(j,t), MaximaleUeberstunden(
        j,t);

30  Zielfunktion..
31  z =E= sum((i,t), kh(i) * L(i,t)) + sum((j,t), ko(j) * O(j,t));

33  Lagerbilanz(i,t)..
34  L(i,t-1) + X(i,t) - L(i,t) =E= d(i,t);

36  Kapazitaetsrestriktion(j,t)..
37  sum(i, tb(i,j) * X(i,t)) =L= c(j) + O(j,t);

39  MaximaleUeberstunden(j,t)..
40  O(j,t) =L= omax(j);

42  model Programmplanung /all/;

44  * Daten der Instanz

46  sets
47  i /Premium, DeLuxe/
48  j /Stufe1, Stufe2/
49  t /Wo1 * Wo6/;


52  table tb(i,j)
53  		Stufe1		Stufe2
54  Premium		12		6
55  DeLuxe		8		20;

57  table d(i,t)
58  		Wo1	Wo2	Wo3	Wo4	Wo5	Wo6
59  Premium		150	300	200	50	100	450
60  DeLuxe		50	150	50	100	250	50;


63  parameters
64  c(j)		/Stufe1  3500, Stufe2  3500/
65  kh(i)		/Premium  10, DeLuxe 15/
66  ko(j)		/Stufe1  10, Stufe2  10/
67  omax(j)		/Stufe1  300, Stufe2  300/;


70  * Auswahl von CPlEX als Solver für das LP
71  option lp=cplex;

73  model AggregiertePlanung /all/;
74  solve AggregiertePlanung minimizing z using lp;
75  display z.l, X.l,L.l,O.l;
```

A.2.4 Programmplanung mit CO2-Emissionen

```
1  * Modell zur Produktionsprogrammplanung mit CO2-Emissionen
2  * Stand 25.2.2020

4  sets
5  i  Produkt
```

A.2 Programmplanung und aggregierte Planung

```
    w       Werk
    m       Markt;

positive variables
    X(i,w)              Produktionsmenge von Produkt i
    Y(i,w,m)            Transportmenge von Produkt i aus Werk w zu Markt m
    U(i,m)              Absatzmenge von Produkt i auf Markt m
    Eges                emittierte Gesamtmenge CO2;

free variables
    Z                   Zielfunktionswert;

parameter
    a(i,w)              Ressourcenverbrauch für Produkt i in Werk w
    c(w)                Kapazität in Werk e
    d(i,m)              Absatzobergrenze für Produkt i auf Markt m
    e(i,m)              Stückerlös für Produkt i auf Markt m
    kv(i,w)             var. Herstellkosten je Einheit für Produkt i in Werk m
    kt(i,w,m)           Transportkostensatz für Produkt i von Werk w zu Markt m
    ep(i,w)             CO2-Emission bei Produktion von Produkt i in Werk w
    et(i,w,m)           CO2-Emission bei Transport von Produkt i aus Werk w zu Markt m
    ke                  Kosten für Emission einer Einheit von CO2;

equations
    ZielfunktionOhneCO2, ZielfunktionMitCO2, KapazitaetsRestriktion(w),
        TransportBalance(i,w),
    AbsatzBalance(i,m), AbsatzObergrenze(i,m), GesamtEmission;

ZielfunktionMitCO2..
    Z =E= sum((i,m), e(i,m) * U(i,m)) - sum((i,w), kv(i,w) * X(i,w))
    - sum((i,w,m), kt(i,w,m) * Y(i,w,m)) - ke * Eges;

KapazitaetsRestriktion(w)..   sum(i, a(i,w) * X(i,w)) =L= c(w);

TransportBalance(i,w)..       X(i,w) =E= sum(m, Y(i,w,m));

AbsatzBalance(i,m)..    sum(w, Y(i,w,m)) =E= U(i,m);

AbsatzObergrenze(i,m)..  U(i,m) =L= d(i,m);

GesamtEmission..         Eges =E= sum((i,w), ep(i,w) * X(i,w))
    + sum((i,w,m), et(i,w,m)*Y(i,w,m));

* Daten der konkreten Instanz

sets
    i /i1*i4/
    w /w1*w2/
    m /m1*m3/;

a(i,w) = 1;

parameter
    c(w)            /w1 300, w2 300/;

table d(i,m)      Nachfragen
        m1      m2      m3
    i1     100     100     100
    i2     100     100     100
    i3     100     100     100
    i4     100     100     100;

table e(i,m)      Stückerlöse
        m1      m2      m3
```

i1	220	230	200
i2	225	240	215
i3	265	260	245
i4	290	290	285;

table kv(i,w)   **variable** Stückkosten
	w1	w2
i1	100	110
i2	115	120
i3	165	160
i4	190	200;

table ep(i,w)   Emission je Einheit in der Produktion
	w1	w2
i1	20	19
i2	15	21
i3	2	1
i4	1	1;

table kt(i,w,m)   Transportkostensätze
	w1.m1	w1.m2	w1.m3	w2.m1	w2.m2	w2.m3
i1	10	20	30	45	30	15
i2	10	20	30	45	30	15
i3	10	20	30	45	30	15
i4	10	30	30	45	30	15;

table et(i,w,m)   Emission je Einheit beim Transport
	w1.m1	w1.m2	w1.m3	w2.m1	w2.m2	w2.m3
i1	10	2	30	4.5	3	1.5
i2	10	2	30	4.5	3	1.5
i3	10	2	30	4.5	3	1.5
i4	10	2	30	4.5	3	1.5;

model ProgrammplanungMitEmission /ZielfunktionMitCO2, KapazitaetsRestriktion,
TransportBalance, AbsatzBalance, AbsatzObergrenze, GesamtEmission/;

* ke wird für den jeweiligen Fall angepasst
ke = 0.6;

solve ProgrammplanungMitEmission **maximizing** z **using LP**;
display ke, Z.l, X.l, Y.l, U.l, Eges.l;

A.3 Auftragsannahme II

A.3.1 Entscheidungsmodell

```
* Modell zur Auftragsannahme II
*

sets            i  Auftrag
                j  Ressource
                t  Periode
                TI(t,i) Zulaessige Kombinationen
                IFix(i) Fixierte Auftraege;

alias(t,tau);
alias(t,thilf);

binary variables   x(i,t) Auswahl i zum Start in Periode t;

free variables     z Zielfunktionswert;

parameter          a(i,j,tau)  Ressourcenverbrauch
                   d(i)        Dauer von Auftrag i in Perioden
                   C(j,t)      Kapazitaet
                   u(i)        Nutzen (Deckungsbeitrag)
                   xfix(i,t)   fixierte Entscheidungen;

equations
        Zielfunktion,
        Kapazitaetsrestriktion(j,t),
        MaxEinmal(i),
        VerbotenePerioden(i,t),
        Festlegungen(i,t);

Zielfunktion..
        z =e= sum((i,t), u(i) * x(i,t) );

Kapazitaetsrestriktion(j,t)..
        sum(i,sum(tau$(ord(tau)<=d(i)),
        sum(thilf$(ord(t)-ord(tau)+1=ord(thilf)),
            a(i,j,tau) * x(i,thilf)))) =l= C(j,t);

MaxEinmal(i)..
        sum(t$TI(t,i),x(i,t)) =l= 1;

VerbotenePerioden(i,t)$(not(TI(t,i)))..
        x(i,t) =e= 0;

Festlegungen(i,t)$IFix(i)..
        x(i,t) =e= xfix(i,t);


$include AuftragsannahmeII_Fall1.inc
*$include AuftragsannahmeII_Fall2.inc


model Auftragsannahme /all/;
solve Auftragsannahme maximizing z using MIP;
display z.l, x.l;
```

A.3.2 Include-Datei

```
* Daten der konkreten Instanz
sets
i /i1*i3/
j /j1*j3/
t /t1*t16/;


* zunaechst alle Ressourcenbelastungen auf 0 setzen

a(i,j,tau)=0;

* nun Ressourcenverbelastungen definieren

* Auftrag 1

a('i1','j1',tau)$(1 <= ord(tau) and ord(tau) <= 7) = 1;

a('i1','j2',tau)$(2 <= ord(tau) and ord(tau) <= 3) = 2;
a('i1','j2',tau)$(4 <= ord(tau) and ord(tau) <= 5) = 3;
a('i1','j2',tau)$(6 <= ord(tau) and ord(tau) <= 7) = 1;

a('i1','j3',tau)$(8 <= ord(tau) and ord(tau) <= 8) = 1;



* Auftrag 2

a('i2','j1',tau)$(1 <= ord(tau) and ord(tau) <= 6) = 1;

a('i2','j2',tau)$(2 <= ord(tau) and ord(tau) <= 3) = 3;
a('i2','j2',tau)$(4 <= ord(tau) and ord(tau) <= 4) = 2;
a('i2','j2',tau)$(5 <= ord(tau) and ord(tau) <= 6) = 4;

a('i2','j3',tau)$(7 <= ord(tau) and ord(tau) <= 7) = 1;



* Auftrag 3

a('i3','j1',tau)$(1 <= ord(tau) and ord(tau) <= 7) = 1;

a('i3','j2',tau)$(2 <= ord(tau) and ord(tau) <= 3) = 2;
a('i3','j2',tau)$(4 <= ord(tau) and ord(tau) <= 4) = 4;
a('i3','j2',tau)$(5 <= ord(tau) and ord(tau) <= 7) = 3;

a('i3','j3',tau)$(8 <= ord(tau) and ord(tau) <= 8) = 1;


* Kapazitaet der Ressourcen in jeder Periode

C('j1',t)=3;
C('j2',t)=8;
C('j3',t)=1;


IFix(i)=no;

* Auftrag 1 bereits fixiert zum Start in Periode t1

IFix('i1')=yes;
xfix('i1',t)=0;
xfix('i1','t1')=1;

TI(t,i)=no;
```

A.3 Auftragsannahme II

```
* Zulaessige Startperioden je Auftrag:

TI('t1','i1')=yes;

TI('t3','i2')=yes;
TI('t4','i2')=yes;

TI('t2','i3')=yes;
*TI('t3','i3')=yes;


* Deckungsbeitrag und Dauer der Auftraege

parameters
u(i)    /i1  5000,  i2  4000,  i3  2000/
d(i)    /i1  8,  i2 7,  i3 8/;
```

A.4 Zeitungsjungenproblem mit Szenarioansatz

```
* Modell Zeitungsjunge
* Stand: 10.2.2020


sets
    sc      Scenarien;

parameter

    d(sc)   Nachfrage in ME je Szenario,
    co      Kosten der Überbeschaffung je ME
    cu      Kosten der Unterbeschaffung je ME
    mue     Erwartungswert der normalverteilten Nachfrage
    sigma   Standardabweichung der normalverteilten Nachfrage;

positive variables
    q       Bestellmenge
    a(sc)   abgesetzte Menge je Szenario
    r(sc)   Restmenge je Szenario
    f(sc)   Fehlmenge je Szenario;

free variables
MittlereKostenApprox;

equations Zielfunktion, Bilanzgleichung;

Zielfunktion..          MittlereKostenApprox =E= sum(sc,co*r(sc)+cu*f(sc))/card(
    sc);

Bilanzgleichung(sc)..   d(sc) - q =E= f(sc) - r(sc);

Model ZeitungsjungenproblemMinKosten /Zielfunktion, Bilanzgleichung/;

*   Daten der Instanz

sets sc /sc1*sc5000/;

co = 1;
cu = 4;

mue=100;
sigma=20;
option seed = 4712;
d(sc)=normal(mue,sigma);

parameter EWFM, EWRM, EWCost, nue_a;


file results /NewsboyResults_5000_Szenarien.txt/;
put results;

put 'Fall,q,KSim,KTheo' /;

sets k Runden /k1*k10/;
loop(k,
d(sc)=normal(mue,sigma);
solve ZeitungsjungenproblemMinKosten using lp minimizing MittlereKostenApprox;

Display d;

Display q.l, MittlereKostenApprox.l;
```

A.4 Zeitungsjungenproblem mit Szenarioansatz

```
*    Nun analytische Berechnung für die gefundene Lösung

nue_a=(q.l-mue)/sigma;

EWFM=sigma*(exp(-nue_a*nue_a/2)/sqrt(2*3.14159265) - nue_a*(1-errorf(nue_a)));
EWRM=sigma*(exp(-nue_a*nue_a/2)/sqrt(2*3.14159265) + nue_a*(1-errorf(-nue_a)));
EWCost = cu*EWFM + co*EWRM;

Display EWCost;
put ord(k):3:0,',', q.l, ',', MittlereKostenApprox.l, ',', EWCost /;
);
```

A.5 Dynamische Mehr-Produkt-Losgrößenplanung im CLSP

```
$title CLSP
* Capacitated Lot Sizing Problem

* Modellformulierung

Sets
t          Perioden
k          Produkte;

Parameter
hc(k)      Kosten der Lagerung einer Einheit von Produkt k
           ueber eine Periode
ts(k)      Ruestzeit fuer Produkt k
tb(k)      Stueckbearbeitungszeit fuer Produkt k
sc(k)      Kosten eines Ruestvorgangs fuer Produkt k
Y0(k)      Lageranfangsbestand von Produkt k
C(t)       Kapazitaet der Ressource in Periode t
d(k,t)     Bedarf von Produkt k in Periode t

Positive Variables
Q(k,t)     Produktionsmenge von Produkt k in Periode t
Y(k,t)     Lagerbestand von Produkt k am Ende von Periode t;

Binary Variables
gamma(k,t) binaere Ruestvariable von Produkt k in Periode t;

Variables
ZF         Zielfunktionswert;

Equations
ZFkt       Minimierung der Gesamtkosten
LBil(k,t)  Lagerbilanzgleichung
KapRes(t)  Kapazitaetsrestriktion
RuestBed(k,t) Ruestbedingung;

ZFkt..
        ZF =e= SUM((k,t), hc(k) * Y(k,t) + sc(k) * gamma(k,t));

LBil(k,t)..
        Y0(k)$(ord(t)=1) + Y(k,t-1)$(ord(t)>1) + Q(k,t)
        - Y(k,t) =e= d(k,t);

KapRes(t)..
        SUM(k, ts(k) * gamma(k,t) + tb(k) * Q(k,t)) =l= C(t);

RuestBed(k,t)..
        tb(k) * Q(k,t) =l= C(t) * gamma(k,t);

* Daten der konkreten Instanz

sets    t /t1*t6/
        k /k1*k5/;

parameter
        sc(k) /k1 20.0, k2 50.0, k3 40.0, k4 30.0, k5 50.0/
        hc(k) /k1  3.0, k2  5.0, k3  6.0, k4  4.0, k5  3.0/
        tb(k) /k1  1.0, k2  2.0, k3  1.0, k4  4.0, k5  2.0/
        ts(k) /k1 30,   k2 100,  k3 50,   k4 40,   k5 40/;

* Keine Anfangslagerbestaende
y0(k)=0;
```

A.5 Dynamische Mehr-Produkt-Losgrößenplanung im CLSP

```
* Periodenkapazitaet konstant
C(t)=800;
*C(t)=400;

table d(k,t)
             t1      t2      t3      t4      t5      t6
        k1   10      25      30     100             130
        k2            5      40              10      60
        k3    5      45      30              40      60
        k4           40      20      15      80
        k5   20               5      15      70      50;


Model CLSP / all /;

CLSP.optcr=0.0;

solve CLSP minimizing ZF using mip;
```

A.6 Ablaufplanung

```
$title Ablaufplanung

* Hinweis: Fuer die im Modell angegebene Instanz lassen
* sich in der GAMS-Demo-Version mit maximal 50 ganzzahligen
* oder binaeren Variablen nur die beiden ersten Modelle
* korrekt loesen, ohne ein Lizenz-Problem auszuloesen.
* Dazu ist die Anzahl der Perioden auf maximal 7 zu
* setzen. Setzt man diese Zahl auf einen groesseren
* Wert, beispielsweise auf 20 Perioden, so lassen
* sich alle Modelle korrekt loesen, dies erfordert
* aber die GAMS-Vollversion.

Sets
j          Jobs
r          Ressourcen
s          Schritte
t          Perioden
JS(j,s)
JSR(j,s,r)
JST(j,s,t)
;

alias(t,tau);

Parameter
NS(j)      Anzahl der Schritte von Job j
DD(j)      Liefertermin von Job j
ce(j)      Kosten der vorzeitigen Beendigung von Job j je ZE
cl(j)      Kosten der verspaeteten Beendigung von Job j je ZE
d(j,s)     Dauer von Schritt s des Jobs j
a(j,s,r)   benoetigte Einheiten von Ressource r
b(r,t)     Kapazitaet von Ressource j in Periode t
cum_d      Hilfsgroesse;


Positive Variables

tf(j,s)    Zeitpunkt der Beendigung von Schritt s des Jobs j
e(j)       Terminunterschreitung von Job j (Verfruehung)
l(j)       Termineuberschreitung von Job j (Verspaetung)
M          Makespan;

Binary Variables
x(j,s,t)   gleich 1 wenn Schritt s von Job j zum Zeitpunkt t
           beendet wird 0 sonst;


Variables
ZF         Zielfunktionswert;

Equations
ZF1           Minimierung der Summe der Fertigstellungszeitpunkte
ZF2           Minimierung des Makespans
ZF3           Minimierung der Verspaetungen
ZF4           Minimierung der Terminabweichungen
Einmal(j,s)       Jeden Schritt einmal abschliessen
Schritte(j,s)     Einhaltung der Arbeitsplaene aller Jobs
Zeitpunkte(j,s)   Kopplung stetiger und binaerer Variablen
Ressourcen(r,t)   Kapazitaetsgrenzen der Ressourcen r
                  zum Zeitpunkt t
MaxDauer(j)       Ermittlung des Makespan
Abweichungen(j,s) Ermittlung der Abweichungen vom
```

A.6 Ablaufplanung

```
                        Liefertermin;

ZF1..      ZF =e= sum((j,s,t)$(JS(j,s) and (ord(s)=NS(j))),
                            ord(t)*x(j,s,t));

ZF2..      ZF =e= M;

ZF3..      ZF =e= sum(j,cl(j)*l(j));

ZF4..      ZF =e= sum(j,ce(j)*e(j)+cl(j)*l(j));


Einmal(j,s)$JS(j,s)..
           sum(t,x(j,s,t))=e=1;

Schritte(j,s)$JS(j,s)..
           tf(j,s-1)+d(j,s) =l= tf(j,s);


Zeitpunkte(j,s)$JS(j,s)..
           sum(t, ord(t)*x(j,s,t)) =e= tf(j,s);

Ressourcen(r,t)..
           sum(j,sum(s$JS(j,s),
           sum(tau$((ord(tau)>=ord(t)) and
                   (ord(tau)<=ord(t)+d(j,s)-1)),
                    a(j,s,r) * x(j,s,tau)))) =l= b(r,t);
MaxDauer(j)..
           M =g= sum((s,t)$(JS(j,s) and (ord(s)=NS(j))),
                            ord(t)*x(j,s,t));

Abweichungen(j,s)$(JS(j,s) and (ord(s)=NS(j)))..
           tf(j,s)+e(j) =e= dd(j)+l(j);



* Daten der konkreten Instanz

sets       j /j1*j4/
           r /rA,rB,rC/
           s /s1*s2/
           t /t1*t20/;


JS(j,s)=no;

JS('j1','s1')=yes;
JS('j1','s2')=yes;

JS('j2','s1')=yes;
JS('j2','s2')=yes;

JS('j3','s1')=yes;
JS('j3','s2')=yes;

JS('j4','s1')=yes;

* Zuorndung der Schritte zu den Ressourcen
JSR(j,s,r)=no;

JSR('j1','s1','rA')=yes;
JSR('j1','s2','rB')=yes;
```

```
127   JSR('j2','s1','rA')=yes;
128   JSR('j2','s2','rC')=yes;

130   JSR('j3','s1','rB')=yes;
131   JSR('j3','s2','rA')=yes;

133   JSR('j4','s1','rC')=yes;

135   parameter

137   NS(j)     /j1 2, j2 2, j3 2, j4 1/
138   DD(j)     /j1 8, j2 4, j3 4, j4 7/;


141   * Vorzeitige Fertigstellung kostet jeweils 1 GE je ZE
142   ce(j)=1;

144   * Verspaetete Fertigstellung kostet jeweils 1 GE je ZE
145   cl(j)=1;

147   * Dauern der Prozessschritte
148   table d(j,s)
149                  s1       s2
150         j1       3        2
151         j2       1        3
152         j3       3        2
153         j4       4                ;


157   JST(j,s,t)$JS(j,s)=yes;

159   loop(j,
160           cum_d=0;
161           loop(s$JS(j,s),
162                   cum_d=cum_d+d(j,s);
163                   loop(t$(ord(t)<= round(cum_d)-1),
164                           JST(j,s,t)=no;
165                   );
166           );
167   );

169   display JST;

171   * Jeder Schritt erfordert stets eine Ressourceneinheit

173   a(j,s,r)=0;
174   a(j,s,r)$JSR(j,s,r)=1;


177   * Periodenkapazitaet konstant
178   b(r,t)=1;

180   Model Ablaufplanung1 /ZF1, Einmal, Schritte,
181                         Zeitpunkte, Ressourcen/;

183   Ablaufplanung1.limrow=1000;
184   Ablaufplanung1.limcol=1000;
185   Ablaufplanung1.optcr=0.0;


188   Model Ablaufplanung2 /ZF2, Einmal, Schritte, Zeitpunkte,
189                         Ressourcen, MaxDauer/;
```

A.6 Ablaufplanung

```
191  Ablaufplanung2.limrow=1000;
192  Ablaufplanung2.limcol=1000;
193  Ablaufplanung2.optcr=0.0;


196  Model Ablaufplanung3 /ZF3, Einmal, Schritte, Zeitpunkte,
197                       Ressourcen, Abweichungen/;

199  Ablaufplanung3.limrow=1000;
200  Ablaufplanung3.limcol=1000;
201  Ablaufplanung3.optcr=0.0;


204  Model Ablaufplanung4 /ZF4, Einmal, Schritte, Zeitpunkte,
205                       Ressourcen, Abweichungen/;

207  Ablaufplanung4.limrow=1000;
208  Ablaufplanung4.limcol=1000;
209  Ablaufplanung4.optcr=0.0;


212  solve Ablaufplanung1 minimizing ZF using mip;
213  solve Ablaufplanung2 minimizing ZF using mip;
214  solve Ablaufplanung3 minimizing ZF using mip;
215  solve Ablaufplanung4 minimizing ZF using mip;
```

A.7 Transportplanung

```
* Klassisches Transportmodell

set       i          Angebotsorte
          j          Nachfrageorte;

parameter
          A(i)       Angebot
          N(j)       Nachfrage
          c(i,j)     Kosten des Transports von i nach j;

variables
          Z          Zielfunktionswert;
positive variables
          x          Transportmengen;

Equations
Zielfunktion           Das ist die Zielfunktion
Angebot_abrufen(i)     Das Angebot muss abgerufen werden
Nachfrage_decken(j)    Die Nachfrage muss befriedigt werden;

Zielfunktion..
    Z =e= sum((i,j),c(i,j)*x(i,j));

Angebot_abrufen(i)..
    sum(j,x(i,j)) =e= A(i);

Nachfrage_decken(j)..
    sum(i,x(i,j)) =e= N(j);

model transport /all/;


* Daten der konkreten Instanz

set   i   /i1*i3/
      j   /j1*j4/;

Parameter
    A(i)
    /  i1  40,
       i2  50,
       i3  42/

    N(j)
    /  j1  30,
       j2  34,
       j3  44,
       j4  24/;

Table c(i,j)
            j1       j2       j3       j4
      i1    12        4       12       14
      i2     8       18       10        6
      i3    16       16        2       12         ;


display A, N, c;

solve transport minimizing Z using lp;

display x.l;
```

A.8 Tourenplanung

```
* Modell zur Tourenplanung (Vehicle Routing Problem)

set
     i Orte
     m Touren

alias(i,j)

parameter
     c(i,j) Entfernung von Ort i zu Ort j
     w(i)   Transportmenge zu oder von Ort i
     b      Fahrzeugkapazitaet;

* Daten der konkreten Instanz

set i /i1*i11/
    m /m1*m11/;


* Acht Passagiersitze je Fahrzeug
b=8;

parameter
  kx(i) horizonale Koordinate von Ort i
  /i1 9, i2 2, i3 6, i4 11, i5 14, i6 15, i7 14, i8 10,
   i9 5, i10 4, i11 2/
  ky(i) vertikale Koordinate von Ort i
  /i1 7, i2 9, i3 9, i4 10, i5 11, i6 8, i7 5, i8 4, i9 5,
   i10 1, i11 3/
  w(i)
  /i1 0, i2 5, i3 2, i4 1, i5 4, i6 5, i7 4, i8 3, i9 2,
   i10 3, i11 4/;

* Rechtwinklige Distanzberechnung aus den Koordinaten

loop((i,j),c(i,j)=abs(kx(i)-kx(j))+abs(ky(i)-ky(j)));

display c;

variables           ZFW Zielfunktionswert;
binary variables    x   Teile von Touren;
binary variables    y   Zuordnung von Touren;
positive variable   z   Hilfsvariable;

Equations
Zielfunktion
Kapazitaetsrestriktion(m)
OrtErreichen(i,m)
OrtVerlassen(j,m)
OrtZuTour(j)
KeineKurzzyklen(i,j)
KeinSelbstanfahren(i,m);

Zielfunktion..
     ZFW =e=   sum((i,j,m),c(i,j)*x(i,j,m));

Kapazitaetsrestriktion(m)..
         sum(i, w(i)*y(i,m)) =l= b;

OrtErreichen(i,m)..
         sum(j, x(i,j,m)) =e= y(i,m);
```

```
OrtVerlassen(j,m)..
        sum(i, x(i,j,m)) =e= y(j,m);

OrtZuTour(i)$(ord(i)>=2)..
        sum(m, y(i,m)) =e= 1;

KeineKurzzyklen(i,j)$((ord(i)>=2) and (ord(j)>=2) and
                (ord(i)<>ord(j)))..
        z(i)-z(j)+ card(i)*sum(m, x(i,j,m)) =l= card(i)-1;

KeinSelbstanfahren(i,m)..
        x(i,i,m) =e= 0;

model Tour /all/;

Tour.optcr=0.0;

solve Tour minimizing ZFW using mip ;

display x.l, y.l;
```

A.9 Projektplanung

```
* Ressourcenbeschraenkte Projektplanung in diskreter Zeit
* Zwei Modellvarianten:
* Variante 1: Minimierung der Projektdauer bei gegebenen Kapazitaeten
* Variante 2: Minimierung der Kosten fuer Zusatzkapazitaet bei
*             gegebener Deadline

set
    i Vorgang
    t Periode
    r Ressource;

alias(t,tau);
alias(h,i);

set
    VN(h,i) Vorgaenger-Nachfolger-Relation zwischen h und i;

parameter
    d(i)    Dauer
    FE(i)   Fruehester Endzeitpunkt
    SE(i)   Spaetester Endzeitpunkt
    FA(i)   Fruehester Anfangszeitpunkt
    SA(i)   Spaetester Anfangszeitpunkt
    k(i,r)  Kapazitaetsbedarf von Vorgang i auf Ressource r
    KP(r)   Kapazitaet je Periode von Ressource r
    oc(r)   Kosten einer Einheit Zusatzkapazitaet
    ihilf
    Deadline
    MinimaleDauer   ;

binary variables
    x(i,t)  gleich 1 wenn Vorgang i in Periode t beendet wird;

free variables
    z       Zielfunktionswert;

positive variables
    O(r,t)  Zusatzkapazitaet von Ressource r in Periode t;


* Daten der Instanz

set r /A, B/;

set i / i1*i12/;

* Achtung: Erste Periode/erster Zeitpunkt muss 0 sein

set t /t0*t200/;


VN(h,i)=no;

* Achtung: Topologische Sortierung erforderlich

VN('i1','i2')=yes;
VN('i1','i5')=yes;
VN('i1','i8')=yes;
VN('i1','i10')=yes;
VN('i2','i3')=yes;
VN('i2','i6')=yes;
VN('i3','i4')=yes;
```

```
63   VN('i4','i7')=yes;
64   VN('i4','i12')=yes;
65   VN('i5','i6')=yes;
66   VN('i6','i7')=yes;
67   VN('i7','i12')=yes;
68   VN('i8','i9')=yes;
69   VN('i9','i12')=yes;
70   VN('i10','i11')=yes;
71   VN('i11','i12')=yes;

73   parameter
74           d(i)  /
75             i1      3
76             i2      2
77             i3      4
78             i4      2
79             i5      3
80             i6      4
81             i7      2
82             i8      3
83             i9      5
84             i10     3
85             i11     2
86             i12     2/;


89   Deadline=21;

91   k(i,r)=0;

93   k('i1','A')=1;
94   k('i2','A')=2;
95   k('i3','B')=1;
96   k('i4','A')=1;
97   k('i5','B')=1;
98   k('i6','A')=2;
99   k('i7','B')=1;
100  k('i8','A')=2;
101  k('i9','A')=1;
102  k('i10','A')=1;
103  k('i11','B')=1;
104  k('i12','A')=1;

106  KP('A')=2;
107  KP('B')=2;

109  oc('A')=10000;
110  oc('B')=15000;



114  * Zeitrechnung
115  * Achtung: Topologische Sortierung wird unterstellt

117  MinimaleDauer=0;
118  FA(i)=0;
119  FE(i)=d(i);

121  loop(i,
122      loop(h$VN(h,i),
123          if(FE(h)>FA(i),
124              FA(i)=FE(h);
125              FE(i)=FA(i)+d(i);
126              if( FE(i)>MinimaleDauer,
```

A.9 Projektplanung

```
                        MinimaleDauer = FE(i)
                );
            );
        );
    );


    SE(i)=max(MinimaleDauer, Deadline);
    SA(i)=SE(i)-d(i);


    for(ihilf=card(i) downto 1,
        loop(i$(ord(i)=round(ihilf)),
            loop(h$VN(i,h),
                if(SA(h)<SE(i),
                    SE(i)=SA(h);
                    SA(i)=SE(i)-d(i);
                );
            );
        );
    );



display d, FA, FE, SA, SE, Deadline, MinimaleDauer;


Equations
    ZielfunktionZeit,
    ZielfunktionKosten,
    JederVorgangEinmal(i)
    Projektstruktur(h,i)
    Kapazitaetsrestriktionalt(r,t)
    KapazitaetsrestriktionFlexalt(r,t),
    Kapazitaetsrestriktion(r,t)
    KapazitaetsrestriktionFlex(r,t);

ZielfunktionZeit..
    z=e=sum(i$(ord(i)=card(I)),
        sum(t$(FE(i)<=ord(t)-1 and ord(t)-1 <= SE(i)),
            (ord(t)-1)*x(i,t)));

ZielfunktionKosten..
    z=e=sum((r,t),oc(r)*O(r,t));

JederVorgangEinmal(i)..
    sum(t$(FE(i)<=ord(t)-1 and ord(t)-1 <= SE(i)), x(i,t)) =e= 1;

Projektstruktur(h,i)$VN(h,i)..
    sum(t$(FE(h)<=ord(t)-1 and ord(t)-1 <= SE(h)),
        (ord(t)-1)*x(h,t))   =l=
    sum(t$(FE(i)<=ord(t)-1 and ord(t)-1 <= SE(i)),
        (ord(t)-1-d(i))*x(i,t));

Kapazitaetsrestriktion(r,t)..
    sum(i,
    sum(tau$((ord(tau)-1 >= max(ord(t)-1, FE(i)))   and
             (ord(tau)-1 <= min(ord(t)-1+d(i)-1, SE(i)))),
        k(i,r)*x(i,tau)))=l=KP(r);

KapazitaetsrestriktionFlex(r,t)..
    sum(i,
    sum(tau$((ord(tau)-1 >= max(ord(t)-1, FE(i)))   and
```

```
                    (ord(tau)-1 <= min(ord(t)-1+d(i)-1, SE(i)))),
            k(i,r)*x(i,tau)))=l=KP(r)+O(r,t);

model RCPSP1 /
      ZielfunktionZeit
      JederVorgangEinmal
      Projektstruktur
      Kapazitaetsrestriktion/;

model RCPSP2 /
      ZielfunktionKosten
      JederVorgangEinmal
      Projektstruktur
      KapazitaetsrestriktionFlex/;

RCPSP1.optcr=0.0;
RCPSP1.limrow=500;

solve RCPSP1 minimizing z using mip;


RCPSP2.optcr=0.0;
RCPSP2.limrow=500;

solve RCPSP2 minimizing z using mip;
```

A.10 Personaleinsatz und Schichtplanung

```
* Modell zur Schichtplanung

sets
i Schichten
t Perioden ;

parameter
b(t) Bedarf in Periode t
c    Stundensatz
a(t,i) ist 1 wenn Schicht i in Periode t arbeitet 0 sonst;

integer variables
X(i) Anzahl Schichten vom Typ i;

free variables
zfw Zielfunktionswert

equation
Zielfunktion
Bedarfsdeckung(t);

Zielfunktion..
        zfw=e=sum(i,c*sum(t,a(t,i))*X(i));

Bedarfsdeckung(t)..
        sum(i,a(t,i)*X(i)) =g= b(t);


* Daten der Instanz

sets
i Schichten /i1*i14/
t Perioden /t8*t18/;

parameter b(t) /t8 3, t9 5, t10 8, t11 9, t12 11, t13 8,
          t14 9, t15 9, t16 6, t17 3, t18 3/;

table  a(t,i) ist 1 wenn Schicht i in Periode t arbeitet
       i1 i2 i3 i4 i5 i6 i7 i8 i9 i10 i11 i12 i13 i14
t8     1           1
t9     1  1        1     1  1
t10    1  1  1  1  1     1  1  1
t11    1  1  1  1  1  1  1  1  1
t12       1  1     1  1     1  1  1  1
t13    1     1  1  1        1  1  1  1
t14    1  1     1  1           1  1  1  1
t15    1  1  1  1  1  1         1  1  1  1
t16    1  1  1     1  1              1  1  1
t17    1  1     1                     1  1
t18       1                                      1 ;

c=10;

* Zum Ausblenden eines Teils der Schichtmuster

a(t,i)$(ord(i)>=15)=0;

option optcr=0.0;

model Schichtplanung /Zielfunktion, Bedarfsdeckung/;

solve Schichtplanung minimizing zfw using mip;
```

A.11 Standortplanung

A.11.1 Transportkostenorientierte Standortplanung

A.11.1.1 Entscheidungsmodell für den deterministischen Fall

```
* einfaches Facility Location Problem

Sets
i               potentielle Standorte
j               Kundenorte;

Parameter
b(j)            Nachfrage
f(i)            Fixkosten am Standort
a(i)            Standortkapazität
ca(i)           Kostensatz anfänglicher Transport zu i
cf(i,j)         Kostensatz finaler Transport von i nach j
c(i,j)          Kostensatz für den Gesamttransport zu i und weiter von i nach j;

Variables
Z               Zielfunktionswert;

Positive Variables
x(i,j)          Transportmengen;

Binary Variables
y(i)            Eroeffnung des Standorts;

Equations
Zielfunktion    Zielfunktion
Kap_Beschr(i)   Kapazitätsgrenzen der Standorte
Bedarf(j)       Befriedigung der Nachfrage;

Zielfunktion..
Z=e=sum((i,j), c(i,j)*x(i,j))
+ sum(i, f(i)*y(i));

Kap_Beschr(i)..
sum(j, x(i,j)) =L= a(i)*y(i);

Bedarf(j)..
sum(i, x(i,j)) =E= b(j);

Model FLP /Zielfunktion, Kap_Beschr, Bedarf/;

$include "FLP.inc";

c(i,j) = ca(i) + cf(i,j);

option optcr=0.0;
*y.fx('B')=1;
*x.fx('N','DD')=100;

*f(i)=1.9*f(i);

Solve FLP using mip minimizing Z

;
display ca, cf, c;
display y.l
display x.l
```

A.11.1.2 Entscheidungsmodell für den stochastischen Fall

```
* Facility Location Problem mit Szenario-Ansatz
* Stand: 12.2.2020

Sets
   i                potentielle Standorte
   j                Kundenorte
   s                Szenarien;

Parameter
   b(j)             Basiswert der Nachfrage am Kundenort j
   sf(s)            Szenariofaktor für Nachfrage im Szenario s
   prob(s)          Wahrscheinlichkeit des Szenarios s
   b_szn(j,s)       Nachfrage am Kundenort j in Szenario s
   f(i)             Fixkosten am Standort i
   a(i)             Kapazität am Standort i
   ca(i)            Kostensatz anfaenglicher Transport zu Standort i
   cf(i,j)          Kostensatz finaler Transport von i nach j
   c(i,j)           Kostensatz für den Gesamttransport zu i und weiter von i nach j
   beta             geforderter Servicegrad;

Variables
   Z                Zielfunktionswert;

Positive Variables
   x(i,j,s)         Transportmengen von i nach j in Szenario s
   fm(j,s)          Fehlmenge an Kundenort j in Szenario s;

Binary Variables
   y(i)             Eroeffnung des Standorts;

Equations
   Zielfunktion     Zielfunktion
   Kap_Beschr(i,s)  Kapazitaetsgrenzen der Standorte
   Bedarf(j,s)      Bedarfsrestriktion an Kundenort j
   Beta_SG_NB(j)    Servicegradrestriktion für Kundenort j;

Zielfunktion..
Z=e=sum((i,j,s), c(i,j)*x(i,j,s)*prob(s)) + sum(i, f(i)*y(i));

Kap_Beschr(i,s)..
sum(j, x(i,j,s)) =L= a(i)*y(i);

Bedarf(j,s)..
sum(i, x(i,j,s)) + fm(j,s) =E= b_szn(j,s);

Beta_SG_NB(j)..
sum(s, fm(j,s)*prob(s)) =L= (1-beta)*sum(s,b_szn(j,s)*prob(s));

Model FLP_Szenario /Zielfunktion, Kap_Beschr, Bedarf, Beta_SG_NB/;

* Daten der konkreten Instanz abgeleitet aus dem determinstischen Fall
$include "FLP.inc";

c(i,j) = ca(i) + cf(i,j);

set s /s1*s3/;

parameter
szn_faktor(s)  /'s1' 0.25, 's2'  1.0, 's3' 1.75/
*prob(s)       /'s1' 0.0, 's2'  1.0, 's3' 0.0/
prob(s)        /'s1' 0.3333333, 's2' 0.3333333, 's3' 0.3333333/;
* Wir berechnen die szenariospezifische Nachfrage aus dem Basiswert
b_szn(j,s) = szn_faktor(s) * b(j);
```

```
65  sets fall /fall_1*fall_1001/;

67  option
68    optcr=0.0, limrow = 0, limcol = 0, solprint = on, sysout = off;

70  parameter Fixkosten, AnzahlStandorte;

72  file results /FLP_Szenarien_Variante_stoch.txt/;
73  file tabelle /FLP_Tabelle_Variante_stoch.txt/;
74  put results;
75  put 'Fall,Beta,Z,Fixkosten,AnzahlStandorte'/;
76  put tabelle;
77  put 'Fall  &  Beta ';
78  loop(i, put ' &  ', i.tl:2);
79  put '\\'/;


82  display b_szn;

84  loop(fall,
85      beta = (ord(fall)-1)/(card(fall)-1);
86      display beta;

88      Solve FLP_Szenario using mip minimizing Z;

90      display y.l, x.l, fm.l, ca, b_szn;

92      Fixkosten = sum(i, f(i)*y.l(i));
93      AnzahlStandorte = sum(i, y.l(i));
94      put results;
95      put ord(fall):4:0, ',', beta:6:3, ',', Z.l, ',', Fixkosten, ',',
            AnzahlStandorte:3:0 /;
96      put tabelle;
97      put ord(fall):4:0, '  &', beta:6:3,'  ';
98      loop(i,
99          if (y.l(i) > 0.1,
100             put '&  X  ';
101         else
102             put '&    ';
103         )
104     )
105     put '\\'/;
106 );
```

A.11.1.3 Include-Datei

```
1  Sets    i              potentielle Standorte
2  /B, DD, F, HH, H, K, M, N, S /
3         j              Kundenorte
4  /B, DD, F, HH, H, K, M, N, S /;

6  Parameter
7  b(j)            Nachfrage
8  / B       100
9  DD       200
10 F        120
11 HH       210
12 H         80
13 K        190
14 M        150
15 N        100
16 S         80 /
```

A.11 Standortplanung

```
18   f(i)                Fixkosten bei Lagerbetrieb
19   / B      150000
20   DD       150000
21   F        150000
22   HH       150000
23   H        150000
24   K        150000
25   M        150000
26   N        150000
27   S        150000 /

29   a(i)                Standortkapazitaet
30   / B      500
31   DD       500
32   F        500
33   HH       500
34   H        500
35   K        500
36   M        500
37   N        500
38   S        500 /

40   ca(i)               Kostensatz Transport zu i
41   / B      560
42   DD       476
43   F        100
44   HH       477
45   H        344
46   K        114
47   M        484
48   N        316
49   S        276 /;

51   * Kostendegression durch Buendelung...

53   ca(i)=ca(i)/4;


56   Table    cf(i,j)     Transportkosten Standort zu Kundenort OHNE die
              Transportkosten ZUM Standort
57         B    DD    F    HH    H    K    M    N    S
58   B     0    193   546  289   286  573  585  473  632
59   DD    193  0     466  476   367  574  462  317  510
60   F     546  466   0    492   349  190  392  224  204
61   HH    289  476   492  0     151  425  775  608  656
62   H     286  367   349  151   0    292  632  465  513
63   K     573  574   190  425   292  0    574  406  367
64   M     585  462   392  775   632  574  0    170  221
65   N     473  317   224  608   465  406  170  0    211
66   S     632  510   204  656   513  367  221  211  0    ;
```

A.11.2 Serviceorientierte Standortplanung

```
1   * Covering-Problem

3   Sets     j Orte /j1*j11/;

5   Alias    (i,j);

7   Parameter S Max. Entfernung /5/;
```

```
Table      d(i,j)        Entfernung
           j1    j2    j3    j4    j5    j6    j7    j8    j9    j10   j11
    j1            9     5     5     9     7     7     4     6     11    11
    j2     9           4     10    14    14    16    13    7     10    6
    j3     5     4           6     10    10    12    9     5     10    10
    j4     5     10    6           4     6     8     7     11    16    16
    j5     9     14    10    4           4     6     11    15    20    20
    j6     7     14    10    6     4           4     9     13    18    18
    j7     7     16    12    8     6     4           5     9     14    14
    j8     4     13    9     7     11    9     5           6     9     9
    j9     6     7     5     11    15    13    9     6           5     5
    j10    11    10    10    16    20    18    14    9     5           4
    j11    11    6     10    16    20    18    14    9     5     4           ;

Binary Variables
        y(i)            Eroeffnung
        x(i,j)          Zuordnung;

Variables
        p               Anzahl der Standorte;

Equations
        Zielfu          Anzahl bestimmen
        MaxDist(i,j)    Einhalten der maximalen Entfernung
        Versorgung(j)   Jeder Ort wird versorgt
        Zuordnung(i,j)  Anbindung zu offenen Standorten;

Zielfu..
        p =e= sum(i, y(i));

MaxDist(i,j)..
        d(i,j)*x(i,j) =l= S;

Versorgung(j)..
        sum(i, x(i,j)) =e= 1;

Zuordnung(i,j)..
        y(i) =g= x(i,j);

Model Center /all/;

Solve Center using mip minimizing p;

display y.l, x.l;
```

A.12 Layoutplanung

A.12.1 Modell-Datei und Fix-and-Optimize-Algorithmus

```
*****************************************************************
* Modelle und Algorithmus zur Loesung eines Layoutplanungsproblems
* ueber das quadratische Zuordnungsproblem

sets
    i          Menge der Anordnungsobjekte (AO)
    k          Menge der Lokationen (Orte);

alias   (i,j);
alias   (k,l);

sets
    KI(k,i)         Erlaubte Zuordnungen von Lokationen k und AOn i
*   fuer Fix-and-Optimizize-Algorithmus:
    IFix(i)         Menge fixierter AO
    KFix(k)         Menge fixierter Lokationen
    IOpt(i)         Hilfsmenge (nur fuer Ausgabezwecke)
    KOpt(k)         Hilfsmenge (nur fuer Ausgabezwecke);

Parameter
    a(i)            benoetigte Flaeche von AO i
    Kap(k)          maximal verfuegbare Flaeche in Lokation k
    d(k,l)          Distanz zwischen Lokation k und l
    m(i,j)          Anzahl der Transporte zwischen AO i und AO j
*   fuer Fix-and-Optimizize-Algorithmus:
    x_strich(i,k)   bisherige Loesung zum teilweisen Fixieren
    AO_opt_anz      Anzahl der AO ueber die optimiert wird
    Loc_opt_anz     Anzahl der Lokationen ueber die optimiert wird
    z_akt           aktueller Zielfunktionswert
    AnzahlRundenOhneVerbesserung   was mag das wohl sein?
    LimitRundenOhneVerbesserung
    zaehler
    zufallszahl
    Runde
    VarianteDirekteLoesung;

*--------------------------MODELLE-------------------------
Binary Variable
    X(i,k)              1 wenn AO i Lokation k zugeordnet wird
    X_lin(i,j,k,l)      1 wenn AO i Lok. k und AO j Lok. l zugeordnet wird;

Variable
    Z               Zielfunktionswert;

Equations
    Zielfunktion        Zielfunktion
    Kapazitaet_Ort(k)   Kapazitaetsrestriktion fuer Flaeche auf Lokation
    Zuordnung_AO(i)     Jedes AO i wird genau einer Lokation zugeordnet
    Linear(i,k,j,l)     Linearisierung des ersten Zielfunktionsterms
*   fuer Fix-and-Optimizize-Algorithmus:
    ZielfunktionStart   Zielfunktion fuer die Startloesung
    AO_fix(i,k)         Fuer die Fix-und-Optimize-Heuristik
    Loc_fix(i,k)        Fuer die Fix-und-Optimize-Heuristik
    ;


Zielfunktion..
    Z =e= SUM((i,j,k,l)$(KI(k,i) and KI(l,j)),
                        m(i,j)*d(k,l)*X_lin(i,j,k,l));
```

```
Kapazitaet_Ort(k)..
    SUM(i, a(i)*X(i,k))=l=Kap(k);

Zuordnung_AO(i)..
    SUM(k$KI(k,i), X(i,k)) =e= 1;

Linear(i,k,j,l)$(KI(k,i) and KI(l,j))..
    X(i,k)+X(j,l) =l= 1 + X_lin(i,j,k,l);


ZielfunktionStart..
    Z =e= SUM((i,k)$(KI(k,i)), X(i,k));

AO_fix(i,k)$(IFix(i) and KI(k,i))..
    x(i,k)=e=x_strich(i,k);

Loc_fix(i,k)$(KFix(k) and KI(k,i))..
    x(i,k)=e=x_strich(i,k);


MODEL Layout Grundmodell
/Zielfunktion, Kapazitaet_Ort, Zuordnung_AO, Linear/;

MODEL Layout_FaO Erweitertes Grundmodell fuer die Heuristik
/Zielfunktion, Kapazitaet_Ort, Zuordnung_AO, Linear, AO_fix, Loc_fix/;

MODEL Layout_Start Modell fuer beliebige Zuordnung in der Startloesung
/ZielfunktionStart, Kapazitaet_Ort, Zuordnung_AO/;

$include LayoutBeispiel_14_10.inc

display d, m;



*---Einstellen der Solveroptionen
Option
    optcr   =0
    limrow  = 100
    limcol  = 100
    threads = 4
    iterlim = 100000000
    reslim  = 100000000
    solprint = on
    sysout  = on;


display Kap, a;

file myputfile;
put myputfile;

if (VarianteDirekteLoesung = 1,

*   Direkte Loesung des Grundmodells (fuer kleine Instanzen)

    Solve Layout minimizing z using mip;

else
*   Loesung ueber Fix-and-Optimize-Heuristik (Dekompositionsansatz)

*   Parametrisierung des Verfahrens, nach Moeglichkeit
*   Optimierung ueber sechs AO oder Orte
```

A.12 Layoutplanung

```
125      AO_opt_anz=min(6, card(i));
126      Loc_opt_anz=min(6, card(k));

128      LimitRundenOhneVerbesserung=10;

130  *   Startloesung ermitteln ueber Startmodell Stufe 1

132      IFix(i)=no;
133      KFix(k)=no;

135      solve Layout_Start maximizing Z using MIP;

137      x_strich(i,k)$(KI(k,i)) =x.l(i,k);

139      IFix(i)=yes;
140      KFix(k)=yes;

142  *   diese Startloesung bewerten mit Zielfunktion Stufe 1

144      solve Layout_FaO minimizing Z using MIP;

146      x_strich(i,k)$(KI(k,i)) =x.l(i,k);

148  *   Zielfunktionswert merken

150      z_akt=z.l;

152  *   Nun iterativer Algorithmus

154      AnzahlRundenOhneVerbesserung=0;

156      Runde=0;

158      put Runde, z_akt;

160  *   Abbruch ermoeglichen, wenn keine Verbesserung mehr gefunden wird
161      while(AnzahlRundenOhneVerbesserung<LimitRundenOhneVerbesserung,

163          Runde=Runde+1;
164          AnzahlRundenOhneVerbesserung=AnzahlRundenOhneVerbesserung+1;

166  *       Optimierung ueber einige AO und alle Lokationen
167          Kfix(k)=no;
168          Ifix(i)=yes;
169          zaehler=0;
170  *       zufaellige Auswahl der AO, ueber die optimiert wird
171          repeat
172              zufallszahl=uniformint(1,card(i));
173              loop(i$(ord(i)=zufallszahl and Ifix(i)),
174                  zaehler=zaehler+1;
175                  Ifix(i)=no;
176              );
177          until zaehler=AO_opt_anz;

179          IOpt(i)=not(IFix(i));
180          display IOpt;

182          solve Layout_FaO minimizing Z using MIP;
183          if(z.l < z_akt,
184  *           gefundene Verbesserung merken
185              x_strich(i,k)$(KI(k,i)) =x.l(i,k);
186              z_akt=z.l;
187              AnzahlRundenOhneVerbesserung=0;
188          );
```

```
190  *         Optimierung ueber einige Lokationen und alle OEn
191            Kfix(k)=yes;
192            Ifix(i)=no;
193            zaehler=0;

195  *         zufaellige Auswahl der Lokationen, ueber die optimiert wird
196            repeat
197                zufallszahl=uniformint(1,card(k));
198                loop(k$(ord(k)=zufallszahl and Kfix(k)),
199                    zaehler=zaehler+1;
200                    Kfix(k)=no;
201                );
202            until zaehler=Loc_opt_anz;

204            KOpt(k)=not(KFix(k));
205            display KOpt;

207            solve Layout_FaO minimizing Z using MIP;
208            if(z.l < z_akt,
209  *             gefundene Verbesserung merken
210                x_strich(i,k)$(KI(k,i)) =x.l(i,k);
211                z_akt=z.l;
212                AnzahlRundenOhneVerbesserung=0;
213            );
214            Display Runde, AnzahlRundenOhneVerbesserung;
215        put Runde, z_akt /;

217        );

219  putclose;

221        KFix(k)=yes;
222        IFix(i)=yes;

224        solve Layout_FaO minimizing Z using MIP;
225  );
```

A.12.2 Include-Datei

```
1   *--------------DATEN-----------------------------

3   set i /i1*i14/
4       k /'A','B','C','D','E','F','G','H','I','J'/;


7   * die meisten OEn benoetigen 400qm
8   a(i)=400;

10  * hier sind die Ausnahmen

12  a('i2')= 200;
13  a('i4')= 100;
14  a('i7')= 200;
15  a('i9')= 100;
16  a('i11')= 200;
17  a('i12')= 200;
18  a('i14')= 100;

20  Kap(k) = 400;
```

A.12 Layoutplanung

```
table d(k,l) Distanzen i. Bloecken
     A   B   C   D   E   F   G   H   I   J
A    0   1   2   3   1   2   3   4   4   5
B    1   0   1   2   2   1   2   3   3   4
C    2   1   0   1   3   2   1   2   2   3
D    3   2   1   0   4   3   2   1   3   2
E    1   2   3   4   0   1   2   3   3   4
F    2   1   2   3   1   0   1   2   2   3
G    3   2   1   2   2   1   0   1   1   2
H    4   3   2   1   3   2   1   0   2   1
I    4   3   2   3   3   2   1   2   0   1
J    5   4   3   2   4   3   2   1   1   0

table m(i,j)  Transporte
      i1  i2  i3  i4  i5  i6  i7  i8  i9  i10 i11 i12 i13 i14
i1     0  10      13       6  23       8           41      10
i2         0       4  34      23      55       3  54       2
i3     3   4   0      10              17      22       3
i4                 0
i5        67      11   0          12      32       5      36
i6         2              0
i7        13      85       5   0   2      23   5  20       7
i8                     7           0
i9         5      48  23           4   0   3  14      87   3
i10        2      45  12   3          45   0   2  15
i11        3      21  43      73  32           3   0  67   5  78
i12        2  12  43      62   8          34  43       0       3
i13                4          12       3           2       0  12
i14        2      31           5              11  55       7   0 ;
```

* Fixierungen
* fast alle AO koennen an jeden Ort

KI(k,i) = **yes**;

* hier kommen die Ausnahmen

KI(k, 'i1') = **no**;
KI('A','i1') =**yes**;

KI(k,'i6') = **no**;
KI('E','i6') = **yes**;

KI(k,'i13') = **no**;
KI('J','i13') = **yes**;

* Einstellen ob direkte Loesung (=1) oder Dekompositionsansatz (=0)

VarianteDirekteLoesung = 1;

A.13 Arbeitsverteilung

```
* einfaches Arbeitsverteilungsproblem

Sets
i               Aufgaben
m               Arbeitstraeger;

Parameter
c(m)            Kapazitaet
k(i,m)          Kosten oder Leid bei Zuordnung von i zu m
t(i)            Kapazitaetsbedarf fuer Aufgabe i;

Variables
Z               Zielfunktionswert;

Binary Variables
x(i,m)          gleich 1 wenn Aufgabe i Arbeitstraeger m zugeordnet wird;

Equations
Zielfunktion    Zielfunktion
Zuordnung(i)    Zuordnung der Aufgaben
Kap_Beschr(m)   Kapazitaetsgrenzen der Arbeitstraeger;

Zielfunktion..
        Z=e=sum((i,m), k(i,m)*x(i,m));

Zuordnung(i)..
        sum(m, x(i,m)) =e= 1;

Kap_Beschr(m)..
        sum(i, t(i)* x(i,m)) =l= c(m);

Model Arbeitsverteilung /Zielfunktion, Zuordnung, Kap_Beschr/;



Sets    i       Aufgaben
        /IT, Hiwis, Bibliothek, Beratung, Arbeiten, Internet, StuKom, Tagung/
        m       Arbeitstraeger
        /Swantje, Karola, Kurt, Alf, Gabi, Horst/;


Parameter
c(m)            Kapazitaet
/ Swantje       4
Karola          4
Kurt            4
Alf             4
Gabi            2
Horst           4
/

t(i)            Kapazitaetsbedarf fuer Aufgabe i
/IT             2
Hiwis           2
Bibliothek      2
Beratung        2
Arbeiten        4
Internet        2
StuKom          1
Tagung          4   /;
```

A.14 Fließbandabstimmung

```
* Fall 1
* c(m)=2*c(m);

* Fall 2
c(m)=1*c(m);

Table         k(i,m)  Kosten oder Leid bei Zuordnung von i zu m
              Swantje   Karola   Kurt   Alf    Gabi   Horst

IT              4         2        1      2      1      4
Hiwis           1         1        5      2      1      3
Bibliothek      1         3        2      3      2      2
Beratung        3         5        2      5      3      5
Arbeiten        2         1        1      1      1      5
Internet        4         2        1      2      2      3
StuKom          1         3        5      3      1      1
Tagung          4         4        5      2      1      1   ;


option optcr=0.0;

Solve Arbeitsverteilung using mip minimizing Z;

display x.l;
```

A.14 Fließbandabstimmung

```
* einfaches Fliessbandabstimmungsproblem

Sets
i               Arbeitselemente
m               Stationen;

alias(i,j);

Sets
VN(i,j)         Vorgaenger-Nachfolger-Beziehungen;

Parameter
c               Taktzeit
t(i)            Zeitbedarf fuer Arbeitselement i;

Variables
Z               Zielfunktionswert;

Binary Variables
x(i,m)          gleich 1 wenn Element i zu Station m kommt;

Equations
Zielfunktion    Zielfunktion
Zuordnung(i)    Zuordnung der Aufgaben
Kap_Beschr(m)   Kapazitaetsgrenzen der Arbeitstraeger
Reihenfolge(i,j) Technologische Reihenfolgebeziehungen;

Zielfunktion..
        Z=e=sum((i,m)$(ord(i)=card(i)), ord(m)*x(i,m));

Zuordnung(i)..
        sum(m, x(i,m)) =e= 1;
```

```
Kap_Beschr(m)..
        sum(i, t(i)* x(i,m)) =l= c;

Reihenfolge(i,j)$VN(i,j)..
        sum(m, ord(m)*x(i,m)) =l= sum(m, ord(m)*x(j,m));

Model Fliessbandabstimmung /Zielfunktion, Zuordnung,
                Reihenfolge, Kap_Beschr/;

* Daten der Instanz

Sets    i   Arbeitselemente
        /i1*i10/
        m   Arbeitstraeger
        /m1*m10/;

VN(i,j)=no;

VN('i1','i2')=yes;
VN('i1','i5')=yes;
VN('i1','i7')=yes;

VN('i2','i3')=yes;
VN('i2','i6')=yes;

VN('i3','i4')=yes;

VN('i4','i10')=yes;

VN('i5','i6')=yes;

VN('i6','i10')=yes;
VN('i6','i9')=yes;

VN('i7','i8')=yes;

VN('i8','i9')=yes;

VN('i9','i10')=yes;


c=21;

Parameter
        t(i)                Zeitbedarf fuer Arbeitselement i
        /i1     3
        i2      6
        i3      2
        i4      6
        i5      4
        i6      3
        i7      3
        i8      8
        i9      5
        i10     1/;

option optcr=0.0;

Solve Fliessbandabstimmung using mip minimizing Z;


parameter Auslastung;
```

A.14 Fließbandabstimmung

```
97  Auslastung=sum(i,t(i))/(c*z.l);

99  display x.l, Auslastung
```

B Python-Programm zur Regressionsrechnung

```python
# Import von Bibliotheken
import matplotlib.pyplot as plt
import numpy as np
from sklearn.linear_model import LinearRegression
from sklearn.preprocessing import PolynomialFeatures

# Anlegen der Daten fuer das Beispiel

x = np.array([[1], [2], [3], [4], [5], [6], [7], [8], [9], [10]])
y = np.array([[ 7.5], [ 10.2], [11.3], [11.2], [6.2], [10.8], [8.1], [11.7],
    [7.2], [9.0]])

# Kleinteilige Zahlenreihe fuer glatte Funktionsplots
xfine = np.array([np.arange(1,10,0.1)])
xfine = xfine.reshape(xfine.size,1)


# Aufspalten in Trainings- und Testdaten
x_train = x[:6]
x_test  = x[6:]

y_train = y[:6]
y_test  = y[6:]


# Anlegen der Abbildung, Eintragen der Trainings- und Testdaten

f = plt.figure()

plt.plot(x_train,y_train,'ko')
plt.plot(x_test,y_test,'kx')


plt.xlabel('Zeit $t$')
plt.ylabel('Nachfrage')
plt.xticks(np.arange(1,x.size+1))
plt.ylim([0, 30])
plt.legend(['$y_t^{train}$','$y^{test}_t$'])

f.savefig("MultipleModelle_1roh.pdf")


f = plt.figure()

plt.plot(x_train,y_train,'ko')
plt.plot(x_test,y_test,'kx')

# lineare Regression auf x, Funktion plotten, RMSE berechnen

linearModel_1 = LinearRegression(fit_intercept=True)
linearModel_1.fit(x_train, y_train)

yhat_1 = linearModel_1.predict(x)
plt.plot(x,yhat_1,'g-')
```

```python
57  rmseTrainLin1 = np.sqrt(((y_train - yhat_1[:6]) ** 2).sum()/x_train.size)
58  rmseTestLin1 = np.sqrt(((y_test - yhat_1[6:]) ** 2).sum()/x_test.size)

60  # lineare Regression auf x und auf x^2, Funktion plotten, RMSE berechnen

62  poly_features_2 = PolynomialFeatures(degree = 2, include_bias=False)

64  x_poly2 = poly_features_2.fit_transform(x)
65  xfine_poly2 = poly_features_2.fit_transform(xfine)


68  x_poly2_train = x_poly2[:6]
69  x_poly2_test = x_poly2[6:]

71  linearModel_2 = LinearRegression(fit_intercept=True)
72  linearModel_2.fit(x_poly2_train, y_train)

74  yhat_2 = linearModel_2.predict(x_poly2)
75  yhat_2fine = linearModel_2.predict(xfine_poly2)
76  plt.plot(xfine,yhat_2fine,'b--')

78  rmseTrainLin2 = np.sqrt(((y_train - yhat_2[:6]) ** 2).sum()/x_train.size)
79  rmseTestLin2 = np.sqrt(((y_test - yhat_2[6:]) ** 2).sum()/x_test.size)

81  # lineare Regression auf x, x^2 und x^3, Funktion plotten, RMSE berechnen

83  poly_features_3 = PolynomialFeatures(degree = 3, include_bias=False)

85  x_poly3 = poly_features_3.fit_transform(x)
86  xfine_poly3 = poly_features_3.fit_transform(xfine)

88  x_poly3_train = x_poly3[:6]
89  x_poly3_test = x_poly3[6:]

91  linearModel_3 = LinearRegression(fit_intercept=True)
92  linearModel_3.fit(x_poly3_train, y_train)

94  yhat_3 = linearModel_3.predict(x_poly3)
95  yhat_3fine = linearModel_3.predict(xfine_poly3)
96  plt.plot(xfine,yhat_3fine,'r-.')

98  rmseTrainLin3 = np.sqrt(((y_train - yhat_3[:6]) ** 2).sum()/x_train.size)
99  rmseTestLin3 = np.sqrt(((y_test - yhat_3[6:]) ** 2).sum()/x_test.size)


102 # Abbildung fertigstellen

104 plt.xlabel('Zeit $t$')
105 plt.ylabel('Nachfrage')
106 plt.xticks(np.arange(1,x.size+1))
107 plt.ylim([0, 30])
108 plt.legend(['$y_t^{train}$','$y^{test}_t$','$\hat{y}^1$','$\hat{y}^2$','$\hat{y
        }^3$'])

110 f.savefig("MultipleModelle_1.pdf")



114 print('\n\n')
115 print('\nrmseTrainLin1 = ',rmseTrainLin1)
116 print('\nrmseTrainLin2 = ',rmseTrainLin2)
117 print('\nrmseTrainLin3 = ',rmseTrainLin3)

119 print('\n\n')
```

```python
120  print('\nrmseTestLin1 = ',rmseTestLin1)
121  print('\nrmseTestLin2 = ',rmseTestLin2)
122  print('\nrmseTestLin3 = ',rmseTestLin3)

124  print('\n')
125  print('Koeffizienten Modell 1',linearModel_1.intercept_,linearModel_1.coef_)
126  print('Koeffizienten Modell 2',linearModel_2.intercept_,linearModel_2.coef_)
127  print('Koeffizienten Modell 3',linearModel_3.intercept_,linearModel_3.coef_)
```

C Matlab-Programm zur Mittelwertanalyse

```matlab
% Mittelwertanalyse einer geschlossenen Fliesslinie mit
% exponentialverteilten Bearbeitungszeiten (ConWip-Produktionssteuerung)
clc; clear;

I_max= 4                             % Anzahl Stationen

mue = [ 1/20, 1/10, 1/30, 1/20 ]     % Bedienraten [in Stueck pro ZE]

WIP_s_max=10                         % Maximale Anzahl von Werkstuecken im System

CT_i=zeros(WIP_s_max,I_max);         % DLZ je System-WIP und Station
SumCT_i = zeros(WIP_s_max,1);        % Summe der DLZ je System-WIP und Station
TH_i = zeros(WIP_s_max,I_max);       % Durchsatz je  System-WIP und Station
u_i = zeros(WIP_s_max,I_max);        % Auslastung je System-WIP und Station
WIP_i = zeros(WIP_s_max,I_max);      % Lokaler WIP je System-WIP und Station

for i=1:I_max
   CT_i(1,i) = 1/mue(i);             % Initialisierung
end

SumCT_i(1) = 0;
for j=1:I_max
   SumCT_i(1) = SumCT_i(1) + CT_i(1,j); % DLZ durch alle Stationen
end

for WIP=2:WIP_s_max
   for i=1:I_max
      % Kern der rekursiven Mittelwertanalyse
      CT_i(WIP,i) = 1/mue(i) + 1/mue(i) * (WIP-1) * CT_i(WIP-1,i)/SumCT_i(WIP-1);
   end
   for j=1:I_max
      SumCT_i(WIP) = SumCT_i(WIP) + CT_i(WIP,j);
   end
end

for WIP=1:WIP_s_max
   for i=1:I_max
      TH_i(WIP,i) = WIP/SumCT_i(WIP);
      u_i(WIP,i) = TH_i(WIP,i)/mue(i);
      WIP_i(WIP,i) = TH_i(WIP,i)*CT_i(WIP,i);
   end
end

CT_i,  WIP_i,  TH_i,  u_i

db = 100;                            % Deckungsbeitrag in GE je Werkstueck
h  = 0.2                             % Lagerkostensatz je Werkstueck in GE/ZE

profit_pull = db * TH_i(:,1) - h * sum(WIP_i,2)

% Zum Vergleich: Push-System mit exponentialverteilten Bearbeitungszeiten
% Wir betrachten ein offenes System, kann analysiert
% werden als Serie von M/M/1-Warteschlangensystemen

l_max = 100;                         % Anzahl der betrachteten Ankunftsraten
Lambda = zeros(l_max,1);
EW_L_ges_1 = zeros(l_max, 1);
```

```matlab
EW_L_ges_2 = zeros(l_max, 1);
profit_push_1 = zeros(l_max, 1);
profit_push_2 = zeros(l_max, 1);
ca2 = zeros(l_max, I_max);
for l=1:l_max
    Lambda(l) = TH_i(WIP_s_max,1) / l_max * l;
    for i=1:I_max
        % Fall 1: Alle Zwischenankunftszeiten exponentialverteilt
        EW_L_ges_1(l) = EW_L_ges_1(l) + Lambda(l) / (mue(i) - Lambda(l));
        
        % Fall 2: Alle Zwischenankunftszeiten an Station 1 deterministisch
        if i==1
            ca2(l,i) = 0;
        else
            ca2(l,i) =  (1 - (Lambda(l)/mue(i-1))^2)*ca2(l,i-1) + (Lambda(l)/mue(
                i-1))^2 * 1 ;
        end
        EW_L_ges_2(l) = EW_L_ges_2(l) + Lambda(l) * ( (ca2(l,i) + 1)/2 * (Lambda(
            l)/mue(i)) /(1-(Lambda(l)/mue(i))) / mue(i) + 1  /mue(i));
    end
    profit_push_1(l) = db * Lambda(l) - h * EW_L_ges_1(l);
    profit_push_2(l) = db * Lambda(l) - h * EW_L_ges_2(l);
end


% Zusammengehoerende Paare von Gesamtbestand und Profit

WIP_profit_pull = [sum(WIP_i,2), profit_pull]

EW_L_1_ges_profit_push_1 = [EW_L_ges_1, profit_push_1]
EW_L_ges_2_profit_push_2 = [EW_L_ges_2, profit_push_2]


Lambda_EW_L_1 = [Lambda, EW_L_ges_1]
Lambda_EW_L_2 = [Lambda, EW_L_ges_2]
```

D Herleitungen und Tabellenwerte

D.1 Gedächtnislosigkeit der Exponentialverteilung

Eine nicht-negative und zudem stetige (d.h. kontinuierliche) Zufallsvariable T, welche eine Zeitdauer beschreibt, bis ein zukünftiges Ereignis eintritt, wird als „gedächtnislos" bezeichnet, wenn sie der folgenden Bedingung genügt:

$$\text{Prob}[T \geq t+s | T \geq s] = \text{Prob}[T \geq t] \tag{D.1}$$

Das bedeutet, dass die Wahrscheinlichkeit $\text{Prob}[T \geq t]$, dass es mindestens t Zeiteinheiten dauert, bis das Ereignis eintritt, genau so groß ist die Wahrscheinlichkeit, dass es insgesamt mindestens $t+s$ Zeiteinheiten dauert, sofern man bereits s Zeiteinheiten auf das Ereignis gewartet hat. Für die Frage, wie lange man auf das Ereignis *noch* warten muss, ist es also egal, wie lange man *schon* gewartet hat. Im folgenden wird gezeigt, dass Zufallsvariablen, die der *Exponentialverteilung* folgen, diese Eigenschaft aufweisen.

Wenn eine Zufallsvariable T einer Exponentialverteilung mit Rate μ folgt, dann wird sie durch die folgende Verteilungsfunktion beschrieben:

$$\text{Prob}[T \leq t] = F_T(t) = \begin{cases} 1 - e^{-\mu t}, & t \geq 0 \\ 0 & \text{sonst} \end{cases} \tag{D.2}$$

Diese können wir nun die in die linke Seite der Gleichung (D.2) einsetzen und daraus die rechte Seite herleiten:

$$\text{Prob}[T \geq t+s | T \geq s] = \frac{\text{Prob}[T \geq t+s \wedge T \geq s]}{\text{Prob}[T \geq s]} \tag{D.3}$$

$$= \frac{\text{Prob}[T \geq t+s]}{\text{Prob}[T \geq s]} \tag{D.4}$$

$$= \frac{1 - \text{Prob}[T \leq t+s]}{1 - \text{Prob}[T \leq s]} \tag{D.5}$$

$$= \frac{1 - (1 - e^{-\mu(t+s)})}{1 - (1 - e^{-\mu s})} \tag{D.6}$$

$$= \frac{e^{-\mu(t+s)}}{e^{-\mu s}} = e^{-\mu t} = 1 - (1 - e^{-\mu t})$$

$$= \text{Prob}[T \geq t] \quad \square \tag{D.7}$$

Dabei wird zunächst in (D.3) die Definition der bedingten Wahrscheinlichkeit genutzt. Die Gleichung (D.4) ergibt sich daraus, dass das Ereignis $T \geq t+s$ das Ereignis $T \geq s$ impliziert. In Gleichung (D.6) wird dann die Verteilungsfunktion der Exponentialverteilung (D.2) eingesetzt. Elementare Umformungen führen dann auf das gewünschte Ergebnis.

D.2 Varianz der Summe zweier Zufallsvariablen

Es seien X und Y zwei Zufallsvariablen und eine weitere Zufallsvariable Z sei definiert als die Summe

$$Z = X + Y. \tag{D.8}$$

Dann gilt für den Erwartungswert

$$E[Z] = E[X+Y] = E[X] + E[Y] \tag{D.9}$$

aufgrund der Definition des Erwartungswertes als linearer Funktion. Für die Varianz gilt ferner

$$\begin{aligned} \text{VAR}[Z] = \text{VAR}[X+Y] &= \\ &= E[((X+Y) - E[X+Y])^2] \\ &= E[(X - E[X])^2 + 2 \cdot (X - E[X])(Y - E[Y]) + (Y - E[Y])^2] \\ &= E[(X - E[X])^2] + 2 \cdot E[(X - E[X])(Y - E[Y])] + E[(Y - E[Y])^2] \\ &= \text{VAR}[X] + 2 \cdot \text{COV}[X,Y] + \text{VAR}[Y]. \end{aligned} \tag{D.10}$$

Sofern die Zufallsvariablen X und Y voneinander unabhängig sind, gilt für die Kovarianz $\text{COV}[X,Y] = 0$ und dann ist die Varianz der Summe gleich der Summe der Varianzen.

D.3 Tabellenwerte der Standardnormalverteilung

Es sei X eine standardnormalverteilte Zufallsvariable, es sei also ihr Erwartungswert $\mu = 0$ und ihre Standardabweichung $\sigma = 1$. Folglich gilt für ihre Dichtefunktion

$$f_X(x) = \frac{1}{\sqrt{2\pi}\sigma} e^{-\frac{(x-\mu)^2}{2\sigma^2}} = \frac{1}{\sqrt{2\pi}} e^{-\frac{x^2}{2}}. \tag{D.11}$$

Damit ist

$$F_X(x) = \text{Prob}[X \leq x] = \int_{y=-\infty}^{y=x} f_X(y) dy = \int_{y=-\infty}^{y=x} \frac{1}{\sqrt{2\pi}} e^{-\frac{y^2}{2}} dy \tag{D.12}$$

die Verteilungsfunktion an der Stelle x, also die Wahrscheinlichkeit dafür, dass die Zufallsvariable X eine Ausprägung kleiner oder gleich x annimmt. Die folgende Tabelle enthält für $-3 \leq x \leq 3$ die korrespondierenden Werte der Verteilungsfunktion $F_X(x)$.

x	$F_X(x)$	x	$F_X(x)$	x	$F_X(x)$	x	$F_X(x)$
-3,00	0,001350	-2,79	0,002635	-2,58	0,004940	-2,37	0,008894
-2,99	0,001395	-2,78	0,002718	-2,57	0,005085	-2,36	0,009137
-2,98	0,001441	-2,77	0,002803	-2,56	0,005234	-2,35	0,009387
-2,97	0,001489	-2,76	0,002890	-2,55	0,005386	-2,34	0,009642
-2,96	0,001538	-2,75	0,002980	-2,54	0,005543	-2,33	0,009903
-2,95	0,001589	-2,74	0,003072	-2,53	0,005703	-2,32	0,010170
-2,94	0,001641	-2,73	0,003167	-2,52	0,005868	-2,31	0,010444
-2,93	0,001695	-2,72	0,003264	-2,51	0,006037	-2,30	0,010724
-2,92	0,001750	-2,71	0,003364	-2,50	0,006210	-2,29	0,011011
-2,91	0,001807	-2,70	0,003467	-2,49	0,006387	-2,28	0,011304
-2,90	0,001866	-2,69	0,003573	-2,48	0,006569	-2,27	0,011604
-2,89	0,001926	-2,68	0,003681	-2,47	0,006756	-2,26	0,011911
-2,88	0,001988	-2,67	0,003793	-2,46	0,006947	-2,25	0,012224
-2,87	0,002052	-2,66	0,003907	-2,45	0,007143	-2,24	0,012545
-2,86	0,002118	-2,65	0,004025	-2,44	0,007344	-2,23	0,012874
-2,85	0,002186	-2,64	0,004145	-2,43	0,007549	-2,22	0,013209
-2,84	0,002256	-2,63	0,004269	-2,42	0,007760	-2,21	0,013553
-2,83	0,002327	-2,62	0,004396	-2,41	0,007976	-2,20	0,013903
-2,82	0,002401	-2,61	0,004527	-2,40	0,008198	-2,19	0,014262
-2,81	0,002477	-2,60	0,004661	-2,39	0,008424	-2,18	0,014629
-2,80	0,002555	-2,59	0,004799	-2,38	0,008656	-2,17	0,015003

D.3 Tabellenwerte der Standardnormalverteilung

z	Φ(z)	z	Φ(z)	z	Φ(z)	z	Φ(z)
		-1,53	0,063008	-0,89	0,186733	-0,25	0,401294
-2,16	0,015386	-1,52	0,064255	-0,88	0,189430	-0,24	0,405165
-2,15	0,015778	-1,51	0,065522	-0,87	0,192150	-0,23	0,409046
-2,14	0,016177	-1,50	0,066807	-0,86	0,194895	-0,22	0,412936
-2,13	0,016586	-1,49	0,068112	-0,85	0,197663	-0,21	0,416834
-2,12	0,017003	-1,48	0,069437	-0,84	0,200454	-0,20	0,420740
-2,11	0,017429	-1,47	0,070781	-0,83	0,203269	-0,19	0,424655
-2,10	0,017864	-1,46	0,072145	-0,82	0,206108	-0,18	0,428576
-2,09	0,018309	-1,45	0,073529	-0,81	0,208970	-0,17	0,432505
-2,08	0,018763	-1,44	0,074934	-0,80	0,211855	-0,16	0,436441
-2,07	0,019226	-1,43	0,076359	-0,79	0,214764	-0,15	0,440382
-2,06	0,019699	-1,42	0,077804	-0,78	0,217695	-0,14	0,444330
-2,05	0,020182	-1,41	0,079270	-0,77	0,220650	-0,13	0,448283
-2,04	0,020675	-1,40	0,080757	-0,76	0,223627	-0,12	0,452242
-2,03	0,021178	-1,39	0,082264	-0,75	0,226627	-0,11	0,456205
-2,02	0,021692	-1,38	0,083793	-0,74	0,229650	-0,10	0,460172
-2,01	0,022216	-1,37	0,085343	-0,73	0,232695	-0,09	0,464144
-2,00	0,022750	-1,36	0,086915	-0,72	0,235762	-0,08	0,468119
-1,99	0,023295	-1,35	0,088508	-0,71	0,238852	-0,07	0,472097
-1,98	0,023852	-1,34	0,090123	-0,70	0,241964	-0,06	0,476078
-1,97	0,024419	-1,33	0,091759	-0,69	0,245097	-0,05	0,480061
-1,96	0,024998	-1,32	0,093418	-0,68	0,248252	-0,04	0,484047
-1,95	0,025588	-1,31	0,095098	-0,67	0,251429	-0,03	0,488034
-1,94	0,026190	-1,30	0,096800	-0,66	0,254627	-0,02	0,492022
-1,93	0,026803	-1,29	0,098525	-0,65	0,257846	-0,01	0,496011
-1,92	0,027429	-1,28	0,100273	-0,64	0,261086	0,00	0,500000
-1,91	0,028067	-1,27	0,102042	-0,63	0,264347	0,01	0,503989
-1,90	0,028717	-1,26	0,103835	-0,62	0,267629	0,02	0,507978
-1,89	0,029379	-1,25	0,105650	-0,61	0,270931	0,03	0,511966
-1,88	0,030054	-1,24	0,107488	-0,60	0,274253	0,04	0,515953
-1,87	0,030742	-1,23	0,109349	-0,59	0,277595	0,05	0,519939
-1,86	0,031443	-1,22	0,111232	-0,58	0,280957	0,06	0,523922
-1,85	0,032157	-1,21	0,113139	-0,57	0,284339	0,07	0,527903
-1,84	0,032884	-1,20	0,115070	-0,56	0,287740	0,08	0,531881
-1,83	0,033625	-1,19	0,117023	-0,55	0,291160	0,09	0,535856
-1,82	0,034380	-1,18	0,119000	-0,54	0,294599	0,10	0,539828
-1,81	0,035148	-1,17	0,121000	-0,53	0,298056	0,11	0,543795
-1,80	0,035930	-1,16	0,123024	-0,52	0,301532	0,12	0,547758
-1,79	0,036727	-1,15	0,125072	-0,51	0,305026	0,13	0,551717
-1,78	0,037538	-1,14	0,127143	-0,50	0,308538	0,14	0,555670
-1,77	0,038364	-1,13	0,129238	-0,49	0,312067	0,15	0,559618
-1,76	0,039204	-1,12	0,131357	-0,48	0,315614	0,16	0,563559
-1,75	0,040059	-1,11	0,133500	-0,47	0,319178	0,17	0,567495
-1,74	0,040930	-1,10	0,135666	-0,46	0,322758	0,18	0,571424
-1,73	0,041815	-1,09	0,137857	-0,45	0,326355	0,19	0,575345
-1,72	0,042716	-1,08	0,140071	-0,44	0,329969	0,20	0,579260
-1,71	0,043633	-1,07	0,142310	-0,43	0,333598	0,21	0,583166
-1,70	0,044565	-1,06	0,144572	-0,42	0,337243	0,22	0,587064
-1,69	0,045514	-1,05	0,146859	-0,41	0,340903	0,23	0,590954
-1,68	0,046479	-1,04	0,149170	-0,40	0,344578	0,24	0,594835
-1,67	0,047460	-1,03	0,151505	-0,39	0,348268	0,25	0,598706
-1,66	0,048457	-1,02	0,153864	-0,38	0,351973	0,26	0,602568
-1,65	0,049471	-1,01	0,156248	-0,37	0,355691	0,27	0,606420
-1,64	0,050503	-1,00	0,158655	-0,36	0,359424	0,28	0,610261
-1,63	0,051551	-0,99	0,161087	-0,35	0,363169	0,29	0,614092
-1,62	0,052616	-0,98	0,163543	-0,34	0,366928	0,30	0,617911
-1,61	0,053699	-0,97	0,166023	-0,33	0,370700	0,31	0,621720
-1,60	0,054799	-0,96	0,168528	-0,32	0,374484	0,32	0,625516
-1,59	0,055917	-0,95	0,171056	-0,31	0,378280	0,33	0,629300
-1,58	0,057053	-0,94	0,173609	-0,30	0,382089	0,34	0,633072
-1,57	0,058208	-0,93	0,176186	-0,29	0,385908	0,35	0,636831
-1,56	0,059380	-0,92	0,178786	-0,28	0,389739	0,36	0,640576
-1,55	0,060571	-0,91	0,181411	-0,27	0,393580	0,37	0,644309
-1,54	0,061780	-0,90	0,184060	-0,26	0,397432	0,38	0,648027

		1,04	0,850830	1,70	0,955435	2,36	0,990863
0,39	0,651732	1,05	0,853141	1,71	0,956367	2,37	0,991106
0,40	0,655422	1,06	0,855428	1,72	0,957284	2,38	0,991344
0,41	0,659097	1,07	0,857690	1,73	0,958185	2,39	0,991576
0,42	0,662757	1,08	0,859929	1,74	0,959070	2,40	0,991802
0,43	0,666402	1,09	0,862143	1,75	0,959941	2,41	0,992024
0,44	0,670031	1,10	0,864334	1,76	0,960796	2,42	0,992240
0,45	0,673645	1,11	0,866500	1,77	0,961636	2,43	0,992451
0,46	0,677242	1,12	0,868643	1,78	0,962462	2,44	0,992656
0,47	0,680822	1,13	0,870762	1,79	0,963273	2,45	0,992857
0,48	0,684386	1,14	0,872857	1,80	0,964070	2,46	0,993053
0,49	0,687933	1,15	0,874928	1,81	0,964852	2,47	0,993244
0,50	0,691462	1,16	0,876976	1,82	0,965620	2,48	0,993431
0,51	0,694974	1,17	0,879000	1,83	0,966375	2,49	0,993613
0,52	0,698468	1,18	0,881000	1,84	0,967116	2,50	0,993790
0,53	0,701944	1,19	0,882977	1,85	0,967843	2,51	0,993963
0,54	0,705401	1,20	0,884930	1,86	0,968557	2,52	0,994132
0,55	0,708840	1,21	0,886861	1,87	0,969258	2,53	0,994297
0,56	0,712260	1,22	0,888768	1,88	0,969946	2,54	0,994457
0,57	0,715661	1,23	0,890651	1,89	0,970621	2,55	0,994614
0,58	0,719043	1,24	0,892512	1,90	0,971283	2,56	0,994766
0,59	0,722405	1,25	0,894350	1,91	0,971933	2,57	0,994915
0,60	0,725747	1,26	0,896165	1,92	0,972571	2,58	0,995060
0,61	0,729069	1,27	0,897958	1,93	0,973197	2,59	0,995201
0,62	0,732371	1,28	0,899727	1,94	0,973810	2,60	0,995339
0,63	0,735653	1,29	0,901475	1,95	0,974412	2,61	0,995473
0,64	0,738914	1,30	0,903200	1,96	0,975002	2,62	0,995604
0,65	0,742154	1,31	0,904902	1,97	0,975581	2,63	0,995731
0,66	0,745373	1,32	0,906582	1,98	0,976148	2,64	0,995855
0,67	0,748571	1,33	0,908241	1,99	0,976705	2,65	0,995975
0,68	0,751748	1,34	0,909877	2,00	0,977250	2,66	0,996093
0,69	0,754903	1,35	0,911492	2,01	0,977784	2,67	0,996207
0,70	0,758036	1,36	0,913085	2,02	0,978308	2,68	0,996319
0,71	0,761148	1,37	0,914657	2,03	0,978822	2,69	0,996427
0,72	0,764238	1,38	0,916207	2,04	0,979325	2,70	0,996533
0,73	0,767305	1,39	0,917736	2,05	0,979818	2,71	0,996636
0,74	0,770350	1,40	0,919243	2,06	0,980301	2,72	0,996736
0,75	0,773373	1,41	0,920730	2,07	0,980774	2,73	0,996833
0,76	0,776373	1,42	0,922196	2,08	0,981237	2,74	0,996928
0,77	0,779350	1,43	0,923641	2,09	0,981691	2,75	0,997020
0,78	0,782305	1,44	0,925066	2,10	0,982136	2,76	0,997110
0,79	0,785236	1,45	0,926471	2,11	0,982571	2,77	0,997197
0,80	0,788145	1,46	0,927855	2,12	0,982997	2,78	0,997282
0,81	0,791030	1,47	0,929219	2,13	0,983414	2,79	0,997365
0,82	0,793892	1,48	0,930563	2,14	0,983823	2,80	0,997445
0,83	0,796731	1,49	0,931888	2,15	0,984222	2,81	0,997523
0,84	0,799546	1,50	0,933193	2,16	0,984614	2,82	0,997599
0,85	0,802337	1,51	0,934478	2,17	0,984997	2,83	0,997673
0,86	0,805105	1,52	0,935745	2,18	0,985371	2,84	0,997744
0,87	0,807850	1,53	0,936992	2,19	0,985738	2,85	0,997814
0,88	0,810570	1,54	0,938220	2,20	0,986097	2,86	0,997882
0,89	0,813267	1,55	0,939429	2,21	0,986447	2,87	0,997948
0,90	0,815940	1,56	0,940620	2,22	0,986791	2,88	0,998012
0,91	0,818589	1,57	0,941792	2,23	0,987126	2,89	0,998074
0,92	0,821214	1,58	0,942947	2,24	0,987455	2,90	0,998134
0,93	0,823814	1,59	0,944083	2,25	0,987776	2,91	0,998193
0,94	0,826391	1,60	0,945201	2,26	0,988089	2,92	0,998250
0,95	0,828944	1,61	0,946301	2,27	0,988396	2,93	0,998305
0,96	0,831472	1,62	0,947384	2,28	0,988696	2,94	0,998359
0,97	0,833977	1,63	0,948449	2,29	0,988989	2,95	0,998411
0,98	0,836457	1,64	0,949497	2,30	0,989276	2,96	0,998462
0,99	0,838913	1,65	0,950529	2,31	0,989556	2,97	0,998511
1,00	0,841345	1,66	0,951543	2,32	0,989830	2,98	0,998559
1,01	0,843752	1,67	0,952540	2,33	0,990097	2,99	0,998605
1,02	0,846136	1,68	0,953521	2,34	0,990358	3,00	0,998650
1,03	0,848495	1,69	0,954486	2,35	0,990613		

D.4 Standardisierte Fehlmengenerwartungswerte

Es sei X eine standardnormalverteilte Zufallsvariable, folglich gilt für ihre Dichtefunktion

$$f_X(x) = \frac{1}{\sqrt{2\pi}} e^{-\frac{x^2}{2}}. \tag{D.13}$$

Man kann nun die Frage stellen, wie groß der Erwartungswert jenes Betrages ist, um den die standardnormalverteilte Zufallsvariable X einen vorgegebenen Wert v überschreitet, und dafür das Symbol $\Phi^1(v)$ definieren:

$$\begin{aligned}\Phi^1(v) &= \mathrm{E}[\max(0, X-v)] \\ &= \int_{x=-\infty}^{x=\infty} \max(0, x-v) \cdot \frac{1}{\sqrt{2\pi}} e^{-\frac{x^2}{2}} dx \\ &= \int_{x=v}^{x=\infty} (x-v) \cdot \frac{1}{\sqrt{2\pi}} e^{-\frac{x^2}{2}} dx \end{aligned} \tag{D.14}$$

Diese Größe wird als *standardisierter Fehlmengenerwartungswert* oder auch als *Verlustfunktion erster Ordnung* bezeichnet, weil man mit ihr abbilden kann, um wie viel eine zufällige standardnormalverteilte Nachfrage X einen vorhandenen Bestand oder eine beschaffte Menge v im Mittel überschreitet. Im Folgenden zeigen wir, dass aufgrund der Annahme der Standardnormalverteilung die folgende Beziehung gilt:

$$\Phi^1(v) = f_X(v) - v \cdot (1 - F_X(v)) \tag{D.15}$$

Dazu bilden wir zunächst über die Kettenregel die erste Ableitung $f'_X(x)$ der Dichtefunktion $f_X(x)$ der Standardnormalverteilung:

$$f'_X(x) = \frac{1}{\sqrt{2\pi}} e^{-\frac{x^2}{2}} \cdot \left(-\frac{2}{2}x\right) = -x \cdot f_X(x) \tag{D.16}$$

Nun folgt für den standardisierten Fehlmengenerwartungswert

$$\Phi^1(v) = \int_{x=v}^{x=\infty} (x-v) \cdot \frac{1}{\sqrt{2\pi}} e^{-\frac{x^2}{2}} dx \tag{D.17}$$

$$= \int_{x=v}^{x=\infty} (x-v) f_X(x) dx \tag{D.18}$$

$$= \int_{x=v}^{x=\infty} x f_X(x) dx - v \int_{x=v}^{x=\infty} f_X(x) dx \tag{D.19}$$

$$= \int_{x=v}^{x=\infty} (-f'_X(x)) dx - v \left(1 - \int_{x=-\infty}^{x=v} f_X(x) dx\right) \tag{D.20}$$

$$= [-f_X(x)]_{x=v}^{\infty} - v(1 - F_X(v)) \tag{D.21}$$

$$= f_X(v) - v(1 - F_X(v)) \tag{D.22}$$

In Gleichung (D.20) greifen wir auf das Ergebnis $f'_X(x) = -x \cdot f_X(x)$ aus Gleichung (D.16) zurück. Will man in einem Tabellenkalkulationsprogramm die Verlustfunktion $\Phi^1(v)$ an der Stelle v berechnen, so muss man lediglich über geeignete Funktionen die Dichtefunktion $f_X(x)$ und die Verteilungsfunktion $F_X(x)$ an der Stelle $x = v$ ermitteln, das ist aber kein Problem.

Die folgende Tabelle enthält für $-3 \leq v \leq 3$ die korrespondierenden standardisierten Fehlmengenerwartungswerte $\Phi^1(v)$.

v	$\Phi^I(v)$	v	$\Phi^I(v)$	v	$\Phi^I(v)$	v	$\Phi^I(v)$
-3,00	3,000382	-2,38	2,382889	-1,76	1,775777	-1,14	1,203365
-2,99	2,990396	-2,37	2,372977	-1,75	1,766174	-1,13	1,194646
-2,98	2,980410	-2,36	2,363067	-1,74	1,756579	-1,12	1,185949
-2,97	2,970425	-2,35	2,353159	-1,73	1,746992	-1,11	1,177274
-2,96	2,960440	-2,34	2,343255	-1,72	1,737415	-1,10	1,168620
-2,95	2,950455	-2,33	2,333352	-1,71	1,727847	-1,09	1,159987
-2,94	2,940472	-2,32	2,323453	-1,70	1,718288	-1,08	1,151377
-2,93	2,930488	-2,31	2,313556	-1,69	1,708738	-1,07	1,142789
-2,92	2,920506	-2,30	2,303662	-1,68	1,699198	-1,06	1,134223
-2,91	2,910523	-2,29	2,293770	-1,67	1,689668	-1,05	1,125680
-2,90	2,900542	-2,28	2,283882	-1,66	1,680147	-1,04	1,117160
-2,89	2,890561	-2,27	2,273996	-1,65	1,670637	-1,03	1,108664
-2,88	2,880580	-2,26	2,264114	-1,64	1,661137	-1,02	1,100190
-2,87	2,870600	-2,25	2,254235	-1,63	1,651647	-1,01	1,091741
-2,86	2,860621	-2,24	2,244358	-1,62	1,642168	-1,00	1,083315
-2,85	2,850643	-2,23	2,234486	-1,61	1,632699	-0,99	1,074914
-2,84	2,840665	-2,22	2,224616	-1,60	1,623242	-0,98	1,066537
-2,83	2,830688	-2,21	2,214750	-1,59	1,613796	-0,97	1,058185
-2,82	2,820712	-2,20	2,204887	-1,58	1,604360	-0,96	1,049858
-2,81	2,810736	-2,19	2,195028	-1,57	1,594937	-0,95	1,041556
-2,80	2,800761	-2,18	2,185172	-1,56	1,585525	-0,94	1,033279
-2,79	2,790787	-2,17	2,175320	-1,55	1,576124	-0,93	1,025028
-2,78	2,780814	-2,16	2,165472	-1,54	1,566736	-0,92	1,016803
-2,77	2,770841	-2,15	2,155628	-1,53	1,557360	-0,91	1,008604
-2,76	2,760870	-2,14	2,145788	-1,52	1,547996	-0,90	1,000431
-2,75	2,750899	-2,13	2,135952	-1,51	1,538645	-0,89	0,992285
-2,74	2,740929	-2,12	2,126120	-1,50	1,529307	-0,88	0,984166
-2,73	2,730961	-2,11	2,116292	-1,49	1,519981	-0,87	0,976074
-2,72	2,720993	-2,10	2,106468	-1,48	1,510669	-0,86	0,968009
-2,71	2,711026	-2,09	2,096649	-1,47	1,501370	-0,85	0,959972
-2,70	2,701060	-2,08	2,086835	-1,46	1,492085	-0,84	0,951962
-2,69	2,691095	-2,07	2,077024	-1,45	1,482813	-0,83	0,943981
-2,68	2,681132	-2,06	2,067219	-1,44	1,473555	-0,82	0,936028
-2,67	2,671169	-2,05	2,057418	-1,43	1,464312	-0,81	0,928103
-2,66	2,661207	-2,04	2,047623	-1,42	1,455083	-0,80	0,920207
-2,65	2,651247	-2,03	2,037832	-1,41	1,445868	-0,79	0,912340
-2,64	2,641288	-2,02	2,028046	-1,40	1,436668	-0,78	0,904503
-2,63	2,631330	-2,01	2,018266	-1,39	1,427483	-0,77	0,896694
-2,62	2,621373	-2,00	2,008491	-1,38	1,418314	-0,76	0,888916
-2,61	2,611418	-1,99	1,998721	-1,37	1,409159	-0,75	0,881167
-2,60	2,601464	-1,98	1,988957	-1,36	1,400020	-0,74	0,873448
-2,59	2,591511	-1,97	1,979198	-1,35	1,390898	-0,73	0,865760
-2,58	2,581560	-1,96	1,969445	-1,34	1,381791	-0,72	0,858102
-2,57	2,571610	-1,95	1,959698	-1,33	1,372700	-0,71	0,850475
-2,56	2,561662	-1,94	1,949957	-1,32	1,363626	-0,70	0,842879
-2,55	2,551715	-1,93	1,940222	-1,31	1,354568	-0,69	0,835315
-2,54	2,541769	-1,92	1,930493	-1,30	1,345528	-0,68	0,827781
-2,53	2,531826	-1,91	1,920770	-1,29	1,336505	-0,67	0,820280
-2,52	2,521883	-1,90	1,911054	-1,28	1,327499	-0,66	0,812810
-2,51	2,511943	-1,89	1,901345	-1,27	1,318510	-0,65	0,805372
-2,50	2,502004	-1,88	1,891642	-1,26	1,309539	-0,64	0,797967
-2,49	2,492067	-1,87	1,881946	-1,25	1,300587	-0,63	0,790594
-2,48	2,482132	-1,86	1,872257	-1,24	1,291653	-0,62	0,783254
-2,47	2,472199	-1,85	1,862575	-1,23	1,282737	-0,61	0,775947
-2,46	2,462267	-1,84	1,852900	-1,22	1,273840	-0,60	0,768673
-2,45	2,452337	-1,83	1,843233	-1,21	1,264961	-0,59	0,761432
-2,44	2,442410	-1,82	1,833573	-1,20	1,256102	-0,58	0,754225
-2,43	2,432484	-1,81	1,823920	-1,19	1,247263	-0,57	0,747051
-2,42	2,422561	-1,80	1,814276	-1,18	1,238443	-0,56	0,739912
-2,41	2,412640	-1,79	1,804639	-1,17	1,229643	-0,55	0,732806
-2,40	2,402720	-1,78	1,795010	-1,16	1,220863	-0,54	0,725735
-2,39	2,392804	-1,77	1,785390	-1,15	1,212104	-0,53	0,718698

D.4 Standardisierte Fehlmengenerwartungswerte

		0,11	0,346353	0,75	0,131167	1,39	0,037483
−0,52	0,711696	0,12	0,341811	0,76	0,128916	1,40	0,036668
−0,51	0,704729	0,13	0,337309	0,77	0,126694	1,41	0,035868
−0,50	0,697797	0,14	0,332846	0,78	0,124503	1,42	0,035083
−0,49	0,690900	0,15	0,328422	0,79	0,122340	1,43	0,034312
−0,48	0,684038	0,16	0,324038	0,80	0,120207	1,44	0,033555
−0,47	0,677212	0,17	0,319693	0,81	0,118103	1,45	0,032813
−0,46	0,670422	0,18	0,315388	0,82	0,116028	1,46	0,032085
−0,45	0,663667	0,19	0,311122	0,83	0,113981	1,47	0,031370
−0,44	0,656949	0,20	0,306895	0,84	0,111962	1,48	0,030669
−0,43	0,650267	0,21	0,302707	0,85	0,109972	1,49	0,029981
−0,42	0,643621	0,22	0,298558	0,86	0,108009	1,50	0,029307
−0,41	0,637011	0,23	0,294448	0,87	0,106074	1,51	0,028645
−0,40	0,630439	0,24	0,290377	0,88	0,104166	1,52	0,027996
−0,39	0,623903	0,25	0,286345	0,89	0,102285	1,53	0,027360
−0,38	0,617404	0,26	0,282351	0,90	0,100431	1,54	0,026736
−0,37	0,610943	0,27	0,278396	0,91	0,098604	1,55	0,026124
−0,36	0,604518	0,28	0,274479	0,92	0,096803	1,56	0,025525
−0,35	0,598131	0,29	0,270601	0,93	0,095028	1,57	0,024937
−0,34	0,591782	0,30	0,266761	0,94	0,093279	1,58	0,024360
−0,33	0,585470	0,31	0,262959	0,95	0,091556	1,59	0,023796
−0,32	0,579196	0,32	0,259196	0,96	0,089858	1,60	0,023242
−0,31	0,572959	0,33	0,255470	0,97	0,088185	1,61	0,022699
−0,30	0,566761	0,34	0,251782	0,98	0,086537	1,62	0,022168
−0,29	0,560601	0,35	0,248131	0,99	0,084914	1,63	0,021647
−0,28	0,554479	0,36	0,244518	1,00	0,083315	1,64	0,021137
−0,27	0,548396	0,37	0,240943	1,01	0,081741	1,65	0,020637
−0,26	0,542351	0,38	0,237404	1,02	0,080190	1,66	0,020147
−0,25	0,536345	0,39	0,233903	1,03	0,078664	1,67	0,019668
−0,24	0,530377	0,40	0,230439	1,04	0,077160	1,68	0,019198
−0,23	0,524448	0,41	0,227011	1,05	0,075680	1,69	0,018738
−0,22	0,518558	0,42	0,223621	1,06	0,074223	1,70	0,018288
−0,21	0,512707	0,43	0,220267	1,07	0,072789	1,71	0,017847
−0,20	0,506895	0,44	0,216949	1,08	0,071377	1,72	0,017415
−0,19	0,501122	0,45	0,213667	1,09	0,069987	1,73	0,016992
−0,18	0,495388	0,46	0,210422	1,10	0,068620	1,74	0,016579
−0,17	0,489693	0,47	0,207212	1,11	0,067274	1,75	0,016174
−0,16	0,484038	0,48	0,204038	1,12	0,065949	1,76	0,015777
−0,15	0,478422	0,49	0,200900	1,13	0,064646	1,77	0,015390
−0,14	0,472846	0,50	0,197797	1,14	0,063365	1,78	0,015010
−0,13	0,467309	0,51	0,194729	1,15	0,062104	1,79	0,014639
−0,12	0,461811	0,52	0,191696	1,16	0,060863	1,80	0,014276
−0,11	0,456353	0,53	0,188698	1,17	0,059643	1,81	0,013920
−0,10	0,450935	0,54	0,185735	1,18	0,058443	1,82	0,013573
−0,09	0,445557	0,55	0,182806	1,19	0,057263	1,83	0,013233
−0,08	0,440218	0,56	0,179912	1,20	0,056102	1,84	0,012900
−0,07	0,434919	0,57	0,177051	1,21	0,054961	1,85	0,012575
−0,06	0,429660	0,58	0,174225	1,22	0,053840	1,86	0,012257
−0,05	0,424441	0,59	0,171432	1,23	0,052737	1,87	0,011946
−0,04	0,419261	0,60	0,168673	1,24	0,051653	1,88	0,011642
−0,03	0,414122	0,61	0,165947	1,25	0,050587	1,89	0,011345
−0,02	0,409022	0,62	0,163254	1,26	0,049539	1,90	0,011054
−0,01	0,403962	0,63	0,160594	1,27	0,048510	1,91	0,010770
0,00	0,398942	0,64	0,157967	1,28	0,047499	1,92	0,010493
0,01	0,393962	0,65	0,155372	1,29	0,046505	1,93	0,010222
0,02	0,389022	0,66	0,152810	1,30	0,045528	1,94	0,009957
0,03	0,384122	0,67	0,150280	1,31	0,044568	1,95	0,009698
0,04	0,379261	0,68	0,147781	1,32	0,043626	1,96	0,009445
0,05	0,374441	0,69	0,145315	1,33	0,042700	1,97	0,009198
0,06	0,369660	0,70	0,142879	1,34	0,041791	1,98	0,008957
0,07	0,364919	0,71	0,140475	1,35	0,040898	1,99	0,008721
0,08	0,360218	0,72	0,138102	1,36	0,040020	2,00	0,008491
0,09	0,355557	0,73	0,135760	1,37	0,039159	2,01	0,008266
0,10	0,350935	0,74	0,133448	1,38	0,038314	2,02	0,008046

		2,27	0,003996	2,52	0,001883	2,77	0,000841
2,03	0,007832	2,28	0,003882	2,53	0,001826	2,78	0,000814
2,04	0,007623	2,29	0,003770	2,54	0,001769	2,79	0,000787
2,05	0,007418	2,30	0,003662	2,55	0,001715	2,80	0,000761
2,06	0,007219	2,31	0,003556	2,56	0,001662	2,81	0,000736
2,07	0,007024	2,32	0,003453	2,57	0,001610	2,82	0,000712
2,08	0,006835	2,33	0,003352	2,58	0,001560	2,83	0,000688
2,09	0,006649	2,34	0,003255	2,59	0,001511	2,84	0,000665
2,10	0,006468	2,35	0,003159	2,60	0,001464	2,85	0,000643
2,11	0,006292	2,36	0,003067	2,61	0,001418	2,86	0,000621
2,12	0,006120	2,37	0,002977	2,62	0,001373	2,87	0,000600
2,13	0,005952	2,38	0,002889	2,63	0,001330	2,88	0,000580
2,14	0,005788	2,39	0,002804	2,64	0,001288	2,89	0,000561
2,15	0,005628	2,40	0,002720	2,65	0,001247	2,90	0,000542
2,16	0,005472	2,41	0,002640	2,66	0,001207	2,91	0,000523
2,17	0,005320	2,42	0,002561	2,67	0,001169	2,92	0,000506
2,18	0,005172	2,43	0,002484	2,68	0,001132	2,93	0,000488
2,19	0,005028	2,44	0,002410	2,69	0,001095	2,94	0,000472
2,20	0,004887	2,45	0,002337	2,70	0,001060	2,95	0,000455
2,21	0,004750	2,46	0,002267	2,71	0,001026	2,96	0,000440
2,22	0,004616	2,47	0,002199	2,72	0,000993	2,97	0,000425
2,23	0,004486	2,48	0,002132	2,73	0,000961	2,98	0,000410
2,24	0,004358	2,49	0,002067	2,74	0,000929	2,99	0,000396
2,25	0,004235	2,50	0,002004	2,75	0,000899	3,00	0,000382
2,26	0,004114	2,51	0,001943	2,76	0,000870		

D.5 Beziehung zwischen Fehlmengenerwartungswert und standardisiertem Fehlmengenerwartungswert

Im Kapitel 7.2 haben wir auf Seite 166 die Beziehung

$$\mathrm{E}[F(q)] = \sigma_D \cdot \Phi^1(v) = \sigma_D \cdot \Phi^1\left(\frac{q-\mu_D}{\sigma_D}\right) \tag{D.23}$$

kennengelernt, welche für eine Beschaffungs- oder Bestellmenge q den Fehlmengenerwartungswert $\mathrm{E}[F(q)]$ als Produkt von Standardabweichung der Nachfrage σ_D und standardisiertem Fehlmengenerwartungswert (bzw. Verlustfunktion) $\Phi^1\left(\frac{q-\mu_D}{\sigma_D}\right)$ darstellt. Diese Beziehung belegen wir hier formal, indem wir die normalverteilte Zufallsvariable $D \sim N(\mu_D, \sigma_D)$ über die lineare Transformationsbeziehung

$$D = \sigma_D \cdot X + \mu_D \tag{D.24}$$

auf die standardnormalverteilte Zufallsvariable $X \sim N(0, 1)$ zurückführen. Dazu überlegen wir uns zunächst einige Hilfs-Beziehungen, die wir bei der Herleitung dann verwenden werden. Die Transformationsbeziehung (D.24) gilt nicht nur für die Zufallsvariablen D und X, sondern auch für deren konkrete Ausprägungen d und x:

$$d = \sigma_D \cdot x + \mu_D \tag{D.25}$$

Entlang dieser Beziehung setzen wir auch die Beschaffungs- oder Bestellmenge q mit der standardisierten (auch „normalisierten") Beschaffungsmenge v in Zusammenhang:

$$q = \sigma_D \cdot v + \mu_D \tag{D.26}$$

Leiten wir nun in der Beziehung (D.25) nach x ab, so erhalten wir den folgenden Differentialquotienten:

$$\frac{\delta d}{\delta x} = (\sigma_D \cdot x + \mu_D)' = \sigma_D \tag{D.27}$$

und daraus unmittelbar

$$\delta d = \sigma_D \delta x. \tag{D.28}$$

D.6 Ermittlung des Kostenminimums beim Zeitungsjungenproblem

Für die normalisierte Beschaffungsmenge v können wir zudem die Beziehung (D.26) auch folgendermaßen umformen:

$$v = \frac{q - \mu_D}{\sigma_D} \quad \text{(D.29)}$$

Im Fall einer normalverteilten Nachfrage ist der Erwartungswert der Fehlmenge folgendermaßen definiert:

$$E[F(q)] = E[(D-q)^+] = E[\max(D-q, 0)]$$
$$= \int_{d=q}^{\infty} (d-q) \frac{1}{\sigma_D \sqrt{2 \cdot \pi}} e^{-\frac{1}{2}\left(\frac{d-\mu_d}{\sigma_d}\right)^2} \delta d \quad \text{(D.30)}$$

Setzen wir nun für q, d und δd die Beziehungen (D.25), (D.26) und (D.28) ein, so erhalten wir über einige Umformungen zunächst folgendes Ergebnis:

$$E[F(q)]$$
$$= \int_{\sigma_D \cdot x + \mu_D = \sigma_D \cdot v + \mu_D}^{\infty} (\sigma_D \cdot x + \mu_D - (\sigma_D \cdot v + \mu_D)) \frac{1}{\sigma_D \sqrt{2 \cdot \pi}} e^{-\frac{1}{2}\left(\frac{\sigma_D \cdot x + \mu_D - \mu_D}{\sigma_D}\right)^2} \sigma_D \delta x$$
$$= \int_{x=v}^{\infty} \sigma_D (x-v) \frac{1}{\sigma_D \sqrt{2 \cdot \pi}} e^{-\frac{1}{2}x^2} \sigma_D \delta x$$
$$= \sigma_D \int_{x=v}^{\infty} (x-v) \frac{1}{\sqrt{2 \cdot \pi}} e^{-\frac{1}{2}x^2} \delta x \quad \text{(D.31)}$$

Nun ist mit

$$\Phi^I(v) = \int_{x=v}^{\infty} (x-v) \frac{1}{\sqrt{2 \cdot \pi}} e^{-\frac{1}{2}x^2} \delta x \quad \text{(D.32)}$$

gerade die standardisierte Verlustfunktion definiert, so dass sich aus (D.31) unmittelbar die gesuchte Beziehung ergibt:

$$E[F(q)] = \sigma_D \Phi^I(v) = \sigma_D \Phi^I\left(\frac{q - \mu_D}{\sigma_D}\right) \quad \text{(D.33)}$$

Die Berechnung sowie die Tabellenwerte der standardisierten Verlustfunktion $\Phi^I(v)$ enthält der Anhang D.4 auf S. 393ff.

D.6 Ermittlung des Kostenminimums beim Zeitungsjungenproblem

In Kapitel 7.3 hatten wir auf Seite 169 die Berechnungsformel (7.23) für die kostenminimale Beschaffungs- oder Bestellmenge für den Fall eines normalverteilten Bedarfs kennengelernt:

$$q^* = \sigma_D \cdot F_X^{-1}\left(\frac{c_u}{c_o + c_u}\right) + \mu_D \quad \text{(D.34)}$$

Ihr lag die allgemeine Optimalitätsbedingung (7.20) für stetig verteilte Bedarfe

$$\text{Prob}[D \leq q^*] = \frac{c_u}{c_o + c_u} \quad \text{(D.35)}$$

zugrunde, die wir im Folgenden formal belegen. Dazu bringen wir zunächst die Funktion der erwarteten Kosten in eine geeignete Form:

$$E[K(q)] = c_o \cdot E[R(q)] + c_u \cdot E[F(q)]$$
$$= c_o \int_{d=-\infty}^{q} \underbrace{(q-d) \cdot f_D(d) \cdot \delta d}_{\text{zu viel beschafft}} + c_u \int_{d=q}^{\infty} \underbrace{(d-q) \cdot f_D(d) \cdot \delta d}_{\text{zu wenig beschafft}}$$

$$= (c_o + c_u) \cdot \int_{d=-\infty}^{q} (q-d) \cdot f_D(d) \cdot \delta d + c_u \cdot \int_{d=-\infty}^{\infty} (d-q) \cdot f_D(d) \cdot \delta d$$

$$= (c_o + c_u) \cdot \int_{d=-\infty}^{q} (q-d) \cdot f_D(d) \cdot \delta d + c_u \cdot (\mathrm{E}[D] - q)$$

$$= (c_o + c_u) \cdot \left(q \cdot \int_{d=-\infty}^{q} f_D(d) \cdot \delta d - \int_{d=-\infty}^{q} d \cdot f_D(d) \cdot \delta d \right) + c_u \cdot (\mathrm{E}[D] - q)$$

$$= (c_o + c_u) \cdot \left(q \cdot F_D(q) - \int_{d=-\infty}^{q} d \cdot f_D(d) \cdot \delta d \right) + c_u \cdot (\mathrm{E}[D] - q)$$

Um die optimale Bestellmenge q^* zu ermitteln, muss diese Zielfunktion minimiert werden. Dazu wird zunächst die erste Ableitung bestimmt und diese dann gleich Null gesetzt. Bei der Bestimmung der ersten Ableitung müssen die Produktregel, die Beziehung $f_D(d) = (F_D(d))'$ und die folgende generelle Beziehung für eine Funktion $g(x)$ mit Stammfunktion $G(x)$ beachtet werden:

$$\frac{d}{dy} \int_{x=a}^{y} g(x) \cdot dx = \frac{d}{dy}(G(y) - G(a)) = g(y) \tag{D.36}$$

Dies führt unmittelbar auf die notwendige Bedingung für ein Kostenminimum:

$$\frac{d\mathrm{E}[K(q)]}{dq} = (c_o + c_u)(q \cdot f_D(q) + F_D(q) - q \cdot f_D(q)) - c_u \tag{D.37}$$

$$= (c_o + c_u) F_D(q) - c_u \stackrel{!}{=} 0$$

Es ergibt sich daher die folgende Optimalitätsbedingung:

$$F_D(q^*) = \frac{c_u}{c_o + c_u} \tag{D.38}$$

Die Bedingung gilt für eine beliebige stetige Verteilungsfunktion der Nachfrage.

D.7 Beziehung zwischen der Bestellmenge und den Erwartungswerten von Nachfrage, Fehlmenge und Restmenge im Zeitungsjungenproblem

Im Abschnitt 7.2 sind Sie der Beziehung

$$\mathrm{E}[D] - q = \mathrm{E}[F(q)] - \mathrm{E}[R(q)], \tag{D.39}$$

zwischen der Bestellmenge q und den Erwartungswerten der zufälligen Nachfrage D, Fehlmenge $F(q)$ sowie Restmenge $R(q)$ begegnet. Im Folgenden zeigen wir die Gültigkeit dieser Beziehung für den Fall einer diskreten Nachfrage. Die Beziehung lässt sich analog für den Fall einer stetigen Nachfrage zeigen. Für den „Beweis" sind nur die Definitionen der jeweiligen Erwartungswerte heranzuziehen und leicht umzuformen:

$$\begin{aligned}
\mathrm{E}[F(q)] - \mathrm{E}[R(q)] &= \sum_{d=q+1}^{\infty} (d-q) \cdot \mathrm{Prob}[D=d] - \sum_{d=0}^{q} (q-d) \cdot \mathrm{Prob}[D=d] \\
&= \sum_{d=q+1}^{\infty} d \cdot \mathrm{Prob}[D=d] - \sum_{d=q+1}^{\infty} q \cdot \mathrm{Prob}[D=d] \\
&\quad - \sum_{d=0}^{q} q \cdot \mathrm{Prob}[D=d] + \sum_{d=0}^{q} d \cdot \mathrm{Prob}[D=d] \\
&= \sum_{d=0}^{\infty} d \cdot \mathrm{Prob}[D=d] - q \cdot \sum_{d=0}^{\infty} \mathrm{Prob}[D=d] \\
&= \mathrm{E}[D] - q \quad \square \tag{D.40}
\end{aligned}$$

E Der Schnullerator: Entstehungsgeschichte, Funktion und Bedeutung

Auszug aus der geheimen *Enzyklopädie zukünftiger Erfindungen und Entwicklungen*:

Schnullerator, der: Kunstwort zur Bezeichnung eines Schnullers mit Vibrationsmotor. Ursprünglich Gerät zur aktiven oralen Stimulation bei gleichzeitig milder physikalischer Sedierung junger Erwachsener mit Konzentrationsstörungen. Zunächst entwickelt für und eingesetzt in universitären Vorlesungen im „Operations Management" mit großen Teilnehmerzahlen. Moderne Schnulleratoren dienen heute darüber hinaus auch der chemischen Stimulation sowie (in Verbindung mit Datenbrillen und In-Ear-Empfängern) der Kommunikation. Sie werden mittlerweile von allen Gesellschaftsgruppen und in allen Lebensbereichen verwendet, der ursprüngliche Einsatzzweck im universitären Unterricht ist der breiteren Öffentlichkeit unbekannt.

Entstehungsgeschichte

Erfinder des Schnullerators war der bis dahin weitgehend unauffällige Professor für Betriebswirtschaftslehre Stefan H. an der Universität in H. Er hatte beobachtet, dass seine Studenten in seinen sehr großen und langweiligen Vorlesungen der ersten Studiensemester vielfach unruhig waren und den Vorlesungsbetrieb durch Seitengespräche störten. Vor dem Hintergrund seiner Erfahrungen als Vater kam H. zunächst auf den Gedanken, zur Schonung seiner eigenen Nerven und derjenigen seiner interessierten Zuhörerinnen und Zuhörer diese mit Schnullern auszustatten, wie sie erfolgreich zur Beruhigung von und als Einschlafhilfe für Neugeborene verwendet werden.

Bei ersten Tests zeigte sich jedoch, dass ein Teil der Studenten in Folge der jahrelangen Reizüberflutung durch Computerspiele den Einsatz dieser Schnuller als zu reizarm empfanden. Sie schliefen in der Vorlesung ein, die Schnuller fielen aus dem Mund und unter die Sitze des Auditoriums. Die sich anschließenden Such- und Zuordnungsprozesse („Das ist MEIN Schnuller!") verursachten erneute Unruhe und darüber hinaus erhebliche hygienische Probleme.

Zudem stellte sich heraus, dass die seinerzeit im Handel verfügbaren Schnuller für die Kopf- und Kiefergröße von Babys konstruiert waren. Insbesondere für Studenten der Betriebswirtschaftslehre erwiesen sich größere Schnuller als erforderlich. Diese größeren Schnuller boten jedoch den Raum für die Aufnahme aktiver Komponenten, insbesondere von elektrisch betriebenen Vibrationsmotoren. Vibrationsmotoren verursachen durch Rotation eines Körpers mit nicht rotationssymmetrisch angeordneter Masse eine Unwucht, die zu Vibrationen führt. Im Schnullerator führen diese Vibrationen zu oralen sensorischen Stimulationen, die vielfach als angenehm empfunden werden. Beim Einsatz der Schnulleratoren im universitären Unterricht zeigte sich, dass sich der Lärmpegel im Hörsaal erheblich reduzierte, die Konzentration der Teilnehmer zunahm und sich die Prüfungsergebnisse in der Folge dramatisch verbesserten. Für seine Erfindung wurde H. von der zuständigen Ministerin als „Hochschullehrer des Jahres" ausgezeichnet. H. ließ sich seine Erfindung patentieren und quittierte kurz danach den Staatsdienst, um sich der Vermarktung seiner Erfindung zu widmen.

Funktionsentwicklung und Einsatzbereiche

Waren die Schnulleratoren der sogenannten ersten Generation auf die orale sensorische Stimulation durch Vibration beschränkt, so zeigten sich bald weitere Einsatzmöglichkeiten. Von entscheidender Bedeutung war dabei die Kopplung an Mobiltelefone durch eine Bluetooth-Verbindung in den Schnulleratoren der zweiten Generation. Diese ermöglichte es zunächst, für die Stimulation verschiedene Programme auszuwählen, die über entsprechende App-Portale bezogen werden konnten. Damit entwickelte sich die Kombination aus Schnulleratoren und Software-Programmen zu hochprofitablen hybriden Leistungsbündeln.

Der Durchbruch im Massenmarkt gelang dann mit den Schnulleratoren der dritten Produktgeneration, die auch die genau dosierte Abgabe von hochkonzentrierten Substanzen an den Benutzer des Schnullerators erlaubte. Somit konnte der Schnullerator zur Verabreichung von Medikamenten ebenso eingesetzt werden wie zur dezenten Aufnahme von stimmungs- und bewusstseinsverändernden Genussmitteln, Hormonen und Botenstoffen aller Art.

In der aktuellen vierten Generation von Schnulleratoren wurden zudem Sensoren eingebracht, die Bewegungen der Zungenspitze des Benutzers aufnehmen und an das gekoppelte Mobiltelefon weitergeben konnten. Hatten in früheren Jahren die Benutzer von Mobiltelefonen Textnachrichten noch durch manuelle Eingabe auf der berührungsempfindlichen Anzeigefläche ihres Mobiltelefons erfasst, so wurden diese von den Benutzern moderner Schnulleratoren nicht mehr getippt, sondern dezent, weil unsichtbar und lautlos, gezüngelt.

Rezeption in Mode, Kultur und gesellschaftlichem Diskurs

Ähnlich wie Mobiltelefone entwickelten sich Schnulleratoren zum Ausdruck eines modernen Lebensstils. Durch ihre prominente Sichtbarkeit im Gesicht der Benutzer bot es sich an, sie mit Edelmetallen und -steinen zu verzieren. Während sich bei erwachsenen männlichen Benutzern von Schnulleratoren vielfach eher gedeckte Farben mit Blau- und Grautönen durchsetzten, trugen Mädchen und Frauen vielfach Schnulleratoren mit einem hohen Anteil an rötlichen Farbtönen. Dies wurde in der Folge von progressiven gesellschaftlichen Kräften unter Verweis auf die *Pinkstinks*-Bewegung heftig als Beispiel für eine limitierende Zuweisung von Geschlechterrollen kritisiert.

Die Programmierung der Schnulleratoren entwickelte sich zu einer eigenen Kunstform. Schon bald boten erste Hochschulen spezialisierte Studiengänge an, um die steigende Nachfrage nach Arbeitskräften zu decken, die hochwertige Schnullerator-Programme entwickeln konnten. In den darstellenden Künsten zogen moderne Regisseure die gezielte Ansprache des neuen Rezeptionskanals in ihre Arbeiten mit ein. Diese Entwicklung führte zunächst zu heftigem Widerstand konservativ-traditionell orientierter Schichten des Bildungsbürgertums. Vertreter dieser Gruppe lehnten es anfangs vehement ab, klassische Konzerte oder Theateraufführungen mit einem Schnullerator im Mund zu erleben.

Eine heftige gesellschaftliche Debatte begleitete auch die geschlechtsspezifische Ausgestaltung der Schnullerator-Programmierung im Fernsehen. Zunächst hatten die privaten Fernsehsender begonnen, ergänzend zu den Bild- und Tonsignalen auch solche für die Schnulleratoren der Fernsehzuschauer auszusenden, jeweils unterschiedlich programmiert für Männer und Frauen. Diese Praxis wurde zunächst auch von den öffentlichen Sendern übernommen. Deren Intendanten erfuhren in der Folge heftige Kritik von progressiven gesellschaftlichen Kräften. Im Kern lautete der Vorwurf, zu verkennen, dass Geschlechtskategorien soziale Konstruktionen seien, durch die hergebrachte Herrschaftsverhältnisse zementiert würden. Die Verträge mehrerer Intendanten wurden in der Folge nicht verlängert. Die öffentlichen Sender kehrten mit der Konsequenz sinkender Einschaltquoten zu Uni-Sex-Schnullerator-Programmen zurück und die geschlechtergerechte Schnullerator-Programmierung entwickelte sich zu einer inhaltlichen Brücke zwischen den Gender Studies, der Informatik und den bildenden Künsten.

Literatur

Aksin, Z. N., M. Armony und V. Mehrotra (2007). „The modern call center: A multi-disciplinary perspective on operations management research". In: *Production and Operations Management* 16, S. 665–688.

Andler, Kurt (1929). *Rationalisierung der Fabrikation und optimale Losgröße*. München: Oldenbourg.

Becker, C. und A. Scholl (2006). „A survey on problems and methods in generalized assembly line balancing". In: *European Journal of Operational Research* 168.3, S. 694–715.

Bleymüller, Josef (2012). *Statistik für Wirtschaftswissenschaftler*. 16. Aufl. München: Vahlen.

Boysen, Nils, Malte Fliedner und Armin Scholl (2007). „A classification of assembly line balancing problems". In: *European Journal of Operational Research* 183.2, S. 674–693.

– (2008). „Assembly line balancing: Which model to use when?" In: *International Journal of Production Economics* 111.2, S. 509–528.

Briskorn, Dirk (2020). *Operations Research: Eine (möglichst) natürlichsprachige und detaillierte Einführung in Modelle und Verfahren*. 1. Aufl. Berlin: Springer Gabler.

Brucker, Peter und Sigrid Knust (2012). *Complex Scheduling*. 2. Aufl. Berlin und Heidelberg: Springer.

Burkard, R. E. (1984). „Quadratic Assignment Problems". In: *European Journal of Operational Research* 15.3, S. 283–289.

Buschkühl, Lisbeth u. a. (2010). „Dynamic capacitated lot-sizing problems: a classification and review of solution approaches". In: *OR Spectrum* 32.2, S. 231–261.

Cachon, Gérard und Christian Terwiesch (2009). *Matching supply with demand: An introduction to operations management*. 2. Aufl. Boston, Mass: McGraw-Hill/Irwin.

Chopra, Sunil und Peter Meindl (2014). *Supply Chain Management: Strategie, Planung und Umsetzung*. 5. Aufl. Hallbergmoos: Pearson.

Curry, Guy L. und Richard M. Feldman (2011). *Manufacturing systems modeling and analysis*. 2 Aufl. Berlin, Heidelberg: Springer.

Delen, Dursun und Sudha Ram (2018). „Research challenges and opportunities in business analytics". In: *Journal of Business Analytics* 1.1, S. 2–12.

Domschke, Wolfgang (2007). *Logistik: Transport: Grundlagen, lineare Transport- und Umladeprobleme*. 5. Aufl. München: Oldenbourg.

Domschke, Wolfgang und Andreas Drexl (1996). *Standorte*. 4. Aufl. München: Oldenbourg.

Domschke, Wolfgang, Andreas Drexl u. a. (2015). *Einführung in Operations Research*. 9. Aufl. Berlin und Heidelberg: Springer.

Domschke, Wolfgang und Armin Scholl (2008). *Grundlagen der Betriebswirtschaftslehre: Eine Einführung aus entscheidungsorientierter Sicht*. 4. Aufl. Berlin und Heidelberg: Springer.

– (2010). *Logistik: Rundreisen und Touren*. 5. Aufl. München: Oldenbourg.

Domschke, Wolfgang, Armin Scholl und Stefan Voß (1997). *Produktionsplanung: Ablauforganisatorische Aspekte*. 2. Aufl. Berlin und Heidelberg: Springer.

Drexl, Andreas (1990). „Fließbandaustaktung, Maschinenbelegung und Kapazitätsplanung in Netzwerken". In: *Zeitschrift für Betriebswirtschaft* 60, S. 53–70.

Drexl, Andreas u. a. (1994). „Konzeptionelle Grundlagen kapazitätsorientierter PPS-Systeme". In: *Zeitschrift für betriebswirtschaftliche Forschung* 46, S. 1022–1045.

Dyckhoff, Harald und Thomas Stefan Spengler (2010). *Produktionswirtschaft: Eine Einführung für Wirtschaftsingenieure*. 3. Aufl. Berlin: Springer.

Elshafei, Alwalid N. (1977). „Hospital Layout as a Quadratic Assignment Problem". In: *Operational Research Quarterly* 28.1, S. 167–179.

Ewert, Ralf und Alfred Wagenhofer (2014). *Interne Unternehmensrechnung*. 8. Aufl. Berlin, Heidelberg: Springer.

Fleischmann, Bernhard, Herbert Meyr und Michael Wagner (2014). „Advanced Planning". In: *Supply Chain Management and Advanced Planning*. Hrsg. von Hartmut Stadtler, Christoph Kilger und Herbert Meyr. Berlin: Springer, S. 81–106.

Friedl, Gunther, Christian Hofmann und Burkhard Pedell (2014). *Kostenrechnung*. 2. Aufl. München: Vahlen.

Goetschalcks, Marc und Bernhard Fleischmann (2014). „Strategic Network Design". In: *Supply Chain Management and Advanced Planning*. Hrsg. von Hartmut Stadtler, Christoph Kilger und Herbert Meyr. Berlin: Springer, S. 117–132.

Günther, Hans-Otto und Horst Tempelmeier (2020). *Supply Chain Analytics: Operations Management und Logistik*. 13. Aufl. Norderstedt: Books on Demand.

Hahn, P. M. und J. Krarup (2001). „A hospital facility layout problem finally solved". In: *Journal of Intelligent Manufacturing* 12.5-6, S. 487–496.

Harris, Ford W. (1913). „How Many Parts to Make at Once: Nachdruck in: Operations Research 38(1990)6, S. 947-950". In: *Factory, The Magazine of Management* 10.2, S. 135–136, 152.

Hartmann, S. und R. Kolisch (2000). „Experimental evaluation of state-of-the-art heuristics for the resource-constrained project scheduling problem". In: *European Journal of Operational Research* 127.2, S. 394–407.

Helber, Stefan, Daniel Böhme u. a. (2016). „A hierarchical facility layout planning approach for large and complex hospitals". In: *Flexible Services and Manufacturing Journal* 28, S. 5–29.

Helber, Stefan und Florian Sahling (2010). „A fix-and-optimize approach for the multi-level capacitated lot sizing problem". In: *International Journal of Production Economics* 123.2, S. 247–256.

Helber, Stefan und Raik Stolletz (2004). *Call Center Management in der Praxis: Strukturen und Prozesse betriebswirtschaftlich optimieren*. Berlin und Heidelberg: Springer.

Herde, Felix (2013). *Rahmenbedingungen der industriellen Regeneration von zivilen Flugzeugtriebwerken*. Norderstedt: Books on Demand.

Hopp, Wallace J. und Mark L. Spearman (2011). *Factory physics*. 3rd ed. Long Grove, Ill: Waveland Press.

Jaehn, Florian und Erwin Pesch (2014). *Ablaufplanung: Einführung in Scheduling*. Berlin Heidelberg: Springer.

Kallrath, Josef und Thomas I. Maindl (2006). *Real optimization with SAP APO*. Berlin: Springer.

Klein, Robert und Armin Scholl (2011). *Planung und Entscheidung: Konzepte, Modelle und Methoden einer modernen betriebswirtschaftlichen Entscheidungsanalyse*. 2. Aufl. Vahlens Handbücher der Wirtschafts- und Sozialwissenschaften. München: Vahlen.

Klein, Robert und Claudius Steinhardt (2008). *Revenue Management: Grundlagen und Mathematische Methoden*. Berlin Heidelberg: Springer.

Kolisch, R. und R. Padman (2001). „An integrated survey of deterministic project scheduling". In: *Omega* 29.3, S. 249–272.

Kolisch, Rainer (1996). „Efficient priority rules for the resource-constrained project scheduling problem". In: *Journal of Operations Management* 14.3, S. 179–192.

Kolisch, Rainer und Soenke Hartmann (2006). „Experimental investigation of heuristics for resource-constrained project scheduling: An update". In: *European Journal of Operational Research* 174.1, S. 23–37.

Koole, Ger M. (2013). *Call center optimization*. Amsterdam: MG Books.

Koopmans, T. C. und M. Beckmann (1957). „Assignment Problems and the location of economic-activities". In: *Econometrica* 25.1, S. 53–76.

Kuhn, Heinrich und S. Gstettner (1996). „Analysis of production control systems kanban and CONWIP". In: *International Journal of Production Research* 34.11, S. 3253–3273.

Küpper, Hans-Ulrich, Gunther Friedl u. a. (2013). *Controlling: Konzeption, Aufgaben, Instrumente*. 6. Aufl. Stuttgart: Schäffer-Poeschel.

Küpper, Hans-Ulrich und Stefan Helber (2004). *Ablauforganisation in Produktion und Logistik*. 3. Aufl. Stuttgart: Schäffer-Poeschel.

Lawler, Eugene L. (1963). „The quadratic assignment problem". In: *Management Science* 9.4, S. 586–599.

Liberopoulos, G. und Y. Dallery (2000). „A unified framework for pull control mechanisms in multi-stage manufacturing systems". In: *Annals of Operations Research* 93, S. 325–355.

Little, John D. C. (1961). „A Proof for the Queuing Formula: L = λ W". In: *Operations Research* 9.3, S. 383–387.

– (2011). „OR FORUM—Little's Law as Viewed on Its 50th Anniversary". In: *Operations Research* 59.3, S. 536–549.

Littlewood, Ken (2005). „Forecasting and control of passenger bookings". In: *Journal of Revenue & Pricing Management* 4, S. 111–123.

Mattfeld, Dirk und Richard Vahrenkamp (2014). *Logistiknetzwerke: Modelle für Standortwahl und Tourenplanung*. 2. Aufl. Wiesbaden: Springer Gabler.

Meyr, Herbert, Michael Wagner und Jens Rohde (2014). „Structure of Advanced Planning Systems". In: *Supply Chain Management and Advanced Planning*. Hrsg. von Hartmut Stadtler, Christoph Kilger und Herbert Meyr. Berlin: Springer, S. 109–115.

Rardin, Ronald L. (2017). *Optimization in Operations Research*. 2. Aufl. Boston, Columbus und Indianapolis: Pearson.

Rohde, Jens und Michael Wagner (2014). „Master Planning". In: *Supply Chain Management and Advanced Planning*. Hrsg. von Hartmut Stadtler, Christoph Kilger und Herbert Meyr. Berlin: Springer, S. 161–180.

Sahling, Florian (2010). *Mehrstufige Losgrößenplanung bei Kapazitätsrestriktionen*. Wiesbaden: Gabler.

Saliby, Eduardo (1990). „Descriptive Sampling: A Better Approach to Monte Carlo Simulation". In: *The Journal of the Operational Research Society* 41.12, S. 1133–1142.

Scholz, Daniel (2010). *Innerbetriebliche Standortplanung: Das Konzept der Slicing Trees bei der Optimierung von Layoutstrukturen*. Wiesbaden: Gabler.

Sibbertsen, Philipp und Hartmut Lehne (2012). *Statistik: Einführung für Wirtschafts- und Sozialwissenschaftler*. Berlin: Springer Gabler.

Stadtler, Hartmut, Bernhard Fleischmann u. a. (2012). *Advanced Planning in Supply Chains: Illustrating the Concepts Using an SAP (R) APO Case Study*. Heidelberg: Springer.

Stadtler, Hartmut, Christoph Kilger und Herbert Meyr, Hrsg. (2014). *Supply Chain Management and Advanced Planning: Concepts, Models, Software, and Case Studies*. 5. Aufl. Berlin: Springer.

Stewart, William J. (2009). *Probability, Markov Chains, Queues, and Simulation: The Mathematical Basis of Performance Modeling*. New Jersey: Princeton University Press.

Talluri, Kalyan T. und Garrett van Ryzin (2004). *The theory and practice of revenue management*. Boston, Mass: Kluwer Academic Publishers.

Tempelmeier, Horst (2001). *Master Planning mit Advanced Planning Systems: Modelle und Beispiele*. Erfstadt.

– (2012). *Bestandsmanagement in Supply Chains*. 4. Aufl. Norderstedt: Books on Demand.

– (2020). *Production Analytics: Modelle und Algorithmen zur Produktionsplanung*. 6. Aufl. Norderstedt: BoD – Books on Demand.

Thonemann, Ulrich und Marc Albers (2011). *Operations Management: Konzepte, Methoden und Anwendungen*. 2. Aufl. München: Pearson Studium.

Van de Bergh, Jorne u. a. (2013). „Personnel scheduling: A literature review". In: *European Journal of Operational Research* 226.3, S. 367–385.

Womack, James P., Daniel T. Jones und Daniel Roos (2007). *The machine that changed the world: How lean production revolutionized the global car wars*. London: Simon & Schuster.

Zimmermann, Jürgen, Christoph Stark und Julia Rieck (2010). *Projektplanung: Modelle, Methoden, Management*. 2. Aufl. Berlin: Springer.

Zimmermann, Werner und Ulrich Stache (2001). *Operations Research: Quantitative Methoden zur Entscheidungsvorbereitung*. 10. Aufl. München: Oldenbourg Wissenschaftsverlag.

Zipkin, Paul Herbert (2000). *Foundations of inventory management*. Boston: McGraw-Hill.

Stichwortverzeichnis

Ablaufplanung, 221
    Zielsetzungen, 222
Algorithmus, 13
Analytics, 4
Ankunftsrate, 35
Arbeitslast, 267
Arbeitsverteilung, 315
    mit Reihenfolgebeziehungen, 320
    ohne Reihenfolgebeziehungen, 316
Auftragsannahme, 141
Auslastung, 37

Base-Stock-Produktionssteuerung, 336
Bearbeitungszeit
    Erwartungswert, 37
    Standardabweichung, 37
    Variationskoeffizient, 38
Bedienrate, 35
Bediensystem, 35
Bestand
    disponibler, 188
    kritischer, 49
    Netto-, 188
    physischer, 188
Bestandsmanagement, 22
Bestellabstand, 189
Bestellmenge, 188
    kostenminimale, 192
Bestellniveau, 189
Bestellniveau der (r,S)-Politik, 198
Bestellpolitik, 187
Bestellpunkt, 188
Bestellpunkt der (s,q)-Lagerhaltungspolitik, 195
Bestellzyklus, kostenminimaler, 192, 197
Betrieb, 3
Beurteilung von Produktionssystemen
    best-möglicher Fall, 48
    praktisch schlechtest-möglicher Fall, 52, 76
    schlechtest-möglicher Fall, 51
Branch&Bound-Verfahren, 17
Buchungsannahme, 141
Buchungslimit, 150
Business Analytics, 4

Call Center, 41, 264
    Schichtplanung, 271
    Wartezeitapproximation, 269
Capacitated Lot Sizing Problem (CLSP), 33, 208
CO_2-Bepreisung, 132
CO_2-Besteuerung, 132
CO_2-Emission, 132
CONWIP-Produktionssteuerung, 52, 336
Covering Problem, 295

Defizit (Lagerhaltung), 189
Descriptive Sampling (DS), 177
Dienstleistung
    Auftragsannahme, 141
    Expected Marginal Seat Revenue (EMSE)-Modell, 149
    Kapazitätssteuerung, 149
    Kundengruppen, 148
    Produktion und Vermarktung, 149
    Typologie, 141
Distributionsstruktur, 282
Due date, 221
Dummy-Variable, 101
Durchlaufzeit
    best-mögliche, 51
    praktisch schlechtest-möglicher Fall, 54
    schlechtest-mögliche, 51
Durchsatz, 334
    best-möglicher, 50
    praktisch schlechtest-möglicher Fall, 54
    schlechtest-möglicher, 52

Engpass, 334
Engpassrate, 50
Enterprise Resource Planning (ERP)-Systeme, 332
Entscheidungsmodell, 6
    abstraktes, 9
    Aggregierte Planung, 130
    Arbeitsverteilung, Zuordnungsmodell, 317
    Auftragsannahme I, 9
    Auftragsannahme II, 145
    Capacitated Lot Sizing Problem, 209
    Fließbandabstimmung, 324
    Funktion, 10
    GAMS-Implementierungen, 341

Grundmodell der Programmplanung, 120
Klassisches Transportproblem, 236
Komponenten, 8
konkrete Instanz, 9
Layoutplanung, Grundmodell, 305
Layoutplanung, linearisiertes Grundmodell, 309
Minimierung der gewichteten Terminabweichung, 226
Minimierung der gewichteten Verspätung, 225
Minimierung der Kosten für Zusatzkapazität in der Projektplanung, 258
Minimierung der Projektdauer, 255
Minimierung der Summe der Fertigstellungszeitpunkte, 223
Minimierung des Gesamtfertigstellungszeitpunkts, 225
Minimierung des Makespan, 225
Programmplanung mit CO2-Emission, 135
Programmplanung mit Kapazitätsreservierung, 125
Schichtplanung, 273
Standortplanung, kostenorientierte, 285
Standortplanung, serviceorientierte, 295
Tourenplanung, 240
Zeitungsjungenproblem mit Szenarioansatz, 175
Enumeration
eingeschränkte, 17
Vollenumeration, 15
Expected Marginal Seat Revenue (EMSE)-Modell, 149
Exponentialverteilung, 52
Gedächtnislosigkeit, 76, 389
Variationskoeffizient, 71
Verteilungsfunktion, 52

Facility Location Problem, 280
Fehlmenge, 162, 290
Fertigstellungszeitpunkt, 223
Fill Rate, 171
Fix-and-Optimize-Heuristik, 311
Fließband, 320
Fließbandabstimmung, 320
Heuristik, 325
Prioriätswert, 325
Fließproduktion, 330
Fließproduktionssystem, 320
Blockierung, 71
Puffer, 71
Flusserhaltung, 65

GAMS, 21, 31
GAMS-Implementierungen der Entscheidungsmodelle, 341
Gedächtnislosigkeit, 52
Gesetz von Little, 43
Gewinn, 3

Hauptproduktionsprogrammplanung, 332
Heuristik
Fließbandabstimmung, 325
Layoutplanung, 310

Kanban-Produktionssteuerung, 335
Kapazitätsreservierung, 123
Kapazitätssteuerung, 149
Kingman-Approximation
Call Center, 269
ein Server, 40
mehrere Server, 59
Klimawandel, 132
Konfidenzintervall, 25
Korrelation, 288
KOZ-Regel, 227
Kundenbetreuung, telefonische, 264
Kurzzyklus, 241
Kürzeste-Operationszeit-Regel, 227

Lagerhaltung, 22
Risikozeitraum, 189
Sicherheitsbestand, 196, 198
Lagerhaltungspolitik, 187
(r,S)-, 189
(s,q)-, 188
Layoutplanung, 299
Anordnungsgebote und -verbote, 300
Anordnungsobjekte, 300
Orte, 300
quadratisches Zuordnungsproblem, 309
Transportbeziehungen, 300
Lean Production, 337
Liefertermin, 221
Liefertermin-Regel, 227
Little's Law, 43
Los, 203
Losbildung, 204
Losgröße, 203
Losgröße, kostenminimale
endliche Produktionsgeschwindigkeit, 206
unendliche Produktionsgeschwindigkeit, 204
Losgrößenplanung

Stichwortverzeichnis 407

Capacitated Lot Sizing Problem (CLSP), 208
Losgrößenproblem
    Trade-off, 204
LT-Regel, 227

Makespan, 225
Maschinenbelegungsplanung, 221
Mengenplanung, 333
Mengenrabatt, 12
Mittelwertanalyse, 53, 76
Modellierung, 10
Modellierungssoftware, 21

Nachfrage
    zufällige, 162
Nachfragekorrelation, 288
Netzplan, 251
Nord-West-Ecken-Regel, 234
Normalverteilung, 152
Nutzwertanalyse, 280

Operations Management
    Aufgabe, 4
    Gegenstand, 3
Operations Research, 4
Optimierungskalkül
    marginal-analytisches, 151, 168
Optimierungsproblem
    einstufiges, 10
    mehrstufiges, 123, 124, 288
    zweistufiges, 174
Optimierungsverfahren
    exakte, 14
    heuristische, 13, 14
Organisationstypen der Produktion, 329

Personaleinsatzplanung, 263
    Bedarfsermittlung, 264
    Schichtplanung, 271
Pfad, kritischer, 254
Poissonverteilung, 151
    Approximation durch die Normalverteilung, 152
PPS-Systeme, 332
Prescriptive Analytics, 4
Prioritätsregeln, 222, 226
    als dezentrales Steuerungsinstrument, 228
    heuristische Lösung von Ablaufplanungsproblemen, 228
Produktions-Authorisierungs-Karten, 334
Produktionsfaktoren, 3
    Potentialfaktoren, 3
    Repetierfaktoren, 3

Produktionslos, 203
Produktionsnetzwerk, 132
Produktionsplanung
    zentrale, nach dem Push-System, 332
Produktionsplanungs- und -steuerungssysteme, 332
Produktionssteuerung, 222, 333
    Base-Stock-, 336
    CONWIP, 52
    CONWIP-, 336
    dezentrale, nach dem Pull-Prinzip, 334
    Gewinn als Funktion des Bestandes, 79
    Kanban-, 335
    Pull-System, 52, 75
    Push-System, 73
Produktprogramm, 117
Prognose, 87
Prognose des Anrufaufkommens, 266
Prognosefehler, 101
Prognosefunktion, 100
Prognosemodell, 100
Prognoserechnung
    arithmetischer Mittelwert, 95, 266
    Ausreißer, 96
    Dummy-Variable, 101
    Ex-ante-Prognose, 89
    Ex-post-Prognose, 89
    exponentielle Glättung, 96
    gleitender Mittelwert, 95
    Overfitting, 103
    Schätzfunktion, 101
    Strukturbruch, 96
    Tabellenkalkulation, 97
    Verlustfunktion, 102
Programmmplanung
    graphische Lösung, 121
Programmplanung
    Aggregierte Planung, 128
    CO_2-Emissionen, 132
    graphische Lösung, 121
    Grundmodell, 118
    Kapazitätsreservierung, 123, 124
    Lagerhaltung, 128
    unsichere Nachfrage, 123
    Überstunden, 128
Projektplanung
    alternative Modi, 257
    Bereiche, 249
    Kapazitätsplanung, 254
    Kostenplanung, 257
    Strukturplanung, 249
    Zeitplanung, 249
    Zusatzkapazitäten, 257
Prozessschritt, 221

Pufferzeit, 254
Pull-Prinzip, 334
Push-Prinzip, 332

Realoption, 128
Regressionsrechnung, 104
Ressourcen, erneuerbare, 254
Restmenge, 162
Revenue Management, 149
Risikoneutralität, 128
Risikozeitraum, 189
Rundreiseproblem, 243
Rüstvorgang, 203
Rüstwechsel, 203

Savings-Heuristik, 245
Schichtplanung, 271
Schichttyp, 273
Schutzlimit, 150
Schätzfunktion, 101
Serienproduktion, 203
Server, 35
Servicegrad
    α-, 171
    β-, 171, 290
Sicherheitsbestand
    (r,S)-Politik, 198
    (s,q)-Politik, 196
Simple Random Sampling (SRS), 177
Simulation, 22, 174
    Bediensystem, 38
    Descriptive Sampling (DS), 177
    Simple Random Sampling (SRS), 177
    Tabellenkalkulation, 24
    Unterschied zur Optimierung, 29
Standortentscheidung, 279
Standortfaktoren, 279
Standortplanung, 279
    kostenorientierte, 284
    Reaktionszeiten, 292
    robuste, 288
    Unsicherheit, 288
Synchronisationsstation, 334
Szenario, 24
Szenarioansatz, 123, 174

Taktzeit, 321
Termin- und Kapazitätsplanung, 333
Terminabweichung, 226
Tourenplanungsproblem, 237
Toyota-Produktions-System, 337
Trainingsdaten, 103
Transportmodell, klassisches, 233
Transportproblem, klassisches, 233

Validierungsdaten, 103
Variabilität, 37
    Arbeitsteilung, 70
    Ausbreitung, 65
Variationskoeffizient, 38
Verfrühung, 226
Verhältnis, kritisches, 169
Verlust, 4
Verlustfunktion, Lagerhaltung
    standardisierte, 166, 393
Verlustfunktion, Prognoserechnung
    MAE, 102
    MAPE, 102
    MSE, 102
    RMSE, 102
Verspätung, 225, 226
Vorgangsknoten-Netzplan, 251
Vorranggraph, 321

Wartesystem, 35
Wartezeitapproximation nach Kingman
    ein Server, 40
    mehrere Server, 59
Werkstattproduktion, 329
Wertschöpfung
    negative, 4
    positive, 4
    Prozess, 3
Wertschöpfungsprozess, 117
    Begrenzungen, 118

Zeitrechnung, 252
Zeitungsjungenproblem, 23, 161
Zufallsvariable, 37
Zufallszahl
    Pseudo-, 25
Zuordnungsproblem, 243
    quadratisches, 309
Zwischenankunftszeit
    Erwartungswert, 38
    Standardabweichung, 38
    Variationskoeffizient, 38

Printed in Poland
by Amazon Fulfillment
Poland Sp. z o.o., Wrocław